Ullstein

ÜBER DAS BUCH:

»Kanzlerspion Günter Guillaume war ein Patriot aus Leidenschaft«, so jedenfalls liest es sich in den Memoiren des Meisteragenten der deutschen Geschichte.
Die Entlarvung Guillaumes, des persönlichen Referenten von Bundeskanzler Willy Brandt, als DDR-Agent löste in Bonn einen politischen Skandal aus. Guillaume hatte Kenntnisse über SPD-interne Vorgänge, Reisen des Bundeskanzlers und geheime Gespräche europäischer Spitzenpolitiker an die DDR weitergegeben. Das Bundesamt für Verfassungsschutz, das Vorbehalte gegen Guillaume nicht mit Nachdruck geäußert hatte, geriet ins Kreuzfeuer der Kritik. Willy Brandt trat sofort von seinem Amt zurück. Wie aber kam es dazu?
Mit seinen Memoiren bringt Guillaume Licht in den Spionage-Thriller, nachdem die näheren Umstände jahrelang hinter einem Schleier des Schweigens verborgen lagen. Glaubhaft erzählt Guillaume die spannende Geschichte seiner Agententätigkeit, schildert konspirative Treffs mit damaligen Persönlichkeiten und die Möglichkeiten der Informationsübermittlung. Dabei lebte er ständig mit der Angst, entdeckt zu werden, und dem psychologischen Problem, vor seinen Freunden in der damaligen DDR als Verräter dazustehen.
Ein Buch, das nicht nur zeitgeschichtlichen Wert hat, sondern dem Leser Einblick in die persönlichen Umstände und Motive der betroffenen Personen gewährt.

DER AUTOR:

Günter Guillaume, geboren am 1. 2. 1927 in Berlin, ging als Meisterspion in die deutsche Geschichte ein.
18jährig kommt er beim Ost-Berliner Verlag »Volk und Wissen« unter, zuerst als Photograph, dann als Redakteur, er wird Gewerkschafter und startet Agitationseinsätze in West-Berlin. Bald entdeckt ihn die Staatssicherheit und bereitet 1956 seine Umsiedlung in die BRD vor. 1957 tritt Guillaume in die SPD ein und macht dort diensteifrig und schnell Karriere. Diese führt ihn in die Zentrale der Macht, ins Kanzleramt. 1974 wird Guillaume, damals Parteireferent des Kanzlers, verhaftet und später wegen Landesverrats zu 15 Jahren Gefängnis verurteilt. 1981 wird er im Austausch gegen bundesdeutsche Agenten entlassen.

Günter Guillaume

Die Aussage

Wie es wirklich war

Ullstein

Zeitgeschichte
Ullstein Buch Nr. 34982
im Verlag Ullstein GmbH,
Frankfurt/M – Berlin

Ungekürzte Ausgabe
Mit 33 Abbildungen

Umschlagentwurf:
Hansbernd Lindemann
Unter Verwendung eines Fotos
vom Ullstein Bilderdienst, Berlin

Taschenbuchausgabe mit freundlicher
Genehmigung der F. A. Herbig
Verlagsbuchhandlung GmbH, München

Printed in Germany 1993
Druck und Verarbeitung:
Presse-Druck, Augsburg
ISBN 3 548 34982 X

Februar 1993

Gedruckt auf Papier mit chlorfrei
gebleichtem Zellstoff

Die Deutsche Bibliothek –
CIP-Einheitsaufnahme

Guillaume, Günter:
Die Aussage : wie es wirklich war /
Günter Guillaume. – Ungekürzte Ausg. –
Frankfurt/M ; Berlin : Ullstein, 1993
(Ullstein-Buch ; Nr. 34982 :
Ullstein-Sachbuch)
ISBN 3-548-34982-X
NE: GT

Inhalt

Genossen, ihr werdet nicht oft besungen.
Nun ja, das wäre auch taktisch nicht klug.
Drum sei dieses Lied recht schnell verklungen.
Wir wissen auch so, was ihr für uns tut.

(Refrain eines Liedes, das zu Ehren von Günter und Christel Guillaume komponiert wurde und zur Begrüßungsfeier nach der Freilassung von Günter Guillaume im Ministerium für Staatssicherheit gesungen wurde.)

Einleitung

Als anfangs September 1981 sich die Gerüchte verdichteten, daß der Kanzleramts-Spion Günter Guillaume – Ende 1975 zu 13 Jahren Freiheitsstrafe verurteilt – begnadigt und gegen in der DDR einsitzende Agenten des Bundesnachrichtendienstes ausgetauscht werden sollte, kam der Fall Guillaume wieder in die Schlagzeilen, aus denen er eigentlich nie ganz verschwunden war. Die öffentliche Diskussion entzündete sich an der Frage, ob man aus Gründen der Zweckmäßigkeit Guillaume gegen eigene Agenten austauschen solle, oder ob die moralische Bewertung von Guillaumes gegen den Bundeskanzler Willy Brandt gerichtete Spionagetätigkeit dies ausschließen muß.

Eine schwere Entscheidung. Im April 1974 hatte der damalige Innenminister Genscher ausdrücklich erklärt, daß Guillaume nicht auf einen Austausch rechnen dürfe. Nach der seinerzeit geübten Praxis war es geradezu Routine, gefaßte Ostagenten nach einer angemessenen Schamfrist gegen eigene Leute auf der Glienicker Brücke, die Potsdam mit Berlin verbindet, oder irgendwo an der innerdeutschen Grenze auszutauschen. Für den Fall Guillaume sollte das nun nicht gelten? War die Empörung über den Mann, der das Vertrauen von Bundeskanzler Willy Brandt mißbraucht hatte, einfach zu groß?

Spionage ist für das betroffene Land alles andere als ein Kavaliersdelikt. Gleichgültig, ob sie sich gegen die Landesverteidigung oder die Wirtschaft richtet, oder ob Einflußagenten in Parteien und Massenorganisationen die innere Sicherheit untergraben. Deshalb sieht das Gesetz auch in der Bundesrepublik für besonders schwere Fälle eine lebenslängliche Freiheitsstrafe vor.

Unbeschadet davon, machen fast alle Staaten in Ost und West keinen Hehl daraus, daß sie über Geheimdienste verfügen und sie zum

Wohl ihres Landes einsetzen. Daß in diesem verdeckt geführten Kampf einzelne Länder auch nicht vor Mord, Folter und Erpressung zurückschrecken, wird allerseits als gegeben hingenommen. Generalbundesanwalt Max Güde trug diesem Sachverhalt Rechnung, als er das politische Strafrecht gegen Agenten einmal als »rangniederes Zweckrecht« bezeichnete; stelle es doch Taten unter Strafe, die der aburteilende Staat selbst laufend in Auftrag gibt und begehen läßt. Wer dies nicht wahrhaben will, geriete unter die Heuchler. Soviel zur moralischen Bewertung der Agententätigkeit.

Für die Bundesregierung, mit einer SPD-Spitze, mußte es schwer sein, dem Austausch zuzustimmen. Der Name Guillaume war zu eng mit dem Sturz von Willy Brandt verquickt. Erst als der wissen ließ, er wolle dem Vorhaben nicht im Wege stehen, war der Weg frei für rationales Handeln. Für die Begnadigung Guillaumes sprach, daß er seit 1978 an einem schweren Magenleiden erkrankt war, das 1979 eine Operation notwendig gemacht hatte. Guillaumes Gesundheitszustand hätte vermutlich recht bald zur Haftunfähigkeit geführt und ihn damit als Tauschobjekt wertlos gemacht. Außerdem hatte kein anderer Agent in der Bundesrepublik so lange eingesessen wie Guillaume. Seine lange Haftdauer hatte die notwendige Abschreckungswirkung erreicht.

Am 1. Oktober 1981 war Günter Guillaume ein freier Mann. Die trickreiche Abwicklung seiner Entlassung in die DDR löste noch einmal die üblichen Meldungen in den Medien aus. Doch in der folgenden Zeit wurde es ruhiger um den »Kanzler-Spion«. Für zwei Jahre blieb er für die Außenwelt verschwunden. Nur ein paar mehr oder weniger spekulative Berichte über Guillaumes Schicksal tauchten auf. Einige Zeit später hieß es dann, Guillaume sei in der DDR verstorben.

Erst nach diesem Gerücht tauchte Günter Guillaume wieder auf – und das ausgerechnet in der Presse der DDR. Der Mann, der bis zu diesem Zeitpunkt absolute Unperson in den DDR-Medien geblieben war, über dessen Verhaftung, seinen Prozeß in der Bundesrepublik und seinen späteren Austausch hatte man kein Wort verlauten lassen – tauchte nun wieder unter den Lebenden auf. Im Mai 1987 erschien in der Jugendzeitschrift »Junge Welt« ein »Interview mit Dr. jur. h. c. Günter Guillaume, Jahrgang 1927. Einer der erfolgreichsten Kundschafter unserer Republik«.

Der Öffentlichkeit präsentierte sich nun ein selbstsicherer, Ver-

trauen und Zuverlässigkeit ausstrahlender Günter Guillaume, der sein Selbstverständnis als »Kundschafter des Friedens« überzeugend in den Denkkategorien des Sozialismus darzustellen wußte. Ein Vorbild für die Jugend in der Deutschen Demokratischen Republik.
Im Dezember 1988 erschien dann beim Militärverlag in Ostberlin »Die Aussage von Günter Guillaume, protokolliert von Günter Karau«, in einer Auflage von 60000 Exemplaren – und unter Ausschluß der Öffentlichkeit. Der Band war als Buchclubausgabe deklariert, für die Sicherheitsorgane und die Nationale Volksarmee und somit »Nur für den Dienstgebrauch« bestimmt.
Hatte das Interview in »Junge Welt« noch reine Sympathie-Werbung verbreitet und die Motivation und Tätigkeit des »Kundschafters an der unsichtbaren Front« zum Thema, so kam man in »Die Aussage« zur Sache. Günter Guillaume holt hier nach, was er und seine damalige Ehefrau Christel in ihrem Prozeß vor dem Düsseldorfer Oberlandesgericht standhaft verweigerten – die Aussage.
Bei seiner Festnahme hatte der persönliche Referent von Bundeskanzler Willy Brandt erklärt: »Ich bin Bürger der DDR und ihr Offizier!« Dieses Eingeständnis blieb praktisch das einzige verwertbare Indiz gegen das angeklagte Ehepaar. Dieser Umstand brachte sowohl die Anklagebehörde, wie auch den Bundesnachrichtendienst und den Bundesverfassungsschutz – für die der Fall Guillaume ohnehin kein Ruhmesblatt wurde – in arge Beweisnot.
Der Spiegel schrieb damals: »Zum Beweis des Landesverrats aber bedarf es mehr als nur der formalen Zugehörigkeit zu einer Agentenzentrale einer fremden Macht. Der Verdächtigte müßte schon von Staatsgeheimnissen Kenntnis bekommen und sie weitergegeben haben – und gerade am Nachweis dieses Delikts fehlt es.
In seinem Buch schildert Guillaume ausführlich, was er seinerzeit dem Gericht und der Öffentlichkeit wohlweislich vorenthielt. Die bundesrepublikanischen Sicherheitsdienste kommen bei dieser Darstellung nicht ungerupft davon, aber das ist auch bei den Politikern und den Parteien nicht der Fall. Auch wenn man die rhetorischen Pflichtübungen aus dem sozialistischen Umfeld, in dem dieses Buch entstand, abzieht, bleibt dahinter »der Partisan des Friedens« mit einem unerschütterlichen, klassenkämpferischen und antifaschistischen Feindbild sichtbar. Imperialismus gleich Krieg, Sozialismus gleich Frieden. Ohne dieses wasserdichte Feindbild und ohne jeden Zweifel an der eigenen Aufgabe, wäre die jahrzehntelange und er-

folgreiche Tätigkeit dieses Spitzenagenten auch nicht möglich gewesen.
Die unversönliche, oft rabulistische und manchmal auch hämische Form, in der Guillaume mit seinen Feinden von ehemals umgeht, kommt nicht unbedingt auf das Konto persönlicher Animosität, aber zweifellos ist Geist und Inhalt des Buches identisch mit der Politik der DDR-Staats- und -Parteiführung zu der Zeit, in die das Wirken Guillaumes in der Bundesrepublik fällt. Erstaunlich bleibt das Erscheinungsdatum des Buches – Dezember 1988 – volle 14 Jahre nach Guillaumes Festnahme und sieben Jahre nach seiner Freilassung.
Unverkennbar ist der Tenor dieses Werkes. Es ist die Terminologie des kalten Krieges, jetzt, noch im Jahr 1988. Die Ostpolitik der Bundesregierung, diplomatische Anerkennung, Kontakte, bilaterale Verträge und Abkommen, Entspannung, Vorstellungen, wie Annäherung der kleinen Schritte, Wandel durch Handel, menschliche Erleichterungen, haben nichts daran geändert.
Auch nicht der Honeckerbesuch in der Bundesrepublik und auch nicht der durch Franz Josef Strauß vermittelte Milliardenkredit. Aber die Betonköpfe in der SED-Spitze sind nicht mehr auf der Höhe ihrer Macht. Das Tauwetter zwischen UdSSR und USA und Gorbatschows Perestroika empfinden sie als Bedrohung, und die Parteibasis ist verunsichert. Die DDR-Führung handelt widersprüchlich. Sie gestattet einerseits mehr als je zuvor ihren Bürgern die Ausreise, läßt andererseits erbarmungslos auf Demonstranten der erstarkenden Bürgerinitiativen einprügeln; auf der Leipziger Messe werden große Erwartungen in die wirtschaftliche Zusammenarbeit mit der Bundesregierung gesetzt, die Suche der SPD mit der SED nach Gemeinsamkeiten macht trotz aller Bemühungen keine rechten Fortschritte.
Soll in dieser Phase der Verunsicherung das Buch von Guillaume in seiner unverbrüchlichen Linientreue die Entschlossenheit im Kampf gegen alle Aufweichungserscheinungen stärken?
Schwer verständlich bleibt die konstant kämpferische Abgrenzung zur SPD. Der Widerstandskampf unter Kurt Schumacher und Ernst Reuter nach der Zwangsvereinigung mit der KPD in der sowjetischen Besatzungszone im April 1946 und der aktive Antikommunismus des bis 1968 nach Regeln eines Geheimdienstes operierenden »Ostbüros«, alles längst Vergangenheit, bleiben Pappkameraden.

Das Godesberger Programm und der damit verbundene Wandel der SPD von der Klassen- zur Volkspartei geraten, wie ihr Jawort zur Bundeswehr und zur NATO, nicht aus der Schußlinie.
Besonders ihre Mitglieder, die einmal dem Kommunismus näher standen, oder aus der Einheitspartei ausgeschert sind, werden geradezu haßerfüllt als Renegaten attakiert.
Die bürgerlichen Parteien, »der Klüngel der Schlotbarone und faschistischen Generalität« als Gegner des Sozialismus verstanden – das überrascht nicht. Anders verhält es sich da bei den Sozialdemokraten und dem Deutschen Gewerkschaftsbund, die vom ZK der SED propagandistisch heiß umworben und zur Aktionseinheit der Arbeiterklasse aufgerufen wurden. Im Februar 1954 forderte das ZK beide Organisationen auf, gemeinsam mit der KPD die Vorschläge der Sowjetunion zur deutschen Frage zu unterstützen. Im Jahr darauf beschloß das ZK ein »10-Punkte-Programm zur Wiedervereinigung«, in dem es eine verstärkte Zusammenarbeit mit den Sozialdemokraten und den Gewerkschaften in der Bundesrepublik beschloß. Aktivitäten, die – wenn sie in umgekehrter Richtung gelaufen wären – scharfe Proteste wegen Einmischung in innere Angelegenheiten ausgelöst hätten, gehörten zum ständigen Propaganda-Alltag. Über Jahre hinweg gab es diese Appelle und Resolutionen von Friedenskongressen und Massenorganisationen an SPD und DGB in der Öffentlichkeit, und gleichzeitig wurden diese Organisationen das bevorzugte Ziel und der Tummelplatz der Agenten der Hauptverwaltung Aufklärung des Ministeriums für Staatssicherheit.
Bei allem Verständnis für die übliche Diskrepanz zwischen Propaganda und Wirklichkeit, macht das Ausmaß an Doppelzüngigkeit betroffen. Die Unbefangenheit, mit der »Die Aussage« mit ihrer hohen Auflage veröffentlicht wurde, bliebe unverständlich, wenn es nicht von vornherein geplant gewesen wäre, dieses Werk nur einem inneren Kader zugänglich zu machen.
Günter Guillaume trifft bei rückblickender Betrachtung wohl den Nagel auf den Kopf: »Von Geheimhaltung konnte bei einem Buch mit hoher Auflage nicht die Rede sein. Als Buchclubausgabe war es aber sozusagen nur für den Dienstgebrauch bestimmt, weil von der damaligen Staats- und Parteiführung das Volk für unfähig gehalten wurde, mit historisch Widersprüchlichem fertig zu werden, und leitende SED-Funktionäre in maßloser Selbstüberschätzung glaubten,

einen bestimmenden Einfluß auf das politische Geschehen in der BRD zu haben.«

Ist dieses Buch zu diesem Zeitpunkt eine Fehlleistung eines Mächtigen aus dem Politbüro? Ist es als Überreaktion auf die bröckelnde Standfestigkeit des sozialistischen Monolithen zu verstehen? Beides ist denkbar. Willy Brandt schreibt in seinen 1989 im Propyläen Verlag erschienenen »Erinnerungen«, er habe Erich Honecker wissen lassen, daß er über »Die Aussage« des G. G. befremdet sei. Und siehe da, die Reaktion war prompt. Der Staatratsvorsitzende bedauerte – die DDR-Führung sei ebenfalls befremdet – und teilte mit: Die zuständigen Stellen seien angewiesen, die wenigen ausgelieferten Exemplare einzuziehen und die Gesamtauflage zu vernichten! Kommentar von Günter Guillaume: »Diese Auskunft gehört zu den verlogenen Praktiken der Vergangenheit.«

Wie dem auch immer sei, in ihrer Aussage ist »Die Aussage« ein aufschlußreiches und entlarvendes Dokument des Kalten Krieges, das es verdient, nach langem Schattendasein an das Tageslicht gebracht und einem großen Leserkreis zugänglich gemacht zu werden. Um den dokumentarischen Wert des Buches nicht zu schmälern, beschränkte ich mich darauf, nur die unerträglichsten polemischen Beschimpfungen aus dem reichhaltigen Fundus sozialistischer Propagandasprache zu streichen – vor allem dort, wo kein Zusammenhang zum sachlichen Inhalt zu den Taten des G. G. herstellbar schien.

Worüber noch zu sprechen bleibt, ist der Mensch Günter Guillaume. Mit dem Jahrgang 1927 gehört er zu den Jungen, die weniger von dem Glanz des Dritten Reiches als von Eindrücken der Kriegszeit, den Luftangriffen, den Entbehrungen geprägt wurden. Die Rote Armee erlebte der 17jährige Soldat Günter Guillaume, in den letzten Kriegsmonaten – fliehend – als machtvolles und siegreiches Instrument eines sozialistischen Staatswesens. Sein erstes ideologisches Wissen erwarb er in der »Gesellschaft zum Studium der Geschichte und Kultur der Sowjetunion« und in den Anfängen der Friedensbewegung. Wer wäre da nicht gegen den Krieg gewesen? Wer würde dem Jungen Günter Guillaum aus seiner sozialistischen Gesinnung einen Vorwurf machen? Wer ihm seine, für *ihn* folgerichtige Entwicklung vorwerfen, die er in seinem Buch beschreibt? Über die moralische Wertung seiner Kundschaftertätigkeit wurde bereits gesprochen, und daß der mit den höchsten Auszeichnungen und

Ehren seines Staates ausgezeichnete Günter Guillaume sich nach dem Verfall der Staatsmacht nicht flugs als emsiger Wendehals andiente, spricht nicht gegen ihn.

Neuen Erkenntnissen hat sich Günter Guillaume nicht verschlossen; alte An- und Einsichten nicht ad hoc über Bord geworfen. Zu seiner Kundschaftertätigkeit bekennt er sich noch heute. Lassen wir ihn zu Wort kommen:

»Manches, was damals geschrieben wurde, mag heute fragwürdig erscheinen. Aber das Buch gibt Auskunft über fünfundzwanzig Jahre meines Lebens, die mich maßgeblich geprägt haben. Sie können nicht für das historische Schicksal eines ganzen Staates verantwortlich gemacht werden, und meine Biographie verdient es nicht, ins schiefe Licht gerückt zu werden, da sie nun endlich das Licht der Öffentlichkeit erblickt. Was die Änderungen betrifft, habe ich nur abgeschliffen, was andere gemäß dem absoluten Wahrheitsanspruch der alten Partei- und Staatsführung aufgesetzt haben.

Unsere Kundschaftertätigkeit galt einem hohen Ziel. Nach zwei schrecklichen Kriegen in der ersten Hälfte dieses Jahrhunderts sollte in der zweiten Hälfte und überhaupt nie wieder von deutschem Boden Krieg ausgehen. Dem dienten unsere Informationen. Die Beendigung des Kalten Krieges und die Sicherheitspartnerschaft der siebziger und achtziger Jahre sind der Beweis dafür, daß unser Einsatz nicht umsonst gewesen ist. Ich bereue nichts, was diese Seite der Aufklärung betrifft. Aber mich bedrückt ihr heute erkennbarer Mißbrauch zur Zementierung eines deformierten Sozialismus.

Als das Buch geschrieben wurde, galten Frieden und Sozialismus als eineiige Zwillinge, ebenso wie Imperialismus und Krieg, das lehrte nach meinem Verständnis die Geschichte, und daran zu zweifeln, kam mir nicht in den Sinn. Die im Buch enthaltenen Fakten mußte ich nicht korrigieren, wohl aber an einigen Stellen ihre Bewertung von einer bestimmten ideologischen Warte aus. Meine nachrichtendienstliche Tätigkeit endete im April 1974. Wäre ich bis 1989 Kundschafter geblieben, hätte ich vermutlich Erkenntnisse über die Friedensfähigkeit des Imperialismus weiterleiten können.

Die Auflösung des DDR-Nachrichtendienstes muß ich hinnehmen, weil bei uns die Aufklärung Anhängsel des allmächtigen Sicherheitsapparates war, von dem sie allerdings nur fünf Prozent betrug. In vielen Staaten, übrigens auch in der Bundesrepublik, ist das streng getrennt und ich möchte in diesem Zusammenhang erwähnen, was laut Bulletin des Presse- und Informationsdienstes der Bundesregierung vom 7. November 1989 der Bonner Koordinator der Geheimdienste, Staatsminister Lutz Stavenhagen, vor Mitarbeitern des BND in Pullach geäußert hat. Nachrichtendienste sind nach seiner Meinung nicht Relikte des Kalten Krieges, sondern Ausdruck der Souveränität eines demokratischen Staates. Wörtlich sagte er: ›*Entscheidungen und Voraussicht auf der Grundlage gesicherter Informationen können Politik zur Staatskunst werden lassen.*‹ Ich würde das nicht so hoch hängen, aber etwas ist schon dran.«

Wolfgang Fischer — München, Juli 1990

1. Das Versteck

»Im Kellersaal des Düsseldorfer Oberlandesgerichts sitzt ein fröhlicher Guillaume. Er lacht. Lacht er vielleicht in Wirklichkeit Richter und Prozeßbeobachter aus, weil sie den wahren Hintergrund für die Schau nicht kennen?«
(»Welt am Sonntag«, 13.7.1975)

Was kostet ein Lächeln?

»Angeklagter, Sie scheinen sich prächtig zu amüsieren!«
Was sollte mich amüsiert haben? Hatte ich wirklich ironisch gelächelt? Worüber? Wohin hatten sich die Gedanken geflüchtet?
»Darf ich fragen, Angeklagter, was Sie derart belustigt an den Ausführungen des Herrn Sachverständigen?«
Ach Gott, dieser Umstandspriester von einem Sachverständigen! Ich hörte zum Schluß schon nicht mehr hin, als er dem staunenden Gericht erläuterte, inwiefern zu einem Transistorgerät eine Kurzwellenskala gehört und man zum Entschlüsseln eines verschlüsselten Funkspruchs eben einen Schlüssel braucht. Sollte es dieser betuliche Mensch, zu seinem großen Auftritt eigens angereist aus der BND-Zentrale in Pullach, ausgerechnet vermocht haben, mich aus der Reserve zu locken?
»Das Gericht würde gern teilhaben an Ihrem Spaß, Angeklagter!«
Mußte ich mir selbst ein kleines Lächeln verkneifen? War das schon zu beredt für die flinken Augen des Herrn Vorsitzenden?
Neben mir auf der Anklagebank Christels beherrschtes Profil, wie immer aufmerksam, wach, reserviert. Dabei war auch sie erschöpft von den ermüdenden Prozeduren dieses sich nun schon über Monate hinschleppenden Prozesses, ich sah es an den vom ewigen Kunstlicht des Gerichtsbunkers ausgeblaßten Wangenlinien, aber sie saß da in einer Straffheit, als wollte sie sagen: Haltung ist alles! Was hätte ich in diesem Moment dafür gegeben, nur einmal, und wäre es bloß für eine Sekunde gewesen, die Haltung verlieren zu dürfen, um ihnen die Wahrheit ins Gesicht zu schreien, die Wahrheit über die trostlose Farce, die sie Prozeß nannten, und über die phantasielose Indizienklauberei, mit der sie ihn in Gang zu halten such-

ten. Beweisanträge, Zeugenvereidigung, Asservate, Gutachten, Einsprüche, Protokollierungen, Sachverständigenaussagen, Vertagungen – wie lange wollten sie das heuchlerische Theater eigentlich noch durchhalten?

»Wollen Sie sich nicht erklären, Angeklagter?«

Auch über die Distanz hinweg, die zwischen Richtertisch und Anklagebank lag, hatte der vorsitzende Richter ein Gespür entwickelt für das, was in mir vibrierte. Hermann-Josef Müller, stellvertretender Vorsitzender des IV. Strafsenats beim Oberlandesgericht Düsseldorf, verhandlungführender Richter in diesem Prozeß, hatte vom ersten Tag an nichts unversucht gelassen, mich aus der Reserve zu lokken. Ich sah das Lauern in seinem Blick. Hoffte er immer noch, die Wand des Schweigens, die wir mit unserer Aussageverweigerung errichtet hatten, zu durchbrechen? Glaubte er, daß meine Nerven endlich reif waren für das erste unbedachte Wort?

»Nun, Angeklagter, haben Sie etwas zu sagen?«

Auch auf den Pressestühlen war es unruhig geworden, dösende Köpfe hatten sich erhoben, ich sah die Teigflecken mir erwartungsvoll zugekehrter Gesichter. Die arme Presse! Ich hatte sie immer leben lassen und von ihr gelebt. Viele Journalisten kannte ich aus besseren Tagen, als ich ihnen am Rande glanzvoller Ereignisse oder nach Verhandlungsrunden hinter verschlossenen Türen Informationen zugesteckt hatte, jedem einen Extrabonbon! In der quälenden Stickluft dieses Kellergewölbes aber, zwischen den für Terroristenprozesse abhör- und ausbruchsicher hergerichteten Betonwänden, wo immer wieder die Belüftung versagte und dann neben der Luft auch nichts anderes in Bewegung geriet, waren sie bisher kaum auf ihre Kosten gekommen. Jetzt an diesem fünfunddreißigsten oder sechsunddreißigsten Verhandlungstag waren sie dem Richter regelrecht dankbar für seine bohrenden Fragen. Bekamen sie vielleicht doch noch was auf die Pfanne? Würde es in letzter Minute, da sich der Prozeß schon dem Ende zuneigte, zum Klappen kommen? Ich kannte sie doch! Hallo Redaktion! Hallo Aufnahme! Neue Schlagzeilen: Guillaume bricht sein Schweigen! Der Kanzlerspion packt endlich aus! Tatsachenserie folgt: Alles über die größte Spionageaffäre in der Bonner Regierungszentrale! Ich sah die wie zur Ermunterung erhobenen Kugelschreiber blitzen. Doch da wandte mir Dr. Pötschke, unser Verteidiger, sein verschlossenes Gesicht mit einem Stirnrunzeln zu, und es bedurfte keiner Worte. Alles war klar: Chri-

stel und ich standen vor einem Feind, unabwendbar für uns, aber unabwendbar auch für ihn; die Schranken der Justiz blieben unüberbrückbar!
Einer der Chronisten des Prozesses schrieb später: »*Manchmal schien es dem Beobachter in diesem Betonklotz, daß eine betoneiserne Wand unsichtbar auch zwischen Richtertisch und Anklagebank gezogen war, und niemand vermochte sie zu durchbrechen.*«
Als mein Anwalt aufstand, stand auch ich auf, mich zu einem Lächeln zwingend, diesmal ganz bewußt, und dieses Lächeln stillen Triumphes verließ mich nicht, als Dr. Pötschke sagte: »Namens meines Mandanten erkläre ich, daß es meinem Mandanten fern liegt, sich über irgend etwas oder irgendwen in diesem Saal zu belustigen. Mein Mandant hat an etwas anderes gedacht. Mein Mandant möchte nichts sagen.«

Was habe ich heute zu sagen? Ein gutes Jahrzehnt ist seit jenem Novembertag 1975 vergangen. Was bewegt mich in diesem Augenblick, da ich mich entschlossen habe, das Schweigen aufzugeben und meine Aussage gewissermaßen nachzureichen? Nehme ich die Rolle, diese Doppelrolle, die zu spielen mein Schicksal wurde, vielleicht zu wichtig? Habe ich überhaupt etwas zu sagen – und was ist mir erlaubt zu sagen? Das sind keine einfachen Fragen, will man etwas zu Protokoll geben. Es erfordert vermutlich nicht weniger Fingerspitzengefühl als die Kundschafterarbeit selbst. Die Distanz der Jahre rückt so manches, was damals in grellem, das Urteilsvermögen blendendem Scheinwerferlicht stand, in ein sanfteres Licht. Jede Erinnerung wühlt auf, aber wenn dann als beherrschend das sichere Gefühl bleibt, das Rechte getan zu haben, weil es das Notwendige war, dann stellt sich auch Milde ein, ein Begreifen der Irrtümer, der eigenen wie auch derjenigen, die einen vor die Schranken des Gerichts brachten. Mache ich mir da etwas vor? Der *Fall Guillaume*, der seinerzeit so viel Wirbel erzeugte, daß mancher darin kopflos unterging – war das vielleicht in einem fatal anderen Sinne des Wortes mein tatsächlicher Fall, der Sturz nicht nur eines Kanzlers, sondern vor allem mein eigener?
Auch ich nehme für mich in Anspruch, nicht als Held geboren zu sein. Nach drei Jahrzehnten Leben mit einer mir selbst machmal merkwürdig verstellten Identität – wie könnte ich da jemals aufhören, ein Kundschafter zu sein? Sich kundig zu machen, Kunde zu er-

halten vom Gegner und seinen Schlichen, dabei den Gegner sich zum Kunden machend, aus solchen Verkündigungen dann eine Kundschaft zu formen, die zu Hause den Freunden nutzt – das ist die große Leidenschaft meines Lebens gewesen. Ich kenne kein Rezept, mit der Neugier jemals Schluß zu machen, auch jetzt nicht, da ich zu Hause bin und unter Freunden und dieses Zuhausesein und die Freundschaft zu genießen suche.

Also mach ich mich wieder auf den Weg, der diesmal vielleicht noch beschwerlicher ist – auf den Weg zurück in eigenes Erleben. Ich will mich selbst aufklären. Mehr kann ich dem Leser nicht versprechen. Über jedem menschlichen Leben, auch dem unscheinbarsten, liegt ein wenig vom Glanz des Heroischen, allein schon dadurch, daß es – eingebunden in die Pflicht, sich als gesellschaftliches Wesen zu nehmen – seine Menschlichkeit wieder und wieder erkämpfen und beweisen muß. Eine andere Wahrheit als diese will ich für mich nicht in Anspruch nehmen. Nicht nur aus seinen natürlichen Bedingungen heraus fängt jeder Mensch klein an. Ich habe sehr klein angefangen. Was einen wachsen läßt, ist die Aufgabe. Ich gestehe, daß mir meine manchmal so groß erschien, daß ich mir vorkam wie Zwerg Nase. Aber die Nase war eben da, und daß ich nie in Versuchung kam aufzuhören, das geheimnisvolle Kräutlein zu suchen – das ist die eigentliche Genugtuung.

Selbstaufklärung also, und wenn dabei an Wahrheit noch etwas mehr zutage treten sollte, etwas von dem, was die Welt in der Balance und in Bewegung hält, dann soll es mir recht sein.

Als mich der Richter beim Grinsen ertappte – war es nun Schadenfreude oder Selbstironie? Schadenfreude: Ja, insofern, als ein sorgsam und pedantisch arbeitender Apparat von erfahrenen Ermittlern, Lauschern, Spähern, Fahndern, Auswertern, Spitzeln es sich immer noch nicht recht erklären konnte, wie ich Kamel durch ihr Nadelöhr gekommen war.

Selbstironie: Ja, auch die – wegen unserer eigenen absurden Pannen, die manchmal so ernst waren, daß man sie nur von der heiteren Seite nehmen durfte, um nicht die Gelassenheit zu verlieren.

Anfangs hatten sie aufgefangene Funksprüche und wußten damit nichts anzufangen. Dann entschlüsselten sie die Funksprüche und wußten damit immer noch nichts Rechtes anzufangen. In den Funksprüchen war manchmal von einem Georg oder G die Rede, und offensichtlich was das der Adressat, der irgendwo im Süddeutschen saß und für den die in Berlin aufgegebenen Sendungen bestimmt waren. Doch wer war dieser G? Sie kamen nicht voran. Erst nach unserer Verhaftung beschlagnahmten sie ein paar ganz gewöhnliche Radiogeräte, Taschenempfänger und Kassettenrecorder, wie sie in jedem Haushalt mehr oder weniger betriebsbereit herumstehen, und weideten die unschuldigen Dinger aus bis auf den letzten Kratzer an einer Spulenisolierung. Die Funksprüche und die Radiogeräte – die mußten irgendwie zusammengepaßt werden, um daraus eine der Anklage dienliche Konstruktion zu basteln. In der Anfangsphase des Prozesses mühte sich darum ein gewisser Watschounek, vom Gericht eingeführt als Fachmann für Funkwesen im Bundesamt für Verfassungsschutz. Er verfuhr dabei nach einem Schema, das man schon Wochen vorher in den Zeitungen hatte studieren können. Wider Recht und Gesetz spielten nämlich die Ermittlungsbehörden immer wieder ihre Indiskretionen der konservativen Presse zu, um die Agentenfurcht am Toben zu halten. Das Schema, das sich die gegnerischen Geheimdienste zurechtgedacht hatten, beruhte im wesentlichen auf Erkenntnissen über den in aller Welt, von Hongkong über Honolulu bis Hamburg-Harburg, bekannten sogenannten A-3-Kopfverkehr.

Auf unseren Fall bezogen, sollte das folgendermaßen ausgesehen haben: In Berlin-Lichtenberg saß ein *hoher Mann* (unter einem *hohen Mann*, worunter sie einen General verstanden, machten sie es selten), saß also ein General vor dem Kurzwellensender und feuerte seine grollenden Befehle in den Äther, verschlüsselt in nach Fünferkolonnen geordneten langen Zahlenreihen. In Frankfurt am Main oder in Bonn, in mitternächtlich dunkler Kammer, hockte der »Offizier im besonderen Einsatz« (auch unter einem ObE, nach ihrem Verständnis einem besonders wichtigen Mann, machten sie es kaum), lauschte an seinem alten Grundig »Ocean-Boy« (vielleicht aber auch an jenem BASF-Gerät, das pikanterweise ein Geschenk dieser Firma an den Kanzler und seine verdienten Mitarbeiter war) und entschlüsselte mit fiebrigen Händen und einem anzüglichen Heine-Vers als Schlüssel im Kopf die Anweisungen zur Zerstörung der abendländischen Kultur, die in Regierungskreisen, wo der ObE sich eingenistet hatte, als besonders gefährdet eingestuft wurde.

Da wir, die Angeklagten, im Prozeß schwiegen, uns weder zu einer Bestätigung noch zu einer Widerlegung bequemten, konnte im Ver-

lauf des ganzen Prozesses nie bewiesen werden, ob es in Wirklichkeit so gelaufen war oder anders. Es blieb bei der platten Unterstellung: Da sind die Funksprüche, da die Radiogeräte – also A-3-Kopfverkehr, und der Kopf war Guillaume, und er hatte die Kopfnummer 37!
Die ganze Konstruktion zeugte von wenig Phantasie. Selbst ein halbausgebildeter Funkamateur oder Radiobastler hätte sich wahrscheinlich geniert, eine solche Binsenweisheit als Stein des Weisen vorzuzeigen, nämlich daß es möglich ist, jeden Funkspruch, egal ob er von einem Fischkutter oder aus einem Ministerium abgelassen wird, mit jedem intakten Radiogerät abzuhören, das über eine halbwegs gespreizte Kurzwelle verfügt. Der Verfassungsschützer Watschounek aber genierte sich nicht: Da war eine Möglichkeit, also wurde sie genutzt, also ist es bewiesen! Erst die Verteidigung erbarmte sich dieses gutachtlich gehörten Zeugen, indem sie ihn wegen Befangenheit ablehnte. Damit allerdings gab sie einem zweiten Fachmann Gelegenheit, seine Erkenntnis darzubieten.
Aus Pullach kam der schon erwähnte Umstandspriester, bei dessen nicht enden wollenden Monologen ich mir ein Grinsen nicht verkneifen konnte. Er hieß Hüttel und war nicht ohne Sachkunde. Zweifellos verfügte er als kompetente Person des Bundesnachrichtendienstes auch über den Erfahrungsschatz, der noch vom Dritten Reich angelegt worden war; der General Gehlen, Chef der Abteilung »Fremde Heere Ost« in der militärischen Abwehr des Großdeutschen Reiches und dann mit nahezu nahtlosem Übergang erster Auslandsspionagechef der nunmehr kleindeutschen Bundesrepublik, wird schon dafür gesorgt haben! Diesem Hüttel hatte es mein kleiner japanischer Taschenempfänger »Wien 999« angetan, obwohl der schon aus technischen Gründen als Indiz überhaupt nicht in Frage kam. Zur Debatte stand der Empfang von Funksprüchen vom Ende der fünfziger Jahre. Zu der Zeit aber war der Typ »Wien 999« noch gar nicht im Handel. Christel hatte mir das Gerät erst 1964 zum Geburtstag geschenkt. Dessenungeachtet, kam der Sachverständige zu der fundamentalen Feststellung, daß auch mit diesem Gerät ein Kurzwellensenderempfang möglich gewesen wäre, wenn – ja, wenn man an Stelle der schlampig abgebrochenen Antenne eine externe anschlösse – und er hätte es getan und damit Erfolg gehabt. Bewundernswert dann die Akribie, mit der er darlegte, wie er beim Ausschlachten des nun nicht mehr ganz neuen und mehrmals über-

holten Geräts auf ein paar versteckte Schnitt- und Lötstellen an den Spuldrähten gestoßen sei. Sich selber fragend, ob das von einer bloßen Reparatur oder bewußten Manipulierung herrühre, letzteres um den Mittelwellenbereich zur Kurzwelle hin zu strecken, war er ehrlich genug, jede Eindeutigkeit bei der Antwort zu meiden und es bei Möglichkeit und Wahrscheinlichkeit zu belassen. Damit hatte der BND-Mann Hüttel zwar bewiesen, daß er vom Handwerk etwas verstand, im Sinne eines schlagkräftigen Indizes aber auch nicht mehr vorgebracht als der BfV-Mann Watschounek.
Mit äußerster Akribie hatte Hüttel auch den alten Grundig ausgeweidet. Seine Aussage dazu lautete folgendermaßen: Das Gerät ist nicht betriebsbereit, es macht einen stark abgenutzten Eindruck. Auf der Lautsprecherabdeckung sind Konturen eines früher dort angebrachten Emblems von Kriegsdienstgegnern erkennbar.
Spätestens bei dieser Entdeckung hätten sich die Herren des BND doch fragen müssen: Wie kommt ein pazifistisches Symbol an den Empfänger eines »Offiziers im besonderen Einsatz«? Bei sorgfältigem Recherchieren wären sie leicht auf die richtige Antwort gestoßen: Ich hatte Pierre, unserem Sohn, der damals als Bonner Gymnasiast auf der Suche nach Idealen war, den alten Kasten zum Basteln überlassen.
Statt dessen machte man sich die Mühe, die Spannung im Gerät nachzuladen, um überhaupt irgendwelche Messungen vornehmen zu können, und BND-Mann Hüttel unterbreitete dem Gericht, ohne daß der Vorsitzende auch nur mit der Wimper zuckte, seine kühne Schlußfolgerung: Auch mit dem Grundig-Gerät war der Empfang von A-3-Sendungen zwar nicht unproblematisch, bei Tagesfrequenz jedoch prinzipiell möglich. Das war genau das, was das Gericht hören wollte!
Was einen jammern konnte und schließlich zum Lachen brachte, war einfach der Umstand, daß in ihren Köpfen nur der Funkkopfverkehr herumspukte: da der befehlgebende Sender, hier der befehlnehmende Empfänger. Ja, Himmel und Äther! Was nur hatte sie auf dieses Schema fixiert? Wozu fummelten sie wieder und wieder an den alten und wenig ansehnlichen Radios herum, pedantisch die Asservatennummer nennend, wenn sie auf eines zu sprechen kamen? Warum nur war keiner dieser in tausend Stunden geschulten Herren darauf gekommen, daß ein Sendeverkehr auch in umgekehrter Richtung hätte möglich sein können? Unterschätzten sie unsere Risiko-

bereitschaft oder unser technisches Ausstattungsvermögen? In ihren von der Gestapo übernommenen Archiven schlummerten doch sämtliche Vorgänge um die »Rote Kapelle«, die mit ihren Funkkonzerten sogar Moskau erreicht hatte. Nun, ich habe keine Lust, mir nachträglich anderer Leute Kopf zu zerbrechen. Jedenfalls bleibt es erstaunlich, ja rätselhaft, daß ihre Überlegungen und Ermittlungen in dieser Richtung total blockiert waren. An allen erdenklichen Stellen hatten sie auf den Busch geklopft. Zum möglichen Wechselfunkverkehr stellten sie nie, weder im Verhör noch im Prozeß, eine Frage. Ich will die Antwort trotzdem nachreichen. Technische Details erspare ich mir. Ich erzähle einfach eine Begebenheit aus der Frankfurter Zeit, die Sache mit dem Versteck im Stadtwald, und dann wird vielleicht klarwerden, warum ich im Angesicht der Würde eines Gerichts etwas respektlos gegrinst habe.

Ein guter alter Freund wird eingemottet

Eugen, der neue Verbinder, hatte die Dringlichkeit eines Treffs signalisiert. Wir verabredeten uns zu später Nachmittagsstunde in der immer überlaufenen Buffetetage eines großen Kaufhauses in der Frankfurter Innenstadt. Eine Weile druckste er herum, ehe er mit der überraschenden Anweisung herausrückte: Euer Funkgerät muß weg!

Der erste Gedanke, der mir durch den Kopf schoß: dicke Luft! Aber da es zu den ungeschriebenen Regeln gehört, sich nicht gegenseitig verrückt zu machen, verkniff ich mir eine entsprechende Frage. Mein zweiter Gedanke war: Dieses schlichte, zuverlässige, vertraute Gerät sollten wir sausen lassen? Christel konnte damit umgehen wie Paganini mit seiner Stradivari. War der Lochstreifen erst einmal präpariert, pfiff das ab, nicht länger und auffälliger als ein Zeitzeichen des Hessischen Rundfunks, und Sekunden später hatte der Auswerter unsere Nachricht für den *hohen Mann* auf dem Tisch.

Eugen beruhigte mich: Der Kasten wird weder verschrottet noch als Wertpaket nach Hause verfrachtet. Die Direktive lautete: einmotten! Präparieren für spätere Wiederverwendung!

Während ich daranging, mich nach einem geeigneten Behälter, wasserdicht und erosionssicher, umzusehen, hatte ich Zeit, über die Zusammenhänge des Abkoppelungsmanövers nachzudenken. Allmählich beruhigte ich mich und schloß Gefahr im Verzuge aus. Eugen hätte eine mit dem Befehl im Zusammenhang stehende außergewöhnliche Gefährdung zur Sprache gebracht. Immer, von unseren etwas naiven Anfängen bis zum bitterernsten Ende, hatte es ein ehernes Gesetz des Zusammenspiels gegeben, das Sicherheit gab und Vertrauen: Jede Komplizierung einer Situation wird mit der Zentrale gemeinsam beraten und dann erst entschieden.

Bei abgeklärter Einschätzung der Umstände stellte sich die Tatsachenlage also etwas anders dar: Zwar gab es durchaus eine Komplizierung der Situation, aber in positiver Hinsicht.

Es war das Jahr 1964: Unser mühsamer Marsch durch das Geflecht der SPD-Hierarchie war vorerst erfolgreich abgeschlossen. Im März hatte man mich zum Geschäftsführer des Unterbezirks Frankfurt (Main) gewählt. Damit war ich hauptamtlich angestellter Parteisekretär, Inventar des Apparats, mit direktem Draht zu den einflußreichen Leuten des Parteivorstands in der Bonner *Baracke.* Dort hatte es vor kurzem wichtige Veränderungen gegeben. Nach dem Tod des immer etwas bieder wirkenden Erich Ollenhauer war Willy Brandt, der ehrgeizige Regierende Bürgermeister von Westberlin, an die Parteispitze gerückt und nahm seinen zweiten Anlauf auf das Kanzleramt. Im selben Jahr gelang es Christel, bis in die Hessische Staatskanzlei in Wiesbaden vorzudringen. Sie saß jetzt als Sekretärin im Vorzimmer von Staatssekretär Birkelbach, einem der großen *Europäer* in der SPD.

Sowohl mein Geschäftsführersessel als auch der Sekretärinnenstuhl Christels waren für unseren Auftrag äußerst günstige Positionen, die entsprechend abgesichert sein mußten. Es hieß auch Abschied nehmen von alten Freunden, zu deren Betreuung wir einst ausgezogen waren. In den neuen einfluß- und einsichtsreichen Positionen waren wir zu unserer eigenen Quelle geworden und bedurften nun selber der Betreuung. Das ganze komplizierte System der Führung und Verbindung mußte vorsichtig Schritt für Schritt umgestellt werden. Und konsequenterweise hieß es deshalb Abschied nehmen auch von einem anderen alten Freund, vom Funkgerät, das uns als Brücke zur Heimat so treulich gedient hatte.

An manche Einzelheiten der abenteuerlichen Nachtfahrt erinnere ich mich nach so vielen Jahren nicht mehr. Wozu sie nachträglich ausschmücken? Zwar habe ich meinen Auftrag als Kundschafter immer als das große Abenteuer meines Lebens empfunden, aber

dem Alltag des Kundschafters haftet für gewöhnlich wenig Abenteuerliches an. Da sind in erster Linie konzentrierter Fleiß gefordert, Organisiertheit und Disziplin bis zur Unterwerfung unter ein Regelwerk, das man sich selbst gegeben hat. Nach dem großen Kladderadatsch meinte einer, der sich für einen Insider hielt: Der Guillaume habe »goldene Finger« gehabt bei der Behandlung von »Material und Menschen«. Das war natürlich hämisch gemeint, weniger gegen mich gerichtet, als vielmehr gegen jene »Menschen«, die vorgeblich unter solchen »goldenen Fingern« zu »Material« wurden, und wie alles Hämische war es maßlos übertrieben.
Denn mit dem Treiben eines »Goldfinger« und des männer- und mädchenverschlingenden Superagenten 007 hatte meine Mission wenig zu tun. Der Alltag stellt sich eben anders dar, schlichter und unauffälliger, als es sich die Kinoleinwand angesichts eines sensationsbedürftigen Publikums leisten darf. Freilich gab es auch in meiner Arbeit Momente, die aus dem bis zur Routine eingeschliffenen Alltag herausfielen, und wenn wir an jenem Abend auch nicht gerade festlich gestimmt waren, machten wir uns doch mit einer gewissen Feierlichkeit auf den Weg, voll prickelnder Unruhe, ob alles gutgehen würde.
Das Funkgerät hatte ich liebevoll in Schaumstoff gehüllt, in einem Plastiksäckchen vor Nässe geschützt, so gebündelt in einen stabilen Blechkanister verstaut und diesen sorgsam verlötet. Als wir die Mainbrücke passiert hatten und eingangs von Frankfurt-Sachsenhausen auf eine kurze Schlaglochstrecke kamen, rumpelte das schwere Gepäckstück im Kofferraum. Eugen sah mich tadelnd an. Laß dir Zeit, Mensch, sollte das heißen, die Nacht ist lang!
Die Silhouette des Henningerturms huschte im Dunkeln vorbei. Auf der alten Darmstädter Landstraße tanzten uns die Scheinwerferlichter der Nachtschwärmer aus der Provinz entgegen, die in immer stärker werdendem Strom dem Amüsierbetrieb der Frankfurter Innenstadt zustrebten. Im Großstadtfunkeln das düstere Loch des Südfriedhofs – in einer ersten pietätvollen Anwandlung hatten wir erwogen, unserem still gewordenen Liebling dort eine letzte Ruhestätte zu bereiten, es dann mit Rücksicht auf die immer wieder fällig werdenden Grabstellenbereinigungen jedoch verworfen. Also vorbei und weiter! Eugen wollte, um etwaige Spuren zu verwischen, noch über Neu-Isenburg hinaus und irgendwo da, in ländlicher Einsamkeit, eine günstige Stelle ausmachen. Aber in mir regte sich lo-

kalpatriotischer Eigensinn: Wenn es schon nicht der Südfriedhof sein durfte, dann mußte es wenigstens der Frankfurter Stadtwald sein! Sieben Jahre können eine lange Zeit im Leben sein. In diesen sieben anfangs so mageren Jahren war mir die Stadt vertraut geworden, und, mich so als Frankfurter fühlend, bestand ich darauf, das Werk im Frankfurter Gebiet zu verrichten. Eugen schimpfte auf meine sentimentale Anwandlung, fügte sich dann aber.
Über ein schmaler gewordenes Asphaltband fuhren wir langsam durch den Wald, und wo er uns am dichtesten erschien, hielten wir endlich an. Eine Weile verhielten wir uns still, bei heruntergekurbeltem Fenster, denn es war ein lauer, trockener, windstiller Herbstabend, typisch für die Mainniederung und wie geschaffen für unser Vorhaben: Spaziergänger, Käfersammler und Trimm-dich-Läufer hatten den Wald bei Dämmerung verlassen. Manchmal nur fuhr ein Auto vorbei – Liebespärchen, die ein für ihr heimliches Treiben stilles Plätzchen suchten wie wir. Sonst blieb alles still. Wir stiegen aus. Letzte Witterung. Als erstes galt es eine versteckte und doch leicht wiederzuentdeckende Markierung zu finden. Ich kann mich nicht mehr erinnern, worin sie bestand, ob in einer markanten Baumgruppe oder einem Wegzeichen oder einer Bodenerhebung.
Mit dem alten Militärspaten, der bei mir immer griffbereit neben dem Wagenheber lag, hoben wir, einander ablösend, im Unterholz eine angemessen tiefe Grube aus. Es war eine ungewohnte Arbeit, und in der Finsternis und immer wieder auf zähe Wurzeln stoßend, kamen wir nur langsam voran. Wenn Eugen sich niederkniete, schlich ich mich zur Straße zurück, um die Lage zu peilen. Aber außer uns rührte sich nichts. Und endlich war es geschafft. Wir konnten das eingesargte Funkgerät zu Grabe lassen. Sorgfältig wurde alles eingeebnet und mit Reisern und modrigem Laub abgedeckt. Für einen Augenblick verharrten wir noch, und ich ließ in albern erleichterter Ergriffenheit ein stummes atheistisches Gebet in den Nachthimmel steigen.

Hohes Gericht! Verstehen Sie jetzt, warum ich mir ein Grinsen nicht verkneifen konnte? Sie hatten nicht die falschen Sachverständigen, sondern gingen von einer falschen Sachlage aus! Auch wir waren ja keineswegs so sachverständig, wie Sie vorgaben, fürchten zu müssen. Ich zumindest hatte die verkehrspolitischen Aktivitäten der

Frankfurter Stadtväter gründlich unterschätzt. Gegen das Ränkespiel des Zufalls ist eben keiner gefeit!
Es war viele Jahre später, ich saß schon in meiner neuen Funktion in Bonn und hatte Eugen längst aus den Augen und aus dem Sinn verloren, als plötzlich im Amt das Telefon klingelte und ich zu meiner Überraschung seine Stimme im Hörer erkannte. Ich war wie elektrisiert. Was wollte der Frankfurter Eugen in Bonn? Und noch dazu am Telefon!
Wir trafen uns in einer kleinen Kneipe in Köln. Nach bevor sich der Schaum auf dem Bier gesetzt hatte, kam er mit der Sprache heraus.
»Ich soll das Funkgerät holen.«
»Welches Funkgerät?«
»Erinnerst du dich nicht? Das Ding im Frankfurter Stadtwald. Es wird wieder gebraucht.«
»Na, dann hol's doch!«
»Das wollte ich ja. Aber es ist wie verhext – ich finde entweder nicht die richtige Stelle, oder es ist was Irres passiert.«
»Aber ich bin doch nicht so verrückt, wegen diesem Ding mit dir nach Frankfurt zu fahren!«
»Doch! Wir sollen es noch mal zusammen versuchen. Vielleicht hast du eine bessere Erinnerung an die Markierung.«
»Dafür warst du verantwortlich!«
»Und bei dir mußte es unbedingt der Stadtwald sein!«
Ich brauchte an dem Abend mehr als ein Bier, um die ärgerliche Überraschung wegzuspülen. Jeder weitere Streit war sinnlos. Zwar lag kein Anlaß zu überstürztem Handeln vor, aber gehandelt werden mußte. Ein Funkgerät kann man schließlich nicht liegenlassen wie eine leere Bierbüchse.
Nachdem ich die dienstlichen Angelegenheiten im Amt geregelt hatte, machte ich mich mit Eugen auf den Weg nach Frankfurt. Ich war ziemlich sicher, seinem Gedächtnis auf die Sprünge helfen zu können. Also die Fährte aufgenommen, wieder über die Mainbrücke, durch Sachsenhausen hindurch, Südfriedhof und Henningerturm waren noch da – aber alles andere kam mir merkwürdig fremd vor. War das noch die alte Darmstädter Landstraße, und wo war die kleine Waldstraße? Wir hatten einen alten Stadtplan mit und einen neuen dazugekauft. Beim Vergleich fingen mir die Augen zu tränen an. Ich machte drei Versuche mit drei verschiedenen Annäherungsmethoden, und jedesmal landeten wir an derselben Stelle.

Es wurde Zeit, der Wahrheit ins Auge zu sehen: Unsere kleine Waldstraße gab es nicht mehr, eine autobahnbreite Trasse war durch den Stadtwald geschlagen worden, und wo damals noch Baum, Busch und Strauch gestanden hatten – deckte heute der graue Beton einer mehrspurigen Schnellstraße den Boden. Das Szenarium entwickelte sich nun doch noch im Stil eines Mafiosi-Films: Man hatte unser Funkgerät einbetoniert wie in Neapel einen unliebsamen Konkurrenten.
Doch konnten wir uns dessen damals nicht völlig sicher sein. Eugen sah mich besorgt an: Hatte womöglich ein Bulldozer beim Planieren der Trasse das Ding hochgewühlt, und lag es jetzt in einem Asservatenraum, Gegenstand fieberhafter Ermittlungen? Wir waren ohnmächtig gegenüber einer Laune des Zufalls. Eugen mußte mit leeren Händen seine beunruhigende Fehlmeldung überbringen.
Erst später, bei der Vorbereitung des Prozesses, als Vernehmer und Ermittlungsrichter wegen des von ihnen vorausgesetzten Funkverkehrs blind in alle möglichen Richtungen stocherten, nur nicht in diese, war ich mir sicher: Das Funkgerät hatte den von mir nicht eingeplanten Straßenbau glücklich überstanden. Denn hätten sie es in Händen gehabt, Ermittlungen und Prozeß wären anders verlaufen, und die Sachverständigen hätten sicher eine bessere Figur gemacht.
Allerdings verbindet sich mit dieser Sachlage nun eine neue Sorge: Möge man doch bitte die schöne Straße in Frieden lassen! Zwar ist kein Gras über die Sache gewachsen, sondern Beton darüber gegossen worden – aber es lohnt wirklich nicht, jetzt mit Preßlufthämmern nachzubohren. Auch im Interesse der Frankfurter Steuerzahler bitte ich darum. Ich war lange genug Mitglied der Frankfurter Stadtverordnetenversammlung, um zu wissen, wie angespannt die Finanzlage der Kommunen ist.
Eine Straße aufzureißen, das kostet viel Geld, und sie wieder herzurichten noch mehr. Man vertraue meiner Aussage. Friede unserem Funkgerät und seiner letzten Ruhestätte!

2. Die Probe

»Nach einer auf ihren Wahrheitsgehalt hin nicht mehr überprüfbaren Karteinotierung vom April 1954 soll Günter G., geb. 1.2.1927 in Berlin, ... im Auftrag des Verlages ›Volk und Wissen‹ die BRD mit dem Zweck bereist haben, um Verbindungen zu Verlagen, Druckereien und Personen herzustellen und diese dann östlich zu infiltrieren. Keine weiteren Erkenntnisse. Die Ehefrau Christel G., geb. 6.10.1927, hat hier keine Vormerkungen.«

(Fernschreiben der Zentrale des Bundesnachrichtendienstes in Pullach vom 16.12.1969 an seine Verbindungsstelle Bonn)

Niemand kommt mit einer Kamera auf die Welt

Womit begann es? Hat die dubiose »auf ihren Wahrheitsgehalt hin nicht mehr überprüfbare Karteinotierung« des BND vom April 1954 irgend etwas damit zu tun? Bekommt sie womöglich einen Schimmer von Wahrheit, wenn man sie verkürzt liest: im Auftrag von Volk und Wissen? Mein unruhiges Leben – ja, warum sollte ich nicht bekennen dürfen, daß es was mit dem Volk zu tun hat, mit dem Volk, aus dem ich komme und dessen Interessen ich immer als die meinen empfunden hatte, und viel zu tun hat auch mit dem Wissen, das das Volk klüger und stärker macht? Klingt ein solches Bekenntnis zu pathetisch? Man sollte nicht vergessen, daß es mehr als drei Jahrzehnte her ist. Es waren andere Zeiten, und das Leben ließ sich nur schaukeln, wenn man sich – und das allerdings nicht anders als heute – einen Sinn bewahrte für dessen Komik, aber zugleich auch für sein Pathos.

Womit also begann es? Gibt es überhaupt einen Anfang? Entwickelte sich nicht alles ganz unauffällig und wie von selbst? Getrieben von den günstigen oder ungünstigen Winden des Schicksals, umgeblasen und wieder aufgerichtet, am großen Plane tüftelnd und dann doch heimgesucht von der Verrücktheit spontaner Entschlüsse, gebeutelt oder gehätschelt von Umständen, die man sich nicht aussuchen konnte – wie schwer ist es da, in dem mit tausend feinen Fäden verstrickten Leben so etwas wie ein Muster zu erkennen! Dennoch bin ich fest davon überzeugt, daß jede Lebenskurve ihrer eigenen

Logik folgt; nur läßt uns das Leben oft keine Zeit, dafür den Nachweis zu erbringen.
Meine Biographie zurückverfolgend, sagte mir einmal einer der Vernehmungsbeamten, kalte Wut in den Augen und natürlich außerhalb des Protokolls: Nie haben Sie davon ablassen wollen, zu hören und zu sehen – wir werden jetzt schon dafür sorgen, daß es Ihnen vergeht ... Nach dem gleichen Grundsatz verfuhr das Gericht. Es war von vornherein auf ein Urteil aus, bei dem uns Hören und Sehen vergehen sollte. Zu diesem Zweck ließ es keine Gelegenheit aus, der verschreckten Öffentlichkeit in unserer Person *hochkarätige Agenten* vorzuführen wie in einer Exotenschau. An manchen Tagen drückte eine ganze Galerie von Beamten und Offizieren der gegnerischen Geheimdienste die Zeugenbank, die dafür den Beweis antreten sollten.
Eine dieser Zeugenaussagen ließ mich erstaunen, und auch heute noch komme ich darüber manchmal ins Grübeln. Es handelte sich um einen Herrn des Bundesamtes für Verfassungsschutz, der seinerseits ins Grübeln gekommen war: Berücksichtige man alle Umstände, ziehe man alle Erkenntnisse zu Rate, dann komme die Wertung zum Schluß, daß sich hinter dem »Funkkopf 37« eine Person verborgen haben müsse, die »politische Zuverlässigkeit« mitbrachte, über »technische Fähigkeiten« verfügte und so, ausgerüstet mit einer »natürlichen Begabung für die nachrichtendienstliche Tätigkeit«, in der Lage war, über längere Zeit eine operative Aufgabe auf sich allein gestellt zu lösen.
Ein schmeichlerisches Attest, fast klingt neidvolles Bedauern an, über solche Mitarbeiter nicht verfügt zu haben. Über Fragen der politischen Zuverlässigkeit will ich mit diesem Mann nicht streiten. Er hatte die Verfassung einer anderen staatlichen und gesellschaftlichen Ordnung zu schützen als ich, und auch sein Schutzbegriff dürfte – wie die Praktiken der Gesinnungsprüfung und der Einschüchterung durch sein Amt beweisen – ein anderer sein als der meine. Das Kompliment über technische Fertigkeit reiche ich im gerechten Anteil an Christel weiter. Aber was, zum Teufel, ist »natürliche Begabung für nachrichtendienstliche Tätigkeit«? Aus welchen geheimnisvollen Ingredienzien setzt sich die zusammen? Natürliche Begabung, sie wird einem doch in die Wiege gelegt! Es gehört zwar zum Zug der modernen Zeit, daß gebärende Mütter im Kreißsaal ihre große Stunde selbst fotografieren. Aber der Säug-

ling? Kommt er etwa mit einer Kamera auf die Welt? Wenn man schon nicht als Soldat geboren wird, dann wohl auch nicht als Kundschafter.

Politische Lehrstunden während der Berliner Viermächtekonferenz

April 1954 – welcher Art war die »östliche Infiltrierung«, die mir der Bundesnachrichtendienst in seiner eingangs zitierten Karteinotierung bescheinigte? Die Angst vor *östlicher Infiltrierung* war damals eine ganz allgemeine Erscheinung, ein unter den führenden Politikern der westlichen Welt verbreiteter Alptraum. Ich hatte sie direkt vor Ort, während der Außenministerkonferenz der *großen Vier,* die im Januar und Februar desselben Jahres in Berlin tagte, studieren können. Damals arbeitete ich schon als Bildredakteur in der Fachbuchabteilung des Verlages »Volk und Wissen«, war aber auch noch, wenn sich die Gelegenheit ergab, mit der Kamera als Bildreporter unterwegs.
Während der ersten Woche tagten die Außenminister im ehemaligen Kontrollratsgebäude in der Schöneberger Elßholzstraße. Aber wenn ich mich recht erinnere, zogen sie schon in der zweiten Woche verabredungsgemäß in die sowjetische Botschaft Unter den Linden um. Das Ziel der von der DDR-Regierung unterstützten sowjetischen Politik war der Abschluß eines Friedensvertrages mit dem wiedervereinigten Deutschland. Kaum war Außenminister Molotow in Berlin eingetroffen, setzte er durch, daß die Frage auf die Tagesordnung der Konferenz gesetzt wurde.
Der Wechsel der Tagungsorte und die jeweilige Anfahrt der Diplomatenwagen durch das Brandenburger Tor waren in gewisser Weise typisch für die politischen Zustände in der Viersektorenstadt Berlin. Wer von den Berlinern Lust hatte, sich das diplomatische Zeremoniell anzusehen, konnte es ungehemmt tun, egal ob er in Ost oder in West wohnte. Man brauchte dazu nur zwanzig Pfennig für die S-Bahn. Und so trieb auch ich mich in jenen Tagen viel in Berlin herum.
Ich erinnere mich, daß eine grimmige Kälte herrschte, zwischen den Eisbarrieren war die Schiffahrt auf Havel und Spree zum Erliegen gekommen. Oft blieb die Straßenbahn stehen, weil im Frost die Stromleitungen brachen. Da war es dann schon gemütlicher, sich

das politische Großereignis in warmer Stube am Fernseher anzusehen. Ja, auch Fernsehen hatten wir Mitte der fünfziger Jahre schon, wenn es auch für den Privatmann noch einen Luxus darstellte. Aber rund sechzig dieser urtümlichen, äußerlich einem Radio nachgebauten Kästen standen in den Aufklärungslokalen der Nationalen Front und waren immer dicht umlagert.

Neben den politischen Ereignissen in meiner Heimatstadt nahm mich damals ein Film gefangen, der etwa zu der Zeit Erstaufführung in Berlin hatte: »Fanfan der Husar«. Ich kam amüsiert und angeregt aus der Vorstellung. Es wäre zuviel gesagt, daß ich in dem unentwegt fechtenden, liebenden, reitenden, ulkenden Gérard Philipe als Fanfan von der Tulpe ein Idol gesehen hätte. Soviel Rastlosigkeit traute ich mir bei allem jugendlichen Optimismus nicht zu. Aber was mich neben der Abenteuerlichkeit fesselte, war die in ein historisches Gewand gekleidete Parodie auf den Militarismus jedweder Art.

In geradezu provozierender Weise rotteten sich parallel zur Berliner Konferenz in Braunschweig die ewigen Marschierer des »Stahlhelms« zusammen, einer stinkreaktionären Frontkämpferorganisation, die schon in der Weimarer Republik mit der NSDAP paktiert hatte und nun in der Bonner Republik wiederbelebt worden war. Ihr Chef, der ehemalige Generalfeldmarschall Kesselring, hielt in Braunschweig, Hitlers Ritterkreuz am Halse, eine scharfmacherische Rede, in der er einen »in unseren Traditionen stehenden deutschen Wehrbeitrag« forderte. Die kalte Wut konnte einen packen! Was waren das doch für Traditionen! Kesselring war 1947 von einem britischen Militärgericht zum Tode verurteilt, im Oktober desselben Jahres zu lebenslänglicher Haft begnadigt und 1952 freigelassen worden. Als Oberbefehlshaber in Italien war er verantwortlich für die systematischen Geiselerschießungen von Marzabotto und in den Ardeatinischen Höhlen, denen viele hundert Kinder, Frauen und Greise zum Opfer fielen. Und diese »Kriegshelden« griffen wieder nach Waffen! Zu diesem Zeitpunkt hatte die Adenauer-Regierung, gedeckt durch die allerdings noch nicht ratifizierten Pariser und Bonner Verträge, bereits paramilitärische Verbände aufgestellt, die später den Kern der Bundeswehr bildeten. Auf den ehemaligen Ordensburgen der Hitlerbewegung wurden die Offizierskader trainiert. In die Berliner Verhandlungen hinein platzte die Nachricht, daß die Amerikaner 20 neue Atomkanonen in Westdeutschland stationierten.

Auch in Westberlin versuchten sich die restaurativen Kräfte zu formieren. In Schöneberg erlebte ich einmal eine merkwürdige, gegen die sowjetische Verhandlungsdelegation gerichtete Prozession. Es handelte sich zwar nur um ein kleines Häuflein, das sich vor dem ehemaligen Kontrollratsgebäude sammelte, aber einige der mitgeführten, in kyrillischer Schrift abgefaßten Losungen gingen bis zur Morddrohung gegen den sowjetischen Außenminister. Wer waren diese Leute mit den finster-entschlossenen Gesichtern, was wollten sie? Mein Presseausweis verschaffte mir Zugang zum verräucherten Hinterzimmer einer Kneipe, wo sie konferierten. Wie sich herausstellte, handelte es sich um die sogenannte NTS, eine ehemals weißgardistische ukrainische Organisation, deren Anhänger während der Besatzungszeit offen mit den deutschen Okkupanten kollaboriert hatten. Jetzt versuchten sie, sich von der Welle der Wiederbelebung des Militarismus hochtragen zu lassen. Und was da an abenteuerlichen Plänen zur Sprache kam – das wurde mir sehr schnell klar –, hatte nicht nur seinen Wert für die Presseberichterstattung, sondern war auch von großer politischer Brisanz, die eine diskrete Behandlung erforderte. Dementsprechend waren auch die Informationen, die ich über das Treiben der Terroristen weitergab. Im April 1954 ging die sensationelle Meldung durch die Weltpresse, daß sich ein gewisser Dr. Alexander R. Truschnowitsch, führender Kopf der NTS, den Sicherheitsorganen der DDR gestellt hatte. Ich empfand Genugtuung.
Mein beruflicher Status als Journalist brachte mich natürlich auch in Kontakt mit Vertretern der internationalen Presse, die zu Hunderten in Berlin angereist waren. Stets auf der Jagd nach Neuigkeiten, gaben sie manchmal am Biertisch selbst Neuigkeiten zum besten. So erfuhr ich von der Direktive, die der US-amerikanische Außenminister Dulles an die Korrespondenten jener Presseorgane, auf die er bauen konnte, ausgegeben hatte. »Not an inch!« Das sollte heißen: Wir geben keinen Zentimeter Boden preis! Egal, womit die Russen uns kommen – es wird abgeschmettert. Sorgen Sie, die Herren von der Presse, dafür, daß die Öffentlichkeit entsprechend bearbeitet wird! Und womit kamen die Russen, welcher Art waren die Zumutungen, die man sich vom Halse schaffen mußte? Es ist auch für die heutige Zeit ganz lehrreich, sich zu vergegenwärtigen, worin die *östliche Infiltration* bestand.
Erster Vorschlag Molotows: Einberufung einer Friedenskonferenz;

Ausarbeitung des Entwurfs eines Friedensvertrages für ganz Deutschland; Anhörung der Regierungsvertreter der BRD und der DDR. Antwort Dulles: No!

Zweiter Vorschlag Molotows: Volksbefragung in ganz Deutschland zur Schicksalsfrage der Einbeziehung der BRD in die atlantische Militärkoalition – ja oder nein? Antwort Dulles: No!

Dritter Vorschlag Molotows: Einsetzung einer provisorischen gesamtdeutschen Regierung, die nach dem Abzug der Besatzungstruppen aus Ost und West freie Wahlen ausschreibt. Antwort Dulles: No!

Vierter Vorschlag Molotows: Abzug aller Besatzungstruppen aus Deutschland; Abschluß eines gesamteuropäischen Vertrages über kollektive Sicherheit in Europa. Antwort Dulles: No!

Die Welt sähe heute vermutlich anders aus, weniger bedroht und gefährdet, wenn die Sowjetunion damals mit ihren Vorschlägen durchgedrungen wäre. Die Adenauer-Regierung zeigte sich jedoch kalt entschlossen, ein anderes Programm der deutschen Wiedervereinigung durchzusetzen, das Programm des roll-back durch Wiederbewaffnung, und warf sich deshalb mit der ganzen Macht des restaurierten Staates den Amerikanern in die Arme. Da interessierte selbst das Angebot von Volksabstimmung und freien Wahlen nicht, als deren Gralshüter man sich sonst aufspielte.

Wenn man in alten Zeitungsbänden kramt, findet man sehr aufschlußreiche Eingeständnisse. Die »New York Herald Tribune« schrieb 1954: *»Die Vereinigten Staaten wollen jetzt keine freien Wahlen in Deutschland, weil dies ihren Apfelkarren zum Umkippen bringen würde. Die Äpfel sind der Schumanplan und die Europa-Armee mit ihren zwölf deutschen Divisionen und überhaupt all die sorgfältig ausgearbeiteten Pläne für die westliche Integration …«*

Außenminister Dulles erklärte: »Es gibt keine gute Lösung des Problems Deutschlands, solange nicht Deutschland im Rahmen des Westens als ein integraler Teil untergebracht ist.«

Das war genau der neuralgische Punkt, an dem sich die Interessen des amerikanischen und des westdeutschen Imperialismus trafen. Die USA brauchten einen scharfen Festlandsdegen gegen die Länder des Sozialismus, und die Regierung des zu Kräften gekommenen westdeutschen Großkapitals packte die Gelegenheit beim Schopf, um ihre ökonomische und politische Macht auch wieder auf militärische Füße zu stellen. In einer bei ihm seltenen Stunde der Wahrheit

bekannte Adenauer: »Hören wir doch auf, von Wiedervereinigung zu reden; Befreiung der Sowjetzone – das ist es!«
Im Rückblick, aus der historischen Distanz schärft sich der Blick. Es bestätigt sich das Wort, daß zum Propheten wird, wer sich mit der Vergangenheit beschäftigt. Befindet man sich allerdings unmittelbar im Strudel der Ereignisse, ist es manchmal nicht einfach, den Durchblick zu behalten. Damals war ich ein rüstiger Zwanziger, mehr ausgerüstet mit politischem Optimismus als mit politischer Erfahrung. Als es soweit war, sich einzugestehen, daß die Berliner Verhandlungen, an die soviel Hoffnungen geknüpft wurden, praktisch gescheitert waren, blieb bei mir wie bei so manchem meiner Generation zunächst nichts als ein Gefühl des Zorns, das aus der Ohnmacht kam. Die Reaktion, so schien es, war unaufhaltsam im Vormarsch, die alten Generale setzten zu neuem Sprung an, der Graben, der durch Deutschland ging, vertiefte sich. Beinahe wie zum Trotz sangen wir das Thälmann-Lied, das damals aufkam: »Daß ihre Waffen zerbrechen, schirmen wir Brücke und Wehr, geben der Welt das Versprechen, standhaft zu bleiben wie er.«
Sehr schnell stellte sich jedoch heraus, daß weder die Sowjetunion noch die DDR sich durch die *Politik der Stärke* beeindrucken und erpressen ließen. Noch im selben Jahr übergab die UdSSR der DDR ihre staatsrechtliche volle Souveränität. Damit wuchs natürlich auch unsere Verantwortung in der alles andere überragenden Frage »Krieg oder Frieden?«
Kollegen des Verlages »Volk und Wissen« hatten mich in die Betriebsgewerkschaftsleitung gewählt. In den politischen Debatten ging es oft heiß her. Was muß der einzelne tun, um seine Verantwortung wahrzunehmen? Welcher Kollege steht noch abseits? Was kann man machen, um der Wahrheit zum Siege zu verhelfen? Wie kann man dazu beitragen, der Stimme der Vernunft Gehör zu verschaffen? Die Partie stand nicht gerade rosig, aber die letzten Würfel waren noch nicht gefallen. Die Friedenskräfte schöpften neuen Atem und formierten sich zum Widerstand gegen die Wiederaufrüstung. Durfte ich da abseits stehen? Sicherlich ist die Lust am Mitmachen immer auch eine Temperamentsfrage. Mir aber ging es vor allem um die Einheit von Wort und Tat. Als gewählter Gewerkschaftsfunktionär hatte ich einfach kein Recht, mich herauszuhalten. So kam es zu meiner Teilnahme an Einsätzen, die später, zum Zeitpunkt meiner Einstellung in das Bundeskanzleramt in Bonn,

den gegnerischen Geheimdienst zu dem Attest veranlaßte, ich wäre in der Weltgeschichte herumgereist zum Zwecke »östlicher Infiltrierung«.
Wir verteilten Flugblätter und Aufklärungsschriften in Westberlin. Dort hatte sich unter dem Einfluß des Multimillionärs Springer ein Zeitungstyp herausgebildet, der sich selbst stolz als »Frontstadtpresse« bezeichnete. Im Verein mit dem amerikanischen Rundfunksender RIAS nahm sie schon damals die Meinungsmache fest in den Griff. Ihre wichtigste Funktion bestand darin – »Not an inch!« –, die Wahrheit über die deutsche Frage zu verschleiern. Der Standpunkt der Sowjetunion und der DDR wurde verzerrt und verleumdet. Dagegen wollten wir ankämpfen. Jeder meiner Generation, der damals mit dabei war, wird sich erinnern, daß die Sache nicht ganz ungefährlich war. Die Westberliner Polizei hatte Befehl, auf die *kommunistischen Hetzer* Jagd zu machen. Betrat man in Kreuzberg oder Charlottenburg oder Spandau ein Haus, einen Packen Flugblätter unter der Jacke oder dem Mantel, war man nie sicher vor Zuträgern oder Spitzeln. Bewährt hatte sich folgende Taktik, die ich dann auch strikt befolgte: Oben, im vierten Stock, wurde angefangen, Flugblatt durch den Briefschlitz gesteckt oder vor die Schwelle gelegt, geklingelt, das gleiche vor der Nachbarwohnung, dann in flinken Sprüngen runter in den dritten Stock, dasselbe Manöver, so von Stockwerk zu Stockwerk, und wenn man Glück hatte, erreichte man die Haustür, ehe oben ein Gezeter losging oder zum Telefonhörer gegriffen wurde. Man fragt sich natürlich heute, warum wir so naiv waren, auf den Klingelknopf zu drücken, warum es nicht genügt hätte, die Postwurfsendung abzuliefern und fertig. Ich glaube, das war ein ganz wichtiger Akt der Selbstachtung. Zwar wollte keiner der Polizei blind in die Arme laufen, es wurde getrickst und fintiert, aber sich einfach davonzumachen, ohne ein Signal zu geben – Hallo, Leute, wacht auf, wir waren da! –, das wäre uns zu klein und zu feige vorgekommen. Im übrigen stieß man nicht überall und zu jeder Zeit auf einen scharfen Hund, der uns ans Bein wollte.

Manchmal, wenn ich mit einem Packen Flugschriften oder einem Stoß druckfrischer »BZ am Abend« in Westberlin unterwegs war, ging mir der *Rote Feldpostmeister* nicht aus dem Sinn. Irgendwie kamen mir unsere Methoden des illegalen Vertriebs dilettantisch vor. Hatten wir verlernt, aus unserer eigenen Geschichte zu lernen?

Roter Feldpostmeister – das war der Ehrenname, unter dem der alte Julius Motteler bei den deutschen Arbeitern in der Zeit der Bismarckschen Ausnahmegesetze populär geworden war. Motteler gehörte zu den Gründern der Sozialdemokratischen Arbeiterpartei und erwarb sich vor allem große Verdienste um den Aufbau der Parteipresse. Als Bismarck 1878 seine drakonischen Sozialistengesetze erließ, organisierte Motteler von Zürich aus die Expedition der Parteizeitung »Socialdemokrat«. Er knüpfte ein kompliziertes Netz von Verbindungsleuten, Stafetten, Kolporteuren, Zwischendepots. In seiner Funktion als Vertriebschef war er gleichzeitig der organisatorische Kopf des sozialdemokratischen Abwehr- und Sicherheitsdienstes. Auf geheimen Wegen fand fast jedes Exemplar seinen Leser. Immer wieder setzte sich die Geheimpolizei der Reaktion auf die Spur eines Transports, doch meist vergeblich. Die Verbreitung der Wahrheit war durch den *Roten Feldpostmeister* mustergültig organisiert. Das gewitzte Abtauchen in die Illegalität hatte nichts zu tun mit einem abenteuerlichen Räuber-und-Gendarm-Spiel, die Konspiration wurde der Arbeiterbewegung aufgezwungen, sie bildete die Antwort auf den Terrorismus des reaktionären Staates.

Doch wir wurden in unserer Naivität von der Westberliner Polizei manchmal gejagt wie die Hasen. Dazu bedurfte es nicht einmal einer Ausnahmegesetzgebung. Wer vom Frieden sprach, galt als Kommunist, und Kommunisten gehörten eingesperrt, so einfach war das. Und worin bestand unsere Antwort? Hatten wir den *Roten Feldpostmeister* vergessen?

Im Sommer 1954, einem hitzigen Sommer nach dem frostigen Winter, spitzten sich in Westdeutschland die sozialen Konflikte aufs äußerste zu. Die Gewerkschaften kündigten für 5 Millionen Werktätige aller Branchen die Tarifverträge. Mehr als 100000 Arbeiter traten in den Streik, um ihren Lohnforderungen Nachdruck zu verleihen. Besonders erbittert war der Streikkampf der bayrischen Metallarbeiter. Unter Anwendung rücksichtsloser Gewalt versuchte die Polizei, den Streikbrechern den Weg in die Betriebe zu bahnen. Die Streikposten aber hielten stand und verteidigten ihre Werke. Eine große Sympathiewelle ging durch Europa. In westdeutschen Bergwerken kam es zu Solidaritätsstreiks. Die französischen und italienischen Metallarbeitergewerkschaften veranstalteten Sammlungen, mit denen der Streikfonds der Bayern aufgefüllt werden konnte. Und natürlich regte sich die Solidarität auch in der DDR.

Sekunde der Entscheidung in Probstzella

Eines Tages erging auch an unseren Verlag der Ruf, sich in die Solidaritätsfront einzureihen. Zwei Kollegen sollten ausgewählt werden und mit einer großen Delegation aus der DDR auf die Reise gehen. Ich gestehe, es erfüllte mich mit Stolz, daß sich das Vertrauen der Kollegen auf mich, den damals noch jungen Gewerkschafter, richtete. Zusammen mit einer Genossin aus der Vertriebsabteilung unseres Verlags marschierte ich hinüber zur Wallstraße. Dort, im traditionsreichen Gewerkschaftshaus, erfolgte die Einweisung der Delegation. Einige hundert Leute kamen zusammen, und als ich da in der großen Runde saß, wurde mir etwas mulmig zumute. War es nicht schon von der Statistik her wahrscheinlich, daß sich unter so vielen Menschen, vor denen in aller Offenheit die Reisepläne dargelegt wurden, auch ein paar Spitzel, zumindest ein paar Schwätzer befanden?

Wir erhielten unsere Fahrkarten und ein paar Westmark, wurden in den Fahrplan eingewiesen und mit Reiseproviant für die lange Fahrt nach München versorgt.

Das Agitationsmaterial, das jedem Teilnehmer ausgehändigt wurde, war geschickt zusammengestellt. Darunter befand sich das vom IV. Parteitag der SED angenommene Beschlußdokument »Der Weg zur Lösung der Lebensfragen der deutschen Nation«. Sein Kerngedanke bestand darin, im Sinne einer Befriedung der Lage im Herzen Europas dem Block der Militaristen in der BRD einen Arbeiterblock entgegenzustellen und alle Friedenskräfte in Deutschland in einer mächtigen Volksbewegung zu vereinen. Insofern war alles ganz klug organisiert, dennoch blieben bei mir ein paar Fragen. Als ich sie stellte, sah ich in unmutig-erstaunte Augen: Ob ich etwa Angst hätte?

Nun, es konnte einem tatsächlich angst und bange werden. Ich hatte in aller Harmlosigkeit gefragt: Nach welchem System kommen wir durch die Kontrollen der bayrischen Grenzpolizisten und Zöllner? Welches ist mein Anlaufpunkt in München? Gibt es gedeckte Quartiere? Mit der gleichen Harmlosigkeit antwortete man mir: Diese Fragen klärt jeder Kollege an Ort und Stelle!

Was blieb zu tun? Ich verspürte wenig Lust, blind in einem Anflug von sinnlosem Heroismus dem Gegner ins Abfangnetz zu rennen. Ein Zufall kam mir zu Hilfe, und ich entschloß mich, ihn auf eigene Faust zu nutzen.

Anfang der fünfziger Jahre hatte ich Christel Boom bei Zusammenkünften des Berliner Friedenskomitees kennengelernt. 1951 heirateten wir und fanden in Lehnitz bei Oranienburg eine Wohnung. Zwei Jahre später zog Christels Mutter, Erna Boom, bei uns ein. Als junges Ehepaar in jenen dürftigen Jahren waren wir nicht gerade mit irdischen Reichtümern gesegnet. Viel zu tun gab es im kinderlosen Haushalt nicht. So entschloß sich Schwiegermutter, sich nach einer Arbeit umzusehen, und fand sie als Haushälterin bei einem in Hohen Neuendorf wohnenden Schriftsteller.

Karl Reinhold Döderlin war erst seit kurzem Bürger der DDR. Er stammte aus Süddeutschland. Soviel ich von ihm wußte, kam er aus einfachen Verhältnissen und hatte sich von einem ursprünglich wohl christlich geprägten Standort aus zur ehrlichen Abrechnung mit der faschistischen Vergangenheit durchgerungen und seitdem für eine friedliche, humanistische Neugestaltung Deutschlands gewirkt. Er gehörte zu den Mitbegründern der literarischen »Gruppe 50«. Nach der Teilnahme an einem gesamtdeutschen Kulturkongreß in Leipzig wurde er in Westdeutschland politisch boykottiert und aus der Redaktion der »Deutschen Tagespost«, deren Feuilleton er in München redigierte, ohne viel Federlesens gefeuert. Für mich war das Stichwort München. Über Schwiegermutter meldete ich meinen Besuch an und fand freundliche und verständnisvolle Aufnahme.

Döderlin sprach einen kernigen süddeutschen Dialekt, aber mit einem feinen Sinn für sprachliche Nuancen. Er verstand sofort, was ich wollte, und bestärkte mich in meinem Vorsatz, nicht unvorbereitet in die Höhle des bayrischen Löwen zu stolpern. Döderlin war alles andere als ein weltfremder Poet, er fühlte sich im Volk zu Hause. Es stellte sich heraus, daß er zu Münchens Arbeiterschaft freundschaftliche Beziehungen unterhalten hatte. Auf Anhieb konnte er mir Namen und Adressen von ein paar Betriebsräten geben, von denen er sicher war, daß sie sich von der antikommunistischen Psychose nicht hatten infizieren lassen und daß sie Vertrauen mit Vertrauen entgelten würden.

Bester Stimmung stieg ich in den Nachtzug nach München. Für mich würde es keine Fahrt ins Blaue werden! Im Zug saß eine gemischte Reisegesellschaft. Wir Gewerkschafter hatten uns verabredungsgemäß in kleinen Gruppen auf alle Wagen verteilt. Auf dem Bahnhof Zoologischer Garten stiegen Westberliner Reisende zu und eroberten sich die zwischen uns freien Sitzplätze. Mißtrauische

Blicke gingen hin und her. An Unterhaltungen und Beratungen über das, was uns bevorstand, war nicht zu denken. Jeder mußte seine innere Spannung mit sich selbst abmachen. Man döste unter dem monotonen Geratter der Räder auf den Schienenstößen ein, aber jeder fremde Laut ließ einen hochschrecken. Nur langsam vergehen bei einer solchen Nachtfahrt die Stunden. Manchmal sah man hinter den Scheiben, wie sich gegen den dunklen Himmel die noch dunkleren Silhouetten sanft ansteigender Berge abzeichneten – das Thüringer Land, endlich, wir näherten uns der Grenze.

In Probstzella, der letzten Bahnstation auf DDR-Gebiet, löste sich die Spannung mit einem großen Knall. Uns empfingen dröhnende Lautsprecheransagen. Der Zug rollte noch, und es war anfangs gar nicht zu verstehen, wovon da die Rede war. Überall im Zug wurden aufgeregt die Fenster heruntergeschoben. Was war los? War was passiert? Dann endlich stand der Zug, und die Lautsprecherdurchsage wurde wiederholt: »Achtung, Achtung! Wir fordern alle Kollegen des FDGB auf auszusteigen! Kollegen, unsere Solidaritätsaktion wird abgebrochen! Kollegen, im Interesse eurer eigenen Sicherheit, wahrt Disziplin! Achtung, Achtung! Wir fordern alle Kollegen ...«

Da hatten wir den Salat! Meine Befürchtungen bestätigten sich. Neben mir am Fenster stand so ein Typ aus Westberlin und feixte. »Det schad den jar nischt!« überall kletterten unsere Kollegen weisungsgemäß aus dem Zug und sammelten sich im Licht der Bogenlampen. Ungeordnete Gedanken gingen mir durch den Kopf, und es blieb wenig Zeit, darin Ordnung zu schaffen. Wieder die Lautsprecherdurchsage. Vom Bahnsteig her winkte jemand. Galt das uns? Elfriede, die Kollegin aus unserem Verlag, wollte instinktiv nach ihrem Koffer greifen. Mit einer unauffälligen Bewegung hielt ich ihren Arm fest. Vor den Ohren der Westberliner in unserem Abteil konnten wir uns nur mit Blicken verständigen. Aber sie verstand sofort: Mädchen, wir bleiben drin!

Das war ein jäher Entschluß, den man nachträglich nur mit der Explosivität der Situation erklären kann. Er stellte, objektiv betrachtet, einen Disziplinbruch dar, ja, ganz nüchtern gesehen, war er eine Narretei. Aber, verdammt noch mal, sollten meine ganzen auf eigene Faust betriebenen Reisevorbereitungen vergebens gewesen sein? Bestand nicht der wichtigste Teil unseres Auftrags darin, im Interesse gewerkschaftlicher Solidarität den Kontakt zu den streikenden Metallern in Bayern herzustellen, und rückte da nicht die Frage, wie

man es bewerkstelligte, an die zweite Stelle? Wenn die anderen Kollegen ausstiegen – einverstanden: Sie fuhren auf blauen Dunst. Aber hatte ich nicht – Döderlin sei Dank! – hervorragende Anlaufpunkte, die nicht zu nutzen eine Schande gewesen wäre? Ein alter Römer hat gesagt: Weise lernen von Narren, Narren von Weisen niemals. Bitteschön! Sollten die großen Weisen, die diese Reise organisiert hatten, aus meiner Narretei lernen.
Die Fahrt über die Grenze schien eine Ewigkeit zu dauern. Als der Zug auf bayrischer Seite in den Bahnhof von Ludwigsstadt einfuhr, waren es die Westberliner, die an den Fenstern hingen. Der Kerl aus meinem Abteil brüllte in die Nacht: »Die Kommunisten sind raus!« Wir wagten einen Blick aus dem Fenster, und mir wurde flau im Magen. Längs der Bahnsteigkante stand ein dichtes Spalier von bayrischen Grenzpolizisten, bereit, die angekündigte Delegation *von drüben* in Empfang zu nehmen. Jetzt hieß es, kühlen Kopf zu bewahren! Flogen wir beide auf, konnte das zu einer großangelegten Provokation genutzt werden.
An den Fenstern nahm die Brüllerei allgemeinen Charakter an. Von überall aus dem Zug rief man den Polizisten zu: »Die Kommunisten sind raus! Ihr könnt nach Hause gehen! Man hat sie gewarnt!« Nur noch pro forma kletterten ein paar Polizeioffiziere in die Waggons. Jovial lächelnd gingen sie durch die Gänge und hörten sich aufgeregte Erklärungen der Reisenden an. Ein kleines Bedauern lag in ihrem Blick, daß sie nicht zum Zuge gekommen waren. Noch ein paar lässige Fragen, keine Kontrollen, nicht mal Stichproben, dann hauten sie ab.
Quietschvergnügt landeten wir morgens in München. Döderlins Tip war Gold wert. Wir stießen auf prächtige Kollegen, harte bayrische Burschen, die eisern in der Streikfront standen. Unser Material kam in die richtigen Hände, wir brachten die Stimme der DDR zu Gehör, und sie wurde angehört. Hier in Bayern unter den klassenbewußten Metallarbeitern bestand eine gewisse Aussicht, die sozialen Kämpfe um höhere Löhne mit aktuellen politischen Erfordernissen zu verknüpfen. Eine der Losungen, unter denen die Streikposten vor den geschlossenen Werktoren standen, hieß »Rüstung = Lohnraub!« Und eine andere: »EVG macht uns arm!« Andererseits durfte man sich keine verstiegenen Hoffnungen machen. Die Spitzen der Gewerkschaften steuerten einen verhängnisvollen antikommunistischen Kurs, und nur die besonnensten Köpfe unter den Ar-

beitern konnten sich von ihrem Einfluß lösen. Der rechte Klüngel in der Führung der Sozialdemokraten bot sich dem Großkapital als politischer Interessenvertreter an. In diesem Sinne war jede Kontaktaufnahme mit Abgesandten aus der DDR untersagt. Wer dabei angetroffen wurde, riskierte den Rausschmiß aus Partei oder Gewerkschaft. So mußte ich in München sehr behutsam vorgehen, um die Kollegen, mit denen ich ins Gespräch kam, darunter auch aufrechte Arbeitervertreter aus den Reihen der SPD, nicht zu gefährden. Bei den Beratungen konnten wir viele wichtige Informationen austauschen, die für den gemeinsamen Kampf um eine friedliche Regelung der deutschen Frage von Bedeutung waren. Und wir vereinbarten auch, wie in der Zukunft ein politisch notwendiger Kontakt durchdacht und ungefährdet zu organisieren war.
Beim Abschied von München schoß ich auf dem Bahnhof zur Erinnerung noch ein Gruppenbild mit Dame: Elfriede im Kreis der mit Gamsbarthüten geschmückten neuen Freunde.
Über das, was mir dann bei der Rückkehr widerfuhr, will ich nicht viel Worte machen. Natürlich wurde mir gehörig der Kopf gewaschen. Den Disziplinbruch wollte mir niemand schenken. Aber als ich dann anfing zu erzählen, wurde die Stimmung doch milder. Was ich getan hatte, war nicht nur ein Stück praktischer Solidarität, es war in gewisser Weise auch mein Probestück als politischer Aufklärer.

3. Der Entschluß

»In den Funksprüchen gibt es Hinweise, die nicht nur auf den Empfänger deuten: So erscheint verschiedene Male ›V‹, einmal ›Grüße an alle‹, dann ist von F oder Fritz die Rede sowie Max, womit die Angeklagte gemeint gewesen sein kann, ebenso ist auch einmal von Mx die Rede ... Da unter den Namen der Kuriere auch noch einmal ein Fritz auftaucht, könnte man davon ausgehen, daß es zumindest zwei Personen dieses Namens gegeben haben kann – aber darum geht es nicht, ob es einen oder mehrere gegeben hat, weil vieles dann nicht dem entspräche, was man irgendwo ableiten könnte.«

(Aus einem Protokoll der Aussage des als Sachverständiger geladenen Leitenden Regierungsdirektors im Bundesnachrichtendienst Foertsch vor dem Oberlandesgericht Düsseldorf am 5. November 1975)

Es setzte eine verschwiegene Schleichjagd ein

Man ist geneigt zu sagen: in dieser Frage hatten sich die geheimen Abwehrdienste ganz schön verfritzt und verfranzt.

Der vom Gericht geladene Gutachter Foertsch erwies sich als gewiefter Mann. Ein grüner Springfrosch gelangt kaum auf den Stuhl eines Leitenden Regierungsdirektors im BND. Die Frage der Verteidigung, auf welche Erfahrungen sich sein Urteilsvermögen stütze, beantwortete er kühl mit der Gegenfrage, ob ein knappes Dutzend Jahre im operativen Dienst genügten. Als Verbindungsführer habe er den Einsatz von Agenten unmittelbar gelenkt. Sechs Jahre sei er speziell damit beschäftigt gewesen, nachrichtendienstliche Angriffe auf hochgestellte oder bedeutungsvolle Persönlichkeiten der BRD zu verhindern und aufzuklären. Doch selbst diesem mit allen Hunden gehetzten Geheimdienstbeamten, der für seine Expertise sämtliche Erkenntnisse nicht nur seines Apparats, sondern auch des Bundesamts für Verfassungsschutz und des Bundeskriminalamts auf seinen Tisch ziehen konnte, ist es bis heute nicht gelungen, das Geheimnis unserer hochangebundenen Verbindungen aufzudecken.

Immerhin hatten sie rund fünfundzwanzig Jahre Zeit, um herauszufinden: Wer war F, und wer war M? Die Funksprüche, auf die sich Foertsch beziehen konnte, stammen aus dem Zeitraum von Mitte

1956 bis Anfang 1959. Ich erwähnte schon, daß es der Funküberwachung der BRD im nachhinein, etwa ab 1960, gelungen war, die aufgefangenen Signale mit Hilfe der aufkommenden Computertechnik zu entschlüsseln. Es handelte sich bei den Funksprüchen aus unserer Anfangszeit um einen verhältnismäßig schlichten Code, wie ja auch der für mich ersonnene Deckname Georg – gelinde gesagt – naiv war. Als mit den Decknamen der Code 1959 gewechselt wurde, bissen sich die Rechner an der neuen Chiffre ihre elektronischen Zähne aus. Doch bis dahin waren knapp hundert Funksprüche aufgelaufen, die nun im Klartext vorlagen, und in der Tat tauchte darin neben Max und M der Name Fritz mehr als einmal auf, hin und wieder auch ein einfaches Fx. Die Analytiker kamen zu zwei recht treffenden Schlußfolgerungen:

1. Im Raum Berlin, wo die Funksprüche abgelassen wurden, muß es eine Institution geben, die über entsprechende Funkkapazität verfügt und u. a. für diesen Georg ein heftiges Interesse bekundet.

2. Inhalt und Charakter der an Fritz zu übermittelnden Anfragen lassen darauf schließen, daß es sich um ein *großes Tier in der SPD* handeln muß. Hat es seinen Bau etwa in der *Baracke*, der Bonner Parteizentrale?

Von diesem Moment an setzte eine lautlose, verschwiegene Schleichjagd ein. Kaum ein prominenter SPD-Politiker, dessen Vor- oder Nachname mit F begann, blieb von den heimlichen Überwachungsaktionen verschont.

Ich will hier nicht die Namen all derjenigen nennen, die – zu Recht oder Unrecht – in den Verdacht gerieten, das große F zu sein. Es sind vielleicht Leute mit schwachen Nerven darunter, und manch einer würde noch nachträglich um seinen ruhigen Schlaf gebracht werden, wenn er erführe, daß er über viele Jahre hinweg von den gleichen Diensten, für die er sich guten Glaubens stark gemacht hatte, beschattet worden ist. Ich weiß aus eigenen Beobachtungen im Kreis der SPD-Führungsmannschaft: Telefongespräche wurden abgehört, keine Reise verlief ohne heimliche Begleiter, jeder ungewöhnliche Kontakt etwa am Rande eines Parteitags oder einer Fraktionssitzung wurde argwöhnisch registriert, kein Seitensprung im entlegenen Provinzhotel, keine diskreten Kontenbewegungen blieben verborgen. Ein gnädiges Geschick jedoch möge verhindern, daß die seinerzeit angelegten Dossiers jemals geöffnet werden. Zwar haben die meisten der alten Politikergarde, und auf die allein kommt es an, ihre

Dossiers nicht überlebt, aber wie einer erst jüngst in die Presse lancierten Indiskretion zu entnehmen ist, rätselt man noch heute an der Rolle herum, die sie damals verbotenerweise gespielt haben könnten. Und die den Verdacht überlebten? Ich fürchte, so mancher würde in Anbetracht des Ausmaßes der Fürsorge, die man ihm im Interesse der Verfassung angedeihen ließ, außer Fassung geraten.

Es gehört auch heute noch für mich zu den schwierigen Dingen, auf einen Menschen zugehen zu müssen, den ich nicht kenne. Viele meiner Freunde und Bekannten hielten und halten mich für umgänglich, kontaktfreudig, unkompliziert, alles Eigenschaften, die mir in meiner Kundschaftertätigkeit wohl tatsächlich zustatten kamen. Doch was hat es mich oft an Überwindung gekostet, einen Kontakt erst einmal herzustellen! Als ich Ende 1954 zum erstenmal zu Fritz auf die Reise geschickt wurde, waren es nicht die risikobelasteten äußeren Umstände, die mich beunruhigten. Die Beamten des Bundesgrenzschutzes traten in mein Abteil, und auf ihre Fangfragen ließ es sich kühl antworten. Meine Legende für diese Reise war nach allen Seiten hin abgesichert, stand wie eine Eins, der Reisepaß mit den getarnten Personalien bestand vor jedem kundigen Auge. Was mich innerlich unruhig machte, war vielmehr die Begegnung, die mir bevorstand. Würde ich auf Mißtrauen stoßen oder Verständnis? Würde man mein Anliegen begreifen, oder würde ich eine Abfuhr erfahren? Wer war dieser Fritz, und was war von ihm zu erwarten? Und vor allen Dingen: Wer war denn ich, der ich mich erkühnen wollte, ihm meine Partnerschaft anzubieten? Hier der kleine unerfahrene Fotograf, und da der große erfahrene Politiker – konnte das gutgehen?
Was ich von Fritz wußte, war nicht mehr, als für den Auftrag notwendig war. (Nebenbei bemerkt: Auch später habe ich mich eigentlich nie bemüht, über ihn mehr in Erfahrung zu bringen, als für unser politisches Zusammenspiel erforderlich schien.) In der Stunde unserer ersten Begegnung war ich mir nicht sicher, ob der Anstoß dazu von Fritz selbst oder von Dritten ausgegangen war. Jedenfalls gehörte es zu meinem Auftrag, Grüße und Dank zu bestellen von *alten Freunden aus Berlin*, denen Fritz Literatur der Büchergilde Gutenberg auf anderen Kanälen zugestellt hatte. Er war mir als ein ruheloser oppositioneller Geist geschildert worden, dennoch fest verwurzelt im traditionellen Boden der Sozialdemokratie, fähig vor allem zu pragmatischem Handeln, eben ein Vollblutpolitiker. Inso-

fern dürfte ich zwar nicht damit rechnen, als *Mann von drüben*, als Sendbote aus dem kommunistischen Machtbereich brüderlich an die Brust gezogen zu werden, aber immerhin hoffen, ein offenes Ohr zu finden, bereit zum Zuhören.

Die Einschätzung sollte sich bestätigen. Fritz machte es mir leicht, anfängliche Hemmungen zu überwinden, die erste Hürde, die immer die höchste ist, zu nehmen. Als ich ihm umständlich erläutern wollte, woraus sich der konspirative Charakter unseres Zusammentreffens erkläre (wir saßen in einem abseits gelegenen Landgasthaus der Schwäbischen Alb beim Schoppen), winkte er ab. In der Konspiration, sagte er, habe er sich gezwungenermaßen mehr als einmal üben müssen – unter der Nazidiktatur, aber auch später in den ersten Nachkriegsjahren unter der Besatzungsdiktatur –, und dabei habe er die Erfahrung machen können, daß sie einem um so leichter falle, je offener man sich darin einzurichten verstünde. Das war ein Grundsatz, den zu merken ich mir vornahm. Ich wußte, bei diesem Mann, der altersmäßig mein Vater sein konnte, würde ich nie ganz heimatlos sein.

Gegen den rauhen Wind machten wir anschließend einen langen Spaziergang über ein kahle Trift. Ich erinnere mich, daß anfangs kaum praktische Fragen zur Sprache kamen, obwohl eine Menge zu erörtern gewesen wären. Wir unterhielten uns einfach, und es gab auch lange Pausen, in denen jeder seinen Gedanken nachhing. Fritz erzählte Episoden aus seinem Leben. Vielleicht hatte er schon damals Schwierigkeiten, auf der hohen Ebene, auf der er wirkte, Partner für einen Gedankenaustausch zu finden, bei dem er ein wenig melancholische Erinnerungen an Jugendideale zu praktischen Problemen der Gegenwartspolitik in Beziehung setzen konnte. Offensichtlich quälte ihn die Suche nach dem richtigen Weg für seine Partei und dabei die Frage, ob es gelingen würde, auf diesem Weg den hohen Anspruch mitzunehmen, mit dem er in der Jugend einmal angetreten war. Mehrmals kam er auf das unheilvolle Jahr 1933 zu sprechen, als es der zerstrittenen Arbeiterbewegung nicht gelungen war, die Katastrophe des Faschismus abzuwehren. Er hatte zu jener Gruppe junger Oppositioneller innerhalb der alten SPD gehört, die sich am 15. Januar 1933, dem Todestag von Karl Liebknecht, an dessen Grab versammelten und den Schwur des Widerstands leisteten. »Wir waren völlig illusionslos gegenüber dem, was uns unter der faschistischen Herrschaft bevorstand«, erzählte Fritz. »Wir wußten,

daß jede weitere politische Arbeit nur unter den Bedingungen der Illegalität möglich sein würde.«
Ich ahnte an jenem windzerzausten Tag auf der Alb, was sich später an politisch stürmischen Tagen immer wieder bestätigen sollte: Mit diesem Mann konnte man eine gemeinsame Sprache finden.
Fritz war ein erfahrener und gebildeter Mann. Er wußte, daß die Gesellschaft vom Klassenkampf in Bewegungn gehalten wird, aber über die Mittel und Methoden, die in diesem Kampf anzuwenden waren, wurde er sich wohl nie einig. Bei aller entschiedenen Parteinahme für die Rechte der Entrechteten löste er sich niemals ganz vom Rechtsbegriff des bürgerlichen Staates. Sein Demokratieverständnis blieb dadurch sensibel, um nicht zu sagen, labil. Ich gebe zu, daß es mir sehr schwerfiel, mit meinen damals noch recht schablonenhaften Kenntnissen in der politischen Theorie – sehr einfach geprägt durch Stalins »Fragen des Leninismus« im Parteilehrjahr – dem sophistisch geschärften Intellekt dieses Gesprächspartners zu widerstehen. Anfangs noch kühn angestellte Versuche, ein solches Prinzip wie die Diktatur des Proletariats als eine Variante politischer Zielstellung in die Erörterung einzuführen, gab ich sehr schnell auf. Schon eine Andeutung in diese Richtung rief auf seiner Stirn steile Unmutsfalten hervor. Ihn quälte die Vision, daß die Revolution jene Freiheit, die zu erobern sie antritt, bei ihrem einreißenden Werk unter sich begraben könnte. Sein historisch geprägtes Weltbild pendelte in merkwürdiger Weise zwischen einem Marx und einem Freiherrn vom Stein. Er formulierte es mir gegenüber einmal so: »Marx war unübertroffen in der vernichtenden revolutionären Analyse einer verfaulten Gesellschaft, Stein in der bewahrenden, reformierenden Umgestaltung.« Er lebte in der Vorstellung, die verhängnisvolle Macht der reaktionären und restaurativen Kräfte, die den Keim zu Faschismus und Krieg im Schoße trägt, im Rahmen der von den gleichen Kräften gesetzten Staatsverfassung beseitigen zu können. Wie mußte eine sozialdemokratische Partei beschaffen sein, die mit einem humanistischen Programm vor dem Bürger an der Wahlurne bestehen will? Ich glaube, in seinem Kopf formten sich wohl schon damals die Überlegungen, die in einer sich breiten Wählerschichten öffnenden Volkspartei die Lösung sahen. »Der Klassenkampf ist eine reale Erscheinung«, sagte er, »aber wenn man darin bestehen will, muß man ihn ignorieren.«
Verständlich wohl, daß mir eine solche Überdialektik fremd bleiben

mußte, aber ich akzeptierte sie im Interesse unserer auf Gegenseitigkeit beruhenden Zusammenarbeit. Denn ich konnte mir leicht ausmalen, was es andererseits einen Menschen wie Fritz an Überwindung kostete, uns, die konsequenten Verfechter klassenkämpferischer Positionen, als Partner anzuerkennen. In dieser später überaus fruchtbaren Partnerschaft hat er nie seine politische Selbständigkeit aufgegeben. Wir bekamen von ihm viele brisante Informationen, aber er gab sie oft nur in der Absicht her, damit eigene Strategien durchzusetzen.

... bei Strafe der politischen Enthauptung

Es gibt Menschen, in deren Kopf sich Realsinn und Illusionsfähigkeit durchaus miteinander vertragen, und erst das schillernde Wechselspiel zwischen beiden gibt oftmals den Anstoß zu fruchtbarem Handeln. Zu diesen Menschen gehörte Fritz. Und wirklich: Welche Überwindung mag es ihn gekostet haben, uns, die wir bei der bloßen revolutionären Interpretation der gesellschaftlichen Verhältnisse durch Marx nicht stehenbleiben wollten, sondern im Sinn seiner Feuerbachthesen auch entschlossen waren, die revolutionäre Umwälzung dieser Verhältnisse zu wagen, als Verbündete und Partner zu suchen und zu akzeptieren! Eine solche Haltung, die im Dienste einer großen Sache an traditionellem Denken festhält und es doch gleichzeitig abstreift, verlangt menschliche Größe. Dürfen wir da kleinlich denken?
Die große Sache, um die es uns damals Mitte der fünfziger Jahre ging, stellte sich im Kern nicht anders dar als heute – es war das Ringen um die Bewahrung des Friedens. Im Oktober 1954 hatte Adenauer als Kanzler an der Spitze eines von ehemaligen Nazis mitgetragenen Kabinetts die Pariser Verträge unterzeichnet. Dieser Akt verstieß nicht nur gegen das Potsdamer Abkommen, sondern auch gegen Geist und Buchstaben des Grundgesetzes, indem er den darin formulierten Auftrag zur friedlichen Wiedervereinigung schamlos in Frage stellte. Fritz sprach vom »Staatsstreich à la Papen«. Der Beschluß zur Aufstellung eines neuen 500000-Mann-Heeres und seine Eingliederung in die NATO gab den restaurativen Kräften einen Hebel zur kriegerischen Lösung der deutschen Frage in die Hand. Dagegen formierte sich eine breite, von führenden Sozialdemokra-

ten und Gewerkschaftern mitgetragene Volksbewegung. Am 29. Januar 1955 versammelte sich an einer seit der Revolution von 1848 historisch denkwürdigen Stätte, in der Frankfurter Paulskirche, viel geistige und politische Prominenz. Es kam zur Annahme eines sogenannten »Deutschen Manifests«. Einen Absatz daraus will ich zitieren. Auch heute noch, bei ruhigem Nachlesen, glaube ich darin Gedanken wiederzufinden, die von Fritz inspiriert gewesen sein könnten:

»Die Aufstellung deutscher Streitkräfte in der Bundesrepublik und in der Sowjetzone muß die Chancen der Wiedervereinigung für unabsehbare Zeit auslöschen und die Spannung zwischen Ost und West verstärken. Eine solche Maßnahme würde die Gewissensnot (von mir hervorgehoben) großer Teile unseres Volkes unerträglich steigern. Das furchtbare Schicksal, daß sich die Geschwister einer Familie in verschiedenen Armeen mit der Waffe in der Hand gegenüberstehen, würde Wirklichkeit werden.«

Die Fähigkeit, sich in die inneren Nöte der Menschen hineinzudenken, stets ihr Betroffensein durch die Politik zu kalkulieren, gehörte zu den Stärken von Fritz. Auf der anderen Seite zeugt die Wahl eines solchen Begriffs wie *Sowjetzone* (an Stelle von DDR) davon, daß die Führerschaft der SPD nicht fähig war, sich aus den geistigen Fesseln des Antikommunismus zu befreien. So blieb der Widerstand gegen die Pariser Verträge in halbherzigen Kundgebungen stecken, und als im Februar 1955 die Mehrheit des Bundestags die Verträge ratifizierte, versickerte die Paulskirchenbewegung in Ratlosigkeit. Nur die bereits in die Halbillegalität getriebene KPD hielt eisern dagegen. Schon im Juni wurde das die Aufrüstung vorbereitende Amt Blank offiziell zum Verteidigungsministerium umstrukturiert, und im November war es dann soweit, daß der neue Wehrminister Blank die ehemaligen Generalstäbler Hitlers, die Herren Speidel und Heusinger, in führende Positionen der Bundeswehr berief.

Einen Mann wie Fritz, der als Widerständler gegen die Hitlerdiktatur und ihre Raubkriege Verfolgungen ausgesetzt war, mußte die Ohnmacht gegenüber einer solchen Entwicklung mit Wut erfüllen. Um die einmal eroberten einflußreichen politischen Positionen zu behaupten, glaubten er und seine Gesinnungsgenossen sich vor das Dilemma gestellt, in den von antikommunistischen Mißtönen untermalten Chorus mit einstimmen zu müssen, sobald sie auf der Empore standen.

Fritz blieb sich der Torheit solchen Tuns irgendwie innerlich bewußt. Als ich mit ihm zusammentraf, suchte er innerhalb und außerhalb der Partei fieberhaft nach politischen Kombinationen, die es der Adenauer-Kamarilla zumindest erschweren sollten, ihren verhängnisvollen Kurs beizubehalten. Die Bündnisfrage war für ihn das Kernstück aller Politik, darin war er offen nach allen Seiten. Er war mit allen Wassern gewaschen, aber eben auch mit dem Blut des Widerstandskampfes.

Von uns Kommunisten der DDR sprach er einmal spöttisch als von den *preußischen Nationalbolschewisten*. Daran knüpfte er einen hintergründigen Witz: die DDR – das sei die späte Rache Sachsens an Preußen. Derartige Frotzeleien konnten aus seinem Munde sehr boshaft klingen, waren aber keineswegs abfällig gemeint. Ich konterte mit der Bemerkung, daß dann die BRD die Rache Bayerns an Preußen darstelle. Das gefiel ihm. Fritz war wie ich geborener Berliner, ich glaube, wir kamen sogar aus demselben Kietz. Das erklärt nicht nur eine gewisse landsmannschaftliche Seelenverwandtschaft, die vom ersten Moment an zwischen uns zu spüren war. Hieraus entsprang bei ihm auch ein Verständnis für die Probleme, die wir in der DDR zwangsläufig auf uns geladen hatten. Ihn quälte zunehmend das gebrochene Verhältnis, das seine sozialdemokratische Partei zur Staatsmacht hatte und auch oder gerade in geschichtlich kritischen Momenten nicht abzustreifen vermochte. Für die Kommunisten hatte er in dieser Frage eine Art schaudernde Bewunderung.

Bei allen Vorbehalten war Fritz sich in einer Frage völlig sicher: Er wußte, daß es uns mit dem Grundsatz, daß von deutschem Boden nie mehr ein Krieg ausgehen dürfe, absolut ernst war. Und in diesem Punkt traf sich sein Grundinteresse mit dem unsrigen. Heute, da das militärstrategische Gleichgewicht der Welt nur auf einer bedrohlich hohen Schwelle in der Balance gehalten wird, ist das Wort aufgekommen von der Verantwortungsgemeinschaft der beiden deutschen Staaten. So könnte man rückblickend sagen, daß Fritz zu den Pionieren einer solchen Verantwortungsgemeinschaft gehörte. In einer entscheidenden Stunde, als darauf noch die Strafe einer politischen Enthauptung stand, ging er mit uns eine frühe Koalition der Vernunft ein, ein politischer Berater und verschwiegener Informant; die gegnerischen Geheimdienste, als sie sich später nach der Entschlüsselung der ersten Funksprüche auf die Suche nach ihm machten, nannten ihn in ihrem Jargon *Quelle*. Dem exakten Wortsinn nach ist er das nie gewesen, da er nie aufhörte, Politik auf eigene Rechnung zu machen. Dennoch wünschte ich, diese Quelle würde heute noch sprudeln.

Mit Theo in geheimer Mission unterwegs

In einem rumpelnden Überlandbus machten wir uns an jenem Abend auf den Heimweg. Bei all den Plaudereien hatte ich die wichtigste Frage noch nicht gestellt. Ich sagte, daß ich mich nicht berufen fühle, Ausmaß und Charakter eines weiteren politischen Kontakts einzuschätzen und schon gar nicht die Methode, nach der alles zu regeln wäre. Ob er, Fritz, sich entschlossen zeige, mit einem politisch erfahreneren Mann zusammenzutreffen, mit dem dann gewissermaßen Klartext gesprochen werden könnte?

Mit ernstem Auge lächelnd sah er mich an. »Wen willst du mir denn schicken?«

»Ich denke, es ist umgekehrt der, der mich geschickt hat. Ich kenne ihn nicht, aber man sagte mir, er heiße Theo.«

»Na, dann sag mal deinem Theo, er soll sich auf die Socken machen.« Und nach einer gedankenvollen Pause: »Fritz erwartet ihn.«

Mir fiel eine Zentnerlast von der Seele. Theo war voller kühner Pläne. In seinem Auftrag stellte ich auch eine direkte Verbindung zu Max her. Allem Anschein nach kamen die gegnerischen Dienste mit dieser Figur später ebensowenig klar wie mit Fritz.

Ich erinnere mich an einen der letzten Prozeßtage, als Bundesanwaltschaft und Gericht noch einmal den Versuch unternahmen, das Zwielicht aufzuhellen. Ausgangspunkt ihrer Bemühungen war ein dechiffrierter Funkspruch, der bei uns in Frankfurt an einem 9. März eingegangen war. Er lautete: »Herzliche Kampfesgrüße an C und M«. Wie ich später den Fragen meiner Vernehmer entnehmen konnte, brachte gerade dieser Text einige Verwirrung in die Ermittlungen. Zunächst einmal lag es nahe, hinter dem Funkspruch einen etwas ve späteten Gruß zum Internationalen Frauentag zu vermuten, gerichtet an C(hristel) und ihre mit uns nach Frankfurt (Main) übergesiedelte M(utter). Doch ergab das insofern keinen Sinn, als M auch in anderen, politisch äußerst relevanten Zusammenhängen auftauchte. Deshalb wurde BND-Mann Foertsch nach Erstattung seines Gutachtens vom Senatsvorsitzenden noch einmal ganz gezielt

gefragt: »Könnte dieses ›M‹ nicht vielleicht doch ›Mutter‹ bedeutet haben?« Foertsch antwortete: »Ich habe das nie in meine Überlegungen einbezogen und nehme es auch nicht an.«
Zu dem von mir im Auftrag von Theo arrangierten Treffen kam Max völlig überraschend für mich in Begleitung einer Frau. Die Situation war einigermaßen unübersichtlich. Bei der ersten Kontaktaufnahme zu Max hatte ich seine Ehefrau kennengelernt, ein mütterliches Wesen voller Verständnis und Freundlichkeit. Die beiden standen kurz vor der Silberhochzeit. Und nun dieses neue Gesicht – hübsch und mit allen Reizen der Jugend! Was sollte das bedeuten? Wie würde es Theo aufnehmen?
Wir trafen uns zu viert wie zufällig auf der Kurpromenade eines bekannten Heilbades. Max stellte seine Begleiterin nur flüchtig vor, ohne daß ihre Beziehungen klar wurden, und bugsierte sie dabei unauffällig an meine Seite. Als ich ihm Theo vorstellte, machte ich ein paar Worte mehr, dabei von einer dumpfen Ahnung erfüllt, daß sich die beiden von irgendwoher kannten. Theo war etwa genauso alt wie Max. Auf beider Gesicht war das gleiche hintergründig-herausfordernde Lächeln. Versuchten sie sich zu erinnern? Der Handschlag, mit dem sie sich begrüßten, war spannungsvoll zögernd, keiner wollte als erster loslassen.
Dann drehten sie sich um und spazierten auf der Promende davon, zwei würdige, in ernsthafte Gespräche vertiefte Herren, die es sich leisten konnten, die Segnungen eines teuren Heilbades zu genießen.
Ich blieb einigermaßen verdattert mit der jungen Dame zurück. Sie war von jenem überlebendigen alemannischen Typ, dem ein Schuß Schaumwein ins Blut gemischt worden sein muß. Sprunghaft erzählte sie allerlei Geschichten, aus denen ich nicht klug wurde. Offensichtlich ging sie davon aus, daß ich mit irgendwelchen Privatforschungen auf dem Gebiet des Jugendstils befaßt wäre. Sah ich so aus? Hatte sie diesen Unsinn von Max? Und zu welchem Zweck? Max, sagte sie und gebrauchte dabei natürlich seinen tatsächlichen Namen, Max habe sichtlich einen Narren an mir gefressen, ich solle zupacken und seine Beziehungen nutzen, um mir Zugang zu den Kunstsammlungen seiner Heimatstadt zu verschaffen. Was sollten solche Andeutungen? Mit sinnverstellten Halbsätzen ging ich auf das Gerede ein, ehe es mir gelang, das Gespräch auf Wetter, Fasching und Mode zu bringen. Ich bin auch später nicht, soviel ich auch grübelte, aus dieser koboldartigen Erscheinung klug geworden. Nie

wieder bekam ich sie zu Gesicht, weder in der Nähe von Max noch in seinem Dunstkreis. An jenem Nachmittag auf der Kurpromenade schickte ich mich in die mir zugedachte Rolle und spielte beim Flanieren den Kavalier. Jenseits des von hohen Bäumen überdachten Rondells sah ich manchmal Theo und Max ihre Bahn ziehen. Sie beachteten uns nicht.

Das Treffen endete für mich so überraschend, wie es begonnen hatte. Plötzlich, ohne Übergang aus dem Gespräch heraus, verabschiedete sich meine Begleiterin, ließ mich stehen und entschwand, einmal noch fröhlich winkend, in der Menge der promenierenden Kurgäste. Als ich mich umdrehte, kam Max langsam auf mich zu, allein.

Wir setzten uns auf eine Bank in der Brunnenhalle. Der Betrieb wurde etwas ruhiger, in den Pensionen rüstete man wohl schon zur Abendtafel. Max reichte mir ein Papier, auf dem ein paar hektographierte Wörter und Zahlen standen. »Statistik«, sagte er, »mit irgendwas muß man mal den Anfang machen.« Er sagte es im beiläufigen Ton. Aber es handelte sich um persönliche Aufzeichnungen über gewichtige außenpolitische Vorgänge. Ich hatte nicht viel Zeit, mir das Zeug im richtigen Zusammenhang einzuprägen. Offensichtlich war mir doch eine andere Rolle zugedacht als die des Cour machenden Kavaliers. Max war bei all dem völlig gelassen und unbekümmert. Doch als er vorschlug, den Tag bei einem guten Essen und einem guten Wein zu beschließen, lehnte ich ab. Ich war zu unruhig. Erst später sollte ich lernen, was ein guter Happen und ein guter Schluck wert sind, um angestaute Spannungen loszuwerden. Auch von Max wußte ich nur das Wichtigste. Ebenso wie Fritz gehörte er in Bonn den Führungsgremien der Partei an. Beide hatten tiefe Einblicke in die Kombinationen des westlichen Bündnissystems und damit in die Außen- und Sicherheitspolitik der BRD, wodurch ihre Informationen für uns großes Gewicht erhielten: Sie erleichterten es uns – soviel kann ich heute sagen –, in Wahrnehmung der Sicherheitsinteressen der DDR der aggressiven Wiedervereinigungspolitik der BRD-Regierung standzuhalten und ihr unser eigenes, auf friedliche Mittel und Zwecke gerichtetes Konzept entgegenzustellen.

Fritz und Max – ich werde beiden Männern ein gleich respektvolles Andenken bewahren ohne Rücksicht auf die Differenziertheit ihres Handelns und auch ihres Herkommens. Die Kontakte zu Fritz waren sporadischer und behielten ihren *konsultativen* Charakter, schließlich wurden sie immer spärlicher und gingen wohl auf andere Ebenen über. Mein Auftrag konzentrierte sich fortan voll auf Max, mit dem sich die Zusammenarbeit enger gestaltete.

Im Unterschied zu Fritz hatte er nicht von ursprünglich klassenkämpferischen Positionen zur sozialistischen Bewegung gefunden, sondern von einem christlich geprägten Ethos her. Als kleiner Verwaltungsgehilfe hatte er seine Karriere begonnen, sich dann aber doch eine solide akademische Ausbildung ertrotzt, und als ich ihn kennenlernte, waren ihm die Ränke um kommunale und Staatsämter nicht fremd. Wohl noch unter dem Eindruck seines Gesprächs mit Theo stehend, kam Max an jenem Abend in der Brunnenhalle geradezu selbstquälerisch auf die Nazizeit zu sprechen. Auch für ihn verband sich mit dem Machtantritt der Nazis ein tiefer Sturz. Er flog aus allen öffentlichen Ämtern. Aus seiner religiösen Bindung heraus fand er in der sich formierenden Bekennenden Kirche eine geistige Heimstatt. Und in diesen Kreisen schuf er sich auch eine die Selbstachtung erhaltende Wirkungsstätte. Auf verschwiegenen Wegen, aber wenn es sein mußte auch in aller Öffentlichkeit, vertrat er mit der Autorität seiner juristischen Kenntnisse die Interessen der von den Nazis Verfolgten. So konnte es nicht ausbleiben, daß die Gestapo auf ihn aufmerksam wurde. Sie nahm ihn in Haft und drehte ihn durch die Mühlen ihrer Verhöre. Nur auf Grund glücklicher Umstände entging Max dem KZ.

Was den Umgang mit ihm unkompliziert machte, war der Umstand, daß er seine religiösen Vorstellungen nie aufdringlich in den Vordergrund spielte, sondern sie in einem natürlichen Selbstverständnis als Sozialist zu sozialer und auch nationaler Verantwortung in Beziehung setzte. Seine einschneidenden Erfahrungen aus der Nazizeit spielten dabei zweifellos eine große Rolle. Auch er beobachtete mit großer Sorge den Machtzuwachs der reaktionären und restaurativen Kräfte in der BRD, was einherging mit einer ihn bestürzenden Wiederbelebung nationalistischen und chauvinistischen Denkens. Demgegenüber entwickelte er eigenwillige, von Güte und Menschlichkeit geprägte moralphilosophische Maximen. Und all das bildete den Boden für die Motive, aus denen heraus er zur Zusammenarbeit mit uns fand. Sein wacher Verstand und sein gutes Herz hatten mich schnell für ihn eingenommen, wie wohl auch ich ihm nicht ganz unsympathisch war. Ich erwähne das hier nicht, um die Jahre des Anfangs nostalgisch zu verklären. Es ist einfach so, daß zwischenmenschliche Harmonie gerade für eine konspirative Beziehung, der das Odium der Strenge und Sachlichkeit anhaftet, von hohem Wert sein kann. Max gehörte der Generation meines Vaters an, und obwohl ich gewissermaßen zu seiner Lenkung bestellt wurde, wuchs in mir das Gefühl, einen väterlichen Gefährten gefunden zu haben. Dessenungeachtet wollte ich an jenem Abend so schnell wie möglich nach Hause. Im Kurhaus hingen Fahrpläne aus. Als ich die Abfahrtszeiten studierte, mußte ich die Zwangsvorstellung abschütteln, daß ich die Uhrzeiten mit den mir von Max übergebenen auswendig gelernten Daten verwechseln könnte. Ich rechnete mir aus, daß ich noch den Nachtflug nach Hannover erwischen würde, wenn ich alle Spesengelder zusammenkratzte und mir ein Taxi leistete. In Hannover gab es einen Frühzug nach Berlin.

Aus Theo wird der *große Paul*

In Berlin hieß es, daß mich der *große Paul*, der Verantwortliche im Kampf gegen das SPD-Ostbüro und anderer antikommunistischer Zentralen, erwarten würde. Als ich zu ihm ins Zimmer trat, war ich im ersten Moment verdattert. Vor mir stand der Mann, den ich als Theo kennengelernt und der mich in die Pflicht genommen hatte. Lächelnd reichte er mir die Hand zur Begrüßung. Auf dem Tisch dampfte Kaffee. Für Kaffee hatte er viel übrig. Mehr plaudernd als fragend erkundigte er sich nach meinen Erlebnissen und Eindrükken auf der Reise. Die ziemlich happige Rechnung für das Taxi zum Flughafen quittierte er mit Stirnrunzeln. Ich kam auf das für mich rätselhafte Verhalten der jungen Frau zu sprechen, die Max mitgebracht hatte. Kurz angebunden sagte Theo bzw. Paul: »Weibergeschichten interessieren uns nicht – das merk dir ein für allemal!«
Die in meinem Gedächtnis gespeicherten Daten sollte ich auf einen Bogen Papier schreiben. Er verglich sie mit einem bereitliegenden Material und schien zufrieden, ohne von dieser Zufriedenheit viel Aufhebens zu machen. Beinahe die Worte von Max wiederholend, sagte er: »Statistik, aber der Anfang ist gemacht.« Und auch meine Überlegungen, die ich mir während der Reise gemacht hatte, vollzog er nach. »Besorg dir für das nächste Mal eine brauchbare Kamera. Die ist zuverlässiger als das beste Gedächtnis!« Erst bei späterer Gelegenheit erfuhr ich im vollen Zusammenhang, wer sich hinter

Theo oder dem *großen Paul* verbarg. Es war der legendäre Paul Laufer, in dessen Person sich die ruhmvollen Traditionen des konspirativen Kampfes unserer Partei verkörperten. Er hatte schon zum Apparat der Aufklärung gehört, als sich die Kommunisten in den letzten Jahren der Weimarer Republik auf den illegalen Kampf gegen die drohende faschistische Diktatur einstellen mußten. Alle, die ihn aus jenen dramatisch bewegten Zeiten kannten, schilderten ihn als einen glänzenden Organisator des konspirativen Netzes, der es verstand, sich bescheiden im Hintergrund zu halten. Anfangs nannte man ihn den *großen Paul* nur zur Unterscheidung von einem anderen Genossen des Apparats, dem *kleinen Paul*. Aber dann wuchs er – anders als in Andersens Märchen der »große Klaus« – in seinen Namen hinein. Im Kampf erlangte er sein großes Format. Und als es die Stunde verlangte, als er nach der Verhaftung vor den faschistischen Richtern stand, bewies er mit seinem bekennenden Mut wahre menschliche Größe. Diese Erfahrungen und Willensqualitäten waren es wohl, die es ihm ermöglichten, bei Männern wie Fritz und Max solche Saiten zum Schwingen zu bringen, die von der Kameradschaft des antifaschistischen Widerstandes gestimmt worden waren. Saß man ihm im Gespräch gegenüber, war von all dem äußerlich kaum etwas zu merken. Er hatte eine unwahrscheinlich ruhige, unpathetische, lakonische Redeweise. Aber die Spannung riß nie ab. Aus der Ruhe kam eine suggestive Kraft, die die Gedanken des Gesprächsparters herausforderte. Im Umgang mit mir kam manchmal eine Art väterlicher Sarkasmus zum Vorschein. Als wir an jenem Tag unsere erste gemeinsame Unternehmung auswerteten, sah er mich zum Abschluß lange prüfend an und sagte: »Ich hätte nicht gedacht, daß aus dir Bruder Leichtfuß mal ein richtiger Tschekist werden könnte. So irrt man sich eben.«

Mir war klar, daß ich im Begriff war, einen Stafettenstab zu übernehmen.

4. Die Brücke

»Ich glaube mich zu erinnern, daß Herr Guillaume damals viel gereist ist und daß er nicht wünschte, danach gefragt zu werden. Man hatte allgemein den Eindruck, daß er nicht nur in der DDR herumreiste, sondern auch in der BRD. Wenn ich jetzt gefragt werde, ob mir dabei der Verdacht der Agententätigkeit gekommen wäre, dann muß ich erklären, daß ich dazu nichts Konkretes sagen kann.«

(Aussage des Zeugen Manfred J., Oberstudienrat in Hannover, bis 1956 Fachbuchredakteur im Verlag »Volk und Wissen«, vor dem Oberlandesgericht Düsseldorf am 1. Juli 1975)

»In der letzten Zeit sei G. häufig im Auftrage nach Westdeutschland gefahren. Vor vier Wochen sei er nun völlig aus dem Beschäftigungsbetrieb ausgeschieden. Unser Berichter vermutet, daß G. nun ganz für ›Westarbeit‹ frei gemacht worden ist ... Wir stellen Überprüfung der Person bei Auftauchen anheim.«

(Aus einem Schreiben des sogenannten Untersuchungsausschusses freiheitlicher Juristen vom 22. November 1955 an das Westberliner Polizeipräsidium, zitiert im Bericht des auf Beschluß des Bonner Bundestages vom 6. Juni 1974 eingesetzten 2. Untersuchungsausschusses, Drucksache 7/3246)

Paul warnt vor Achtgroschenjungs

Beweisen kann ich es nicht, aber als vor dem IV. Strafsenat des Düsseldorfer Oberlandesgerichts der Zeuge Manfred J. seine gewundene Aussage gegen mich machte, lag die Vermutung nahe, daß sich hinter seiner Person der »Berichter« versteckte, der im Schreiben des Untersuchungsausschusses sogenannter freiheitlicher Juristen an die Westberliner Polizei Erwähnung fand.

Ich neige dazu, einem Menschen eher Vertrauen als Mißtrauen entgegenzubringen. Diese Seite meines Naturells hatte Paul sehr schnell erfaßt. In den Stunden der Instruktion warnte er immer wieder vor Leichtfertigkeiten, die aus Gutgläubigkeit entstehen. Aus der Zeit des illegalen Kampfes verfügte er über einen großen Erfahrungsschatz im Umgang mit Verrätern und Spitzeln. Etwas vereinfachend nannte er sie Achtgroschenjungs, aber er kannte eben die Tricks, wie man sie sich vom Leibe hielt. Es war eine neue Art zu denken und aufzutreten, die mir da antrainiert werden mußte. Was es mir leicht machte, dabei nicht zum Zyniker zu werden, war die unverstellte Offenheit, mit der Paul über die Anforderungen an unsere gemeinsame Arbeit sprach. Einem Manne wie ihm war wachsame Skepsis zwangsläufig zur zweiten Natur geworden, doch verlor er darüber nie seine stille, freundliche Menschlichkeit. Er wußte ja, wofür er eintrat! Und dieses Wissen um die Gerechtigkeit unserer Sache bis in die feinsten Verästelungen an mich weiterzugeben – ich glaube, darin sah er den wichtigsten Zweck seiner Instruktion. Wenn ich mich zurückerinnere an die langen Jahre unserer Zusammenarbeit, dann ist es jedenfalls dieses Wissen, von dem ich meine, daß es die Basis unserer Freundschaft war.

Paul Laufer entstammte demselben Jahrgang 1904 wie mein Vater, an dessen Schicksal ich mich mit ein wenig Trauer im Herzen erinnere, ja, auch ein gewisses Schuldgefühl will aufkommen. Den Grund dafür kann man übrigens nachlesen im Bericht der Kommission »Vorbeugender Geheimschutz« über die Prüfung von Sicherheitsfragen im Zusammenhang mit dem Fall Guillaume, im Auftrage der Bundesregierung dem Bundestag erstattet im November 1974. Im Abschnitt »Tatsächliche Feststellungen« heißt es: *»Günter Karl Heinz Guillaume wurde am 1.2.1927 in Berlin geboren. Seine Eltern hatten am 14.10.1926 die Ehe geschlossen. Der Vater, Karl Ernst Guillaume, geboren am 17.5.1904 in Berlin, von Beruf Musiker, schied am 18.1.1948 freiwillig aus dem Leben ...«*
Gerade die Kindheit und den ersten Lebensbereich der Familie ist jeder Mensch geneigt, mit einer gewissen Verklärung zu sehen. Doch will ich gar nicht erst den Versuch machen, meinen Vater zu einem Leitbild zu stilisieren – eher schon war er ein Leidbild. Wenn ich mich nicht ohne Rührung seiner erinnere, seinen Lebensweg und den tragischen Schluß überdenke, dann wegen der still und manchmal verzweifelt aufgebrachten Kraft, sich selbst und die Familie durch die rauhen Zeiten zu bringen. Im Umgang mit mir, dem einzigen Kind, war er von herber Zärtlichkeit. In meinem Innern steigt die Erinnerung auf an einen sonnigen Frühlingstag, als ich an seiner Hand von unserer kleinen Wohnung in der Choriner Straße, wo außer den Eltern und mir noch die Großmutter, Mutters Mutter, wohnte, zum Arbeitsamt in der Rückerstraße tippelte. Dort war die Stempelstelle, wo sich die Arbeitslosen jede Woche ihre Groschen abholten.

Die Guillaumes waren eine in Berlin lang ansässige Hugenottenfamilie. Vieleicht erklären sich daher bestimmte künstlerische Neigungen und Fertigkeiten. Der alte Guillaume, mein Großvater, war Bassist an der Oper. Sein Musikantenblut vererbte er auf den Sohn. Mein Vater spielte als Konzertpianist im großen Orchester einer Filmgesellschaft, der UFA. Es war die große Zeit des deutschen Stummfilms, der ohne die eigens für ihn komponierte Musikuntermalung nicht denkbar war. Dann trat der Tonfilm seinen Siegeszug an, und diese technische Neuerung brachte es mit sich, daß in der Branche die Musiker massenweise arbeitslos wurden. Vorher mußte sich jedes halbwegs repräsentative Kino zu seinen Vorstellungen ein Orchester leisten. Und in den Hunderten von Flohkisten, die es in Berlin gab, saß zumindest ein Pianist am verstimmten Klavier. Damit war Schluß. Der Tonfilm lieferte die im Studio fabrizierte Musik mit. Einer derjenigen, die von diesem Umbruch schicksalhaft betroffen wurden, war mein Vater. In der großen Weltwirtschaftskrise schwoll das Heer der Arbeitslosen in Deutschland auf viele Millionen an. Wer suchte da schon einen stellungslosen Musiker? Manche ehemaligen Kollegen meines Vaters streiften als Hofmusikanten durch die Stadt, auf den Sechser hoffend, der ihnen in Zeitungspapier gewickelt von einer mildtätigen Hand aus einem Fenster zugeworfen wurde. Unsere Familie hungerte sich mit Vaters Stempelgeld und Großmutters Witwenrente durch, und auch später, als Vater eine Aushilfsarbeit auf einem Steueramt fand, konnten wir keine großen Sprünge machen. Es muß eine deprimierende und entwürdigende Arbeit gewesen sein, schlecht bezahlt und nervtötend für ihn, den sensiblen Musiker. Zu Hause sprach er kaum darüber. Ich glaube, die Tätigkeit bestand im wesentlichen darin, Steuerkarten aus einer Kartei in die andere zu sortieren.

An dieser Stelle möchte ich auf die Tatsache zu sprechen kommen, daß dieser Karl Ernst Guillaume aus der bedrängten Lage heraus, in der er sich befand, der NSDAP beitrat, nachdem Hitler von Hindenburg zum Reichskanzler ernannt worden war. Werte ich diesen Schritt rückblickend nach den festen Vorstellungen, die ich mir zum Verhältnis von Politik und Persönlichkeit gemacht habe, dann fällt es mir schwer, ein Wort der Entschuldigung zu finden. In der Zeit der Barbarei haben sich Menschen in viel auswegloserer Lage befunden, sind in ihrem Leben bedroht gewesen und haben sich dennoch nicht bereit gefunden, den Barbaren auch nur den kleinen Finger zu reichen. Tausende Märtyrer bezahlten ihre Unversöhnlichkeit mit dem Tod. Und dennoch gibt es eigentlich nichts, was das Bild, das ich mir von meinem Vater gemacht habe, zerstören könnte. Zu stark ist der Geruch der Armut, der Sorge und der Enge, den ich spüre, wenn ich an die Kindertage denke. Diesen instinktiv aufgenommenen Sinn für die Nöte der kleinen Leute habe ich übrigens mein Leben lang nicht verloren, und er ist wohl eine der Quellen, aus denen meine spätere, von Klassenpositionen geprägte Parteinahme hervorging. Gegenüber meinem Vater erwuchs daraus schließlich so etwas wie ein anteilnehmendes Begreifen seiner Entscheidung. Er war von Hause aus das, was man einen unpolitischen Menschen nennt. Ein wohlmeinender, wenn auch windiger Freund, der über Verbindungen zur sogenannten Reichskulturkammer verfügte, riet ihm, das zu tun, was so viele taten, nämlich sich den neuen Machthabern anzupassen. An den Eintritt in die Nazipartei verknüpfte sich für meinen Vater die Hoffnung, der Familie eine bessere Existenzgrundlage zu schaffen. Und in gewisser Weise erfüllte sich die Hoffnung. In einem Amt der Berliner Gauleitung verwaltete er für kurze Zeit, bevor er Soldat wurde, die Registratur der – kurios, es zu sagen – verliehenen oder zu verleihenden Orden und Auszeichnungen. Später, als wir uns während eines kurzen Fronturlaubs noch einmal sahen, vertraute er mir an, daß ihn vom ersten Tage an nicht das quälende Gefühl losgelassen hatte, sich auf einen falschen Stuhl gesetzt zu haben. Abgesehen davon, daß ihm, dem Vollblutmusikanten, die neue Tätigkeit genauso idiotisch vorkommen mußte wie die alte auf dem Steueramt, ahnte er wohl schon, daß an den Orden, die er aufzulisten hatte, Blut klebte. Die paar Mark mehr, die er nach Hause brachte, waren ein matter Trost.

Ich erwähne diese an sich banale, von einem faulen Kompromiß geprägte Familienepisode, die irgendwie typisch für die Verwicklungen war, in die Menschen damals schuldhaft verstrickt wurden, eigentlich nur aus zwei Gründen. Zum einen glaube ich, meinem Vater eine solche Aufrechnung schuldig zu sein. Ich will mir ein Bild machen, das weder verklärt noch verkliert. Wo komme ich her? Was hat mich geprägt? Die Generationen müssen miteinander ins reine kommen. Da darf es keine Drückebergerei geben. Zum anderen erwähne ich diese Geschichte, die eigentlich Vorgeschichte ist, weil die westdeutsche Sensationspresse nichts unversucht gelassen hat, daraus Kapital zu schlagen: *»Der Kanzler-Spion – ein Nazibengel!«*

Mein Herkommen und meine Jugendzeit bieten für dieses Klischee keinen Stoff. Das Wehrertüchtigungslager, in dem ich – um der Einberufung zur Waffen-SS zu entgehen – mich als Offiziersbewerber bei der Wehrmacht meldete, kann dafür nicht herhalten. Auch nicht meine Einberufung zu einer Kavallerieeinheit im Januar 1945. Dank meines Reiterscheins der Reiter-HJ kam ich dort zur einzigen berittenen Schwadron. Die anderen, die man mit Fahrrädern beweglich gemacht hatte, versickerten für mich irgendwo im Strudel des Kriegsendes. Meine kriegerische Tätigkeit erschöpfte sich – schicksalsbedingt – in der Flucht vor der Roten Armee. Irgendeine schützende Hand, wahrscheinlich von ganz oben, verlegte meine Schwadron auf die Insel Wollin. Womöglich weil die Namensliste der Einheit sich wie ein »Gotha« des deutschen Schwertadels las. Schwadronschef war ein Rittmeister von Blücher, Kameraden hießen von Bonin und von Zitzewitz. Als wir uns am 2. Mai 1945 auf abenteuerlichen Schiffen in Richtung Dänemark absetzten, war die Rote Armee auf dem Festland – an uns vorbei – schon weit nach Westen vorgedrungen.
Es ist geradezu lachhaft. Adenauer holte sich den Herrn Globke, der mit seinen Kommentaren zur Nürnberger Rassegesetzgebung einen Anstoß zum Vernichtungsfeldzug gegen die europäischen Juden gegeben hatte, an die Spitze seines Bundeskanzleramts. Erznazis wie Oberländer und Seebohm wurden zu Stützen der Gesellschaft und der Regierung. Die Chefplaner aus Hitlers Generalstab, ich erwähnte es schon, die Generale Speidel und Heusinger, rückten an die Spitze der Bundeswehr. Und einer der Nachfolger Globkes im Bundeskanzleramt, der alte SA-Mann Carstens, stieg bis zum höchsten Amt, dem des Bundespräsidenten auf. Einem kleinen Musiker aus Berlin aber sollte aus seiner NSDAP-Mitgliedsnummer ein moralischer Strick gedreht werden, weil man mich darin hängen sehen wollte.
Mit Globkes Rassegesetzen bekam Vater dann selbst zu tun. Es war ein Tag kurz nach der *Kristallnacht,* als er einmal lange vor dem Spiegel stand und sich nachdenklich musterte. »Findest du auch, daß ich wie ein Jude aussehe?« Ich verstand überhaupt nicht, was er meinte. Auf Grund der hugenottischen Herkunft der Familie hatte er ein von weichen Linien und einem dunklen Teint gezeichnetes Gesicht, die Augen erschienen groß und nachdenklich, der Mund war empfindsam, über hoher Stirn der Ansatz dunklen Haares. In der Tat

war er alles andere als der *arische Typ*. Er hatte sich wohl ein paar Anrempeleien gefallen lassen müssen. Man verlangte von ihm den *Ariernachweis,* und so bedrückend albern er es auch empfand, machte er sich auf den Weg zum alten Gendarmenmarkt. In der Reformierten Kirche der Französischen Gemeinde war er getauft worden. Im Französischen Dom hatten meine Eltern auch ihre Trauung vollziehen lassen.

Das Ende des Karl Ernst Guillaume ist schnell erzählt. Es gibt noch zwei kleine Fotos, die darauf hinlenken. Das eine stammt aus dem Sommer 1940, aufgenommen mit dem Selbstauslöser während des kurzen Fronturlaubs nach dem faschistischen Überfall auf Frankreich. Es war ein sonnenüberfluteter Tag. Wir sitzen beide eng beieinander in unseren Badehosen, ich habe einen Arm um seine Schultern gelegt.

Das andere Bild ist ein Paßfoto. Es zeigt ihn in der Uniform eines einfachen Fliegersoldaten. Er stand bei einer Bodeneinheit in Italien. Auf diesem Bild ist er mit sich schon sehr allein, wirkt in sich gekehrt und vereinsamt. Als er später, 1948, aus englischer Kriegsgefangenschaft nach Hause kam und in der Wohnung einen anderen Mann vorfand, überwand er das nicht. Mit einem Sprung aus dem Fenster nahm er sich das Leben, das er nicht mehr für wert hielt, es durchzustehen.

Die Nachricht von seinem Tode traf mich wie ein Hammer vor den Kopf. Natürlich wußte ich, was zu Hause los war, auf welch unglückselige Weise sich die Beziehungen meiner Eltern verwirrt hatten. Aber war es denn möglich, daß ein Mann Schluß macht mit dem Leben nur wegen einer treulosen Frau?

Ich war damals einundzwanzig Jahre jung, voller Lebenshunger in der tristen Trümmerwelt der Viersektorenstadt. Doch selbst in den armseligen und beengten Verhältnissen gab es Bewegungsmöglichkeiten nach allen Seiten. Wenn man sich nicht allzu dämlich anstellte, kam man irgendwie immer wieder auf die Beine. Als der neue Lebensgefährte meiner Mutter anfing, es sich bei uns zu Hause bequem zu machen, schien mir da für mich kein Platz mehr zu sein, und unter dem Krach, der dazu gehörte, packte ich meinen Koffer. Ich tat mich mit einem alten Kumpel zusammen, der aus unserer Gegend stammte und gleich um die Ecke, in der Schwedter Straße, zu Hause war.

Mit diesem Hans-Dieter S. hatte ich während des Krieges die Fotofachschule besucht. Das Soldatenhandwerk zu erlernen blieb ihm erspart. Im Gegensatz zu mir mußte er nicht mehr an die Front. Wegen eines körperlichen Leidens hatte man ihn für wehruntauglich erklärt. Eine spinale Kinderlähmung war aufs Rückenmark geschlagen, und in putziger Plumpheit zog er ein Bein nach. Dabei war er alles andere als lahm. Wendig und pfiffig, fand er schnell einen Dreh, sich in die neuen Verhältnisse hineinzufinden. Die Trümmer der letzten Häuserkämpfe qualmten noch, da hatte er schon, mit Sitz in der Wohnung seiner Eltern, eine »Werbeagentur« gegründet. Als ich im Dezember 1945 nach Gefangenschaft und Flucht heimkehrte, war er mitten im flotten Weihnachtsgeschäft. In einer zerbomten Druckerei hatte er einen Stapel unversehrter Klischees entdeckt, und zwar für den Druck von Anziehpuppen. Damit war die Idee geboren. Jetzt fehlte nur noch das Papier, und es fand sich im Magazin eines stillgelegten Verlags, der Landkarten herstellte. Für diese Landkarten gab es keinen Bedarf mehr: Der Krieg hatte, Völker- und Ländergrenzen verschiebend, eine neue Geographie geschaffen. Auf den unschuldsweißen Rückseiten der Karten ließ Freund S. nun seine Anziehpuppen drucken. Die Leute kauften wie verrückt, es gab ja kaum etwas anderes. Ich erlebte Väter, leidenschaftliche Raucher, die ihre Zigarettenration hergaben, um ihren Sprößlingen zu Weihnachten eine Freude machen zu können. S. kassierte ungerührt im Bewußtsein, ein gutes Werk zu tun. Und in der Tat bewirkte er ja zweierlei. Wenn die Kinder sich mit den Anziehpuppen satt gespielt hatten, konnten sie diese umdrehen und lernten dann vielleicht an Hand der Landkartenausschnitte, in welchem Maße die alte Welt gezwungen war, sich in neue Verhältnisse hineinzufinden. Mir imponierte ein solcher Unternehmungsgeist. S. hatte auf meine Rückkehr gewartet, um mich als Juniorpartner ins Geschäft zu nehmen. Ich schlug ein. Während er mehr das Kaufmännische erledigte, war ich für das Handwerkliche zuständig. Ich zog wieder mit der Kamera los. Die Stadt befreite sich vom Schmutz des Krieges, Handel und Wandel kamen allmählich in Schwung, und wir erhielten manchen einträglichen Werbeauftrag. Doch auf die Dauer konnte uns, die wir uns als angehende Meisterfotografen fühlten und nach Höherem strebten, das auf blanken Mammon zugeschnittene Werbegeschäft nicht befriedigen. S. hatte einmal die verrückte Idee, sich nach dem Beispiel des berühmten Meeresforschers Hans Hass auf die Unterwasserfilmerei zu schmeißen. Aber vom mißtrauischen

amerikanischen Kontrolloffizier, Peter van Eyck, bekam er dafür keine Lizenz.
Ich hatte in der sowjetischen Kommandantur mehr Glück. Noch von meiner Lehrzeit her galt meine Liebe der Theaterfotografie. Ich meldete mich bei Oberst Tulpanow an und landete bei Alexander Dymschitz. Voller Begeisterung entwickelte ich ihm mein großes Projekt: Das erwachende Kulturleben Berlins brauche unbedingt einen Opernkalender. Ihm leuchtete das sofort ein, und ohne viel Umstände erteilte er seine Genehmigung, daran nur die Bedingung knüpfend, daß ehemalige Naziaktivisten unter den Sängern und Schauspielern nicht propagiert werden dürften. Viele Wochen machte ich nun die Bühne des alten Admirals-Palastes am Bahnhof Friedrichstraße, in dem die Staatsoper ihre Heimstatt gefunden hatte, mit meiner Kamera unsicher. Und wie ein kleines Wunder in dieser tristen Zeit erschien mein Jugendwerk, der Opernkalender 1948, reich bebildert mit meinen rücksichtslos geblitzten Fotografien. Die Opernfreunde stürzten sich darauf wie die Kinder auf die Anziehpuppen.
Aus all diesen ungestümen Projekten und Unternehmungen riß mich die Nachricht vom Tod des Vaters. Schlagartig wurde mir bewußt, was ich im eroberungshungrigen Egoismus der Jugend versäumt hatte. Der einzige Sohn hatte ihm im Moment der Krise keinen Halt gegeben und hatte nun selbst einen inneren Halt verloren. War sein Versagen auf mein Versagen zurückzuführen? War das Verlassenwerden von der Frau nur ein letzter Anstoß gewesen? Fühlte er sich insgesamt, das ganze Leben überdenkend, als ein Verlierer? Als er mit der Frau das Zuhause verlor, hätte ich ihm da nicht ein neues Gefühl des Zuhauseseins geben müssen? Solche Fragen quälten mich wie eine schwärende Wunde, und sie will sich auch heute nur schwer schließen.

Einem gerüsteten Gegner muß man anders begegnen als einem ungerüsteten

Manchmal, wenn ich von einer Fahrt zu Fritz oder Max zurückgekehrt war und Paul zur Berichterstattung und Auswertung gegenübersaß, passierte etwas Merkwürdiges. Paul hatte eine nur entfernte Ähnlichkeit mit meinem Vater. Aber wenn er sich mir voll zuwandte, konnte es geschehen, daß sich wie bei einer Doppelbelichtung über sein Gesicht das Gesicht meines Vaters schob, so wie ich ihn in Erinnerung hatte.

Ich will hier nicht von Vaterersatz reden. Doch in den rund zwölf Jahren unserer Zusammenarbeit wuchs Paul mir als väterlicher Freund ans Herz. Er gehört zu den wenigen Menschen, die es verstanden, meinem Leben einen Sinn zu geben. Schon auf Grund seines Alters und seiner Erfahrung hätte er mir gegenüber mit betonter Autorität auftreten können. Er tat es nie. Ich kann mich nicht erinnern, im Umgang mit ihm jemals das Gefühl gehabt zu haben, mit Forderungen bedrängt zu werden.

Natürlich hatte er Forderungen, knallharte sogar. Aber er machte es einfach so, daß er in seiner kühlen und bedachtsamen Art eine gegebene Lage analysierte, und das war meist so zwingend, daß man von selbst darauf verfiel, was zu tun war.

Beispielweise kam er immer wieder darauf zu sprechen, inwiefern die mit meiner Hilfe geknüpfte Verbindung durch meine Pendelreisen zwar aufrechterhalten, gleichzeitig aber auch gefährdet wurde. Jeder dumme Reisezwischenfall konnte mich auffliegen lassen. Paul sprach vom Gesetz des geringsten Risikos. Spätestens in diesem Moment fiel bei mir der Groschen. Ich malte mir aus, um wieviel leichter und ungefährdeter die Verbindungen zu halten wären, wenn ich unauffällig und ungezwungen als der, der ich war, in ihrer Umgebung lebte. Doch die Umstände, unter denen dies zu bewerkstelligen wäre, erschienen mir anfangs so atemberaubend abenteuerlich, daß ich nicht wagte, den Gedanken auszusprechen.

Ein anderes Mal analysierte Paul mit mir die Zäsur, die die Ratifizierung der Pariser Verträge für das Verhältnis beider deutscher Staaten bedeutete. Im Oktober 1955 traf der Parteivorstand der KPD nüchtern und illusionslos folgende Feststellung: *»Die Demokraten und die Friedensfreunde vermochten sich in Westdeutschland bis jetzt nicht durchzusetzen, weil sie zersplittert sind ... Mit den Pariser Verträgen, der Eingliederung Westdeutschlands in die NATO und mit den Wehrgesetzen wurde auch hinsichtlich der Wiedervereinigung Deutschlands eine völlig neue Lage geschaffen. Um ihre Machtposition wieder aufzurichten, haben die Monopolherren und Großgrundbesitzer seinerzeit die Spaltung Deutschlands herbeigeführt. Sie haben den westdeutschen Separatstaat geschaffen. Schließlich haben sie mit der Wiedererrichtung des deutschen Militarismus und* *der Kettung der Bundesrepublik an die aggressiven Kriegspakte einen Damm quer durch Deutschland aufgeworfen.«*

Die politischen Wissenschaften haben keine Experimentierfelder und nur einen Prüfstand – die Geschichte. Überprüft man in diesem Sinne die rund drei Jahrzehnte, die seitdem vergangen sind, dann erweist sich, daß in der wechselvollen Geschichte unseres Volkes mit Borniertheit und Demagogie immer wieder Ursache und Wirkung durcheinandergebracht werden.

In unseren Gesprächen damals mußten wir uns darüber klar werden, daß die Frage von Krieg und Frieden in der Politik ein immer größeres Gewicht erhielt. Auch für die DDR entstand eine neue Interessenlage. Schutzfunktionen traten stärker in den Vordergrund. Schon der gesunde Menschenverstand lehrt, daß es einen gewaltigen Unterschied ausmacht, ob man einem ungerüsteten oder hochgerüsteten Gegner gegenübersteht. Ende Juni 1955 zog das Zentralkomitee wichtige militärpolitische Schlußfolgerungen aus der Eingliederung der Bundesrepublik in die NATO. Auf die Einführung der allgemeinen Wehrpflicht wurde vorerst noch verzichtet, aber die Kampfkraft der kasernierten Volkspolizei erhöht. Im Rahmen des schon im Mai geschlossenen Warschauer Vertrags über Freundschaft, Zusammenarbeit und gegenseitigen Beistand war die DDR entsprechend dem Staatsvertrag vom 20. September mit der UdSSR auch voll verantwortlich für die militärische Sicherung ihres Territoriums.

Aus dieser veränderten Konstellation ergaben sich selbstverständlich bedeutsame Schlußfolgerungen für uns Aufklärer. Würde Max dabei mitziehen? Er gehörte zu den sogenannten großen Europäern seiner Partei und verfügte insofern über wichtige Kanäle zu den international strukturierten Schalt- und Machtstellen. Grundsätzlich war zwischen ihm und Paul alles klargemacht worden. Aber würde er auch in der neuen Situation bereit sein, uns mit Informationan über Ausmaß, Tempo und Stoßrichtung der westdeutschen Aufrüstung und über die damit verbundenen weitergehenden politischen Überlegungen des Gegners zu helfen? Das war die Gretchenfrage, die seinem Gewissen als Sozialdemokrat gestellt werden mußte. Wieder machte ich mich auf die nicht ungefährliche Reise, mit getarnten Papieren und getarntem Ziel. Max war eine skeptische Natur. Den Ausbau der Bundeswehr und ihr Zusammenspiel mit der US Army hielt er für unausweichlich. In der Partei höre er jetzt

vermehrt Stimmen, die verlangten, sich mit einem neu überdachten Wehrprogramm auf die Entwicklung einzustellen. Man müsse Ballast abwerfen, werde verlangt, nur nicht sich selbst!
Tastend noch, aber in immer bestimmter werdenden Forderungen von rechts begann auch die SPD, mit rund 650000 Mitgliedern die zahlenmäßig stärkste politische Organisation der Bundesrepublik, sich auf die neue Lage einzustellen. Man kannte noch nicht die tatsächlichen Namen – sie würden nicht Noske, sondern einmal Leber und Schmidt und Apel heißen –, aber es war kein Unding mehr in der Partei, sich auszumalen, wie mit Hilfe ihrer Ummodelung zur Volkspartei, frei vom *marxistischen Ballast,* die parlamentarische Mehrheit erobert und so ein sozialdemokratischer Wehrminister an die Spitze der Bundeswehr geführt werden könnte.
Das war für uns eine wichtige Einschätzung über mögliche Machtverschiebungen im Bonner Staat. In gewisser Weise gab sie einen ersten Anstoß für die Richtung, in der ich mich später in der Partei orientieren sollte. Bedeutsamer aber noch war die klare persönliche Entscheidung, die Max für sich traf. Auch für ihn war und blieb die Frage von Krieg und Frieden die alles andere übergreifende. Der Schwall revanchistischer Losungen, mit der die Aufstellung der Bundeswehr begleitet wurde, ihre Einschwörung auf Traditionen aus dem Ersten und Zweiten Weltkrieg verhießen nichts Gutes. Nicht auszumalen die Vorstellung, daß sich in der Mitte Europas, wo sich die Weltmächte Stirn an Stirn gegenüberstanden, eine vom Ehrgeiz der Restauration besessene Militärmacht zum Sprung bereit machte, um die Politik mit den ihr gemäßen Mitteln fortzusetzen. Das Weltinferno wäre da! Vor eine solche Tatsachenlage gestellt, erwiesen sich Positionen, die sich Max während seiner Jugendjahre im Umgang mit dem Militarismus erobert hatte, als sehr zählebig. Er stand zu dem Wort, das er Paul gegeben hatte.

»Rauchen wollen die Leute immer!«

Neue Lage, neue Maßnahmen. Wenn da nun ein Damm war quer durch Deutschland, aber über ihn hinweg eine Brücke geschlagen werden sollte, dann mußte sie auf sicheren Pfeilern stehen. Paul warf erneut und hartnäckig die Frage einer besseren konspirativen Absicherung der Verbindungen auf. Er schwärmte von Tabakläden.

»Den Leuten kann es noch so dreckig gehen, rauchen wollen sie immer«, sagte er. Er erzählte Geschichten vom Aufbau des illegalen Netzes in der Nazizeit. »So ein Tabakladen, da steckt man sich erst mal einen Glimmstengel an, und zu einem Schwatz ist auch noch Zeit. Man hört dies und das. Es trifft sich Hinz und Kunz. Und wenn dann der Kunz dein Mann ist, weil, du hast es erkannt, er eine Zigarettensorte verlangte, die es gar nicht gibt, es war dein Stichwort, dann kannst du ihm mit der Schachtel, die du ihm nun empfiehlst, jeden Kassiber mit rüber schieben, und wenn noch zehn andere im Laden rumstehen und paffen und quatschen, kein Aas merkt was.«

Die eingestreuten Du und Dein schienen nur so dahingeworfene Floskeln zu sein, wie sie einem beim eindringlichen Erzählen unterkommen. Wie die Lage nun aber einmal war, empfand ich sie als direkt an meine Adresse gerichtet. Schon bei der nächsten Reise, sie führte in die Rheingegend, fing ich an, mich umzusehen. Es war die Zeit, als auch in dieser Region der Weintrinker die kleinen Kaffeestuben aufkamen. Es würde also nicht unbedingt ein Tabakladen sein müssen.

Da von vornherein klar war, daß ich nicht allein gehen würde, zog Paul im gegebenen Moment Christel ins Vertrauen. Auch bei ihr bedurfte es nicht vieler Worte. Jahrelang hatte sie aktiv in der Friedensbewegung gearbeitet, bei dieser Gelegenheit hatten wir uns kennengelernt. Anders als ich kam sie aus einem antifaschistischen Elternhaus. Paul war auch ihr Bürge bei der Aufnahme in unsere Partei. Auf einer der nächsten Erkundungsreisen nahm ich Christel mit, und angesichts der wachen Klugheit, die sie bei diesem ersten gemeinsamen Unternehmen bewies, wurde mir klar, daß mir von nun an alles leichter fallen würde.

Als ich einmal Max gegenüber erwähnte, daß ich jung verheiratet sei, kam es zu einem kuriosen Mißverständnis. Er sah mich listig an und fragte: »Dann heißt deine Frau etwa auch Guillaume?« Als ich ihm das bestätigte, brach er in Gelächter aus. »Ein umständlicheres Pseudonym habt ihr euch wohl nicht ausdenken können! Gijom, Gijom! Da wird noch so mancher mit der Zunge drüber stolpern. Menschenskinder, warum nicht einfach und auf gut deutsch: Wilhelm?«

Noch einige Jahre blieb er der Überzeugung, daß Guillaume unser Deckname war.

5. Der Absprung

Am 12./13.5.1956 gelangte G. mit seiner Frau bei Hohen Neuendorf-Frohnau nach Westberlin und von dort auf dem Luftweg in die Bundesrepublik. Am 13.5.1956 nahm das Ehepaar Wohnung in Frankfurt (Main) ... Die Eheleute G. haben kein Notaufnahmelager durchlaufen. Sie fanden unmittelbar Aufnahme in der Wohnung von Erna Boom, der Schwiegermutter des G. in Frankfurt (Main), Finkenhofstraße 29. Erna Boom, die niederländische Staatsangehörige ist, war selber erst seit dem 15.5.1956 unter dieser Anschrift – als von Lehnitz (DDR) zugezogen – polizeilich angemeldet. Die polizeiliche Anmeldung der Eheleute G. folgte am 1.7.1956.«

Aus dem Bericht der Kommission »Vorbeugender Geheimschutz über die Prüfung von Sicherheitsfragen im Zusammenhang mit dem Fall Guillaume«, Bundestagsdrucksache 7/3083)

»27. Juni 1975: Der Senat hat nicht darauf verzichtet, Erna Boom, die Mutter und Schwiegermutter der Angeklagten, zu laden. Nach Feststellung ihrer Personalien erklärte sie, daß sie jede Aussage verweigere. Trotz ihr anzumerkender großer innerlicher Erschütterung hat sie mit Haltung und Würde, ohne ein vielleicht erwartetes Schauspiel zu geben, diesen Auftritt durchgestanden.«

(Aus den von Christel Guillaume während des Prozesses vor dem Düsseldorfer Oberlandesgericht protokollierten Notizen)

Das gemachte Nest in Frankfurt ist leer

Es begann so dramatisch, wie es enden sollte. Die Umsiedlungsaktion unserer Familie war von Paul Laufer meisterhaft organisiert worden, aber dann schien doch alles schiefzulaufen. Als ich mit Christel an jenem 13. Mai 1956 in Frankfurt am Main eintraf, fuhr uns ein mächtiger Schreck in die Glieder. Keine Spur von Mutter Erna Boom, die uns in Empfang nehmen sollte. Die über einen Makler vermittelte und vorab gemietete Wohnung in der Finkenhofstraße war leer.

Wir hatten nur ein unauffälliges Handgepäck bei uns, gerade so viel, wie man bei sich haben durfte, um keinen Verdacht zu erregen, wenn man mit der damals noch grenzüberschreitenden S-Bahn aus der

DDR nach Westberlin fuhr. Es tut mir heute noch ein bißchen weh, darauf zu sprechen zu kommen – aber unsere Absetzbewegung als Republikflüchtige mußte für Feind und Freund gleichermaßen glaubwürdig erscheinen. In den Augen der zurückbleibenden Genossen, Kollegen, Freunde, Verwandten – dessen waren wir uns schmerzlich bewußt – galten wir als Verräter. Psychologisch war dies eine der schwierigsten Barrieren, die wir zu überwinden hatten. Um das Vertrauen des Gegners zu erlangen, mußten wir das Vertrauen des Freundes verspielen. Bis zu einem gewissen Grade blieb das auch später die Grundstruktur all unserer Planungen. Und dazu gehörte es auch, die eigenen Genossen, die auf dem Grenzbahnhof kontrollierend Dienst taten, über Ziel und Charakter der Reise zu täuschen. Mehr als eine Handtasche oder Aktentasche durfte man kaum bei sich haben.

Und nun standen wir da in Frankfurt, wußten nicht weiter in dieser uns fremden Welt. Das ganze Unternehmen hing an einem seidenen Faden. Schwiegermutter Erna Boom war noch vor uns auf die Reise gegangen, als holländische Staatsangehörige ganz offiziell mit all unserer Habe, Möbeln, Koffern, Hausrat. DEUTRANS hatte den Umzug übernommen. Doch wo war der Transport abgeblieben? Was war mit Mutter Boom passiert? Nur ein Streich der Bürokratie bei der Grenzpassage? Ein Unfall oder hoffentlich bloß eine Panne? Oder war uns der Gegner schon bei unserem ersten Schritt ins Unwägbare auf die Schliche gekommen? Hatten die Nerven der alten Dame, die schon so viel in ihrem Leben durchmachen mußte, in einem kritischen Moment versagt? Hatte man sie an der Grenze ins Gebet genommen? Bei all diesen Fragen, die wir uns voller Unruhe und Sorge stellten, konnte einem schwindlig werden.

Erna Boom war eine feste Größe in dem kühnen Entwurf, den Paul Laufer, sie bis zu einem bestimmten Punkt voll ins Vertrauen ziehend, ausgetüftelt hatte. Dieser Idee folgend, sollte sie für uns in Frankfurt das Nest machen. Der ganze offizielle Kram – Mietvertrag, Bankkontoführung, Umzug, Anmeldung, spätere Geschäftsführung – lief unauffällig über ihren Namen. Unser Schicksal hing an ihrem Schicksal. Sie war gewissermaßen der Spurengänger, dem wir folgten. Bei unserem Auftauchen im *goldenen Westen* sollten die Behörden an eine Familienzusammenführung glauben und an nichts weiter. Dieser schöne Plan schien nun geplatzt!

Die stille Tapferkeit der Erna Boom

Erna Boom, geborene Meerrettig, hatte die Staatsbürgerschaft des Königreichs der Niederlande durch Heirat erworben. Ihr Mann, Tobias Boom, war ein recht erfolgreicher Tabakfachmann, nicht unvermögend, groß und stattlich, ein echter Mijnheer, der großzügig seine Geschäfte machte. In Elbing war er Direktor bei Loeser & Wolff gewesen und weigerte sich, die Arisierung des Unternehmens mitzumachen. Von seiner ganzen Herkunft und Art hatte er für die Faschisten nur Verachtung übrig und muß ihnen ein Dorn im Auge gewesen sein. Sie wollten ihn ruinieren. Er trat für die von ihnen Verfolgten ein. In ihrer barbarischen Haft zerbrachen seine Gesundheit und sein Bürgerstolz. Die Folgen der körperlichen und seelischen Torturen überlebte er nicht, er starb 1944. Aber in der Familie lebte sein Beispiel weiter. Als ich Erna Boom Anfang der fünfziger Jahre kennenlernte, bemerkte ich an ihr eine stille Tapferkeit und Unnachgiebigkeit, mit der sie auch noch als Witwe ihren Platz an der Seite des Mannes behauptete. Das bestimmte ihre Haltung und ihren Platz in der Welt, die noch voller Ruchlosigkeit war. Sie war überzeugt, daß die Mörder ihres Mannes in den Gefilden des Bonner Staates nicht nur ungeschoren blieben, sondern auch zu neuem Einfluß kamen.

Dabei hatte Erna Boom mit Politik unmittelbar kaum etwas im Sinn. Sie blieb geprägt von den Vorstellungen und Erfahrungen ihres Bürgerlebens, in der Erinnerung gebunden an die würdevolle Kaufmannsgestalt ihres Mannes, mütterlich gerüstet mit einem ausgeprägten Familiensinn. Wahrscheinlich hätte es kein anderer als Paul Laufer mit seiner kräftigen Persönlichkeit und seiner menschlichen Ausstrahlungskraft vermocht, eine solche Frau, die manchmal schon glaubte, das Abendlicht des Lebens dämmern zu sehen, aus der Enge ihrer Vorstellungen zu befreien, ihren Mut zu beflügeln und für ein mit so viel Abenteuerlichkeit behaftetes Vorhaben zu gewinnen.

Ich habe mit meiner Schwiegermutter über diese ihre ureigenste Entscheidung und darüber, wie sie zustande kam, nie viel geredet. Es gab die ganzen Jahre über ein ungeschriebenes Gesetz: Sie wollte nicht wissen, was Christel und ich wußten, und wir rührten nicht an ihrem Geheimnis. Die Basis eines solchen Verhältnisses ist stillschweigendes, absolutes Vertrauen. Obwohl ich mir also darüber nicht völlig sicher bin, vermute ich, daß schon die Reisen, die sie 1955 nach Westdeutschland unternahm, von Paul inspiriert waren. Die Aufnahme verstärkter Kontakte zu der dort lebenden Verwandtschaft und Bekanntschaft bildete die psychologische Vorbereitung ihrer späteren Übersiedlung. Bei den Freunden und Verwandten wurde eine gewisse Erwartungshaltung aufgebaut, sie sollten sich nicht wundern müssen über ein plötzliches und überraschendes Auftauchen ihrer Erna. Vor allen Dingen aber wollte sie sich selbst umsehen und prüfen, ob sie eine so einschneidende nochmalige Veränderung in ihrem Leben verkraften würde. Ihr Leben in der DDR war von bescheidenem Zuschnitt, aber sie fühlte sich sicher und geborgen. Was sie in Westdeutschland, in der alten Welt des Kapitals erwartete, war schwer einzuschätzen.

Die Verbindungen, die sie wieder herstellte oder neu knüpfte, hatten ausschließlich freundschaftlichen oder verwandtschaftlichen Charakter und blieben ohne Bedeutung für das konspirative Netz. Doch das Düsseldorfer Gericht, von schludrig geführten Ermittlungen auf falsche Fährten gesetzt, blieb mißtrauisch. Verschiedenen Herren klang wohl noch im Ohr, was Hans-Dietrich Genscher als Innenminister des Brandt-Scheel-Kabinetts kurz nach unserer Verhaftung von der Tribüne des Bundestages verkündet hatte: »Aus der Verantwortung meines Amtes heraus erkläre ich, ich hätte die Sicherheitsorgane rügen müssen, wenn sie sich nicht so verhalten hätten, denn anderenfalls hätten wir möglicherweise nicht einmal Guillaume überführen können, auf keinen Fall aber hätten wir den Ring, dem er angehörte, zerschlagen können. Das allein entscheidet!«
Von dieser großspurigen Erklärung war bis zum Prozeß nichts übriggeblieben als die darin verkündete Absicht. Da es keinen Ring gab, man ihn zumindest nicht fand, konnte man ihn auch nicht zerschlagen. Anfangs gab es noch ein paar Sensationsautoren, die bereit waren, sich von Genschers Vision blenden zu lassen. Bei entsprechender Begabung kann man aus Furcht und Dummheit Kapital schlagen. Als Beispiel nenne ich Gerhard Zwerenz. Glaubt man seinem insofern höchst amüsanten Phantasieprodukt »Die Quadriga des Mischa Wolf«, dann gehörte ich zu einer ganzen Koppel von Spionagegäulen, die vom Zügel gelassen wurden, um, teils als Amtsschimmel, teils als Deckhengst getarnt, die Bonner Ministerien nach Staatsgeheimnissen abzuweiden. Man klappt solche Bücher resi-

gnierend zu – ähnlich wie die Profis ihre Akten, als sie merkten, daß nichts mehr ging. Ins Leere laufende Observierungen, Aufhebung von übereifrig ausgestellten Haftbefehlen und ein paar kleinlaute Dementis – das war alles, was von Genschers *Ring*-Aufführung in Erinnerung blieb.

Generalbundesanwalt Buback, der Chefankläger, fühlte sich durch diese Sachlage in seinem Ehrgeiz herausgefordert. Besonders an den ersten Prozeßtagen war deutlich zu spüren, daß es ihm darauf ankam, die Beweise für die *Ring*-Theorie, die von den dem Genscherschen Innenministerium unterstellten Ermittlungsorganen nicht hatten beigebracht werden können, durch die Justizorgane doch noch nachzureichen. Er war ein durchtriebener Menschenkenner. Wie oft hatte er es in seiner langjährigen Praxis erlebt, daß verstockte Zeugen, die Verhöre verschärften Grades durchgestanden hatten, vor den Schranken des Gerichts schließlich zusammenbrachen, weil dessen Autoritätslast unerträglich wurde.Darauf baute Buback. Er diente den Instrumenten der Politik, und zwar einer ganz bestimmten Politik.

Konservativ, wie er war, reagierte er auf die *Öffnung nach Osten* und die *Inneren Reformen*, die von der Regierung Brandt angestrebt wurden, geradezu allergisch. Immer wieder hörte man seine Kassandrarufe, daß die Bundesrepublik von östlich infiltrierten Terroristen unterwandert sei – und er fiel dann später tatsächlich gemäß der paradoxen Logik, deren sich die Geschichte manchmal bedient, einem terroristischen (allerdings keinem östlichen) Anschlag zum Opfer. Neben der Terroristenpsychose schürte Buback die Agentenpsychose. Und beides nur zu dem Zweck, um dem Volk einreden zu können, daß es dagegen nur ein Heilmittel gäbe: mit drakonischen Gesetzen Blockierung nach innen und Abschottung jeder Entspannung nach außen. Der *Fall Guillaume* kam ihm dabei ausgezeichnet zupaß. Mit der Überschläue, die solche Leute auszeichnet, kalkulierte er so: Will man einen Ring nachweisen – und nur ein großer Agentenring, den man der Öffentlichkeit vorführen kann, wäre politisch von Interesse –, dann muß man auf seine Ursprünge zurückgehen, muß die Anfänge abtasten, als alles noch unsicher im Aufbau war, provisorisch und nur dilettantisch gedeckt.

Nur so ist der mitleidlose Federzug zu erklären, mit dem der Generalankläger Buback den Namen Erna Boom auf die Zeugenliste setzte. Seine Rechnung allerdings ging nicht auf. Vielleicht ist es nicht das Erstrebenswerteste, im Privatleben eine resolute Schwiegermutter zu haben. Aber ich muß sagen, als an jenem 27. Juni 1975 meine Schwiegermutter an der Seite ihres Anwalts Dr. Peter die Katakombe des Gerichtssaals betrat, innerlich bebend, bei der Feststellung der Personalien bis zu Tränen erschüttert, und dann doch mit fester Stimme erklärte: »Ich verweigere die Aussage!«, da war ich voller Bewunderung und Dankbarkeit, sie an unserer Seite zu wissen.

Das Recht der Aussageverweigerung konnte Erna Boom nicht nur wegen ihrer engen Verwandtschaft zu uns Angeklagten in Anspruch nehmen. Zum Zeitpunkt unseres Prozesses galt sie selbst als Beschuldigte. Vierzehn Monate nach unserer Verhaftung war das gegen sie eingeleitete Ermittlungsverfahren noch nicht abgeschlossen. Die Generalbundesanwaltschaft nahm sich viel Zeit, um die alte Dame unter Druck zu halten.

Doch sie ließ sich nicht erschüttern. Bei ihrer Beobachtungsgabe und ihrem wachen Empfinden konnten die Argumente, mit denen sie von Paul Laufer zur Mitarbeit gewonnen worden war, im Laufe der Jahre nur an Überzeugungskraft und Glaubwürdigkeit gewinnen. Sie wußte, daß ihr die einmalige Gelegenheit gegeben war, aktiv etwas gegen die Mächte zu tun, die schon einmal zerstörerisch in ihr Leben eingegriffen hatten. Faschismus und Krieg hatten ihr frühzeitig den Mann genommen, zwei Brüder waren als Soldaten gefallen; ein neuer Krieg könnte ihr die Kinder nehmen. An dieser schlichten Wahrheit hielt sie fest, auch in den Stunden der Prüfung. Sie hatte Paul ihr Wort gegeben, daß sie niemals – unter welchen Bedingungen auch immer – die wahren Gründe ihrer Übersiedlung nach Westdeutschland offenlegen würde. Sie hielt Wort im Moment unserer Verhaftung, von der auch sie mit der Wucht einer Lebenskatastrophe getroffen wurde, sie hielt es in den quälend langen, mit allen Schlichen geführten Verhören, und sie stand dazu vor Gericht. Paul war zu diesem Zeitpunkt schon sechs Jahre tot.

Die Klippe des Notaufnahmelagers wird umschifft

»Erna kommt, heut ist der Tag, an dem Erna kommt, und wenn sie sagt, sie kommt – kommt sie prompt.«

Den Schlager gab es damals noch nicht, aber würde es ihn gegeben haben, Christel und ich hätten ihn voll inbrünstiger Erleichterung angestimmt, als endlich, zwei Tage nach uns, Mutter Erna mit dem Umzugswagen in der Frankfurter Finkenhofstraße vorfuhr. Was hatte ihre Ankunft verzögert?

Wie immer bei großen Plänen spielte der Zufall mit seinen kleinen Dummheiten mit. Niemand hatte ernsthaft damit gerechnet, daß es Christel und mir gelingen würde, noch an demselben 13. Mai, an dem wir in Westberlin eintrafen, einen Flug nach Frankfurt (Main) zu erwischen. Die Routen durch den Luftkorridor waren stark belegt, es gab lange Wartezeiten. So glaubte Erna Boom, alles in Ruhe abwickeln zu können. Für den Umzug fühlte sie sich voll verantwortlich, und daß er reibungslos vonstatten ging, wußte sie, war für einen gelungenen Start von entscheidender Bedeutung. Das Unternehmen war auf Jahre berechnet – da sollte es jetzt auf einen Tag ankommen? Schwiegermutter spielte alle ihre Tugenden aus, vor allem Umsicht und Gelassenheit und praktisches Denken waren gefragt.

Während Christel und ich in Frankfurt wie auf Kohlen saßen, machte Mutter mit der Umzugskarawane unterwegs in aller Seelenruhe Station und nahm Nachtquartier. Sie dachte gar nicht daran, mit übermüdeten Fahrern am Lenkrad ein Risiko einzugehen.

Nun aber war Erna da, und alles konnte nach Plan ablaufen. Seine wichtigste Größe wird in dem eingangs zitierten Bericht der Untersuchungskommission richtig genannt: Da wir bei unserer Mutter beziehungsweise Schwiegermutter ordnungsgemäß Wohnsitz nehmen konnten, brauchten wir kein Notaufnahmelager zu durchlaufen. In diesen Lagern – das wußte damals schon jedes Kind – hatten Vernehmungsoffiziere der westlichen Geheimdienste ihre Standquartiere aufgeschlagen. Von denen wurde jeder Umsiedler in die Zange genommen. Hauptzweck war das Ausquetschen von Informationen im Dienst der Spionage gegen die sozialistischen Staaten. Jeder Antragsteller, der auf seine Anerkennung als sogenannter politischer Flüchtling hoffen wollte, war aufgefordert, seine Eintrittskarte ins Wunderland mit der Ablieferung von Nachrichten zu erkaufen. Dabei wurde natürlich auch seine eigene Vergangenheit daraufhin abgetastet, inwieweit er für die neue Umgestaltung ein Sicherheitsrisiko darstellt. An den geheimdienstlichen Prozeduren im Notaufnahmelager konnte uns kaum gelegen sein. Wir wählten den Weg ordentlicher Bürger, streng ausgerichtet nach rechtsstaatlichen Gesichtspunkten.

Neben der polizeilichen Anmeldung beantragten wir schriftlich die Erteilung einer einfachen Aufenthaltserlaubnis für das Bundesgebiet. Erna Boom unterstützte den Antrag: Er erfolge mit ihrem sehnlichsten Wunsch, mit der Familie zusammenzuleben.
Auf Grund der Beziehungen, die sie vorsorglich angeknüpft hatte, konnten wir gute Referenzen beibringen. Unter anderem bürgte für uns ein alter Freund des verstorbenen Mannes meiner Schwiegermutter. Dieser Fritz – noch einer? – Bauer war ein pensionierter Eisenbahner, regionaler Vorsitzender im Beamtenbund, aber bei aller konservativen Gesinnung ein umgänglicher und uns wohlgesonnener Mann. Seine Bürgschaft war eine wichtige Hilfe beim Aufnahmeverfahren, das zwar noch seine Zeit brauchte, aber keinerlei Schwierigkeiten machte. Als uns im Dezember 1956 der Beschluß über die »Erlaubnis zum ständigen Aufenthalt in der Bundesrepublik gemäß § 1 Abs. 1 Notaufnahmegesetz in Verbindung mit Artikel 11 Grundgesetz (Freizügigkeit)« zugestellt wurde, hatten wir es uns schon einigermaßen gemütlich gemacht.
Erna Boom hatte die Wohnung in der Finkenhofstraße 29 von einem Zahnarzt gekauft. Sie umfaßte neben Küche und Bad drei Räume und war mit ihrer bescheidenen Großzügigkeit wie für uns gebaut. Jeder konnte sich einrichten. Das Haus hatte neben einem Souterrain drei Etagen und stand mit ausgeblaßter Vornehmheit für sich in etwas Grün. Zu unserer Zeit gab es nur noch eine geschlossene Etage, die »Pension Finkenhof«. Alle anderen Etagen waren unter der Platznot der Kriegs- und Nachkriegszeit aufgeteilt worden. Unsere Halbetagenwohnung lag im Hochparterre.
Wir fühlten uns in der Gegend schnell heimisch. Die Finkenhofstraße liegt in der Nähe der Eschersheimer Landstraße. Damals schob sie sich wie ein Keil zwischen ein Arbeiterviertel im Norden und, zum Palmengarten hin, das vornehmere Westend mit gutbetuchten Bewohnern. Vor allem Schwiegermutter fand zu der gemischten Nachbarschaft guten Kontakt.
Auch die Gründung unserer wirtschaftlichen Existenz nahm nicht viel Zeit in Anspruch. Christel und mir wurde vom Gewerbeamt die Genehmigung zur Einrichtung eines Schreibbüros in unserer Wohnung erteilt. Nicht ganz unwichtig war es dabei, daß die Geschäftsführung auch für den Bereich »Vervielfältigungen und Fotokopien« genehmigt wurde. Auf Erna Booms Namen lief die kleine Kaffeeklappe, die schon vorher, Anfang Juli, nahe dem Dom und dem

Mainkai – Paul Laufers Strategie folgend – recht anziehend ausgestattet wurde. Wir nannten sie volkstümlich »Boom am Dom«. Jeder Kunde durfte zwar nur eine Tasse, die sogenannte Probiertasse, zu sich nehmen. Aber da wir neben dem volkstümlichen Namen auch volkstümliche Preise hatten, fanden wir schnell Zulauf. Neben Kaffee wurden Schokolade und natürlich (»geraucht wird immer«) Zigaretten, Zigarren und Tabak verkauft.

Von zu Hause hörten wir anfangs so gut wie nichts. Paul ließ uns Zeit, uns in den neuen Verhältnissen einzurichten. Aber die sich dramatisch zuspitzenden politischen Ereignisse erinnerten mich bald daran, daß ich nicht nach Frankfurt gezogen war, um den Leuten Kaffee zu verkaufen und ihre Urkunden und Zeugnisse zu fotokopieren.

Im Februar 1956 hatte der XX. Parteitag der KPdSU eingeschätzt, daß mit dem Ausbau der Raketen- und Atomwaffensysteme eine veränderte Weltlage entstanden war. Die Prophetien der Apokalypse nahmen Gestalt an. Angesichts des rasenden Tempos, mit dem der technische Fortschritt in den Militärbereich durchschlug, sah sich die Menschheit von ihren eigenen Geschöpfen überholt. Sie mußte lernen, der Möglichkeit ihres Untergangs ins Auge zu sehen. Die Stimmung des kalten Krieges war noch keineswegs abgeebbt, wurde vor allem in der BRD von der Adenauer-Administration und von einem Teil der Massenmedien immer wieder aufs neue entfacht. Die BRD war nicht nur auf wirtschaftlichem Gebiet zum Juniorpartner der USA geworden, sondern übernahm nach der Wiedereinführung der allgemeinen Wehrpflicht auch die Funktion eines gegen die Länder des Sozialismus gerichteten Stoßkeils des Imperialismus. Angesichts der waffenstarrenden Unnachgiebigkeit, mit der das andere Weltsystem im Zentrum Europas seine Positionen auszubauen suchte, sahen sich die Führungsgremien der KPdSU veranlaßt, gegenüber der drohenden Katastrophe eine Alternative aufzubauen. Der Sowjetunion war es gelungen, durch Streben nach militärischem Gleichgewicht den anfangs immensen Vorsprung der USA bei der Entwicklung von Atomwaffen abzubauen. Zu der ethisch begründeten Notwendigkeit, einen Kernwaffenkrieg abzuwehren, war nun auch die politische Möglichkeit getreten, ihn zu verhindern. Der Hebel dazu war die Belebung der Leninschen Politik der friedlichen Koexistenz.

Auch die DDR zog aus diesem Wandel der Weltlage mit Konsequenz und Flexibilität ihre Schlußfolgerungen. Im April hatte der damalige Verteidigungsminister Stoph die erste Regimentsfahne an die Nationale Volksarmee übergeben, deren Aufstellung angesichts der schnellen Aufrüstung der Bundeswehr unumgänglich geworden war. Gleichzeitig unterbreitete Ministerpräsident Otto Grotewohl namens unserer Regierung Vorschläge, um die damit ausgelöste Entwicklung doch noch einzudämmen: Begrenzung der Streitkräfte, Rüstungseinschränkungen und Einbindung beider deutscher Staaten in eine europäische Politik kollektiver Sicherheit. Adenauer reagierte mit dem ihm und seinem System eigenen Starrsinn. Das Tempo beim Ausbau der Bundeswehr wurde beschleunigt. Im August 1956 trat das vom Bundesverfassungsgericht ausgesprochene Verbotsurteil gegen die KPD in Kraft. Die einzige politische Bewegung, die sich dem verhängnisvollen Gang der Dinge konsequent entgegenstemmte, traf dieser Schlag mit voller Wucht. Im Gefolge des KPD-Verbots wurde das ganze Land mit einem antikommunistischen Terrorfeldzug überzogen.
Die Zeichen drehten auf Sturm. Es wurde Zeit, daß ich die Fühler zu Fritz und Max ausstreckte.

6. Die Leitstelle

»F. nicht über dein Telefon anrufen!«

»Freuen uns, daß du Arbeit hast.«

»Schicke Post möglichst donnerstags. Beachte Disziplin!«

»Das beste war Gespräch mit E. Ist Angebot E. ernstgemeint?«

»Am wichtigsten jetzt Reise des Clubvorsitzenden. Erwarten dringend Bericht über Lage in der Ersten Mannschaft!«

»Versteck Dora belegen!«

»NATO-Tagung und Atomdebatte wichtig, Abrüstungsverhandlungen und Ollenhauer-Plan. Wie verhalten sich die Junioren?«

»Herzliche Kampfesgrüße an C und M!«

»Wehrpolitik der SPD wird angefordert und wer gegen die Erlersche Wehrpolitik gestimmt hat.«

»Gratulieren zum zweiten Mann.«

(Klartext einiger Funksprüche, die von Juni 1956 bis Januar 1959 von der Funkabwehr aufgefangen und als Beweismaterial in den Prozeß vor dem Oberlandesgericht Düsseldorf eingeführt wurden.)

Schwimmen lernen in fremden Gewässern

Was bewiesen die Funksprüche im Sinne der Anklage? Als sie 1960 nach ihrer Dechiffrierung mittels neuer Computertechnik im Klartext den Analytikern der Funkabwehr vorlagen, wußten die zunächst damit nicht viel anzufangen. Klar schien ihnen anfangs nur die Stoßrichtung der Tätigkeit einer vermutlich im süddeutschen Raum etablierten *Agenten-Leitstelle,* einer in ihrem Fachjargon sogenannten *Residentur.* Ein Auftraggeber in Berlin verlangte Informationen über den Fortgang der westdeutschen Aufrüstung. Was die Abwehr dabei besonders nervös machte – und auch die Politiker, die sie bediente –, war der Umstand, daß sich im Verlauf des abgehörten Funkverkehrs perspektivische Anfragen zu wehr- und sicherheitspolitischen Themen zusehends gehäuft hatten und insofern kaum damit zu rechnen war, daß nach Abriß des bisherigen Funkspiels

auch das Informationsspiel abgerissen war. Wer aber war der *Resident*, wo waren seine Quellen, welches seine Verbindungen? Nichts in dem Puzzle wollte recht passen.
Heute darf ich bestätigen, daß die mir abverlangten Informationen schon ein gewisses Gewicht für die Sicherheitspolitik der DDR in jenen Jahren hatten. Es ist wohl nicht übertrieben zu sagen, daß die rechtzeitige und zuverlässige Aufklärung der Pläne des Gegners angesichts der zunehmenden Brisanz der Lage zu einer Frage von Leben und Tod wurde.
Im April 1957 war Speidel zum Befehlshaber der NATO-Landstreitkräfte in Mitteleuropa ernannt worden. Im selben Monat gab Kanzler Adenauer auf einer Pressekonferenz bekannt, daß die atomare Bewaffnung der Bundeswehr vorbereitet werde: »Selbstverständlich können wir nicht darauf verzichten, daß unsere Truppen auch ... die neueste Entwicklung mitmachen.« In der ihm eigenen diabolischen Denkweise erklärte er, daß die taktischen Atomwaffen nichts weiter seien als eine Weiterentwicklung der konventionellen Artillerie. In Anwesenheit des Bundeskanzlers fand in Niedersachsen ein großes NATO-Manöver statt, bei dem im Rahmen der sogenannten Vorwärtsverteidigung ein Atomschlag simuliert wurde. Über dem Manöverfeld stand ein großer Rauchpilz wie einst über Hiroshima und Nagasaki.
Atomwaffen also in den Händen der ehemaligen Nazigenerale? Gab es eine Abwehrchance? Wo waren die Kräfte, die die Balance halten konnten? Mit zunehmender Beunruhigung verfolgte ich mit Christel die Zuspitzung der politischen Entwicklung. Manchmal, wenn wir am Empfänger saßen, konnte es passieren, daß wir auf der Suche nach unserer Frequenz auf einen Rundfunksender stießen – alarmierende Nachrichten sprangen uns an. Dann ein paar Millimeter weiter auf dem Band unser Signal, die alte 37, Funkgruß der Heimat, und aus der Dringlichkeit und Fülle der Anfragen und Anforderungen spürten wir, daß auch zu Hause die Besorgnis zunahm. Es war immer wieder ein spannender Moment, wenn nach langem Hantieren mit Codetexten und endlosen Zahlentabellen der entschlüsselte Auftrag auf dem Papier stand.
Schon in den ersten Monaten unseres Aufenthalts in Frankfurt (Main) begann unser kleines Team wirksam zu werden. Es bestand in seinem Kern aus Christel und mir, und im nachhinein kommt es mir immer noch wie ein Wunder vor, daß es funktionierte. Christel

und ich waren jung verheiratet und keineswegs gesonnen, von den Freuden des Ehe- und Familienlebens Abschied zu nehmen.
Gleichzeitig aber standen wir auf einer weit vorgeschobenen Kampfposition, wo wir uns nur behaupten konnten, wenn wir, auch im Umgang mit uns selbst, die strengen professionellen Regeln der Konspiration ernst nahmen.
Ich glaube, daß es im wesentlichen zwei Gründe waren, weshalb wir mit dieser anstrengenden Komplexität der Aufgabe einigermaßen zurechtkamen. Zum einen bestärkten wir uns gegenseitig in einer Haltung, die man vielleicht am besten mit unbefangener Spontanität umschreibt. Man hatte uns zwar nicht ins Wasser geworfen, wir waren vielmehr auf ein bestimmtes Startkommando hin selbst gesprungen, aber das Ergebnis blieb das gleiche: Wir mußten schwimmen – und das in fremden Gewässern! An die Strömungen des neuen Lebens mußten wir uns ebenso gewöhnen wie an die Brackwasser. Anpassung hieß die Devise! Im gleichen Maße aber brauchten wir zum Überleben eine gewisse Abschottung. Ich weiß nicht, ob nach dem damals geltenden Statut zwei Genossen im Ausland berechtigt waren, eine Parteigruppe zu bilden. Wir jedenfalls empfanden unsere Gemeinschaft ganz bewußt auch als eine kleine Zelle der Partei, aus der wir Kraft schöpften für die Bewältigung des Alltags. Gerade in den ersten Monaten unseres Aufenthalts in Frankfurt brauchten wir an den ruhigen Abenden, an denen Funkstille herrschte, das Wort des anderen. Wir mußten uns Klarheit verschaffen über die politische Großwetterlage ebenso wie über das Geldverdienen am nächsten Tag. Mit wem sonst hätten wir darüber reden können?
Sicher, die Funkbrücke zur Heimat und zu den Genossen stand. Doch wie sparsam mußte da mit jedem Wort umgegangen werden. Für Plaudereien war auf unserer Welle kein Platz. In dünnen Sätzen kamen die dienstlichen Anweisungen und Befehle. Ich konnte in der ersten Zeit mit ihnen nur leben, wenn ich mir dabei Paul vorstellte, den alten Freund, wie er zu Hause saß, an dem Funkspruch herumbastelte, hundert gute Worte für uns im Kopf, und dann doch alles auf die eine trockene Formel brachte: »Versteck Dora belegen!« Ich mußte lernen, zwischen den Zeilen zu lesen: Sei vorsichtig, Junge – vergiß nicht, was du gelernt hast! Beiß dich durch! All unsere guten Gedanken sind bei euch! Laßt Mutter nicht zuviel allein! Vor allem: bleibt gesund! Wir brauchen euch! Vergeßt nie: Ihr seid nicht allein!

Hatte ich einen Auftrag erfüllt, durfte ich auf große Sprüche der Anerkennung nicht hoffen. Die Anerkennung bestand in der nächsten Direktive: »Schicke Post möglichst donnerstags!« Und zur Abrundung dann noch ein freundschaftlicher Rippenstoß: »Beachte Disziplin!«

Zu Befehl, lieber Paul!

Traf dann wirklich einmal ein Funkspruch ein, der unser ganz persönliches Leben betraf – welch ein Festtag! Der Funkspruch »Freuen uns, daß du Arbeit hast« zum Beispiel bezog sich tatsächlich auf ein Ereignis in der privaten Sphäre. Nach vielen vergeblichen Versuchen, in meinem Beruf als Fotograf unterzukommen, war es mir endlich im November 1956 gelungen, eine Anstellung auf Provisionsbasis bei der Frankfurter Baufirma Auweiler zu finden. Ich arbeitete da zwar nur für etwas mehr als ein Butterbrot, dennoch war der Arbeitsplatz von großer Bedeutung für den ganzen Prozeß der sozialen Einpassung und der materiellen Absicherung unseres Lebens, und so erklärt sich Pauls freundlich anteilnehmende Reaktion. Die Spezialisten der Abteilung Spionageabwehr aber vermuteten lange Zeit auch hier eine Überschlüsselung. Selbst noch nach unserer Verhaftung, also fast 20 Jahre später, als mir die Vernehmungsbeamten die uralten Funksprüche vorhielten, spürte ich an der hintergründigen Art ihrer Fragen, daß sie der schlichten Wahrheit, die in solchen Funksprüchen steckte, immer noch nicht voll trauen wollten.

Die Unsicherheit der gegnerischen Abwehr rührte vor allem daher, daß bestimmte Teilerkenntnisse aus der Anfangsphase nicht schlüssig fortgeschrieben werden konnten. Anfang 1959, von einem Tag auf den anderen, rissen die Piepser im Äther, die die Horcher der Funkabwehr bis dahin verhältnismäßig bequem hatten aufnehmen und speichern können, abrupt ab. Einer weitsichtigen Analyse unserer Zentrale folgend, die aus der vehement einsetzenden Revolutionierung des Nachrichten- und Informationswesens rechtzeitig Schlußfolgerungen gezogen hatte, wurde unser gesamter Funkbetrieb umgestellt. Wir brachen nicht nur mit dem bis dahin starren System fixer Sendetage, Funkzeiten und Frequenzen, wir rührten vor allem einen neuen Code ein, dem rechnerisch nicht beizukommen war und der auch durch die neuen elektronischen Hochleistungsrechner nicht aufgespalten werden konnte. Nebenbei gesagt, kann auch der alte Code so schlecht nicht gewesen sein; brauchten die

Computer doch immerhin noch ein volles Jahr, ehe sie 1960 endlich einen Klartext ausspuckten.
Die Modernisierung unseres Verbindungswesens, mit der wir uns gegen das technische Vermögen des Gegners absicherten, gab mir eine größere Sicherheit. Ich war auch zeitlich nicht mehr so stark an die Funkapparatur gefesselt. Das ergab Luft und Bewegungsfreiheit. Ich nutzte sie vor allem, um mich nach einer vernünftigeren Arbeit umzusehen. Ausgangs des Winters 1956/57 ergab sich eine Chance beim Finkenverlag, der in Oberursel im Taunus Schulbücher herausgab. Ich hatte die Hoffnung, an gewisse Berufserfahrungen, die ich bei »Volk und Wissen« in Berlin gesammelt hatte, anknüpfen zu können. Die Seele des kleinen Familienunternehmens war ein alter Schulmann, der in Pestalozzis Tradition stand und die Kinder mit seinen Büchern in der Ganzheitsmethode unterweisen wollte. Das war eine hochherzige Absicht, nur erwies es sich als nicht ganz einfach, sie auch durchzusetzen. Ich fand Anstellung im Bereich Herstellung und Vertrieb, wobei ich im wesentlichen herumkutschieren und die Werbetrommel rühren sollte. Also mußte ein Auto her, um beweglich zu werden. Ein alter VW, Kaufpreis 1000 Mark, war die stolze Errungenschaft. Doch viel mehr als die Fahrspesen und hin und wieder eine kleine Absatzprovision war mit ihm nicht herauszuholen. Abgesehen davon, daß von maßgeblichen Schulpolitikern wenig Verständnis für halbwegs fortschrittliche Lehrmethoden aufgebracht wurde, herrschte auf dem Buchmarkt ein rauher Wind; die Konkurrenz der großen Verlage war erdrückend. So bekam ich auch beim Finkenverlag das Gelbe vom Ei nicht zu sehen. Ein Fixum von 400 Mark, das war es, womit ich mit Sicherheit im Monat rechnen konnte.

Der zweite Mann wird geboren

Da trat ein Ereignis ein, das die praktische Organisation unseres alltäglichen Lebens völlig verändern sollte, ja, der Sinn des Lebens erhielt einen total neuen Impuls. Ich will gestehen, daß ich einigermaßen außer Fassung geriet, als mir Christel zum erstenmal andeutete, daß wir uns wohl auf Nachwuchs einstellen müßten. Es traf mich im ersten Moment wie ein Naturereignis, und das war es ja auch. Weder stand es im Familien- noch im Einsatzplan. Blitzartig vergegenwärtigte ich mir die Kompliziertheit unserer Situation, die Anspannung, die uns ohnehin abgefordert wurde, und nun – ein Kind! Ich stellte mir vor, wie sie auch in der Zentrale in Berlin aus allen Wolken fallen würden. Die ehrgeizigen Pläne, die wir geschmiedet hatten, lösten die sich nicht mit einem Kind im Hause in Luft auf? Als kinderloses junges Ehepaar, familiär assistiert von Mutter Erna, waren wir zu einer ganz vernünftigen Arbeitsteilung gekommen. Was aber würde jetzt besonders auf Christel alles einstürzen! Doch ich muß sagen, daß der Schreck, der mich bei Christels Ankündigung durchfuhr, auch eine freudige Bewegung auslöste. Mein Gott! Oder Teufel noch eins! Egal wie: ein Kind! Sicher, alle vernunftgerichteten Planungen wurden damit über den Haufen geworfen. Aber war es nicht gleichzeitig ein großes Wunder, das die Erfüllung aller Wünsche und Planungen versprach? Würde nicht mit dem neuen Leben, einem von uns hervorgebrachten Leben, unser ganzes Tun, das auf die Bewahrung des Lebens gerichtet war, einen tieferen, weil persönlichen Sinn bekommen?

Wir hatten das Kind nicht geplant, aber jetzt war es unterwegs, und jetzt wollte ich es. Natürlich mußte ich die letzte Entscheidung Christel überlassen, auf die die größere Last zukommen würde. Doch als sich die Schwangerschaft bestätigte, war auch sie längst entschlossen. Überglücklich war Mutter Erna, sie fühlte sich schon als Oma, ehe es soweit war.

Unser Sohn wurde am 8. April 1957 geboren. Wir nannten ihn Pierre. Es war ein Montag, kalt und windig, der wenig Frühlingshaftes verhieß. Ich war dennoch wie berauscht. Alle Besorgnisse, wie es nun weitergehen sollte, dienstlich, beruflich, familiär, rutschten vor diesem Weltereignis als kleinlich und unwichtig in den Hintergrund. Die praktische Lösung übernahm, ihre neue Autorität als Großmutter resolut ausspielend, unsere Erna. Als Christel aus der Klinik mit dem neuen Familienmitglied zu Hause eintraf, wurde ihr das Bündel mit der Bemerkung: »Davon verstehe ich mehr als du!« aus dem Arm genommen. Mir war klar, daß Schwiegermutter entschlossen war, es nicht wieder herzugeben. In ihrem Kopf war bereits alles entschieden. Haushalt und Babypflege würde sie übernehmen, die Eltern sollten sich aus dem Hause scheren und Geld verdienen, damit das Kind was Anständiges zu beißen kriege. Wir versuchten ein paar Einwände, aber sie blieben schwächlich vor soviel Entschiedenheit. Die Oma führte ihre Gründe ins Feld, und bei ruhiger Überlegung erwiesen sie sich als stichhaltig.

So wurde die Kaffeestube »Boom am Dom« vertraglich von Finanz- und Gewerbeamt in eine sogenannte Erwerbsgemeinschaft umgewandelt. Nach Kündigung beim Finkenverlag übernahm ich die Geschäftsführung. Christel, die während der Schwangerschaft nur mit kleineren Schreibarbeiten für ein Ingenieurbüro beschäftigt gewesen war, stieg wenige Monate nach Pierres Geburt wieder voll in das Berufsleben ein. Über eine Zeitungsanzeige fand sie eine Anstellung bei einem Wirtschaftsdienstverlag. Abgesehen davon, daß sie gutes Geld verdiente, war der Job von großer Wichtigkeit für ihre weitere Qualifizierung zur perfekten Sekretärin. Zu Hause wußten wir den Jungen in guter Obhut. Die Oma hatte den Haushalt voll im Griff. Sie verstand es, umsichtig zu wirtschaften.

Und dann traf der Funkspruch ein, der belegte, daß man auch in der Zentrale den Brocken geschluckt hatte. Da ich schon darin geübt war, zwischen den Zeilen zu lesen, hörte ich Pauls feinen Humor heraus: »Gratulieren zum zweiten Mann.«

»F. nicht von deinem Telefon anrufen!« – Das war nun keine private Empfehlung oder Anfrage mehr, sondern dringliche dienstliche Anweisung. In dem Maße, wie die Wichtigkeit der von Fritz und Max erhaltenen Informationen zunahm, wuchs die Notwendigkeit, meine Kontakte zu ihnen zu verschleiern. Diese kostbaren Quellen durften nicht gefährdet werden!

Aus dem Zusammenhang der mehr als neunzig geknackten Funksprüche, die zur Auswertung vorlagen, war leicht ablesbar, daß Informanten an einflußreicher Stelle in der SPD saßen. Irrerweise erfuhren wir von dieser Erkenntnis des Gegners durch Fritz selbst. Als die fieberhaften Nachforschungen einsetzten, wurden die Ermittler von dem für die Zusammenarbeit mit den Geheimdiensten verantwortlichen großen Chef im Parteiapparat auch an Fritz verwiesen – vielleicht könne der wegen seiner parteiinternen und internationalen Verbindungen und Einblicke weiterhelfen, den ominösen Fritz zu finden. Wenn es in meiner Praxis je eine Situation gab, für die das Sprichwort vom Bock, der zum Gärtner gemacht wird, zutrifft, dann war es wohl diese. Als mir Fritz von dem Vorgang berichtete, wurde mir etwas bunt vor den Augen. Erste Frage, die ich mir im stillen stellte: Woher hatte der Gegner seine Erkenntnisse? Jedenfalls erwies es sich im nachhinein als ein Segen, daß wir den Funkbetrieb völlig umgestellt hatten, so daß die gegnerische Abwehr zumindest keine aktuellen Erkenntnisse zum Vergleich mit den verjährten heranziehen konnte. Zweite Frage: Waren die Anfragen bei Fritz ein Wink mit dem Zaunpfahl, war er etwa selbst in den Kreis der Verdächtigen geraten? Er winkte gelassen ab: Es gebe in der Parteihierarchie kaum einen Prominenten, der davon nicht betroffen sei. Doch die Hysterie werde sich auch wieder legen. Im übrigen halte er seine Position innerhalb der führenden Kreise der Partei für so abgeklärt, daß es geradezu seinem Image schaden würde, wenn man ausgerechnet ihn nicht in den Verdacht einbezogen hätte. Er war schon ein großer Spötter! Im übrigen agierte er von einer verhältnismäßig unverdächtigen Position aus. Er hatte es aus taktischen Gründen der Einflußgewinnung längst aufgegeben, offen gegen die Wiederaufrüstung aufzutreten, sondern steuerte vielmehr nach außen hin den rechten Kurs mit. Jahre später, als man nach unserer Enttarnung daranging, den *Fall Guillaume* politisch auszuschlachten, wußte man zwar immer noch nicht, um wen es sich bei Fritz gehandelt hatte, aber da man richtigerweise in ihm einen Parteiprominenten vermutete, schlußfolgerte man aus meinen frühen Kontakten zu ihm, daß der *SED-Staat* es von Anfang an darauf abgesehen gehabt hätte, *einen Topagenten auf die SPD anzusetzen.* CDU und CSU trompeteten es mit unverstellter Schadenfreude heraus: Rot zu rot gesellt sich gern! Führende SPD-Politiker sprachen davon mit schmollendem Selbstmitleid: Ausgerechnet wir, die wir euch so viel Gutes und Liebes erwiesen haben! In dem einen Fall handelt es sich offensichtlich um eine Art Farbenblindheit, in dem anderen, gemäßigt gesagt, um einen etwas verklemmten Liebesbegriff. Doch egal wie – und abgesehen davon, daß ich alles andere als ein Topagent war –, die Behauptung ist einfach falsch. Als im Verlauf des Jahres 1957 in Frankfurt (Main) der an mich und Christel gerichtete Befehl eintraf, die Mitgliedschaft in der SPD zu beantragen, standen dahinter ganz andere Gründe: Die Hauptsache waren und blieben Fritz und Max!

Der Funkspruch »F. nicht über dein Telefon anrufen!« war in dieser Hinsicht ein ernst zu nehmendes Signal. Die Herstellung sicherer Verbindungswege in unserer Arbeit war das Schwierigste. Damals war es von entscheidender Bedeutung, daß meine Kontakte zu Fritz und Max so unverfänglich wie möglich gestaltet wurden. Wir brauchten eine legale Legende. Mit unserem Eintritt in die SPD stand sie: Da trifft sich ein junges Parteimitglied mit Parteioberen,

von denen man etwas lernen und durch die man vielleicht etwas werden kann.
Hinzu kam die Brisanz der politischen Entwicklung. Als ich ein paar Wochen nach der Geburt von Pierre mit Fritz zusammentraf, kannte er schon die mahnenden Worte, die Otto Grotewohl namens der DDR-Regierung in der Volkskammer gesprochen hatte: »Jeder Mensch ist natürlich sterblich. Das erklärt wohl die Leichtigkeit, mit der einige westdeutsche Politiker das Territorium der Bundesrepublik für die Unterbringung von Atomwaffen an Amerika überlassen. Auch Politiker sind sterblich, aber das Volk ist unsterblich, und ein Verbrechen begeht, der gegen die Unsterblichkeit seines Volkes wirkt.«
Das waren Worte, die bei Fritz großen Eindruck hinterließen. Er war ein stark vom Intellekt geprägter Mensch, ein Feind jeder Gefühlsduselei und Pathetik. Er wollte nicht schuldig werden am Verbrechen des Völkermordes.
Was waren die Aufgaben des Tages? Der Prozeß der Lagerung und Stationierung amerikanischer Atomraketen auf westdeutschem Boden war bereits in Gang gesetzt worden. Von entscheidender Bedeutung blieb es, der Bundeswehr den unmittelbaren Zugang zu diesen Waffen zu verwehren. Die Ausrüstung dieses Instruments einer revanchistischen Politik mit Atomkanonen, Atomminen und Atombomben – das war für Fritz und Max und ihre Gesinnungsfreunde eine Horrorvision. Besonders bei Max wuchs das Engagement. Er wußte genau, daß nach dem Abdrängen der KPD in die Illegalität Leuten wie ihm eine erhöhte Verantwortung in dieser Frage zukam.
So unterstützte er mit dem ihm eigenen politischen Takt die achtzehn westdeutschen Atomwissenschaftler, die sich mit dem berühmt gewordenen »Göttinger Appell« der Atomrüstungspolitik Adenauers entgegenstemmten: »Für ein kleines Land wie die Bundesrepublik glauben wir, daß es sich heute noch am besten schützt und den Weltfrieden noch am ehesten fördert, wenn es ausdrücklich und freiwillig auf den Besitz von Atomwaffen jeder Art verzichtet.«
Der Autorität der großen Forschernamen, die hinter diesem Appell standen – Otto Hahn, Max von Laue, Werner Heisenberg, Max Born, Carl Friedrich von Weizsäcker – konnte sich die SPD-Führung insgesamt nicht entziehen, wenn sie nicht vor dem Volk unglaubwürdig werden wollte. Vor allem in den großen Gewerkschaften gärte es. So kam es zur Bildung des Ausschusses »Kampf dem

Atomtod«, der anfangs eine breite Massenbasis hatte. An führender Position gehörten ihm an: der SPD-Vorsitzende Erich Ollenhauer, der DGB-Vorsitzende Willi Richter, der einflußreiche FDP-Politiker Thomas Dehler, der Kirchenpräsident Martin Niemöller, der Nobelpreisträger Max Born. Im Ausschuß war der Einfluß der SPD bestimmend. In meinen Augen gehörte es neben der Schuld auch zur Tragik dieser Partei, daß sie es nicht vermochte, das Instrument, das sie mit dem Ausschuß in Händen hielt, schlagkräftig einzusetzen.
Ein Parteitag, der 1958 in Stuttgart tagte, forderte zwar eine atomwaffenfreie Zone in Mitteleuropa und ein gesamteuropäisches Sicherheitssystem, darin einem Vorschlag der sozialistischen Staaten folgend. Der Gretchenfrage aber wich die Partei wiederum aus. Wie so oft in ihrer Geschichte verharrte sie auf dem *Boden der Gesetzlichkeit.* Parlamentarische Illusionen über den Staat blieben bestimmend. Ein politischer Massenstreik zur Abwendung der Atomrüstung stand nicht zur Debatte. So landete die Bewegung »Kampf dem Atomtod« in der gleichen Sackgasse wie die Paulskirchenbewegung. Als in den Massen die Forderung nach einer Volksbefragung über die Atomrüstung immer dringlicher wurde und in den Ländern Hamburg und Bremen bereits entsprechende Wahlgesetze beschlossen waren, schaltete die Regierung kurzerhand das Bundesverfassungsgericht ein, auf das in solchen Momenten immer Verlaß ist. Das Verbot der Volksbefragung kostete die Richter in den roten Roben nicht mehr als einen Federstrich. Und der Vorstand der SPD beugte sich. In seiner Erklärung hieß es: *»Die deutsche Sozialdemokratie als eine verfassungstreue und den Staat mittragende Säule respektiert den Urteilsspruch des höchsten deutschen Gerichts. Volksbefragungen über die Atombewaffnung, die von den Stadtstaaten Hamburg und Bremen und einigen anderen Städten beabsichtigt waren, müssen nun nach diesem Richterspruch unterbleiben.«*
Max zog aus dieser Tatsache zwei Schlußfolgerungen. Die empfindliche Wahlniederlage der SPD von 1957, als Adenauer mit dem Aufwind des Wirtschaftswunders und des Nationalismus die absolute Mehrheit für CDU und CSU im Bundestag eroberte, fuhr ihm tief in die Knochen. Offiziell paßte er sich den neuen Tönen an, die in der Partei zu hören waren: War es unter Umständen nicht doch möglich, als *verfassungstreue und den Staat mittragende Säule* denselben Staat von innen her zu erobern und im Sinne sozialdemokratischer Ideale zu reformieren? Tief im Innern aber glaubte er wohl nicht

mehr daran. Aus seiner ethisch geprägten Weltsicht heraus erkannte er mehr und mehr, daß die DDR mit ihrem Gegengewicht der Vernunft und der realen Macht, die sie als Teil der sozialistischen Welt repräsentierte, in der Lage war, den Weg in eine neue deutsche Tragödie zu verlegen.
Diese Haltung wurde unerschütterlich, als er sich entschloß, mit Paul noch einmal auf dem Boden der DDR zusammenzutreffen. »Paul«, sagte er mir, »hat alles riskiert, als er zu mir kam, da soll ich feige sein?« Wir organisierten für ihn ein gedecktes Quartier am Rande des Thüringer Waldes, nicht weit von der Grenze entfernt, damit seine Anreise nicht allzu beschwerlich wurde. Wir dachten an ein paar für alle entspannende Tage in der Natur. Max aber kam mit einem vollen Programm. Er wollte Erfurt sehen, Eisenach und Gotha, die Stätten jener großen Parteikongresse der deutschen Sozialdemokratie, als diese unter August Bebel und Wilhelm Liebknecht noch in revolutionären Traditionen stand. Er war tiefbewegt von den Bemühungen unserer Genossen in den Gedenkstätten, die Traditionen lebendig zu bewahren. Und bei den Fahrten durchs Land hätte er blind oder taub sein müssen um nicht zu spüren, wie sich ein Volk, ledig der Herrschaft der Vergangenheit aus dem Elend befreite. Er sprach von einem »erfrischenden Experiment« und fuhr mit neuem Elan nach Hause.
Also gab es auch für mich in den nächsten Jahren viel zu tun. Immer wieder waren es reizvolle Gegenden der BRD, die Max für unsere Treffs auswählte. Meist waren es die Wochenenden, an denen wir zusammenkamen. Er war politisch stark eingespannt, und auch ich konnte meinen Kaffeeausschank nicht wahllos und willkürlich während der Woche dichtmachen.
Zu Hause in Frankfurt kam dann meist nach Feierabend die eigentliche Knochenarbeit. Der Extrakt unserer Gespräche mußte foto- oder funktechnisch aufbereitet werden. Dann wurde *Dora* bedient. Einige Male geschah es auch, daß ein Kurier direkt in den Laden kam. Während ich mein Kaffeeschwätzchen mit dem Polderermeister von nebenan oder dem Generalvertreter in Präservativen unbeschwert fortsetzte, schob ich dem Kurier den Mikrofilm mit dem eiligen Material in einer präparierten dicken Brasil von Dannemann (»Sehr zu empfehlen, mein Herr!«) über den Ladentisch.
»Wie verhalten sich die Junioren?« hatte Paul gefragt und: »Am wichtigsten jetzt Reise des Clubvorsitzenden. Erwarten dringend

Bericht über Lage in der Ersten Mannschaft!« Natürlich ging es nicht um interne Vorgänge bei »Eintracht Frankfurt«, es sollte nur auf den allerersten Blick so aussehen. Niemand von uns machte sich Illusionen, daß der Scherz eines solchen Decknamenspiels, typisch für die etwas naive Unverfrorenheit unserer Anfangsjahre, vor den Augen eines Kenners auf die Dauer bestehen könnte. Und nach der gelungenen Dechiffrierung der Funksprüche rochen die Auswerter ja auch tatsächlich den Braten.

Der *Club* war das Ganze, die SPD, der *Clubvorsitzende* analog der SPD-Vorsitzende, damals Erich Ollenhauer, *Liga* gleich Parteivorstand, *Bundesliga* gleich Präsidium, *Erste Mannschaft* gleich Fraktion, *Junioren* gleich ..., na, und so weiter.

Einer der alten Gehlen-Füchse vom Bundesnachrichtendienst kam vor Gericht zu der ebenso verständigen wie resignierten Einschätzung: »Ja, damals, das war noch die gute alte Zeit der Funkerei, da war noch was zu machen. Aber viel mehr, als daß wir davon ausgingen, einen Klartext vorliegen zu haben und den auch nur einseitig vom Auftraggeber, kann man auch dazu nicht sagen, und danach fiel ja sowieso der Vorhang.«

Ein sogenannter Fachmann für Chiffrierwesen, der ihm assistieren sollte, sagte auf die Frage, wie denn der *Resident* die schwierige Entschlüsselung der Auftäge gehandhabt habe, daß er dazu nur demonstrieren könne, wie die Entschlüsselung eventuell gehandhabt worden sei, gewissermaßen als Möglichkeit: vielleicht beim ersten Arbeitsgang mit einem Merkvers im Kopf als Gedächtnisstütze – Heine wäre da mit seinen einfachen Reimen sehr geeignet! Und dann brachte der Herr Sachverständige ein paar abgestandene Analogfälle aus jener guten alten Zeit der Funkerei.

Und so was wurde dann für bare Münze genommen und beim Volk in Umlauf gebracht. Springers »Welt«, jederzeit gut versorgt aus den Falschmünzerwerkstätten der Geheimdienste, schrieb in einem Leitartikel nach unserer Verurteilung: *»Wie zum Hohn wiederholte ein Zeuge im Gerichtssaal – und der Spion sprach's leise nach – jene verballhornten Heine-Zeilen, die ihm als Codeschlüssel dienten: ›Gib mir Diamanten und Perlen, gib mir alles, was mein Herz begehrt.‹ Gewiß kennt er auch den Schluß des Gedichts: ›Du hast mich zugrunde gerichtet, mein Liebchen, was willst du mehr?‹«*

Man könnte es sich leicht machen und mit Heine antworten: »Er sprudelte von Dummheit«, oder: »Es gibt Leute, welche den Vogel ganz genau zu kennen glauben, weil sie das Ei gesehen, woraus er hervorgekrochen.« Da man mir aber nun einmal unterstellte, ein Heine-Kenner zu sein, greife ich etwas anspruchsvoller auf sein »Lyrisches Intermezzo« zurück. Ich schlage vor, daß alle Beteiligten sich auf folgenden Codeschlüssel einigen:

»Jedoch das Allerschlimmste,
Das haben sie nicht gewußt;
Das Schlimmste und das Dümmste,
Das trug ich geheim in der Brust.«

7. Die SPD

»Seit Anfang der sechziger Jahre übernahm Guillaume in zunehmendem Maße Aufträge als Werbefotograf und Journalist für die Monatszeitschrift und Wahlschriften des Bezirkes Hessen-Süd der SPD. Hierbei handelte es sich um eine freiberufliche Tätigkeit. Das Einzelhandelsgeschäft wurde im Mai 1963 abgemeldet ...
Nachdem Guillaume 1957 in die SPD eingetreten war und in der Folgezeit verschiedene Parteifunktionen auf örtlicher Ebene ausgeübt hatte, wurde er am 1. März 1964 Geschäftsführer für den Unterbezirk Frankfurt der SPD. Ab Mai 1968 arbeitete er als Geschäftsführer der SPD-Stadtverordnetenfraktion in Frankfurt; außerdem wurde er im Oktober 1968 in die Stadtverordnetenversammlung gewählt und war im Frankfurter Wahlkreis 140 Wahlkreisbeauftragter des Bundesministers Georg Leber, der bei de Bundestagswahl 1969 einen hohen Anteil an Erststimmen erreichen konnte ...
Die Ehefrau Guillaumes arbeitet zunächst in einem Verlag in Frankfurt (Main), von 1957 bis 1964 als Sekretärin im Bezirk Hessen-Süd der SPD und anschließend in der Staatskanzlei in Wiesbaden. Dort war sie zunächst Sekretärin des damaligen Staatssekretärs Birkelbach, danach Sachbearbeiterin ...«

(Aus »Bericht und Antrag des 2. Untersuchungsausschusses«. Bundestagsdrucksache 7/3246)

Ein träger Frosch im Kaffeegrund japst nach Luft

Im Sommer 1969, pünktlich zum großen Jubiläum, brachte unser SPD-Unterbezirk eine reich illustrierte Festschrift heraus: »Zwischen Römer und Revolution – 1869–1969 – Hundert Jahre Sozialdemokraten in Frankfurt am Main«. Mein Name ist in der Ehrentafel »Sekretäre des Unterbezirks Frankfurt am Main« verewigt. Ich stehe da zwischen meinem Vorgänger Gerhard Weck und meinem Nachfolger Jürgen Petersdorf: *»Günter Guillaume – 1963 bis 1968«.* Die Frankfurter SPD-Organisation war zu meiner Zeit eine der stabilsten der ganzen Bundesrepublik, vielleicht nur vergleichbar mit der von Dortmund oder Hannover. Seit den ersten Wahlen nach Ende des Krieges stellte die Partei in ununterbrochener Reihenfolge den Oberbürgermeister in Frankfurt. Getragen von der Sympathie der Mehrheit der Wähler, hatte sie die Kommunalpolitik der Mainmetropole ziemlich fest in der Hand. In der Periode meiner Geschäftsführung als Parteisekretär erreichte die Mitgliederzahl ihren höchsten Stand, ausgewiesen zum 31. Dezember 1966, da waren es 12312.

Als Christel und ich 1957 dem aus Berlin ergangenen Befehl folgten und der SPD beitraten, waren wir in der großen Zahl der Mitglieder nicht mehr als zwei kleine Nummern, unbekannt und unbedeutend. Sieben lange Jahre dauerte es, ehe Christel als unauffällig im Hintergrund wirkende gute Fee in die Wiesbadener Staatskanzlei einzog und ich den gepolsterten Stuhl des hauptamtlich bestellten Parteisekretärs der Frankfurter Organisation eroberte. Es war ein langer und beschwerlicher Marsch durch die Parteihierarchie, deren Strukturen in den Niederungen der Basis oft verfilzter und undurchdringlicher sind als in der olympischen Region des Parteivorstands. Die Rangeleien um politischen Einfluß waren, jedenfalls zu meiner Zeit, häufig Ausdruck erbitterter Existenzkämpfe. Von der Wahl in den Vorstand eines Ortsvereins hing es zum Beispiel ab, ob man zum 1. Kassierer in der Filiale der städtischen, somit von der Partei kontrollierten Sparkasse aufrückte. Lancierte die Partei jemand in einem einflußreichen Ausschuß der Bürgerschaft, hatte er als Inhaber eines kleinen Baubüros vielleicht die Chance, an fette Aufträge heranzukommen. Erwies man sich als fähig, den großen Tieren der Partei, die auf einen Sitz im Bundestag oder im hessischen Landesparlament scharf waren, das entsprechende Stimmvolk im Wahlkreis zuzuführen, gewann man deren Ohr und hatte Aussicht auf ein gut bezahltes, warmes Plätzchen in der Sozialversicherung oder im Städtischen Fuhrpark oder im Hafenbetrieb oder bei der Stadtentwässerung oder bei der Messe- und Ausstellungs-GmbH oder bei den Städtischen Bühnen oder bei der Darlehensanstalt oder meinetwegen sogar im Zoologischen Garten – die Skala der Möglichkeiten, über die die Partei verfügte, war jedenfalls exotisch bunt. Wie sollte man als Namenloser in diesen Dschungel von Einflüssen, Interessen, Beziehungen eindringen?

Ich selbst hatte dazu in der ersten Zeit wenig Möglichkeiten. Vor dem Tresen in unserer Kaffeestube tauchten nur Leute auf, die Kaffee oder manchmal einen heimlichen, vom Steueramt jedoch tolerierten Schluck aus den kleinen Schnapsprobierpullen trinken wollten, die ich für Bedürftige stets zur Hand hatte. Bei mir verkehrten neben der anonymen Laufkundschaft die kleinen Leute der Umgebung, Ladeninhaber, Handwerker, Angestellte, Straßenbahner, Vertreter oder Müllfahrer. Ausgestattet mit der lebhaften Mentalität der Frankfurter, waren sie politischen Fragen gegenüber durchaus aufgeschlossen, dachten aber in der Mehrheit nicht daran, dafür auch nur einen Finger zu rühren. Als in ihrem Kreis meine SPD-Mitgliedschaft bekannt wurde, schüttelten sie die Köpfe: Warum, wozu, was bringt's? Als ich ihnen mit den alten weltanschaulichen Idealen der Partei kam, mit ihrer Antikriegspolitik und ihrer sozialpolitischen Reformerei und dazu erklärte, daß ich im Innern meines Herzens wohl Pazifist sei und immer auf seiten der sozial benachteiligten armen Hunde stehen würde, sagten sie: »Na ja!« und bestellten als höchsten Ausdruck ihrer Toleranz bei dem *Sozi* eine frische Tasse Kaffee. Was war da zu erwarten? »Boom am Dom« blieb zwar unverzichtbar ein Teil unserer Existenzgrundlage, bildete auch nach wie vor einen zuverlässigen Stützpunkt für die Kundschaftertätigkeit – aber sonst? Mit der Zeit schmeckte mir der eigene Kaffee schal, um nicht zu sagen, daß er mir hochkam. Manchmal hatte ich den Alp, als träger Frosch in einem Tümpel zu sitzen, in dem der Grund aus Abertausenden von Tassen Kaffee alles Leben erstickte. Ich japste nach Luft, fieberte nach Bewegung.

Bei Christel verlief alles dynamischer. Ohne dafür einen bis ins Detail ausgearbeiteten Plan zu haben, übernahm sie bei unserer Karriere in der Partei die Pilotrolle. Sie machte sich in der Arbeitsgemeinschaft sozialdemokratischer Frauen bekannt. Dabei befolgte sie instinktiv, ohne davon Kenntnis zu haben, einen Ratschlag, den Kim Philby in Auswertung seines erfolgreichen Eindringens in die Gegenspionageabteilung des englischen Secret Intelligence Service gab: Egal wo du bist oder neu hinkommst, mache alles anders, als dir die Routiniers empfehlen – ohne einen Schuß Wagemut geht nichts!
Um zu erklären, was das für die Frankfurter Verhältnisse bedeutete, komme ich noch einmal auf das schon erwähnte Buch »Zwischen Römer und Revolution« zurück. Walter Möller, der damalige Vorsitzende des Unterbezirks, erklärt in einem klugen Vorwort, was die *Frankfurter Richtung* für die Gesamtpartei darstellte:
»Die Frankfurter SPD hat die in den fünfziger Jahren geförderte Abkehr vom weltanschaulichen Gehalt des Sozialismus nur widerstrebend mitvollzogen. Sie trat den Bestrebungen entgegen, die Reso-

nanz der Partei bei den Wählern dadurch zu verbessern, daß die Forderungen zur notwendigen Gesellschaftreform auf Bewußtseinsinhalte reduziert wurden, die der konservativen Wiederaufbauperiode unter dem Schutz und unter der Vormundschaft der Siegermächte entsprachen. Daher stieß auch das Godesberger Programm bei der vorbereitenden Diskussion auf Skepsis oder Widerspruch, weil dessen konkreter Inhalt nicht dem Anspruch zu genügen schien, eine neue sozialistische Gesellschafts- und Wirtschaftsordnung zu verwirklichen. Konsequenterweise verfiel die Politik der ›Gemeinsamkeiten‹ mit der CDU/CSU in entscheidenden ›nationalen Fragen‹, die Ende 1966 zur Großen Koalition führte, bei der Mehrheit der Frankfurter Sozialdemokraten gleichfalls der Ablehnung. Gemeinsam mit der Mehrheit des Bezirksvorstandes Hessen-Süd trat diese konstante ›Frankfurter Richtung‹ auf fast allen Nachkriegsparteitagen für eine entschiedenere Reformpolitik und für eine realistische Grundlage zur europäischen Entspannung sowie für die Normalisierung des Verhältnisses der beiden deutschen Staaten ein.«
Die *Frankfurter Richtung* galt als linksorientiert. Wäre Christel bei dieser Lage routinemäßig und ohne Wagemut vorgegangen, hätte sie in das linksgestimmte Horn blasen müssen. Sie machte es anders. Nicht zuletzt informiert auch durch Fritz, wußten wir, woher der Wind nach Frankfurt zu wehen begann; er kam, fein säuselnd erst und kaum wahrnehmbar, aus Richtung Bonn-Godesberg über das Rheinische Schiefergebirge, das damals noch wie eine politische Barriere wirkte.
Christel wollte überhaupt erst einmal auf sich aufmerksam machen. Im allgemeinen Palaver einer verschlafenen, auf Harmonie eingestimmten Versammlung gelingt das oft nur, wenn man die Dissonanz der Kritik hineinbringt. Dann ruckten die Köpfe, auf die es ankommt, hoch und herum. Christel brachte ihre Kritik auf den Frauenversammlungen in kleiner Dosis vor. Bei aller Schärfe ihrer Rhetorik blieb sie immer in der Lage, sich an den Zügel zu nehmen.
Ich weiß heute nicht mehr, worum es bei diesen Diskussionen ging, ob um Emanzipationsfragen oder hohe Bundespolitik. Klar war nur, daß im *linksorientierten* Unterbezirk Frankfurt am Main Kritik nur anzusetzen war, wenn man von einer *rechten* Position her auftrat. Es sollte sich noch herausstellen, daß die von Christel eingeschlagene Taktik, nämlich sich als rechte Sozialdemokratin zu geben, für unser beider Entwicklung in der Partei eine große Per-

spektive eröffnete. Ende 1958 bereits führte sie zu einem ersten greifbaren Erfolg.

Auf einer von Christel belebten Versammlung wurde Ruth Weimann, eine der alten Damen der SPD und hauptamtliche Bezirksfunktionärin, auf sie aufmerksam. Ob sie nun für die forsche junge Genossin einfach Sympathie empfand oder ob man auch im südhessischen Vorstand da und dort schon die Fahne in den neuen Bonner Wind hängte und sich auf einen Generationswechsel einrichtete, bleibe dahingestellt. Vielleicht kam es den Parteioberen einfach darauf an, dieses noch unverbrauchte Eisen in der Glut zu halten, möglicherweise erschien auch Christel mit ihren Attacken den alteingesessenen Linken als so unbequem oder unberechenbar, daß es besser war, sie an sich heranzuziehen, um sie unter Kontrolle zu halten. Doch egal, wie und warum – es klappte. Die Gönnerin bot Christel eine Arbeitsstelle im Bezirksbüro an. Es handelte sich um die Mitarbeit im Referat für Frauen, Lehrer, Eltern, Vertriebene und Flüchtlinge.

Von außerordentlicher Bedeutung für unseren Kundschafterauftrag war dabei, daß dieser Arbeitsplatz mit einer Vorzimmertätigkeit für den damaligen Vorsitzenden des SPD-Bezirks Hessen-Süd, Wilhelm Birkelbach, verbunden war. Birkelbach war eine ernst zu nehmende politische Größe, seit 1949 durchgehend Mitglied des Deutschen Bundestages. Er saß dort in zwei der einflußreichsten Ausschüsse, dem Außenpolitischen und dem Wirtschaftspolitischen, hatte als Mitglied des Parteivorstandes einen direkten Draht zur *Baracke* und verfügte als Vorsitzender der sozialistischen Fraktion des europäischen Parlaments in Straßburg über weitreichende internationale Verbindungen.

Das eröffnete ungeahnte Möglichkeiten. Als ich das erstemal die neue Chancenlage mit Christel besprach, gestand ich ihr, von einem übermütigen Schwindelgefühl gepackt zu sein. Wenn es auch stets wieder notwendig ist, auf den Boden der nüchternen Alltagstatsachen zurückzukehren, habe ich solche Momente, in denen einem bewußt wird, Gück und Erfolg zu haben, immer voll ausgekostet. So was wirkt wie ein mit Alkohol versetzter Schuß Rizinus in den Tank einer Rennmaschine; alles läuft plötzlich auf vollen Touren. Ursprünglich war Christel mit ins Einsatzgebiet gekommen, um mir zu assistieren. Durch den neuen Arbeitsplatz erhielt ihre Funktion einen ganz anderen, höheren Stellenwert im Koordinatensystem unserer kleinen Leitstelle. Es war damit zu rechnen, daß sie selbst zur Quelle würde. Die Annahme bestätigte sich rasch. Auf ihrem Schreibtisch landeten Materialien, die einen hohen Wert für die Aufklärungsarbeit darstellten.

»NATO-Manöver Fallex 64. – Ja, war in meinen Händen!«

Wilhelm Birkelbach gehörte später zu jenen Zeugen, die sich im Prozeß gegen uns fair verhielten. Alle Versuche des Vorsitzenden und des Bundesanwalts, ihn in die Machenschaften zur Diskriminierung der Angeklagten hineinzuziehen, stießen bei seinem ehrlichen und offenen Naturell auf keine Gegenliebe. Er zeigte sich immun gegenüber der allgemein herrschenden Agentenhysterie, indem er einfach bei der Wahrheit blieb. Nur in einem Punkt flunkerte er, versuchte unsere politischen Aktivitäten und den damit erworbenen Ruf in der Partei etwas herunterzuspielen. Die Absicht war klar: Er wollte den 1975 in der Opposition sitzenden Scharfmachern von CDU und CSU keine weitere Munition gegen die eigene Partei liefern.

Zur Zeit des Prozesses war Birkelbach schon in den Ruhestand getreten und konnte auch von daher Gelassenheit wahren. Er stellte Christel ein hervorragendes Zeugnis als Fachkraft aus, ja bezeichnete sie als hochgeschätzte Vertrauenskraft. Damit begründete er auch seinen Entschluß, diese auf seinen Arbeitsstil eingefuchste Sekretärin mitzunehmen, als er 1964 Staatssekretär in der Wiesbadener Staatskanzlei wurde.

Auf diesem Vorgang im Zusammenhang mit Birkelbachs leitenden Funktionen in Gremien der Europapolitik ritt die Anklage herum. Ihrem Antrag gemäß wurden acht Geheimschutzsachen als Beweisgegenstände in den Prozeß eingeführt, mit denen Birkelbach in Berührung gekommen war. Indem ihm die Beweisstücke vorgehalten wurden und er dabei seine Notizen kontrollierend zu Rate zog, spielte sich etwa folgendes ab:

1. »Erfahrungsbericht zum NATO-Manöver Fallex 64. – Ja, war vom 11. bis 12.2.1965 in meinen Händen.«
2. »Einladung zu einer NATO-Tagung auf Schloß Reinhardtsbrunn. – Ja, war am 25.2.65 in meinen Händen.«

3. »Erfahrungsbericht Fallex 66. – Ja, war vom 15. bis zum 17.2.1967 in meinen Händen, ist mir aber nicht mehr sonderlich in Erinnerung.«
4. »Protokoll über eine Konferenz des NATO-Oberbefehlshabers und des hessischen Ministerpräsidenten. – Ja, war vom 9. bis 10.2.1967 in meinen Händen.«
5. »Arbeitsrichtlinie zur Behandlung von Kennwortdaten. – Ist mir nicht mehr erinnerlich.«
6. »Studie ›Das Kriegsbild‹. – Ja, war vom 1.2. bis 18.3.1968 in meinen Händen. Erinnere mich genau daran, war so lange in meinen Händen, weil ich es in Ruhe gründlich lesen wollte.«
7. »Überprüfung von Notverordnungen. – Ja, war vom 13. bis 14.3.1968 in meinen Händen, aber ich erinnere mich nicht mehr daran.«
8. »Ergebnisbericht einer deutsch-amerikanischen Konferenz. – Ja, war vom 21. bis 27.3.1969 in meinen Händen, und ich erinnere mich gut daran.«

Der Zweck dieser Vorhaltungen war klar. Die Liste der acht Dokumente sollte mit den Anfragen zur Europa- und NATO-Politik in Deckung gebracht werden, die aus den viel länger zurückliegenden Funksprüchen entschlüsselt worden waren. Wilhelm Birkelbach gab sich jedoch nicht dazu her, als tatsächlich für gegeben zu bezeichnen, daß Geheimsachen, die er in Händen gehalten habe, automatisch auch seine Sekretärin in die Hände bekommen haben müsse. Insofern stand das ganze Beweisgebäude auf Säulen aus Gips. Auch der zur Aussage zitierte Geheimschutzbeauftragte in der Staatskanzlei konnte nur insofern helfen, als er eingestand, daß Sicherheitsvorschriften wie die Handhabung von Siegelmarken für die Panzerschränke und von Quittungsbüchern beim Verkehr mit VS-Sachen etwas lax behandelt worden seien. Auf die hypothetische Frage, ob die Angeklagte Zugang zu geheimen Verschlußsachen gehabt haben könne, zuckte er die Achseln. So verfuhr das Gericht auch in diesem Punkt nach dem ebenso billigen wie rechtlich nicht zu akzepierenden Verfahren, das eine bekannte Zeitung einer Prozeßanalyse so charakterisierte:

»Da Guillaume somit nie bei einem konspirativen Treff beobachtet worden ist (und seine Frau nur einmal, mit zweifelhaftem Erfolg), da er auch sonst nie auf frischer Tat ertappt wurde, mußten die Ankläger ihren Vorwurf des schweren Landesverrats auf logische Schlüsse statt

auf handfeste Beweise stützen. Wenn einer nachweislich spioniert hat – so der Gedankengang –, dann hat er auch alles das verraten, was ihm in die Hände gefallen, zu Ohren oder Gesicht gekommen ist, und wenn er zumindest zeitweise Zugang zu sehr wichtigen Dokumenten hatte, dann ist auch der angerichtete Schaden als beträchtlich anzusehen.«

Im Zusammenhang mit den geheimen Dokumenten, die über Birkelbachs Schreibtisch zirkulierten, spielte sich das vor Gericht folgendermaßen ab: Der Vorsitzende, höchst unzufrieden mit der Beweislage, hält den Geheimschutzbeauftragten der Staatskanzlei im Zeugenstand fest und bohrt weiter: »Wenn der Staatssekretär eine geheime Akte gelesen hatte, kam sie dann in den Tresor?«

Zeuge: »Nein, so war das nicht. Die Akte wurde zunächst in den Schreibtisch gelegt oder in den Büroschrank.«

Vorsitzender: »Wo wurde der Schlüssel dazu aufbewahrt?«

Zeuge: »Äh – in irgendeinem Fach, da könnte vielleicht die Sekretärin besser Auskunft geben …«

Vorsitzender: »Das hätten wir ja nun gerne von Ihnen gewußt, da Sie das doch in der Hand haben.«

Zeuge: »Also, es ist natürlich möglich, daß sowohl die Chefsekretärin des Staatssekretärs, Frau Bernhard, als auch die zweite Sekretärin, Frau Guillaume, Zugang zu den Schlüsseln hatten. Aber es gab ja noch eine Anweisung, wonach Geheimsachen in einen Umschlag zu stecken sind und der Umschlag mit einer Dienstmarke zu versiegeln ist …«

Bundesanwalt Träger schaltet sich ein: »Versiegelt? War denn der Siegelmarkenverschluß so angelegt, daß er beim Öffnen eines Briefes zerbrechen mußte?«

Zeuge: »Nein, nicht in jedem Fall. Nach meinem Eindruck ist es denkbar, daß die Marke abgelöst werden konnte, ohne daß eine Beschädigung sichtbar wurde. Unter Wasserdampf zum Beispiel und durch vorsichtiges Aufrollen des Verschlusses mit einem Bleistift.«

Das »Godesberger Programm« besiegelt die Kapitulation

Wir haben auch zu diesem Teil der Anklage, der besonders Christels Position im Prozeß stark berührte, geschwiegen. Die Vorstellung, wie Christel da in der Teeküche der Staatskanzlei steht und über dem Dampf des Wasserkessels Siegelmarken löst, ist so albern, daß es einem auch heute noch schwerfällt, sich ein Grinsen zu verkneifen. Andererseits lag das Gericht mit manchen seiner Vermutungen nicht völlig schief. Angenommen also, wir hätten damals tatsächlich Erfolg gehabt und wären an die Studie »Das Kriegsbild« und an die geheimen Berichte über die NATO-Manöver herangekommen, dann ergeben sich daraus zwei bemerkenswerte Schlußfolgerungen:

Zum einen wird ersichtlich, daß Christel in einer Goldgrube gelandet war. Wenn man sich vergegenwärtigt, welchen Charakter die Manöver »Fallex« im System der gegen die Länder des Sozialismus gerichteten sogenannten Vorwärtsverteidigungen hatten – »Fallex«, klingt das nicht penetrant nach »Fall X«, worunter alle Eingeweihten in Bonn wie selbstverständlich die Vereinnahmung der DDR verstanden? – wird man sich vorstellen können, mit welchem Gefühl erhöhter Verantwortung unsere Auswerter und Analytiker in Berlin das Material studiert haben. Hier wurden in verschärfter Form Sicherheitsfragen der DDR und darüber hinaus aller Länder des Warschauer Vertrages berührt. Bei Christel und mir versteifte sich das Bewußtsein, ganz konkret etwas für die Sicherung des Friedens tun zu können.

Zum zweiten bekommt man eine Anschauung davon, mit welchen weitreichenden Konsequenzen sich bestimmte Gruppierungen innerhalb der Führungsschicht der SPD schon damals als Diener des Staates verstanden, zu einem Zeitpunkt also, als ihre unmittelbare Beteiligung an der zentralen Regierungsgewalt in Bonn noch in weiter Ferne stand.

»Der Staat, das sind wir alle«, schrieb Willy Brandt, der kommende Mann, nach dem 13. August 1961 im »Vorwärts«. Der Satz hatte programmatischen Charakter. Er machte deutlich, welcher Art der Wind war, der aus Richtung Bonn neuerdings wehte. Unmißverständlich bot Brandt im selben »Vorwärts«-Artikel die Dienste seiner Partei bei der Lösung politischer Krisen an: *»Die parlamentarische Opposition, die mehr ist als nur Opposition, wird sich jedenfalls so verhalten, daß sie jederzeit imstande ist, auch Regierungsverantwortung tragen zu können. Unsere grundsätzliche Bereitschaft zur Zusammenarbeit in den Lebensfragen unseres Volkes ist nicht davon abhängig, ob wir in der Regierung sitzen ... Wir haben ein Recht auf laufende und eingehende Information, die noch keine automatische*

Billigung einschließt. Mitverantwortung können wir nur übernehmen, wo wir nach gemeinsamer Beratung zu gemeinsamer Willensbildung gelangen.«

In diesem Sinne hat sich ein Mann wie Wilhelm Birkelbach – siehe seine Aussage vor Gericht – sechs Wochen Zeit genommen, um sich über die NATO-Studie »Das Kriegsbild« gründlich und eingehend zu informieren. Wie anders hätte er, ein an sich gutwilliger und vernünftiger Mann, auch Mitverantwortung für die Militärpolitik des Staates übernehmen, wie anders seine grundsätzliche Bereitschaft zur Zusammenarbeit mit den konservativen Kräften in CDU/CSU beweisen können? Es waren schon erstaunliche Metamorphosen, die sich da vollzogen. Birkelbach steht nur als eines der vielen persönlichen Beispiele für das allgemeine Bild, das die Gesamtpartei bot.

Birkelbach gehörte zu den traditionell Etablierten der Partei. 1930 war er ihr mit 17 Jahren beigetreten. Die Nazis inhaftierten ihn. Und obwohl er als Angehöriger der Strafeinheit 999 die Gewalttätigkeiten des deutschen Militarismus am eigenen Leibe erfuhr, stellte er nun seine Autorität und seinen politischen Einfluß dem wiederbelebten Militarismus zur Verfügung, wohl mit der ebenso ehrenwerten wie illusionären Absicht, dessen gewalttätigen Charakter demokratisch sublimieren zu können. Bei der Entscheidung, Mitverantwortung zu übernehmen und bei der Handhabung der Machtinstrumente des Staates behilflich zu sein, wurde die Tatsache, daß dieser Staat wieder in die Verfügungsgewalt der restaurierten großen Monopolgesellschaften gelangt war, entweder verdrängt oder stillschweigend akzeptiert. In solchen Fragen ähnelte Birkelbachs Haltung der von Fritz.

Den Richtungswechsel in der Partei erlebte ich unmittelbar an der Basis mit. Er vollzog sich fast unmerklich, setzte sich aber nach und nach und in kleinen Schritten auch gegen die *Frankfurter Richtung* durch. Für so manchen Parteigenossen, der sich den traditionellen sozialdemokratischen Idealen verhaftet fühlte, war es ein äußerst schmerzhaften Prozeß. Die inneren Tragödien, die sich da abspielten, erlebte ich auf stürmischen Versammlungen mit, wenn aus einem von ihnen der Gewissenskonflikt herausbrach. Es gibt eine Zahl in der Parteistatistik, die dafür symptomatisch ist: Von 1959 bis 1961 wurden mehr als 50 000 Mitglieder aus der Partei ausgeschlossen, weil sie nicht bereit waren, ihre Rebellion gegen die von der Parteispitze befürwortete aktive Militärpolitik, gegen die Einführung der allgemeinen Wehrpflicht aufzugeben.

Die prinzipielle Entscheidung fiel im November 1959 auf dem Parteitag in Bad Godesberg. Mit dem dort beschlossenen Grundsatzprogramm kamen die innerparteilichen Diskussionen zu einem gewissen Abschluß. Das Programm begründete endgültig die Integration der Partei in den *modernen Staat*, ohne ihn als Staat des hochentwickelten staatsmonopolistischen Kapitalismus zu definieren: *»Regierung und Opposition haben verschiedene Aufgaben von gleichem Rang; beide tragen Verantwortung für den Staat.«* Die sogenannte Landesverteidigung wurde bejaht, dabei ignorierend, daß an den Schaltstationen der dafür geschaffenen Militärmaschinerie durchweg Hitlers Generale und Obristen standen. Vom Sozialismus war nur noch deklamatorisch die Rede. Als seine Quellen wurden christliche Ethik, Humanismus und klassische Philosophie genannt. Vom nach wie vor existierenden Klassenkampf und den Marxschen Schlußfolgerungen war keine Rede mehr und die statt dessen gesetzte Ableitung nur konsequent: *»Das private Eigentum an Produktionsmitteln hat Anspruch auf Schutz und Förderung.«*

Mit der Phrase, keine letzten Wahrheiten verkünden zu wollen, wurden auch die einfachsten Wahrheiten aufgegeben. Über den Lohnarbeiter als sozialen Typ wurde gesagt: *»Der einst das Ausbeutungsobjekt der herrschenden Klasse war, nimmt jetzt seinen Platz ein als Staatsbürger mit anerkannten gleichen Rechten und Pflichten.«* So konnte nur schwadronieren, wer blind war oder sich blind stellte angesichts der tatsächlichen gesellschaftlichen Verhältnisse. Der Schlußgedanke des Programms war: *»Die Sozialdemokratische Partei ist aus einer Partei der Arbeiterklasse zu einer Partei des Volkes geworden.«*

Die traditionellen sozialdemokratischen Forderungen, die noch im bis dahin geltenden Heidelberger Programm von 1925 standen, waren damit erledigt. Es war ein scharfer Sensenschlag, der von innen her gegen die Selbständigkeit und Aktionsfähigkeit der Arbeiterbewegung geführt wurde.

Auch aus historischer Sicht bestätigt sich, daß das Godesberger Programm eine weltanschaulich-politische Kapitulation war. Im Zusammenhang mit den Debatten um eine *Modernisierung des Godesberger Programms* erklärte Peter von Oertzen, damals Mitglied der Programmkommission, unumwunden in einem Vortrag vor Jung-

sozialisten im Sommer 1985: »Zumindest in der Praxis wurde die marxistische Idee der revolutionären Veränderung der kapitalistischen und der Schaffung einer radikalen neuen sozialistischen Gesellschaft aufgegeben. An ihre Stelle trat das Ideal einer demokratisch-sozialen Bändigung des Kapitalismus. Ausdruck dieser Entwicklung war in der BRD das Godesberger Programm.«
Mir selbst kam die ganze Tragweite der Godesberger Beschlüsse erst richtig zu Bewußtsein durch die Hinweise, die mir Paul, der in seiner Art eine genaue Analyse vorgenommen hatte, über unsere Instrukteure übermitteln ließ. Die Programmdiskussionen innerhalb der SPD selbst hatten stark akademischen Charakter. Sie wurden meist von den sogenannten Insidern geführt – zu denen übrigens auch Fritz und Max gehörten – und vom Parteivolk in seiner Mehrheit nur dumpf wahrgenommen. Erst mit der außen- und wehrpolitischen Signalrede, die Herbert Wehner im Sommer 1960 kurz nach dem geplatzten Gipfeltreffen der *großen Vier* von Paris im Deutschen Bundestag hielt, gab es ein allgemeines Erwachen.
Wehner untermauerte Godesberg mit einer scharfen Kampfansage gegen den Kommunismus im allgemeinen und gegen die sowjetische Deutschlandpolitik im besonderen. Er bekannte sich vorbehaltlos zum atlantischen Vertragssystem der NATO als Grundlage und Rahmen für eine aktive Wiedervereinigungspolitik. Seine vor dem Parlament mit Nachdruck verkündete Bejahung der Landesverteidigung fiel zeilich nahezu mit der Abfassung einer Denkschrift des Führungsstabes der Bundeswehr zusammen, in der es hieß: *»Die Bundeswehr ist für die Sicherheit der Bundesrepublik mit verantwortlich. Sie kann weder auf die allgemeine Wehrpflicht noch auf die Zugehörigkeit zur NATO, noch auf eine atomare Bewaffnung verzichten. Wenn die Bundeswehr diese militärischen Forderungen stellt, greift sie nicht in die Parteipolitik ein ...«*
Wozu auch? Die Parteipolitiker, auch der SPD, griffen von allein die Forderungen der Bundeswehr auf!

Endlich wieder mit der Kamera unterwegs

Aus der erwähnten Analyse von Paul konnte es für die Kundschaftertätigkeit nur eine Schlußfolgerung geben: Wenn die Führung der SPD sich entschlossen zeigte, sich in Zukunft verstärkt um eine an der NATO orientierte Außen- und Wehrpolitik zu kümmern, dann mußten wir uns mit mindestens gleicher Hingabe um diejenigen Parteigrößen kümmern, von denen zu erwarten war, daß sie zu diesem Geschäft bestellt werden würden. Nach Lage der Dinge konnten das nur die sogenannten Rechten sein. Die von Christel bei ihren ersten öffentlichen Auftritten intuitiv eingeschlagene Richtung bekam mit einemmal prinzipiellen Charakter.

Ich muß bekennen, daß es mir ähnlich wie so manchem alten Sozialdemokraten erging, dem der Schwenk nicht leichtfiel. Den Befehl zum Eintritt in die SPD hatte ich ausgeführt, eine innere Distanz blieb! Doch konnte ich immerhin hoffen, innerhalb der linken Parteigruppierungen, die sich noch zu sozialistischem Gedankengut bekannten, so etwas wie einen Heimatersatz in der weiten politischen Landschaft zu finden. Mit diesen Kräften mußte ich nun brechen und mich statt dessen – der Kundschafterauftrag forderte es unausweichlich! – unter diejenigen mengen, die einen konsequenten militanten Antikommunismus auf ihre Fahnen geschrieben hatten. So nahm ich – der lange als Pazifist galt – eine Mitarbeit im wehrpolitischen Arbeitskreis der südhessischen SPD auf und wirkte später zeitweise in der Prüfungskammer für Wehrdinstverweigerer mit. Dem Teufel könnte nicht anders zumute gewesen sein, wenn er ins Weihwasserbecken gefallen wäre.

Christel hatte inzwischen eine für den Ausbau unseres Ansehens und unseres Einflusses innerhalb der Partei wichtige Schlüsselstellung eingenommen. Als Vorzimmersekretärin des mächtigen Bezirksvorsitzenden konnte sie sich so manches Ohr geneigt machen. Ihre Kontakte zur Pressestelle nutzte sie, um auf meine brachliegenden Talente als Fotograf zu verweisen. Zur Probe schanzte man mir ein paar Aufträge zu, die für irgendwelche Werbeheftchen der Partei gedacht waren, und da die Ausführung zur Zufriedenheit ausfiel, folgten bald weitere Bildbestellungen. Ich zog also wieder mit der Kamera los und war glücklich.

Das Fotografieren lag mir im Blut, es entsprach meinem Temperament. Jeden Ehrgeiz, große fotografische Kunstübungen zu machen, mußte ich allerdings fahrenlassen. Es handelte sich, zumindest in der Anfangsphase, um kleine bescheidene Arbeiten, bei denen es im wesentlichen darum ging, etwas für die Selbstdarstellung der Partei zu tun. Aber die Hauptsache, ich war wieder unterwegs, heraus aus dem Einerlei der Kaffeestube, kam unter andere Leute, mußte

auf Prominente zugehen, um sie ins richtige (und rechte!) Kameralicht zu setzen.
So lernte ich die Partei von innen kennen, und die Partei lernte mich kennen, wenn auch nur von außen. Manche Aufträge liefen auf blanke Beschönigung hinaus, waren Reklame, mit der etwa ein Wahlkandidat seine Verdienste anpries wie der Persilonkel sein Waschpulver. Aber ich muß dazu sagen, daß die Partei und ihre führenden Männer in Frankfurt auch auf große Verdienste verweisen konnten, vornehmlich auf dem Gebiet der Kommunal- und Sozialpolitik.
An erster Stelle nenne ich den Wiederaufbau der zertrümmerten Stadt. Etwa die Hälfte aller Wohnungen war unter den Flächenbombardements total zerstört worden. Dementsprechend war die Bevölkerungszahl zurückgegangen. Von den 550000 Einwohnern der einst blühenden Handels- und Kulturmetropole hausten im April 1945 nur noch 269000 in den Halbruinen. Doch der Lebenswille des Volkes in Frankfurt war unzerstörbar. Schon im Juni 1945 begann die Trümmerräumung auf den Hauptverkehrsstraßen. Es darf nicht der Vergessenheit anheimfallen, daß dem ersten mit Genehmigung der amerikanischen Militärregierung berufenen Bürgerrat, der sich bei der Entfachung des Aufbauwillens große Verdienste erwarb, als Vertreter der Arbeiterschaft neben sechs Sozialdemokraten sieben Kommunisten angehörten, unter ihnen Emil Carlebach und Walter Fisch. Im Oktober 1946, nach den ersten Kommunalwahlen, die den Sozialdemokraten Walter Kolb als Oberbürgermeister an die Spitze des Magistrats führten, begann der Bürgereinsatz der Frankfurter Bevölkerung zur Trümmerbeseitigung. Kolb als Stadtoberhaupt stellte sich an die Spitze. Es existiert noch eine alte Fotografie, die zeigt, wie er die erste Trümmerfuhre belädt. Dieser alte Sozialdemokrat, der die Zuchthäuser und KZ der Nazis erlitten hatte, war schon eine imposante Erscheinung. Mit seiner wuchtigen Figur und dem in jeder Menschenmenge unübersehbaren riesigen kahlen Schädel war er eine Art Symbolfigur für die ersten Jahre des Wiederaufbaus. Er rieb sich für seine Stadt auf. Deswegen habe ich ihn nicht mehr persönlich kennengelernt. 1956 fiel er einer Herzattacke zum Opfer.
Gestützt auf progressive hessische Landesgesetze und auf Initiativen der SPD, wurden vornehmlich in der Innenstadt die in Tausende Parzellen zersplitterten Trümmerflächen kommunalisiert und damit

die Grundlagen für einen durchdachten Bebauungsplan geschaffen. Im Zentrum, im Schatten des Doms, wuchsen die Mauern der ersten Neubauten empor. Den Traditionen sozialdemokratischer Baupolitik folgend, entstanden später die Randsiedlungen. Als Beispiel will ich nur die Nordweststadt erwähnen. Für die damalige Zeit war sie ein Vorbild für moderne Städtegestaltung und bot 30000 Menschen eine freundliche Heimstatt.

So belebte sich die alte Kaiserstadt im Rhein-Main-Dreieck mit atemberaubendem Tempo. 1951 schon war die alte Bevölkerungszahl von 1939 wieder erreicht: 550000. Zum Wohnungsneubau kam die Wiedererrichtung der historischen Denkmäler. Als wir in Frankfurt eintrafen, konnten wir schon Goethehaus, Römer und Paulskirche in alter Schönheit besichtigen. Auch die Zeil, eine ungemein lebendige Geschäftsstraße, kam wieder. Die historische Meile, auf der sich einst zwischen Dom und Römer bei den Krönungsfeierlichkeiten der Kaiserzug bewegte, erhielt etwas von ihrem alten Charakter zurück. Und dann an der Hauptwache das erste Dröhnen der Bohrhämmer zum Bau der Frankfurter U-Bahn. Hinzu kamen entschlossene Maßnahmen zur Wiederbelebung Frankfurts als Handels- und Messestadt, wozu der Ausbau des Autobahndreiecks und des Rhein-Main-Flughafens als europäische Verkehrsknotenpunkte wichtige Voraussetzungen schuf.

Damit jedoch kam ein verhängnisvoller Zwiespalt in die Entwicklung. Mit seinem menschenfreundlichen, sozialpolitisch vielfältig abgesicherten Aufbauwerk hatte sich der sozialdemokratisch geführte Magistrat bei der Bevölkerung einen Kredit erworben, der noch für viele Jahre bei den Wahlen wirken sollte. Zur Finanzierung aller Unternehmungen aber wurden mehr und mehr Schleusen geöffnet, die riesigen Kapitalmassen, darunter auch amerikanischen, den Zustrom in die Stadt erleichterten.

Sinnbild dieser Entwicklung sind die wolkenkratzerartigen Bürohäuser, die die großen Banken, die Monopolgesellschaften der Industrie und des Versicherungswesens ohne Rücksicht auf die ursprünglichen Pläne einer organischen Stadtentwicklung in der City geklotzt haben. Diese Beton- und Glasmonstren, Zwingburgen der Kapitalherrschaft, bestimmen seitdem die Frankfurter Skyline. Den Ehrgeiz, Bundeshauptstadt des westdeutschen Staates zu werden, mußten sich die Frankfurter Stadtväter abschminken; die Wahl fiel auf das Provinznest Bonn. Aber sie können den für eine Arbeiter-

partei ebenso wie für eine Volkspartei zweifelhaften Ruhm in Anspruch nehmen, Frankfurt zum Banken- und Finanzzentrum der Bundesrepublik ausgebaut, zumindest an diesem Ausbau mitgewirkt zu haben.
Der alten SPD hat man zum Vorwurf gemacht, daß sie sich vom Einfluß der sogenannten Arbeiteraristokratie demoralisieren ließ. Doch wie harmlos nehmen sich die Brosamen aus, die damals als Quentchen des Monopolprofits dieser gehobenen Arbeiterschicht zugeteilt wurden, wenn man sie mit den fetten Happen verglich, die sich führende Leute der Partei neuerdings in Staat und Wirtschaft zu verschaffen wußten. Dazu gehörten nicht nur die Einkünfte aus parteieigenen milliardenschweren Finanzierungsgesellschaften, die mehr und mehr mit dem Monopolkapital verschmolzen. Man denke auch an solche Leute wie Birkelbach. Die hochdotierten Posten, die sie in Gremien des Europarates und der Westeuropäischen Union innehatten, sicherten ihnen nicht nur politischen Einfluß, sie dirigierten von dort aus auch nicht anders als ein Konzernmanager die internationalen Kapitalströme, die in Kohle, Stahl und Eisen flossen. Manche ehrliche Parteihaut verbitterte oder resignierte angesichts solcher Verfilzungen. Ich erinnere mich noch gut an den Unmut, auf den beispielsweise ein Carlo Schmid stieß, wenn er als Abgesandter des Parteivorstands nach Frankfurt kam, um hier eine seiner schöngeistigen professoralen Sonntagsreden zu halten. Von ihm stammte der später von Willy Brandt aufgegriffene Slogan, daß das Volk mehr Liebe und weniger Gerissenheit verdiene. Nicht das Geld solle über den Geist, sondern der Geist über das Geld regieren. Solcherart Geisterbeschwörung war nur schwer erträglich, wenn man wußte, wer Schmid wirklich war: Delegierter der Beratenden Versammlung des Europarates und Aufsichtsratsmitglied der Mannesmann-AG.
In der Frankfurter Partei gab es viel Wehklagen über den Abbau einer einst anspruchsvollen politischen Ethik. Der Fortschritt, sprungartig aus der düsteren Trümmerwelt in die Kaskaden der Leuchtreklamen, war imponierend. Aber vorwärts ging es nur auf den alten Bahnen des Kapitals. Es war ein Fortschritt auf Kosten des Fortschritts! Doch was nutzte das Klagen? Bei nüchterner Betrachtung mußte man sich eingestehen, daß ein Prozeß eingeleitet war, der in Anbetracht der sich immer stärker herausbildenden staatsmonopolistischen Herrschaftsstrukturen gesetzmäßigen Charakter hatte. Die Führungsschicht der Partei fühlte sich bereits als inte-

grierter Bestandteil dieser Strukturen. Wer wie in Godesberg ein Bekenntnis ablegt zum *modernen Staat* und zur *freien Marktwirtschaft* und zum *privaten Eigentum an den Produktionsmitteln*, der muß sich nicht mehr genieren, in den Chefetagen auch der Frankfurter Bankpaläste ein- und auszugehen. In Frankfurt setzte diese Entwicklung sehr früh, fast unmerklich ein. Ich will dafür drei Beispiele nennen.

Fast unbemerkt von der Öffentlichkeit, aber mit gewaltigen unterirdischen Wirkungen auf den weiteren Gang der Dinge wurde schon im September 1945 die Frankfurter Börse wiedereröffnet. Nach und nach stiegen die Aktien jener Konzerne im Kurs, deren schuldbeladenen Managern als Kriegsverbrecher pro forma der Prozeß gemacht wurde.

17 Millionen Tonnen Schutt lagen bei Kriegsende in der Stadt. Das Geschäft zu ihrer Beseitigung wurde einer mit privatem Kapital ausgerüsteten und vom sozialdemokratischen Magistrat abgesegneten Trümmer-Verwertungs-Gesellschaft überlassen. An den Trümmern des Krieges stießen sich die gleichen Baulöwen gesund, die mit ihren Rüstungsbauten für die Vorbereitung des Krieges mitverantwortlich zeichneten.

Und nicht unerwähnt soll bleiben, wie man zur Absicherung solcher Entwicklungstendenzen in Frankfurt rigoros auf Nummer Sicher ging. Als 1946 die ersten Kommunalwahlen vor der Tür standen, begnügte man sich nicht mit der später im Bonner Grundgesetz verankerten Fünf-Prozent-Klausel. Die Frankfurter SPD unterstützte die Einführung einer Fünfzehn-Prozent-Klausel. Damit wurde die KPD aus der Stadtpolitik eliminiert. Die einzige politische Kraft, die sich konsequent für eine Eindämmung des Kapitaleinflusses und für einen auf die Interessen des arbeitenden Volkes orientierten demokratischen Entwicklungsweg einsetzte, war von den Entscheidungsfindungen ausgeschlossen. Der offenbar tief verwurzelte Antikommunismus innerhalb der SPD forderte somit auch in Frankfurt seinen bitteren Preis.

Für mich gab es nur eine Schlußfolgerung. Wenn ich in der Partei was werden wollte, mußte ich es auf mich nehmen, diese Linie nach außen mitzutragen.

8. Der Durchmarsch

»... bescheinigte ich Herrn Günther Guillaume Fleiß, Geschick, Loyalität und Vertrauenswürdigkeit ...«

(Prof. Dr. Willi Brundert, Oberbürgermeister von Frankfurt/Main 1964–1970)

»... verfügte er über unwahrscheinlich viele Verbindungen und Beziehungen, und da konnte er mir während des Anfangs meiner Tätigkeit in der Stadt bei seiner Hilfsbereitschaft mehr als einmal gefällig sein ...«

(Richard Burkholz, Sparkassendirektor in Frankfurt/Main, vormals persönlicher Referent von Oberbürgermeister Willi Brundert)

»... war es keineswegs so, daß wir ihm seine Bilder aus Gefälligkeit abnahmen, die Fotos hatten durchweg gute Qualität. Etwa ab 1961 faßte er beim ›Sozialdemokrat‹ ziemlich festen Fuß. ... zahlten wir neben Honorar und Aufwand auch mal eine Pauschale, Reichtümer erwarb er wohl nicht. ... war er dabei ungemein fleißig und einsatzbereit, machte sich oft ohne Auftrag und aus eigenem Antrieb auf den Weg zu politischen Kongressen oder Versammlungen. Soviel ich weiß, hatte er ein ganz gut funktionierendes eigenes kleines Labor, die Abzüge waren saubere Arbeit. Allgemein galt er als engagiertes und interessiertes Parteimitglied ...«

(Heinrich Klein, zur Zeit des Prozesses Landrat in Dieburg, Anfang der sechziger Jahre Redakteur des Frankfurter Parteiblattes »Sozialdemokrat« und Leiter der Pressestelle des SPD-Bezirkes Hessen-Süd, dazwischen Mitarbeiter des Meinungsforschungsinstitutes infas in Bad Godesberg, seit 1976 MdB)

»Frau Guillaume lernte ich als erste kennen, das war, glaube ich, bei Birkelbach im Büro, dann ihn bei einer Wahlparty nach der Bundestagswahl von 1961 ... Die ersten Eindrücke und Kontakte blieben flüchtig, aber ich spürte einen Mann, der wie ich für law and order war ...«

(Georg Leber, Bundesverteidigungsminister, vorher Minister für Verkehr, Post und Fernmeldewesen, langjähriger Vorsitzender der IG Bau, Steine, Erden; kandidierte ab 1961 im Frankfurter Wahlbezirk 140 mehrmals erfolgreich für ein Direktmandat im Bundestag)

»... kannte ich ihn schon aus der Frankfurter Zeit – ein organisatorisch ungewöhnlich befähigter Mitarbeiter, ohne akademischen Schnickschnack, ohne große Allüren.«

(Herbert Ehrenberg, Mitglied des Bundestages, vormals Bundesarbeitsminister, führender Funktionär der IG Bau, Steine, Erden; Anfang der sechziger Jahre in Frankfurt Mitglied des Frankfurter Unterbezirksvorstandes)

»... engagiert, uneigennützig, diszipliniert – ein Volltreffer für die Organisation ...«

(Gerhard Weck, zur Zeit des Prozesses bereits verstorben, von 1958 bis 1963 Sekretär des SPD-Unterbezirks Frankfurt am Main, danach Vorsitzender der sozialdemokratischen Stadtverordnetenfraktion)*

Wo gab es Gespür für die sich ändernde Weltlage?

Nahezu ein halbes Menschenleben ist seitdem vergangen, Zeit genug, um sich unbequeme Eitelkeiten abzuschminken, das Haar hat Reif angesetzt, ein wenig auch das Gemüt, und dennoch ..., die Leumundszeugnisse lese ich heute mit einer Art kindlicher Verwunderung: Das war ich? Das hat jene Partei an mir gehabt?
Dem Gericht, als es die Beurteilungen zum Verhandlungsgegenstand machte, ging es selbstverständlich um alles andere als darum, über meinem Haupt einen Lorbeerkranz zu winden. Nicht das Ziel und der Erfolg meiner Kundschaftertätigkeit standen im Mittelpunkt aller Überlegungen. Das hätte ja vielleicht auch der Öffentlichkeit peinliche Erkenntnisse vermitteln können. Zum Vorwurf machte man mir die angewandten Mittel, die Täuschung und die Verstellung. Der große Eifer, mit dem ich mich nach allen Aussagen den Parteigeschäften gewidmet hatte, war für die Herren Staatsanwälte und Richter nur Ausdruck einer übergroßen schurkischen Verstellungskunst – seht nur, mit welcher Tücke sich der rote Wolf ein weißes Schaffell übergestreift hat! Die Konstruktion erfüllte zwar insofern ihren Zweck, als dadurch die allgemeine Agentenhysterie, das Moment der Unsicherheit und Furcht aufs neue gereizt wurde und nun überall im Lande jeder Biedermann hinter jedem Biedermann einen Spion argwöhnte. An der eigentlichen Psychologie meines Auftrags aber gingen derlei Überlegungen total vorbei. Ist das Räderwerk gut geölt, die Unruh präzise justiert und die Feder erst einmal gespannt – welche Uhr verweigert dann den richtigen Stundenschlag? Entgegen allen Spekulationen, später angestellt vom kleinen Zeitungsredakteur bis zum großen Bundeskanzler, bestand der Sinn meines Aufklärungsauftrags nicht darin, die SPD zu unterwandern

---

* Aus schriftlichen und mündlichen Zeugnissen, die als Prozeßmaterial in die Verhandlungen vor dem Oberlandesgericht Düsseldorf eingeführt wurden.

und auszuforschen. Niemals war sie primär Gegenstand und Zielpunkt der Erkundung. Von Anfang an stand im Mittelpunkt des Kundschafterauftrags die bundesrepublikanische Staatspolitik, vornehmlich jene ihrer Aspekte, die, gelinde ausgedrückt, von wenig Wohlerzogenheit und Wohlmeinung gegenüber den östlichen Nachbarn und ihren selbstverständlichen Lebensinteressen zeugten. Und nur in dem Maße, wie sich die Führungsmannschaft der SPD mehr und mehr dazu aufschwang, sich aktiv in diese Staatspolitik einzumengen, und Ehrgeiz erkennen ließ, das Staatsruder selbst in die Hand zu nehmen, wuchs das Moment eines nachrichtendienstlichen Interesses an der Partei. Gegenstand der Neugier war nicht der Parteifunktionär als solcher (worin sollte da der Witz bestehen?), sondern die Aktivitäten, die er – dabei Sicherheitsinteressen der sozialistischen Länder berührend – in Staat, Wirtschaft und Ideologie entfaltete. Dabei hatte diese Neugier von vornherein Doppelcharakter. Handelte es sich um einen der Ewiggestrigen – und davon gab es genug in der SPD –, der versuchte, die subversiven Methoden des von SIS- und CIA-Agenten unterwanderten alten SPD-Ostbüros auf die Staatspolitik zu übertragen, dann konnten die Überlegungen nur darauf hinauslaufen, derart bösartige Vorstöße abzublocken. Gleichzeitig waren wir interessiert an allen Ansätzen zu einer möglichen Kooperativität. Welches waren die Frauen und Männer in der Partei, die ein Gespür hatten für das sich verändernde Kräfteverhältnis in der Welt und die sich entschlossen zeigten, an der Abwiegelung des kalten Krieges ernsthaft mitzuwirken? Ein wenn auch extremes Beispiel waren Fritz und Max. Ohne das Beispiel zu kennen, sollte ihnen so mancher folgen.
Insofern kann ich ohne Zögern erklären, daß die SPD ursprünglich und im wesentlichen vor allem den Kampfboden hergab, auf dem wir uns bewegten, das Milieu, in dem wir uns einrichteten.

Illusionen, die abhanden kamen

Ein dramatischer Einschnitt, bei dem wir das am eigenen Leibe drastisch zu spüren bekamen, war der 13. August 1961. Die Sicherung der Grenze in und um Berlin schlug in der Bundesrepublik Deutschland wie eine Bombe ein und zerriß das Bewußtsein seiner bis dahin selbstgefälligen Bürger bis zur Ratlosigkeit und Sinnverwirrung. Christel und ich standen als ehemalige Berliner plötzlich im Mittelpunkt allgemeinen Interesses. Wir wurden heimgesucht von klebrigem Mitgefühl, aber auch von vielen intelligenten Fragen. Es war klar, vor allem die Partei erwartete etwas von uns, unklar allerdings was, in dem Chaos der Gefühle und Meinungen vielleicht etwas Klärung, Beruhigung. Wie sollten wir uns darauf einstellen?

Dieser Tag im August, an dem das Hochdruckgebiet »Patroklos« wie ein heißer Pfannkuchen über halb Europa lag, ist seitdem in einem solchen Unmaß Gegenstand von Betrachtungen, Untersuchungen, Erinnerungen, Überlegungen gewesen, daß man damit eine ganze Bibliothek füllen könnte. Er wirkte wie ein letzter betäubender Kanonenschlag des kalten Krieges, der nur grollend verhallte. Aber er war begleitet von so manchem Blitz der Erleuchtung. So wurde er gleichzeitig zum Signal einer neuen Etappe der politischen Entwicklung.

Es gibt kaum jemand anderen, der so prägnant und kompetent den Schock des 13. August, als *»Tag des Entsetzens, der Angst und Verwirrung«*, beschrieben hat wie der damalige Regierende Bürgermeister von Westberlin Willy Brandt. Wie viele andere prominente Politiker des Westens wurde er von der Nachricht buchstäblich im Schlaf überrascht. Er war in der Nacht zu jenem Sonntag auf Bundestagswahlkampfreise unterwegs von Nürnberg nach Kiel. In Hannover klopfte man an die Tür seines Schlafwagenabteils. Er erwischte noch die erste Morgenmaschine nach Berlin-Tempelhof und erlebte von dieser Stunde an die dramatischen Ereignisse als Beteiligter und Betroffener und gleichzeitig Verantwortlicher unmittelbar mit, erlebte alles mit geradezu sinnlicher Empfindlichkeit von innen her, diesen brodelnden Kessel der Emotionen, und stand zugleich auf einem politisch stark exponierten Posten, gezwungen, den für logische Entschlüsse notwendigen Abstand zu gewinnen. Ich kann mich erinnern, wie er später in Bonn mehrmals auf jene bewegten Zeiten der sogenannten Berlin-Krise zu sprechen kam. Zweifellos war der 13. August gerade für einen Politiker wie Willy Brandt ein Grunderlebnis.

Ich blättere in seinem Memoirenband »Begegnungen und Einsichten«. Dort kann man nachlesen, wie er in den ersten Stunden von rasendem Zorn erfüllt ist: *»Es wurde mir schwer, ruhig und beherrscht zu bleiben.«* Doch überall, wo er wegen eventueller Gegenmaßnahmen vorfühlt, ob in Bonn oder bei Vertretern der Alliierten, trifft er nur auf beschwichtigende Gesten. Er fühlt die Hilflosigkeit seines Zorns. Als noch am Vormittag in der Alliierten Kommandantur eine Sitzung anberaumt wird, hat auch er keine Vorstellung von irgendeiner praktikablen Gegenwehr. Es bleibt bei seinem Ausruf: »Protestieren Sie doch wenigstens!« Was ja dann auch geschah, ohne etwas zu bewirken.

Brandt zitiert Anordnungen des Innenministers der DDR, wonach den Angehörigen der sogenannten Schutzmächte in Westberlin, den Amerikanern, Briten und Franzosen, bestimmte beschränkte Übergänge für das Betreten des Ostteils der Stadt vorgeschrieben wurden, und er gesteht, daß ihm spätestens von da an zu dämmern begann, was die Stunde geschlagen hatte: *»Das eigentlich und dramatisch Neue, ein Vorgang von prinzipieller Bedeutung, war, daß die Westmächte ›ostdeutsche Befehle‹ befolgten. Noch deutlicher, daß die mächtigen Vereinigten Staaten es hinnahmen, sich durch die – wie man so sagt – ›Satelliten‹ der anderen Großmacht bevormunden zu lassen.«*

Es setzte ein viele überraschender Prozeß der Abkühlung und Klärung ein, aber anders wäre die Wandlung vom Frontstadtbürgermeister zum abgeklärten, mit dem Friedensnobelpreis geadelten Staatsmann kaum denkbar und erklärbar. In der Nachbetrachtung schreibt Willy Brandt: *»Ich habe später bemerkt, man habe im August 1961 einen Vorhang weggezogen, um uns eine leere Bühne zu zeigen. Man kann es auch schroffer sagen. Uns sind Illusionen abhanden gekommen, die das Ende der hinter ihnen stehenden Hoffnungen überlebt hatten – Illusionen, die sich an etwas klammerten, das in Wahrheit nicht mehr existierte. Es wurde Ulbricht erlaubt, der Hauptmacht des Westens einen bösen Tritt vors Schienbein zu versetzen – und die Vereinigten Staaten verzogen nur verstimmt das Gesicht. Meine politischen Überlegungen sind in den folgenden Jahren durch die Erfahrung dieses Tages wesentlich mitbestimmt worden. Was man meine Ostpolitik genannt hat, wurde vor diesem Hintergrund geformt.«*

In meinem Deutsch: Nach der Durchschüttelung durch den Mauerbau war aus Brandt alles andere als ein Freund der DDR geworden, die Vision der Wiedervereinigung verließ ihn nie; aber das Konzept einer mehr oder weniger gewaltsamen Einverleibung der DDR in die Reichsnachfolgeschaft der BRD war für ihn als Realpolitiker er-

ledigt. Während eines aufgelockerten Herrenabends sagte er später einmal, er habe davon ein für allemal die Schnauze vollgehabt.
Im Bewußtsein der übergroßen Mehrheit der Leute setzte dieser Klärungsprozeß erst später und vermittelter ein. Bei der vorherrschenden und immer wieder geschürten antikommunistischen Grundtendenz blieb zunächst der Eindruck der Angst: Die Kommunisten haben in Berlin gemacht, was sie wollten – wann machen sie es mit uns?
Christel und ich stellten uns darauf ganz praktisch ein, indem wir mit einem schönen Lichtbildervortrag über Berlin durch die Lande zogen. Dadurch erfuhren hinterwäldlerische Leute zum erstenmal, daß die Spaltung Berlins schon lange vorher vollzogen worden war und daß es neben einem Westberlin auch ein Ostberlin gab, das die Ostdeutschen als ihre Hauptstadt in Anspruch nahmen, während die Westdeutschen von Berlin als der heimlichen Hauptstadt eines nicht mehr existierenden Deutschlands nur redeten. Viele anklagende Finger richteten sich auf Bonn und die dort agierenden Regierungspolitiker.
So dienten wir neben unserer noch in der Opposition sitzenden SPD auch ein wenig der Wahrheit, versteckt und in Anspielungen, aber sicherlich wird es auch uns gelungen sein, bei den Zuhörern und Betrachtern jene Nachdenklichkeit auszulösen, die sich bei einem Mann wie Willy Brandt politisch so produktiv ausgewirkt hat.
Im Vorfeld des 13. August, in den brenzligen Frühlingswochen des Jahres 1961, hatte die Adenauer-Regierung ein ziemlich genaues Szenario entwickelt, nach dem unter Einschluß militärischer Varianten die *Wiedervereinigung* vonstatten gehen sollte. Im IV. Bericht des Gesamtdeutschen Forschungsbeirates, dem berüchtigten *Grauen Plan,* war zum Beispiel detailliert erläutert, wie man sich die stufenweise Reprivatisierung der in der DDR enteigneten Konzernbetriebe und Latifundien gedacht hatte. Diese Illusionen – von denen Brandt sagte, daß hinter ihnen nicht einmal mehr eine Hoffnung stand – stürzten nun zusammen wie Kartenhäuser bei einem Erdbeben. Gleich darauf registrierten das die Wahlurnen wie Seismographen. Bei den Bundestagswahlen im September 1961 verloren CDU und CSU ihre absolute Mehrheit, die SPD legte zu, und es war der Anfang vom Ende der unseligen Ära Adenauer.

»Sagen Sie mal, ist das etwa Herr Guillaume?«

Ein Kapitel für sich bildete die plötzlich einsetzende Welle von Ausflugsreisen zur Zonengrenze. Der Mauerbau in Berlin hatte den Leuten ins Bewußtsein gerufen, daß ja seit langem auch durch Deutschland eine Staatsgrenze verlief. Die Massenmedien brachten den chauvinistischen Bazillus immer wieder in Umlauf, und so war es eine regelrechte Sucht, die das Land und auch die Partei erfaßte. Jeder kleine Ortsverein fühlte sich bemüßigt, für seine Mitglieder einen Grenztrip zu organisieren, um ihn im Jahresbericht als nationale Großtat feiern zu können. Besonders beliebt waren Wochenendtouren zur Grenze in Berlin, an die Mauer, an der man so wunderbar rührselig werden konnte.

An diesem Punkt nun waren Christel und ich als ehemalige Berliner stark gefragt. Unausgesprochen waren wir aufgefordert, uns als ortskundige Fremdenführer herzugeben. Die Fonds, aus denen die Bus-, Flug- und Bahnreisen mit Zuschüssen finanziert wurden, schienen unerschöpflich.

Als Nebeneffekt berührte dieses ehrenamtliche Engagement für die reiselustige Mitgliedschaft auf sehr pikante Weise auch die konspirative Seite unseres Auftrags. Bei dem politisch sehr weit gesteckten Feld unserer Aufklärungstätigkeit erwies es sich von Zeit zu Zeit, wenn auch in größeren Abständen als notwendig, in einen direkten Meinungsaustausch mit der Zentrale zu treten, bei dem über den alltäglichen Kurierverkehr hinaus langfristige strategische Linien abgesteckt werden konnten. In der Anfangsphase unserer Tätigkeit spielte sich das so ab, daß ich mich in Frankfurt kurzerhand in eine Maschine nach Westberlin setzte, dort im Großstadttrubel untertauchte und dann nach einem vorher vereinbarten Modus die Grenze überschritt, um irgendwo in Ostberlin mit Paul oder mit einem der von ihm beauftragten Genossen, meist unter heftigem Zeitdruck stehend, die notwendigen Absprachen zu treffen. Das ging ein paarmal gut, aber einmal wäre es beinahe ins Auge gegangen.

Ich habe gerade die Maschine in Tempelhof verlassen und nähere mich den Abfertigungsschaltern, als ich im Gedränge der ankommenden Fluggäste auf einen mir bestens bekannten, nicht unprominenten Frankfurter SPD-Genossen stoße. Merkwürdige, mit forschen Begrüßungsworten überspielte Verlegenheit auf beiden Seiten ... Hallo, du hier, ja, wie du siehst, ich auch hier, na so was, wie geht's – guten Flug gehabt? Unausgesprochen bleibt: Beide vermuten den anderen in Frankfurt, und jeder denkt, verdammt noch mal, was sucht der hier in Westberlin? Ich suche fieberhaft meine Legende und fasele irgendwas von dringenden Privatangelegenheiten (meine Mutter lebte damals noch in Berlin), und er redet sich auf einen ähnlichen Stuß hinaus. Dann trennen wir uns so schnell wie möglich. Wird er den Mund halten können in der Hoffnung, daß auch ich ihn halte?

Mit verdreifachter Vorsicht nahm ich an dem Tag den Wechsel über die Grenze vor. Paul entschied bei der Auswertung der prekären Situation ohne Zögern: Ab sofort keine Privatreisen mehr nach Berlin, keine Reise mehr ohne offizielle, abgedeckte Legende!

Angesichts dieser Befehlslage kamen uns die Berlin-Reisen, bei denen wir von den Parteioberen als Reiseleiter abgesegnet waren, sehr zupaß. Das spielte sich dann etwa so ab: Man kommt mit einer Gruppe hessischer Beamten in Westberlin an, Quartiermachen im Hotel, wo dem Reiseleiter möglichst ein Einzelzimmer zur Verfügung steht, dann selbstverständlich erst einmal Sightseeing zur Mauer, aber bald locken die Lichter der Großstadt, ein Museumsbesuch wird noch schnell abgewickelt und dann eindlich – heidi, heido, heida! – ab in die aus Steuergeldern oder Mitgliedsbeiträgen subventionierten Vergnügungen des Nachtlebens links und rechts vom Ku'damm oder bei etwas schärferen Interessen auch links und rechts der Liebeszeile in der Bülowstraße. Irgendwann kommt dann immer der Moment, wo die Berlin-Pilger fußmüde und bierselig ins Hotelbett sinken, und für den Reiseleiter ist der Weg frei in die Nacht.

Aber selbst bei diesen gut abgedeckten Unternehmungen kam es zu unliebsamen oder kuriosen Zwischenfällen. Einmal war ich mit einer aufgekratzten SPD-Frauengruppe unterwegs. Ich darf versichern, daß eine solche Mission stärker an den Nerven zerrt als die heimlichen Absichten, die man damit verbindet. Allen soll man es recht machen und darf es in den eifersüchtigen Augen der anderen doch wieder nicht. Jede Dame will im Bus einen Fensterplatz, aber ziehen soll es auch nicht. Die einen wollen die thüringische oder sächsische Landschaft links und rechts der Route erklärt haben, andere sich still darin versenken. Frauen müssen eine kompliziertere seelische Struktur haben als Männer, gemessen jedenfalls an den

phantasievollen Ansprüchen, die sie entwickeln, wenn sie bei einer solchen Tour unter sich sind.
Endlich Kaffeepause in einer Raststätte! Aber zum Rasten und zur Ruhe kommt man hier am wenigsten. Da fehlt an einem Tisch ein Stuhl – Günter, wo bleibt meine Schlagsahne? –, hier ist der Kaffee nur lauwarm, ein älteres Mädchen scheint total verschwunden – Günter, du wolltest dich zu uns setzen! Von der Damentoilette kommt die Kunde, daß ein Migräneanfall droht. Günter, kannst du dich nicht mal darum kümmern? Günter hier, Günter da, ich renne schwitzend zwischen den Tischen hin und her und höre plötzlich in meinem Rücken eine Stimme verstohlen fragen: »Sagen Sie mal, den hier alle Günter rufen, ist das etwa Herr Guillaume?«
Ich drehe mich um, und vor mir sitzt das Fräulein von B., eine Kollegin aus den alten Zeiten des Verlages »Volk und Wissen«. Lachend sagt sie, die einen so vornehmen Namen trägt, wenig vornehm: »Ich bin damals gleich nach Ihnen abjehaun!«
Na, das ist aber schön, Fräulein von B., weiterhin alles Gute, die Welt ist ein Dorf, aber jetzt entschuldigen Sie bitte, Sie sehen ja meine Damen warten. Uff!

Wie bringt man alles unter einen Hut?

Im sich stürmisch entwickelnden Frankfurt nahm auch unser eigenes Leben etwas stürmische Züge an. Wir mußten aufpassen, daß aus Betriebsamkeit nicht Hektik wurde, und uns im Wust tausenderlei Alltäglichkeiten immer wieder Luft verschaffen für die Anforderungen, die aus dem Auftrag entsprangen. Christel wurde an ihrem Arbeitsplatz nichts geschenkt. Ich hatte die Kameras stets bei mir, mußte immer auf dem Sprung sein, um neben den regelmäßigen Aufträgen des »Sozialdemokraten« auch mal zu einem aktuellen Schnappschuß zu kommen, der in einer der Lokalzeitungen, etwa der »Frankfurter Nachtausgabe«, unterzubringen war. Daneben nun Lichtbildervorträge und Fremdenführertätigkeit, verbunden mit strapaziösen Reisen meist zum Wochenende. Auch die verzwickte Kleinarbeit auf der Ortsebene der SPD und in ihren anderen ehrenamtlich zu beackernden Gremien durfte nicht aus dem Auge verloren werden. Wir waren manchmal so eingedeckt mit tausendfältigen Verpflichtungen, daß wir uns unter heftigen Selbstvorwürfen ins Gedächtnis rufen mußten: Zu Hause wächst ein Knäblein heran, das von Oma Erna zwar liebevoll betreut wird, aber mit seinen fragenden Augen auch einen Anspruch auf Mutter und Vater anmeldet. Ich rede schon nicht mehr von der Bewirtschaftung der Kaffeeklappe – 1963 gaben wir sie auf, weil sie uns über den Kopf wuchs –, aber unseren eigentlichen Auftrag muß ich in Erinnerung bringen.

Der Terminkalender ist bis an den Rand des Erträglichen voll, doch da hinein funkt ein Signal von Max: »Ich habe eine Flasche 29er Niersteiner aufgetrieben, wann können wir sie köpfen?« Treff in einer schummrigen Weinstube, wo das ganze Gemäuer den Geruch alter Weine atmet. Ich koste die Stunde aus, unvergeßlich das Zusammensitzen und Klönen, das Ulken und Fabulieren mit diesem verläßlichen Gesinnungsfreund. An jenem Abend in dem spätmittelalterlichen Weinkeller, erinnere ich mich, entwickelte er eigenwillige Gedanken über die Wirkung von Denkformen auf die politische Methodologie. Der Politik, sagte er, sei jede Axiomatik fremd, man dürfe sie, die der lebendigste Ausdruck gesellschaftlicher Bewegungen sei, keinen Gesetzmäßigkeiten unterwerfen. Um dann aber sofort einzuschränken: Als Denkmethode bleibe die von Marx in Hegels Fahrwasser entwickelte Dialektik wohl für ewig gültig. Und dann ein kühner Vergleich: Die moderne Naturwissenschaft sei ohne Einstein und Helmholtz undenkbar, aber sie könne bei ihnen nicht stehenbleiben, müsse manches sogar aus moderner Sicht revidieren. Ähnliches gelte für die Politikwissenschaften. Als Analytiker historischer Prozesse blieben Marx und Engels unerreicht. Aber die historischen Prozesse würden in der gegenwärtigen Phase einer ganz anders gearteten wissenschaftlich-technischen Revolution in der Mitte des 20. Jahrhunderts eben auch ganz anders verlaufen als bei Ausklang und Neubelebung der ersten technischen Revolution in der Mitte des 19. Jaahrhunderts, als Marx sein »Kapital« schrieb. Max stand noch unter dem Eindruck von USA-Berichten und der dort vermerkten sozialen Umschichtung: Ein versierter Techniker ersetze fünf unausgebildete Arbeitsmänner. Was sei daraus zu schlußfolgern, wenn eine solche Tendenz mit voller Wucht überspringe in das alte Europa? Was würde aus der alten SPD?

Man wird begreifen, warum solche Abende mit Max durch die geistigen Herausforderungen äußerst anstrengend waren, aber eben auch unerhört anregend. Ich erfuhr durch ihn über die Umbrüche in der SPD und damit auch im Gesellschaftsklima der BRD mehr als aus Zeitungsartikeln und Büchern. Bei irgendeiner Gelegenheit hatte Max offensichtlich mit dem sehr einflußreichen BRD-Botschafter in Washington, Grewe, einem Vertrauensmann Adenauers, gekungelt, um auch über diesen nicht unwichtigen Kanal zu sondieren, inwieweit die CDU bereit war, nach dem Illusionssturz vom August 1961 auf ein *Kabinett der nationalen Konzentration* unter Einschluß aller im Bundestag vertretenen Parteien, also auch der SPD, einzugehen.

Vollgepumpt mit Informationen und Eindrücken machte ich mich nach solch einem Abend auf den Heimweg. Zu Hause dann die Abfassung des Berichts, die fiel meist in die Nachtstunden, und auf den Weg gebracht mußte das Material auch noch werden, und der Weg mußte sicher sein.

Heimgekehrt in unsere Republik, wurde ich von jüngeren Genossen oft gefragt: Wie habt ihr das nur schaffen können, wie war das alles unter einen Hut zu bringen? Ich weiß darauf keine plausible Antwort. Ich kann dann nur sagen: Wir waren damals jung wie ihr, halbwegs gesund und ausgerüstet mit intakten Nerven, ganz normaler Unternehmungsgeist beflügelte uns, es blieb keine Zeit zu langem Grübeln, mit dem beunruhigenden und zugleich beruhigenden Rauschen des Auftrags im Hinterkopf bedachten wir jeweils das, was zu tun war. Und wenn dann manchmal das Eintreffen des Instrukteurs, eines Genossen der Zentrale, auf sich warten ließ und womöglich ein Gefühl der Einsamkeit oder Verlasenheit aufkommen wollte – dann fanden wir Halt aneinander, immerhin waren wir zu viert!Einer meiner Instrukteure in der Frankfurter Zeit war Heinz, ein ruhiger und umsichtiger Genosse, von dem eine solche innere Wärme und Kraft ausging, daß ich mich nach jedem Treff mit ihm erwärmt und gestärkt fühlte. Seine Mission, zu mir unauffällig Kontakt aufzunehmen, war jedesmal ein schwieriges Unterfangen, bei dem weniger Draufgängertum gefordert war als vielmehr Abgeklärtheit und List. Ich hatte immer das sichere Gefühl, daß es ihm in erster Linie darauf ankam, die Schwelle zum Risiko, die bei derartigen Treffs zu überschreiten ist, so niedrig wie möglich zu halten. Dabei mußte er ein hohes Maß an Kaltblütigkeit bewahren.

Einmal, wir hatten unsere Geschäfte verhältnismäßig rasch abwikkeln können, kam er etwas früh auf dem Frankfurter Hauptbahnhof an. Der Interzonenzug lief ein, er bestieg sein Abteil, richtete sich in

aller Ruhe einen Eckplatz für die lange Heimfahrt her, und da noch Zeit blieb bis zur Abfahrt, beobachtete er am heruntergeschobenen Fenster, wie sich allmählich der Bahnsteig belebte.
Plötzlich tritt ein in unauffälliges Grau gekleideter Herr unter sein Abteilfenster, hat dabei eine Zeitung unter der Nase und sagt mit unterdrückter Stimme: »Bitte, bleiben Sie so stehen – zwanglos bitte! –, tun Sie so, als ob Sie sich mit mir unterhalten!« Dann von der Zeitung hochblickend und gequält lächelnd: »Ich handele im verfassungsmäßigen und sicherheitspolitischen Auftrag und habe einen Verdächtigen zu beobachten. Tun Sie Ihre staatsbürgerliche Pflicht! Ganz unauffällig bitte! Tun Sie so, als würden Sie sich von mir verabschieden, als hätte ich Sie zum Zug begleitet.«
Später einmal hat mir Heinz gestanden, wie ihm in jenem Moment beinahe das Herz stehenblieb. Aus einer verständlichen Assoziation heraus glaubte er in der ersten Sekunde, daß ich aus irgendeinem Grunde, vielleicht weil etwas Wichtiges vergessen worden war, noch einmal Kontakt zu ihm gesucht hätte und nun Objekt der angedeuteten Observierung wäre. Doch schon in der zweiten Sekunde hatte er sich gefaßt: Unmöglich, das verstieße gegen alle Regeln der Konspiration.
Und von dem Moment an begann er mit dem Verfassungsschutzbeamten eine angeregte, der albernen Situation angemessene alberne Plauderei. Ich glaube, er schickte ihn sogar noch zum Bahnhofskiosk, um sich eine Erfrischung ans Zugfenster bringen zu lassen. In solchen Augenblicken braucht man wirklich stabile Nerven, und Heinz, einer der vielen bescheiden im Hintergrund wirkenden Helfer, hatte sie!

Was hat Mr. President mit einer »Minox« zu tun?

Auch mir wurde hin und wieder Nervenstärke abverlangt. In Berlin gibt es ein Wort, das es vielleicht genauer trifft: Man mußte abgebrüht sein.
Im Juni 1963, nach einer gewissen Phase der Abkühlung im Anschluß an die Ereignisse in Berlin vom August 61 und die Kuba-Krise vom Oktober 62, kam Präsident Kennedy dem Drängen seiner deutschen Freunde nach und zu einer Aufmunterungstour über den großen Teich. In Westberlin rief er sein berühmtes: »Ich bin ein

Berliner!« in die Mikrofone. Für die Formulierung der Zentralgedanken eines politischen Konzepts aber wählten seine Berater nicht ungeschickt Frankfurt am Main. Sie suchten den Bannkreis der Paulskirche aus, die seit 1848 eine Mahnstätte der zu Bruch gegangenen bürgerlich-demokratischen Revolutionsideale ist. Viele der alten 48er suchten und fanden auf der Flucht vor der Reaktion im damals noch jugendfrischen Amerika eine Heimstatt.

Für die große, von unübersehbaren Menschenmassen besuchte Kundgebung auf dem Römer hatte ich eine Presseakkreditierung als Fotograf für den »Sozialdemokraten« bekommen. In dem Gedränge gebrauchte ich Ellbogen und schon funktionierende Bekanntschaften mit Polizeioffizieren, die die Absperrungen befehligten, und stand schließlich mit schußbereiter Kamera in der ersten Reihe unmittelbar an der niedrigen Balustrade, nur drei Schritte entfernt von Kennedy und seiner Mikrofonbatterie. Hinter dem Präsidenten erkannte ich Außenminister Schröder, den bereits als Adenauer-Nachfolger designierten Wirtschaftsminister Erhard und als Gastgeber Oberbürgermeister Bockelmann. Diese Perspektive – im Vordergrund US-Präsident Kennedy und im Hintergrund SPD-Bürgermeister Bockelmann - war für mein Blatt genau das richtige. Ich schoß drauflos, was die Kamera hergab.

Nach der bewegt verlaufenen Kundgebung fuhr ich erst nach Hause, um ein paar Probeabzüge zu machen, und dann zur Redaktion, um die für die nächste Ausgabe notwendigen Absprachen zu treffen. Doch ehe ich zu Wort komme, sieht mich der Redakteur ganz komisch an und fragt: »Sag mal, seit wann fotografierst du mit einer ›Minox‹?«

Ich bin wie vom Donner gerührt! Was weiß er, woher, was ist überhaupt los? »Entschuldige mal ...«, sage ich.

Da wirft er mir über den Tisch wortlos ein paar Fotos zu. Es sind die ersten, noch frischen Agenturbilder von der Kundgebung. In der vieltausendköpfigen Menge brauche ich nicht lange zu suchen, finde mich gleich vorn in der ersten Reihe der Fotografenschar, unmittelbar vor dem amerikanischen Präsidenten. Aber immer noch weiß ich nicht, was gespielt wird, und gucke den Redakteur dumm an. Da wirft er mir, wieder wortlos, eine Lupe zu.

Teufel, ja, jetzt sehe ich es: Ich fotografiere tatsächlich mit der berüchtigten Kleinstbildkamera, die großkalibrige »Linhoff« hängt am linken Arm! Ich lache erleichtert und doch irgendwie gezwun-

gen. »Mensch, ich hab sogar mit 'ner alten Box fotografieren müssen und mit noch ganz anderen Dingern. Da siehst du mal, was du an mir hast: Ich hatte den besten Platz erobert, und die Leute reichten von hinten ihre Apparate durch, um einen Schnappschuß vom Helden der freien Welt auf den eigenen Film zu kriegen, und gutmütig, wie ich bin, hab ich für sie draufgedrückt. Idiotisch – was soll ich mit 'ner ›Minox‹?«
Unser Redakteur kam auf seine Frage nie mehr zurück, ich aber noch ein paarmal ins Grübeln, was ihn wohl veranlaßt haben könnte, bei der Betrachtung des Agenturfotos zur Lupe zu greifen – nur sein Interesse für mein Profil?

Gefördert von Weck, Brundert und Jola

Inzwischen hatte ich auf der ersten Stufe der Parteihierarchie Fuß gefaßt. In meinem Wohnbezirk Frankfurt-Nordend war ich 1961 zum stellvertretenden Ortsvereinsvorsitzenden gewählt worden. Dem folgten Mandate zu den regionalen und überregionalen Parteitagen.
Wahrscheinlich eher durch die bei Wahlen entwickelten Aktivitäten als durch die Wahlen selbst wurde eine ganz bestimmte Schicht der Parteioberen auf mich aufmerksam. Stellvertretend für eine ganze Reihe anderer will ich hier Prof. Dr. Willi Brundert nennen, der von 1964 bis zu seinem Tode im Jahre 1970 Oberbürgermeister von Frankfurt am Main war. Vorher war er Rektor der Landesfinanzschule Hessen, aber als Intimus des allgewaltigen hessischen Ministerpräsidenten Dr. August Zinn bereits designierter Staatssekretär in der Hessischen Staatskanzlei, deren Chef er dann auch tatsächlich als kurz bestallter Vorgänger von Birkelbach wurde. Das von der SPD in Gang gesetzte Personalkarussell drehte sich mit halsbrecherischer Geschwindigkeit, aber irgendwie hatte ich das Gefühl, eine Chance zum Aufspringen zu haben, wenn ich mich dabei an den langen Armen der Männer vom Schlage Brunderts festhielt.
Brundert war eine schillernde Erscheinung und hatte einen abenteuerlichen verschlungenen Lebensweg hinter sich. Er war mit allen Wassern gewaschen, von allen Hunden gehetzt. Wenn er im Festsaal des Römers eine seiner endlos langen Stegreifreden hielt, entwickelte er eine Rhetorik von bedenkenloser Robustheit; er verstand es,

seine Zuhörer zu fesseln. Einmal hatte er die Aufgabe, Opfer des antifaschistischen Widerstandskampfes in einer Feierstunde zu würdigen, und bekam es in seinem verbohrten Antikommunismus doch tatsächlich fertig, den Anteil der zu Tausenden hingemordeten Kommunisten nicht mit einem Wort zu erwähnen. Im Gegenteil lief alles darauf hinaus, die kommunistischen Opfer in die Rolle von Mittätern zu drängen, indem er – Führer einer sich zur Volkspartei mausernden Arbeiterpartei! – *braune Diktatur* und *rote Diktatur* in einen politischen Topf schmiß. Die Methode war nicht neu. Aber gerade er kam damit an.

Brundert fühlte sich selbst als Opfer der Nationalsozialisten und berief sich häufig auf seine Verbindungen zu der Gruppierung des Widerstands um Carlo Mierendorff und Theodor Haubach. Tatsächlich war er als Doktor der Rechts- und Staatswissenschaften von den Nazis aus dem Staatsdienst entlassen worden. Im weiteren jedoch blieb er ungeschoren und rückte noch in den dreißiger Jahren zum Leiter einer großen, im ganzen Reich bekannten Berliner Wirtschaftsprüfungsgesellschaft auf.

1946, als Heimkehrer aus englischer Kriegsgefangenschaft, wird Brundert Ministerialdirektor im Wirtschaftsministerium des Landes Sachsen-Anhalt, zugleich Professor an der Universität Halle. Sein Fachwissen ist geschätzt. Doch schon bald verdichtet sich gegen ihn der Verdacht, an undurchsichtigen Finanzmanipulationen beiteiligt zu sein. Als sich der Verdacht nach Kontrolle von Akten und Kontobüchern und nach der Beschlagnahme seines Schriftverkehrs bis zum unwiderlegbaren Beweis verhärtet, wird Brundert 1949 verhaftet und ihm 1950 in Dessau der Prozeß gemacht zusammen mit Vorstandsmitgliedern, Aufsichtsräten und Juristen des ehemaligen DCGG-Konzerns, der »Deutschen Continental-Gas-Gesellschaft«, Sitz Dessau.

In seiner später in Hannover erschienenen Rechtfertigungsschrift »Es begann im Theater ... ›Volksjustiz‹ hinter dem Eisernen Vorhang« hat Brundert sich im wesentlichen mit dem ganzen Drum und Dran des Prozesses, der unter großer Anteilnahme der Werktätigen öffentlich im Dessauer Landestheater abgehalten wurde, beschäftigt und ihn als *Schauprozeß* nicht ungeschickt zu definieren versucht. An dem eigentlichen Tatbestand eines groß angelegten Wirtschaftsverbrechens aber konnte sich Brundert weder vor Gericht noch später bei seinen Rechtfertigungsversuchen vorbeimogeln. Dieser Tat-

bestand war, kurz dargestellt, folgender: Die DCGG war als Kriegsverbrecherkonzern auf Grund eines SMAD-Befehls enteignet und in Volkseigentum übergeführt worden. Die alte Konzernleitung reagierte mit der Gründung einer neuen Gesellschaft unter dem Namen »Deutsche Contintal-Gas-Gesellschaft m. b. H.« in Hagen in Westfalen. Die in Dessau verbliebenen leitenden Leute des Unternehmens machten sich nun daran, Geschäftsunterlagen, Patentschriften, Vermögenswerte in Mobilien und Immobilien von Anhalt nach Westfalen zu verbringen. Ministerialdirektor Willi Brundert deckte und beförderte diese Ausweidung des Volkseigentums vermittels seiner einflußreichen Position im Wirtschaftsministerium. Die Erregung im hungernden Volk über diese Machenschaften war so groß, daß mehrfach öffentlich nach der Todesstrafe gerufen wurde. Das Gericht blieb im sachlichen juristischen Rahmen, verhängte allerdings strenge Freiheitsstrafen.
Als Bundert 1957 nach vorzeitiger Haftentlassung in Frankfurt auftauchte, wo er einst als junger Referendar gewirkt hatte, wurde er bald kennzeichnend für den Typ von Parteifunktionär, der sich mehr und mehr in der SPD in den Vordergrund spielte und seine *Doppelleiden unter zwei Diktaturen* zu Schau stellte.
Ich war mir natürlich im klaren darüber, woran ich bei Leuten wie Brundert war. Auch in Frankfurt konnte man beobachten, wie sich um sie eine Maffia bildete. Es war ein Krebsgeschwür, das sich metastasenbildend in die Partei hineinfraß. Woraus rekrutierte es sich? Es waren vornehmlich die Landsleute aus Mitteldeutschland, die Kostgänger aus den Verbänden der Vertriebenen, Renegaten – kurz: der ganze undurchsichtige Klüngel, der es für richtig gehalten hatte, sich vom Sozialismus abzusetzen, nachdem der nicht mehr aufzuhalten schien. Es lag nur in der Logik der Verhältnisse, daß Christel und ich, von denen man annahm, daß wir uns unseres Schicksals als Republikflüchtige bewußt blieben, in den Sog eines solchen Einflusses gezogen wurden.
Natürlich waren diese Leute allein nicht die Partei. Es gab andere, wunderbare Menschen, deren politische Moral intakt geblieben war und die es mit ihrer Ausstrahlung vermochten, sozialistische und humanistische Ideale an die Jugend, die immer wieder auftauchenden Feuerköpfe weiterzugeben. Ich will hier stellvertretend nur einen nennen, dessen Nähe ich suchte und bei dem ich warmherzige Aufnahme fand: Joseph Lang.

In der Partei nannte ihn jedermann Jola. Er war weder Amts- noch Mandatsträger. Er war Buchhändler, aber einer von der leidenschaftlichen Sorte, die mit ihren Büchern neue Gedanken über die Ordnung der Welt unter das Volk bringen wollen. In seinem kleinen Ladenbüro im Gewerkschaftshaus wurden hundertmal mehr Ideen umgeschlagen als in den Amtszimmern und Büros derjenigen, die dazu eigentlich bestellt waren. Jolas Laden war ein Treffpunkt der Frankfurter Linken.

Auch Fritz kannte ihn aus jenen alten Zeiten, als sie beide mitgewirkt hatten, die »Büchergilde Gutenberg« lebensfähig zu machen. Damals, als der Faschismus in Deutschland heraufzog, trafen sich Kommunisten, denen die Konsequenzen zu scharf waren, die ihre Partei aus der Lehre von der Diktatur des Proletariats zog, mit Sozialdemokraten, denen wiederum die Stillhaltepolitik ihrer Partei zu lau erschien, an einem Punkt des Kompromisses, und sie fanden sich zu einer der aufkommenden Splitterparteien zusammen. Vereinfacht gesagt: Fritz war links von der SPD abgefallen, Jola rechts von den Kommunisten. Der unmittelbare politische Einfluß dieser Splitterparteien blieb schwach, aber das Pathos der eigensinnigen Vernunft ihrer Mitglieder wirkte noch lange bis in die schicksalhaften Kämpfe der Arbeiterbewegung im Nachkriegsdeutschland nach.

Als Joseph Lang 1973 starb, kamen zu der vom SPD-Unterbezirk Frankfurt am Main veranstalteten Trauerkundgebung an die tausend Menschen. Ein Jugendsymphonieorchester spielte »Brüder, zur Sonne, zur Freiheit ...« und den russischen Trauermarsch »Unsterbliche Opfer«. Einer von Jolas Freunden sprach die Worte: »Die Partei hat wenige wie ihn – zu wenige. Die Jolas aller Länder sind die dauerhafte Grundlage der Internationale, die das Menschenrecht erkämpft ... Vielleicht trifft die Bezeichnung ›selbstlose Menschlichkeit‹ die Persönlichkeit Jolas treffender als viele Worte.« Über Jolas politischen Einfluß in der Partei wurde etwas gesagt, was für meine Position von einer gewissen Bedeutung war: »Er drängte daher auf Integration möglichst vieler Strömungen und Ideen, und es war typisch für seine Konsequenzen, daß er ebenso engagiert für jüngere, oft weit links stehende Parteimitglieder eintrat wie umgekehrt in den letzten Jahren für einen ausgewogeneren Unterbezirksvorstand.«

Der Begriff der Konsequenz wurde da mit einer merkwürdigen Sinnumkehrung gebraucht. Mit dem »ausgewogeneren Unterbezirksvorstand« war auch ich gemeint, einer der knallharten Rechten

im einstmals linken Frankfurt. Nach und nach hatte ich mir einen Namen in der SPD gemacht, ja man kann sagen, ich war in der Organisation bald bekannt wie ein bunter Hund. Als 1964 die innerparteilichen Wahlen eines neuen Unterbezirksvorstands und seiner Spitzenleute anstanden, gab es eine Menge Ermunterungen für meinen Ehrgeiz. Einer meiner eifrigsten Förderer war Gerhard Weck, der als geschäftsführender Sekretär des Unterbezirks ausschied, weil er den Vorsitz in der Stadtverordnetenfraktion übernehmen sollte. Soviel ich von ihm wußte, war er im ersten Jahr nach dem Kriege sozialdemokratischer Bürgermeister im sächsischen Werdau gewesen, machte nur zum Schein die Vereinigung mit und konspirierte mit dem Ostbüro der SPD. Auch er wurde – ähnlich wie Brundert – bei der Konspiration gegen die Arbeiter-und-Bauern-Macht erwischt und nach deren Gesetzen verurteilt. Im Anschluß an seine Haftentlassung ging er selbstverständlich in die BRD und gehörte in der SPD bald zu den treibenden Kräften der Zonenflüchtlinge. Obwohl ich bei unserer Übersiedlung im sogenannten Notaufnahmeverfahren keinerlei Zwangsgründe angeführt hatte und uns deshalb auch die Anerkennung als sogenannte politische Flüchtlinge versagt geblieben war, rechnete mich Weck aus Gründen, die nur er kannte, dieser Gruppierung zu. Er hatte mich als seinen Nachfolger ausgeguckt und im inneren Kreis bereits in Vorschlag gebracht.
Ich wollte es riskieren. Hitzige Rededuelle, Absprachen unter der Hand, unsägliche Querelen hinter den Kulissen, schweißtreibender Fraktionsclinch. Dann war ich durch. In den neuen Unterbezirksvorstand, dessen Vorsitzender ein enger Freund Jolas, Walter Möller, wurde, der *linke Menschenfreund,* wurde ich, ein verschwiegenes Protektionskind Brunderts und Wecks, der *rechte Juso-Verputzer,* zum geschäftsführenden Sekretär berufen.
Es war der 1. März 1964, an dem ich die Geschäfte aufnahm.

9. Der Umbruch

»Es gibt eine Regel, daß man eine Person, die mit nachrichtendienstlichen Führungsaufgaben beauftragt ist, zeilich nicht überfordern darf. Man rechne mit einer Zuordnung von vier bis fünf Personen – dann beansprucht allein die Aufbereitung des angelieferten Materials eine ganze Menge Zeit. Dazu kommt – und ich weiß das aus meiner Erfahrung als Führungsoffizier –, daß es jedesmal für Agenten ein großes Problem ist, die Dinge über TBK und so weiter sicher abzusetzen. Allein die Länge der nachrichtendienstlichen Tätigkeit stellt eine stetige starke Streßsituation dar. Insofern ergibt sich zwar aus dem, was in die Hauptverhandlung eingebracht worden ist, unmittelbar nichts; es ist jedoch meine feste Überzeugung, daß er spätestens 1970 von allem entlastet werden mußte ... Die von Vernehmungsbeamten vorgebrachten Bekundungen, ›Fritz ist gestorben‹, deute ich als den Fritz aus den Funksprüchen, als eine Residentur noch nachweislich existierte ...«*

(Foertsch, leitender Mitarbeiter des BND, als Gutachter vor dem Oberlandesgericht in Düsseldorf im Prozeß Bundesrepublik Deutschland gegen Guillaume/Guillaume)

Warum zwei Freunde für mich so früh *gestorben sein mußten*

Wie man sieht, hat Urteilsvermögen viel mit Erfahrung zu tun. Foertsch war ein mit vielen Salben gesalbter Mann. Mag auch der Bundesnachrichtendienst zeitweilig und in Teilstrukturen durch die Vetternwirtschaft des alten Generals heruntergewirtschaftet worden sein – Pragmatiker wie Foertsch hielten ihn auf den Beinen. Ich gestatte mir ein paar geringfügige Präzisierungen zu seiner Expertise. Erstens: Die Entlassung aus dem allerärgsten Streß erfolgte bedeutend früher als 1970. Schon der SPD-Sekretär vertrug sich schlecht mit nachrichtendienstlichen Führungsaufgaben. Erinnert sich der Leser noch daran, wie wir im Frankfurter Stadtwald das Funkgerät eingebuddelt haben? Die Aktion war Ausdruck einer einschneidenden Umstellung im ganzen Gefüge unserer Arbeit.

---

* Toter Briefkasten

Zweitens: Fritz war für mich schon *gestorben*, ehe ihn der Tod wirklich ereilte. Andere Genossen hatten die Verbindung zu ihm übernommen.
Die heimtückische Krankheit, die ihn schließlich schnell dahinraffte, hatte ich ihm nie angesehen. Noch bei unserer letzten Begegnung pulsierte seine aus Eigensinn gespeiste Energie. Die Nachricht vom Ableben dieses alten Mitstreiters traf mich um so überraschender. Die große Stunde seiner Partei, das, was er immer sehnlich gewünscht und auch befürchtet hatte, das Herauskommen aus dem *Schuldturm* der Opposition, erlebte er nur mehr auf dem Krankenlager – ein Ministersessel blieb ihm versagt.
Für die praktische Arbeit mußte in ähnlicher Weise auch Max für mich *gestorben* sein. Ich erinnere mich noch genau an den Tag des Abschieds. Max war auf der Heimreise von einer Beratung in Paris, und wie so häufig bei solchen Gelegenheiten trafen wir uns auf halbem Wege. Es schien kennzeichnend für die Situation, daß wir beide wenig Zeit hatten. An gemütliche Plauderstunden in einer verschwiegenen Schenke war nicht zu denken. Wir trafen uns bei einem Schnellimbiß in der nervösen Wartesaal-Atmosphäre einer Bahnhofsrestauration. Angesichts des Gegenstands der Beratungen in Paris, mit der höchsten Geheimhaltungsstufe klassifiziert, war es dringend anzuraten, daß er in Bonn, wo er erwartet wurde, pünktlich eintraf. Bis zur Abfahrt des Anschlußzugs blieben uns keine dreißig Minuten.
Glücklicherweise war Max ein Mann, bei dem es nicht vieler Worte bedurfte. Er verstand sofort, in welchem Maße sich die Situation durch meine Wahl zum Frankfurter Sekretär verändert hatte. Wir gaben uns beide Mühe, keine Gefühlsduselei aufkommen zu lassen. Was zu besprechen war, wurde besprochen. Ich gab ihm das Signalement seines neuen Mannes, und erfreut erkannte er darin einen Bekannten wieder. Mir gab er noch ein paar Tips für die Frankfurter Parteiszene mit auf den Weg. Deren Prominenz, die Bundestagsabgeordneten und Mitglieder des Parteirats, kannte er. Auch mit den Frankfurter Traditionen war er bestens vertraut, und aus dem historischen Gewissen heraus, das ihm eigen war, ermahnte er mich immer wieder, nie die feinen Verwurzelungen zu verletzen, die aus geschichtlichem Urgrund noch geheimnisvolle Säfte saugen.
Ende der zwanziger Jahre war Max mit Paul Levi befreundet gewesen. Levi hatte sich noch vor dem Ersten Weltkrieg in Frankfurt als

Rechtsanwalt niedergelassen und zählte bald zu den führenden Sozialdemokraten der Stadt. 1914 verteidigte er Rosa Luxemburg in einem aufsehenerregenden Prozeß, der ihn in ganz Deutschland und auch in der internationalen Arbeiterbewegung bekannt machte. Nach Max' Darstellungen war Levi ein hochgebildeter, im persönlichen Umgang bescheidener und liebenswerter Mann. Über die USPD kam er zur KPD, gehörte zu ihren Gründungsmitgliedern und war Anfang der zwanziger Jahre sogar kurzzeitig ihr Vorsitzender. Sein sich ausprägender Antisowjetismus, die Ablehnung der russischen Rätediktatur waren es wohl, die ihn abfallen ließen. Mit Leuten wie Max traf er sich in einer der fraktionellen Gruppierungen, die von der Illusion lebten, KPD und SPD nach idealistischen Vorstellungen an Kopf und Gliedern reformieren zu können.

Zu solchen Erörterungen war natürlich an jenem Tag im Bahnhofsrestaurant keine Zeit. Aber derlei Geschichten wie die um Paul Levi kannte ich von vielen Gesprächen mit Max. Sie bildeten für mich eine ungemein wichtige Bereicherung meines politischen Horizonts und erleichterten es mir, jene eigentümlich verworrenen linken Orientierungen zu begreifen, die Walter Möller als *Frankfurter Richtung* charakterisierte.

Wozu wir uns bei unserer letzten *dienstlichen* Begegnung allerdings Zeit nehmen mußten, war der unauffällige Austausch unserer Schließfachschlüssel. Doch für so was braucht man nur eine Sekunde. Ich fand in meinem Fach das letzte Material, das ich für Max noch abzusetzen hatte. Auch er sollte sein Fach – zum guten Ende – nicht leer finden. Ich hatte ihm ein Päckchen mit einem Band Goethe hinterlassen, eine kleine antiquarische Kostbarkeit, die zu seiner Sammlung passen würde. An diese Stelle hatte ich ein Lesezeichen gelegt:

»Und hinterwärts mit allen guten Schatten
Sei auch hinfort der böse Geist gebannt,
Mit dem so gern sich Jugendträume gatten,
Den ich so früh als Freund und Feind gekannt.
Leb alles wohl, was wir hiermit bestatten,
Nach Osten sei der sichre Blick gewandt!«

Anderes hatte ich Max nicht mehr zu sagen.

Mit doppeltem Standbein in Frankfurt und Wiesbaden

In einer Prozeßanalyse hat der Berichterstatter der »Frankfurter Allgemeinen Zeitung« später einmal geschrieben, daß der Aufstieg des Günter Guillaume auf der Karriereleiter unmöglich geplant gewesen sein konnte. Das ist völlig richtig. Wäre er geplant gewesen, hätte ich mich weniger in nachrichtendienstlichen Fragen trainiert, sondern vielmehr Lehrgänge in Bürotechnik, Organisationswissenschaft und Kommunalpolitik absolviert.

Ich hatte keinen blassen Schimmer vom Bürobetrieb, als ich im Frühjahr 1964 die Leitung in der Geschäftsstelle des Unterbezirks aufnahm. Wenn Hermi nicht gewesen wäre! Hermi Wasmund war die Sekretärin, die ich mit dem neuen Posten übernahm, ein Goldstück. Sie war uneitel, fleißig und erfahren. Das Klügste, was ich anfangs machen konnte, war, die schriftlichen Entwürfe, die sie mir stumm auf den Schreibtisch schob, ebenso stumm zu unterzeichnen. Was wußte ich denn, wie ein regionaler Wahlvorschlag pünktlich zusammenzubekommen und wie er abzufassen war oder wie eine Beschlußvorlage für die Beratungen des Unterbezirksvorstands auszusehen und welche taktischen Finessen man dabei zu beachten hatte? Hermi wußte es.

Auch bei meinem zweiten Frankfurter Job, als ich 1968 die Geschäftsführung der SPD-Fraktion in der Stadtverordnetenversammlung übernahm, stieß ich auf eine solche Perle: Bobbi Grafeneder. Sie war ein etwas älteres Mädchen und erlebte als Sekretärin schon den dritten oder vierten Geschäftsführer der SPD-Fraktion. Wie Hermi ging auch Bobbi hingebungsvoll in der Arbeit auf, und so konnte ich mich auch ihr blindlings anvertrauen. Wie kommt man zu einer kritischen Sicht des vom Stadtkämmerer vorgelegten Berichts? Wie ist ein Etat zu lesen? Wie muß man einen von der Fraktion einzubringenden Antrag formgerecht vorbereiten? Wie hat die Vorlage für eine Beratung des Fraktionsvorstands auszusehen? In all diese Geheimnisse hat mich Bobbi Grafeneder eingeführt.

Auch für Christel brachte das Jahr 1964 – ich erwähnte es schon kurz – eine einschneidende berufliche Veränderung. Wie seinerzeit sie für mich, drehte diesmal ich für sie daran.

Im Vorfeld der Frankfurter Kommunalwahlen mischte Wilhelm Bir-

kelbach mit, obwohl er inzwischen den Vorsitz des SPD-Bezirks Hessen-Süd abgegeben hatte und zum Staatssekretär in der hessischen Staatskanzlei, Sitz Wiesbaden, avanciert war. Sein Nachfolger hieß Heinrich Hemsath, Landesminister für Arbeit und Soziales. Am Rande einer Wahlveranstaltung konnte ich Birkelbach beiseite nehmen. »Du, Willi, die Christel geht mir bei Heinrich kaputt. Der Schreibtisch ist verwaist. Heinrich führt den Bezirk von seinem Ministerium aus. Siehst du nicht eine Möglichkeit?« Wilhelm Birkelbach war echt erstaunt. »Bei mir in Wiesbaden? Das habe ich ihr nicht zumuten wollen: Der lange Weg, und sie hat doch noch Mutterpflichten!« Als ich ihm sagte, wir als Berliner wären lange Anfahrtzeiten zur Arbeitsstelle gewohnt, war er regelrecht erleichtert. Er kam mit seiner neuen Sekretärin in der Wiesbadener Staatskanzlei wohl auch nicht zurecht, und der Gedanke, die alte Kraft, mit der er eingefuchst war, wiederzugewinnen, erfreute ihn. Als Christel von einer Studienreise aus Israel zurückkehrte, wurde sie von Birkelbachs Mitteilung überrascht, daß sie ihm nach Wiesbaden folgen sollte.
Für unsere Aufklärungsarbeit hatten wir nun ein doppeltes Standbein, das eine in Frankfurt, das andere in Wiesbaden, im Partei- und Staatsapparat.

Da der Name Hemsath fiel, will ich erzählen, auf welche kuriose Weise ich zu meinem Frankfurter Spitznamen kam: Julio. Es hatte folgende Bewandtnis: Heinrich Hemsath war ein typischer Autodidakt, unmittelbar aus dem Arbeiterstand hervorgegangen. Ein schwieriges Kapitel blieben für ihn Fremdwörter, und als er nun mehr und mehr mit mir vom Frankfurter Unterbezirk zu tun bekam, wurde ihm mein Name geradezu ein Greuel. Guillaume – das las sich schon wie ein Zungenbrecher, aber aussprechen sollte man es noch ganz anders! Hemsath wurde es zuviel, und fortan sprach er vereinfacht nur noch von Julio.
Besonders von einigen Parteijüngeren, die sich auf ihre Hochschulbildung was einbildeten, wurde das feixend aufgegriffen:
Wie dämlich doch der Hemsath war! Julio fing an, die Runden zu machen. Doch nicht nur Hemsath sollte damit getroffen werden. Einer der elitären Jungsozialisten, der sich in der äußersten linken Parteiecke verschanzt hatte und von dorther tapfer seine rhetorischen Breitseiten auf den neuen ultrarechten Geschäftsführer abfeu-

erte, ließ keine Gelegenheit aus, mich in der Öffentlichkeit mit Julio zu titulieren. Er hoffte, mich damit lächerlich zu machen.
Aber eigenartig, wie oft, so auch hier: Die Absicht kehrte sich in ihrer Wirkung um. Der alte Hemsath hatte es schon richtig gemacht: Julio, das klang viel volkstümlicher als mein eigentlicher Name, war mund- und zungengerechter, forderte das volkstümliche Du geradezu heraus. Julio machte mich in der Stadt bekannt als einen Mann, mit dem zu reden war.

Als geschäftsführender Sekretär eines Unterbezirks ist man Schaltstelle zwischen oben und unten. Manchmal trat man von Bonn mit recht abenteuerlichen Ansinnen an mich heran.
Eines Nachts holte mich das Klingeln des Telefons aus dem Bett. Noch schlaftrunken hörte ich die aufgeregte Stimme von Hans Merten. – Was will der?
Merten hatte viele Jahre als evangelischer Pfarrer amtiert, den Krieg wohl als Militärpfarrer miterlebt und sich dann nach Kriegsende einen Namen bei der Betreuung und politischen Interessenvertretung der ehemaligen Kriegsgefangenen, Internierten und Heimkehrer gemacht. In Gießen eroberte er den hessischen Wahlkreis 133 für die SPD. Sein Einfluß als Bundestagsabgeordneter war nicht unbeträchtlich. Er arbeitete aktiv im Verteidigungsausschuß. Wir trafen uns oft im wehrpolitischen Arbeitskreis des Parteivorstands.
Pfarrer a. D. Merten schilderte mir seine Not: »Morgen früh steht ein Trupp Kommunalpolitiker aus Hessen auf dem Frankfurter Hauptbahnhof und wird sich verlassen vorkommen wie ein Kindergarten, wenn du nicht – Günter, ich bitte dich! – als Reiseleiter einspringst. Es soll nach Paris zur NATO gehen. Ich muß in Bonn noch an einer wichtigen Abstimmung teilnehmen und komme dann direkt nach.«
Man hatte für die Reisegruppe ein exquisites Programm aufgestellt. Sie sollte im damals noch in Fontainebleau bei Paris stationierten Hauptquartier der NATO deren Einrichtungen, Zwecke und Bedeutung studieren. Unter anderem waren Gespräche bei Adenauers Sonderbotschafter Grewe und auch beim Grafen Baudissin vorgesehen.
Das alles hörte sich nicht uninteressant an. Doch schon während des Allotrias in den reservierten Abteilen des Expreßzuges stellte sich heraus, daß ich vielleicht der einzige war, der den NATO-Einrich-

tungen gebührende Aufmerksamkeit zuwenden würde. Die Herren Kommunalpolitiker waren weniger auf das Studium der NATO scharf als vielmehr auf die Besichtigung ganz bestimmter Einrichtungen der großen Stadt Paris. Es handelte sich fast durchweg um *Helden* des Zweiten Weltkriegs, die sich noch einmal als Gott in Frankreich fühlen wollten. Jeder hatte eigene Erinnerungen aufzufrischen und meldete deshalb seine Extrawünsche für das Besichtigungsprogramm an. Bei den Stoßtruppunternehmungen durch das Pariser Nachtleben zerstreuten sich dann die Kräfte, es gab manche Blessur, und morgens ging die Suche nach den Vermißten los.

Als die *Vision einer neuen Ostpolitik* im Werden war

Herbert Wehner hatte es prophezeit: »Wissen Sie, den Mann werden wir noch ohne Hosen sehen ...« Das geschah im Winter 1965. Mit dem Mann, der plötzlich im Hemd dastehen würde, war Ludwig Erhard gemeint, der Zigarren rauchende *Vater des Wirtschaftswunders*, der als Bundeskanzler die Nachfolge des allmählich zum »politischen Urgestein« (auch das ein Wehner-Wort) gewordenen Konrad Adenauer angetreten hatte. Unter dem Föhn der Wirtschaftskrise wurde das Eis, auf dem der dicke Wirtschaftswundermann stand, immer dünner. Im Sommer 1966 sagte Willy Brandt noch chancenabwägend: »Die anderen können nicht mehr – wir können noch nicht –, das ist die gegenwärtige Lage.« Doch im Herbst war es soweit: Die vier FDP-Minister kündigten im Kabinett die Koalition auf. Im Bundestag hatten CDU und CSU allein keine Mehrheit mehr. Erhard mußte tatsächlich »die Hosen fallen lassen«.
Die Debatten in der SPD, die die Bildung einer Regierung der *Großen Koalition* begleiteten, verliefen stürmisch und erfaßten die Partei vom letzten Ortsverein bis hinauf zum Parteirat. Der Zahltag für den Wechsel, der in Bad Godesberg auf die Zukunft ausgestellt worden war, war nun fällig. In Abwandlung der Einschätzung Brandts vom Sommer mußte man jetzt dem Parteivolk beibringen: Die anderen können wieder, wenn wir mitmachen; und wir können nur, wenn wir die anderen weitermachen lassen!
Das ganze Ausmaß des Kompromisses, unter dem die *Große Koalition* zwischen CDU/CSU einerseits und SPD andererseits dann zustande kam, war schon rein äußerlich an der Kabinettsliste ablesbar.

Der antifaschistische Emigrant Willy Brandt (»alias Herbert Frahm«, wie Adenauer und seine Knappen hämisch-diffamierend gesagt hatten) rückte als Vizekanzler und Außenminister an die Seite des Kanzlers Kiesinger, der der NS-Diplomatie gedient hatte. Die SPD verlangte es ihrem Selbstgefühl ab, Herrn von Hassel, der ihren Vorsitzenden mit »Vaterlandsverräter« und »Ausverkäufer des Nationalstolzes« beschimpft hatte, als Vertriebenenminister zu akzeptieren. Die CDU mußte ihrerseits zähneknirschend einen *Renegaten* aus den eigenen christlich geweihten Reihen hinnehmen, Gustav Heinemann als Justizminister. Und Herbert Wehner, den die Konservativen jahrelang als »Altkommunisten« und »bolschewistischen Untergrundkämpfer« geschmäht hatten, sollte sich mit Franz-Josef Strauß am Regierungstisch arrangieren, mit dem »Atombomben-Strauß«, von dem Wehner selbst gesagt hatte: »... mit diesem Herrn nie!«

Derartige Ungereimtheiten gab es noch mehr, und vielen SPD-Mitgliedern fiel es schwer, dem zuzujubeln. Die neuen Minister mußten sich in Versammlungen der Partei verbitterte Zurufe gefallen lassen. Doch schließlich und endlich bekam man alles in den Griff. Das Parteivolk wurde mit dem Hinweis getröstet, daß man dem Koalitionspartner längst überfällige Reformen abtrotzen werde, sowohl auf innen- als auch auf außenpolitischem Gebiet. Doch kamen die Reformen nur schwerfällig in Gang. Kiesinger saß an der Bremse. Der ganze Klüngel, der sich unter Adenauer an die ungeteilte Macht gewöhnt hatte, wollte nicht wahrhaben, daß die Stunde eine Teilung der Macht verlangte.

Zu diesem Zeitpunkt war es für unsere Seite von außerordentlicher Bedeutung, in Erfahrung zu bringen, wie sich die Führung der SPD auf den Konflikt einstellen würde. War sie wirklich willens und fähig, den aggressiven außenpolitischen Kurs zu ändern? Für Christel und mich war es eine Zeit, die uns höchste Aufmerksamkeit abverlangte. Sowohl die Staatskanzlei in Wiesbaden als auch mein Büro in Frankfurt waren unschätzbare Umschlagplätze für Informationen. Zielgerichtet verstärkte ich die Kontakte zur bundespolitischen Prominenz, die im Hessischen zu Hause war und dort immer wieder ihre Hausmacht stärken mußte. Es tat sich eine Reihe ergiebiger Quellen auf. Die Kenntnisse von den differenzierten Positionen der einzelnen Führungskräfte der SPD waren ohne Zweifel von einiger Wichtigkeit für Einschätzungen, die über den Tag hinaus in die Zukunft wiesen. Vielleicht waren es nur Mosaiksteinchen, aber sie gehörten zum politischen Lagebild, das strategische Entscheidungen ermöglichte.

Mein Eindruck war, daß zu dem Zeitpunkt, als Willy Brandt Außenminister der Bundesrepublik Deutschland wurde, seine *Vision von einer neuen Ostpolitik* in wesentlichen Konturen fertig war.

Während einer Amerikareise im Mai 1964 sagte Willy Brandt in einer weltweit beachteten Rede: »Der Wille zur Zusammenarbeit muß auch den osteuropäischen Völkern sichtbar gemacht werden. Es ist an der Zeit, die Tatsache klarer zu sehen, daß Europa nicht am Eisernen Vorhang aufhört ...« In einer für den USA-Präsidenten bestimmten Denkschrift wurde dieser Gedanke ausgebaut. Er bedeutete eine Absage an die abendländische Vision Adenauers, den seine eigene Partei inzwischen genötigt hatte, aufs Altenteil zu ziehen.

Auch Adenauers Gegespieler, der SPD-Vorsitzende Erich Ollenhauer, der sich vergeblich, weil mit untauglichen Mitteln, der Wiederaufrüstungspolitik entgegengestemmt hatte, beendete seine Lebensbahn. Als Ollenhauer Anfang 1964 starb, hatte fast jedermann in der Partei das Gefühl, daß mit ihm eine Ära zu Grabe fuhr. Willy Brandt stand jetzt nicht mehr nur als Kanzlerkandidat, sondern auch als Vorsitzender der Partei in Ollenhauers Nachfolgeschaft. Mit ihm, dem das Charisma des jugendlich-straffen Westberliner *Freiheitshelden* anhaftete, kam tatsächlich ein frischer Wind in die Politik. Aus vielen Gesprächen, die ich damals hatte, konnte ich jedenfalls entnehmen, daß man das zumindest allgemein von ihm erwartete und er sich gewillt zeigte, die Erwartungen zu erfüllen.

In den Augen der Öffentlichkeit hat sich dieses Image Brandts ganz wesentlich an der Seite John F. Kennedys geformt, dessen Nähe er immer wieder suchte. Eine Biographin Brandts, Carola Stern, schrieb: *»Kennedy und Brandt, Verkörperung der Jugend in der großen Politik; Kennedy und Brandt, einander händeschüttelnd; Kennedy und Brandt im Profil wie Zwillingsbrüder – gab es überhaupt noch etwas, was dieses transatlantische Duo sozialdemokratischer Werbung voneinander unterschied? Der eine trug Verantwortung für eine halbe Weltstadt, der andere für die halbe Welt ...«*

In der Periode des kalten Krieges hatte Brandt als Regierender Bürgermeister der *Frontstadt* Westberlin den vollen Einsatz auf die amerikanische Karte gebracht. Als außenpolitischer Weltmann tat er es wieder – nur mit einer Umkehrung der Stoßrichtung, weg vom kalten Krieg.

Es gehört zweifellos zu den großen Verdiensten dieses in sich so widersprüchlichen sozialdemokratischen Politikers, daß er als einer der ersten in der Bundesrepublik feinnervig heraushörte, welche Stunde die Weltuhr schlug. Auch dabei hörte er zunächst auf Kennedy.

Bei einer der gelegentlichen *Spinnstunden*, zu denen seine Ghostwriter und andere Helfer geladen wurden, hat Brandt später selbst einmal auf diesen Zusammenhang hingewiesen. Bei der Kuba-Krise, sagte er, habe sich John F. noch »unerhört stark gefühlt« und »kräftig herumgefuchtelt« (gemeint war: mit dem Atomdegen). Eingebracht aber habe es nichts, da auch »die andere Seite unerhört stark« gewesen sei: Castro war aus Kuba nicht zu vertreiben. Es habe ihm, Willy Brandt, Bewunderung abverlangt, wie sich der Präsident »trotz seiner herrischen Natur mit Realsinn auf die geänderte Weltlage umgestellt« habe. An Kennedys Seite sei ihm stärker das Erfordernis bewußt geworden, über den kalten Krieg hinauszudenken, den Gedanken der Koexistenz aufzunehmen und, auf das eigene Wirken übertragen, durch einen Ausgleich mit der großen Weltmacht im Osten auch die Deutschlandpolitik wieder flottzumachen.

Es gibt einige Fotos, auf denen man hinter Kennedy und Brandt zwei Männer stehen sieht, die für die Ausformung einer solchen Politik von großer Bedeutung waren: Egon Bahr und Klaus Schütz. Sie entstammten der einstmals so erfolgreichen *Berlin-Brigade.* Brandt nahm beide nach Bonn mit, sehr zum Unwillen des alteingesessenen Apparats im Auswärtigen Amt. Schütz kannte ich ganz gut von meinen 1961er Westberliner Mauer-Tourneen. Bahr hielt sich stärker auf Distanz, auch später, als wir im Bundeskanzleramt unter einem Dach saßen, wie er ja überhaupt viele Jahre lang neben der Partei agierte.

Schütz hat man einmal als *praktisches,* Bahr als *idealistisches* Alter ego Brandts bezeichnet. Egon Bahr tüftelte Grundsatzgedanken aus, mit denen das amerikanisch inspirierte politische Konzept Brandts national unterlegt werden konnte, Klaus Schütz übernahm die organisatorische und propagandistische Umsetzung auf den nach amerikanischem Keep-smiling-and-shake-hands-Muster gemanagten deutschen Wahlfeldzügen.

1963 war Bahrs Vordenkerrolle zum erstenmal deutlich sichtbar geworden. An der Evangelischen Akademie Tutzing prägte er die berühmt gewordene Formel *Wandel durch Annäherung*, die anfangs auf soviel Unverständnis und erbitterte Gegenwehr stieß. Sie war ja auch in der Tat zwielichtig und mehrdeutig. Was sollte sich wandeln? Wie sollte die Annäherung vonstatten gehen und zwischen wem? Kam die hintergründige Unverbindlichkeit des Schlagwortes nicht auch dadurch zum Ausdruck, daß man es umdrehen mußte, um etwas klarer zu sehen: *Annäherung durch Wandel?* Hatte nicht Kennedy seine *Strategie des Friedens* damit begründet, daß der Wind der Veränderungen über die ganze Welt wehe, auch über den Eisernen Vorhang hinweg, so daß die Kraft historischer Evolutionen sich auch in Osteuropa zeigen werde? *Wandel durch Annäherung* oder *Annäherung durch Wandel?* Doch ich will mich nicht mit unziemlicher Verspätung in die damals polemisch bewegten Debatten drängen. Der Slogan tat jedenfalls seine Wirkung. In ihm lag eine Chance. Und die mußte genutzt werden.
Nachdem Egon Bahr das erste Feuer der Kritik auf sich gezogen hatte, trat Willy Brandt selbst in die Schranken. Ende 1963 erschien sein programmatisch angelegtes Buch »Zwang zum Wagnis«.

Querschüsse des BND und wie sie doch danebengingen

Damals stellten tatsächlich selbst zaghafte Versuche, im Ost-West-Verhältnis etwas in Bewegung zu bringen, ein Wagnis dar. Die ersten von Willy Brandt und Egon Bahr inszenierten Kontakte wurden von den Geheimdiensten ihres eigenen Staates mißtrauisch als landesverräterisches Komplott registriert.
Egon Bahr, seinerzeit Ministerialdirektor in Willy Brandts Auswärtigem Amt, wurde von Agenten des Bundesnachrichtendienstes beschattet, als stünde er im Solde einer feindlichen Macht. Das Komplott des BND kam erst 1974/75 an die große Glocke, und zwar pikanterweise im Zusammenhang mit meinem eigenen Verfahren.
Der Zusammenhang war folgender: Nach unserer Verhaftung, in dem dadurch ausgelösten allgemeinen Wirbel, rückte die CDU/CSU-Opposition auch den ehemaligen Chef des Bundeskanzleramts Prof. Horst Ehmke in das Schußfeld ihrer Angriffe. Sie be-

zeichnete ihn als mitverantwortlich für Unterlassungssünden bei meiner Einstellung ins Kanzleramt, außerdem generell für schuldig, die ihm obliegende Kontrolle der Geheimdienste vernachlässigt zu haben. Ehmke war pfiffig genug, den Spieß unzudrehen. Er holte alte Akten aus der Versenkung, darunter auch den Bericht der sogenannten Mercker-Kommission, die bereits 1968 – zu einem Zeitpunkt also, als der CDU-Mann Prof. Carstens noch als Chef im Kanzleramt saß – »schwerwiegende Mißstände im BND« registriert hatte. Damals allerdings wurde der Akt als »GEHEIM-VS« eingestuft und verschwand, den Augen der Öffentlichkeit entzogen, in der Versenkung. Nunmehr veranlaßte Helmut Schmidt, nach dem Rücktritt Willy Brandts neuer Bundeskanzler, daß zumindest ein Teil dieses Mercker-Berichts als Anhang dem Bericht jener von der Regierung eingesetzten Kommission »Vorbeugender Geheimschutz« beigefügt wurde, deren eigentlicher Untersuchungsgegenstand der *Fall Guillaume* war. Erst dadurch kamen die gesetz- und verfassungswidrigen Praktiken des Bundesnachrichtendienstes zur Sprache.
So wie Gehlen einst als Abwehr-General Dossiers über Hitler- und Kriegsgegner angelegt hatte, ließ er als Chef des BND Dossiers von Leuten anlegen, die er als Beförderer der Entspannung für verdächtig hielt. Von der alphabetischen Liste der Bespitzelten braucht man nur den Anfang zu lesen, und es wird einem bunt vor Augen: Prof. Dr. Wolfgang Abendroth, Dr. Viktor Agartz, Conrad Ahlers, Dr. Adolf Arndt, Fritz Baier, Franz Barsig, Dr. Rainer Barzel, Helmut Bazille, Arno Behrisch, Berthold Beitz, Ernst Benda, Willy Brandt ... und so weiter und so weiter. Man sieht, daß es nicht nur *Sozis* waren, die der alte General mit seinem Ingrimm verfolgte. *Gerechte* und *Ungerechte* kamen zusammen in den großen Topf des Verdachts. Bei manchen hat offensichtlich genügt, daß sie einen roten Fußabtreter vor der Tür liegen hatten.
Der Geheimdienstskandal fand auch Aufnahme im Bericht des zweiten, vom Bundestag eingesetzten Untersuchungsausschusses, der sich ebenfalls ureigentlich mit dem *Fall Guillaume* zu befassen hatte. Speziell zur *Bahr-Akte* heißt es da: *»Die Beweisaufnahme des Untersuchungsausschusses hat ergeben, daß im Bundeskanzleramt unter Amtschef Prof. Karl Carstens Akten angelegt worden sind, die die vermutenten und tatsächlichen Kontakte von Bundesminister Bahr während seiner Tätigkeit als Pressesprecher des Berliner Senats*

und als Ministerialdirektor im Auswärtigen Amt zu Mitgliedern des Zentralkomitees der SED und der KPI sowie zu Mitgliedern sowjetischer Dienststellen zum Gegenstand hatten. Diese Akten sind nicht vernichtet worden, sie haben dem Ausschuß vielmehr vorgelegen. Zum Teil beruhen die Akten auf Meldungen, die dem BND zugegangen und dort aktenmäßig erfaßt waren.«

Im einzelnen ging es u. a. um die Beobachtung von Gesprächen, die 1967/68 zwischen Vertretern der SED, der KPI und Bahr von der SPD geführt wurden. Es lohnt nicht, den ganzen Sumpf dieses Geheimdienstskandals noch einmal aufzuwühlen. Eines jedoch machte er klar: Wir hatten recht daran getan, unsere Kontakte, die frühen und auch die späteren, die wir zu kooperationswilligen, kooperationsfähigen Partnern unterhielten, hinter dem Schleier der Konspiration zu verbergen, so daß sie den Augen und Ohren des BND verborgen blieben.

Eine Sorge bleibt: Der Junge

War es mehr als ein Zufall, daß die Umstellung unseres inneren Systems der Führung und Kommunikation zusammenfiel mit einer von der SPD wesentlich beeinflußten Umorientierung der bundesrepublikanischen Politik? Die Zeit raste mit einem solchen Tempo durch den überfüllten Terminkalender eines Jahres, daß es einem den Atem nahm. Wir hatten ganz praktisch Politik zu bedienen, und da fielen Entscheidungen in dem Augenblick, in dem sie gebraucht wurden. So läßt sich über den Zusammenhang zwischen unserer Umorientierung und der der SPD-Führung vielleicht nicht mehr sagen, als daß sie beide auch für mich persönlich weit in die Zukunft reichende Folgen hatten.

In der Turbulenz der Ereignisse wäre mir beinahe ein Familienereignis entgangen. Unser Pierre, 1957 geboren, wurde zehn Jahre alt. Wo waren diese zehn Jahre geblieben? Weggeplumpst in den schwarzen Sack der Zeit?

Pierre war zu einem aufgeweckten, freundlichen kleinen Kerl herangewachsen. Seine Pummligkeit streckte sich. Wir hatten ihn in der Friedrich-Ebert-Schule, einer modernen Ganztagsschule untergebracht, wo er nach vernünftigen, human geprägten pädagogischen Grundsätzen betreut wurde. Waren Christel und ich abends zu

Hause, gehörte er uns, und wir gehörten ihm. Waren wir auf Achse, sorgte die Oma für Nestwärme. Dabei fing er schon früh an, die Welt für sich selbst zu entdecken. Manchmal brauchte er für den Heimweg von der Schule durch das große brausende Frankfurt mehr als zwei Stunden. Ich registrierte so was ohne Beunruhigung. Und doch blieb eine Sorge, und soviel Mühe ich mir manchmal auch gab, – geben mußte! –, sie war nicht zu verdrängen: Da wuchs ein kleiner Bursche heran, und er wuchs in Frankfurt heran, aber dieses Frankfurt lag nicht an der Oder, sondern am Main! Was würde werden, wenn er weiter heranreifte zum Jüngling, der eigene Entscheidungen zu treffen hatte? Wir konnten doch nicht draußen mit der Stimme rechter Sozialdemokraten herumtrompeten und drinnen zwischen den eigenen vier Wänden gegenüber dem Jungen mit kommunistischen Zungen flüstern! Pierres Erziehung wurde eines der schwersten Probleme, die sich aus unserer Doppelexistenz ergaben. Wir gingen da zu viert – ja, zu viert: neben dem Jungen, Christel und mir schließe ich auch Oma Erna ein – über einen schmalen Grat, eine Seilschaft, die auf instinktives Verstehen angewiesen war. Auf keinen Fall durfte durch irgendeine Form der Verstellung, die uns sonst durchaus abgefordert wurde, die Natürlichkeit und Offenheit des Umgangs zwischen Eltern und Kind verletzt werden. Ich glaube, das Vernünftigste, was wir tun konnten, bestand darin, daß wir, als Pierre anfing, die Verhältnisse, in denen er lebte, zu beobachten und zu beurteilen, ihn behutsam zu einem Gefühl der Opposition gegenüber den eigenen Eltern ermunterten, ohne daß die Familienbindung kaputtgehen durfte. So ein Vorsatz ist leicht gefaßt, doch wie schwer ist er umzusetzen! Unsicherheiten, Zweifel, Sorgen verließen mich nie.

Angeregt durch die Erinnerungen, habe ich in alten Fotos gekramt. Es sind drei oder vier solcher Alben, wie sie jede Familie kennt, in der ein Fotograf, egal ob Amateur oder Profi, zu Gange ist: Guckt mal jetzt alle in den Apparat! Auf einigen Seiten entdecke ich Lükken, da sind von den Fahndern vor der Freigabe der Alben Bilder als verdächtig herausgelöst worden. Erleichtert sehe ich, daß sie die falschen Bilder erwischt haben.

Die größte Überraschung aber beim Blättern in den Erinnerungen: Der Junge war das eigentliche Thema meiner Freizeitfotografiererei. Sein Heranwachsen zieht sich wie ein roter Faden durch die Alben. Da sind die ersten Bilder des dicken Nackedeis, der in der holländi-

schen Nordsee-Ebbe mit Eierpampe spielt. Jahr um Jahr kann man verfolgen, wie die Mauser verläuft, und dann eins der späten Bilder, da posiert am französischen Urlaubsort ein junger Hahn gallisch selbstbewußt zwischen zwei hübschen Mariannen.
Dieses Kreisen mit der Urlaubskamera um den Sohn herum – war es Ausdruck dafür, daß sich in den Vaterstolz auch das schlechte Gewissen mischte, im Alltag für die Probleme des Heranwachsenden zuwenig Zeit zu haben? Jedenfalls als Pierres zehnter Geburtstag herannahte, nahm ich mir vor, ihm ein besonderes Erlebnis zu bereiten, mich dafür ein paar Tage frei zu machen. Es klappte – sein Geburtstag fiel 1967 auf Ostern. Er, der kleine Frankfurter, sollte Berlin entdecken, die Stadt, aus der seine Eltern kamen, wo sein Vater geboren war und die Mutter kennengelernt hatte. Gegen Berlin, diese Weltstadt, versprach ich ihm, würde sich Frankfurt, so schön es auch war, wie ein Provinznest ausnehmen.
Wir waren beide während der ganzen Reise von großem Unternehmungsgeist besessen. Ich achtete nicht darauf, wie lange der Tag dauerte, und Pierre kostete es aus, sich an seinem zehnten Geburtstag so bestätigt zu fühlen. Es war seine erste Flugreise. Ich weiß nicht mehr genau, was wir an dem Tag alles unternahmen, die große Stadt steckte ja voller Erlebnismöglichkeiten für einen Jungen. Vor dem Einschlafen brachte Pierre in Erinnerung, daß wir »die andere Oma« nicht vergessen dürften. Zu Oma Erna in Frankfurt hatte er ein vertrautes Verhältnis, aber die »andere Oma«, die es noch geben sollte, beschäftigte seine Neugier, vor allem weil sie, wie es hieß, *drüben* wohnte und weil man *durch die Mauer* mußte, wenn man sie besuchen wollte.
Meine Mutter lebte nach wie vor im alten Kietz am Prenzlauer Berg. Inzwischen trug sie einen anderen Namen. Sie hatte den Mann geheiratet, dessentwegen mein Vater geglaubt hatte, sich das Leben nehmen zu müssen. Irgendwie war das eins der Erlebnisse gewesen, die einem in der Jugend einen solchen Knacks geben, daß er später nicht mehr zu kitten ist. Mein Verhältnis zur Mutter blieb spröde. Doch den Enkel wollte ich ihr nicht vorenthalten.
An der Bornholmer Straße fuhren wir mit einem Mietwagen rüber. Von unseren Urlaubsreisen nach Holland wußte Pierre ungefähr, was eine Grenze darstellte und bedeutete. Dies hier jedoch war eine besondere Grenze. Da er noch zu klein war, um ihm die Besonderheit zu erklären, sollte er sie wenigstens an Hand der ungewohnten

Prozeduren zu spüren bekommen. Während ich im Auto sitzen blieb, lief er mit unseren Papieren zum Abfertigungsschalter. Die Uniformierten musterten ihn mit gespielter Strenge, verpaßten ihm Stempel, noch einen und noch einen, und wünschten ihm dann »Gute Weiterfahrt!« Strahlend vor Stolz kletterte Pierre wieder auf den Beifahrersitz. Bei der Ausfahrt aus dem Kontrollpunkt entdeckte er die Fahne. Sie war schwarz-rot-gold wie daheim in Frankfurt am Main, aber in der Mitte prangte noch ein Zeichen. Gemeinsam studierten wir es auf seine Bestandteile hin: Hammer, Zirkel, Ährenkranz ...

Die »andere Oma« hatte Kuchen gebacken, als Geburtstagsgeschenk überreichte sie einen Fußball. Pierre war voller Neugier und Aufmerksamkeit für das ehemalige Zuhause des Vaters. Ich drängte zum Aufbruch, weil noch eine Verabredung wartete.

Auch Pierre war voller Erwartung, als wir zum Märchenbrunnen im Friedrichshain fuhren. Zum erstenmal würde er *zwei alte Schulfreunde* des Vaters kennenlernen. Jeden Schuljungen interessiert es, wenn es um Schulfreunde geht. Nach der Begrüßung machten wir einen Brunnenrundgang – wer erkennt als erster die einzelnen Märchengestalten? Dann nahm einer der Freunde, Robert, Pierre bei der Hand, um mit ihm nach Friedrichsfelde in den Tierpark zu fahren. Ich hatte mit dem anderen Freund, Bruno, noch etwas Wichtiges zu bereden und zog mich mit ihm zurück.

Paul war schon außer Dienst. Die in der Nazihaft erlittenen Torturen, die Strapazen des illegalen Kampfes und sicherlich auch der Nervenkrieg in den unübersichtlichen Nachkriegsjahren hatten seine Gesundheit untergraben. Bruno war sein Nachfolger. Wir kannten uns gut. Mit sorgenvollem Gesicht bestellte er mir Pauls Grüße – es stünde nicht gut um ihn.

Ich brachte aus Frankfurt Analysen und Einschätzungen mit, die im wesentlichen bestätigten, daß in der Führung der SPD ein Prozeß im Gange war, den man – wie ich es ausdrückte – als *Wandel der Annäherung* bezeichnen könnte. Bruno lächelte über das Wortspiel. Ich stützte meine Berichte im Kern auf die Stimmungslage der im Raum Frankfurt wohnenden oder agierenden Parteiprominenten. Dazu gehörten unter anderen die drei Bundestagsabgeorneten, die bei der Wahl von 1965 die drei Frankfurter Wahlkreise im Direktgang für die Partei erobern konnten: Georg Leber, Brigitte Freyh und Hans Matthöfer. Hinzu kamen mein Intimus Gerhard Weck, der Vorsitzende der Stadtverordnetenfraktion, Oberbürgermeister Brundert sowieso und dann noch einer der führenden Linken, Walter Möller, als Mitglied des Parteirats, dem höchsten Gremium zwischen den Parteitagen, auch er mit direktem Draht *nach oben*.

Pierre enttarnt Robert

Als ich mit Pierre auf dem Heimweg war, hatte er unter dem Eindruck vieler Erlebnisse viele Fragen. Auf die meisten ließ sich leicht antworten. Dann kam er aber auf Umwegen zu einem Problem, das mich etwas aus dem Konzept brachte.
»Vati, du bist doch Berliner?«
»Ja.«
»Und du bist in Berlin zur Schule gegangen?«
»Natürlich.«
»Warst du ein guter Schüler?«
»Na, ja.«
»Aber du berlinerst?«
»Nun, manchmal.«
»Und alle deine Schulkameraden waren Berliner?«
»Jjjnnnjjja.«
»Wie kommt es dann, daß der Onkel Robert so anders spricht?«
Pierre hatte Robert als Sachsen enttarnt.
Und dann gab es noch eine zweite Überraschung. In seinem Reisebeutel hatte Pierre allerlei Souvenirs aus Berlin verbuddelt. Als er darin beutezählend kramte, fiel mein Blick auf ein Fahrtenmesser, einen Dolch, so groß, daß man damit hätte auf Safari gehen können.
»Was ist denn das? Woher hast du das?«
Er ließ triumphierend die Klinge blitzen. »Hat mir Onkel Robert gekauft, an einem Kiosk am Tierpark!« Oh, du mein lieber Robert, wenn ich dich das nächste Mal zu sprechen kriege! Zu Hause waren Christel und ich immer hinterher gewesen, daß Pierre nichts in die Hand bekam, was an Mordinstrumente auch nur erinnerte. Die Begeisterung, mit der er das Jagdmesser betastete, machte mir klar, daß es unmöglich war, ihm das gefährliche Ding abzunehmen. Nun ja, das hatte ich davon – von dieser gutgemeinten Geburtstagsreise.

10. Der Pate

»Lieber Georg, ich habe Herrn Guillaume in einem Gespräch am 7. Januar 1970 über die aufgetauchten Sicherheitsbedenken und die dadurch notwendig gewordene eingehende Überprüfung unterrichtet. Seine Angaben über seinen beruflichen Werdegang in der DDR, zu seiner dortigen politischen Tätigkeit und zu den Verdachtsmomenten selbst waren wenig ergiebig.«

(Schreiben des Chefs des Bundeskanzleramts Horst Ehmke an Bundesminister Georg Leber vom 17. Januar 1970)

»Sehr geehrter Herr Ehmke!
Wie ich weiß, bewirbt sich Herr Günter Guillaume um die Übernahme einer Aufgabe im Bundeskanzleramt. Ich kenne Herrn Guillaume seit längerer Zeit aus der politischen Zusammenarbeit in Frankfurt/Main. Er hat sich dabei stets durch Fleiß und Hingabe in der Erfüllung seiner Aufgaben bewährt und sie mit Geschick, Erfahrung und Intelligenz bewältigt. Das, was ich an ihm immer besonders geschätzt habe, sind seine Zuverlässigkeit und sein verantwortungsbewußtes Geradestehen für die freiheitliche Lebensart und die Demokratie. Er hat mir in vielen schwierigen Situationen seine uneingeschränkte Vertrauenswürdigkeit bewiesen. Dieses gilt auch für seine Ehefrau Christel, die seit langen Jahren Mitarbeiterin von Herrn Staatssekretär Birkelbach und gegenwärtig in der Staatskanzlei der Landesregierung Hessen in Wiesbaden tätig ist.«

(Antwortschreiben des Bundesministers Georg Leber an den Chef des Bundeskanzleramts Horst Ehmke vom 22. Januar 1970)*

Wie sollte Georg Leber 1970 wissen, was erst 1974 ans Licht kam?

Um den Briefwechsel zwischen Ehmke und Leber hatte es in der Presse ein heilloses Theater gegeben. Vom »Bayernkurier« über »FAZ« bis hin zu »Welt« und »Bild« gab es ein allgemeines Aufheulen: »Ausverkauf der Demokratie« – »Geheimes Volksfront-

---

* Beide Schreiben lagen zu Beginn des Verfahrens vor dem Oberlandesgericht Düsseldorf dem Strafsenat als Beweisstücke vor.

komplott« – »SED-Sendling in der Sofaecke des SPD-Ministers«.
In den Augen vernünftiger Leser war das blanker Blödsinn, doch fiel es wohl selbst ihnen schwer, in der hemmungslos entfachten Medienhysterie kühles Blut zu bewahren. Dabei war es ein einfaches Gebot der Logik zu fragen: Was wußte denn Minister Leber 1970, als er für mich bürgte, davon, daß bei meiner Berliner Grundorganisation regelmäßige Beitragszahlungen im SED-Mitgliedsbuch quittiert wurden? Wie konnte er ahnen, daß meine Auffassung von *freiheitlicher Lebensart und Demokratie* innerlich eine ganz andere war als die, die er mir bescheinigte? Georg Leber konnte doch nur bestätigen, was 1970 sein persönliches Wissen, nicht das, was 1975 Allgemeinwissen war!
Vernunft und Logik waren nicht gefragt. Mit der Pressekampagne sollte im Prinzip zweierlei erreicht werden. Erstens: Trommelfeuer gegen die regierende SPD und damit gegen die von ihr betriebene Entspannungspolitik. Zweitens: Vorverurteilung der Angeklagten, die in Wirklichkeit noch gar keine Angeklagten waren, weil eine Anklage erst Monate später erhoben wurde.
Dabei bewiesen die Briefe Ehmkes und Lebers selbst im Sinne der dann formulierten Anklage ebensowenig wie viele andere sogenannte Beweisstücke. Der Schriftwechsel belegte vor Gericht nichts anderes als das, was Georg Leber von mir gehalten hat. Er bescheinigte mir, daß ich für ihn und seine Partei eine halbwegs brauchbare Arbeit geleistet hatte. Was das mit *schwerem Landesverrat* zu tun haben sollte, wird ihm und mir bis auf den heutigen Tag schleierhaft bleiben.
Es war sicherlich nur ein Zufall, daß nach einer vierwöchigen Verhandlungspause der Herr Bundesverteidigungsminister, der es liebte, einen Kampfanzug seiner Bundeswehr überzuziehen und sich darin in forscher Pose zu zeigen, genau am 1. September, dem Weltfriedenstag, vor die Schranken des Gerichts geladen wurde. Der Zufall fand allgemein keine Beachtung. Die im Saal anwesenden Berichterstatter von Presse, Rundfunk und Fernsehen hatten keinen Sinn für einen derartigen Zusammenhang. Nur ich registrierte ihn still für mich. Georg Leber selbst hatte sicherlich anderes im Kopf, als er in den Zeugenstand gerufen wurde. Die Privatsphäre, in der wir miteinander verkehrt hatten, versuchte er herauszuhalten, um keine unsinnigen Spekulationen aufkommen zu lassen. Überhaupt

blieb er streng auf einer sachlichen Linie. Die Schadenfreude seiner politischen Gegner darüber, daß er gewissermaßen eine Schlange an seinem Busen genährt hatte, die Häme, die ihn bis in den Gerichtssaal verfolgte, schien ihn überhaupt nicht zu beeindrucken. Ohne Schnörkel schilderte er, inwiefern die Zusammenarbeit mit mir die natürlichste und selbstverständlichste Sache von der Welt gewesen war. Im Mittelpunkt stand die Rolle des Wahlkreissprechers Günter Guillaume, die dieser bei der Wahl des Bundestagsabgeordneten Georg Leber gespielt hatte. Vom Gericht mehrmals dringlich befragt, wiederholte er nur: »Ja, es ist äußerst angenehm, einen Wahlkreissprecher zur Seite zu haben, der mit den politischen Auffassungen seines Abgeordneten voll übereinstimmt – schon von dieser Voraussetzung her war er ein guter Mitarbeiter. Herr Guillaume steckte in keinem zeitraubenden Privatberuf, konnte sich seiner Aufgabe voll widmen. Er war arbeitswillig, hilfsbereit, immer da, wenn er gefordert wurde, sehr reaktionsfähig, kein praxisferner Mann, ein guter Organisator. Ich erinnere mich noch genau, daß bereits damals die politische Situation in Frankfurt so war, daß schwere Auseinandersetzungen in der Partei unumgänglich waren. Dabei war er mir hilfreich, indem er mich auf die verschiedenen Strömungen, vor allem auf Gegner, die zu beachten waren, aufmerksam machte.«

Georg Leber hat im Prozeß die damalige Lage richtig analysiert: In Frankfurt begannen für mich schwere Zeiten. Bei dem Ruf, den Julio als treuer Hausmeister des Parteivorstands und eifriger Propagandist der schwarz-roten Koalition und ihres damals frischgebackenen Verkehrsministers Georg Leber in der Frankfurter Organisation hatte, wurde es immer schwieriger, die Zügel des Geschäftsführenden Sekretärs in den Händen zu behalten. Auch linke Sozialdemokraten haben zwei Beine, und sie benutzten in der Erbitterung der Fraktionskämpfe beide, nicht nur das linke, um mir ein Bein zu stellen.

Man machte mir das verlockende Angebot, einen Posten in der kommunalen Wirtschaft zu übernehmen, der mit einem für meine finanziellen Verhältnisse sehr großzügigen Salär ausgeschrieben war. Da wußte ich, was die Glocke geschlagen hatte. Bestimmte Gruppierungen wollten mich ernsthaft los sein. Der Job hätte mein Knockout im Ring der Politik bedeutet.

Im Frühjahr 1968 gelang mir noch eine Übergangslösung: Mit Hilfe von Gerhard Weck wurde ich der hauptamtlich bestellte Geschäftsführer der Stadtverordnetenfraktion. Ich zog vom Parteihaus in den altehrwürdigen Römer. Die neue Funktion hatte einen Doppeleffekt. Zum einen kam ich hinter den dicken Rathaustüren aus dem Schußfeld der innerparteilichen Flügelkämpfe und gewann zum anderen Zeit für die Beackerung des Wahlkreises von Georg Leber.

Leber: »Wir lösten das handstreichartig!«

Für 1969 standen zwei wichtige Termine im Kalender: Die Wahl eines neuen Bundespräsidenten im Mai und die Bundestagswahlen im September. Im Vorfeld solcher Wahlen – soviel wußte ich inzwischen von der parlamentarischen Demokratie – fallen die eigentlichen personellen Entscheidungen hinter den Kulissen, in den elitären Zirkeln der Parteien, ohne daß der Wähler darauf irgendeinen Einfluß hat. Schon früh setzt ein allgemeines Gerangel um Mandate, Posten, Einflußsphären ein. Von den Managern in den Parteizentralen werden die wichtigsten Weichen und Signale gestellt, jedermann versucht den richtigen Zug zu erwischen, aber so mancher landet auf dem Abstellgleis oder einem wegrationalisierten Provinzbahnhof.

Ist man mit einem aussichtsreichen Platz auf der Landesliste der Partei abgesichert, ist das Votum der Wähler nur noch für die Anzahl der künftigen Hinterbänkler von Bedeutung. In Frankfurt mußte Georg Leber bei den parteiinternen Auseinandersetzungen um die Kandidatenaufstellung gegen einen chancenreichen jungen Linken antreten. Um das Mandat für den Bundestagswahlkreis 140, der die südlichen Stadtteile und westlichen Vororte Frankfurts umfaßte, bewarb sich vor den Wahlmännern der SPD neben ihm der stellvertretende Juso-Vorsitzende Karsten D. Voigt. Der Partei steckte die Studentenrevolte von 1968, das scheußliche Attentat auf Rudi Dutschke, die ganze bewegte Politszene gegen das Establishment der großen Koalition wie ein Frosch im Hals. Sollte man die jungen Hitzköpfe ins Abseits drängen oder ihnen Gelegenheit geben, sich die Hörner in der politischen Verantwortung abzustoßen? Die Stimmung war schwankend.

Georg Leber wußte, was für ihn auf dem Spiel stand. Unterlag er bei den parteiinternen Wahlen gegen Voigt, hätte sich das äußerlich vielleicht nur als ein Betriebsunfall ausgenommen. Ohne Zweifel hätte ihn für diesen Fall die Partei auf einen sicheren Platz der Landeswahlliste gesetzt, wodurch er mit den Zweitstimmen der Wähler dennoch in den Bundestag eingerückt wäre. Aber ein solcher Umweg hätte einen riesigen Prestigeverlust bedeutet, und Leber war gewillt, zum Kampf zu rüsten.

Wir kannten einander schon ganz gut. Leber wußte, daß er auf einflußreiche Zutreiber aus der Frankfurter Parteiorganisation angewiesen war. Als einen solchen schätzte er mich wohl nicht ganz zu Unrecht ein. Mehr als einmal ließ er durchblicken, daß er genug Macht und Einfluß besitze, um ihm geleistete Freundschaftsdienste mit Gegenleistungen kompensieren zu können. Bei einem Gespräch spätabends auf der verschwiegenen Terrasse seines Hauses in Schwalbach erwähnte er hintersinnig, daß er damit rechnen müsse, in Bonn einen tüchtigen Mitstreiter zu verlieren. Seinen Pressereferenten, den ehemaligen Juso-Sekretär Horst Seefeld, steche der Hafer – er wolle es jetzt plötzlich selbst versuchen und steuere ein Bundestagsmandat in Baden-Württemberg an. Die direkte Frage: »Günter, hättest du nicht Lust?«, blieb zwar unausgesprochen, aber sie schwebte in der kühlen Abendluft. Schorsch sagte nur: »Wenn jetzt eine Sternschnuppe fiele, was würdest du dir wünschen?«

Wir lachten.

Im Frühjahr tauchte noch eine neue, geradezu atemberaubende Konstellation am politischen Horizont auf: Georg Leber wurde als Geheimkandidat für die Bundespräsidentenwahl in der Hinterhand gehalten.

Herbert Wehner stand wegen dieser Frage bereits in intensiven Verhandlungen mit dem Freiherrn zu Guttenberg von der Führungsriege der CDU/CSU. Wehner steuerte einen Kurs, der darauf hinauslief, nach den Bundestagswahlen im September 1969 die *Große Koalition* weiterzuführen. Der Schwur darauf sollte bei der Bundespräsidentenwahl im Mai 1969 geleistet werden. Die SPD wollte zum erstenmal in der Geschichte der Bundesrepublik einen ihrer Männer an die Staatsspitze bringen. Das schien aber nur möglich, wenn in der Bundesversammlung die CDU- und CSU-Wahlmänner bereit waren, dem von der SPD nominierten Kandidaten für das Amt des Bundespräsidenten gewissermaßen als Gegenleistung im Koalitionshandel ihre Stimme zu geben. Anders, so glaubte Wehner noch, würde eine Mehrheit nicht zustande kommen.

Für eine solche Kombination war Georg Leber genau der richtige

Mann. Es war weit und breit niemand zu sehen, der geeigneter gewesen wäre, ihn der CDU/CSU als gemeinsamen Kandidaten zu offerieren. Leber entstammte einer katholischen Arbeiterfamilie, einfache Leute aus dem Oberlahnkreis. 1920 geboren, hatte er den Krieg von Anfang bis Ende als Soldat erlebt. Er liebte das Schlagwort von »law and order« und ließ keine Gelegenheit aus, sich als Gralshüter konservativer Wertvorstellungen zu profilieren. Seine Rolle bei der in der Partei umstrittenen Abstimmung über die Notstandsgesetze war noch in bester Erinnerung: Er bewährte sich dabei als der *eiserne Schorsch* ebenso wie bei der *Säuberung* der Gewerkschaften von den Kommunisten. In meinem Besitz befindet sich noch das Tonband von einem Rundfunk-Interview. Da rühmt er sich, wie er 1956 Ortsorganisationen und Verwaltungsstellen der IG Bau, Steine, Erden einfach auflöste, um die Kommunisten rausschmeißen zu können. Wörtlich: »Mit demokratischen Mitteln war nichts mehr zu machen! Wir lösten das handstreichartig!«

Bei alldem brachte ihm seine Volkstümlichkeit dennoch Pluspunkte. Er kam an. Mit Leichtigkeit konnte man ihn als Interessenvertreter der einfachen Menschen herausstellen. Lebers Gewerkschaftskarriere nahm ihren Anfang in der Domstadt Limburg. Dort begann er als Sekretär der Bauarbeitergewerkschaft seine Bergwanderung zum mächtigen Boß der IG Bau, Steine, Erden. Bei Lohnverhandlungen vertrat er rigoros die Interessen seiner Kollegen, wirkte aber immer dämpfend, wenn ein Streik drohte.

Konnten sich CDU/CSU einen besseren Kandidaten für das Amt des Bundespräsidenten vorstellen? Hätten sie selbst einen besseren Repräsentanten christlicher Union für die Villa Hammerschmidt finden können? Das Geschäft schien nicht ausgeschlossen.

Für Georg Leber war das damals eine Phase seliger Erwartungen. Er schwebte geradezu im siebten Himmel. Die Vorstellung, daß er, der ehemalige Landser und Maurer, Staatsoberhaupt werden könnte, erfüllte ihn mit Stolz. Manchmal steigerte er sich nachgerade zu euphorischen Gesten der Freundschaft.

»Günter«, sagte er, »wenn es klappt, wenn die mich ganz nach oben schießen, dann kommst auch du voran! Du kandidierst dann in meinem Wahlkreis! Und dann ziehen wir noch mal zusammen in den Kampf. Dann deichsele ich das diesmal für dich. Du wirst sehen, es klappt: Du wirst Bundestagsabgeordneter!«

Doch der SPD-Vorsitzende Willy Brandt, der im Bundestagswahlkampf als Spitzenkandidat wieder auf die Kommandobrücke des Flaggschiffs mußte, schwankte lange bei der Kursentscheidung. Erneut *Volldampf voraus* hinein in die *Große Koalition*? Oder boten sich nicht doch andere Manöver an? Vielleicht in Dwarslinie vorsichtig heran an den noch abseits driftenden kleinen Verband der FDP?

In Westberlin, wo – wieder einmal ein provokantes Signal setzend – die Wahl des Bundespräsidenten stattfinden sollte, waren die Wahlmänner der Bundesversammlung, die sich aus den Abgeordneten des Bundestages und der Länderparlamente zusammensetzt, schon vollzählig angereist, als noch immer keine Entscheidung gefallen war. Brandt selbst schrieb später darüber: »*Ausgewogenheit und die Bedeutung der SPD für die Substanz der deutschen Demokratie legten es nahe, nun einen Mann aus unseren Reihen für das höchste Staatsamt zu wählen. Wir hielten es für möglich, daß sich die CDU dieser Erwägung nicht verschließen würde. Für diesen Fall wäre mit großer Wahrscheinlichkeit der ehemalige Gewerkschaftsführer, damalige Verkehrs- und spätere Verteidigungsminister Georg Leber nominiert worden. Kiesinger stand einer solchen Kandidatur nicht ablehnend gegenüber; sie hätte ja auch einer Fortsetzung seiner Kanzlerschaft zugute kommen können. Die CDU/CSU beschloß jedoch, den früheren Außen- und damaligen Verteidigungsminister Gerhard Schröder ins Feld zu schicken.*

Für mich kam es nun darauf an, einen Kandidaten zu präsentieren, der eine gute Chance hatte, von den Freien Demokraten mitgewählt zu werden. Wir entschieden uns für den Justizminister Gustav Heinemann ... Er galt als Symbol für liberale Rechtsstaatlichkeit.«

Erst in letzter Stunde bei einem kleinen Essen im »Hilton« fiel die Entscheidung. Brandt brachte die Unterhändler der FDP dazu, sich hinter die neue Kombination zu stellen, die als Folgewirkung die parlamentarisch-politische Landschaft der Bundesrepublik nachhaltig beeinflussen sollte. Walter Scheel, der Vorsitzende der FDP, der später gegen Ende der Ära Brandt selbst Bundespräsident wurde, antwortete auf Willy Brandts Offerte scherzend: »Sie haben es uns sehr schwer gemacht, nicht für Ihren Kandidaten zu stimmen.«

Von den Gesprächen hinter den Kulissen wußte ich noch nichts, als ich in Frankfurt voller Spannung auf den Ausgang der Wahl wartete;

sie bedeutete auch für mich eine Weichenstellung. Endlich kam das Ergebnis. In den Ausstellungshallen am Berliner Funkturm, wo ich in früheren Jahren die großen Catcherturniere miterlebt hatte, kam Heinemann im dritten Wahlgang ganz knapp mit 512 gegen 509 Stimmen durch, nach einem politischen Catch-as-catch-can ohnegleichen, den nur wenige durchschauten.
Aus der Entscheidung ergaben sich zwei wichtige Ableitungen: Erstens bestätigte sich eine ursprüngliche Einschätzung unserer Zentrale, daß die SPD mit gewachsenem Selbstbewußtsein beim noch ausstehenden Bundestagswahlkampf Kurs auf die *Kleine Koalition* mit der FDP nehmen könnte, in der nur ihr die Kanzlerrolle zufallen würde. Zweitens wurde klar, daß Georg Leber zwar nicht aus allen Wolken fiel, aber doch herunter mußte aus seinem siebten Himmel, zurück ins Glied der Wahlkämpfer, und daß ich mich als sein Knappe wappnen mußte.
Für die Wahlpropaganda bekam ich gute Tips von meinem alten Freund aus der südhessischen SPD-Pressestelle. Heinrich Klein war inzwischen bei infas (Institut für angewandte Sozialwissenschaft) gelandet. Wahlbroschüren alten Stils, in denen umständliche, den Leser ermüdende Argumentationsketten fabriziert wurden, gab es nicht mehr. Alles, was an Werbematerial herauskam, mußte einfach, zupackend, direkt, bildhaft sein.
Georg Leber war ein Vollblutpolitiker, der die Privatsphäre nicht völlig aus dem Metier heraushalten konnte. Zu besonderen Anlässen hatte er immer ein volles Haus. Da wurde über Kinder und Familie, Wetter und Reisen, vor allem jedoch über sein Hobby, die Malerei, geredet; aber die Politik rutschte schnell in den Mittelpunkt mit all dem dazugehörigen Klatsch und Tratsch, doch auch mit bedeutsamen Informationen, die die Gäste ins Haus brachten. Höhepunkte bildeten die Geburtstagsfeiern. Auch da gab es wieder so einen schönen Zufall. Leber hat am 7. Oktober Geburtstag. Wenn dann angestoßen wurde, erst auf ihn, dann auf die Frau des Hauses und schließlich mit fortschreitender Stimmung auf alles mögliche, reservierte ich für Christel und mich immer ein Glas, und wir dachten stolz: Ihr Ahnungslosen, wenn ihr wüßtet, wir leeren unsere Gläser jetzt auf das Wohl unserer Deutschen Demokratischen Republik!
An freien Wochenenden luden die Lebers Christel und mich gelegentlich auch allein ein. Am Sonntagvormittag klingelte dann das Te-

lefon, Schorsch war am Apparat. »Ich fahr rauf zur Wasserkuppe, zu den Segelfliegern. Das wär doch was für deinen Pierre – wollt ihr nicht mit?« Solche Ausflüge nutzte er immer, um was loszuwerden, das ihm am Herzen lag. Außerdem mußte ich stets die Kamera mitbringen! Der Minister als Segelflieger – das war ein Werbegag. Hatten wir klare Sicht von der Rhön, konnte ich Pierre die Umgebung zeigen. »Sieh mal, da hinten die blauen Täler – das ist schon Thüringen!«

So bildete sich zwischen mir und Georg Leber im Laufe der Jahre ein Sympathieverhältnis heraus, das ich vorsichtig mit *freundlichem Verständnis* umschreiben möchte. Es war ein solcher Sonntag *freundlichen Verständnisses,* strahlend hell und warm, da klingelte wieder das Telefon. »Wollt ihr nicht rüber kommen, Erna hat gebakken, das schöne Wetter ...« Ein Wahlkreissprecher hat für seinen Bundestagsabgeordneten immer dazusein, auch dann und gerade dann, wenn der einen Erfolg genießen will. Als Christel und ich an dem Sonntag ins Auto stiegen, wußten wir noch nicht, daß wir unseren Genossen in Berlin viel Scherereien machen würden.

Von den Masuren zur Côte d'Azur

Erna Lebers Kuchen war wirklich gut. Sie erntete viel Lob. Dann wollte auch Georg Leber gelobt werden – ob er auf der Veranstaltung am Vormittag nicht gut gewesen sei, als er neue Notarztwagen der Hessischen Straßenverkehrswacht übergeben hätte? Einfach hervorragend! Wir erörterten zum hundertstenmal die Chancen seiner Wahl. Es war ja so beruhigend: Die Vorstellung, daß im 140er Wahlkreis der Gegenkandidat von der CDU gegen Georg Leber aufs Tapet kommen könnte, erschien einfach lachhaft.

Entspannt von diesem Gedanken, wandte sich das Gespräch den Urlaubsplänen zu. Christel beschrieb unser holländisches Urlaubsquartier: familiär, hübsch, bescheiden, eben unseren Verhältnissen angemessen.

Georg Leber bekam die blitzenden Augen des großen Gönners. »Was denn, an die rauhe Nordsee? Ihr solltet vor der heißen Phase des Wahlkampfes richtig auftanken!« Dann rief er zur Küche hinüber, wo seine Frau hantierte: »Erna, wir fahren doch dieses Jahr nicht nach Saint-Maxime! Unser Haus da steht leer. Wär das nicht

was für die beiden hier?« Ohne die Antwort abzuwarten, stand er auf und schleppte Fotoalben und Prospekte herbei.
St. Maxime liegt an der südfranzösischen Mittelmeerküste. In einem günstigen Jahr der Bodenspekulation hatte die finanzkräftige IG Bau, Steine, Erden dort ein großes Terrain aufgekauft und zu einem zauberhaft gestalteten Ferienparadies für verdiente Mitglieder ausgebaut. Auf den Prospektfotos und auf den Urlaubsbildern sahen wir die Schönheit der mediterranen Landschaft, darin versteckt die Ferienhäuser. Märchenhaft schön die Casa, die Leber als ehemaligem Boß der Gewerkschaft, der das alles gemanagt hatte, nach wie vor zur Verfügung stand. In unauffälligen Terrassen war die natürliche Vegetation den Zwecken der Erholung angepaßt worden. Man spürte förmlich den milden Seewind und den Duft der Pinien, des Oleanders und des Lavendels. Auf den Bildern schwebte über allem ein azurner Himmel.
Christel und ich konnten Begeisterung nicht verbergen. Unauffällig suchten sich unsere Blicke. Beim erstenmal sahen wir uns noch ratlos an. Ich glaube, ich sagte so was wie: Ein solch großzügiges Angebot dürften wir nicht annehmen. Georg Leber winkte generös ab: Es koste ihn nichts, warum also die Gelegenheit nicht nutzen? Der zweite Blick, den ich mit Christel tauschte, hatte schon etwas Ermunterndes, Leber schilderte weitere Vorzüge seines Vorschlags. Er strahlte, und auch seine Frau drängte uns. Christel und mir wurde klar, daß wir aus dem Handel nicht mehr herauskamen. Bei der Stimmungslage war es einfach unmöglich abzulehnen. Ein Korb in diesem Moment – und die Lebers wären verletzt gewesen bis in alle Ewigkeit.
Wir sagten zu, und es begann ein unwahrscheinlicher Streß. Die Umstellung unserer Urlaubspläne erforderte dringend – und in doppelter Hinsicht, wie ich gleich erläutern werde – eine ausgiebige Konsultation mit der Zentrale: Wie mußte man sich strategisch orientieren, wie taktisch im einzelnen verhalten? Eine Verständigung darüber war nicht über die Kurierpost möglich. Über den Eilkanal, unser *rotes Telefon*, wurde ein Treff vereinbart. Da die Zeit drängte, war für den Berlinflug eine Legende, wie sie noch Paul gefordert hatte, nicht mehr beizubringen. Ich mußte es riskieren. Der Grenzübergang in Berlin verlief reibungslos. Bruno nahm mich an unserer alten Ecke in seinem Auto auf. Wir wollten in den märkischen Wald fahren, um da in einem verschwiegenen kleinen Land-

haus unsere Pläne zu schmieden. Auch Robert war wieder als guter Geist der Organisation mit von der Partie.
Auf der Fahrt ereignete sich einer jener verteufelten Zwischenfälle, mit denen man immer rechnen muß, von denen man aber doch überrascht wird, wenn sie einen überfallen. An einer Vorortstrecke waren wir an der heruntergelassenen Schranke zum Halten gekommen. Es war nachmittags, die S-Bahn brachte die in Berlin arbeitenden Stadtrandbewohner nach Hause. Am Bahnübergang wartete neben unserem Wagen eine dichte Traube von Fußgängern auf das Öffnen der Schranke. In Gedanken mustere ich die meist auch in Gedanken versunkenen Gesichter, und plötzlich entdecke ich in der Menge ein bekanntes Gesicht. Woher kenne ich den? Ein Mann in mittleren Jahren – wer ist das? Noch sieht er weg, aber was, wenn er hersieht? Ich betrachte sein Profil, irgendwie ist es charakteristisch ... Und dann kommt die Erinnerung: Ein Genosse von »Volk und Wissen«! Das war doch der ... – ja einer von den aufrechten Kerlen, die damals, als ich mich abgesetzt hatte, sicherlich ihren Bannfluch über den Abtrünnigen gesprochen haben. Was muß der denken, wenn er mich plötzlich hier in einem Auto sitzen sieht? Wie wird er reagieren?
In das Brummen des laufenden Motors hinein sagte ich, ohne mich zu rühren, leise was los war. Bruno wußte nicht, wie er reagieren sollte – vor uns die Schranke, hinter uns eine Kolonne wartender Autos. In seinem Gesicht war ein Zug von Ergebenheit: Nun auch noch das! Robert rief von hinten: »Nimm den Kopf wenigstens runter! Tauch weg! Such unten was!« In dem Moment ging die Schranke hoch, und mit einem Fluch gab Bruno Gas.
Wir entkamen unerkannt. Der Vorfall machte mir den ganzen Irrsinn meiner Existenz bewußt: Ich hatte ein Zuhause und eine Heimat, aber das Zuhause war nicht die Heimat, und in der Heimat war ich nicht zu Hause. Es gab keinen Ort, nirgends, wo ich mich wirklich frei bewegen konnte. Es war der Preis, der für den Auftrag zu zahlen war.
Georg Lebers Ferienplatzangebot war noch in ganz andere, verschwiegene Reisepläne hineingeplatzt. Christel ist im einst ostpreußischen Allenstein geboren. Immer war es ihr sehnlichster Wunsch, die Stätten ihrer Kindheit noch einmal aufzusuchen. In den ersten, noch verhärteten Jahren nach dem Kriege war an Reisen in die ehemals ostdeutschen, jetzt polnischen Gebiete nicht zu denken, und

als man endlich daran denken konnte, saß Christel mit mir bereits in westdeutschen Landen. Doch wurde der Plan nie völlig aufgegeben. In diesem Jahr hatte es nun endlich klappen sollen. Von Bruno war alles für zwei Ferienwochen an den masurischen Seen organisiert worden.

Das ursprüngliche Arrangement sah so aus: Zu viert – Christel, Pierre, Oma und ich – wollten wir in unseren angestammten Ferienort Zandvoort an der holländischen Küste fahren, uns dort anmelden, ein paar Tage gemeinsam verbringen, wonach es Christel und mir vielleicht gelingen würde, uns halbwegs unauffällig – mit der Version, eine Studienfahrt durch die Normandie und Bretagne zu unternehmen – vom Trubel des Badelebens abzusetzen. Bruno sollte uns dann inkognito nach Polen bringen.

Das war nun alles geplatzt. So vorsichtig und kunstvoll, wie Bruno die Sache eingefädelt hatte, mußte er sie auch bei den polnischen Freunden wieder ausfädeln. Wir hatten uns nach Georg Lebers Gönnerlaune zu richten.

Was blieb zu tun? In Hetzjagd, damit die vereinbarten Termine gehalten werden konnten, zurück nach Frankfurt/Main, die Familie verladen, Oma und Pierre in Zandvoort absetzen und dann endlich Ausspannen in St.-Maxime.

Dieser Urlaub in der für uns Nordländer so zauberhaften Welt an der Mittelmeerküste war unbeschreiblich schön, und mich hat es seitdem immer wieder in den Süden Frankreichs gezogen. Pochte da in mir das Blut meiner hugenottischen Vorfahren? Ich kam in den Ruf eines Frankophilen. Auch Christel atmete in St.-Maxime voller Genuß die balsamische Luft des milden Südens. Doch die Sehnsucht nach den Masuren blieb ungestillt.

Mischa Wolfs Rechnung ging auf

Georg Leber erzielte am 28. September 1969 ein – wie er es ausdrückte – Bombenergebnis. Er errang mehr Erststimmen, als die SPD aus der Frankfurter Region an Zweitstimmen für die hessische Landesliste einheimsen konnte. Lebers Prestigebarometer stieg sprunghaft. Die Glückwünsche aus Bonn häuften sich. Dort war Willy Brandt bereits vor die Fernsehkameras getreten und hatte seine Absicht verkündet, die knappe Mehrheit der Mandate zu nut-

zen und gemeinsam mit dem FDP-Vorsitzenden Walter Scheel die *Kleine Koalition* zu bilden. Es war klar, daß Georg Leber wieder ein Regierungssessel sicher war.
Bei meinem Anteil an Lebers Wahlsieg, den er auf der Wahlparty herausstrich, ergab sich auch für mich die erhoffte Perspektive, und die hieß: Bonn! Ich konnte damit rechnen, daß Leber mir, dem vertrauten Kämpen, das Angebot machen würde, ihm zu folgen und im neuen Amt zur Verfügung zu stehen.
Bruno hatte mir den Rat der Zentrale übermittelt, äußerst behutsam zu operieren: Niemanden drängen, alles auf sich zukommen lassen! Auch Lebers Reaktionen in Ruhe abwarten!
Die Weisung stimmte mit den grundsätzlichen Erwägungen überein, die Mischa, der Chef, bei den vorausgegangenen Treffs mit mir angestellt hatte. Solche Zusammenkünfte waren für mich eine unverzichtbare Gelegenheit, politisch, moralisch, menschlich aufzutanken. Noch von meiner Zusammenarbeit mit Paul her wußte ich, in welchem Ruf Mischa bei diesem alten Haudegen des konspirativen Kampfes stand. Paul charakterisierte ihn als einen Mann, der den Stafettenstab von den antifaschistischen Kämpfern übernommen hatte und nach der Gründung der DDR zum Pionier beim Aufbau unseres politischen Aufklärungsapparats wurde.
Als ich mit ihm zusammentraf, kannte ich ungefähr seinen Lebensweg, der so gänzlich anders verlaufen war als der meine. Markus Wolf war ein paar Jahre älter als ich, 1923 noch hineingeboren in die ausklingenden revolutionären Kämpfe in Deutschland. Sein Vater war der proletarisch-antifaschistische Arzt, Dichter und Dramatiker Friedrich Wolf. 1933 emigrierte die Familie nach Frankreich, später in die Sowjetunion. In Moskau besuchte Mischa die für Emigrantenkinder eingerichtete »Karl-Liebknecht-Schule«. Sein Bruder Konrad, der sich später als Filmregisseur einen großen Namen machte und, bevor er viel zu früh starb, Präsident der Akademie der Künste war, zog als Leutnant der Roten Armee in den Großen Vaterländischen Krieg. Sein Film »Ich war neunzehn« hat diese heroischen Jahre reflektiert. Der ganzen Familie wurde von den Nazis die deutsche Staatsbürgerschaft aberkannt. Mischa Wolf kehrte blutjung mit sowjetischem Paß in die Heimat zurück. Als Korrespondent erlebte er in Nürnberg den großen Prozeß gegen die Hauptkriegsverbrecher und schrieb und sprach darüber, sich einreihend in die Phalanx der deutschen Kämpfer für ein neues Deutschland,

unter dem journalistischen Pseudonym »Strom« in der »Berliner Zeitung« und beim »Berliner Rundfunk«.
In den Zusammenkünften mit mir war Markus Wolf immer zugleich Mischa, der Freund, und »Genosse General«, der Chef. Er hatte ein feines Gespür für Sorgen, die man mit sich herumschleppte. Immer wieder erkundigte er sich nach den persönlichen Umständen unseres Lebens fern von den Genossen und ob zu helfen war, wo es Schwierigkeiten gab. Ich bemühte mich, ihn so wenig wie möglich damit zu behelligen. Auch so spürte ich Mischas natürliche, von Herzen kommende Verbundenheit mit *seinen* Kundschaftern. Da war er Gleicher unter Gleichen. Eine solche solidarische Haltung stand überhaupt nicht im Widerspruch zu der großen geistigen Strenge, mit der er die strategischen Linien unserer Arbeit erläuterte.
Als ich damals mit Mischa Wolf zusammentraf, schoben sich alle politischen Kombinationen in der Bundesrepublik auf einen ganz bestimmten Kulminationspunkt zu. Im Bundestagswahlkampf und auch als Geschäftsführer der sozialdemokratischen Rathaus-Fraktion in Frankfurt steckte ich bis über den Kopf in dem Sack kleinlicher Intrigen, parteipolitischer Winkelzüge, kurzsichtiger Manöver der Tagespolitik. Das waren gebündelte Erfahrungen aus der Praxis, aber im Grunde nichts wert ohne verallgemeinernde Wertung. Wolf, als Chef, stülpte seinen großen Entwurf darüber. Er hatte die Treffen von Budapest und Prag für die Aufklärungsarbeit analysiert. Dort hatten die führenden Staatsmänner der Warschauer Koalition die Signale noch einmal sehr deutlich auf Entspannung gestellt und als reale Möglichkeit, um eine auf dem Prinzip der friedlichen Koexistenz basierende Entspannungspolitik auch zu praktizieren, die Einberufung einer gesamteuropäischen Konferenz für Sicherheit und Zusammenarbeit bekräftigt. Helsinki warf seine Schatten – besser: sein Licht – voraus.
Genosse Wolf formulierte in etwa so: Die Bildung einer Regierung unter der Kanzlerschaft Willy Brandts würde ohne Zweifel einen Kraftzuwachs für die Entspannungspolitik bedeuten. In der sogenannten neuen Ostpolitik steckten Ansätze, die ernst genommen werden müßten. Wir dürften uns nicht hinter dem Argument verschanzen, daß diese Politik, die Politik einer Öffnung gegenüber den östlichen Nachbarn, womöglich mit Zwecken verbunden sei, die sich gegen den realen Sozialismus in diesen Nachbarländern

richteten. Zweifellos stimme dieses Argument. Auch ein Bundeskanzler Brandt bliebe der Bundeskanzler eines staatsmonopolistisch strukturierten Machtgegfüges, das wesentliche Triebkräfte aus seinem Antikommunismus beziehe. Doch hätten wir, die Kommunisten, jetzt die vielleicht nie wiederkehrende Chance, die durch Entspannungsbemühungen gekennzeichnete neue Konstellation für unser wichtigstes Ziel zu nutzen. Die DDR, wie alle Länder des Sozialismus, brauche den Frieden als Lebenselixier. Ohne Frieden kein Dienst am Menschen! Eine Phase der Entspannung sei unerhört kostbar. Insofern müsse jetzt der politische Gegenspieler beim Wort genommen werden, die von ihm angestellten Überlegungen zur Sicherheitspartnerschaft konsequent bis zu Ende zu denken. Für die gerade in aller Stille vollzogene Auflösung des Ostbüros der SPD und die zumindest formelle Legalisierung der DKP sei niemand niemandem zu Dank verpflichtet – nur Unrecht würde zurückgenommen. Aber auch mit einem solchen Akt wolle man vielleicht einen Wink geben.

Bei einem skeptischen Einwand von mir lächelte Markus Wolf. Er hatte Willy Brandt beim Nürnberger Prozeß beobachten können, in den Tagen gemeinsamer Pressetätigkeit. Willy Brandt, gleichfalls zurückgekehrt aus antifaschistischer Emigration, habe damals noch die Uniform eines norwegischen Presseoffiziers getragen. Willy Brandt sei einmal als linker Opponent gegen den SPD-Apparat politisch herangereift und habe vor den Nazis bei Nacht und Nebel aus Deutschland flüchten müssen. Derartige Erfahrungen eines Mannes, der zweifellos eine historische Mission in sich spüre, müßten in ihm weiterwirken. Egal, welche anderen Weichenstellungen es bei ihm seitdem gegeben habe – er, Markus Wolf, könne sich nicht vorstellen, daß an einem Politiker wie Brandt der Lebensweg keine Spuren hinterlasse. Wenn er seine Mission als Friedensstifter, als Mann des Ausgleichs und der Versöhnung ernst nehme, sei dies nur zu begrüßen.

Dennoch, sagte Mischa Wolf, dürften wir nicht die Augen davor verschließen, daß die imperialistische Hochrüstung ungehemmt ihren Fortgang nähme und die BRD als militärisch stärkste europäische Festlandmacht innerhalb der NATO an die aggressive Globalstrategie der USA gebunden bleibe. Diese Gesichtspunkte stünden unverrückbar im Mittelpunkt unseres Auftrags: Dem Kriege wehren, dem Frieden dienen! Insofern verlange die zu erwartende politische Entwicklung unserer daraus abzuleitenden Aufklärungsarbeit Prinzipienfestigkeit und Geschmeidigkeit ab. Wir müßten auf Finten gefaßt sein und auf ernst zu nehmende Angebote. Wo wollte uns der politische Kontrahent täuschen, wo war er ehrlich zur Kooperation bereit? Was drohte sich zur Gefahr für den Sozialismus auszuwachsen, was würde für ihn zum Nutzen sein? Es waren vor allem solche Interessenfelder von Bedeutung, auf denen man sich begegnen konnte, ohne daß eine der Seiten befürchten mußte, dabei Schaden zu nehmen. Von mir wurde erwartet, daß ich auf vorgeschobenem Posten jederzeit in der Lage war, wichtige Bewegungen im anderen Lager zu beobachten und zu erkennen. Ich brauchte also eine Position, die Überblick gewährleistete. Mischa ermunterte mich, nicht pingelig zu sein, auch weiterhin sich bietende Chancen zu nutzen, warnte aber zugleich davor, das Augenmaß für ein vertretbares Risiko zu verlieren.

Nie wieder ein Maßanzug mit Uhrtasche!

Welche Risiken mit dem Charakter meiner Tätigkeit verbunden waren, hatte ich in Frankfurt/Main an einem sehr drastischen Vorgang zu spüren bekommen. Er verunsicherte mich nicht, hinterließ aber doch ein dumpfes Gefühl der Beunruhigung. Tatsächlich sollte er dann auch später bei den Prozeduren, die zu meiner Enttarnung führten, eine gewisse Rolle spielen.

In meinem SPD-Ortsverein in Frankfurt-Nordend war ich mit einem Harry Siberg bekannt geworden. Er hatte eine Tochter im Alter von Pierre, und als er davon hörte, daß unser Junge in der Ganztagesschule am Bornheimer Hang pädagogisch gut betreut wurde, äußerte er die Bitte, mich dafür zu verwenden, daß auch seine Kleine da untergebracht würde. Es ging um eine Gefälligkeit, wie sie unter SPD-Genossen üblich ist. Ich tat ihm also den Gefallen und ließ bei dem sozialdemokratischen Rektor ein wenig meine Autorität als Unterbezirkssekretär wirken.

Diese Regelung hatte zudem für mich auch eine angenehme Seite. In den ersten Jahren, als die Kinder noch zu klein waren, um den weiten Schulweg allein zu machen, konnte ich mich mit Siberg darin ablösen, sie mit dem Auto vor Arbeitsbeginn zur Schule zu bringen und nach Arbeitsschluß wieder abzuholen. Den einen Tag übernahm er es, den anderen Tag ich.

Bekanntlich läuft das Kalb der Kuh hinterher. Jedenfalls tauchte eines Tages auch Sibergs Frau Ingeborg bei mir auf. Da ihre Katrin jetzt so wunderbar untergebracht sei, fühle sie sich geradezu herausgefordert, wieder berufstätig zu werden. Ob ich nicht etwas für sie tun könne? Ich klopfte eine Etage höher bei Bezirkssekretär Wiedemann an, der die Sibergs vom gleichen Ortsverein kannte, und schließlich klappte es: Ingeborg Siberg ging als Sekretärin dahin, woher ich gekommen war, in die Pressestelle des SPD-Bezirks Hessen-Süd.

Eines Tages, Harry Siberg war mit dem Abholen der Kinder an der Reihe, sitze ich schon eine ganze Weile zu Hause – Christel war auf der langen Heimfahrt aus Wiesbaden noch unterwegs –, als die Oma unruhig wird. Wo bleibt Pierre? Ich rufe bei Sibergs an – niemand meldet sich. Ich setze mich ins Auto und fahre zur Schule. Dort hokken Pierre und Katrin als letzte auf dem Schulhof, schon etwas verstört. Der Klassenlehrer verständigt mich: »Entschuldigen Sie, Herr Guillaume, daß ich Sie nicht gleich angerufen habe; ich dachte mir, daß Sie von sich aus kommen würden. Was genau los ist, weiß ich auch nicht. Die Kripo war hier. Sie brauchen Herrn Siberg zur Klärung einer Angelegenheit, er konnte nicht kommen. Aber ich habe die Herren von der Polizei beruhigt: Das Abholen der Kinder würde schon der Herr Guillaume besorgen, stimmt ja auch, nicht wahr?«

Was war passiert? Ingeborg Siberg hatte einen Anzug ihres Mannes zur Reinigung gebracht und dabei dummerweise vergessen, noch einmal die Taschen umzukehren. Das besorgte nun jemand in der Reinigungsanstalt. Dabei kam in der Uhrtasche des Anzugs von Harry Siberg etwas zum Vorschein, was wie ein Zahlenschlüssel aussah. Unter dem Verdacht der Spionage wurden die Sibergs festgenommen. Gleichzeitig war auch meine Verbindung zu ihnen beim Verfassungsschutz aktenkundig geworden.

Als ich im Zuge des Ermittlungsverfahrens gegen die Sibergs in der Politischen Abteilung des Frankfurter Polizeipräsidiums befragt wurde, kostete es mich wenig Mühe, die Harmlosigkeit unseres Umgangs darzustellen. Wer wollte schon den Frankfurter Parteisekretär verdächtigen? Ein Trauma blieb dennoch bis auf den heutigen Tag zurück. Als ich mir unlängst nach langer Zeit wieder einen Anzug bauen ließ und der Schneider beim Maßnehmen nach besonderen Wünschen fragte, hatte ich nur einen: »Bitte ohne Uhrtasche!«

In Bonn rückte der Tag näher, an dem der neue Bundeskanzler gewählt werden sollte. Ich sagte Georg Leber, daß es mir was bedeuten würde, wenn ich die Stunde im Bundestag miterleben könnte, in der er, Schorsch, der mit seinem grandiosen Wahlergebnis in Frankfurt soviel zu dieser Kanzlerschaft beigetragen habe, selbst als Minister vereidigt würde. Leber besorgte mir eine Tribünenkarte.
Eine Woche später sitze ich im Konferenzsaal eines Frankfurter Hotels in einer Tagung des Aufsichtsrats der AG für kleine Wohnungen. Ich werde ans Telefon gerufen. Am anderen Ende ist Leber. »Günter, den Druck unserer Frankfurter Linken bist du los. Du kommst nach Bonn! Eine schöne Aufgabe.«
»Zu dir ins Ministerium?«
Er machte eine effektvolle Pause. »Du gehst ins Bundeskanzleramt! Da wartet Herbert Ehrenberg auf dich.«

11. Die Sicherheitsüberprüfung

Frage des Vorsitzenden: »Was wurde nach dem Votum des Herrn Präsidenten des Bundesnachrichtendienstes weiter veranlaßt?«

Zeuge Ehmke: »Ich bat Herrn Dr. Ehrenberg, wenn Guillaume wieder in Bonn sei, möge er mit ihm und Herrn Schlichter (dem Sicherheitsreferenten) zu mir kommen. Das Protokoll der dann durchgeführten Befragung müßte sich in den Akten befinden ...«

Vorsitzender: »Welche Punkte haben bei der Befragung eine Rolle gespielt?«

Zeuge Ehmke: »Der Angeklagte wurde angesprochen auf Grund der Meldungen, die uns vorlagen und die von einer Infiltrations- oder Agententätigkeit sprachen, also eventuell eine zweifache Bedeutung hatten ... Die Befragung hat ungefähr eineinhalb bis zwei Stunden gedauert. Das Gespräch verlief in einer Vernehmungsatmosphäre, also gezielte Befragung, weniger Gespräch als gezieltes Befragen. Die allgemeine Atmosphäre war sachlich, aber nicht unhöflich.«

Verteidiger: »Wie reagierte der Angeklagte auf die Vorhalte – sichtlich betroffen?«

Zeuge Ehmke: »Nein! Er reagierte überrascht, gleichzeitig in den Antworten aber sicher. In dieser Vernehmung hat der Angeklagte auf mich sogar einen besseren Eindruck gemacht als in dem vorhergehenden Vorstellungsgespräch.«

(Aus der Vernehmung des Zeugen Prof. Dr. Horst Ehmke, vormals Chef des Bundeskanzleramts unter der ersten Regierung Brandt, vor dem Oberlandesgericht Düsseldorf am 7. Oktober 1975)

Was Prof. Ehmke zu sagen hatte, war schon mehrmals gesagt

Als Prof. Dr. Ehmke bei seiner Zeugenaussage mit der ihm eigenen motorischen Ungeduld darauf verwies, daß sich das Protokoll meiner Befragung durch ihn doch bei den Akten befinden müsse, hätte er diese Bemerkung getrost auf den ganzen Komplex des Einstellungsverfahrens und der Sicherheitsüberprüfung ausdehnen können. Es war so gut wie alles bei den Akten und das schon zu einem Zeitpunkt, als das Hauptverfahren vor dem Oberlandesgericht Düsseldorf noch gar nicht eröffnet war.

Fünf Monate lang, von Mai bis November 1974, hatte bereits die von der Regierung eingesetzte »Kommission Vorbeugender Geheimschutz über die Prüfung von Sicherheitsfragen im Zusammenhang mit dem Fall Guillaume« verhandelt. Da wurden Akten beigezogen, Gutachten veranlaßt, Berichte angefordert, Auskünfte eingeholt, Zeugen vernommen. Die Kommission legte ihren Abschlußbericht am 11. November 1974 vor. Zu der Zeit lief immer noch das Ermittlungsverfahren gegen uns.

Damit aber nicht genug. Am 6. Juni 1974 beschloß der Bundestag, einen eigenen siebenköpfigen Untersuchungsausschuß einzusetzen. Dieser parlamentarische Ausschuß trat laut eigener Rechenschaftslegung 28mal zusammen, vernahm in 18 öffentlichen und nichtöffentlichen Sitzungen 59 Zeugen – von Bahr, Egon, Bundesminister, bis Zachmann, Eberhard, Senatsdirigent beim Senator für Inneres, Berlin. Die zur Beweiserhebung beigezogenen Akten, schriftlichen Auskünfte und sonstigen Unterlagen umfaßten eine Liste von insgesamt 89 Positionen. Am 19. Februar 1975 wurde der Ausschußbericht veröffentlicht.

Zu den amtlichen und offiziellen Verfahren kamen die Vorverurteilungen durch die Massenmedien. Was da an Halbwahrheiten und Lügen, an leichtfertigen Erfindungen und bösartigen Verdrehungen, an Unflat und Unsinn zusammengetragen wurde, erreichte ein solches Unmaß, daß es einem selbst mit dem Abstand der Jahre schwerfällt, bei der Lektüre gelassen zu bleiben. Als Untersuchungsgefangene, ohne Chance der Gegenwehr, mußten Christel und ich mit ansehen und mit anhören, welch monströses Bild von unserer Persönlichkeit gezeichnet wurde.

Mit Geschichten von politisch eingefärbtem sex and crime sollten oft ganz andere Leute getroffen werden als ich selbst. Selbstverständlich war niemand gezwungen, derartige Phantastereien für die Wahrheit zu nehmen. Und der Gerechtigkeit halber muß ich auch sagen, daß das später vor Gericht niemand ernsthaft getan hat. Aber es gab eine ganze Reihe anderer journalistischer Enthüllungen, die für die Beeinflussung der Prozeßführung von einiger Bedeutung waren. Diese Enthüllungen stützten sich nicht auf die amtlich publizierten Untersuchungsverfahren, sondern entstanden vor allem in der Grauzone zwischen den Geheimdiensten und den Redaktionen. Der vom Bundestag eingesetzte Untersuchungsausschuß war bei seinen Recherchen selbst auf diesen Verfassungs- und gesetzwidrigen Mißbrauch gestoßen und hatte ihm unter der Überschrift »Die Zusammenarbeit des BND mit Journalisten« einen ganzen Abschnitt gewidmet. Dabei verlief der illegale Nachrichtenaustausch im Gegenverkehr. Einerseits ließ sich der BND von Personen, die auf seinen Honorarlisten standen, mit Spitzelmaterial beliefern. Andererseits spielte der Geheimdienst eigene Erkenntnisse der Journaille zu, wenn es ihm darauf ankam, Politiker oder andere Persönlichkeiten des öffentlichen Lebens zu verdächtigen, mit progressiven Ideen umzugehen. Die ungesetzlichen Indiskretionen nahmen ein solches Ausmaß an, daß sich im August 1974 der Bundestagspräsident gezwungen sah, den parlamentarischen Untersuchungsausschuß zu *vermahnen*. Mitten aus den Verhandlungen heraus waren der Presse Informationen zugespielt worden, die die Geheimdienste beigebracht hatten.

So hatten sich im *Fall Guillaume* lange vor Anklageerhebung amtliche Institutionen und politische Gremien mit Presse, Funk und Fernsehen zusammengetan und einen Vorprozeß – man könnte hier wirklich einmal sagen: einen Schauprozeß – abgehalten. Wen will es wundern, daß ich den sich daran anschließenden Prozeß vor dem Düsseldorfer Gericht nur als Farce empfinden konnte? Reihenweise marschierten prominente Zeugen auf; aber was sie zu sagen hatten, das hatten sie, gefragt oder nicht gefragt, mehrmals schon an anderer Stelle gesagt. Mit umständlichen Prozeduren, um wenigstens verfahrensrechtlich der Form zu genügen, wurden Sachbeweise vorgeführt, aber sie waren in Bild, Ton und Schrift der Öffentlichkeit längst bekanntgemacht worden. Richter und Bundesanwälte stellten schlaue Fragen; doch die Antworten kannten sie schon aus den Vorverfahren. Die Sachverständigen erstellten lange Expertisen; aber wesentliche Aussagen stützten sie auf Erkenntnisse, zu denen sie unabhängig vom Prozeß bereits vorher gekommen waren. Es war der 16. Verhandlungstag, als sich mein Anwalt Dr. Pötschke veranlaßt sah, angesichts der diffamierenden und tendenziösen Veröffentlichungen in einem Teil der Presse eine Erklärung abzugeben: Ein faires Verfahren sei nicht mehr gewährleitet! Die Bundesanwaltschaft antwortete mit der gängigen Phrase: In einer offenen Gesell-

schaft und in einer offenen Demokratie stehe es der Presse frei, zu einer eigenen Meinung zu kommen.
Wozu das ganze Theater der Beweisaufnahme? Das Wesentliche war längst aktenkundig. Wozu den Chef des Kanzleramts als Zeugen laden, wenn der seine Aussage über mein Einstellungsverfahren schon mehr als einmal abgeliefert hatte? Ging es nur darum, den Parlamentsrednern Gelegenheit zu geben, längst Verdautes noch einmal aufzustoßen und wiederzukäuen? Ging es nur um neue Schlagzeilen? Sollten einer entspannungsunwilligen Presse Füller geliefert werden?

Ich hatte nur damit gerechnet, mit Georg Lebers Hilfe nach Bonn zu gehen. Seine Ankündigung, daß mich ein Posten im Bundeskanzleramt erwarte, traf mich völlig überraschend. Ich mußte mich in aller Schnelle entscheiden, zu Konsultationen mit Berlin blieb keine Zeit. Offensichtlich hatte Georg Leber über meine zunehmenden Schwierigkeiten in Frankfurt/Main mit Herbert Ehrenberg gesprochen, der noch aus den Tagen gemeinsamer Vorstandstätigkeit in der IG Bau, Steine, Erden sein Intimus war. Als ehemaliges Mitglied des SPD-Unterbezirksvorstands, aus dem er selbst als rechter Exponent rausgeflogen war, kannte Ehrenberg die Frankfurter Szene gut genug, um für meine Schwierigkeiten das nötige Verständnis aufbringen zu können.
Im Range eines Ministerialdirektors hatte Ehrenberg im Bundeskanzleramt die Leitung der Abteilung III übernommen, zuständig für Wirtschafts-, Finanz- und Sozialpolitik. Sein Vorgänger, ein CDU-Beamter, wurde in den einstweiligen Ruhestand geschickt. Bei den Besetzungen des Referats III/4 dieser Abteilung suchte er noch einen Hilfsreferenten für den speziellen Tätigkeitsbereich »Verbindung zu Gewerkschaften und Verbänden«. Am Telefon sagte mir Herbert Ehrenberg: »Günter, wir kennen uns lange genug – du bist dafür der richtige Typ. Ich brauche keinen Laufbahnbeamten und keinen Akademiker. Ich brauche einen kommunikationsfreudigen Typ. Ich denke, daß Ehmke einverstanden sein wird.«
Die Vorstellung beim Kanzleramtschef in Bonn ging ruck, zuck ohne große Förmlichkeiten vonstatten, ganz in dem Stil, der während der ersten Monate für die neue Regierung typisch war. Ehrenberg nahm mich mit in die Lobby des Bundeshauses. Es war der 11.11.1969 – für die Uhrzeit kann ich mich nicht verbürgen. Ehmke

begrüßte uns mit einem Wink und nahm uns mit ins Beratungszimmer der Fraktion. Hier erfolgte die Vorstellung. Nur wenige Worte wurden gewechselt. Horst Ehmke musterte mich. »Wir müssen Schwung in den Laden bringen. Darüber mußt du dir im klaren sein!« Dann ebenso flott zu Ehrenberg: »Also in Ordnung! Wenn du den Mann haben willst, bitte! Aber fangt mit der Arbeit bald an!«
Schon ein paar Tage später schickte mir die Personalabteilung per Post die Unterlagen zu, die ich für den Einstellungsvorgang auszufüllen hatte. Es handelte sich um einen üblichen Personalbogen, danneben um ein Formular, auf dem ich eine *Erklärung* abzugeben hatte. Natürlich war ich auf diese Anforderung vorbereitet. Dennoch – die vorgedruckten Fragen auf dem Formularbogen machten mir noch einmal schlagartig bewußt, daß Bonn eben doch ein anderes Pflaster war als Frankfurt. Mit der Gemütlichkeit der Provinz war es vorbei. Die Regierungszentrale hatte einen schärferen Biß. Die von mir abzugebende *Erklärung* stellte einen ersten Test auf meine Loyalität und Sicherheitsempfindlichkeit dar. Lippenbekenntnisse genügten nicht mehr. Ich war mir darüber im klaren, daß man sich mit meiner Beantwortung der gestellten Fragen nicht zufrieden geben, sondern ihren Wahrheitsgehalt überprüfen würde.
Zum Zeitpunkt meiner Einstellung galten noch die Richlinien für die Sicherheitüberprüfung von Bundesbediensteten in der Fassung vom August 1960. Im Sinne dieser Richtlinien galt das Bundeskanzleramt als eine oberste Bundesbehörde. Bei jedem dort beamteten oder angestellten Mitarbeiter wurde praktisch vorausgesetzt, daß er Zugang zu Verschlußsachen zumindest bis zum VS-Grad »Geheim« haben würde. Dementsprechend wurde jeder ohne Ausnahme einer Sicherheitsüberprüfung unterzogen.
Ich war in jenen Tagen von einer nervösen Spannung erfüllt, fühlte mich wie ein Prüfling, der mit magenaushebendem Ehrgeiz eine gute Hausarbeit liefern will. Bei aller Vorsicht, die das Unternehmen erforderte, war ich voller Angriffslust. Die Lage war unsicher, aber instinktiv wußte ich, daß sie zu meistern war, wenn ich selbst Sicherheit gewann. Dieser gleichermaßen bange wie zuversichtliche Seelenzustand war es wohl, der mir damals die Sicht verstellte auf etwas ..., auf eine ganz gewisse Stimmungslage, die ich erst heute im Rückblick zu erkennen glaube. Ich kann mich irren, aber ich denke, daß Christel in jenen Tagen, als wir zusammen die mir abverlangte Sicherheitserklärung besprachen, von einer ahnungsvollen Unruhe

erfaßt wurde, die sie nie wieder ganz verließ. Es widersprach der Tapferkeit ihres Charakters, darüber auch nur ein Wort zu verlieren, und ich war wohl schwerhörig für das, was unausgesprochen in der Schwebe blieb. Solche Stimmungen sind schwer zu beschreiben, noch dazu, wenn man sie voller Unsicherheit aus der Erinnerung rekonstruieren soll. Was sich da in aller Stille bei Christel zusammenschob, war wahrscheinlich die Frage, ob ich im Begriff war, eine Sprosse zu hoch zu greifen. Bis dahin hatten wir einen sicheren Stand gehabt, jetzt fing die Leiter an, ein wenig zu schwanken.

Ende November packte ich die ausgefüllten Papiere zusammen und schickte sie nach Bonn zurück. In einem kurzen Begleitschreiben bestätigte ich, daß ich die Geschäftsführung in der Frankfurter Stadtverordnetenfraktion termingerecht zum 31.12.1969 niederlegen und wunschgemäß zum Dienstbeginn im Kanzleramt am 1.1.1970 antreten könne.

Danach wurde es merkwürdig still. Weihnachten rückte näher und damit der Termin meines Arbeitsplatzwechsels, aber aus Bonn kein Zeichen. In den Frankfurter Lokalblättern erschienen Meldungen über den geplanten Umbau in der Leitung der SPD-Stadtverordnetenfraktion zum Jahreswechsel: Martin Berg sei als neuer Fraktionsgeschäftsführer vorgesehen in Nachfolge von Günter Guillaume, der eine Funktion im Bonner Kanzleramt übernehmen werde. Das war soweit richtig – nur fehlte nach wie vor die offizielle, arbeitsrechtlich gültige Bestätigung aus Bonn. Ein Tag nach dem anderen verging, und mit jedem Tag wurde das Warten ungemütlicher.

Was war passiert? Wie ich später aus den Darstellungen der zahlreichen Untersuchungsgremien entnehmen konnte, hatte sich der Personalrat des Kanzleramts, die einem Betriebsrat analoge Belegschaftsvertretung, quergelegt.

An seiner Spitze stand als Vorsitzender ein Ministerialrat namens Seemann, ein alteingesessener Parteigänger der Unionskanzler, dem natürlich die neue Richtung nicht paßte. Erst mit Schreiben vom 10. Dezember 1969 lehnte dieser Seemann unter Berufung auf einen Beschluß des Personalrats, den er fest in Händen hatte, meine Einstellung ab. Die Begründung lautete etwa folgendermaßen: In der Wirtschaftspolitischen Abteilung des Bundeskanzleramts habe bisher selbst die Verwendung nur als Hilfsreferent eine abgeschlossene Hochschulausbildung vorausgesetzt. Der Bewerber Guillaume besitze diese Voraussetzungen jedoch nicht. Und dann folgte der ei-

gentliche Hammer: Da der Bewerber der Partei angehöre, die derzeit den Bundeskanzler und den Chef des Bundeskanzleramts stelle, bestehe der Verdacht, daß durch die beabsichtigte Einstellungsmaßnahme ein nicht geeigneter Kandidat nur mit Rücksicht auf seine politische Betätigung und Einstellung bevorzugt werden solle.
Ende 1974 wurde Dr. Seemann als Zeuge vor den Guillaume-Ausschuß des Bundestages geladen. Dort formulierte er seine Position noch bissiger: »Es ging nicht darum, einen geeigneten Mann für einen Posten, sondern für einen ungeeigneten Mann einen geeigneten Posten zu finden.«

Der Chef des Hauses schlägt zurück

Professor Ehmke war nicht der Mann, der sich durch einen solchen Buff in den Rücken aus den Pantinen kippen ließ. Sein Standpunkt blieb unerschüttert: Da der Bundeskanzler in seiner Regierungserklärung ein weitgefächertes Reformprogramm angekündigt habe, solle auch das Kanzleramt, die Schaltzentrale zur Durchsetzung einer solchen Reformpolitik, an Kopf und Gliedern reformiert werden. Der Einspruch des Personalratsvorsitzenden stellte in Ehmkes Augen den kleinlichen Versuch dar, Sand in das neue Getriebe zu werfen. Er war entschlossen, ihn abzuschmettern, sachlich und politisch.
Die politische Grundlage bildete Brandts Regierungserklärung, die er am 28. Oktober 1969 vor dem Bundestag abgegeben hatte. Nach den vorangegangenen Aktivitäten zur Formierung einer neuen verstohlenen oder offenen Ostpolitik war die Öffentlichkeit darauf eingestellt, daß Brandt jetzt, da er als Kanzler das Sagen hatte, auf außenpolitischem Gebiet ein ganzes Bündel signalsetzender Neuerungen aus der Schublade holen würde. Doch zur allgemeinen Überraschung fiel die Regierungserklärung gerade in ihrem außenpolitischen Teil eher zurückhaltend und vorsichtig aus. Brandt erwies dem alten Adenauer seine Referenz: Die neue Regierung beabsichtige nicht, sich aus einer gewissen Kontinuität zu früheren Regierungen zu lösen. Es war damit klargestellt, daß man sich nicht Hals über Kopf aus historischen Bindungen lösen wollte, an die auch die SPD gefesselt blieb. Immerhin war es noch nicht allzu lange her, daß ein Parteitag der SPD – 1964 in Karlsruhe – unter dem Unstern des Re-

vanchismus gestanden hatte: An der Stirnseite des Tagungssaals saß das Präsidium unter einer riesigen Karte, die Deutschland in den Grenzen von 1937 darstellte. Der Weg vom Verzicht auf Revanche zur Vernunft des Ausgleichs war auch 1969 noch nicht zu Ende gegangen.

Um so neuerungssüchtiger stellte sich das Kabinett Brandt in seinen innenpolitischen Absichtserklärungen dar. Es fiel das verheißungsvolle Wort: Mehr Demokratie wagen! Der Staatsbürger müsse stärker zur Mitgestaltung eines neuen Gesetzgebungswerkes herausgefordert werden. Es gab kaum ein Gebiet, das nicht für reformbedürftig erklärt wurde. Steuerpolitik, Verwaltungsrecht, Bildungswesen, Eherecht, öffentlicher Dienst, Bodenrecht, Betriebsverfassung – alles sollte umgekrempelt werden.

Ein besonderes Interesse stellte Willy Brandt am Ausbau der gesetzgeberischen Arbeit auf sozialpolitischem Gebiet heraus. Nach meinen Beobachtungen wirkte hier, wenn auch im stillen und uneingestanden, das Beispiel der DDR, wo inzwischen Arbeitsrecht, Sozialrecht, Familienrecht, Bildungsrecht in ein demokratisch geprägtes Gesamtgefüge gebracht wurden, wovon das Volk seinen Nutzen hatte.

Ohne Geschichtsbewußtsein entwickelt sich kein politisches Selbstbewußtsein. Willy Brandt trat sein hohes Staatsamt zweifellos mit dem Bewußtsein an, daß mit seiner Person und mit seinem Programm eine Ära deutscher Geschichte eingeleitet würde. Im März 1930 war mit Hermann Müller der letzte sozialdemokratische Reichskanzler der Weimarer Republik zurückgetreten. Fast vierzig Jahre mußten vergehen, Jahre, die die dunkelsten Kapitel deutscher Geschichte einschlossen, ehe es wieder einem Sozialdemokraten gegeben war, ein Kanzleramt auf sich zu nehmen. Aus dieser Konstellation entwickelte sich der Anspruch, gewissermaßen nach einem inhumanen Interregnum an humane Traditionen anzuknüpfen. Wenige Wochen nach seiner Wahl wurde Willy Brandt in einem Fernsehgespräch gefragt, ob er beim Einzug in das Palais Schaumburg die Nähe der Geschichte empfunden, den Saum des Mantels der Geschichte gespürt habe, von dem einst der Altkanzler Bismarck gesprochen hatte. Brandt darauf zur Antwort: »Ich habe mehr die gesamtgeschichtliche Kontinuität gesehen. Mein Anknüpfungspunkt ist eher bei Bebel als, bei allem Respekt, bei Hermann Müller. Ich sehe jetzt die große Chance, die es leider in der Weimarer Republik

nicht gegeben hat, den großen Ausgleich zu schaffen, von dem Bebel schon gesprochen hat.« Und dann zitierte Brandt August Bebel: »Es gilt, das Vaterland der Liebe und Gerechtigkeit zu gestalten – soweit man dies auf Erden zustande bringen kann ...«
Unter dem Eindruck des von ihrem Vorsitzenden vorgelegten Regierungsprogramms steigerten sich Teile der SPD in eine Aufbruchstimmung hinein. Wenigen war bewußt, daß es sich wieder mal um die Quadratur des Kreises handelte. Man glaubte ernsthaft, dem großen Geld im Interesse der kleinen Leute entgegenwirken zu können, ohne die Machtverhältnisse zugunsten der kleinen Leute zu verändern. Es war das alte Elend. Was bewirken schon reformerische Absichten ohne revolutionären Willen? Bebel hätte da noch weitere Auskünfte zu erteilen vermocht.
Dennoch spitzte sich vor diesem politischen Hintergrund das Gezerre um meine Einstellung ins Kanzleramt zu einer prinzipiellen Auseinandersetzung zu. Als oberster Dienstherr seiner Behörde ignorierte Professor Ehmke anfangs den Einspruch des Personalrats und ließ dem Einstellungsverfahren freien Lauf. Erst als es abgeschlossen war, teilte er dem Personalrat mit, weswegen er trotz dessen Ablehnung den Anstellungsvertrag unterzeichnen werde: *»In den Zuständigkeitsbereich der Abteilung III fallen ohne Nennung einiger Nebenbereiche neben der Wirtschaftspolitik auch die Finanz- und die Sozialpolitik; da der sozialpolitischen Arbeit in der Regierungserklärung vom 28. Oktober 1969 eine besonders große Bedeutung gegeben worden ist, muß ihr in der Abteilung III auch eine entsprechende Aufmerksamkeit gewidmet werden. Dies erfordert u. a. einen engen Kontakt zu den verschiedenen gesellschaftlichen Gruppen und eine laufende Beobachtung der Meinungsbildung bei Gewerkschaften und Arbeitgeberverbänden. Die angekündigten Reformen bedürfen sorgfältiger Vorbereitung, die nicht allein in den Ressorts erfolgen kann. Herr Guillaume soll speziell für diese Aufgaben in der Abteilung III eingestellt werden. Er bringt hierfür auf Grund seiner bisherigen Tätigkeit und seines Lebensalters mehr und bessere Erfahrungen mit, als ein Hilfsreferent nach abgeschlossenem Studium und nach einigen Jahren Tätigkeit bei einer Bundesbehörde auch bei großer persönlicher Eignung haben kann. Den vom Personalrat geäußerten Verdacht, daß ein nicht geeigneter Bewerber nur mit Rücksicht auf seine politische Betätigung und Einstellung bevorzugt werden soll, muß ich entschieden zurückweisen.«*

Ich selbst war ahnungslos, als ich in Frankfurt die Advents- und Weihnachtszeit über auf einen Bescheid wartete. Wenn ich mit Leuten von der Fraktionsführung zusammentraf, die wegen des immer näher rückenden Termins für den Wechsel in der Geschäftsführung immer dringlichere Fragen stellten, konnte ich nur mit den Achseln zucken. Wir sagten uns, daß die Bonner Mühlen eben langsamer mahlten als die Frankfurter.

Dann kam ein erstes Signal. Aber es ging nicht um die arbeitsrechtlichen Querelen, sondern um sicherheitspolitische Bedenken!

Es gibt da Angaben einer *Quelle* ...

Der erste, der etwas verlauten ließ, war Gerhard Weck, der Fraktionsvorsitzende: »Was ist da in Bonn los?« Weck vertraute mir an, daß er aus Bonn einen Anruf von Herbert Ehrenberg bekommen hatte: »Es gibt Ärger, weil Günter aus der Zone kommt!« – »Ich hab ihm gleich geantwortet: ›Das müssen wir durchfechten! Unbedingt, auf Biegen und Brechen.‹ Ich habe ihm gesagt, daß wir hier alle für dich geradestehen.«

Das war eine Silvesterüberraschung besonderer Art! Ich war über den Mostrichklecks im Pfannkuchen nicht gerade begeistert. Doch dann beruhigte ich mich schnell, als Herbert Ehrenberg selbst anrief. Er machte einen forschen, gelösten Eindruck und meldete sich bester Stimmung aus Frankfurt: »Günter, morgen geht's los! Endlich können wir anfangen. Morgen früh Treffpunkt Hauptbahnhof, wir fahren mit dem TEE.«

Auch während der etwa zweistündigen Fahrt mit dem Express ließ sich Ehrenberg nichts anmerken. Wir blätterten in den Morgenzeitungen, besahen uns durch das Fenster die Gegend, plauderten und streiften dabei schon ein paar Probleme, die auf uns an den neuen Arbeitsplätzen zukommen würden. Es war der 7. Januar 1970.

Als wir im Palais Schaumburg ankamen, prüfte ich schnuppernd die Amtsluft. In der Abteilung III wurde Ehrenberg von seiner Vorzimmerdame in allerlei Termin- und Postabsprachen verwickelt. Ich hörte nicht mehr hin, bis Ehrenberg mir sagte: »Du, ich höre eben, der Horst will uns beide sehen. Gehn wir runter!«

Da ahnte ich noch nichts Schlimmes. Während wir zu Ehmke gingen, dachte ich nur: Wie aufmerksam! Der große Chef persönlich

will mir zum Dienstantritt noch ein paar gute Worte mit auf den Weg geben!
Ehmke erwartete uns. Er war nicht allein. Der vierte Mann in der Runde wurde vorgestellt: Ministerialdirigent Schlichter, Geheimschutzbeauftragter des Amtes. Ich spürte, wie sich in mir eine Saite spannte. Ohne Umschweife kam der Minister zur Sache. Es seien Sicherheitsbedenken aufgetreten, das Gespräch habe absolut vertraulichen Charakter!
Nach meiner Erinnerung dauerte das Gespräch knapp zwei Stunden. Diese zwei Stunden gehören zu den schwierigsten meiner Laufbahn. Ministerialdirigent Schlichter, später als Zeuge des Gesprächs befragt, charakterisierte sie so: »Der Herr Minister hat Herrn Guillaume mit Fragen regelrecht berannt, ohne Schonung!«
Vom Inhalt des Gesprächs fertigte der Sicherheitsbeauftragte Schlichter einen Vermerk an, der von Ehmke und mir gegengezeichnet wurde. Ich zitiere daraus:
»Herr Minister teilte Herrn Guillaume mit: Auf Grund von Angaben einer genau feststehenden Quelle sowie auf Grund von Angaben einer zweiten Quelle bestehe der Verdacht, daß er – Guillaume – während seiner Tätigkeit von 1951 bis 1955 als Redakteur im Verlag ›Volk und Wissen‹ in Ost-Berlin nachrichtendienstlich gegen die Bundesrepublik tätig gewesen sei. Er solle während dieser Zeit nach Berlin-West und in die Bundesrepublik zur Erfüllung von Aufträgen gereist sein, die ihm von östlichen Dienststellen oder von Dienststellen der DDR erteilt worden seien.«
In dem scharfen Frage-und-Antwort-Spiel (der »Stern« sprach später von einer »Schockbefragung«) gab es ein beruhigendes Moment: Von einer nachrichtendienstlichen Tätigkeit nach 1956 war nicht die Rede – offensichtlich gab es dazu keine *Quellen.* Deshalb bestritt ich forsch und mit allem Nachdruck, überhaupt jemals nachrichtendienstlich tätig gewesen zu sein. Ja, es stimme, zweimal sei ich in die Bundesrepublik gereist, um mit Hilfe von Verwandten meiner Frau die Übersiedlung vorzubereiten. Aus demselben Grunde habe ich auch etwa ein halbes Jahr vor meiner Ausreise meine Tätigkeit beim Verlag »Volk und Wissen« aufgegeben und mich freiberuflich als Bildreporter betätigt. Dadurch sei es möglich gewesen, mich mit meiner Frau nach Leipzig abzumelden, tatsächlich aber zu meiner Schwiegermutter nach Frankfurt/Main zu fahren.
Wenn ich mich recht erinnere, kam Horst Ehmke mehrmals auf

meine Aktivitäten im FDGB zu sprechen, die ihm aus irgendeinem Grund als suspekt erschienen. Ich antwortete ihm, daß ich schon damals in der DDR ein betontes Interesse für tarifpolitische Fragen entwickelt und daß es mir Freude gemacht habe, für die sozialen Belange der Kollegen einzutreten. Dadurch hätte ich als Parteiloser bei ihnen Vertrauen gewonnen. Und weiter: Im Interesse meines Ansehens als Gewerkschafter wäre es einfach unmöglich gewesen, mich den sogenannten Solidaritätseinsätzen in Westberlin zu entziehen.
Während des ganzen Gesprächs blieb Horst Ehmke sachlich und höflich. Doch obwohl ihn manche meiner Antworten zu befriedigen schienen, verharrte er bis zum Schluß in einer skeptischen Haltung. Nach der Ankündigung, daß alle meine Angaben nochmals in sämtlichen Einzelheiten überprüft würden, entließ er mich mit der Auflage, Auskunftspersonen zu benennen, die meine Angaben bestätigen könnten, und bis zum 12.1.1970 eine eingehende Darstellung meines Werdeganges ab 1945 vorzulegen.
Ehrenberg blieb noch in Ehmkes Zimmer. Als ich später mit ihm zusammentraf, machte er mir Mut: Ich hätte einen guten und sicheren Eindruck gemacht. Ehmke wäre weniger über mich verärgert als über die Schwierigkeiten, die man ihm meinetwegen bereite.
In nachdenklicher Verfassung fuhr ich zurück nach Frankfurt. Aus den Fragen des Ministers und seines Geheimschutzbeauftragten wußte ich mit einiger Sicherheit, welche Unklarheiten ich mit den mir zusätzlich abverlangten schriftlichen Darlegungen auszuräumen hatte. Der eigentliche Hintergrund aber blieb im dunkeln.

... aber die *Quelle* lebt nicht mehr

Was konnte einen Minister, den allgewaltigen Chef des Bundeskanzleramts, veranlaßt haben, einen Parteisekretär aus der Provinz, den er als Hilfsreferenten einstellen wollte, höchstpersönlich durch die Mühle einer Sicherheitsbefragung zu drehen? Was hatte ihn veranlaßt, die Sache so wichtig zu nehmen? Über diese Fragen ist später viel spekuliert worden. Berge von Akten wurden vollgeschrieben und kilometerlange Zeitungsriemen fabriziert. Dabei bin ich sicher, daß es nur einen Punkt gab, der Minister Ehmke im Hinblick auf meine Person wirklich irritierte.
Bereits am 8. Dezember hatte der Sicherheitsbeauftragte des Kanz-

leramts routinemäßig eine sogenannte einfache Karteiüberprüfung eingeleitet. Vom Bundesamt für Verfassungsschutz kam eine Fehlanzeige. Fündig hingegen wurde die Sicherungsgruppe Bonn, als Spezialtruppe des Bundeskriminalamts zuständig für Sicherheitsaufgaben in der Bonner Regierungszentrale. Sie übermittelte am 15. Dezember 1969 ein Fernschreiben des (West-)Berliner Polizeipräsidenten:

»Der Untersuchungsausschuß freiheitlicher Juristen teilte im Schreiben vom 22.11.1955 mit, daß ein Günter Guillaume, etwa 1925 geboren, wohnhaft: Birkenwerder (SBZ), beschäftigt als Fotograf beim Ostberliner Verlag ›Volk und Wissen‹, der Agententätigkeit in Berlin (West) und der BRD verdächtigt wird. Im Juli 1956 soll Günter G. in die BRD geflüchtet sein. Personengleichheit kann vermutet werden.«

Einen Tag später übermittelte die Pullacher Zentrale des Bundesnachrichtendienstes folgende Meldung nach Bonn:

»Nach einer auf ihren Wahrheitsgehalt hin nicht mehr überprüfbaren Karteinotierung vom April 1954 soll Günter G., geb. 1.2.1927 in Berlin, damals wohnhaft Lehnitz, Florastraße 6, im Auftrag des Verlages ›Volk und Wissen‹ die BRD mit dem Zweck bereist haben, um Verbindungen zu Verlagen, Druckereien und Personen herzustellen und diese dann östlich zu infiltrieren. Keine weiteren Erkenntnisse.«

Aufgrund einiger Pannen sowohl bei der Übermittlung als auch bei der Auswertung soll es dann zu der Fehleinschätzung gekommen sein, daß beiden Berichten die Angaben ein und desselben Gewährsmannes zugrunde lagen. Dessen ungeachtet regte sich beim Sicherheitsbeauftragten wenn nicht Mißtrauen, so doch Unsicherheit, und er informierte seinen Chef Ehmke. Der wollte es nun genau wissen und setzte sich direkt mit BND-Präsident Wessel ins Benehmen. Nach einigem weiteren Hin und Her übermittelte dann Wessel per Fernschreiben sein Votum:

»a) G. gezielt fragen, ob die Beahauptung stimme. Seine Reaktion wird vielleicht entsprechende Rückschlüsse zulassen. Er kann z. B. den Auftrag nur zum Schein angenommen haben, oder er kann alles zugeben und das Recht auf Irrtum in Anspruch nehmen.

b) Wichtig wird Prüfung des Lebenslaufs von G. nach 1954 sein – hier nicht bekannt.

c) Verwendung im BK (Bundeskanzleramt) ist auf jeden Fall ›herausgehoben‹. Ich schlage Prüfung der Verwendung in einer anderen Behörde vor.

d) Die BND-Meldung von 1954 gibt allein keinen ausreichenden Grund für etwaige Benachteiligung, zwingt aber zur eingehenden Hintergrundüberprüfung durch den Verfassungsschutz.«
Ende Dezember 1969 trat Minister Ehmke einen Kurzurlaub an. Um die Dinge im Fluß zu halten, hinterließ er die »Akte Guillaume« seinem Staatssekretät Egon Bahr, der sie mit folgendem Vermerk zurückreichte: *»Selbst wenn Sie einen positiven Eindruck haben, bleibt ein gewisses Sicherheitsrisiko gerade hier.«* Vielleicht erst durch diesen skeptischen Hinweis alarmiert, packte Ehmke den Stier bei den Hörnern und beorderte mich zusammen mit Ehrenberg nach Bonn, um mich, Wessels Rat folgend, *gezielt* zu befragen.
Aus dieser Befragung nun hatte ich soviel herausgehört, daß Horst Ehmke den Geheimdienstinformationen prinzipielle Skepsis entgegenbrachte. Das war keineswegs ein, wie der »Spiegel« später einmal behauptete, sozialdemokratischer Charakterfehler. Es war wahrscheinlich Lebenserfahrung. Zweifellos waren Ehmke in seiner Praxis vielfach Fälle untergekommen, in denen sich Hinweise der Geheimdienste entweder als alberner Tratsch oder als blanke Denunziation erwiesen hatten. Im übrigen machte er sich gerade daran, den von Gehlen hinterlassenen Augiasstall auszuräumen. Möglicherweise lagen damals schon die ersten Akten mit den Geheimdossiers auf seinem Tisch, und ihm tränten die Augen über den Unfug, der da über Leute, die er für völlig integer hielt, zusammengetragen worden war.
Wenn überhaupt, hatte Ehmke nur zu der einen *»genau feststehenden Quelle«*, nämlich der des BND Zutrauen. Von der zweiten *Quelle,* bei der er sich auf die Information des UfJ aus Berlin bezog, sprach Ehmke eher abfällig. In der Vergangenheit hatte es Querverbindungen des Ostbüros der SPD zu dem sogenannten »Untersuchungsausschuß freiheitlicher Juristen« gegeben. Dabei war das Ostbüro so manchem Schwindel dieses obskuren Vereins aufgesessen. Dort hatten sich Figuren breitgemacht, die, um die Existenzberechtigung ihres Unternehmens unter Beweis zu stellen und um Steuergelder zu seiner Finanzierung zu ergattern, das Blaue von Himmel redeten. Während der Periode des kalten Krieges hatte die Vereinigung noch einen gewissen Gebrauchswert wegen der konterrevolutionären Aktivitäten gehabt, die sie gegen die DDR entfaltete. Doch war sie dabei völlig abgewirtschaftet worden. Der UfJ stand im Ruf politischer Unseriosität. Jedenfalls konnte ein Professor

Ehmke in dem Spitzelbericht kaum eine ernst zu nehmende *Quelle* sehen.

Später vor Gericht hat Ehmke meine damalige Einschätzung voll bestätigt. Auf eine Frage meines Verteidigers zu der *»genau feststehenden Quelle«* sagte der Zeuge Ehmke: »Dieser Hinweis (des BND!) ist das Wichtigste gewesen, ihm habe ich großes Gewicht beigemessen. Man konnte davon ausgehen, daß bei einer spontanen Konfrontation mit dieser *Quelle* vielleicht von dem Befragten ein Geständnis zu erwarten gewesen sei ...«

Das war der springende Punkt! Rätselhafterweise fand er später wenig Beachtung. Für mich aber lag genau dort der Schlüssel zu allem anderen.

Bei dem Sicherheitsgespräch kreisten Ehmkes Fragen immer wieder um diese geheimnisvolle *»genau feststehende Quelle«*. Doch so genau sie auch feststand – ich spürte aus dem Verhalten meiner *Vernehmer,* daß sie irgend etwas dennoch verunsicherte. Was wäre das? Es war jener Passus in der damals im Original nur ihnen, nicht mir bekannten BND-Information, wonach es sich um eine *»auf ihren Wahrheitsgehalt hin nicht mehr überprüfbare Karteinotierung«* handelte!

In der Hitze der Befragung, ganz beiläufig und sicherlich unbeabsichtigt, ließen sie die Katze aus dem Sack. Als sie merkten, daß sie nicht weiterkamen, sagte Ehmke: »Das einfachste wäre natürlich eine Gegenüberstellung.« Schlichter nickte nachdenklich, und Ehmke sah mich scharf an. »Wenn wir dich der Quelle gegenüberstellen, dann würden wir schnell heraushaben, wer mogelt.«

Ich sagte nichts, hob nur Hände und Schultern, was heißen sollte: Bitte schön, von mir aus auch das noch! Im selben Moment wandte sich Ehmke an Ehrenberg und sagte, gleichermaßen erklärend wie um Verständnis bittend: »Leider – der Mann ist tot, gestorben also auch für uns.«

Die *Quelle* tot! Das war es, was mir das Recht gab, kühn zu sein. Das Risiko blieb vertretbar. Ich beriet mich noch einmal mit Christel, und dann, an einem ruhigen Abend, schrieb ich den geforderten ausführlichen Lebenslauf in einem Zuge herunter. Er enthielt keine neuen Darstellungen, bestätigte im wesentlichen nur Erklärungen, die ich bereits bei der mündlichen Befragung abgegeben hatte. Dazu packte ich eine Liste, Oberbürgermeister Brundert und Fraktionsvorsitzender Weck standen an der Spitze. Sie alle, schrieb ich, wären in ihren Referenzen bereit, für mich gutzusagen.

Pünktlich zum 12. Januar 1970 ging das Schreiben ab. Danach muß das Verfassungsschutzamt einen Schwarm von Fahndern und Ermittlern in Frankfurt (Main) ausgesetzt haben. Ich merkte es an den Anrufen, die mich erreichten. Alles Hinweise in der Art: »Günter, was will der Verfassungsschutz von dir? Die waren hier und haben mich deinetwegen ausgequetscht. Mißtraut man dir wegen deines Geburtsortes?«

Es waren Freunde und Bekannte, die mich über die Ausforschungsaktion des Verfassungsschutzes unterrichteten, obwohl sie zur Schweigepflicht ermahnt worden waren. Sie beteuerten alle, daß sie für mich gutgesagt hätten. Die meisten waren durch die Lokalpresse über meinen beabsichtigten Weggang nach Bonn informiert, und sie ärgerten sich, daß man jemandem ihrer politischen Couleur Steine in den Weg wälzen wollte.

Inzwischen hatte wohl auch schon Georg Leber, von Herbert Ehrenberg über die brenzlige Lage ihres Günstlings informiert, bei Horst Ehmke interveniert. Während sich im Verfassungsschutzamt die Mühle der Sicherheitsüberprüfung weiterdrehte, wobei nichts herauskam als das übliche Schrot, kam es zu dem Briefwechsel zwischen Ehmke und Leber, den ich dem vorhergehenden Kapitel vorangestellt habe. Man erinnere sich: Leber bescheinigte mir »verantwortungsbewußtes Geradestehen für die freiheitliche Lebensart und die Demokratie« und »uneingeschränkte Vertrauenswürdigkeit«.

Am 26. Januar 1970 zog dann auch das Bundesamt für Verfassungsschutz einen Schlußstrich unter die Sicherheitsüberprüfung. Unter diesem Datum richtete der Leiter der Abteilung V (Geheimschutz) Johann Gottlieb Hermenau an den Geheimschutzbeauftragten des Bundeskanzleramts Franz Schlichter folgendes Schreiben: *»Die umfassende Karteiüberprüfung und die Sicherheitsermittlungen sind abgeschlossen. Sie haben keine Erkenntnisse erbracht, die einer Ermächtigung zum Umgang mit Verschlußsachen bis ›geheim‹ entgegenstehen.*

Die Darstellung, die Herr Guillaume in seiner Befragung am 7.1.1970 und in seiner zusätzlichen Erklärung vom 12.1.1970 zu den Informationen des Bundesnachrichtendienstes und des ›Untersuchungsausschusses freiheitlicher Juristen‹ gegeben hat, entspricht den hiesigen Erkenntnissen.

Es wird jedoch darauf aufmerksam gemacht, daß Herr Guillaume als Angehöriger des Bundeskanzleramtes bei Reisen in Ostblockstaaten einer besonderen Gefährdung durch Kontaktversuche kommunistischer Nachrichtendienste ausgesetzt wäre. Hinzu kommt, daß seine Mutter noch in der DDR lebt. Es wird deshalb angeregt, Herrn Guillaume vor seiner Ermächtigung eine Reiseverzichtserklärung unterzeichnen zu lassen.«

Am 28. Januar 1970 endlich trat ich meinen Dienst im Bundeskanzleramt an. Das Gehalt wurde mir rückwirkend vom 1. Januar 1970 an gezahlt.

12. Das Kanzleramt

»Ministerialrat Wolfgang Ordolf, 48, Personalreferent im Bundeskanzleramt, bestätigte dem Gericht, für Guillaume sei nach dem Wahlsieg der SPD eigens eine ›spezielle Aufgabe‹ im Kanzleramt geschaffen worden. Nach kurzer Einarbeitung als Kontaktmann zu den Gewerkschaften und Arbeitgeberverbänden wurde er sieben Monate später, am 24. Juli 1970, in die neugeschaffene Verbindungsstelle versetzt, die für das Parlament, Behörden, Parteien, Verbände und die Kirchen zuständig war. Schon am 19. August 1970 wurde Guillaume zum Referenten ernannt. Aus der Gruppe BAT IIa stieg er am 16.12. 1970 in die Tarifgruppe Ib auf. Innerhalb von zwölf Monaten also, wenn die Beamtenhierarchie zugrunde gelegt wird, eine Beförderung vom Regierungsrat zum Oberregierungsrat. Das schaffen Akademiker frühestens in zwei Jahren.«
(»Die Welt«, 6.9.1975)

»Im Düsseldorfer DGB-Hochhaus blieb für den ›DDR‹-Offizier Guillaume keine Tür verschlossen.«)
(»Die Welt«, 10.10.1975)

Wegweiser zum Ettersberg

Die Aussage des Personalreferenten Ordolf über meine schnelle Karriere im Kanzleramt ist von der »Welt« im Prinzip richtig wiedergegeben worden. Nur in einem Punkt ist sie politisch tendenziös. Es stimmt eben nicht, daß im Sinne von *Parteibuchpolitik* nach dem SPD-Wahlsieg für mich eigens eine *»spezielle Aufgabe«* im Kanzleramt geschaffen worden ist. Das hat Ministerialrat Ordolf so nie ausgesagt. Er hat vielmehr dargestellt, daß es da eine *»spezielle Aufgabe«* gab, und daß man in mir den *»richtigen Mann«* gesehen hat, sie zu lösen. Und dazu war es nun einmal notwendig, daß ich im Düsseldorfer Hochhaus des Deutschen Gewerkschaftsbundes ein und aus ging. Es gehörte zu meiner Funktion als Verbindungsreferent u. a. für Gewerkschaftsfragen. Die Bemerkung der »Welt«, dem »DDR«-Offizier Guillaume sei keine Tür im DGB-Haus verschlossen geblieben, ist in diesem Zusammenhang genau so unkorrekt, wie es die von Herrn Springer jahrzehntelang verordneten Anführungsstrichelchen bei »DDR« sind. Sie zeugt von einem Mangel an Objektivität, ohne die keine Arbeit anständig zu erledigen ist. Ich ging doch nicht zum DGB-Bundesvorstand, um etwa Fragen einer dienstlichen Überbelastung von NVA-Soldaten der DDR zur Sprache zu bringen. Ich ging da hin, um zu tun, was meines Amtes war, nämlich Probleme zu erörtern, die die Gewerkschaftspolitik und die Regierungspolitik der BRD gleichermaßen berührten. Ist das so schwer auseinanderzuhalten? Mir ist es doch damals auch gelungen, und zwar im Einklang mit meinem eigentlichen Aufklärungsauftrag!

Allerdings will ich eingestehen, daß mit meiner ersten bedeutenden Amtshandlung im neuen Amt Interessen der DDR direkt berührt worden sind, und zwar mit einer von mir überhaupt nicht beabsichtigten Fernwirkung. In den Archiven des Bundeskanzleramts wird noch das Dokument existieren, das den Vorgang belegt.

Angefeuert von der Programmatik der Regierungserklärung, versuchte Herbert Ehrenberg immer wieder, Dampf in das Röhrenwerk zu drücken. Von meinem Nebenreferat verlangte er Tempo und Aktivität. »Wir müssen uns bemerkbar machen«, sagte er.

Noch im Februar kam eines Morgens Herbert Ehrenberg aus der *kleinen Lage* beim Kanzleramtschef und erzählte: »Willys Reise in die DDR geht klar. Es bleibt bei einer Art Arbeitsberatung der Regierungschefs. Willy trifft sich mit Stoph in Erfurt.« Ich kam ins Sinnieren.

Im Kanzleramt waren wir über die Geplänkel informiert, die dem geplanten Treffen der beiden deutschen Regierungschefs vorangingen. Mitte Dezember 1969 hatte Walter Ulbricht als Vorsitzender des Staatsrates der DDR dem Bundespräsidenten der BRD Gustav Heinemann einen Vertragsentwurf geschickt, der die Normalisierung der Beziehungen zwischen beiden deutschen Staaten zum Inhalt hatte. In einem Schreiben an den Vorsitzenden des Ministerrats Willi Stoph reagierte Brandt darauf ausweichend. Unter Anerkennung des Grundsatzes der Nichtdiskriminierung sprach er sich nur für einen breit angelegten Meinungsaustausch aus und betonte sein besonderes Interesse an Regelungen, die *»das Leben der Menschen im gespaltenen Deutschland erleichtern können«*. Stoph reagierte sofort in einem Antwortschreiben: Warum werde Ulbrichts Vorschlag nicht aufgegriffen, nicht mit einem Wort darauf eingegangen? Wenn der von Brandt betonte Grundsatz der Nichtdiskriminierung und Gleichberechtigung einen Sinn erhalten solle, dann erfordere er *»selbstverständlich, daß die DDR und die BRD sich wechselseitig als das anerkennen und respektieren, was sie sind, nämlich gleichberechtigte, souveräne Subjekte des Völkerrechts«*. Beim Erfurter Treffen selbst formulierte Willi Stoph dieses Prinzip noch schärfer und klarer: Ein nur deklamatorischer Gewaltverzicht ohne die elementare Voraussetzung der gegenseitigen völkerrechtlichen Anerkennung wäre gegenstandslos, gewissermaßen eine hohle Nuß.

Damit waren die Fronten geklärt. Stoph wollte die Anerkennung der Realität zweier deutscher Staaten völkerrechtlich durchsetzen; Brandt hielt an der Fiktion der deutschen Einheit fest. Programmatisch dafür war die vereinbarte Zusammensetzung der beiden Delegationen für das Erfurter Treffen. Zu Willi Stophs Begleitung gehörte der Minister für Auswärtige Angelegenheiten Otto Winzer; mit Willy Brandt sollte der Minister für innerdeutsche Beziehungen reisen, Egon Franke. Den Eingeweihten im Kanzleramt war klar, daß schwierige und harte Verhandlungen bevorstanden.

Was mich bewegte, stand damit im Zusammenhang. In seiner Regierungserklärung hatte Willy Brandt – bei allen gesamtdeutschen Verklausulierungen – die nach dem Zweiten Weltkrieg in Deutschland entstandene Lage nicht mehr wie alle seine Vorgänger mit einem Betriebsunfall der Weltgeschichte erklärt, sondern klipp und klar mit dem nationalen Verrat des Hitler-Regimes. Ich sagte zu Herbert Ehrenberg an jenem Vormittag, als er von der Besprechung bei Professor Ehmke zurückgekommen war: »Herbert, im Reiseprogramm fehlt etwas! Zum erstenmal in der Geschichte regiert ein Antifaschist in Bonn. Und der fährt nun nach Erfurt und läßt Weimar links liegen. Müssen wir nicht endlich für den Wähler und die Welt ein Zeichen setzen? Weimar symbolisiert die Polarität deutscher Geschichte: Goethehaus und Buchenwald. Mir ist es unverständlich, daß das nicht berücksichtigt wurde!«

Herbert Ehrenberg horchte auf und machte sich gleich noch einmal auf den Weg zu Horst Ehmke. Hier war endlich eine Möglichkeit, sich demonstrativ *bemerkbar* zu machen! Als er zurückkam, sagte er: »Günter, setz dich hin und mach sofort eine Vorlage an den Chef BK!«

So entstand das Dokument, das ich eingangs erwähnte und noch in den Archiven des Bundeskanzleramts vermute. Es war mein erstes amtliches Schriftstück. Ehmke zeichnete seine Kenntnisnahme und

Befürwortung gegen und reichte es zum Bundeskanzler hoch. Dort aber wurde es mit einer kurzen Parade abgeschmettert.
Brandts Büroleiter war damals Dr. Gerhard Ritzel, der Sohn eines alten sozialdemokratischen Reichstagsabgeordneten. Ich sollte mit ihm noch eimal im Sommer 1973 während des Urlaubs von Willy Brandt in Norwegen zu tun bekommen, da korrespondierte ich mit dem Herrn Botschafter Ritzel in Oslo.
Ritzel paßte die ganze Richtung meines Vorschlags nicht. Die Ablehnung begründete er jedoch nicht inhaltlich, sondern formal: Es sei bereits zu spät, das ausgehandelte Besuchsprogramm noch einmal umzustoßen, das Protokoll stünde fest. Damit schien die Angelegenheit erledigt.
Dann aber, noch vor dem Erfurter Treffen, machte sich Willy Brandt auf den Weg nach Hamburg, um den Stadtstaat einen Antrittsbesuch als Bundeskanzler abzustatten. Die Bürgerschaftswahlen am 22. März 1970 waren der erste Test für den neuen Kanzler. Neben dem Empfang durch Senat und Bürgerschaft war auch ein Gespräch mit dem Spitzengremium der Deutschen Angestellten-Gewerkschaft vorgesehen, die ihren Sitz in Hamburg hat. Deshalb wurde ich als der für Gewerkschaftsfragen zuständige Referent der Reisemannschaft zugeordnet.
So faßte ich mir auf dem Flug nach Hamburg ein Herz, vielleicht stach mich auch nur der Hafer, und sagte bei passender Gelegenheit zu Brandt: »Herr Bundeskanzler, gestatten Sie mir die Bemerkung, wie sehr ich es bedaure, daß aus dem Besuch Buchenwalds nichts wird.«
Brandt machte sein nachdenkliches Gesicht. Offensichtlich wußte er, daß ich der Initiator des Vorschlags war. »Tja«, sagte er, »das war eine sehr gute Idee. Aber wie so viele gute Ideen ist sie zu spät gekommen. Leider!«
Ich ließ aber nicht locker, weil ich seine Empfänglichkeit spürte, und entwickelte noch einmal sehr ausführlich die politische Tiefenwirkung, die mit einem Besuch in Buchenwald verbunden wäre. Ich entdeckte dabei eine Eigenschaft an Willy Brandt, die ich später, als wir beinahe täglich Umgang miteinander hatten, noch stärker schätzen lernen sollte: Er konnte zuhören! Er ließ mich reden, ohne mich mit einem Wort, einem Blick oder einer Geste zu unterbrechen. Dann sagte er leise: »Ja, das klingt alles sehr vernünftig. Ich werde doch noch mal mit Ehmke und Bahr reden.«

In Erinnerung an den Tag schrieb Brandt später: *»Über allen Streit des Tages hinweg mußte nicht nur der Respekt vor den Opfern gewahrt bleiben, sondern auch die Entschlossenheit bekundet werden, alles zu tun, damit sich die Schrecken der Vergangenheit nicht wiederholen. Ich bedauerte nicht, daß ich den Besuch in Buchenwald vorgeschlagen hatte. Es ärgerte mich auch nicht sehr, daß – entgegen den Verabredungen bei den Vorgesprächen, bei denen ich mir die sogenannten militärischen Ehren verbeten hatte – eine Formation der Volksarmee die Kränze trug und ein Musikzug von Soldaten die beiden Nationalhymnen spielte ...«*

Dazu muß gesagt werden, daß sich die von Brandt erwähnten Verabredungen bei den Vorgesprächen nur auf das ursprünglich vorgesehene Arbeitsgespräch mit Stoph bezogen. Ohne jedes Zeremoniell war er auf dem Erfurter Bahnhof in Empfang genommen und hinüber zum »Erfurter Hof« geleitet worden. Dort konnte er die »Willy, Willy«-Rufe unter dem Hotelfenster abkassieren und dabei sein gesamtdeutsches Sentiment noch einmal aufladen. Als er aber dann am Nachmittag hochfuhr zum Ettersberg, und zwar mit dem nachgereichten und ausdrücklichen Wunsch, dort einen Kranz niederzulegen, bekam der ganze Besuch einen anderen Zuschnitt. Für die DDR-Seite stellte es sich so dar, daß einem Regierungschef, der sich an der Mahn- und Gedenkstätte vor den Opfern des faschistischen Terrors verneigen will, jene Ehren erwiesen werden müßten, die ihm nach dem diplomatischen Protokoll zustanden.

Willy Brandt war von dem Erlebnis tief bewegt. Nach der Rückkehr erinnerte er die Parteifreunde daran, daß in Buchenwald neben dem kommunistischen Reichstagsabgeordneten Thälmann auch der sozialdemokratische Reichtagsabgeordnete Breitscheid gefallen war.

Ohne Basisarbeit ist man politisch nicht mobil

Aus Frankfurt hatte ich die Erfahrung mitgebracht, daß man politisch mobil nur dann wird, wenn man bereit ist, auch Kleinarbeit an der Basis auf sich zu nehmen. Wo mußte da im Kanzleramt der Hebel angesetzt werden?

Unter Adenauer und seinem Staatssekretär Globke war das Bundeskanzleramt nicht mehr gewesen als eine Art Sekretariat, in dem Kabinetts- und Geheimräte saßen, die den Kanzler persönlich bedienten. Die Führungsarbeit verlief im altfränkischen und altpreußischen Verwaltungsstil des vergangenen Jahrhunderts. Doch immer wieder kam das Bedürfnis hoch, die Regierungsmaschinerie umzustrukturieren und den Bedingungen einer modernen Industriegesellschaft anzupassen. Jedem schien klar, daß im System der Machtinstrumente das Bundeskanzleramt die Spitze der Exekutive zu bilden hatte, an der die Gesetzgebungsakte der Ressortministerien planvoll steuernd zusammenlaufen sollten. Doch niemand wußte so recht, wie das bewerkstelligt werden könnte. Auch unter den Kanzlern Erhard und Kiesinger blieben zaghafte Reformversuche im Ansatz stecken. Das Bundeskanzleramt verharrte in eigenbrötlerischer Abseitsstellung, wesentlich geprägt vom Typ des konservativen Beamten, der voll in den Akten, aber eben wenig im Leben steht.

Von Horst Ehmke, dem neuen Amtschef, wurde nun verlangt, mit einem Schlage alles zu ändern. Aus dem ehemaligen Geheimkabinett sollte ein gesellschaftsoffener Stab werden, von dem erwartet wurde, daß er die in der Regierungserklärung der sozial-liberalen Koalition dekretierten Reformen durchsetzen würde. Doch da sich mit dem Regierungswechsel an der machtpolitischen Substanz im Staate nichts geändert hatte, erwies sich die innere Verwaltungsreform als ähnlich illusionär wie die Gesellschaftsreform, zu der sie parallel entwickelt werden sollte. Das zeigte sich schon in den ersten Monaten der neuen Amtsleitung. Sinnvolle Geschäftsführung wurde durch Geschäftigkeit ersetzt, anstelle von Dynamik trat Hektik, und jedermann hoffte, daß hinter spontan getroffenen Maßnahmen ein Ziel schon erkennbar werde.

Von der Erweiterung und Durchrüttelung des alten Abteilungsgefüges wurde auch ich betroffen. Schon im März 1970 wurde das Referat I/5, zuständig für die Verbindungen zu Parlament, Parteien, Kirchen, Verbänden sowie zu Presse und Presseamt, aus der Abteilung I (Verwaltung und Recht) herausgelöst und als neugeschaffene sogenannte Verbindungsstelle dem Chef des Kanzleramts direkt unterstellt. Daran knüpfte sich wie selbstverständlich die Frage, was aus dem von mir betreuten Hilfsreferat in der Abteilung III (Wirtschaft und Soziales) werden sollte, das für die Verbindung zu Gewerkschaften und Arbeitgeberverbänden zuständig war. Konsequenterweise erfolgte im Juli seine Überführung in die neue Verbindungsstelle, wo es schon einen Monat später eine weitere Veränderung gab. Die Verbindungsstelle wurde in zwei selbständige Referate geteilt. Bei Oberregierungsrat Horst Winkel verblieb nur die Zuständigkeit für Presse und Presse- und Informationsamt. Ich übernahm den Rest, allerdings mit der praktischen Maßgabe, mich von vornherein auf die Verbindung zu Parteien und Gewerkschaften zu konzentrieren. Als Hilfsreferent war ich in den Wirbel hineingezogen worden und tauchte nun als Referent daraus auf. Ich hatte jetzt einen direkten Weg zu Professor Horst Ehmke, auf dem es keine bürokratischen Schranken gab.

Neben solchen rigorosen Eingriffen in die Abteilungsstrukturen gab es weitere Veränderungen im Arbeitsstil. Es entstanden interdisziplinäre Projektgruppen, zu denen zeitweilig Mitarbeiter verschiedener Abteilungen zusammengezogen wurden, die bestimmte Teilaufgaben des Reformprogramms in Angriff nehmen sollten. Zu den Beamten, die den Staub ihrer Akten hochbliesen, stießen unter gegenseitigem Unbehagen junge Akademiker, die ihre Theorien abließen. Der Personal- und Zeitaufwand war enorm.

Um die neuen Kräfte zu organisieren, bereitete ich die Formierung einer SPD-Betriebsgruppe vor. Als sich die ersten 20 Genossen regten, bekam Horst Ehmke von der Sache Wind und zitierte mich vor seinen großen Chefschreibtisch. Das Organisationsschema meines Handelns paßte ihm nicht. Ende Februar mußte sich Ehmke als Chef des Bundeskanzleramts gegen Vorwürfe zur Wehr setzen, daß beim Regierungswechsel nach dem verrufenen amerikanischen Beutesystem aus dem vergangenen Jahrhundert verfahren werde (zur Erinnerung: Seit Präsident Jackson wurden amerikanische Wahlkämpfe mit dem Schlachtruf geführt: »Werft die Banditen und Halunken aus ihren Posten und Ämtern!«). Insofern schmeckte Ehmke die SPD-Parteigruppe im Amt überhaupt nicht. Er fürchtete, damit in der Öffentlichkeit wieder ganz persönlich als *Beutemacher* in Verbindung gebracht zu werden. Mit scharfen Worten kanzelte er mich ab: »Der Verein wird sofort wieder aufgelöst.«

Ich sagte, daß das nicht in meiner Macht liege, da die Mitglieder souverän entschieden hätten. Basisdemokratie sei die Grundlage der Staatsdemokratie. Im übrigen läge der organisatorische Vorstoß auf der Linie des Parteivorstands: Überall in den Bonner Ministerien sollte es jetzt zu Gründungen von SPD-Betriebsgruppen kommen.

Horst Ehmke wurde fuchtig: »Meinetwegen überall – aber nicht im Bundeskanzleramt! Wir sitzen auf der Spitze der Pyramide, wir können uns keine Wackelei leisten.« Dann gebrauchte er ein noch handfesteres Argument: »Stell dir doch mal die Konsequenz vor! Wenn ihr eine Versammlung macht, müßtet ihr auch den Regierungschef einladen. Und was wäre das Ergebnis? Daß sich ein paar Hampelmänner nachts im Bett vor ihren Weibern dicke tun: Heute habe ich mit Willy an einem Tisch gesessen und ihm mal richtig die Meinung gesagt ... Klatsch und Tratsch würden munter sprudeln!«

Ich versicherte Horst Ehmke, daß ich die Leitung der SPD-Gruppe mit der gebotenen Zurückhaltung handhaben würde. Die Auflösung unterblieb, denn die SPD-Gruppe bildete die Basis für die nächste Operation: Wir brauchten eine ÖTV-Gruppe, um bei den nächsten Personalratswahlen gegen den schwarzen Klüngel um Seemann antreten zu können.

Im Grunde genommen waren das alles Querelen, die ich mir lieber vom Halse gehalten hätte, um mehr Bewegungsfreiheit für unseren eigentlichen Auftrag zu haben. Aber heißt es nicht schon in einem Sprichwort, daß mit den Wölfen heulen muß, wer unter den Wölfen leben will? Die Dialektik, die sich aus der Doppelbödigkeit meiner Position ergab, erschien mir oft genug fatal. Aber ich hatte keine Wahl. Ich kann nur immer wiederholen, was meines Erachtens das Wichtigste beim Einsatz im Operationsgebiet ist: Man muß verstehen, sich unter Feinden Freunde zu machen.

Als ÖTV-Gruppenvorsitzender im Kanzleramt

Ich kam als Provinzparteisekretär aus einer lebendigen Großstadt und landete als Regierungsangestellter in einem verschlafenen Provinznest. Bonn war mit Frankfurt nicht vergleichbar. Es konnte sich mit dessen Turbulenz, Großzügigkeit und Dynamik nicht messen. Spätestens um acht Uhr am Abend gingen die Fernseher an und die Lichter aus. Wer Nachtleben studieren wollte, mußte damals noch nach Köln fahren. Aber da traf sich nur die Prominenz. Die meisten der vielen kleinen Beamten tranken ihren Abendschoppen und gingen dann schlafen.

Das erste meiner Bonner Jahre erlebte ich als Strohwitwer. Erst im Januar 1971 wurde mir in Bad Godesberg eine Dienstwohnung zugesprochen, und Christel fand in der Hessischen Landesvertretung neue Aufgaben als eine Art Protokollchefin und Hilfsreferentin für Angelegenheiten des Bundesrates. Wir waren als Familie wieder vereint.

Auch das Bonner Parteileben war mit dem Frankfurter überhaupt nicht vergleichbar. Trägheit an Stelle von Betriebsamkeit, Lethargie, wo Durchsetzungswille gefordert war, Stillstand statt Bewegung. Aus Frankfurt war ich gewohnt, daß man um alles und jedes kämpfen mußte. Im Bonner Unterbezirk liebte man das Kämpfen nicht so sehr. Man wartete lieber auf den *Genossen Trend.*

Die Gewerkschaft Öffentliche Dienste, Transport und Verkehr unterhielt angesichts der Beschäftigtenstruktur in der Beamtenstadt Bonn ein eigenes Büro. Der Leiter dieses Büros, der Parteifreund Siegfried Merten, war einer der wenigen Leute, die bereit waren, Wind zu machen. Für meinen Plan, im Kanzleramt eine ÖTV-Betriebsguppe zu bilden, war er sofort Feuer und Flamme.

Leider stellte sich heraus, daß die SPD-Genossen im Amt nicht einfach auf Linie zu bringen waren. Viele sträubten sich, der ÖTV beizutreten. Statt dessen schlugen sie eine andere Taktik vor: die eigenen Kandidaten mit auf Seemanns *freie* Beamtenliste zu setzen, um über diese, gewissermaßen verdeckt, möglichst viele SPD-Mitglieder bei den Wahlen durchzubringen. In Wahrheit steckte nur Knauserigkeit hinter dieser Übertaktik. Der Beamtenbund verlangte 2 Mark Beitrag, die ÖTV hingegen 0,5 Prozent vom Gehalt! Diese Halbherzigkeit bescherte auch noch dem Kanzler Schmidt einen Personalrat Seemann.

Es ist für mich amüsant, in Seemanns Memoiren zu blättern, 1975 konjunkturell bedingt erschienen im Landshuter »Verlag politisches Archiv«, einem reaktionären, um nicht zu sagen neofaschistischen Unternehmen. In staatsmännischer Pose nennt Seemann seine Erinnerungen »Denkwürdigkeiten eines Personalratsvorsitzenden« und schreibt: *»Guillaumes tatsächliche Tätigkeit im Bundeskanzleramt fiel bis zu seinem Einzug in die Kanzleretage des Palais Schaumburg völlig aus dem Rahmen. Er ging nach unserer Auffassung eigentlich überhaupt keiner echten Beschäftigung nach. Da er keine Tätigkeit eines Behördenbediensteten im traditionellen Sinne ausübte, sondern nur telefonierte, Gespräche führte und überall herumsaß und Reden hielt, waren die Mitglieder des damals amtierenden Personalrats der Überzeugung, daß Ehmke Guillaume in das Bundeskanzleramt nur deswegen eingestellt habe, um die sozialdemokratischen Parteikader im Bundeskanzleramt einschließlich der Sympathisanten zu organisieren und für eine neue Personalratswahl ›fit‹ zu ma-*

chen, um dann den Ehmke nicht genehmen Personalrat zu stürzen oder abzuwählen.«

Über Ehmkes Motive bin ich anderer Meinung. Doch was die Beschreibung meiner Tätigkeit betrifft, hat Seemann ganz gut beobachtet. Er vergaß nur zu erwähnen, daß ich, ebenfalls völlig untraditionell, manche Tage überhaupt nicht im Hause war, sondern auf Reisen, nämlich zu den Zentralen der Gewerkschaften.

Weiter schreibt Dr. Seemann: *»Als ÖTV-Mitglied verstand es Guillaume meisterhaft, alle Fäden zwischen der gewerkschaftlichen Organisation und ihren Mitgliedern im Bundeskanzleramt in die Hand zu nehmen, zu manipulieren und sich zum unentbehrlichen Bindeglied zwischen Gewerkschaftsorganisation und Mitgliedern zu machen. Das lag natürlich auch weitgehend daran, daß Guillaume auf gewerkschaftlicher Seite so ziemlich alles und jeden kannte, der Rang, Namen und Einfluß hatte.«*

Man möge mir verzeihen – aber auch an dieser Stelle begreife ich nicht, warum das alles im Tone einer Anklage vorgebracht wird? Nur weil sich später herausstellte, daß ich auch dabei als Offizier der politischen Aufklärung der DDR handelte? Was war daran mit der Tätigkeit eines Bundeskanzleramtsreferenten unvereinbar? Als funktionell dementsprechend eingewiesener Verbindungsmann war ich doch nun einmal voll verantwortlich dafür, daß ich *»auf gewerkschaftlicher Seite so ziemlich alles und jeden kannte, der Rang, Namen und Einfluß hatte«*. Wie sollte das ohne telefonieren, reisen, herumsitzen und Reden schwingen abgehen? Dafür wurde ich doch bezahlt, und ich wollte nichts geschenkt haben!

Der vierte im Bunde wird Opfer der *Ring-Legende*

Zu den Verbindungen gehörte Günter König, Referent für Arbeitnehmerfragen beim Parteivorstand der SPD. Die Stoßrichtung unserer Arbeit war identisch. Hinzu kam, daß König aus Hamburg eine ähnliche Vorgeschichte mitbrachte wie ich aus Frankfurt/Main. So wie ich für Georg Leber, hatte er in Hamburg für Herbert Wehner an der Basis gearbeitet. Und so wie ich von Georg Leber nach Bonn geholt wurde, zog Herbert Wehner den Günter König hinter sich her. Wir brauchten uns keinen Bruderkuß zu geben, um zu erkennen, daß es für beide gut sein würde, einander zu helfen. Ohne viele

Worte waren wir uns darüber klar, daß wir im Gleichschritt schneller vorankommen würden. Vom ersten Tage an koordinierten wir unsere Vorstöße zum DGB-Bundesvorstand und zu den Spitzengremien der Einzelgewerkschaften.
In diesem Rollenspiel übernahm Johannes Naber vom DGB-Vorstand einen wichtigen Part. Er gehörte zum engen Stab des DGB-Vorsitzenden Heinz-Oskar Vetter und übte darin mehr Macht und Einfluß aus als der für Vetter direkt zuständige persönliche Referent Dr. Bernd Otto, der noch relativ unerfahren war. Naber war bereit und in der Lage, mir in der Vorstandsetage des Düsseldorfer Hochhauses die Türen zu öffnen. Hinter den gewählten Vorstandsmitgliedern und hauptamtlich bestellten Sekretären spielte dieser Referent die graue Eminenz. Er war der Sicherheitsbeauftragte im DGB-Bundesvorstand!
Nun ist überhaupt nichts dagegen zu sagen, daß in einer so sicherheitsempfindlichen Institution wie dem Spitzengremium der Gewerkschaften, wo Tag für Tag bedeutsame Entscheidungen auf dem Gebiet der Gesellschaftspolitik fallen, ein erfahrener Mann dazu bestellt wird, um für Sicherheit und Ordnung zu sorgen. Doch schon bei unserem ersten Zusammentreffen – Günter König machte mich mit Johannes Naber bekannt – witterte ich, daß der Sicherheitsreferent mit dieser Funktion noch ganz andere Zwecke verband. Später vor Gericht, von dem Naber als Zeuge vernommen wurde, hat sich diese Vermutung vollauf bestätigt. Als er von der Verteidigung mit Fragen in die Enge getrieben wurde, antwortete er äußerst wortkarg, aber schließlich wurde doch für jedermann im Saal klar: Naber agierte im DGB-Vorstand mit einem direkten Mandat der Geheimdienste, als ein Agent, der die Sicherheit der Einrichtung nicht hütete, sondern preisgab. Ich ging vom ersten Tage an zu ihm auf Distanz, die er allerdings nicht spüren durfte. Meine Taktik bestand im wesentlichen darin, ihm das Gefühl zu geben, daß er mehr Informationen aus mir herausholte als ich aus ihm.
Der vorerst vierte im Bunde war Walter Böhm, der Leiter der Verbindungsstelle des DGB in Bonn. In dieser Funktion war er gewissermaßen der Botschafter der Gewerkschaften am Bonner Hofe. Insofern waren auch seine Interessen den meinen nicht unähnlich. Während ich im Auftrage der Regierung bei den Gewerkschaften antichambrierte, anitchambrierte er im Auftrage der Gewerkschaften bei der Regierung und im Parlament. Dieser Walter Böhm blieb für

mich bis zum Schluß eine nicht ganz durchsichtige Figur. Gerade er wurde ein Opfer der Agentenhysterie, die nach unserer Enttarnung im Jahre 1974 in der BRD entfacht wurde.
Wie besessen suchte man nach dem *Agentenring*, von dem Genscher, damals noch im Amte des Innenministers, im Bundestag herumgetönt hatte, daß man ihn *zerschlagen* werde. Es kam zu einer ganzen Kette fahrlässiger Verdächtigungen und Festnahmen, und schließlich traf es auch Walter Böhm. Mir wurde die Nachricht von der Verhaftung Böhms in der Untersuchungshaft zugespielt, und zwar direkt vom Bundeskriminalamt. Es war an einem Besuchstag, als Pierre Sprecherlaubnis bekommen hatte. In seiner Begleitung kam zu meiner Überraschung Hauptkommissar Nikolaus Federau, der für meinen Fall zuständige Vernehmungsführer des BKA. Was ich mit Pierre zu besprechen hatte, interessierte ihn überhaupt nicht. Er war nur darauf aus, mich im passenden Moment mit der Information über die Festnahme Walter Böhms zu überfallen, um meine Reaktion zu studieren. Hatte das BKA immer noch Hoffnung, dem großen *Agentenring* auf die Spur zu kommen?
Böhms Geschick nahm eine absurde Wende. Er wurde zusammen mit seiner Ehefrau Irmgard unter dem Verdacht der Spionage festgenommen. Der Mann, der ihm die Häscher frühmorgens an die Wohnungstür gehetzt hatte, war Johannes Naber. Als der Verdacht gegen Walter Böhm, Mitglied des *Ringes* zu sein, trotz Haus- und Bürodurchsuchungen nach wochenlangen Verhören nicht bewiesen werden konnte, wurde er zwar aus der Haft entlassen, mußte aber lange kämpfen, ehe wenigstens seine fristlose Kündigung vom DGB zurückgenommen wurde. Die völlige Rehabilitierung gelang Böhm nie.

Beim Parteitag zum erstenmal im Zentrum der Macht

Der SPD-Parteitag war für Mai 1970 nach Saarbrücken einberufen worden. Im Tagungssaal zogen sie schon die Strippen für die Mikrofone, die Quartiermacher zählten die Betten, Brandt bosselte an seiner Parteitagsrede, alle Vorbereitungen liefen auf Hochtouren – da wurde das Kanzleramt durch einen Alarmschrei seines Chefs aus dem Schlaf gerissen. Eine Woche vor Eröffnung des Parteitages fiel

es Ehmke plötzlich ein: Wir sind ja alle, Kanzler und Kanzleramtschef einbegriffen, für eine Woche in Saarbrücken, und die Geschäfte in Bonn dürfen nicht ruhen.
Der Saarbrückener Parteitag war der erste, der den Parteivorsitzenden als Kanzler erlebte. Man sollte es nicht für möglich halten – aber sein Kanzleramt wurde von diesem Vorgang völlig überrascht. Eine *kleine Lagebesprechung* jagte die andere, weil man erst jetzt darauf kam, daß die Staats- und Regierungsgeschäfte von Saarbrücken aus weiterlaufen mußten.
Eines Tages kam Herbert Ehrenberg von der *kleinen Lage* zurück und teilte die Entscheidung mit: »Wir können den Laden hier nicht einfach dichtmachen. Deshalb wird in Saarbrücken ein kleines Kanzleramt aufgebaut. Organisatorisch ist bisher nichts gelaufen. Günter, du bist für die Leitung des Büros bestimmt worden. Bist du reisefertig?«
Sich reisefertig zu machen war das wenigste. Was ich brauchte, waren ein paar Atemzüge Luft, um die Fassung zu wahren. Leitung des verlagerten Kanzleramtsbüros – das bedeutete, daß ich zum erstenmal in das eigentliche Zentrum der Macht rücken würde!
Wenige Stunden vor meiner Abfahrt nach Saarbrücken meldete sich Erdmenger, der Persönliche von Ehmke, und erklärte mir, wofür ich geradezustehen hätte: Der Chef verlange vor allem, daß das Kommunikationssystem funktioniere. Dringende Vorgänge, die im Kanzleramt in Bonn eingingen, müßten ohne Zeitverlust dem Kanzler oder seinem Amtschef in Saarbrücken zur Entscheidung zugestellt werden. Ebenso müßten dringliche Entscheidungen, die während des Parteitages in Saarbrücken getroffen würden, zur Vollstrekkung zuverlässig ins Amt zurückvermittelt werden.
Staatssekretär Egon Bahr weilte zu der Zeit zu Vertragsverhandlungen in Moskau. Sein Wagen und sein Fahrer waren frei. Ich bekam zeitweise die Staatskarosse, was mir die Arbeit in Saarbrücken erheblich erleichterte. Am Tagungsort angekommen, stellten sich mir Herren vor, die für die Installation und den Betrieb der Fernverbindungen zwischen Bonn und Saarbrücken verantwortlich waren. Die vermuteten Postbediensteten entpuppten sich als Mitarbeiter des Bundesnachrichtendienstes. Dazu stießen noch die Rangertruppen des Bundeskriminalamts, die für die Sicherheit der Regierungsprominenz zu sorgen hatten.
Auch bei späteren ähnlichen Anlässen, bei den Kanzlerreisen nach

Norwegen und Frankreich, traf ich mit diesem Troß zusammen. Mai 1970 in Saarbrücken fanden wir den ersten Kontakt, und er entwickelte sich hervorragend. Als Leiter des Büros der in Saarbrücken stationierten Dependance des Kanzleramts war ich für die Betreuung der *Pullacher Kameraden* verantwortlich. Der Umgang miteinander gestaltete sich friedsam und gedeihlich. Ich hatte sehr schnell mitbekommen, worauf sie vor allem aus waren: auf gutes Futter und ein warmes Lager. Deshalb sorgte ich dafür, daß sie in eine hohe Verpflegungskategorie eingestuft und bequeme Betten für sie aufgestellt wurden. Danach waren sie bereit, auch mir das Leben so bequem wie möglich zu machen. Ohne Bedenken gegenüber dem neuen, unbekannten Mann aus dem Kanzleramt drückten sie ihm Fernschreiben aller Kategorien in die Hand, frisch wie sie aus dem Ticker kamen. Ich legte sie dann dem Amtschef vor. Beim Umgang mit der Kurierpost, die der Hubschrauber aus Bonn brachte, entwickelte sich das gleiche Verfahren. Politisch war während der Saarbrückener Tage allerhand in Bewegung. Es gab Abblockversuche gegen den SALT-I-Vertrag, weswegen Brandt mit Nixon in Verbindung stand. In Westberlin hatten die Botschaftergespräche zur Vorbereitung des Viermächteabkommens begonnen. Der positive Verlauf dieser Gespräche war die Voraussetzung für weitere Schritte der Entspannungspolitik.

Der Hubschrauberverkehr, erinnere ich mich, wäre beinahe zum Erliegen gekommen, aber nicht wegen Nebels oder Sturms, sondern ulkigerweise wegen des Hochwassers der Saar. Und das kam so: Der Parteitag trat in einer der großen Saarbrückener Messehallen zusammen; der Hubschrauberlandeplatz lag auf einem Sportplatz am jenseitigen Ufer des Flusses. Als die Flutwelle höher und höher stieg, mußten Brücken und Straßen gesperrt werden. Der Kommandeur der Hubschrauberstaffel vom Bundesgrenzschutz wußte keinen Ausweg. Die Räume zwischen den Hallen auf dem Messegelände waren für den Start- und Landebetrieb zu eng. Hilfe kam von den städtischen Verkehrsbetrieben. Sie boten den riesigen Busbahnhof an, der in unmittelbarer Nähe der Messehallen liegt. Stand ein Start oder eine Landung bevor, signalisierte ich die Zeit dem Chefdispatcher. Dann wurden die Busse am Rande des Areals zusammengestellt, und der Hubschrauber hatte Platz.

Der Hubschrauberverkehr vom Omnibusbahnhof aus bewährte sich auch bei anderer Gelegenheit. Während des Saarbrückener Par-

teitages starb in Frankfurt/Main Oberbürgermeister Prof. Dr. Willi Brundert. Willy Brandt wollte es sich nicht nehmen lassen, an der Trauerfeier in der Paulskirche teilzunehmen. Mit ihm flogen weitere Mitglieder der Regierung und des Parteipräsidiums sowie die Bundestagsabgeordneten der Frankfurter Wahlkreise. Ich mußte drei Hubschrauber anfordern und die Passagierlisten zusammenstellen. Kurz vor dem Start spürte ich eine leichte Verstimmung bei meinem alten Freund Georg Leber. Ihm paßte es nicht, daß er nicht mit dem Bundeskanzler zusammen in einer Maschine fliegen sollte. Vorsichtig fragte er bei mir an: »Nach welchen Gesichtspunkten hast du eigentlich die Plätze verteilt?« Ich sagte: »Nach der Bedeutung der Fluggäste!« Leber runzelte die Stirn. »Und warum fliege ich dann nicht zusammen mit Willy?« Ich machte ein ernstes Gesicht. »Weil es eine alte Regel ist, die wichtigsten Leute zu trennen! Toi, toi, toi, Schorsch – aber du und Willy bei einem Zwischenfall zusammen in einer Maschine? Unmöglich!« Schorsch war über diese Auskunft tief befriedigt.
So ging alles reibungslos über die Bühne. Niemandem fiel auf, in welchem Maße wir in Saarbrücken improvisieren mußten. Besonders Horst Ehmke, dem man die eigentlich zu erwartenden Pannen angelastet hätte, zeigte sich erleichtert.
Wohl in Auswertung von Saarbrücken fielen noch im Sommer zwei wichtige Entscheidungen: Meine Arbeitsgebiete wurden einem von mir selbständig geleiteten Referat unterstellt; dem Antrag der Amtsleitung, mich für den Umgang mit VS-Sachen »Streng geheim« hochzustufen, stieß beim Bundesamt für Verfassungsschutz auf keine Bedenken. Das entsprach ja auch der Praxis, wie sie in Saarbrücken ohne Genehmigung schon geübt worden war.

13. Die Ablösung

Frage des Vorsitzenden: »Herr Zeuge, wer hat denn nun den Angeklagten in die Position eines persönlichen Referenten des Bundeskanzlers gebracht?«

Zeuge Peter Reuschenbach (Bundestagsabgeordneter, vormals Parteireferent von Bundeskanzler Willy Brandt): »Dafür trage ich einen wesentlichen Teil der Verantwortung. Die Vorzüge, die er dafür mitbrachte, und die Vorteile, die damit verbunden waren, habe ich schon zu Protokoll gegeben.«

Vorsitzender: »Haben Sie den Angeklagten beim Gebrauch von Kameras beobachtet?«

Zeuge Reuschenbach: »Nein.«

Vorsitzender: »Bei den Privatbesuchen – was wurde zwischen Ihnen und dem Angeklagten besprochen?«

Zeuge Reuschenbach, mit ironischem Unterton: »Wir werden uns wohl über ›Politik in Deutschland‹ unterhalten haben.«

Vorsitzender: »Hat sich der Angeklagte bemüht, Ihr Nachfolger als Parteireferent zu werden?«

Zeuge Reuschenbach: »Ich würde mich nicht darauf hinausreden wollen, daß Guillaume mich bedrängt hat, meine Position einzunehemn.«

Vorsitzender: »Und wie ist die Nachfolge nun geregelt worden?«

Zeuge Reuschenbach: »Ich glaube, die Initialzündung ist von mir selbst ausgegangen.«

(Aus der Zeugenaussage von Peter Reuschenbach, seit 1972 Abgeordneter des Deutschen Bundestages, davor persönlicher Referent für Parteifragen bei Bundeskanzler Willy Brandt, abgegeben vor dem Oberlandesgericht Düsseldorf in der Sitzung am 5. September 1975)

Frage des Vorsitzenden: »Wie kam es nun zu dem Wechsel der Aufgaben von Herrn Reuschenbach zu dem Angeklagten?«

Zeuge Willy Brandt: »Ich kann mich noch genau erinnern, wie Reuschenbach zu mir kam und sagte, daß es ihm leid tue, mir während des Wahlkampfes 1972 nicht zur Verfügung stehen zu können. Er kandidiere jedoch selbst für den Bundestag und werde für seinen eigenen Wahlkampf den ihm gesetzlich zustehenden Sonderurlaub nehmen. Ich halte es für eher wahrscheinlich, daß damals schon Reuschenbach sagte, der Angeklagte könne die Aufgaben wahrnehmen, er sei schon im Hause, er kenne die Partei, das mache sicher die geringsten Umstellungsschwierigkeiten, es würde mit der geringsten Mühe verbunden sein. Ich halte dies für wahrscheinlich, kann es aber nicht mit letzter Sicherheit sagen, da es keinen Vermerk darüber gibt ...

Ich kann mich nicht erinnern, daß ich irgendwelche Bedenken gehabt hätte. Tatsächlich war es eine provisorische Beauftragung vorerst, erst einmal der Wahlkampf, dann werde man weitersehen. Ich glaube sicher zu sein, daß ich keine Bedenken hatte und auch keine geäußert habe, obwohl ich noch einmal an die Bemerkungen von Ehmke dachte hinsichtlich der Sicherheitsbedenken gegenüber Guillaume ... Ehmke sagte mir damals, wir sind dem nachgegangen, es ist nichts dran. Ich habe mir nichts weiter dabei gedacht, denn ich wußte aus meiner Berliner Erfahrung, daß sich so was oft als ungerechtfertigt herausstellt ...«

(Aus der Zeugenaussage des SPD-Vorsitzenden und ehemaligen Bundeskanzlers Willy Brandt vor dem Oberlandesgericht Düsseldorf in der Sitzung am 24. September 1975)

Willy Brandt bietet sich nicht mehr als Opfer an

Knapp fünf Stunden, unterbrochen nur von der Mittagspause, mußte Willy Brandt an jenem 24. September 1975 im harten Zeugenstuhl des Düsseldorfer Gerichtsbunkers standhalten. Mit abenteuerlichen Spekulationen in der Presse waren die Erwartungen an seinen Auftritt hochgeschraubt worden. Doch die große Sensation blieb aus. Auf die Minute pünktlich zum Termin der Ladung, ohne sich im Saal umzusehen, trat er in das kalte Neonlicht. »Zeuge Brandt, nehmen Sie bitte Platz!« forderte ihn der Gerichtsvorsitzende auf. Er tat es mit der ihm eigenen schwerfälligen, gleichgültig wirkenden Nonchalance. Ich war erleichtert, als ich Brandts ernstes Gesicht sah, jene angestrengt-verschlossene Miene, die allen, die ihn nicht kannten, manchmal wie eine

Maske vorkam, von der ich aber wußte, daß sie ein Zeichen äußerster Beherrschung war.
Siebzehn lange Monate waren vergangen, seit wir uns das letzte Mal begegnet waren. Dazwischen lag meine Ausschaltung als Kundschafter an seiner Seite und sein Sturz als Kanzler, für den mein Wirken den Vorwand hatte hergeben müssen. In der Untersuchungshaft und bei Pausengesprächen mit den Vernehmungsbeamten waren mir eine Menge Unkereien zu Ohren gekommen, wonach seitdem bei Willy Brandt ein Verfall seiner Persönlichkeit und seiner politischen Ausstrahlung zu beobachten sei. Davon war nichts zu merken, als er im Zeugenstuhl saß. Wie eh und je suchte er verbissen nach dem richtigen Wort, das für sein Verständnis die Sache richtig traf. In der Zeit unserer Zusammenarbeit hatte es immer zu meinen größten Sorgen gehört, ihm falsche Berater vom Halse zu schaffen. Deshalb hatte ich auch dem Tag seiner Zeugenaussage mit einiger Sorge entgegengesehen. Doch war er vor dem Prozeß offensichtlich mit den richtigen Leuten in Klausur gegangen. Beruhigt und nicht ohne Genugtuung stellte ich fest, daß es ihm – dem Tag und der Rolle gemäß – allein darauf ankam zu beweisen, wie vorurteilsfrei selbst er als Betroffener um die Wahrheit – und nichts als die Wahrheit – bemüht sei. Er wirkte offen und blieb doch zurückhaltend. Er verniedlichte nichts, dramatisierte aber auch nichts. Abschweifend wurde er nur da, wo es die staatmännische Pose verlangte, abweisend nur aus politischem Selbsterhaltungstrieb.
Die erste Frage des Senats am Vormittag lautete: »Herr Zeuge, würden Sie bitte erläutern, wann Sie dem Angeklagten zum erstenmal begegnet sind?«
Brandt sagte in aller Knappheit, was er wußte: »Ich habe schon in seiner Frankfurter Zeit von seiner Existenz gewußt, und zwar durch seine Aufgaben als Parteisekretär, die er damals wahrnahm. Ich bin ihm dann erst wieder in Bonn begegnet. Zu jener Zeit wußte ich sicher noch besser, welche Aufgaben der Angeklagte alle wahrnahm, zum Beispiel im Zusammenhang mit dem Wahlkampf von Bundesminister Leber.«
Auf die letzte Frage am Nachmittag: »Herr Zeuge, ein Mann Ihrer Umgebung, der sich so eingegliedert hatte, so viel mitbekommen konnte, war der nicht für einen nachrichtendienstlichen Auftraggeber stets und ständig von höchstem Interesse?« – sagte er einfach: »Ja!«

Auch Willy Brandt hatte kaum Neuigkeiten zu erzählen, von wenigen Ausnahmen abgesehen. Im Zusammenhang mit dem Dreiertreffen Brandt – Palme – Kreisky, das ich auf deutschem Boden in Schlangenbad/Taunus organisiert hatte, schilderte Willy Brandt die Einblicksmöglichkeiten, die ich als schweigender Teilnehmer an den Gesprächen und gemeinsamen Essen gewonnen haben könnte, und teilte dann abwiegelnd mit, daß die Thematik der Beratungen sich aus einem Buch ergeben werde, das in Kürze auf dem Markt erscheine.
In einem anderen Fall wehrte er den Versuch der Bundesanwaltschaft ab, mich als politischen Brunnenvergifter hinzustellen und ihn, den ehemaligen Bundeskanzler, womöglich als Komplizen. Generalbundesanwalt Buback fragte voller Hinterlist, ob der Herr Zeuge nicht etwas sagen könne zu seinen Gesprächen mit Herrn Breshnew in Moskau, da doch einiges Interessante in den Medien zitiert worden sei, was mit dem Verfahren in Zusammenhang stehen könne. In dem Moment war gespannte Erwartung im Saal. Brandt antwortete gelassen, er benutzte die Gelegenheit, um etwas zu sagen, das die diesbezüglichen Pressemitteilungen richtig einordnen werde. Die Vermutung, der Vorgang sei in dem Gespräch zwischen Breshnew und ihm erörtert worden, treffe nicht zu. Das, was an der einen oder anderen Stelle dazu spekulativ an Wortlaut zu lesen war, könne durch ihn nicht bestätigt werden. Er wolle es deutlich sagen: Es ist in einem Gespräch mit Breshnew der Vorgang, um den es sich handelt, angesprochen worden, ohne daß der Name des hier Angeklagten erwähnt worden sei. Es habe also nichts gegeben, was die Substanz des Prozesses berühre.
Das war eine Aussage von einigem Gewicht, die belegte, daß Willy Brandt seine politische Souveränität zurückgewonnen hatte. Er war nicht mehr bereit, sich als Opferbock anzubieten, und er lehnte es nunmehr ab, einen Zusammenhang zwischen unserer Enttarnung und ersten Störungen im Entspannungsprozeß, die 1974/75 spürbar wurden, von sich aus herzustellen.
Von solchen Wertungen abgesehen, hielt sich auch der Zeugenauftritt Willy Brandts im Rahmen des Prozeßalltages, herausgehoben nur durch die Prominenz des Parteivorsitzenden und Exkanzlers. Christel erschien vor Gericht demonstrativ in einem roten Kleid.
Ob Willy Brandt davon Notiz genommen hat, vermag ich nicht zu sagen. Offensichtlich war sein Bemühen, jeden Blickkontakt zu uns

zu meiden. Nur im ersten Moment machte mich das betroffen. Dann sagte ich mir: Was kann er schon anderes tun, wenn er nicht als politische Leiche weiterleben will? Müßte ich ihm nicht den gleichen Rat geben, wenn ich noch sein Ohr hätte? War es nicht ein Gebot politischen Kalküls, jegliche Solidarität in der Öffentlichkeit zu leugnen, nachdem uns bestimmte Voraussetzungen für Solidarität abhanden gekommen waren?
In der Sache, die Gegenstand des Prozesses war, kannte der Exkanzler für seinen Exreferenten wenig Schonung. Er lieferte dem Ankläger so manche Bestätigung für dessen Hypothese landesverräterischer Betätigung, und in solchen Passagen der Vernehmung sprach er ziemlich klar und geradezu. Aber immer dann, wenn die Rede auf die alltägliche Vertraulichkeit unseres Umgangs kam, auf das persönliche Moment unseres Verhältnisses, wurde er zurückhaltend. So erklären sich jene bröckligen Stellen im Protokoll, wo es immer wieder heißt: »Ich erinnere mich nicht ...«, oder: »... dazu gibt es keinen Vermerk«, oder: »Ich kann es nicht mit Sicherheit sagen ...«
Solche Erinnerungslücken sind auch in Willy Brandts späteren schriftlichen Reflexionen über den *Fall Guillaume* anzutreffen.

Hochfliegende Pläne erhalten einen Dämpfer

Einiges geschah damals ohne mein Zutun. Für die weitere Karriere im Bundeskanzleramt reichte es, mich als *Mann des Volkes* immer wieder in Erinnerung zu bringen, als Praktiker, der es verstand, den einfachen Leuten aufs Maul zu schauen. Später ist oft darüber gerätselt worden, ob ich mich als solcher nur gegeben hätte oder es tatsächlich gewesen wäre. Ich glaube, das letztere trifft zu. Ich fühlte mich in jedem Wasser wohl, wenn ich im Schwarm war. Ich kam mit Straßenkehrern zurecht und mit Staatssekretären, mit Büroschreibern und Bürochefs, hoch und niedrig, arm und reich, mit Leuten, die die Musike machten, aber eben auch solchen, die Musik einfach nur gern hörten wie ich. In der gehobenen Sphäre der SPD waren solche Typen verhältnismäßig dünn gesät, auch im bürokratischen Gefüge des Kanzleramts, und viele der jungen Wissenschaftler, die Amtschef Ehmke an sich heranzog, um frische Luft in den Laden zu bringen, erwiesen sich als bloße Windmacher.
Im Frühjahr 1970, als sich erste praktische Auswirkungen des neuen

Regierungsprogramms abzuzeichnen begannen, gab es viele lange Gesichter im Parteivolk über die Finanz- und Kreditpolitik. Ich erinnere mich, wie sich im Kanzleramt in Waschkörben die Briefe enttäuschter Wähler häuften, die gehofft hatten, daß unter einem SPD-Kanzler endlich einmal die kleinen Leute stärker zum Zuge kommen würden. Wie sollte man auf die Proteste reagieren? Im Petitionsreferat saßen durchweg CDU-Anhänger, die den Vorgang natürlich für die Opposition auszuschlachten suchten. Dementsprechend fiel ihr Entwurf für die Antwortbriefe an die Wähler aus. Herbert Ehrenberg, als Leiter der wirtschafts- und sozialpolitischen Abteilung verantwortlich für die Abschottung, standen die Haare zu Berge.

Ehrenberg war gebürtiger Ostpreuße, sehr listenreich, und bevorzugte die lautlosen, verschwiegenen Verfahren. Wenn er aber das Gefühl hatte, daß ihm die Felle davonschwammen, konnte er grantig werden. Mit dem Antwortbriefentwurf des Petitionsreferats in der Hand überfiel er mich. »Sieh dir das Geschmiere an! Kritik können wir weder abblocken noch abkanzeln. Denk du doch mal nach, wie du es in einer Ortsvereinsversammlung machen würdest.« Er warf mir den Wisch zu. »Aber bitte, es eilt!«

Da saß ich nun. Was war zu tun? Aus dem Postkörben kramte ich ein paar der Wählerbriefe heraus, die für die Gesamtstimmung typisch waren, und fuhr noch am selben Abend zu meinem alten Freund Heinrich Klein. Verbindungen haben ist alles! Wenn man etwas nicht weiß, muß man jemanden kennen, der es weiß; wenn man sich einer Sache nicht gewachsen fühlt, braucht man das Bündnis mit einem Stärkeren. Die Beziehungen zu Heinrich Klein, meinem ersten Förderer am Frankfurter Parteiblättchen, hatte ich auch nicht abreißen lassen, als er aus Frankfurt weggegangen war. Inzwischen hatte er sich bei infas einen guten Namen gemacht. Heinrich Klein ließ seine Verbindungen zu Klaus Liepelt spielen, der 1959 infas mitbegründet hatte.

Als wir uns zur schon vorgeschrittenen Stunde an die Arbeit machten, hatten wir ein ausgezeichnetes Umfragematerial auf dem Tisch. Ich hatte einen guten Tropfen mitgebracht, und Heinrich bosselte und feilte, daß es eine Lust war. Er war wirklich ein Fachmann für die *Stimme des Volkes*. Zuerst bauten wir uns ein Argumentationsgerüst, dann ging er ans Formulieren. Er warf mir die Sätze zu, und ich warf sie korrigiert zurück, wenn sie mir zu fachlich, gestelzt oder kompliziert erschienen. Wir verbesserten den ersten Entwurf und machten auch noch einen dritten. Der Morgen graute schon, als ich endlich die Reinschrift in Händen hielt. Solche Arbeit, mochte sie auch noch so angespannt sein, hat mir immer viel Spaß gemacht, wenn ich dabei in angeregter Gesellschaft war; das einsame Herumbrüten lag mir weniger.

Herbert Ehrenberg war völlig überrascht, als ich ihm bereits am nächsten Morgen den Briefentwurf überreichte. Er sah mich skeptisch an. Doch nach dem Lesen machte er nur einige wenige Korrekturen. Als er vom Chef Ehmke zurückkam, sagte er: »Alles abgesegnet. Auch Horst sagt: ›Das ist die Sprache, die wir brauchen!‹«

In Willy Brandts Büro saß damals als sein persönlicher Referent für Partei- und Fraktionsangelegenheiten Klaus Sönksen, zu dem ich schon vor Jahren in Berlin ein paar Verbindungsdrähte gespannt hatte. Sönksen gehörte zu Brandts Berliner Clique, die er nach Bonn mitbrachte, als er 1967 im Kabinett der *Großen Koalition* Außenminister und Vizekanzler wurde. Während er Klaus Schütz zu seinem Staatssekretär im Außenministerium machte und Egon Bahr zum Planungschef, blieb Klaus Sönksen, der in Berlin schon zu seiner Senatskanzlei gehört hatte, als persönlicher Referent an seiner Seite. Und als Brandt nach dem Wahlsieg von 1969 ins Bundeskanzleramt umzog, nahm er Sönksen noch einmal mit.

Von Klaus Sönksens Seite her war das aber schon unter Vorbehalt geschehen. Entweder wollte er sich endlich selbständig machen, oder er hatte andere Gründe, egal – jedenfalls lockte ihn das diplomatische Parkett, und jedermann wußte, daß er in Kürze in den Auswärtigen Dienst treten würde; die Washingtoner Botschaft war im Gespräch.

Schon in der ersten Februarwoche 1970, wenige Tage nach meinem Dienstantritt, war ich Klaus Sönksen im Foyer des Kanzleramts in die Arme gelaufen. »Mensch, Günter, prima, dich wiederzusehen! Willst du uns besuchen?« Offensichtlich wähnte er mich noch als Parteisekretär in Frankfurt.

»Nee, arbeiten«, sagte ich, »ich weiß bloß noch nicht richtig, wie man das hier anfängt.«

Sönksen freute sich über das Wiedersehen. In Frankfurt hatten wir bei Wahlkämpfen, zu denen er mit dem Chef angereist war, mehr als einmal die Köpfe zusammengesteckt. »Na, das ist ’n Ding!«

In dem Moment entstand oben Bewegung. Der Herr des Hauses,

Willy Brandt, kam die Treppe herunter. Ich überlegte noch, ob es gescheiter wäre, sich diskret zu verdrücken, als mich Klaus Sönksen an den Ärmel faßte. »Warte mal! Das ist doch 'ne Gelegenheit.«
Als Brandt unten bei uns angekommen war, sagte Sönksen: »Herr Bundeskanzler, darf ich Ihnen einen neuen Mitarbeiter unseres Amtes vorstellen? Er ist wohl bekannt?«
Brandts Miene wirkte etwas abwesend, er schleppte wohl irgendein Problem in Gedanken mit sich herum. Wortkarg sagte er: »Habe schon davon gehört. Freue mich. Wir kennen uns schon geraume Zeit.«
Die Leitung des Kanzleramtsbüros in Saarbrücken während des Parteitages wäre eigentlich von der Funktion her Sönksens Sache gewesen. Aber er hatte keine Lust mehr, war schon auf dem Absprung nach Washington und hatte mir das Feld überlassen. Als in Saarbrükken alles gut gelaufen war, setzte ich mich mit Klaus Sönksen zu einer kleinen Auswertung zusammen. Bei der Gelegenheit war es wohl, daß er die Frage seiner Nachfolgeschaft aufwarf. Er suggerierte mir geradezu, daß ich dafür der richtige Mann wäre, indem er mir eine Menge Eigenheiten Willy Brandts anvertraute und Ratschläge erteilte, wie man ihn nehmen müßte.
Ich reagierte äußerlich gelassen und zurückhaltend, aber ich merkte, wie mich die Aussicht zu jucken anfing. In den nächsten Tagen wurde offenbar, daß Sönksen in dieser Angelegenheit nicht nur mir Andeutungen gemacht hatte. Überall, wo ich hinkam, stieß ich auf auffällige Höflichkeit und gesteigerte Ehrerbietung. Erst einmal entfacht, läuft ein Gerücht schneller als ein Steppenbrand. Unübertroffen darin ist der Behördenklatsch.
Kurz darauf, mit Beginn der großen Schulferien, fuhr ich mit der ganzen Familie, Pierre und Oma Boom inbegriffen, in Georg Lebers Feriendomizil. In stillen, gedankenverlorenen Stunden unter südlicher Sonne wollte manchmal Euphorie aufkommen, und ich mußte mich dann zu einer nüchternen Einschätzung meiner Chancen zwingen. Dennoch war ich den ganzen Urlaub über von einer erwartungsvollen Beschwingtheit und Heiterkeit. Ich rechnete mir einiges aus.
Der Strich durch die Rechnung kam gleich nach dem Urlaub an einem grauen Montag. Ich war kaum im Amt, als es hieß: Zum Herrn Minister! Horst Ehmke sprach in seinem üblichen Stakkato, aber alles in allem erstaunlich offen.

»Du hast sicherlich mitgekriegt, daß Klaus von Willy weggeht. Klaus selbst und einige andere ernst zu nehmende Leute haben dich in Vorschlag gebracht als Nachfolger. Auch ich wäre unter normalen Umständen dafür – na, bitte schön, warum denn nicht? –, weil dich Willy akzeptieren würde. Aber deine Sache, diese ganze Sicherheitsüberprüfung, das ganze Lamento damals, das ist noch zu frisch in Erinnerung. Und so weiter – erspare mir lange Reden. Ich höre schon das Gequatsche! Günter, auch in deinem Interesse – es geht nicht! Da muß erst Gras drüber wachsen.«
Innerlich zog ich ein langes Gesicht, äußerlich aber bezeugte ich demonstratives Verständnis. Ich verstünde die Gebote der Vernunft und danke für seine offene Darlegung. Der Kanzleramtschef versüßte meine Enttäuschung und sein schlechtes Gewissen mit einem kleinen Bonbon. Wenige Tage nach dem Gespräch erfolgte meine schon erwähnte Beförderung zum Referenten. Mein Referat wurde aus der Zuständigkeit Winkels gelöst und dem Amtschef direkt unterstellt. Als Draufgabe wurde mir sogar ein Sachbearbeiter zugeordnet.
Dennoch blieb eine gewisse Enttäuschung, ja, es war mehr als Enttäuschung, ich fühlte Beunruhigung. Offensichtlich hatte die Sicherheitsüberprüfung doch weitere Kreise gezogen, als ich, optimistisch wie ich bin, nach ihrem glücklichen Ausgang erwartet hatte.

Unheimliche Begegnungen und ein Abschied für lange Zeit

Ich habe die Erfahrung gemacht, daß je ernsthafter der Gegenstand der konspirativen Arbeit ist, um so grotesker können die Vorfälle sein, die zur Beunruhigung Anlaß geben.
Ich erinnere mich an den Treff, der mit meinen Führungsoffizieren noch einmal und zum letztenmal in Berlin organisiert wurde. Auf der üblichen Route flog ich von Frankfurt/Main nach Westberlin. Wie üblich war auch der Kontrollpunkt Bornholmer Straße wieder als Übergang vorgesehen. Ein Fehler? Oder nur Routine? Wann wird Routine zum Fehler? In jedem Metier, aber gerade in diesem, ist fachgerechtes sauberes Arbeiten gefragt, und da geht nichts ohne gesunde Routine, ohne diesen eingeschliffenen Sinn, der einem erlaubt, auch mit geschlossenen Augen den richtigen Handgriff zu

tun, mit geschlossenen Ohren den richtigen Ton zu finden, Und doch muß alles immer wieder in Frage gestellt werden. In diesem Falle wäre es eben besser gewesen, die Routine zu durchbrechen und einen anderen Kontrollpunkt als die Bornholmer Straße für den Grenzübertritt zu wählen.

Wen ich zu fürchten hatte – das war kein Spurenschnüffler des gegnerischen Abwehrdienstes, der sich mir womöglich in den Nacken gesetzt hatte. Den kann man täuschen, von der Harmlosigkeit des Vorhabens überzeugen, eventuell auch abschütteln, wenn es darauf ankommt. Ich mußte mich groteskerweise vor einer vertratschten Nachbarin aus meinem Geburtshaus in der Choriner Straße auf dem Prenzlauer Berg vorsehen, die sich später tatsächlich mit dummem Gerede dem Verfassungsschutz aufgedrängt hat. Eines Tages hatte sie die Koffer gepackt, um bei ihrem Bruder in Westberlin unterzukriechen, und half ihm in seinem Eisenwarengeschäft, und zwar ausgerechnet auf dem Westberliner Ende der Bornholmer Straße in unmittelbarer Nachbarschaft der Grenzübergangsstelle.

Ich mußte an ihrem Geschäft vorbei. Die Vorstellung, daß sie just in dem Moment aus der Tür treten könnte – »Nein sowas! Der Herr Guillaume – auf dem Wege zur Mutter?« –, ließ mich geradezu Gespenster sehen, und die liefen mir dann auch tatsächlich hinterher. Bei ruhiger Überlegung sagt man sich in solchen Momenten: Die Chance für ein Zusammentreffen steht 1:10000 – also bleib weiter ruhig! Warum soll die Alte ausgerechnet in dieser Sekunde aus der Tür treten, wenn sie das nur drei- oder viermal am Tag tut? Dennoch droht man zu verkrampfen. Man will sich unauffällig machen oder fremd gehen, und gerade dadurch fällt man auf und macht sich bekannt. Wie eigentlich nicht anders zu erwarten, erreichte ich ungesehen und unbeschadet den Kontrollpunkt. Dennoch blieb ich nervös.

Was machte ich falsch an diesem Tag, oder war es überhaupt der falsche Tag? Mensch, hör auf zu spinnen, redete ich mir selbst gut zu, oder laß dir gleich das Horoskop stellen!

Dann kam das Auto nicht, ich weiß nicht mehr aus welchem Grund. Ich wartete an der verabredeten Ecke, aber es kam nicht. Wahrscheinlich wäre es jetzt das Klügste gewesen, sich in der nächstbesten Kneipe unter die Männer an der Theke zu drängeln und ein paar Körner auf das wundgescheuerte Gemüt zu kippen. Aber bereits verunsichert durch das Vorangegangene, tat ich es nicht. Was sollten

Bruno und Robert von mir denken, wenn ich ihnen angeheitert unter die Augen träte? Sie hätten sich wahrscheinlich gar nichts gedacht, vielleicht nur daran, mir in der Begrüßungsrunde einen weniger einzuschenken. Die Bedenklichkeiten steckten in mir.
Ich bin – bei allen guten Geistern sei's geschworen – alles andere als abergläubisch. Dennoch glaube ich daran, daß der Mensch, ähnlich einem Tier und doch ganz anders, Witterung entwickelt für echte Gefahr. Ich habe es an mir selbst mehr als einmal erlebt. Andererseits kann Übervorsicht, die Gefahren auch da zu spüren vermeint, wo gar keine sind, diese geradezu herbeizaubern. Wie anders ist das Folgende zu erklären?
Es dunkelte früh. Ich lief auf dem alten heimatlichen Strich die Schönhauser Allee hinunter bis zum S-Bahnhof. Natürlich war der Fahrkartenautomat defekt. Am Schalter stand eine Schlange, ich hängte mich hinten ran und rückte als eins der anonymen Glieder ihrem Kopf langsam näher. Vor mir hüstelte jemand, und schon da muß das Unterbewußtsein aufgehorcht haben. Dann beugte sich dieser Jemand unmittelbar vor mir zum Schalterfenster hinunter und verlangte seine Fahrkarte. In dem Moment war ich wie elektrisiert: Ich kannte die Stimme. Ein Wortwechsel entwickelte sich, es gab irgendwelche Unstimmigkeiten über Fahrtziel oder Fahrpreis, und ich lauschte wie gelähmt. Diese Stimme! Wer war der Mann mit dem dicken Wollschal, woher kannte ich ihn? Was passiert, wenn er sich umdreht, vielleicht weil er um passendes Kleingeld bitten will? Wie soll ich reagieren, wenn er mich erkennt? Ich wagte nicht, aus der Schlange auszuscheren. Überhaupt dieser Irrsinn des Zufalls – hätte ich nicht ebensogut einen Platz vor ihm wie hinter ihm erwischen können? Und wenn er mich dann angequatscht hätte!
Und dann passierte am Tag darauf dieses rätselhafte Ding auf dem Friedhof. Paul Laufer war gestorben, der väterliche Freund, und mit ihm war ein Stück meiner Jugend zu Grabe gegangen. Bruno, Pauls Nachfolger, wußte, wieviel uns verband. Die dienstlichen Beratungen zogen sich bis in den späten Abend hin, und als wir nur noch aßen und tranken, kam das Gespräch immer wieder auf Paul.
Es gibt viele bewegende Anekdoten über Paul Laufer. Ich will hier nur eine wirkliche Begebenheit einflechten, weil sie charakteristisch ist für sein schlichtes und geradliniges Denken und die Art unseres Verhältnisses.
Glücksspieler waren Paul ein Greuel. In den Jahren des illegalen

Kampfes muß er entsprechend schlechte Erfahrungen gemacht haben. In den Instruktionsstunden warnte er mich immer wieder vor dem Kartenspiel, es wäre der Anfang vom Ende. Mit dem harmlosen Skat finge es an, und mit Siebzehnundvier käme der Ruin. Als ich einmal einflocht, daß doch Ernst Thälmann ein leidenschaftlicher Skatspieler gewesen sei, wurde er nur für einen Moment unsicher. Dann sagte er: »Das ist was anderes. Du bist nicht Thälmann!«
Das Schachspiel dagegen stand bei Paul hoch im Kurs. Es übe Geist und Charakter, stähle Geistesgegenwart und Konzentrationsfähigkeit. Er kannte viele Geschichten aus den Zuchthäusern und Konzentrationslagern der Faschisten, wo sich Gefangene mit selbstgebastelten Schachfiguren geistig und moralisch über Wasser gehalten hatten. Er verwies dabei auch auf unseren gemeinsamen Freund Fritz, der im KZ Barackenmeister im Schach gewesen sei.
Es war die Zeit in Frankfurt, als ich von Schwiegermutter Erna Boom die Kaffeestube übernommen hatte und versuchte, den Laden etwas in Schwung zu bringen. Dem Zug der Zeit folgend, wollte ich modernisieren und zum Zwecke der Umsatzsteigerung einen Zigarettenautomaten aufstellen. Der Laden aber warf noch nicht so viel ab, daß die Investition ohne Schuldenmacherei möglich gewesen wäre. Ich ließ Paul die Bitte um einen kleinen Zuschuß übermitteln. Er lehnte ihn glatt ab. Ob ich mit einem solchen Automaten auch den illegalen Kurierverkehr aufrechterhalten könne, ließ er anfragen.
In Wahrheit hatte Pauls ablehnende Haltung einen viel tieferen Grund. Er war ausgesprochen knickrig, wenn man an den kleinen Fonds heranwollte, den er zu verwalten hatte. »Das sind immer noch Arbeitergroschen«, pflegte er zu sagen, »damit wird nicht herumgeschmissen.« Der Zigarettenautomat erregte sein Mißtrauen, weil er ihn irgendwie an einen Glücksspielautomaten erinnerte: Man wirft eine Münze ein, und wenn man Glück hat, kommen Zigaretten heraus. In seiner Vorstellung kam mit einem solchen Ding ein Element des Unsoliden in unsere Arbeit.
Da sich die Sache schließlich über einen günstigen Kredit aus eigener Kraft regeln ließ, setzte ich mich über Pauls Anweisung stillschweigend hinweg. Es gibt ein Foto von »Boom am Dom«, wo der neue Zigarettenautomat die schmale Ladenfront beherrscht.
Für mich war die Sache erledigt. Ich war der Meinung, daß Paul von meiner Unbotmäßigkeit nie erfahren hatte – bis zu jenem Abend, als

wir zusammensaßen und uns Geschichten über ihn erzählten. Da bekannte Bruno, daß er für mich das große Donnerwetter habe abfangen müssen. Paul Laufer hatte immer ein paar verschwiegene Nebenkanäle der Information unterhalten. Auf Umwegen war ihm zu Ohren gekommen, daß ich mich über seinen Ukas hinweggesetzt hatte. Für ihn war das glatte Befehlsverweigerung. Sein Zorn traf Bruno, ihn machte er für meine Insubordination verantwortlich. »Du hättest dich durchsetzen müssen!«
Doch dann verrauchte sein Zorn. Er untersagte sogar, den Anpfiff an mich weiterzureichen. Damals gab es gerade eine kritische Phase der Umstellung in unserer Arbeit, und ich sollte nicht unnötig verunsichert werden. Er hatte wohl auch begriffen, daß bestimmte Entscheidungen nicht vom Stab, sondern in vorderster Linie getroffen werden müssen.
In jener Nacht tranken wir auf Pauls Andenken und beschlossen, seiner Ruhestätte in Friedrichsfelde am nächsten Vormittag noch einen Besuch abzustatten, bevor ich wieder nach Frankfurt zurückflog. Und eben da auf dem Friedhof kam es zu einem weiteren mysteriösen Vorfall. Passiert so was in Kettenreaktion, hat man das Gefühl, daß einem der letzte Nerv gezogen wird.
Ich legte einen Blumenstrauß an Pauls Urnenstelle nieder, die Stunde des endgültigen Abschieds von einem guten Freund, der so viel väterliches Verständnis für mich aufgebracht hatte, bewegte mich, und als wir über den Pergolenweg zum Ausgang zurückgingen, war ich in Gedanken und Erinnerungen verloren. So beachtete ich nicht die Frau, die uns auf dem breiten Weg entgegenkam. Als sie auf meiner Höhe war, hörte ich sie leise sagen: »Guten Tag, Günter!«
Der Gruß traf mich wie eine Backpfeife. Ich zwang mich zum Weitergehen mit steifen Beinen. Nicht umdrehen! Hatte ich mir nur was eingebildet? Waren die Nervenanspannungen der letzten Jahre zu stark gewesen? Wurde ich das Opfer von Halluzinationen? Erst als wir auf der Straße neben dem Wagen standen, fragte ich meine Begleiter, ob sie auch was gehört hätten. Bruno schüttelte den Kopf, er hatte überhaupt nichts wahrgenommen. Robert jedoch, der in der Mitte von uns dreien direkt neben mir gegangen war, glaubte, die Frauenstimme gehört zu haben, hatte sie aber nicht verstehen können.
Auch Bruno und Robert waren über die mögliche Begegnung mit

einer Person, die mich von früher her gut kennen mußte, wenn sie mich so vertraut gegrüßt hatte, aufs äußerste beunruhigt. Wer war sie? In der kurzen Zeit, die mir bis zur Rückreise verblieb, versuchten wir fieberhaft, meinen Bekanntenkreis durchzusortieren. Das Merkwürdige war, daß ich die Frau beschreiben konnte, obwohl sie in keiner Weise meine Aufmerksamkeit auf sich gelenkt hatte, als sie uns entgegenkam. Sie war in mittleren Jahren, vielleicht Ende der Vierzig, trug in einer Hand eine Tasche und in der anderen eine kleine Gießkanne und eine kurze Grabharke. Das Unterbewußtsein hatte eine Ablichtung gemacht und, aufgeschreckt durch den überfallartigen Gruß, für das Bewußtsein ein Positiv entwickelt. Dennoch kamen wir zu keinem Ergebnis. Robert setzte die Recherchen auch nach meiner Abreise fort. Er stieß dabei auf eine ehemalige Kollegin von Christel aus dem Berliner Aufbaustab. Ihr Mann war vor kurzem gestorben und in Friedrichsfelde bestattet worden. War ich dieser Gerda B. nach so vielen Jahren noch einmal über den Weg gelaufen?

In der Beratung am Abend zuvor war die Entscheidung gefallen, in Anbetracht meiner sich immer stärker exponierenden Position keine Treffs mehr auf heimatlichem Boden zu organisieren, weil sie die Risiken zusätzlich erhöhten. Die beunruhigenden Begegnungen auf dem Bahnhof Schönhauser Allee und auf dem Friedrichsfelder Friedhof bestätigten die Richtigkeit der Entscheidung. Dennoch fiel es mir äußerst schwer, sie innerlich zu verarbeiten. Das Zusammensein mit den engsten Kampfgefährten in vertrauter Umgebung hat mir immer ungemein wohlgetan. Durch die alten Straßen gehen, über deren Schluchten der Himmel eben doch ganz anders war ... Und die neuen Straßen erleben, die sich aus dem Ruinen erhoben ... Ich habe Globetrotter kennengelernt, die sich frei und bindungslos in der Weltgeschichte herumtrieben. Zu diesem Typ habe ich nie gehört. Ich brauchte den heimatlichen Hafen, mußte zumindest wissen, daß er mich erwartete. Zu Hause tankte ich auf, und dann konnte ich wieder auf große Fahrt gehen. Damit sollte nun Schluß sein. Ein wenig Wehmut überfiel mich, als ich aus dem Kabinenfenster des Flugzeugs, das der untergehenden Sonne entgegenflog, Berlin noch einmal in der Ferne sah, mein Berlin, unser Berlin. Es war wohl die Ahnung eines Abschieds für längere Zeit.

Eine Intrige verkehrt sich in ihr Gegenteil

Bundesgeschäftsführer der SPD war Anfang der 70er Jahre Hans-Jürgen Wischnewski. Wahrscheinlich hat auch er damals zu denjenigen gehört, die ihren Einfluß geltend machten, um mir den direkten Weg ins Bundeskanzlerbüro, in die unmittelbare Nachfolgeschaft von Klaus Sönksen als persönlicher Referent zu verlegen.

Über Wischnewskis politische Begabung will ich nicht streiten. Sie ist zweifellos ausgeprägt, aber mir schien, daß ein Schuß Abenteurertum zuviel darin war. Wischnewski war ein umtriebiger und energiegeladener Typ, der ungeniert drauflos lebte, drauflosagierte und drauflosschwadronierte. Durch ein paar Feuerwehreinsätze in der dritten Welt hatte er sich einen Namen gemacht, und es schmeichelte ihm, wenn man in *Ben Wisch* nannte. Sein Einfluß in der Partei war beträchtlich, und ich wußte das. Brandt amüsierte er vornehmlich mit Witzen. Darum versuchte ich immer wieder, die instinktive Antipathie, die ich ihm gegenüber empfand, als *geschäftsschädigend* abzustreifen. Aber es gelang mir nicht, sosehr ich mich auch mühte. Wischnewski gehörte zu den ganz wenigen Prominenten in Bonn, mit denen ich nicht auskam. Wenn es neben Liebe auf den ersten Blick so etwas gibt wie Abneigung auf den erste Blick, dann funktionierte das zwischen uns beiden. Jeder wußte, was er vom anderen an Unfreundlichkeit zu erwarten hatte.

Die Dinge nahmen folgenden Fortgang: Als Bundesgeschäftsführer lag Wischnewski selbstverständlich viel daran, den unmittelbaren Einfluß des Parteiapparats beim Kanzler, der hin und wieder Neigungen verspürte, sich vom Apparat unabhängig zu machen, durch die Plazierung der richtigen Leute zu verstärken. Nachdem ich aus dem Rennen war, fiel sein Auge auf einen anderen Unterbezirkssekretär. Er empfahl Ehmke, Peter Reuschenbach aus Essen an meiner Stelle ins Kanzlerbüro zu setzen.

Mit Peter Reuschenbach aber stand ich vom ersten Tage an auf gutem Fuß. Wir kannten uns von Sekretärseinweisungen, und Reuschenbach stand ebenso wie ich im Ruf, ein Mann des rechten Parteiflügels zu sein. Dadurch erklärte sich sein spontanes Bedürfnis, sich bei mir anzulehnen. Das verstärkte sich in dem Maße, wie sich der Verschleiß des ersten Kabinetts Brandt einem kritischen Punkt näherte. Und dann gab es noch ein wichtiges Moment. Essen war der Sitz der immer noch einflußreichen IG Bergbau. Gewissermaßen vor Ort hatte Reuschenbach mehr als einmal ihre Stärke zu spüren bekommen, und er wußte, daß nur durch eine Verzahnung mit den Gewerkschaften eine Partei wie die SPD politisch lebensfähig war. Die Rechnung war einfach: Nur indem man dem Einfluß der Gewerkschaften in der Partei Raum gab, konnte die Partei Einfluß auf die Gewerkschaften nehmen. Peter Reuschenbach gehörte zu den Leuten, die für den bald anstehenden Wahlkampf in den Gewerkschaften eine Art zweite Front aufbauen wollten, um den sozialen Druck auf die Partei zu mindern. Darum suchte er gerade meine Partnerschaft; ich war der bestallte Verbindungsmann zu den Gewerkschaften.

Wie sollte es weitergehen? Einflußreiche Gewerkschaftsführer hatten in der Brandt-Administration Ämter übernehmen müssen. Neben Georg Leber von der IG Bau, Steine, Erden, der erst Verkehrs-, dann Post- und Verkehrs- und schließlich Verteidigungsminister wurde, gehörte dazu auch Walter Arendt, der Vorsitzende der IG Bergbau, als Bundesminister für Arbeit und Sozialordnung. Was kam nach ihnen? Wie sollte die Verzahnung von Partei und Gewerkschaften fernerhin funktionieren? Das waren drängende Fragen, die Reuschenbach für Brandt beantworten mußte. Ich erinnere mich, daß wir uns viel Gedanken gemacht haben, wer von den nachgerückten Gewerkschaftsbossen für ein Bundestagsmandat in Frage käme. Natürlich sollten es *rechte* Männer sein. Wir einigten uns u. a. auf Adolf Schmidt, den neuen Vorsitzenden der Bergarbeitergewerkschaft. Ich hatte auch den Vorsitzenden der IG Chemie, Papier, Keramik Karl Hauenschild vorgeschlagen. Doch der winkte ab und schickte seinen Stellvertreter Rappe vor.

Reuschenbach erwartete von mir zuverlässige Informationen über die Stimmungen und Strömungen in Partei und Gewerkschaften, und da ich über die entsprechenden Verbindungen verfügte, erhielt er sie. Er seinerseits informierte mich über Absichten und Pläne, mit denen das Kanzlerteam umging, und ich drehte daran mit, damit sie an der Basis auf Gegenliebe stießen. Das von mir betreute Verbindungsreferat war im Kanzleramt auf demselben Flur unter dem Dachgeschoß untergebracht, auf dem auch der Parteireferent und die Ghostwriter des Kanzlers hausten. So hatten Reuschenbach und ich nur ein paar Schritte zu machen, wenn wir uns etwas unter vier Augen anvertrauen wollten.

Wischnewski hatte mir die Tür vor der Nase zugeknallt, und nun

hatte ich doch einen Fuß drin. Dafür sorgte Reuschenbach, den Wischnewski geholt hatte. Besser ging's nicht! Ich hatte einen wichtigen Draht zu den Schaltstellen der Macht zu fassen bekommen, ohne mich dafür sonderlich exponieren und engagieren zu müssen. Blicke ich zurück auf jene Zeit in Bonn, dann will mir scheinen, daß 1971 ein erfolgreiches Jahr war. Christel kam ebenso wie ich in der neuen Arbeitsstelle hervorragend zurecht. Mit ihrer Position in der Hessischen Landesvertretung hatten wir wieder ein wichtiges zweites Standbein für unseren Kundschafterauftrag. Über ihr Referat Bundesratsangelegenheiten blickten wir in die zweite Kammer, die Beratungen des Bundesrates. Das hatte insofern Bedeutung, als die CDU/CSU mit ihrer dortigen Mehrheit der ersten Kammer, dem Bundestag, Paroli bot. Wichtige Kontakte ergaben sich für Christel auch im Hessischen Gästehaus, wo sich in den Sitzungswochen des Parlaments allabendlich das Meinungskarussell der Politiker munter drehte.
So erschlossen sich mir auf ganz natürlichem Wege viele wichtige Informationsquellen. Es brauchte nicht lange gebohrt oder gegraben zu werden. Die Erkenntnisse, die ich zu verarbeiten hatte, berührten strategische Grundfragen der politischen Entwicklung. Gefahr drohte vor allem der Entspannungspolitik. Gelang es den erzkonservativen Elementen der CDU und CSU, durch den Kauf von schwankenden SPD- und FDP-Bundestagsabgeordneten die Parlamentarische Basis der Brandt-Scheel-Regierung zu untergraben, dann hingen plötzlich auch die inzwischen geschlossenen Ostverträge in der Luft, da es zu ihrer Ratifizierung der Mehrheit des Bundestages bedurfte.
Der Vertrag von Moskau mit der Sowjetunion und der Vertrag von Warschau mit Polen waren noch 1970 unter Dach und Fach gebracht worden. In ihrem Kern bildeten sie die Grundlage einer gesamteuropäischen Friedensregelung. Die im Ergebnis des Zweiten Weltkrieges geschaffenen Tatsachen fanden endlich trotz mancher Vorbehalte der BRD einen völkerrechtlichen Rahmen. Das betraf vor allem Fragen der Unantastbarkeit der staatlichen Grenzen und der staatlichen Integrität. Von großem Gewicht waren die feierlichen Erklärungen zum Verzicht auf Gewalt. Insofern brachten die Vereinbarungen von Moskau und Warschau jedenfalls in meinen Augen ein qualitativ neues Element in die bundesrepublikanische Außenpolitik. Dem Revanchismus, bisher regierungsamtliche Leitlinie, wurde eine gefährliche Spitze abgebrochen.

Deshalb erfüllte es mich mit echter Befriedigung, als an einem Dezembertag des Jahres 1971 fast auf den Tag genau ein Jahr nachdem berühmten Kniefall von Warschau die Kunde durch das Kanzleramt eilte: Friedensnobelpreis für Willy Brandt! Anläßlich der Unterzeichnung des Vertrags mit Polen im Dezember 1970 hatte Willy Brandt dem ehemaligen Warschauer Ghetto einen Besuch abgestattet und war zur Überraschung selbst seiner engeren Begleitung vor dem Mahnmal für die Opfer in die Knie gesunken. Angesichts der vielen auf ihn gerichteten Kameraobjektive wollte mir diese demonstrative Geste im ersten Moment als etwas peinlich herausgestellt und theatralisch entblößend vorkommen. Doch dann ging das Bild des knienden Kanzlers um die ganze Welt und erzielte eine ungeheuere Wirkung. Vielleicht kann man sogar sagen, daß der Kniefall von Warschau, dieser Akt der Auf-sich-Nahme von Schuld und gleichzeitige Bitte um Versöhnung, mehr Menschen zum Nachdenken gebracht hat als der Vertrag selbst, der wenige Stunden später unterzeichnet wurde. Ein Reporter schrieb damals: *»Dann kniet er, der das nicht nötig hat, für alle, die es nötig haben, aber nicht knien – weil sie es nicht wagen oder nicht können oder nicht wagen können.«*

Später hatte ich viele Gelegenheiten, Willy Brandts Mentalität zu studieren, und da wurde mir klar, daß die aufsehenerregende Verneigung vor den Opfern der faschistischen Gewaltherrschaft zwar nicht ohne stille politische Berechnung geschehen war, jedoch nichts zu tun hatte mit unechter, gemütsfremder Theatralik. Auch am Grabmal des Unbekannten Soldaten in Warschau hatte Brandt einen Kranz niedergelegt und in das dort ausliegende Gästebuch geschrieben: *»Im Gedenken an die Toten des Zweiten Weltkrieges und an die Opfer von Gewalt und Verrat, in der Hoffnung auf einen dauerhaften Frieden und auf Solidarität zwischen den Völkern Europas.«*

Solche Worte nahm Willy Brandt bitterernst. Sein Denken kam aus einem tief veranlagten Gemüt und einer ebenso komplizierten politischen Erfahrung. Sicher wird mancher fragen: Wozu soviel Wind um Dinge, die eigentlich selbstverständlich sind? Sind nicht Bemühungen um Versöhnung und Frieden etwas, das man gerade von einem deutschen Regierungschef erwarten muß? Nein, so einfach lagen die Dinge damals nicht, die Politik der Entspannung war hart umkämpft, und nichts in dieser Frage war selbstverständlich. Von einem Teil der bundesdeutschen Presse wurde Brandts Auftreten in Warschau hämisch und mit verbohrtem Nationalismus kommentiert, geradezu als ein Ausverkauf deutscher Interessen dargestellt, und mit dem Vorwurf des Verrats, nun zum zweitenmal begangen vom ehemaligen antinazistischen Emigranten, wurde stinkendes Brackwasser auf die Mühlen des Revanchismus geleitet.

Im kleinen Kreis tranken wir damals im Amt einen Schluck auf den Chef. Irgendwie rundete die Nobelpreisverleihung das Jahr für mich ab und verstärkte die Vorstellung, daß es ein gutes Jahr war, angefüllt mit Arbeit, von der keiner viel Aufhebens machte und die dennoch ihren Wert hatte für das große Werk des Friedens. Es war einer der seltenen glücklichen Momente, in denen ich das Gefühl hatte, daß die verschwiegenen Ziele der Kundschaftertätigkeit in Einklang standen mit Ergebnissen in jenem Bereich, in dem ich mich öffentlich einzurichten und zu arbeiten hatte.

Ein Strategiepapier und seine Hintergründe

Und dann gab es 1971 noch ein entscheidendes Ereignis, das es einem leicht macht, mit Vergnügen an dieses Jahr zurückzudenken: Es kamen neue Leute zu unserer Betreuung, Unterstützung und Deckung. Es waren prächtige junge Menschen, und Christel und ich verstanden uns mit ihnen vom ersten Handschlag an. Sie hießen Nora und Arno.

Bisher hatten regelmäßige Treffs mit Heinz, dem zuverlässigen Instrukteur der Zentrale, zum Kundschafteralltag gehört. Allein die mir auferlegte Sicherheitsprüfung hatte bewiesen, daß das Pflaster in der Regierungszentrale Bonn doch schlüpfriger war als in der Handelsmetropole Frankfurt am Main. Durch die neuen Positionen in Bonn, erst von mir, dann auch von Christel, war eine prinzipiell andere Lage entstanden. Besonders meine Stellung im Verbindungsreferat des Kanzleramts veränderte durch die Struktur weitgefächerter Zuständigkeiten die Anforderungen erheblich. Die beinahe regelmäßigen Kontakte zu einflußreichen Leuten in Politik und Wirtschaft erweiterten meine Möglichkeiten in geradezu atemberaubender Weise. Fast täglich war mit wichtigen Neuigkeiten zu rechnen. Die mußten schnell und sicher zur Auswertung auf den Weg gebracht werden. Bereits beim letzten Treff in Berlin hatte Bruno vorsorglich Maßnahmen angekündigt für den Fall, daß es mir tatsächlich gelingen würde, bis in das *feindliche Machtzentrum* vorzustoßen.

Es mag Leser geben, die stutzig werden angesichts unserer Definition von einer *feindlichen Macht*. Habe ich nicht eben erst und auch vorher an manch anderer Stelle Worte der Anerkennung und der Hochachtung für den Friedensnobelpreisträger Brandt gefunden, für jenen Mann also, der die regierungspolitische Spitze dieser Macht darstellte? Ich glaube, man muß zu diesem scheinbaren Widerspruch ein paar Worte sagen.

In der Tat war es so, daß die sozialistischen Staaten und in ihrem Verband auch die DDR im Interesse des europäischen Friedens zur Bundesrepublik Deutschland ein Verhältnis des Ausgleichs, der Verständigung und der Kooperativität anstrebten. Diese Politik war auf weite Sicht angelegt, und sie begann nun, in der Ära Brandt, ein paar Früchte zu tragen. Der neue Kanzler und seine Mannschaft zeigten sich auch nach meinen internen Informationen ehrlich entschlossen, die ostpolitischen Verträge gegen die Front der Ewiggestrigen durchzufechten. Das alte leidgeprüfte Europa erhielt eine neue Chance. Die voranschreitenden Abrüstungsverhandlungen zwischen der Sowjetunion und den USA, die in Gestalt des SALT-I-Abkommens bald ihren Abschluß finden sollten, setzten dafür einen günstigen weltpolitischen Rahmen. Im September des Jahres 1971 hatten sich die Botschafter der vier Siegermächte, der Signatarstaaten des Potsdamer Abkommens, auf einen Modus geeinigt, der den Status Westberlins vernünftig regelte, vor allem auch dessen Verhältnis zur benachbarten DDR. Ohne daß zwischen all diesen Entwicklungen ein Junktim bestand, eröffneten sich daraus auch Möglichkeiten, die Lage im Herzen Europas zu beruhigen und im Verhältnis der beiden deutschen Staaten zu einem vernünftigen Einvernehmen zu kommen.

In meinen Augen war das nicht hohe Politik, die von irgendwelchen Göttern über den Wolken im Olymp gemacht wurde. Sie vollzog sich unter dem Druck der Völker, entsprach der Sehnsucht dieser Völker und diente den Interessen der Völker. Mit der Politik der Entspannung können die Menschen entspannter leben, ohne Furcht, daß es über Nacht zu einem kriegerischen Konflikt kommt, der alles bedroht, was sie sich an kleinem und großem Glück aufgebaut haben. Und an dieser segensreichen Entwicklung, behaupte ich, hatte der Kanzler im Machtzentrum Bonn einen hohen Anteil.

Dessenungeachtet wurde gerade ich bei den tiefen Einblicksmöglichkeiten, die ich hatte, immer wieder daran erinnert, daß Bonn das Zentrum einer imperialistischen Macht war und blieb, die dem Sozialismus alles andere als freundschalftlich zugetan war. Die Aufrüstung und Modernisierung der Bundeswehr ging planmäßig und in kräftigem Schüben weiter, wofür sozialdemokratische Verteidigungsminister mit von Jahr zu Jahr steigenden Wehretats sorgten. Wo sich eine Möglichkeit bot, wurde sie rigoros genutzt, um der volkseigenen Industrie auf den internationalen Märkten Knüppel zwischen die Beine zu werfen. Auch die neue Bonner Regierungskoalition von Sozialdemokraten und Freidemokraten war nicht bereit, nationalistische Vorbehalte aufzugeben. Unter Berufung auf das Grundgesetz bestand sie auf Wiederherstellung der deutschen Einheit.

Typisch war dafür der Abschluß des Moskauer Vertrages mit der Sowjetunion. Parallel zum Vertragstext wollte der bundesdeutsche Außenminister unbedingt einen »Brief zur deutschen Einheit« loswerden. Als der sowjetische Außenminister die formelle Entgegennahme verweigerte, schickte man einen subalternen Legationsrat zum Empfangstresen des Außenministeriums in Moskau, und der hinterlegte den Brief wie ein Warenlieferant gegen Quittung. Im Amt, über die Drähte zum Bonner Außenministerium, hörte ich aus den eigenen Reihen über diese diplomatische Kinderei spöttische Worte. Als Kinder nannten wir das *Schwur mit Blitzableiter:* Während die Schwurhand zum Himmel weist, richtet sich die andere abschwörend zur Erde. Der Vertrag war der Schwur zur Einsicht in weltpolitische Gegebenheiten, der Brief die Zurücknahme in die Beschränktheit. Die Brandt-Scheel-Regierung ließ nicht von der Torheit, sich als Rechtsnachfolger des ins Grab gesunkenen Deutschen Reiches darzustellen.

Auch in der Arena der weltanschaulich-ideologischen Kämpfe wurden die antikommunistischen Spielregeln verschärft. In einem Punkt war sich die Regierungskoalition mit der Opposition völlig einig, in der Furcht nämlich, daß die sogenannte ostpolitische Flurbereinigung Gefahren für die innenpolitische Stabilität heraufbeschwören könnte. Wie sollte man gerade jungen Menschen plausibel machen, daß außenpolitische Arrangements mit Kommunisten von

Vorteil, innenpolitische aber von Schaden seien? Drohte der Sozialdemokratie gar das Gespenst einer *Volksfront?* In dieser Frage, meinte die Parteispitze, dürfe es keine Unklarheiten geben: Der Gegensatz zwischen Kommunisten und Nichtkommunisten bleibe unüberbrückbar, und nur ein Antikommunist sei ein richtiger Nichtkommunist.
Noch vor der Unterzeichnung des Moskauer Vertrages wurde deshalb der durch und durch von bürgerlichen Demokratievorstellungen behaftete Parteitheoretiker Professor Richard Löwenthal mit der Ausarbeitung eines Strategiepapiers beauftragt, das die Abgrenzung gegenüber dem Kommunismus in aller Eindeutigkeit klarstellen sollte. Brandt segnete das Löwenthal-Papier in seinem Sommerurlaub in Norwegen ab. Eine Kommission des Parteivorstands, der auch Wischnewski angehörte, fügte noch ein paar Verschärfungen ein. Im November 1970 wurde dann dieses unrühmliche Zeugnis eines beschränkten Antikommunismus von der Kontrollkommission, vom Parteivorstand und vom Parteirat der SPD endgültig verabschiedet.
Interessanterweise wurde darin die These der Kommunisten, daß die von ihnen propagierte friedliche Koexistenz zwischen Staaten verschiedener Gesellschaftsordnung alles andere als eine ideologische Koexistenz bedeute, voll übernommen. Statt jedoch aus diesem produktiven Spannungsfeld Ansätze für eine Politik in Richtung des gesellschaftlichen Fortschritts zu entwickeln, kam es zu einem Rückfall in die alte antikommunistische Barbarei. Der Abgrenzungsbeschluß sagte es unverblümt: *»Freiheitliche Demokratie auf der einen, kommunistische Parteidiktatur auf der anderen Seite: Keine Friedespolitik, keine außenpolitische Annäherung kann diesen Gegensatz der Systeme beseitigen, keine darf ihn übersehen.«*
Andererseits hieß es im Löwenthal-Papier, sozialdemokratische Politik könne sich nicht mehr das Ziel stellen, die kommunistischen Länder zu *»befreien«*. Das war ein Seitenhieb auf die Doktrin des alten Adenauer, die sich als nicht durchsetzbar erwiesen hatte, und die Abkehr von dieser Doktrin war genau das Maß an Anpassung, die die SPD-Führer als die neuen Sachwalter an der Staatsspitze dem imperialistischen Gesellschaftssystem im Interesse seines Überlebens abverlangten. Das eigentliche Ziel wurde im Auge behalten: Ein Wandel der kommunistischen Ordnung müsse von innen her kommen! Hier war sie, die neue Doktrin vom *Wandel durch Annäherung*.

Der härteste Schlag wurde nach innen geführt, indem jede Form von Zusammenarbeit oder gar Aktionsgemeinschaft zwischen Sozialdemokraten und Kommunisten als parteischädigend jedem SPD-Mitglied ausdrücklich verboten wurde. Damit wurden die Genossen der DKP als vom politischen Aussatz befallen erklärt. Die Legalisierung der DKP nach den langen Jahren des Verbots wurde zur Farce. Ihren Mitgliedern sollte nur die Alternative bleiben, sich zu unterwerfen oder abdrängen zu lassen in ein politisches Ghetto. In seinem Kern bildete der Abgrenzungsbeschluß die parteitheoretische Grundlage für die später mit aller Schärfe inszenierte schändliche Praxis der Berufsverbote.
Faßte man all das ins Auge, die außenpolitischen Absichten und die innenpolitischen Auswirkungen, ließ man allein die Tatsachen sprechen – waren wir nicht im Recht, von einer dem Sozialismus feindlichen Macht zu sprechen? Und war es nicht ein Gebot der politischen Vernunft, ja der politischen Moral, alle Manöver dieser Macht weiter sorgfältig zu beobachten? Worin sonst lag der Sinn meiner Tätigkeit auf vorgeschobenem Posten?

Neue Lage, neue Leute, neuer Mut

Mit Arno, dem neuen Mann, bereitete es Vergnügen, sich über solche strategischen Grundfragen und die daraus abzuleitende Motivierung für unser persönliches Tun zu unterhalten. Heinz hatte noch tatkräftig daran mitgearbeitet, das neue Verbindungssystem aufzubauen, das meiner neuen Lage angepaßt war. Dann führte er mich mit Arno zusammen.
Ich erinnere mich genau an jenen Herbsttag, es war um den 7. Oktober 1971 herum, und wir machten unsere Späße, wie wir den Tag der Republik zünftig begehen könnten. Ich traf mich mit Arno in einem kleinen Restaurant in Köln. Was ihn mir sofort sympathisch machte, war die unverkrampfte Art, mit der er die neue, völlig ungewohnte Arbeit anging. Man muß unser Verhältnis richtig sehen: Obwohl ich Arno nicht nur an Jahren, sondern auch an konspirativer Erfahrung zweifellos überlegen war, hatte ich ihn als meinen Führungsoffizier zu respektieren. Er war es, der der Zentrale gegenüber für meine Anleitung geradezustehen hatte. Aber obgleich ihm tausenderlei Fragen auf den Nägeln brannten, führten wir ein Gespräch über Gott

und die Welt, völlig zwanglos eben wie zwei Männer, die sich mit Bierschaum unter der Nase einen angeregten Nachmittag machen wollten. Erst auf einem langen Spaziergang durch die Kölner Innenstadt kam er zu Sache und besprach mit mir die feinen, so überaus wichtigen Details unserer künftigen Verbindung.

Ursprünglich hatte die Zentrale für Arno und Nora eine andere Aufgabe vorgesehen. Ende der sechziger Jahre reisten sie in mehrere westeuropäische Länder, um sich ein stimmiges Pseudonym aufzubauen und abzusichern. Dann nahmen sie irgendwo im Süden der Bundesrepublik eine Arbeit auf. Arno fand einen Job bei einem großen Konzern der Autobranche. Gegen die Bewerbung dort hatte sich unsere Zentrale anfangs heftig gewehrt. Das Risiko schien zu hoch. Es handelte sich um ein Unternehmen mit altem Namen, das seit eh und je mit der deutschen Rüstungswirtschaft verquickt war. Um sich gegen Werkspionage abzusichern, wurden bei Einstellungen verschärfte Sicherheitsüberprüfungen angewandt, nicht unähnlich der, der ich mich auf Regierungsebene hatte unterziehen müssen. Die Chefs in Berlin waren sich nicht sicher, ob Arnos kunstvoll verstellte Identität einer vielleicht noch kunstvolleren Durchleuchtung standhalten würde. Es war ein altes Prinzip: Um der Sache willen geht der Mann der Sache vor! Es sollte kein sinnloses Opfer gebracht werden.

Doch Arno war nicht der Typ eines Opferschafes. Er steckte voller Unternehmungsgeist und war unverwüstlich in seinem Optimismus. Nach hartnäckigen Debatten mit der Zentrale setzte er seinen ehrgeizigen Willen durch, und – hoppla, jetzt komm ich! – die Hürde wurde ohne Schwierigkeiten genommen. Der Job bei der renommierten Firma war mindestens soviel wert wie eine Staatsstellung. Alle Eingeweihten wußten: Wer von da kommt, ist geeicht. Arnos Visitenkarte war überall gesellschaftlich gedeckt und seine Scheckkarte finanziell. Das eingegangene Risiko hatte sich gelohnt, weil er mit seinem gesteigerten Ansehen vielfältig gesteigerte Bewegungsmöglichkeiten hatte.

Komplizierter hatte sich Noras berufliche Laufbahn entwickelt. Als sie der Auftrag erreichte, zusammen mit Arno und doch getrennt von ihm ins Ausland zu gehen, stand sie, die ABF*-Absolventin, mitten im Staatsexamen der Veterinärmedizin. Nach anstrengenden

* Arbeiter- und Bauernfakultät

Jahren des Studiums wurde sie aus allen persönlichen Plänen und Träumen herausgerissen. Draußen war an eine Ausübung des akademischen Berufs nicht zu denken.
Nora war damals parteilos. Während sich Arno halbwegs unterhaltsam in der Welt herumtrieb, machte Nora eine harte Schule durch. Mehr als ein Jahr lang arbeitete sie in der BRD in einer ständig überhitzten Bude am Band zusammen mit türkischen und griechischen Gastarbeiterinnen. Wie sie mir später einmal anvertraute, ist sie, die einem religiös geprägten Elternhaus entstammte, erst dort in der Gemeinsamkeit mit den doppelt Ausgebeuteten zur Kommunistin geworden.
Nach zwei Jahren des Abwartens gingen Arno und Nora wieder vorsichtig aufeinander zu. Sie mochten sich, sie liebten sich, sehnten sich – und durften einander so lange nicht sehen, ja sollten im Interesse der eigenen Sicherheit nicht einmal miteinander telefonieren. Grüße, über die Instrukteure vermittelt, blieben manchmal monatelang der einzige Kontakt. Welch innere Disziplin hat dazugehört, um das durchzustehen! Endlich aber war es soweit. Nora nahm eine Anstellung als Sprechstundenhilfe bei einem Kinderarzt in der Nähe von Arnos Arbeisstelle auf.
Von einer bemerkenswerten kühnen Einzelheit erfuhr ich erst, als wir alle zusammen wieder zu Hause waren: Obwohl Arnos und Noras Ehe bereits von einem DDR-Standesbeamten besiegelt war, heirateten sie in der BRD unter anderen Namen noch einmal.
Sie bewerkstelligten das mit raffinierter Umsicht, indem sie sich unabhängig voneinander jeder im Reisebüro einer anderen Stadt zu demselben Skikursus anmeldeten. Im Reisebus, der sie in die Berge brachte, wurden sie miteinander bekannt gemacht. Arno ließ zum erstenmal dezent seine Augen rollen. Nora spielte die Keusche. Sie hatte noch niemals auf Brettern gestanden und sah dem Kursus mit Schrecken entgegen. Es gibt ein Erinnerungsfoto, das Arno geschossen hat: Da muß der Skilehrer Nora buchstäblich zwischen seine Beine nehmen, um sie heil den Hang hinunterzubringen. Arno zeigte verhaltene Eifersucht. Bald gehörte es zum allgemeinen Ulk unter den Kursanten, Arno wegen der zurückhaltenden Art, mit der er Nora den Hof machte, aufzuziehen.
Beim Punsch ermunterte ihn einmal der Skilehrer: »Mensch, schnapp sie dir und nimm sie ins Bett! Sie wartet doch bloß darauf.« Wie wahr – nach zwei Jahren der Trennung von Tisch und Bett! Aber

die Rollen mußten zu Ende gespielt werden. Und dazu gehörte die förmliche Verlobung am Abschiedsabend und ein Heiratsantrag. Die Skifreunde, darunter eine Reihe gutbetuchter Leute, wurden als Trauzeugen geladen. Damit erst war die Abdeckung perfekt. Die Trauzeugen konnten jederzeit nicht nur die Rechtmäßigkeit der Eheschließung, sondern auch die romantische, possierliche Art und Weise bezeugen, unter der diese Verbindung zustande gekommen war.
Doppelt genäht hält besser, sagt man. Von Arno und Nora jedenfalls hatte ich nie einen anderen Eindruck als den eines harmonischen Einverständnisses, und in glücklicher Weise übertrug sich diese Harmonie auch auf ihr Verhältnis zu Christel und mir. Die Zentrale hatte bei ihrer Auswahl eine hervorragende, von psychologischem Fingerspitzengefühl zeugende Entscheidung getroffen, als sie kurz entschlossen umdisponierte und die beiden an unsere Seite beorderte. Es entwickelte sich eine überaus fruchtbare Partnerschaft. Auch die beiden Frauen mochten sich auf den ersten Blick.
Arbeit ist das halbe Leben. Insofern entsprang die eigentliche Harmonie unseres Umgangs nicht daraus, daß wir unsere Nasen hübsch fanden, sondern aus der Gemeinsamkeit unserer Aufgabe und der hohen Effizienz, die wir darin entwickelten. Welches waren die unseren gesellschaftlichen und beruflichen Stellungen gemäßen Formen der Verbindung und des Kontaktes? Diese Frage galt es vorrangig zu klären. Arnos Vorschläge waren an und für sich nicht schlecht durchdacht. Beispielsweise war ein einsam an einem Eifelsee gelegenes Bootshaus im Gespräch, das Arno und Nora mieten konnten. Christel und ich wären dann als befreundetes Ehepaar zu gemeinsamen Segelpartien dazugestoßen. Aber nach einigem Nachdenken verwarf ich eine solche oder ähnliche Lösung. Ich stand zu stark im öffentlichem Licht, Blindekuh spielen kam nicht in Frage. Zu viele Leute kannten meine Gewohnheiten, wußten, daß ich mir aus Sport wenig machte, schon gar nicht aus seinen etwas exklusiven Sparten. Was sollten die von mir denken, wenn ich plötzlich mit der Segelei oder Golferei anfing? Vor allem verlangte mein öffentliches Amt öffentliches Auftreten.
Ich machte also einen Gegenvorschlag: Treffs nur in Bonn, möglichst sogar in der Bannmeile von Bundestag und Kanzleramt, vor aller Augen, in Lokalen, wo ich bekannt war. Arno und Nora, in strenger Konspiration trainiert, waren verdutzt. Ich sagte ihnen, daß

sie doch nicht häßlich wären, attraktiv genug jedenfalls, um mich überall mit ihnen sehen lassen zu können – sie lachten –, und außerdem hätte Arno bei Dingsbums eine Bombenstellung, daß jedermann, dem ich ihn vorstellen mußte, begreifen würde, warum ich seine Gesellschaft suchte.

Und so machten wir es dann auch. Die Berichte, wonach mich mein Führungsoffizier, seine Adjutantin oder seine Kuriere regelmäßig im Dachstübchen des Palais Schaumburg besuchten, sind Fama. Ich hatte später gegenüber meinem Vernehmer mal eine entsprechende ironische Bemerkung gemacht, und der hat sie dann wohl, um sich interessant zu machen, in Umlauf gesetzt. Aber telefonische Verabredungen zu einem Essen in einem Bonner Lokal sind manchmal tatsächlich über die Amtsleitung gegangen. Und es ging immer gut, nicht einmal wurde bei diesen Treffs irgendein Verdacht geschöpft.

Nach dem Kennenlernen blieb keine Zeit zum Atemholen. Ich kam an eine Fülle wichtiger Informationen heran, und im Gegensatz zu vorher konnte ich sie durch die kundige Aufnahme, die sie bei Arno und Nora und ihren weiteren Helfern fanden, viel elastischer handhaben. Mit Hingabe und mit einer Zuverlässigkeit und Präzision, die Bewunderung abverlangte angesichts der damit verbundenen ständigen Gefährdung, bedienten die beiden die konspirative Apparatur. Nicht einmal, auch nicht in den kribbligsten Situationen, habe ich erlebt, daß sie schwache Nerven zeigten. Immer wirkten sie ausgeglichen. Heiterkeit ging von ihnen aus, und so was wirkt bei mir belebend wie eine seelische Vollmassage. Man sah ihnen das Vergnügen an, das sie aus dem Sinn ihres Auftrags zogen.

So jung die beiden waren, so groß war die Verantwortung, die sie übernommen hatten. Arno hatte nicht nur dringliche Anforderungen der Zentrale schnell und präzise an mich zu übermitteln, er mußte auch in der Lage sein, in unmittelbarem Gedankenaustausch mit mir den aus der gegebenen Situation erwachsenden Anspruch selbständig zu erfassen und als Auftrag zu formulieren. Von entscheidender Bedeutung aber war der Rücklauf, da durfte kein Stau entstehen. Ich selbst brauchte das sichere Gefühl, daß ich nicht nur für die Archive des Ministeriums für Staatssicherheit arbeitete. Ich wollte spüren, daß meine Informationen für Entscheidungsfindungen nützlich waren. Und da hatte ich auf Grund meiner Position eine ganze Menge zu bieten.

Da es bei solchen Informationen nicht nur auf die nackten Aussagen

ankommt, sondern auch auf die Zwischentöne, die darin mitschwingen, forderte ihre Aufnahme Arno und Nora politisches Verständnis und politische Sensibilität ab. Jeder Vorgang wollte in seiner Einzelheit und in seiner Komplexität erfaßt sein, mußte seiner Bedeutung gemäß richtig einsortiert und schließlich an jenen Draht angeschlossen werden. an dessen anderem Ende er ein Klingelzeichen auslöste.
Durch das Hinzutreten von Arno und Nora spürte ich einen neuen, festeren Platz. Ich sah mich eingeordnet in den Rhythmus der Generation. Paul Laufer, mein Lehrer, war in der alten KPD Thälmanns und im antifaschistischen Widerstandskampf gereift. Mein Denken war wesentlich geprägt durch des Erlebnis des schrecklichen Krieges; der Gedanke: »Nie wieder!« hatte mich auf den Weg zum Kommunisten gebracht. Und nun kamen da zwei, die schon echte Kinder unserer Republik waren, die die Tradition aufnahmen und eine neue Generation deutscher Kommunisten repräsentierten.
Das machte mich froh.

Die Lage für die Koalition wird kritisch

Anfang des Jahres 1972 wurde die Lage für die Regierungskoalition allmählich kritisch. Nach den Wahlen von 1969 hatte sie im Bundestag über die Mehrheit von 12 Stimmen verfügt, womit sich halbwegs sicher regieren ließ. Inzwischen war diese Mehrheit auf sechs Stimmen zusammengeschrumpft. Drei prominente Abgeordnete vom nationalkonservativen Flügel der FDP, die Herren Mende, Zoglmann und Starke, hatten die innen- und außenpolitische Reformpolitik nicht mittragen wollen und waren schon im Verlauf des Jahres 1970 von der CDU und CSU herübergezogen worden.
Im Januar 1972 folgte nun der nächste Schlag. Nur für Außenstehende überraschend kam er diesmal nicht aus den Reihen der FDP, sondern der SPD. Der Überläufer hieß Herbert Hupka. Dieser SPD-Abgeordnete hatte im Auswärtigen und im sogenannten Innerdeutschen Ausschuß des Bundestages einflußreiche Positionen. Hupka ist Bundesvorsitzender der Landsmannschaft Schlesien und Vizepräsident im Bund der Vertriebenen. Bezeichnend für seine Geisteshaltung sind die noch heute gehandelten Bücher, die er geschrieben hat: »Schlesisches Panorama«, »Große Deutsche aus Schlesien«, »Schlesien – ein deutsches Land«. Die

Günter Guillaume an der Grenzübergangsstelle Wartha am 1. Oktober 1981

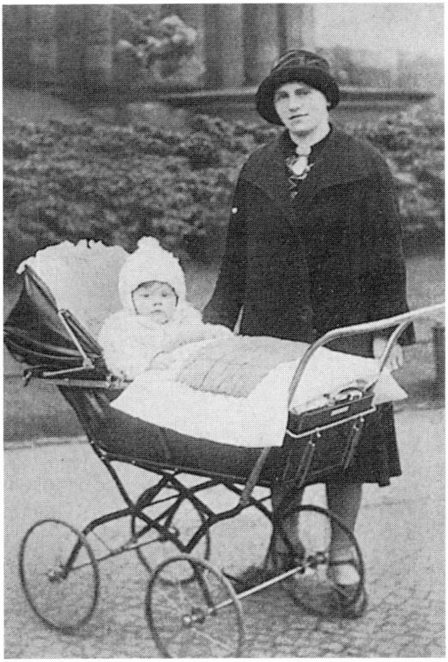

1927, mit der Mutter im Berliner Lustgarten

1933, auf dem Weg ins Leben

Letzte Ferien mit dem Vater im Sommer 1940

Mit 17 Jahren Angehöriger der Wehrmacht

1956 beim Beginn des Einsatzes. Ein nicht gewollter Schnappschuß von Christel und Günter Guillaume auf dem Flughafen in Frankfurt am Main

Tabakladen der Schwiegermutter Erna Boom am Frankfurter Dom

Im Herbst 1957 mit dem »zweiten Mann«

Der Römer, historisches Rathaus der Stadt Frankfurt am Main

Günter Guillaume als Bildreporter beim Kennedy-Besuch am 25. Juni 1963

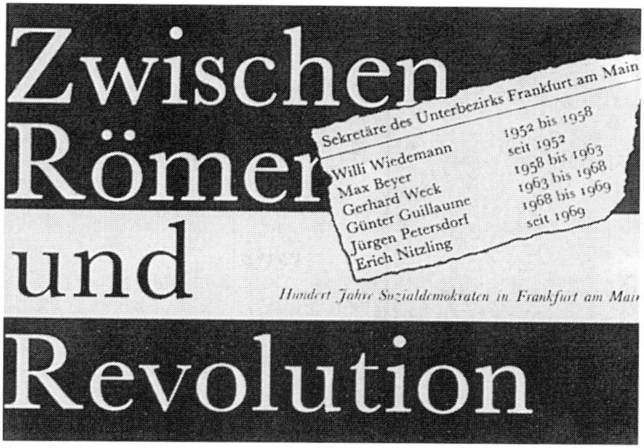

Zwischen Römer und Revolution

Sekretäre des Unterbezirks Frankfurt am Main

Willi Wiedemann 1952 bis 1958
Max Beyer seit 1952
Gerhard Weck 1958 bis 1963
Günter Guillaume 1963 bis 1968
Jürgen Petersdorf 1968 bis 1969
Erich Nitzling seit 1969

Hundert Jahre Sozialdemokraten in Frankfurt am Main

Aus der Festschrift »Hundert Jahre Sozialdemokraten in Frankfurt am Main«

Wilhelm Birkelbach, Herbert Wehner, Alex Möller, Willy Brandt, Heinrich Deist, Karl Schiller (von r. nach l.), Mitglieder des Parteivorstandes anläßlich eines Kongresses in der Mainmetropole

Haus der SPD in Frankfurt am Main

Im Wahlkampf 1972

Der Kanzler und sein Reisebegleiter vor dem Salonwagen

Im Büro des Parteivorsitzenden (rechts oben Günter Guillaume)

SAINT-TROPEZ

Le marché de Willy Brandt

C'était jour de marché, hier matin à Saint-Tropez. Pour M. Willy Brandt, qui poursuit ses vacances à La Croix Valmer, ce fut l'occasion d'une promenade d'une heure tout au long des étalages chargés de fruits, de légumes, de fleurs et aussi de coquillages qu'affectionne particulièrement le chancelier de l'Allemagne fédérale.

A un stand de bois sculpté, M. Willy Brandt a acheté un saladier en olivier, symbole de l'artisanat local.

(Photo Robert Fogliani)

Gemeinsame Ferien in Südfrankreich, 1973

Picassos »Krieg und Frieden« in der Krypta der Prioratskapelle des Treffortes Vallauris

Palais Schaumburg. Links oben die Fenster des Büros des »Kundschafters«, darunter der Arbeitsraum des Bundeskanzlers

Schlagzeilen 1974

Christel und Günter Guillaume mit ihren Verteidigern

Schlagzeilen 1975

Am 24. Juni wird es Ernst für Guillaume

SPANDAUER VOLKSBLATT

Guillaume soll zwanzig Jahre lang für die DDR spioniert haben

Süddeutsche Zeitung

Deutschlands spektakulärster Spionageprozeß begann

Guillaume blieb stumm

DER TAGESSPIEGEL

Der Schuldbeweis ist nicht so einfach

Süddeutsche Zeitung

Man gibt sich gelassen und schweigt

Frankfurter Allgemeine

Der Prozeß gegen Guillaume beginnt am 24. Juni

Angeklagt wegen „schweren Landesverrats und Geheimnisbruchs“

Der Abend

Star der Spionage-Szene

Der Angeklagte lächelt zufrieden, als sein Lebenslauf verlesen wird

Der Abend

„Guillaume ist ehrlich“

Kölner Stadt-Anzeiger

Gegen den DDR-Spion ein Prozeß im Keller

lorf steht Günter Guillaume vor Gericht

BERLINER MORGENPOST

Erster Tag im Guillaume-Prozeß

Kanzler-Spion schweigt

Erna Boom, verstorben
am 27. Mai 1987

SPANDAUER VOLKSBLATT

Die alte Dame schwieg und weinte

Guillaume-Prozeß: Schwiegermutter des Angeklagten verweigerte Aussage

deutsche presse-agentur

Noch vor Beginn des zweiten Verhandlungstages im Düsseldorfer Spionage-Prozeß gegen den früheren Bundeskanzlerreferenten Günter Guillaume (48) und seine Ehefrau Christel (47) vor dem Vierten Strafsenat des Oberlandesgerichts übermannten gestern Tränen eine alte Frau. Im hellblauen Kostüm hatte die 70jährige Mutter von Christel Guillaume, die Witwe Erna Boom, in der ersten Stuhlreihe des Saales A 01 Platz genommen.

Ihr zaghaftes Winken zur Anklagebank wurde von ihrer Tochter gelöst erwidert. Nur wenige Minuten dauerte kurze Zeit später die Vernehmung der grauhaarigen Dame. Mit fester Stimme erklärte die Schwiegermutter des mutmaßlichen DDR-Spions: „Ich verweigere jede Aussage."

Ohne spektakuläre Höhepunkte verlief anschließend in dem nur spärlich besetzten Gerichtssaal die mit Spannung erwartete Vernehmung des Geheimschutzbeauftragten in der hessischen Staatskanzlei, Oberregierungsrat Adolf Hoffmann (57).

● Der Beamte bekundete, daß Christel Guillaume zwischen 1964 und 1969 als zweite Sekretärin von Staatssekretär Willi Birkelbach Zugang zu insgesamt acht Geheimunterlagen gehabt haben könne, da beide Sekretärinnen über einen Schlüssel zum Schreibtisch und Aktenschrank des Staatssekretärs verfügten.

Deutscher Bundestag
7. Wahlperiode

Drucksache 7/3083

Unterrichtung

durch die Bundesregierung

Bericht, den die Kommission „Vorbeugender Geheimschutz" über die Prüfung von Sicherheitsfragen im Zusammenhang mit dem Fall Guillaume im November 1974 der Bundesregierung erstattet hat

Auszug aus dem 2. Teil des Berichts der sogenannten Mercker-Kommission vom 24. Juli 1969, der sich mit der Lage des Bundesnachrichtendienstes vor dem Jahre 1969 befaßt

I. Zum Bericht der Kommission „Vorbeugender Geheimschutz"

Die Bundesregierung hatte am 14. und 29. Mai 1974 beschlossen, eine unabhängige Kommission zur Prüfung von Sicherheitsfragen im Zusammenhang mit dem Fall Guillaume einzusetzen. Der Kommission gehörten an:

Staatssekretär a. D. Birckholtz

Professor Dr. Eschenburg

Staatssekretär a. D. Dr. Maassen

Staatssekretär a. D. Dr. Mercker

Der Auftrag der Kommission ist in den Vorbemerkungen ihres Berichts wiedergegeben. Die Kommission sollte aus den Erkenntnissen, die im Zusammenhang mit dem Fall Guillaume über die Tätigkeit der im Bereich des vorbeugenden Geheimschutzes tätigen Behörden und Stellen gewonnen werden können, unter Verwertung auch der bisherigen parlamentarischen Untersuchungs- und sonstigen Prüfungsberichte insbesondere Vorschläge für die Verbesserung der Arbeit und des Zusammenwirkens dieser Behörden ableiten.

Aus dem Auftrag für die Kommission ergab sich auch die Abgrenzung zu den Untersuchungen, die der 2. Untersuchungsausschuß des Deutschen Bundestages gegenwärtig führt.

Die Kommission hat den Bericht am 18. November 1974 der Bundesregierung übergeben. Ich leite den Bericht dem Deut-

Deutscher Bundestag
7. Wahlperiode

Drucksache 7/3246

19. 02. 75

Sachgebiet 12

Bericht und Antrag

des 2. Untersuchungsausschusses

zu dem Antrag der Fraktion der CDU/CSU betr. Einsetzung eines Untersuchungsausschusses – Drucksache 7/2193 –

A.

Bericht der Abgeordneten Dr. Hirsch und Gerster (Mainz)

Seite

Erstes Kapitel

Einsetzung des Ausschusses und Gang des Verfahrens

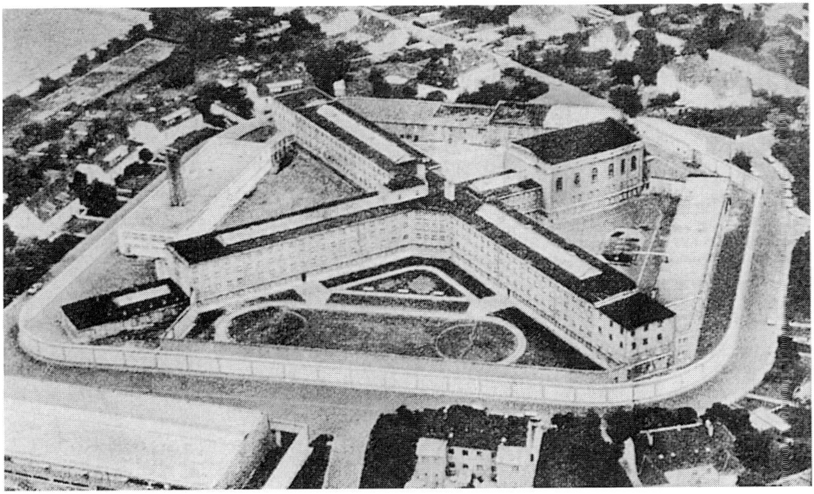

Justizvollzugsanstalt Rheinbach

Günter Guillaume, heimlich fotografiert von einem Strafgefangenen

Nachdem Guillaume sich von der Operation erholt hatte, geriet er erneut in Lebensgefahr. Der dreifache Mörder Reiner Sturm drohte: „Den schnappe ich mir"

»Bonner Rundschau« vom 3. Januar 1981

Guillaume mit Mord bedroht

Mithäftling wurde verlegt

Essen (dpa) — Mit Mord hat ein Mithäftling den ehemaligen DDR-Spion Günter Guillaume bedroht. Der Mithäftling wurde daraufhin in eine andere Haftanstalt verlegt.

Guillaume sitzt zur Zeit in der Justizvollzugsanstalt Rheinbach eine Freiheitsstrafe von 13 Jahren ab, zu der der ehemalige Referent des früheren Bundeskanzlers Willi Brandt wegen Spionage für die DDR verurteilt worden war. Die Drohung gegen ihn soll von dem wegen mehrfachen Mordes lebenslang einsitzenden Rainer Sturm ausgegangen sein. Sturm wurde nach Bekanntwerden der Drohung sofort sicherheitshalber nach Essen verlegt, wie am Freitag der Chef der Essener Justizvollzugsanstalt, Walter Eickmeier, bestätigte.

Sturm gilt als besonders gefährlicher Gewaltverbrecher. Er hatte in Wuppertal zwei Frauen mit einem Messer ermordet und danach mit ähnlichen Taten gedroht, falls nicht ein zu lebenslanger Strafe Verurteilter freigelassen werde. Um den Ernst des „Ultimatums" zu unterstreichen, tötete er noch einen Mann in Frankfurt, ehe er gefaßt wurde. In Rheinbach hat Sturm einen Mitgefangenen mit einem messerähnlichen Gegenstand schwer verletzt. Das daraufhin eingeleitete Verfahren schwebt noch. In diesem Zusammenhang scheinen seine gegen Guillaume gerichteten Pläne bekanntgeworden zu sein, mit denen er möglicherweise seine Freilassung erzwingen wollte.

Die Essener Anstalt beherbergte früher auch Terroristen und ist mit besonderen Sicherheitsvorkehrungen ausgestattet.

Persönlicher Empfang beim Staatsratsvorsitzenden: Markus Wolf, Günter und Christel Guillaume, Erich Honecker (v. li.)

Titel sagen genug. Hupka hält noch immer unversöhnlich an der Programmatik fest, Deutschland zumindest in den Grenzen von 1937 zu restaurieren; Schlesien und die anderen in Hitlers Eroberungskrieg verlorenen ostdeutschen Provinzen sollen heimgeholt werden ins Reich.

Ein solcher Mann konnte natürlich den Kniefall von Warschau nicht hinnehmen, wenn er nicht in den Augen seiner Anhängerschaft das Gesicht verlieren wollte. Willy Brandt hatte sich anläßlich der Paraphierung des Vertrages mit Polen, wenn auch in manchen Punkten halbherzig, so doch schließlich um Verständnis heischend, an die Mitbürger gewandt, die jetzt als ehemalige Umsiedler in der BRD lebten. Ihm selbst, sagte er, sei es schwergefallen, sich mit dem Verlust von einem runden Viertel des ehemaligen deutschen Kulturbodens abzufinden. Und doch entspreche es der Wahrheit, wenn man sage, daß man nicht weggeben könne, was einem nicht mehr gehöre: *»Man kann nicht über etwas verfügen, über das die Geschichte verfügt hat.«* Deshalb müsse man Schluß machen mit alten Vorbehalten und im Interesse der Versöhnung die Oder-Neiße-Linie als Westgrenze Polens anerkennen.

Das waren natürlich gräßliche Töne in den Ohren eines Herbert Hupka. Er dachte gar nicht daran, die Worte seines Parteivorsitzenden als wahr anzuerkennen und die Oder-Neiße-Grenze hinzunehmen. Er sah auch sich, obwohl nicht in Schlesien, sondern originellerweise auf Sri Lanka geboren, als großen Deutschen aus Schlesien, und er wollte Schlesien wiederhaben. Er machte kein Hehl aus seiner Meinung.

In den internen Zirkeln des SPD-Vorstandes war der Teufel los, was auch im Kanzleramt zu spüren war. Peter Reuschenbach sagte mir, daß man mit allen Mitteln versuchen wolle, Hupka bei der Stange zu halten. Das hing nicht nur mit der bedrohlich schrumpfenden parlamentarischen Mehrheit zusammen. Hupka war auch ein Stimmenfänger. Seine Funktion als tonangebendes Mitglied im Beirat für Vertriebene und Flüchlinge beim SPD-Parteivorstand bestand im wesentlichen darin, Wählergruppen aus den Vertriebenenorganisationen für die SPD-Wahllisten zu gewinnen.

Deshalb schlug man Hupka ein unreines Geschäft vor. Ihm als einzigem der SPD-Bundestagsfraktion sollte es gestattet sein, bei der Abstimmung über die Ostverträge mit »nein« zu stimmen. Als ich von der Machination hörte, glaubte ich, meinen Ohren nicht trauen zu dürfen. Wie viele heilige Kühe hatte die SPD im Verlauf ihrer Geschichte geschlachtet – die heilige Kuh des Fraktionaszwangs jedoch nie! Welch ein Theater war jedesmal vom Fraktionsvorstand veranstaltet worden, wenn links orientierte Abgeordnete es ihrem Gewissen nicht zumuten wollten, bestimmte fortschrittshemmende Vorlagen mitzutragen! Parteiausschluß drohte! Im Falle Hupka gab es nur schwache Versuche der Diziplinierung. Man lief ihm hinterher. Es war der Preis für den Geist des Revanchismus, den die Partei in ihren eigenen Reihen geduldet und gepflegt hatte. Man kann es auch anders sagen: Die Geister, die sie gerufen hatte, wurde sie nicht los, weil sie sie nicht loswerden wollte – und wurde sie in diesem einen Fall doch los.

Denn Hupka pfiff auf das unterwürfige Angebot. Ende Januar 1972 trat er im Bundestag zur CDU über. Damit näherte sich die Krisis. Der Opposition fehlten jetzt nur noch zwei Stimmen, um *König* Brandt patt, drei Stimmen, um ihn matt zu setzen. Rainer Barzel, der später in der Flick-Spenden-Affäre erst sein eigentliches Meisterstück liefern sollte, sah sich nach weiteren Kandidaten um, die zu kaufen waren, wenn es sein mußte, auch mit Geld. Barzel war damals Fraktionsvorsitzender der CDU/CSU und der designierte Kanzlerkandidat der Opposition. Aus brennendem Ehrgeiz wollte er Brandt weghaben, und für dieses Ziel war er auch bereit, die Ostverträge und damit jeden weiteren Fortschritt im Prozeß der Entspannung zu blockieren.

Ich will hier darauf verzichten, all die schmutzigen und unwürdigen Manöver darzustellen, die man den Wählern zumutete. Barzel kannte seine Pappenheimer, und er kannte den Preis, für den sie zu haben waren. Schließlich war er sich seiner Sache sicher. Am 27. April 1972 kam das sogenannte konstruktive Mißtrauensvotum im Bundestag zur Abstimmung. Seine Annahme hätte den Kanzlersturz Brandts und die gleichzeitige Kanzlerinthronisation Barzels bedeutet. Am Abend zuvor hatten Michael Kohl für die DDR und Egon Bahr für die BRD den Verkehrsvertrag unterschrieben. Das machte noch einmal deutlich, was neben den personellen Veränderungen, also der menschlichen Substanz, an politischer Substanz auf dem Spiel stand.

Ich erlebte den dramatischen Tag in der Lobby des Bundestages. Es hatte mich nicht im Amt gehalten. Ich wollte dabeisein. Manch einen Leser mag das verwundern. Wozu die Aufregung, könnte er

fragen. Und tatsächlich, ich gebe es zu, angesichts des ureigentlichen Charakters meiner Mission in Bonn hätte ich mich auf die Position eines kühlen Beobachters und Zuschauers zurückziehen können. Aber so einfach war meine politische Seelenlage nicht. Es gab schon ein gewisses Maß an Identifikation. Seit eineinhalb Jahrzehnten war ich Mitglied der SPD, die meiste Zeit engagiert als Funktionär. Wenn ich dazu auch eine klassenmäßig orientierte Distanz hielt, eine kritische Distanz zu meinem eigenen Tun, so waren die Erfahrungen als Pateimanager doch nicht ohne Spuren geblieben. Wenn man mir daraus den Vorwurf der Janusköpfigkeit machen wollte, könnte ich darauf nicht viel erwidern. Aber im nachhinein wüßte ich auch nicht zu sagen, wie es anders hätte funktionieren sollen. Sich unter Feinden Freunde machen – das ist die entscheidende Frage im Operationsfeld! Der Auftrag hatte mich in die Reihe der SPD geführt, und die Erfüllung des Auftrags war nur denkbar, wenn ich mit ihr auch Zittern und Leiden teilte. An jenem 27. April 1972 im Bonner Bundestag kam noch etwas anderes hinzu. Angesichts der politischen Konzeptionen, die bei der Abstimmung mit auf dem Spiel standen, konnte ein Kommunist nicht kalt bleiben. Vernunft oder Starrsinn? Weiterer Vormarsch in Richtung Friedenssicherung oder Abdriften in die Strudel der Konflikte? Ich nahm Partei und bangte mit den eigenen Leuten aus den Reihen der SPD, wo das Stimmungsbarometer auf Niedergeschlagenheit stand.
Zur allgemeinen Verblüffung aber kam Barzel nicht durch. Zum Schluß stand er als betrogener Betrüger da. Wie sich herausstellte, wurden die falschen Münzen, die seine Kreise ausgegeben hatten, selbst wieder in Zahlung genommen. Der CDU/CSU fehlten für die Annahme des Mißtrauensvotums zwei Stimmen, und wie komplizierte Rechnereien ergaben, waren ihr diese zwei Stimmen aus der eigenen Fraktion verlustig gegangen. Es ist das alte Lied: Wer besticht, ist auch bestechlich.
Später hat sich ein gewisser Julius Steiner, Katholik aus Schwaben, als Bundestagsabgeordneter auf der baden-württembergischen CDU-Landesliste gewählt, selbst bezichtigt, seine Stimme für 50.000 Mark verkauft zu haben, und zwar an den damaligen SPD-Fraktionsgeschäftsführer Karl Wienand. Es kam zur berüchtigten Steiner-Wienand-Affäre, die monatelang vor Ausschüssen verhandelt wurde und immer wieder Schlagzeilen machte. Selbst bis über den Kragen im Sumpf politischer Unmoral steckend, heuchelten die

Herren von CDU und CSU Entrüstung über Praktiken, deren Erfinder sie waren. Bei solchen Geschäften gibt es keine Zeugen und keine Kontoführung. Da Wienand seine Beteiligung bestritt und somit Aussage gegen Aussage stand, konnte nie Licht in diese dunkle Angelegenheit gebracht werden. Sie wirft nur ein weiteres Licht auf die Ehrbarkeit bürgerlicher Demokratie, und man könnte es bei dieser Feststellung belassen, wenn nicht ich damit in Berührung gekommen und öffentlich auf höchst komische Weise in Beziehung gebracht worden wäre.

Mehr als ein Jahr war vergangen, als in der »Zeit« zum erstenmal scheinheilig angefragt wurde, ob nicht Steiner womöglich ein ferngesteuerter Agent gewesen sei. Die Argumentation war einigermaßen verblüffend: Eigentlich hätte doch nur eine östliche Macht ein Interesse am Bestand der Brandt-Scheel-Regierung und somit ein Motiv für die Bestechung Steiners haben können. Dann war es »Die Welt«, die den Ball aufnahm, nachdem ich als *Ostagent hochgegangen* war. In einer Märzausgabe von 1975 kann man nachlesen: *»Der Kanzler-Spion Günter Guillaume hat einem langjährigen Freund vor dem konstruktiven Mißtrauensvotum gegen Willy Brandt im April 1972 anvertraut, daß Rainer Barzel unterliegen werde, weil es bestechliche CDU-Abgeordnete gebe. Der Freund, der Bonner Regierungsrat Hans-Christoph Toelle, hat dies bei seiner Einvernahme durch die Staatsschutzabteilung des Bundeskriminalamts ausgesagt. ... unter anderem sei ihm ein Gespräch ›in denkwürdiger Erinnerung, das er einen Tag vor dem konstruktiven Mißtrauensvotum mit Guillaume geführt‹ habe. Er habe Guillaume gegenüber geäußert, daß die Koalitionsregierung nach den Übertritten von Abgeordneten zur CDU/CSU wohl keine Chance mehr habe, sich länger zu halten. Darauf habe Guillaume ihm gegenüber ›mit Bestimmtheit entgegnet‹, der Bundeskanzler verfüge über Mittel, die das sehr wohl noch möglich machten. Bei der Union gebe es Abgeordnete, die bestechlich seien.«*

Der Regierungsrat Toelle hatte einen Druckposten beim Zivilschutz im Innenministerium. Ich hatte ihn bereits in Frankfurt/Main als Geschäftsführer der CDU-Organisation kennengelernt. Aus einer Zusammenarbeit im Elternbeirat entwickelte sich die Bekanntschaft verhalten-freundschaftlich. In Bonn liefen wir uns dann wieder über den Weg, beide mit dem Status eines Regierungsrates, er im Innenministerium, ich im Kanzleramt, kungelten ein bißchen an der

Nachrichtenbörse und trafen tatsächlich einen Tag vor der entscheidenden Abstimmung im Bundestag zum Essen zusammen.
Als Toelle nach meiner Verhaftung wegen seiner langjährigen Bekanntschaft zu mir vom Verfassungschutz erst observiert und dann etwas unsanft in die Mangel genommen wurde, trat er in seiner Angst um den ruhigen Beamtenposten die Flucht nach vorn an. So stieg die Rakete in den politischen Himmel und löste viel »Ah« und »Oh« aus. So war das also: Brandt konnte sich April 1972 nur im Sattel halten, weil der DDR-Geheimdienst so schlau war, zwei Abgeordnete für ihn zu kaufen mit Guillaume als Vermittler.
Das Komische der Geschichte bestand darin, daß ich tatsächlich wie es in der »Welt« stand, gegenüber Toelles Spekulationen über die Chancenlosigkeit Brandts beim Mißtrauensvotum *»mit Bestimmtheit entgegnet«* hatte, daß der im Gegenteil noch einiges in der Hinterhand halte. Das aber ging auf die Parole zurück, die Horst Ehmke ausgegeben hatte: Nur wenn in den Reihen der SPD Zuversicht und Gelassenheit glaubwürdig zur Schau gestellt würden, sei es unter Umständen noch möglich, den Gegner zu verunsichern. Dieser Parole folgend, aß ich in Toelles Gesellschaft mit gespieltem guten Appetit und setzte auf seine Spekulation meine oberdrauf.
Später habe ich mich manchmal lachend gefragt, ob nicht die meisten Hintertreppengeschichten der Politik auf so banale Weise zustande kommen.

Wahlhelfer für Brandt dringend gesucht

Einen Tag nach dem Mißtrauensvotum kam es im Bundestag zum Patt. Bei der Haushaltsabstimmung, die nicht mit verdeckten Stimmkarten, sondern offen erfolgte, erhielt der Kanzleretat keine Mehrheit. Es stimmten ebensoviel Abgeordnete dafür wie dagegen. Wie sollte die Regierbarkeit des Staates gesichert werden? Nach langen Rangeleien hinter den Kulissen wurden erstmalig in der Geschichte der BRD Neuwahlen vor Ablauf einer Legislaturperiode ausgeschrieben. Und dieser einmalige Vorgang war es, in dessen Folge ich zu einer einmaligen Chance kam.
Der Wahlkampf setzte früh ein. In der Verbindungsstelle gab es eine Menge zu tun, um das richtige Stimmungsmaterial für die auf den 19. November 1972 angesetzten Bundestagswahlen zurechtzu-

schneidern. Ein außerordentlicher SPD-Parteitag wurde nach Dortmund einberufen, wo das Wahlprogramm der Partei endgültig verabschiedet werden sollte. Dabei stellte sich die SPD kaum konkrete Ziele mit gesellschaftspolitisch veränderndem Charakter. Von Programmatik keine Spur. Alles war nur kurzatmig auf Erhalt der Koalition abgestellt. Die Losung hieß »Für Frieden, Sicherheit und eine bessere Qualität des Lebens«. Ich steckte in den Monaten davor mit Leuten aus den Hauptvorständen der großen Gewerkschaften zusammen, um bei ihnen zu sondieren, was sie und ihre Anhängerschaft unter »Lebensqualität« denn nun verstünden. Gemeinsam erarbeiteten wir *Prüfsteine* für das Wählerreferendum.

Da kam Peter Reuschenbach zu mir herüber und vertraute mir an, daß er selber für den Bundestag kandidieren wolle. In Essen war aus Altersgründen ein sicherer Platz frei geworden. Reuschenbach wollte die Chance für eine selbständige politische Karriere nutzen. In aller Harmlosigkeit gratulierte ich ihm zu seinem Entschluß. Ich machte noch einen kleinen Witz: Essen, die rote Stadt an der Ruhr, war für die SPD bei Wahlen eine ebensolche Bank wie der HSV bei einem Fußballspiel gegen die Amateurkicker von Bergedorf. Doch Reuschenbach druckste herum. Was ihm Sorge machte, war die Reaktion Willy Brandts auf seine Pläne. Der Kanzler könnte sich mitten in den Vorbereitungen auf den Wahlkampf von seinem Referenten im Stich gelassen fühlen.

Dazu muß man wissen, daß der Parteireferent des Kanzlers, laut Stellenplan des Bundeskanzleramts zuständig für die »Verbindung zu Partei und Fraktion, soweit der Bundeskanzler als Parteivorsitzender und Abgeordneter des Deutschen Bundestages betroffen« war, vor Wahlen praktisch als Wahlkampfleiter des kandidierenden Kanzlers agieren mußte. Er hatte alle Termine festzulegen, mußte die Route der Wahlkampfreisen zusammenstellen, Redematerial besorgen, Begegnungen mit dem Wählervolk organisieren, dabei den Kanzlerkandidaten in Form und Stimmung halten, deshalb eine gute Presseresonanz bestellen und hatte zu guter Letzt für eine brauchbare Rückkoppelung über die Meinungsforscher zu sorgen. Die Methode hatte man sich von den US-amerikanischen Wahlen abgeguckt. Der Parteireferent war der Motor des Wahlkampfstabes.

»Was soll ich machen?« sagte Peter Reuschenbach zu mir. »Es wäre gut, wenn du für mich einsteigen würdest.«

In Erinnerung an die Panne von 1970, als ich beim Weggang von

Klaus Sönksen, Reuschenbachs Vorgänger, schon einmal als Nachfolger zur Debatte gestanden hatte und durchfiel, fragte ich vorsichtig: »Und Ehmke? Wird er zustimmen?«
Reuschenbach winkte ab. »Wen sollen sie denn sonst nehmen? Sie haben doch keinen, der es so wie wir manchen könnte!«
Er behielt recht. Ich rückte als Wahlhelfer unmittelbar an die Seite des Bundeskanzlers.

14. Der Kanzlerzug

»Er war so hilfsbereit! Im letzten Wahlkampf stoppte er den Kanzlerzug auf freier Strecke, um mich aussteigen zu lassen.«

(Äußerung von Friedrich Novottny, Fernsehmoderator der ARD, über Günter Guillaume, wiedergegeben u. a. in »Die Welt«, 8.3.1975)

»Da der Wahlkampf anstand, mußten die anstehenden Aufgaben nahtlos wahrgenommen werden. Guillaume machte dies sehr gut, wir brauchten uns um diese Dinge nicht zu kümmern, er hat dies sehr selbständig und umsichtig gelöst …
Die Vorbereitung der Wahlreisen des Kanzlers waren selbstverständlich Guillaumes Aufgabe, die Organisation der sogenannten Informationsreisen fiel eigentlich nicht in seinen Aufgabenbereich, aber auch diese erforderten ein organisatorisches Talent …
Aus Sachgründen wurde allerdings schon einmal die eine oder andere Angelegenheit nicht über Fernschreiber übermittelt. Guillaume war für solche Fälle zur Entgegennahme ermächtigt; er war VS-geheim verpflichtet. Ein weiterer Übermittlungsweg bei längerer Abwesenheit des Kanzlers war der Einsatz eines Kuriers. Eine detaillierte Weisung an den Kurier war nicht erforderlich, da grundsätzlich der Referent, der den Kanzler begleitete, derjenige war, der dies in Empfang zu nehmen und an den Kanzler weiterzuleiten hatte.«

(Dr. Reinhard Wilcke, Büroleiter des Abgeordneten Willy Brandt, vormals Ministerialdirigent im Bundeskanzleramt und Leiter des Kanzlerbüros, vor dem Oberlandesgericht Düsseldorf am 16. September 1975)

Frage des Verteidigers: »Wie erklären Sie es sich, daß der Kanzler nach der Wahl in seine Dankesworte auch den Angeklagten namentlich einbezog?«

Zeuge Dr. Schilling: »Ohne Frage sind in der Wahlzeit große technisch-organisatorische Bemühungen erforderlich gewesen, und dies hat der Angeklagte gut gemacht.«

(Dr. Schilling, Vortragender Legationsrat an der BRD-Botschaft in Tripolis, vormals stellvertretender Leiter des Kanzlerbüros, vor dem Oberlandesgericht Düsseldorf am 16. September 1975)

»Die Frage, ob der Angeklagte nach dem Wahlkampf abgelöst werden sollte, ist bestimmt nicht erörtert worden. Wenn

mir irgend jemand anderer Bedenken nahegebracht hätte, würde ich mich sicher daran erinnern.«

(Willy Brandt, Vorsitzender der SPD, vormals Bundeskanzler, am 24. September 1975 vor dem Oberlandesgericht Düsseldorf)

Außergewöhnliche Lagen erfordern außergewöhnliche Maßnahmen

Friedrich Novottny, der einflußreiche Fernsehmann, der sich so manche Eigenwilligkeit auf dem Felde der politischen Journalistik leisten konnte, war von meinem eigenmächtigen Eingriff in das heilige Buch der Bundesbahnfahrpläne dermaßen beeindruckt, daß er noch Jahre später begeistert davon erzählte. Ich saß damals schon nach dem Urteil in der Haftanstalt Rheinbach und erfuhr es vom Gefängnisarzt, der wohl zur Freundesrunde von Novottny gehörte. Durch die Überkreuzbekanntschaft waren sie auf mich zu sprechen gekommen. Und da erinnerte sich Novottny wieder, wenn auch diesmal, wie mir der Arzt berichtete, in einer etwas anderen Version: »Stellt euch vor – ein Spion, und läßt den Sonderzug des Kanzlers fahrplanwidrig halten! Ein Wink von ihm, und der Zug hielt auf freier Strecke. Nicht zu glauben, aber wahr!«

Nun, die Wahrheit ist es schon, wenn auch etwas ausgeschmückt. Wir hielten keineswegs auf freier Strecke, sondern an einem kleinen Haltepunkt im Rheintal gegenüber dem Deutschen Eck, und das kam so: Wie andere Journalisten hatte Friedrich Novottny ein paar Stationen der Wahlkampfreise durch den linksrheinischen Süden der Bundesrepublik miterlebt und dann noch Gelegenheit bekommen, mit dem Kanzler zu plaudern. Novottny war ein geistreicher, wohlunterrichteter, charmanter Gesprächspartner, und ich merkte, daß Willy Brandt die Unterhaltung in der Journalistenrunde wohlgetan hatte. Novottny konnte wie jeder gute Unterhalter zuhören, darin Brandt ähnlich, und man war bei ihm ziemlich sicher, daß er genau wußte, was von dem, was er an internen Einblicken gewann, auf den Bildschirm gebracht werden konnte. Deshalb war es für mich selbstverständlich, ihm behilflich zu sein.

Die Wahlkampfreiseroute sah ein Abschwenken in rechtsrheinische Gefilde vor. Bonn würde gewissermaßen links liegenbleiben. Das paßte nicht in Novottnys Planung. Er wollte schnell ins Bonner Studio, um noch am Abend zur politischen Hauptsendezeit mit seinen

Eindrücken vom Wahlkampf des Kanzlers auf den Sender zu kommen. Das wollte natürlich auch ich, es gehörte zum Wahlkampfmanagement. Nach einigen Funktelefonaten über die in einem gesonderten Wagen mitgeführte Station des Bundesgrenzschutzes erreichte ich, daß der Sonderfahrplan für den Kanzlerzug geändert wurde. Es sollte einen kurzen Halt auf dem Koblenzer Hauptbahnhof geben, wohin auch Novottny den Wagen dirigierte, der ihn dann nach Bonn bringen sollte.

Einen Moment hatte ich gezögert, ob ich nicht die Umdisposition zu einem kurzen Treff mit Arno oder einem seiner Mitstreiter nutzen sollte. Es gab Neuigkeiten. Im Funkwagen waren ein paar Fernschreiben eingegangen, und als ich sie vom Chiffreur holte und Willy Brandt in sein Separée brachte, hielt er sie für so wichtig, daß er auf schnelle Antwort drängte. Auch am Abend zuvor, als zu vorgeschrittener Stunde nur noch ein enger Kreis beim Kanzler ausharrte, waren einige Einschätzungen zur Lage gegeben worden, die es verdienten, nicht verlorenzugehen. Aber nach kurzer Überlegung hielt ich es für besser, es nur bei der Korrektur des Fahrplans zu belassen. In solchen Fällen geht Sicherheit vor Aktualität. Wie sich noch herausstellen sollte, erwies sich meine Zurückhaltung auch in anderer Hinsicht als richtig.

Wir nähern uns Koblenz, Friedrich Novottny steht mit Sack und Pack zum Aussteigen an der Tür, doch der Zug drosselt kaum die Geschwindigkeit, umfährt den Koblenzer Hauptbahnhof, da nähert sich schon die Horchheimer Rheinbrücke, Novottny fängt an zu klagen, und ich denke an eine geplatzte Sendung am Abend und an Wahlpunkte, die uns dadurch verlorengehen würden.

Worauf es in solchen Situationen ankommt, ist Schnelligkeit im Reagieren. Ich stürmte durch die Gänge zum Zugführer, der kleinlaut die unerklärliche Panne entschuldigte. Worauf es in solchen Situationen ferner ankommt, ist die Bewahrung von Freundlichkeit; schimpfen hilft gar nichts. »Nur die Ruhe!« sagte ich zum Zugführer. »Jetzt kommt es allein auf Sie an. Ein prominenter Gast des Herrn Bundeskanzlers wünscht dringend den Zug zu verlassen. Sie verstehen?« Er jammerte, daß ein außerplanmäßiger Halt gar nicht möglich wäre. »Lieber Herr«, sagte ich. »In welche Lage bringt die Bundesbahn da den Herrn Bundeskanzler! Sie sind doch hier der Zugführer, der Mann, der das Sagen hat! Ich werde dafür sorgen, daß Ihr Einsatz Ihrer Behörde zur Kenntnis kommt. Bitte handeln Sie!«

Und er handelte. In Nieder-Lahnstein kam der Zug zum Stehen. Wie ich Novottny geraten hatte, schnappte er sich eine Taxe, fuhr über den Rhein zum Koblenzer Hauptbahnhof zurück und erwischte dort den Wagen, der ihn nach Bonn brachte. Am Abend genoß das Publikum vor dem Fernseher Novottnys Reflexionen auf Brandts Wahlkampfanstrengungen. So standen alle gut da – der Kanzler, der Fernsehmoderator, der Bundesbahn-Zugführer und zu guter Letzt auch der Kanzlerreferent.

Im Salonwagen des Reichsmarschalls – aber die Nacht gehört uns

In Zeiten politischen Hochdrucks, wenn Wahlkampfmeetings, auch solche auf Länder- und Kummunalebene, ferner Tagungen von Gewerkschaften und Verbänden, Staatsakte aller Art, Stadtjubiläen, Geburtstage und Ehrungen von Prominenten, wenn all das sich auf dem Terminkalender koordinieren ließ, dann wurde der Sonderzug des Bundeskanzlers unser zweites Zuhause. Manchmal wurde eine Woche lang vom Zug aus regiert. Das rollende Büro gehörte zu Willy Brandts Arbeitsstil. Anders wären seine Pflichten als Regierungschef mit denen des Parteivorsitzenden und Spitzenkandidaten der Partei kaum unter einen Hut zu bringen gewesen. Er wollte im Gespräch bleiben, sich den Wählern im ganzen Land immer wieder in Erinnerung bringen, auftauchen wie Harun al-Raschid ... und das nicht nur in Bagdad, sondern auch in Basra – eben nicht nur in Bonn, sondern auch am Bodensee. Dabei durften aber die eigentlichen Amtsgeschäfte nicht zum Erliegen kommen. Der Sonderzug bot die Möglichkeit, die vielfältigen Anforderungen und Anliegen zu kombinieren. Es war ein Mobile, Kanzlerbüro und Wahlkampfbüro in einem.

Für jede Überlandreise hatte ich ein kompliziertes Netzwerk aufzustellen. Die Kette der Veranstaltungen entlang der Route mußte sich Glied um Glied ineinanderfügen. Vormittags eine Krankenhauseinweihung, in einem Städtchen hundert Kilometer weiter Mittagessen mit den örtlichen Größen, Kaffeepause in einem Seniorenheim, abends dann, vielleicht schon in einem anderen Bundesland, große Wahlkundgebung. Die Termine mußten mit den örtlichen Behörden und Organisationen meist auf die Minute

genau abgestimmt werden, da der Sonderfahrplan des Kanzlerzuges präzise in den allgemeinen Fahrplan der Bundesbahn eingepaßt werden mußte.
Vier Minuten Händeschütteln entlang einem Spalier; spontane Begrüßung eines Hochzeitspaares, das gerade aus dem Rathaus kommt; drei Minuten Fotoposen im Kreis junger Diakonissinnen mit Sammelbüchse in der Hand; 15 Minuten für die Einweihung eines Kinderdorfes, zehn Minuten geneigtes Ohr für den Bürgermeister, der sich darum verdient gemacht hat; die letzte Zeitreserve für eine Übung der freiwilligen Feuerwehr unter den Augen des Kanzlers – und weiter geht's.
Daneben waren prominente Besucher, die ein Stück mitfahren wollten, um derweil mit dem Kanzler im Salonwagen ein vertrauliches Gespräch zu führen, zur richtigen Stunde an die Haltepunkte zu dirigieren. Das gleiche galt für die Kuriere aus dem Amt, die neben der Regierungspost dringliche Schreiben vom Parteivorstand oder von der Fraktionsführung mitbrachten. Und schließlich wollte ja auch Arno wissen, wo und zu welcher Stunde er mit mir Fühlung aufnehmen konnte.
Die Organisation der Treffs bei einer solchen Reise gehörte mit zum Schwierigsten. Da fast zu jeder Minute sowohl während der Fahrt als auch während der Aufenthalte meine Anwesenheit bei der Zugmannschaft erforderlich war, konnte ich mich nicht beliebig abseilen. Gerade auf den Reisen aber fiel Material an, dessen Expedition keinen Aufschub vertrug. Arno war genau der richtige Partner, um diese komplizierte Frage mit einer Portion Originalität und Frechheit zu lösen.
Wir sind in einer mittelgroßen Industriestadt angekommen. Es ist neblig und dunkelt schon. In Kürze soll im Festsaal die Wahlkundgebung beginnen. Ich sitze mit Jochen Schulz, dem Pressesprecher des SPD-Parteivorstands, in einem Hinterzimmer. Wir nutzen die letzten Minuten, um in das vorgefertigte, standardisierte Redemanuskript für Brandt ein paar aktuelle und lokale Besonderheiten einzubauen. Ich informiere Jochen Schulz über das, was in den letzten Nachrichten über die Sender gekommen ist: Die USA-Invasionstruppen haben sich in Vietnam einen neuen terroristischen Schurkenstreich geleistet. Der Redner müßte darauf vorsichtig eingehen, da die antiamerikanischen Stimmungen überzuschwappen drohen. Die Stadt selbst ist traditionell stark geprägt von einer christlich-ka-

tholischen Arbeiterschaft. Doch habe ich inzwischen in Erfahrung gebracht, daß es viel Unmut über unklare Korruptionsaffären im Rathaus gibt, wo die CDU herrscht. Möglicherweise werden die Zuhörer erwarten, daß Brandt darauf zu sprechen kommt – milde im Ton, scharf in der Sache.

Die Arbeit am Manuskript ist schnell gemacht, ich übergebe es Willy Brandt, der sich kurz über die Änderungen informiert, und dann beginnt unter Musik und Beifall der Einzug des Gladiators. Von diesem Moment an bin ich abkömmlich. Niemand erwartet von mir, daß ich im Präsidium Männchen mache. Da gehören andere hin, meine Arbeit ist getan, ich habe ein Bier verdient.

In der Gaststube ist eine Menge Betrieb, aber in einer Nische sitzt allein an einem Tisch ein adrett gekleideter junger Herr, und da er mir freundlich entgegenlächelt, nehme ich neben ihm Platz. Während mir der Ober das Bier hinstellt, reden wir über das miese Wetter, doch nach dem ersten Schluck sage ich leise: »Was gibt's Neues zu Hause?« Er grinst »Das Neues wird von dir erwartet!« Ich sehe auf die Uhr und sage: »Die da drin wollen sich heute beeilen, die Rede fällt kürzer aus, wir haben 50 Minuten Zeit.«

Manchmal aber traf ich Arno oder einen seiner Kampfgefährten auch während der Reisezeit direkt in Bonn. Das hing mit den kleinen Pausen zusammen, die ich in den Ablaufplan eingebaut hatte. Waren wir beispielsweise eine Woche in Holstein und Niedersachsen unterwegs gewesen mit der Absicht, anschließend auch die Wähler in Hessen und Franken zu beglücken, dann wurde der Zug über Bonn, zumindest in seine Nähe dirigiert. Meist kamen wir nach nächtlicher Fahrt in dunkler Frühe gegen zwei oder drei Uhr in Bonn an. Der Kanzler schlief. Vorsichtig wurde der Salonwagen abgekoppelt und auf ein Abstellgleis geschoben, das etwas abseits vom lärmenden Bahnbetrieb lag. Willy Brandt hatte die Fähigkeit, im Zug erholsam zu schlafen, egal, ob der fuhr oder stand. Von mir wußte man, daß ich darin etwas empfindlicher war. Pünktlich um acht Uhr stand ich mit der Kanzlerkarosse an der Rampe. Der für einen Tag eingeplante Aufenthalt in Bonn mußte gut genutzt werden. Im Kanzleramt wurden ein paar dringliche Sachen erledigt, die vom Zug aus nur schwer zu bewältigen waren, und auch im Parteihaus gab es meist Besprechungen. Spätabends waren wir dann wieder auf Achse, um am nächsten Morgen pünktlich vor Ort zu sein, vielleicht in Ulm, wo uns in einem Wirtshaus an der Donau Damen und Herren der Caritas zu einem Wohltätigkeitsfrühstück erwarteten.

Die Nacht gehört uns, heißt es in einem alten Schlager. Die Nacht in Bonn zwischen zwei Reisetagen gehörte Arno und mir. Wenn im Salonwagen alles still war und aus den Fenstern nur noch die Gangbeleuchtung schien, machte ich mich davon. Vorsorglich hinterließ ich Nachricht, daß ich bei mir zu Hause nicht zu erreichen wäre. Sollten sie doch glauben, daß ich bei einer Freundin unterschlüpfte; viel gefragt wurde nicht. Man wußte, daß ich pünktlich um acht mit dem Kanzlerfahrer wieder da sein würde, und das genügte. An Schlaf war in solcher Nacht nicht zu denken, und wenn ich manchmal auch zum Umfallen müde war, der nächste Tag forderte geschärfte Aufmerksamkeit. Erst wenn wir wieder auf großer Fahrt waren, gab es vielleicht eine tote Stunde, in der man sich aufs Ohr hauen konnte.

Der Zug bot dafür einige Bequemlichkeit. Aneinandergekoppelt waren der Fernmeldewagen, ein Speise- und Schlafwagen für mitfahrende Gäste, manchmal noch ein Plattenwagen für die mitgeführten Autos und schließlich allem voran der eigentliche Salonwagen des Kanzlers.

Dieser Salonwagen allerdings war für mich vom ersten Tage an, da ich in ihm mein Quartier aufschlug, ein Ärgernis. Die räumliche Konzeption war einigermaßen generös. Den größten Platz nahm der Salon ein, der intimen Gesprächen, Beratungen im engsten Kreis und repräsentativen Anlässen vorbehalten blieb. Daran schlossen sich zwei bequeme Appartements an. In dem einen schlief der Kanzler, in dem anderen Wand an Wand der ihn begleitende Referent. Nur in Ausnahmefällen, wenn Willy Brandt beispielsweise von seiner Gattin Rut begleitet wurde, zog ich in den Schlafwagen um. Den Abschluß bildeten ein normales Abteil für den Leibwächter und eine Teeküche.

Leider hatte der Salonwagen mehr Plüsch als Technik. Es handelte sich um ein etwas veraltetes, mehrmals überholtes Vehikel aus Reichsbahntagen. In den beiden Appartements gab es nicht einmal einen Kühlschrank, worin man einen Nachttrunk hätte frisch halten können. Der Empfang von Fersehsendungen während der Fahrt war jedesmal ein technisches Abenteuer. Wollte der Kanzler dringend telefonieren, mußte er sich zum Funkwagen bemühen. Auch in manch anderer Hinsicht entsprach das Gefährt nicht den Zwecken, die wir damit verbanden, nämlich die Administration den Landes von hier aus in Händen zu halten. Es lebte sich darin gemütlich, aber die Arbeit gestaltete sich unbequem. Der Salonwagen war nicht den Bedürfnissen eines regierenden Wahlkämpfers angepaßt, der agieren mußte, eher denen eines faulen Potentaten, der seine Lustbarkeitsreisen machen wollte.

Und das entsprach auch auf unheimliche Weise seiner tatsächlichen Geschichte. Bei dem Kanzlerwagen handelte es sich um den Salonwagen des ehemaligen Reichsmarschalls des Großdeutschen Reiches. Hermann Göring war mit ihm durch Deutschland und die eroberten Gebiete halb Europas kutschiert. Wie so manche andere Einrichtung des Staates war der Wagen von der Bundesbahn stillschweigend übernommen und für die neuen Zwecke schlecht und recht hergerichtet worden. Der Friedenskanzler im Salonwagen des Kriegsmarschalls! Die Bezugspunkte, die sich daraus ergaben, waren so abstrus, daß sich manchmal Kopfschmerzen einstellten, wenn ich mich nachts auf mein Lager streckte. Welcher Adjutant mochte früher hier gelegen haben? Und welche mörderischen Gedanken waren in seinem Kopf umgegangen, bevor er einschlief? War man auf Besichtigungsfahrt zu einem KZ? Wollte man sich die Abschußrampen der V1 ansehen? War man unterwegs zu einer Gemäldegalerie, um sie für die Feudalsitze der Nazibonzen auszuplündern? Stand im Terminkalender die Kommandeurstagung, auf der die Ausradierung Rotterdams oder Coventrys durch deutsche Luftwaffengeschwader beschlossen wurde? Kam man zurück nach Berlin mit Anweisungen für die Wannsee-Konferenz, auf der die Vernichtung des jüdischen Volkes auf der Tagesordnung stand? Die Vorstellungen waren unerträglich. Alpträume verfolgten mich. Und vielleicht ist es Brandt ähnlich ergangen, wenn er nachts mit seinen Gedanken allein war.

Und dann die Presse! Sobald wir morgens an einem Wahlkampfort angekommen waren und mir als erstes der Stoß frischer Lokalzeitungen durchs Abteilfenster gereicht wurde, begann sich schon im Vorgefühl der Lektüre mein Magen zu übersäuern. Es fanden sich überall Redakteure, die glaubten, einen originellen Kopf auf den Schultern zu tragen, und die sensationelle Neuigkeit von Station zu Station weiterreichten: *»Kanzler kommt im Salonwagen des Reichsmarschalls.«*

Für mich war klar, daß sich etwas ändern mußte. Das gebot nicht nur die Wahlkampftechnik, sondern auch die historische Hygiene.

Ich entwarf das Konzept für die Anforderungen an einen neuen Salonwagen, beriet mich mit Konstrukteuren und Innenarchitekten und bedrängte den Verkehrsminister, das Projekt in Auftrag zu geben. Etwa nach meinen Vorstellungen ist der moderne Kanzlerwaggon dann auch gebaut worden. Leider war es mir nicht mehr vergönnt, seine Jungfernfahrt mitzumachen.
Immerhin blieb wohl Brandts Nachfolger Helmut Schmidt die Peinlichkeit erspart, bei seinem Besuch der DDR im alten Salonwagen Görings reisen zu müssen. Der Bahnhof Werbellinsee, auf dem er zum Treffen mit Honecker im Jagdschloß Hubertusstock ankam, war zwar noch der ehemalige wilhelminische Jagdbahnhof – im Volksmund *Kaiserbahnhof* genannt –, aber so wie dieser neu hergerichtet wurde, muß auch der Kanzlerwaggon schon der Neubau gewesen sein. Wenn man meinen Vorschlägen gefolgt ist, dann hatte auch das Fenster, durch das der Staatsratsvorsitzende seinem Gast den später viel zitierten Hustenbonbon zum Abschied vom Güstrow reichte, einen modernen Schließmechanismus.

Ein Gesprächspartner muß aussteigen

Gesprächspartner spielten für den Denk-, Arbeits- und Lebensstil Willy Brandts eine wichtige Rolle. Er liebte es, in der abendlichen Entspannungsrunde, bei der anregender Geist auch in den Gläsern stand, erste vage Ideen auf den Prüfstand zu schicken. Was vorerst nur Vision war, sollte in Rede und Widerrede faßbar gemacht werden. Der Kreis war oft recht buntscheckig zusammengesetzt. Bevorzugt wurden Journalisten, Poeten und Politiker. Die Auswahlkriterien Brandts waren nicht leicht zu durchschauen. Das Vermögen, witzig zu plaudern, rangierte oft vor der Zuverlässigkeit politischer Standorte. Eine glänzende Geistreichelei fand häufig mehr Beifall als ein solider, aber bieder vorgetragener Gedanke. Brandt hatte einen Sinn für anekdotische Verknappungen, er amüsierte sich über die deftigen Pointen eines guten Witzes, und die Meister effektvoller Vortragskunst hatten bei ihm immer einen Stein im Brett. Leider gehörte zu diesen Meistern auch Hans-Jürgen Wischnewski. Meine Animosität gegen ihn hatte neben unterschwelligen persönlichen vor allem ganz praktische, objektive Gründe. Mehr als einmal mußte ich beobachten, wie Wischnewski, wenn auch unbedacht

und nicht in voller Absicht, Brandt in die Messer politischer Gegner laufen ließ. Sehr genau erinnere ich mich an folgenden Vorfall:
Im Vorfeld des angestrebten parlamentarischen Mißtrauensvotums gegen Brandt ging die Kunde um, daß sich Rainer Barzel, der Kanzlerkonkurrent von der CDU, mit der Absicht trug, den Schulterschluß mit den Vertretern des Großkapitals enger zu gestalten. Er traf sich mit den Spitzenleuten der Hochfinanz, die die Konzerne beherrschten, zu einem intimen Essen im Hotel »Königshof« in Bonn. Es ging um Strategien für die nach einem Kanzlersturz möglichen Neuwahlen. Barzel bot sich dem Kapital als der bessere Kanzler an. Das war natürlich ein für den Einfluß der SPD höchst gefährliches Manöver, und das Gegenmanöver, mit dem deren Bundesgeschäftsführer darauf reagiert haben soll, war insofern noch begreiflich. Wie man sich in Bonn erzählte, plazierte Wischnewski beim Essen im »Königshof« einen Kellner in Barzels Nähe und soll von dem brühwarm erfahren haben, was bei Tische besprochen wurde. Es zeichneten sich unheilvolle Tendenzen ab. Bei einigen Wirtschaftsführern kamen Bedenken auf, ob man auf Dauer mit der SPD regieren könnte. Bestimmte Reformansätze der Brandt-Scheel-Regierung hatte man bis dahin im Sinne einer Beschwichtigungspolitik gegenüber der sogenannten Arbeitnehmerschaft toleriert. Jetzt aber zeigten sich für erfahrene Augen erste Wetterwolken am Horizont, die befürchten ließen, daß eine neue Krise von weltwirtschaftlichen Ausmaßen heraufzog. Würde die SPD, würde ein mehr außen- als wirtschaftspolitisch engagierter Kanzler Brandt der richtige Krisenmanager sein? Ein weiteres Zeichen von innen her setzte die Brandt-Regierung selbst. Im Mai 1971 war bereits Bundesfinanzminister Alex Möller zurückgetreten. Jetzt kam ein weiteres Unsicherheitsmoment hinzu. Um den Doppelminister für Finanzen und Wirtschaft Karl Schiller, der ein scharfer Apologet der marktwirtschaftlichen Ordnung, also uneingeschränkter Bewegungsmöglichkeiten für das Kapital war, kriselte es bedenklich; auch sein Rückzug erschien möglich. Ohne sich festzulegen, sahen sich die Konzerngewaltigen nach möglichen Alternativen um.
Im »Königshof« soll wörtlich vom notwendigen Machtwechsel gesprochen worden sein, da die mit den Reformen verbundenen Umverteilungen des Volksvermögens *Investitionshemmungen* auslösen könnten. In allererster Linie müßten die *Interessen des großen Geldes* gewahrt bleiben, da sonst auch *das kleine Geld chancenlos*

bliebe. Barzel, hieß es, wurde ermuntert, auf diese Variante zu achten, und er war Demagoge genug, um den Besitzern des *kleinen Geldes* ihre Abhängigkeit vom *großen Geld* schmackhaft zu machen – etwa so wie es in Andersens Märchen der große Klaus dem kleinen Klaus beibringen will, als er dem armen Wicht, der nur ein Pferd besitzt, seine vier Pferde zum Pflügen leiht.
Wischnewski, von dem Komplott unterrichtet, witterte eine Chance für die eigene Agitation. Statt aber nun zunächst eine Beratungsrunde anzusetzen, um überlegt vorgehen zu können, kam er mit den Stichworten vom *großen Geld* und vom *kleinen Geld* spornstreichs zum Kanzler gerannt.
Unsere Reisemannschaft war gerade im Aufbruch u. a. zu einer Gewerkschaftstagung. Aus Fetzen von Wischnewskis aufgeregter Rede hörte ich nicht genau, worum es im Kern ging, beobachtete aber mit Besorgnis, wie er Brandt einen Zettel zusteckte. Brandt las die Notizen und reagierte ganz spontan: »Das ist ja eine Ungeheuerlichkeit! Das wurde so gesagt?« Wischnewski triumphierte: »Ja, wortwörtlich! Und du kannst es so verwenden.«
Mit Wischnewskis Notizzettel in der Hand posaunte Brandt das Komplott noch am selben Nachmittag vor den Gewerkschaftern aus. Bei den Vertretern des *kleinen Geldes* kam er natürlich groß an, aber die Presse am nächsten Tag, die vom *großen Geld* beherrscht wurde, war verheerend. Da Brandt teilweise von seinem Spickzettel wörtlich zitiert und Redewendungen gebraucht hatte, wie sie auch im »Königshof« gebraucht worden sein sollten, war vor aller Welt klar, daß man entweder einen bezahlten Spitzel auf Barzel und seine Gesprächspartner angesetzt hatte, oder daß einer aus der Runde umgefallen war. Es gab einen Aufschrei der Empörung. Dabei war zwar viel Scheinheiligkeit im Spiel, da ganz allgemein die Methoden, mit denen man sich Neuigkeiten aus dem gegnerischen Lager zu verschaffen suchte, nicht gerade fein waren. Was jedoch in diesem Falle gegen die Spielregeln verstieß, war die dilettantische Art, mit der die verschwiegenene Methoden an die große Glocke kamen. Der Schuß ging nach hinten los. Getroffen wurde nicht Wischnewski, sondern Brandt.
Dann überspannte Hans-Jürgen Wischnewski den Bogen. Um sein Renomee in der Partei weiter aufzupolieren, trug er einen Antrag vor, dessen Annahme eine einschneidende Statutenänderung bedeutet hätte. Bisher wurde der Bundesgeschäftsführer vom Parteivor-

stand bestellt, womit klar war, daß er dessen ausführendes Organ blieb. Plötzlich verlangte Wischnewski, daß der Bundesgeschäftsführer in einem besonderen Wahlgang vom Parteitag gewählt werden sollte, was bedeutete, daß er als vierter Mann neben dem Parteivorsitzenden und dessen beiden Stellvertretern an die Parteispitze rücken würde. Da Wischnewski sein Verbleiben im Amt des Geschäftsführers von der Annahme seines Verlangens abhängig machte, fiel er selbst durch, als der Antrag durchfiel.

Als Nachfolger schlug ich Willy Brandt den Vorsitzenden des SPD-Bezirks Franken Bruno Friedrich vor. Das war ein Spezialist der Basisarbeit, und ich kannte ihn gut von Tagungen zu Fragen der Parteiorganisation. Doch fiel die Wahl schließlich auf den Hessen Holger Börner, wogegen es von meiner Warte aus auch nichts einzuwenden gab. Als Betonfacharbeiter war Börner in der IG Bau, Steine, Erden unter der Obhut Georg Lebers politisch groß geworden. Als Leber in die Regierungsgeschäfte eintrat, nahm er seinen jungen Stellvertreter mit. Fünf Jahre lang, von 1967 bis 1972, wirkte Börner bei Minister Leber als parlamentarischer Staatssekretär. Ja, man kann sagen, daß Börner ein regelrechtes Ziehkind von Leber war, und da er, nicht ganz zu Unrecht, auch mich als ein solches ansah, stellte er sich vom ersten Tage an, da er die Bundesgeschäftsführung der Partei übernahm, auf mich ein. Der Amtswechsel von Wischnewski zu Börner war für mich ein Volltreffer.

Die Kehrseite der Medaille zeigte sich sehr bald. Wischnewski, des Parteiamts ledig, hatte mit einem Male viel Zeit und stellte sich Brandt als *Gesprächspartner* voll zur Verfügung. Es kam, was kommen mußte. Auf einer der Wahlkampfreisen zwischen Parteitag und Wahltag war *Ben Wisch* mit von der Partie. Der Doppeleffekt, den er sich davon versprach, war mir von Anfang an klar. Zum einen konnte er sich beim Kanzler und Vorsitzenden einkratzen, vor allem aber konnte er für sich selber an der Seite des SPD-Vorsitzenden, auf den Kameras und Mikrofone gerichtet waren, Propaganda machen. Wischnewski kandidierte in einem Kölner Wahlkreis in den auf den 19. November 1972 angesetzten Bundestagswahlen.

Kaum war Wischnewski im Sonderzug eiquartiert, als die Reibereien auch schon losgingen. Er maulte herum, daß er, der sich zur Creme der Partei rechnen könne, in einer Koje des Schlafwagens untergebracht sei, während sich ein popliger Referent im Salonwagen räkeln dürfe.

Überall, wo wir hinkamen, drängelte er sich in den Vordergrund. Wenn es bei der Vorstellung unserer Reisemannschaft gegenüber regionalen Größen von mir hieß, ich sei der neue Mann an Willys Seite, grunzte er dazwischen: »Zur Probe, nur zur Probe!«
Es war kein Auskommen mit Wischnewski. Da er nicht stillsitzen konnte, streifte er unruhig durch die Gänge des Zuges. Im Funkwagen riß er die für Brandt bestimmten Fernschreiben aus dem Ticker. Im Speisewagen veranstaltete er mit den Journalisten, die der Kanzler eingeladen hatte, eigene Pressekonferenzen und nahm für die Bewirtung die Schatulle des Kanzlers in Anspruch. Wenn ich mit Jochen Schulz, dem Pressesprecher des Parteivorstands, zusammensaß und an einem Papier für Brandt arbeitete, setzte er sich ungeladen dazu und sülzte dazwischen. Auch Schulz kochte vor Wut. Allmählich wollte fast jeder Wischnewski lossein, und weil ich endlich glauben konnte, ein gutes Argument zu haben, rief ich bei Holger Börner im Parteihaus an: »Holt den Mann aus dem Zug! Willys Stimmbänder sind völlig kaputt, er selber bemüht sich, das Rauchen einzuschränken. Aber Wischnewski qualmt ihm die Bude voll, der ist Kettenraucher. Es ist unerträglich!«
Und dann lieferte mir Wischnewski selbst noch ein besseres Argument. Als wir in einem Wahlkreis Station machten, wo der Ausgang der Wahl nach allen Prognosen auf der Kippe stand, drängte Wischnewski, während die Kameras zu laufen begannen, den Mann, der hier als Wahlkreisbewerber neben Brandt stehen sollte, in den Hintergrund und posierte selbstgefällig im Scheinwerferlicht. Das war zuviel. Ich sagte zu Börner: »Sieh dir mal heute abend die Wahlberichterstattung im Fernsehen an. Du wirst staunen, wer anscheinend in allen Regionen gewählt werden will. Wenn Wahlkreise hops gehen, brauchen wir später nicht nach einem Schuldigen zu suchen. Ich bitte dich nochmals: Der Mann muß weg! Hat Ben Wisch nicht einen eigenen Wahlkreis? Gibt es da für ihn nichts zu tun?«
Schon am nächsten Tag packte Hans-Jürgen Wischnewski seine Sachen. Wortreich und unter vielen Entschuldigungen meldete er sich bei Willy Brandt ab. Es tue ihm leid, er wolle den Parteivorsitzenden nicht im Stich lassen, aber die Pflicht rufe. Es seien dringende Anrufe aus Köln gekommen, die dortigen Wahlkämpfer kämen ohne ihn, den Kandidaten, nicht mehr voran.

Ich selbst spürte übrigens nie das Bedürfnis, mich Willy Brandt als

Gesprächspartner für die sogenannten Spinnstunden aufzudrängen. Das verbot sowohl mein Amt als auch meine Mission. Von Amts wegen hatte ich den Wahlkampf zu organisieren, nicht den Alleinunterhalter zu spielen – das besorgten andere, die nicht zuletzt auch ich herbeischaffte. Und meine Mission bestand nicht darin, Weisheiten zu produzieren, sondern mir Weisheiten anzuhören.

Frau Landerer, eine der Sekretärinnen des Kanzlers, gab mir ein paar wohlgemeinte Tips. Reuschenbach habe im Gespräch mit Brandt oft dagegengehalten. Brandt wünsche regelrecht Widerspruch, weil er im Streit die eigenen Argumente prüfen wolle. Nach meinen ersten Beobachtungen stimmte die Einschätzung. Wie ein Muletaspieler brauchte Brandt eine Wand, von der der Ball seiner Gedanken unberechenbar zurücksprang. Dennoch sträubte ich mich dagegen, Reuschenbachs Verfahren einfach zu übernehmen. Wie ich bald merkte, wußte Brandt Zurückhaltung durchaus zu schätzen. Er brauchte nicht nur die geistreichen Plauderer und Witzereißer. Auch für ein ohne Effekthascherei und ohne andere Zuhörer vorgebrachtes Wort hatte er ein offenes Ohr, wenn man überlegt den richtigen Moment traf.

Meine Linie des Umgangs mit Willy Brandt bewährte sich übrigens, als wir beide aus der Kurve flogen. Sosehr sich das Gericht und andere Instanzen mühten, mich auch noch als *Einflußagenten* zu qualifizieren – es gab dafür keine Beweise. Brandt konnte sich immer darauf berufen, daß ich zwar mit einigem Geschick – als ein *guter Adjutant* – vorgegebene politische Konzeptionen organisatorisch durchzudrücken half, daß es aber geradezu absurd wäre, mir nachträglich politische Einflußnahme zu unterstellen. In keiner Phase der Zusammenarbeit, so sagte Brandt mehr als einmal, und man mußte ihm glauben, wäre ich ein *adäquater Gesprächspartner* gewesen, und ich hätte auch niemals versucht, mich als ein solcher anzubieten.

Zwei Gewerkschaftskongresse in Berlin

Im Sommer 1972 trat in Westberlin der DGB-Kongreß zusammen. Die Tagung des höchsten Gremiums der Gewerkschaften bildete einen wichtigen Meilenstein im Wahlkampfkonzept der SPD und ihres Spitzenkandidaten. Es war selbstverständlich, daß Willy

Brandt anreiste. Doch mußten wir bei dieser Tour auf den Salonwagen verzichten. Die Modalitäten für eine Durchreise über das Schienennetz der DDR waren damals noch nicht völlig geklärt, was wiederum mit der Wahlkampfstrategie der SPD in Zusammenhang stand.
Der Verkehrsvertrag zwischen der DDR und der BRD war zwar paraphiert, aber noch nicht ratifiziert. Im Hinblick auf den Grundlagenvertrag befanden sich die Staatssekretäre Michael Kohl und Egon Bahr sogar erst im Stadium von Vorverhandlungen. Dem Abschluß der Gespräche konnte man zwar mit einigem Optimismus entgegensehen, da der von der DDR vorgelegte Vertragsentwurf in seinen Grundzügen akzeptabel erschien; mit dem Ratifizierungsverfahren für die Verträge aber wollte die Bonner Regierungskoalition auf keinen Fall in einen Bundestag gehen, in dem die Mehrheitsverhältnisse völlig unsicher waren.
Angesichts dieser Konstellation wurde eine äußerst geschickte Terminstaffelung vorgenommen. Die Verhandlungen über den Grundlagenvertrag sollten möglichst bis zu den für das Jahresende angestrebten Neuwahlen zu einem solchen Abschluß gebracht werden, daß eine Paraphierung möglich war. Bei diesen Wahlen würde dann der Vertrag zwischen der DDR und der BRD gewissermaßen als krönender Schlußstein im Gefüge der entspannungsfreundlichen Ostverträge mit zur Abstimmung stehen.
Angesichts der verstärkten Sehnsucht des Volkes nach normalisierten politischen Verhältnissen im Herzen Europas rechnete die Regierung mit einem kräftigen Aufwind. Und erst nach den Wahlen, von denen man sich eine sichere Mehrheit erhoffte, sollte im Bundestag die Lesung der Verträge in Angriff genommen werden. Da der Kanzlerkandidat der CDU/CSU Rainer Barzel nun auch noch so unklug war, öffentlich gegen den Vertrag Stimmung zu machen, ging die Rechnung tatsächlich auf.
Im Sommer 1972 aber war das alles noch nicht soweit. Brandt flog wie gewohnt mit einer amerikanischen Militärmaschine zum DGB-Kongreß nach Westberlin. Auf dem Kongreß konnten die Gewerkschaften dem Kanzler ihre Ansprüche für den Fall anmelden, daß er mit ihrer Unterstützung wiedergewählt werden würde. Willy Brandt seinerseits fand in dem Gewerkschaftskongreß eine hervorragende Tribüne, um gewisse Programmorientierungen für den künftigen Regierungskurs darzulegen.

Brandt hatte nach meinen Beobachtungen damals schon das zermürbende Gefühl, an zwei innenpolitischen Fronten kämpfen zu müssen. Die Zwischenbilanz, die er namens der Regierung für das Gebiet der wirtschafts- und sozialpolitischen Reformen vorlegen konnte, nahm sich einigermaßen bescheiden aus. Die großangekündigte *Humanisierung des Arbeitslebens* war zwar als Aufgabe formuliert worden, die Lösung aber ließ weiterhin auf sich warten – nebenbei gesagt: bis heute. Im Versicherungssektor gab es einige Verbesserungen für die Kriegsopfer und Behinderten. Am Betriebsverfassungsgesetz war etwas herumnovelliert worden, die Auswirkungen im Sinne einer erweiterten Mitbestimmung der Werktätigen blieben jedoch spärlich. Wenn man von einigen zaghaften Versuchen auf den Gebieten des Umweltschutzes, des Bildungswesens und der Städteplanung absieht, war das auch schon alles.
Dennoch gab es Attacken des konservativen Lagers, die dem Kanzler einen *Kurs in Richtung Sozialismus* unterstellten; Barzels Geheimkonferenz mit den Vertretern des *großen Geldes* im »Königshof« begann zu wirken. Unter Hinweis auf seine antikommunistische Grundkonzeption konnte Brandt die Vorwürfe mit unverstellter Entrüstung zurückweisen: Sein *demokratischer Sozialismus* habe nichts mit *kommunistischen Sozialismusvorstellungen* zu tun.
Während Brandt an dieser Front kräftig zurückschlagen konnte, formierte sich in seinem Rücken eine zweite Front. Es mehrten sich die Stimmen aus dem eigenen Lager, die endlich eine Einlösung der Wahlversprechen von 1969 verlangten. Besonders der durch die Gewerkschaften repräsentierte Flügel der Partei wurde höchst ungeduldig. Auf die Angriffe aus dieser Richtung reagierte der Kanzler weniger überzeugend, was angesichts der Kompromisse, die er seiner Politik glaubte abverlangen zu müssen und deren er sich durchaus bewußt war, nicht verwundern konnte. Einmal formulierte er: »Wir dürfen unser Konto nicht überziehen.« Funktionärsgruppen, die mehr Konsequenz bei der Durchsetzung der Reformpolitik forderten, qualifizierte er ebenso ungnädig wie hilflos mit dem Wort vom *querulatorischen Pessimismus* ab.
Das Dilemma, in dem er sich befand, war das eines Sozialdemokraten. In seinen »Begegnungen und Einsichten« hat Willy Brandt versucht, davon eine Vorstellung zu vermitteln: *»Ich bin von der Überlebenskraft der freiheitlichen Demokratie überzeugt, will aber nicht die Meinung verhehlen, daß die Krise der verfaßten demokratischen*

Ordnungen andauern wird und daß diese grundlegender Reformen bedürfen, um sich in einer Zeit rapiden Wandels in der Substanz bewähren zu können.«

Grundlegende Reformen? Die Reformen der Regierung Brandt/Scheel hatten längst ihren grundlegenden Charakter verloren, soweit er überhaupt jemals vorhanden gewesen war. Und so hielt in der Tat – wie von Brandt richtig gesehen – *»die Krise der verfaßten demokratischen Ordnungen«* an, aber eben aus dem Grunde – was er verdrängte –, daß sie kapitalistische Ordnungen waren und bei allem Flickwerk auch blieben. Geht man auf die Ursprünge zurück, dann entstand im Schoße der allgemeinen Krise die besondere Krise der Ära Brandt, und leuchtet man so den Hintergrund richtig aus, erscheinen alle späteren Versuche, Brandts Sturz als Kanzler mit meiner Enttarnung ursächlich in Zusammenhang zu bringen, als um so lächerlicher. Die Ursachen waren viel komplexerer Natur, begründet in Gesellschaft und Politik, und ich werde darauf noch zu sprechen kommen.

Auf dem DGB-Kongreß in Westberlin wollte sich Brandt aus dem selbst richtig empfundenen Dilemma herauslavieren. In Vorbereitung seines Auftritts hatte ich meine nach wie vor gut funktionierenden Verbindungen zum DGB-Haus spielen lassen. Johannes Naber, der einflußreiche Mann in der Vorstandsetage, stellte die direkte Leitung zum DGB-Vorsitzenden Heinz-Oskar Vetter durch. Die Vorabsprachen verliefen zufriedenstellend. Die Gewerkschaftsspitze war bereit, einem Kanzler Brandt weiterhin Kredit zu gewähren. Ich konnte seine Ghostwriter, an ihrer Spitze den damals direkt ins Kanzlerbüro detachierten Klaus Harpprecht, mit entsprechendem Dispositionsmaterial des DGB für die große Rede versorgen.

Neben der innenpolitischen hatte der Gewerkschaftskongreß damals auch eine *innerdeutsche* Komponente. Zeitlich parallel zum DGB in Westberlin tagte im Ostteil der Stadt, in der Hauptstadt der DDR, der FDGB. Durch diesen Umstand verkettelten sich in der Folge Umstände, die mich persönlich in eine höchst komplizierte Lage brachten.

»Mensch, Günter! Konntest du nicht einfach Wilhelm heißen?«

Wir waren schon wieder zurück in Bonn, es war September, kurz vor dem Dortmunder Wahlparteitag, und erneut gab es für den Referenten eine Menge zu tun. Ich steckte mit Leuten von der Gewerkschaft zusammen, um den etwas nebulösen Slogan von der *besseren Lebensqualität*, mit dem die Parteidelegierten in Dortmund geimpft werden sollten, auf greifbare, handhabbare Maßnahmen hin zu überdenken. So war es eigentlich nichts Besonderes, daß eines Tages ein Anruf von Johannes Naber bei mir im Amt landete. Doch was er dann zu berichten hatte, kam einer alarmierenden Sondermeldung gleich.

»Du wirst es nicht glauben«, schimpfte er ins Telefon, »aber man hat den Willi Gronau verhaftet. Stell dir vor: Der Hund ist ein Ostagent! Behalt die Sache für dich! Ich sage es dir nur, weil er auch dich absahnen wollte. Du stehst auf irgendeiner Liste von Gronau. Man wird auf dich zukommen und dich befragen. Überleg dir was du sagst!«

Und wirklich meldete sich schon kurz darauf der Staatsschutz bei mir, und zwar in Gestalt eines Beamten der Sicherungsgruppe Bonn, der dann noch mehrmals meinen Weg kreuzen sollte. Die Befragung schien insofern harmlos, als sie nicht auf den Verdacht meiner Mittäterschaft zielte, sondern mich im Gegenteil als mögliches Opfer einkreiste. Die Auskunft von Naber wurde bestätigt. Offensichtlich hatte Gronau, der vermutlich im Auftrag des Ostberliner Nachrichtendienstes handelte, Anstalten getroffen, mich als Geheimnisträger auszuschöpfen. Ob ich etwas Konkretes an derartigen Versuchen bemerkt hätte? Ich verneinte aufgebracht. Daraufhin beruhigte mich der Sicherheitsmann. Die Befragung wäre eine Routinesache, üblich in solchen Fällen, und ich sollte mir *keinen Kopf* machen. Dennoch hätte er den Auftrag, mich nochmals auf die VS-Verpflichtung zu verweisen, die mir gebiete, mit Staatsgeheimnissen vorsichtig umzugehen.

War ich auch diesmal aus dem Schneider? Immerhin war nach dem Fall Siberg (der Leser wird sich an die Affäre erinnern!) der Fall Gronau nunmehr schon das zweite Glied in einer Kette von nachrichtendienstlich relevanten Ermittlungsverfahren, in die ich zwar nicht direkt verwickelt war, mit denen ich aber namentlich und aktenkundlich in Berührung kam. Ich war keineswegs soweit, mich durch die neuerliche Einvernahme verrückt machen zu lassen. Sowohl Nabers Reaktion als auch die des Mannes von den Sicherheitsbehörden signalisierten mir, daß meine Position über jeden Verdacht erhaben schien. Dennoch blieb eine feine Beunruhigung, und ich mußte mit ihr leben wie mit einem leisen Zahnweh, das man immer wieder verdrängt, bei dem man aber schon ahnt, daß die dicke Backe noch kommen wird. Und vorweg gesagt, sie kam dann auch tatsächlich. Nach den Fällen Siberg und Gronau fügte sich ein drittes Glied in die Verkettung, ebenso zufällig und unvorherberechenbar wie die anderen, und dieses dritte Glied war das schwächste, mit dem alles riß.

Wer war Wilhelm Gronau? Wie kam ich auf seine Liste? Welches waren die Zusammenhänge?

Am 22. September 1972 wird in Westberlin ein Mann festgenommen, von dem man wohl nach Beobachtungen eines Treffs vermutet, daß er als Kurier zwischen einem nachrichtendienstlichen Auftraggeber und dem DGB-Funktionär Wilhelm Gronau operiert. Bei seiner Durchsuchung findet man ein Blatt Papier, auf dem neben allem möglichen ein unleserliches Wort steht. Später will man die Handschrift als die von Gronau identifiziert haben. Und das Wort wird als »Guillaume« entziffert. Ist das ein Name? Wer, wird man sich weiter gefragt haben, ist dieser »Guillaume«, daß der inzwischen ebenfalls festgenommene Gronau es für wert befand, sich seinen Namen zu notieren und weiterzureichen?

Wilhelm Gronau war in der DGB-Zentrale in Düsseldorf beschäftigt und dort zuständig für alle Fragen, die mit dem FDGB zusammenhängen. In Düsseldorf angestellte Recherchen, ob Gronau Kontakte zu einem »Guillaume« unterhalten habe und wer dieser »Guillaume« sein könne, führten schnell zum Ziel. Denn der als erster befragte Sicherheitsbeauftragte des DGB-Vorstandes selbst war es, Freund Naber, der meine Bekanntschaft mit Wilhelm Gronau vermittelt hatte.

Im Prozeß hat Johannes Naber seine Vermittlerrolle zu vertuschen versucht. Er war ein gewiefter Agent. Deshalb empfand er die Rolle, die er, auch noch zur Zeit des Prozesses blind für die tatsächlichen Zusammenhänge, als Verbindungsglied zwischen dem *Fall Guillaume* und dem *Fall Gronau* gespielt hatte, als äußerst blamabel. Was meine Reaktion auf Wilhelm Gronaus Verhaftung betrifft, machte Naber vor Gericht eine meineidige Aussage. Er erklärte dort, daß

ich mich als erster bei ihm nach den Hintergründen von Gronaus Verhaftung erkundigt hätte. Das war eine blanke Lüge. In Wirklichkeit ließ er zu einem Zeitpunkt, da niemand anders von dem Vorfall wissen konnte, als erster eine Warnlampe bei mir aufblinken – so wie ich das Telefongespräch ein paar Absätze zuvor dargestellt habe.
Bis zu der von Naber vermittelten Zusammenkunft mit Wilhelm Gronau kannte ich diesen nicht, wußte auch nichts von seiner *Nebentätigkeit.* Gronau selbst wird es mit meiner *Nebentätigkeit* ähnlich ergangen sein. In diesem Fall hatte sich unser sonst geradezu perfektes Sicherheitssystem als Bumerang erwiesen. Es war selbstverständlich, daß weder Gronau noch ich davon wußte, daß wir für die gleiche »Firma« tätig waren, obwohl wir beide den gleichen Auftraggeber hatten. Ich kann mir vorstellen, wie der große Paul – wenn er noch gelebt hätte – gehandelt hätte. Auch er hätte Gronau nicht über meinen Auftrag informiert, sondern ihn nur vor dem »scharfen Hund Guillaume« gewarnt. Doch nachdem nun einmal die Spur von dem ominösen Zettel mit dem Vermerk »Guillaume« bis ins DGB-Haus und von da bis ins Kanzleramt zurückverfolgt war, blieb es unausweichlich, daß ich als Zeuge in dem inzwischen eingeleiteten Ermittlungsverfahren gegen Gronau einvernommen wurde.
Es findet sich dazu eine Passage im Bericht des parlamentarischen 2. Untersuchungsausschusses vom Februar 1975, die meine taktische Einstellung zu dem Vorgang knapp, aber im wesentlichen richtig wiedergibt. Ich zitiere deshalb kommentarlos: *»Er hat ausgesagt, er habe als zuständiger Referent des Bundeskanzlers für Partei- und Gewerkschaftsangelegenheiten im Jahre 1972 die Teilnahme des Bundeskanzlers an einer DGB-Veranstaltung in Westberlin vorbereitet. Während der Vorbereitungsarbeiten habe er erfahren, daß zur gleichen Zeit in Ost-Berlin eine Veranstaltung des FDGB stattfinden sollte. Zu seinen Aufgaben habe es gehört, sich auch über Veranstaltungen des FDGB und die Einzelheiten der Durchführung Klarheit zu verschaffen, um den Bundeskanzler zu informieren. Zu diesen Zweck habe er mit Gronau bei der DGB-Zentrale Düsseldorf Verbindung aufgenommen, da dieser dort für FDGB-Fragen zuständig gewesen sei. Von ihm habe er auch die gewünschten Informationen über die FDGB-Veranstaltung in Ost-Berlin bekommen. Möglicherweise oder sogar sehr wahrscheinlich, habe Gronau seinen Namen nach Ost-Berlin gemeldet ...«*
Als ich dann nach langen Jahren zu Hause mit Wilhelm Gronau, die-

sem prächtigen Menschen und kühnen Kundschafter, zusammentraf und wir Freundschaft geschlossen hatten, konnte ich es mir nicht verkneifen, ihn ins Gebet zu nehmen: »Sag mal, mußtest du damals meinen Namen aufs Papier kritzeln?« Da seufzte der gute Willi aus tiefstem Herzen: »Mensch, Günter, versteh mich richtig! Warum hattest du diesen ausgefallenen Namen? Gu-il-lau-me! Teufel noch mal – wer sollte sich das merken? Konntest du nicht zu gut deutsch Wilhelm heißen oder meinetwegen Meier, Schulze, Lehmann?«

Schwamm drüber! Leider war es so, daß auch im weiteren Verlauf die Ungewöhnlichkeit meines Namens dem Gegner eine Denkhilfe und beim Auslösen von Abwehraktivitäten eine für mich verhängnisvolle Rolle spielte.

Ein Wahlsieg des Kanzlers hat Folgen auch für seinen Wahlhelfer

In den Wahlfeldzug zu den vorgezogenen Bundestagswahlen 1972 ging die SPD mit einiger Skepsis, und ihr Spitzenkandidat blieb davon nicht ausgenommen. Eine Wahlkundgebung mochte noch so gut organisiert sein, vereinzelte Unmutspfiffe, Buh-Rufe oder eine einzige Stinkbombe genügten manchmal, um Willy Brandt in eine düstere Stimmung zu treiben. Er wollte dann auch im Salonwagen mit sich allein sein.

Ursächlich damit im Zusammenhang standen die in beinahe regelmäßigen Abständen publizierten Umfrageergebnisse der Meinungsforschungsinstitute. Und deren Prognosen fielen anfangs nicht günstig aus. Einmal hieß es: Die FDP kommt über die 5-Prozent-Klausel nicht hinweg, die Koalition zerbricht, die CDU/CSU erobert die absolute Mehrheit. Dann wieder: Das Volk will die Große Koalition wiederhaben. Und noch eine dieser Prophezeiungen: Die Pendelwähler der Mitte finden keinen Zugang zur SPD.

Auf die Umfrageergebnisse starrte man hypnotisiert wie das Kaninchen auf die Schlange. Ich wurde manchmal an die göttergläubigen Alten erinnert, die das Orakel von Delphi für vorweggenommene Wirklichkeit nahmen. Es waren gerade die fortschrittsgläubigsten Leute, die dieser Anbetung huldigten.

Entscheidend für den gewollten Effekt ist eine schickliche Form der

Veröffentlichung. Da die Umfrageergebnisse meist in Gestalt eindrucksvoller Statistiken publiziert werden, deren pseudowissenschaftlichen Charakter nicht jedermann durchschauen kann, ist ihre suggestive Wirkung auf die Masse der nicht befragten Wähler, und auf die kommt es an, oft erheblich. Die sagen sich bei der Lektüre: Aha, Kandidat X ist also der kommende Mann, das ist erwiesen, wie man hier schwarz auf weiß lesen kann. Ob ich mich auch für den entscheide? Schlecht ist er wirklich nicht. Und man muß schließlich mit der Zeit gehen. Tatsächlich hat es mal einen solchen Slogan gegeben: Geh mit der Zeit – geh mit der SPD!

Als die entscheidende Phase des Wahlkampfes einsetzte, fand ich bei Holger Börner, dem neuen Bundesgeschäftsführer, volle Unterstützung. Ich war im wesentlichen für den organisatorischen Rahmen verantwortlich. Für die richtige Publicity sorgten Jochen Schulz, der Pressesprecher der Partei, und Conrad Ahlers, der Chef des Presseamtes.

Nach einigem Probieren fand sich dann schließlich das Sesam-öffne-Dich, das uns 1972 das Herz des Wählers aufschloß. Auf die knappste Formel gebracht, lautete es: »Brandt muß Kanzler bleiben!« Ganz einfach.

Auf dem Wahlparteitag in Dortmund standen die Delegierten einmütig hinter Brandt als integrierende Vaterfigur. Die vorgeschlagene Losung »Brandt muß Kanzler bleiben!« wurde enthusiastisch aufgenommen. Dannach lief vieles von allein. Es bereitete mir ausgesprochenes Vergnügen, dem Kanzler die immer detaillierter werdenden Umfrageergebnisse vorzulegen, aus denen hervorging, in welchem Maße es seinem Einfluß und seinem Auftreten zuzuschreiben war, daß die Wahlchancen der regierenden Koalitionsparteien von Mal zu Mal stiegen. Willy Brandt lebte förmlich auf, gewann an Kraft und Ausstrahlung. Die letzten Scharmützel im Wahlfeldzug galten schon einem geschlagenen und fliehenden Feind.

Drei Tage vor dem Urnengang bugsierte ich unbemerkt vom publizistischen Troß den infas-Chef Klaus Liepelt in den Salonwagen. Er überbrachte letzte Trendmeldungen, die klar prophezeiten, daß die SPD künftig stärkste Fraktion im Bonner Parlament sein würde. Brandt war bewegt: Der SPD-Vorsitzende konnte das beste Wahlergebnis in der langen Geschichte seiner Partei erwarten. Die SPD würde auf über 45 Prozent kommen, der Koalitionspartner FDP die 5-Prozent-Marke klar überschreiten.

Am Wahltag selbst konnte ich die Stunde wählen. Zu 18 Uhr, als die Wahllokale schlossen, waren Reporter vom »Stern« zum Kanzler bestellt. Als ich mit ihnen auf dem Venusberg eintraf, brachte ich die erste Hochrechnung von infas mit. Sie bestätigte vollauf Liepelts Voraussagen. Ich fühlte mich wie der Bote von Marathon, wenn es mir auch nicht nötig erschien, danach tot umzufallen. Brandt nahm strahlend von uns die ersten Glückwünsche entgegen.

Man sah ihm an, daß er entschlossen war, den Erfolg wie ein entspannendes Bad zu genießen. In dem anschließenden Gespräch mit den Journalisten aber fand er Worte für eine sachliche Begründung des Erfolges: Er wolle zwar seinen persönlichen Anteil am Wahlerfolg nicht völlig beiseite reden, aber im Kern der Dinge hätte an diesem Tag ein Volksentscheid über die von ihm vertretene Politik der Entspannung stattgefunden.

Am nächsten Morgen konnte ich erste Berechnungen über wichtige Teilfragen der Wählerbewegung zum Venusberg bringen: Die Masse der Jungwähler war mit dem Kandidaten gegangen, der Aufbruchstimmung vermittelte; Teile der katholischen Arbeitnehmerschaft liefen vom Unruhestifter Barzel zum Friedensnobelpreisträger Brandt über; Pendelwähler des Mittelstandes entdeckten an Brandt solide Seiten.

Willy Brandt unterbrach die Arbeiten an den Statements, die noch abzugeben waren, und labte sich an den Aussagen, bestimmte Stellen mit seinem grünen Filzstift unterstreichend. Als er Papiere und Stift beiseite legte, schien mir der Moment gekommen, die Frage loszuwerden, die mir allein wichtig schien: »Wie ist es, Chef – werden wir zusammenbleiben?« Er sah langsam an mir hoch, im Blick ein wenig Erstaunen, ein wenig Erinnern, ein wenig Lächeln, und sagte dann knapp: »Ich denke – doch! Ich gehe davon aus.«

Manch einer wird sich vielleicht über die etwas saloppe Form wundern, in der ich mein Anliegen vorbrachte. Dazu muß ich sagen, daß sich auf den Wahlkampfreisen, wenn wir im Salonwagen des Kanzlerzuges auf engem Raum nicht nur zusammen arbeiteten, sondern auch zusammen lebten, und das bei Tage und Nacht, dieser Umgangston herausgebildet hatte. Waren wir im Gespräch unter vier Augen und war die Stimmung gelöst, ging Willy Brandt zum vertraulichen Du in der Anrede über, und ich hätte es für taktlos gehalten, das nicht aufzunehmen. Doch selbst in solchen Phasen blieb die Vertraulichkeit des Umgangs von seiner Seite freund-

lich-verhalten, von meiner Seite respektvoll-distanziert. Kumpanei gab es nie.
Und dann fuhren wir hinunter ins Amt. Brandt hatte seinen großen Auftritt. Es war eine Stunde, in der ihn auch die Nörgler und Skeptiker und Kritiker akzeptierten. Erst der Sieg, sagt man, macht unwiderstehlich. Und Willy Brandt hatte einen aufsehenerregenden Wahlsieg nach Hause gefahren. Schon an der Auffahrt zum Palais Schaumburg rauschte Beifall auf. Hände streckten sich ihm entgegen, Blumen wurden herübergereicht. Durch die Empfangshalle, die Treppe hinauf, über den Flur bildeten die Bediensteten des Amtes ein dichtes Spalier. Da hindurch schritt der Kanzler, die Huldigung huldvoll entgegennehmend. Und ich ließ es mir nicht nehmen, an seiner Seite zu bleiben, den halben Schritt zurück, den der Respekt gebot, aber eben doch für alle Augen an seiner Seite, kühl, wach, dienstbereit.
In der allgemeinen Euphorie überkam mich dann das Bedürfnis, mich aus dem Trubel zurückzuziehen. Für ein paar Minuten wollte ich in meinem Dachstübchen über der Kanzleretage allein sein.
Noch am selben Tag paßte mich ein leitender Herr des Personalreferats ab. Geheimnisvoll tuend, sagte er: »Der Kanzler hat schon entschieden – Sie bleiben an SEINER Seite!«
Von da an lief alles automatisch. Per 1.1.1973 wurde ich offiziell und von Amts wegen als Persönlicher Referent für Parteifragen dem Kanzlerbüro zugeteilt.

Des Kanzlers Koffer verschwindet

Und dann fuhren wir eines Tages doch mit dem Salonwagen nach Westberlin, und ausgerechnet auf dieser Tour, die ja eine Art Testfahrt war, passierte das unwahrscheinliche Ding mit dem verschwundenen Koffer des Kanzlers.
Gleich nach dem Jahreswechsel 1972/73 war es, als Egon Bahr bei mir anfragen ließ, ob nicht »der Kanzler demnächst was Wichtiges in Berlin zu tun« habe? Nach einem Blick auf den Terminkalender reichte ich die Auskunft zurück, daß auf absehbare Zeit in Westberlin überhaupt nichts los sein würde. Ein paarmal sprach mich Egon Bahr direkt an. Einmal sagte er: »Der Kanzler muß unbedingt hin, egal warum. Klaus Schütz soll Vorschläge machen.«

Ich verstand das als Weisung, mit Schütz, der inzwischen Regierender Bürgermeister von Berlin (West) geworden war, ein Arrangement zu treffen. Was dahintersteckte, war mir sofort klar. Der Grundlagenvertrag war unter Dach und Fach, und im Koplex mit dem Transitabkommen und dem Verkehrsvertrag sollte jetzt die neue, verbesserte Lage sichtbar gemacht werden. Egon Bahr, dem für das Vertragswerk federführenden Architekten, lag persönlich daran, vor aller Welt zu demonstrieren, was das praktisch einbrachte: Der Kanzler hatte es nicht mehr nötig, sich in einer US-Air-Force-Maschine durch den Luftkorridor nach Westberlin hineinzustehlen.

Den von Spezialisten des Bundesgrenzschutzes bedienten Funkwagen mußten wir selbstverständlich zu Hause lassen. Aber der Salonwagen und ein Schlafwagen wurden in Köln an den Expreß Paris–Berlin–Warschau angehängt. Der Anlaß der Reise war so unbedeutend, daß er mir kaum noch in Erinnerung ist. Conrad Ahlers hatte u. a. die dem Verein der Auslandspresse angehörenden Journalisten zu einem Essen mit dem Kanzler eingeladen. Willy Brandt wollte wohl auch den Freund und Staatssekretär Klaus-Dieter Arndt in Westberlin noch einmal sehen. Arndt hatte zur alten Frontstadt-Crew Brandts gehört, u. a. den Kreisvorstand der SPD in Steglitz gemanagt und war nun unheilbar erkrankt. Sonderminister Bahr war mit von der Partie, und das charakerisierte den Zweck.

Die Betriebshoheit während der Fahrt des Kanzlerzuges durch die DDR oblag selbstverständlich der dortigen Eisenbahnbehörde. Und die endete keineswegs, als wir die Grenze zu Westberlin überfuhren. Die alten Reichsbahnrechte galten dort nach wie vor und wurden auf dem gesamten Westberliner Bahn- und Betriebsgelände von den DDR-Verkehrsbehörden wahrgenommen. Nach seinen Rechtsvorstellungen fühlte sich der Kanzler bei seinem Besuch in Westberlin als Gast eines Bundeslandes. Als wir aber in den Bahnhof Zoologischer Garten einliefen, war nicht zu übersehen, daß der Stationsvorsteher, der die Hand grüßend an die Mütze legte, in der Uniform eines DDR-Eisenbahners da stand. Erst als der Kanzler die Bahnhofshalle verlassen hatte, durfte er sich als Souverän in altbekannten Gefilden fühlen.

Es war eine geradezu verrückt anmutende völkerrechtliche Situation, und wie meistens in solchen Fällen war sie nur aus dem logischen Gang der Geschichte zu erklären. Einen Exkurs in die äußerst komplizierte Westberliner Nachkriegsgeschichte will ich vermeiden und streife die daraus entspringenden, einen Fremden wahrscheinlich absurd anmutenden Zuständigkeitsregelungen auf dem Westberliner Bahngelände auch nur, weil dadurch der Kanzler und sein Referent in eine absurde Situation gebracht wurden.

In der Westberliner Regierungsdependance in der Pücklerstraße angekommen, will ich es mir gerade gemütlich machen, als es plötzlich heißt: Der Koffer des Kanzlers ist weg! Im ersten Moment durchfährt mich ein riesiger Schreck. Aber dann sehe ich mich um: Willy Brandts Aktenkoffer, der sich in meinem Gewahrsam befindet, steht neben meinem eigenen Gepäckstücken. Ist möglicherweise eine Verwechslung der zum Verwechseln ähnlichen schwarzen Secret-Service-Koffer unterlaufen? Ein Griff, und die Verschlüsse sind geöffnet, ein Blick auf den Inhalt genügt – es ist des Kanzlers Aktenkoffer und kein anderer.

Bei den Ermittlungen gegen mich und später auch vor Gericht ist speziell um diesen Koffer ein großes Theater veranstaltet worden: Wie konnte es geschehen, der Kanzler der BRD überließ freiwillig alle Staatsgeheimnisse dem DDR-Spion! Dabei hatte sich alles ganz natürlich und beinahe harmlos entwickelt.

Es geht auf einen anderen dramatischen Zwischenfall zurück, der sich in München ereignete, daß ich mich für des Kanzlers Aktenkoffer als sein Referent voll verantwortlich fühlte. Willy Brandt war 1972 vor Eröffnung der Olympiade zu einer Besichtigung der Sportstätten in die bayerische Landeshauptstadt gefahren. Während des Rundgangs sprang plötzlich ein Kerl, der sich als Fotojournalist in die Besichtigungsgruppe geschlichen hatte, auf Brandt zu und versuchte, ihm ein paar Maulschellen zu verpassen. Wie sich herausstellte, handelte es sich um einen fanatisch verdrehten Nationalisten, der sich für den *Ausverkauf des deutschen Ostens* rächen wollte. Der Personenschutzmann Brandts machte bei dem Überfall eine schlechte Figur, unter anderem auch deswegen, weil er dem Kanzler Akten hinterhertrug und dadurch behindert war.

Ich sagte zu den Sicherheitsleuten: »Überlassen Sie den Aktenkoffer in Zukunft mir, und kümmern Sie sich um die Sicherheit des Herrn Bundeskanzlers. Dazu brauchen Sie freie Hände!« Irgendwie leuchtete die von mir vorgeschlagene Rollenverteilung ein: außerdem waren die Polizisten froh, die Aktenschlepperei vom Halse zu haben. Willy Brandt bekam den Funktionswechsel entweder nicht

mit oder hielt ihn für selbstverständlich. Jedenfalls sagte er nichts. Wenn er den Koffer brauchte, hatte er ihn zur Hand, das genügte.
An dieser Stelle darf natürlich gefragt werden, wie jemand des Kanzlers Mitschleppsel einfach visitieren konnte, wenn doch dieser Koffer so raffiniert mit Nummernschlössern gesichert war?
Dieses Geheimnis ist später durch eine unbedachte Zeugenaussage vor Gericht gelüftet worden. Die Plaudertasche war Thea Wernicke, Brandts Sekretärin im Parteihaus. Sie arbeitete schon Anfang der 50er Jahre als Sekretärin bei Ollenhauer und saß seit der Wahl Willy Brandts 1964 zum Parteivorsitzenden in dessen Vorzimmer. Mit abgöttischer Zuwendung hing sie am Chef. Wenn der glücklich war, war auch sie glücklich, mußte sie aber fürchten, daß man ihm Böses antun wollte, saß sie mit verweinten Augen im Büro. Und ausgerechnet diese hingebungsvolle Verehrerin war es, die in ihrer Einfalt den großen Kanzler vor der Öffentlichkeit auf etwas fatale Art menschlich machte.
Nachdem der Gerichtsvorsitzende klargestellt hatte, daß auf Reisen für gewöhnlich der Angeklagte des Kanzlers Aktenkoffer betreute, fragte er die Zeugin: »Wie wurde dann die Nummernsicherung von Herrn Brandt gehandhabt? Kannte der Angeklagte die Zahlenkombination?«
Die Zeugin antwortete schlicht: »Nein!« – und ein Raunen ging durch den Saal. Als der Vorsitzende nachhakte, wie das zu verstehen sei, sagte die Zeugin Wernicke: »Die Kombination wurde nie neu eingestellt – ER, ich meine: Herr Brandt, konnte sich doch keine Zahlen merken!«
Schlaumeier haben daraus geschlußfolgert, daß der Kanzler gewissermaßen auch mit streng geheimen Staatspapieren offene Aktenlage praktiziert habe. Ich darf aus meiner Kenntnis dazu sagen, daß man sich wohl etwas übertriebene Vorstellungen von dem macht, was ein Staatsmann unterwegs an Aktenunterlagen bei sich zu haben pflegt. Auf keinen Fall schleppt er die Geheimregistratur mit sich herum. Was man braucht, sind Arbeitsmaterialien, die auf den jeweiligen Reisezweck zugeschnitten sind. Und das war an jenem Tag in Westberlin, wo es so gut wie nichts an Amtsgeschäften zu tun gab, herzlich wenig.
Doch unabhängig davon wurde ja nicht der Aktenkoffer vermißt, sondern ganz schlicht ein Garderobenkoffer. Rut Brandt bemerkte den Verlust, als sich ihr Mann umziehen sollte.

Also wird noch einmal alles abgesucht – die Kofferräume der Autos, der Parkplatz, Halle, Flure, alle Zimmer – vergebens, der verdammte Koffer bleibt verschwunden. Niemand weiß so recht, wie es weitergehen soll. Woher auf die Schnelle einen Ersatz für die Garderobe des Kanzlers nehmen? In die allgemeine Ratlosigkeit hinein sage ich: »Es gibt nur noch eine Möglichkeit – das Ding ist im Zug geblieben.« Brandt sieht mich verdutzt an, sagt aber nichts und zieht sich aus dem weiteren Unternehmen klugerweise zurück. Ich rufe den Bahnhof Zoo an, bekomme den Fahrdienstleiter an die Strippe. So und so, sag ich, da ist ein Koffer im Salonwagen vom Herrn Bundeskanzler stehengeblieben. – Nein, sagt er, der ist nicht im Zug stehengeblieben, der ist auf dem Bahnsteig stehengeblieben. – Aha, sehr gut, sag ich, dann können wir ihn bei Ihnen also abholen lassen. – Nein, sagt er, das werden Sie nicht können. Wir haben den Koffer in den Salonwagen zurückgereicht. – Zurückgereicht? – Ja, der im Waggon verbliebene Kellner der Schlafwagengesellschaft hat ihn in Empfang genommen. – Dann lassen Sie ihn bitte wieder rausreichen, sag ich, wir brauchen ihn dringend. – Er aber sagt: Das wird auch nicht gehen, der Zug ist doch gar nicht mehr hier. – Wie bitte? – Ich sagte, sagt er, der Zug ist nicht mehr hier. – Und wo ist der Zug, wenn ich fragen darf, frag ich. – Wo er hingehört: auf dem Betriebsbahnhof Rummelsburg zur Wartung.

Rummelsburg! Ich spüre plötzlich, wie mir das Ohr an der Hörmuschel etwas heiß wird. Rummelsburg – das kann noch heiter werden. Für Nichtberliner muß ich erklären, was passiert war und warum es passiert war. Der Bahnhof Zoologischer Garten gehört zur alten Berliner Stadtbahn, die sich von West nach Ost durch das Häusermeer der Millionenstadt schlängelt und seit der Spaltung der Stadt zwischen den Stationen Lehrter Bahnhof Berlin (West) und Friedrichstraße (Berlin, Hauptstadt der DDR) am alten Humboldt-Hafen die Grenze überquert. Die Trasse ist nur ein schmaler Damm, der auf meist gemauerten Rundbogen ruht. Platz ist da nur für den Durchgangsverkehr. Jeder Zug muß nach der Ankunft sofort von der Strecke runter, damit Durchlaß geschaffen wird für nachfolgende Züge.

Und das war nun auch mit dem Salonwagen des Kanzlers passiert. Wie jeder aus Richtung Westen im grenzüberschreitenden Verkehr auf dem Bahnhof Zoologischer Garten fahrplanmäßig ankommende Zug oder Kurswagen war er in Richtung Osten über den

Bahnhof Friedrichstraße weiter dirigiert und auf dem dafür bahnbetriebstechnisch reservierten Rangierbahnhof Rummelsburg, also auf DDR-Territorium, bis zur Rückfahrt des BRD-Kanzlers abgestellt worden. Die Situation war, vorsichtig ausgedrückt, etwas merkwürdig: Der Salonwagen des Kanzlers mit dem Koffer des Kanzlers mit den Kleidern des Kanzlers gewissermaßen in Feindes Hand. Ich beschloß, Egon Bahr zu informieren.
Bahr reagierte im ersten Moment unwirsch: »Was gehn mich des Kanzlers Kleider an? Schaff sie her!« Ich versuchte ihm vorsichtig beizubringen, warum es schwierig war, ein solches zu tun, weil nämlich der Koffer mit dem Wagen aus dem Verkehr gezogen war. Bahr hatte aus seiner Berliner Zeit ausgezeichnete Ortskenntnisse und vermutete, daß der Kanzlerwaggon auf dem Bahnhof Wannsee, also auf Westberliner Reichsbahngelände abgestellt worden war. Erst als ich das Wort Rummelsburg fallen ließ, wurde auch er sich der Pikanterie der Situation bewußt. Ich ahnte, woran er jetzt dachte: Mein Gott, wenn die drüben filzen – was mag Willy in seinen Anzugtaschen stecken haben? Zur Beruhigung sagte ich, daß der im Salonwagen vorschriftsmäßig verbliebene Kellner unserer Schlafwagengesellschaft als Wächter auf dem Koffer sitze.
Dennoch traf Egon Bahr resolute Maßnahmen. Er setzte einen Fahrer, der sich von den Verhandlungsrunden her in Berlin zu beiden Seiten der Grenze gut auskannte, mit dem vom Westberliner Senat überlassenen Dienstwagen in Marsch. Als er mich fragte, ob ich zur Sicherheit mitfahren wolle, schüttelte ich den Kopf. Es galt ja für mich immer noch der Ukas, nur bei Gefahr im Verzuge oder im Falle äußerster Dringlichkeit DDR-Boden zu betreten.
Der Fahrer hieß Pirrwitz und war ein pfiffiger Berliner. Im Gleisgewirr des Rummelsburger Betriebsbahnhofs fragte er sich durch, bis er vor dem Salonwagen stand, über den sich gerade eine Reinigungskolonne hermachte. Der Kellner saß tatsächlich in der Teeküche auf dem verschwundenen Koffer, rückte ihn aber heraus, weil er Pirrwitz zufällig kannte. Rechtzeitig konnte sich Willy Brandt umziehen. Er ahnte nichts von der Odyssee seines Koffers.
Erst auf der Rückfahrt rückte Bahr mit der Sprache heraus. Brandt amüsierte sich, und unter allgemeinem Gelächter schlug jemand vor, sich in der Runde freche Witze über Honecker und Breshnew zu erzählen. Jeder wußte, was damit gemeint war: Die drüben haben die Gelegenheit genutzt, um uns die Bude zu verwanzen. Sie hören jetzt mit!

Für mich war das ein Stichwort. Gleich nach der Ankunft in Bonn setzte ich mich mit dem Chef der Sicherungsgruppe vom Bundeskriminalamt, einem Dr. Hans-Wilhelm Fritsch, in Verbindung und bat ihn, ein Entwanzungskommando zum Kanzlerwagen zu schicken. Zweieinhalb Jahre später war es, während des Prozesses, als mich einer der Beamten vom BKA, die für die tägliche Überstellung von der Haftanstalt zum Gerichtsgebäude verantwortlich waren, beiseite nahm: »Herr Guillaume, Sie ahnen ja nicht, warum wir nach Ihrer Enttarnung auch mal laut gelacht haben. Sie haben doch damals den Doktor Fritsch angerufen wegen der Entwanzung des Salonwagens. Dreimal haben wir den Waggon auseinandergenommen, dreimal nichts gefunden – heute wissen wir, warum!«

15. Der Referent

Zeuge Holger Börner, Bundesgeschäftsführer der SPD und Mitglied des Bundestages: »Der Informationsaustausch zwischen dem Parteivorsitzenden und mir war im wesentlichen auf unmittelbare Gespräche beschränkt. Sicher hat es auch eine schriftliche Form von Mitteilungen gegeben, was sich daraus ergab, daß der Vorsitzende nicht immer zu einem persönlichen Gespräch zur Verfügung stand.
Technisch wickelte sich das so ab, daß diese Mitteilungen von mir an das Büro des Vorsitzenden gegeben wurden und dann auf dem üblichen Wege ins Kanzleramt an den Bundeskanzler gelangten. Ich kann mich nicht recht erinnern, ob ich solche Mitteilungen auch unmittelbar dem Angeklagten mitgegeben habe, im Rücklauf aber liefen sie direkt über den Angeklagten. Ich erinnere mich, daß er mir hin und wieder etwas zurückbrachte. Wie das im Kanzleramt gehandhabt wurde, ist mir nicht bekannt. Ich habe diese Dinge immer in einen normalen Aktendeckel legen lassen, denn ich ging davon aus, daß nur zuverlässige Leute mit diesen Dingen betraut wurden.
Zum Inhalt ist zu sagen, daß sie oft Hinweise über die Situation in der Partei und Personen enthielten, auch Ratschläge. Insofern handelte es sich natürlich um heiße Korrespondenz. Ich würde solche Dinge nicht gern in der Zeitung lesen oder im Besitz einer ausländischen Macht wissen. Dabei gehe ich davon aus, daß eine ausländische Macht am Zustand einer Regierungspartei immer interessiert ist.«

(Aus der Vernehmung vor dem Oberlandesgericht Düsseldorf am 12. September 1975, wiedergegeben nach einem Protokoll der Angeklagten Christel Guillaume)

Im Prozeß erfuhren wir über sie mehr als sie über uns

Ein Dokument besonderer Art ist das Gerichtsprotokoll, aus dem der Auszug stammt, der diesem Kapitel vorangestellt ist. Ich meine damit nicht das, was Holger Börner dem Gericht mitzuteilen hatte. Auf die dabei zutage tretenden Gedächtnislücken werde ich noch zu sprechen kommen. Was dieses Dokument so einmalig macht, sind die Umstände, unter denen es zustande kam: Christel, die Mitangeklagte, hat das hilfreiche Protokoll unter äußerst schwierigen Bedin-

gungen während des Prozesses niedergeschrieben. Es entstand ein Dokument von unschätzbarem Wert, das zugleich Zeugnis ablegt von der aufbegehrenden Anstrengung, die sich ein Mensch, der sich seiner guten Sache sicher ist, auch und gerade dann abverlangt, wenn alle Welt ihn für niedergeschmettert hält.
Wie kam es dazu? Die Notwendigkeit, zur Eigenprotokollierung durch die Angeklagten überzugehen, ergab sich aus einer prozeßtechnischen Finte, die sich das Gericht hatte einfallen lassen. Zu seinem eigenen Bedarf führte es die Protokollierung mittels Tonbänder ein, woraus sich auch die Generalbundesanwaltschaft bedienen durfte. Selbstverständlich stellten im Sinne einer fairen und gleichberechtigten Prozeßführung unsere Verteidiger den Antrag, ebenfalls Einblick in die Tonbandprotokolle nehmen zu dürfen. Es kam deswegen zu quälend langen verfahrensrechtlichen Streitigkeiten, bei denen sich Antrag und Gegenantrag, Entscheid und Widerruf, Forderung und Einspruch immer wieder kreuzten. Das Gericht blieb kalt lächelnd und ohne Scheu, sich dem Verdacht einer Rechtsbeugung auszusetzen, bei seiner Entscheidung: Es überließ es dem jeweiligen Zeugen, selbst darüber zu entscheiden, ob er mit einer Tonbandaufnahme seiner Aussage einverstanden wäre oder nicht. Bei Zustimmung blieb die Verteidigung ausgeschlossen. Das Agieren unserer Verteidiger wurde durch diese Beschneidung ihrer Rechte erheblich erschwert. Christel sprang ersatzweise mit ihrem Stenogramm in die Bresche. Neben der minutiösen Wiedergabe des Prozeßverlaufs finden sich in ihrem Papier viele Passagen, die persönliche Beobachtungen, Urteile und daraus abgeleitete Tips enthalten. Ich zitiere einige Beispiele:
»Zeuge Kriminalhauptkommissar Nikolaus Federau, Bundeskriminalamt, der Vernehmungsführer bei Günter: Federau wich bei seinen Aussagen immer wieder vom eigentlich gefragten Themenkomplex ab. Es war nicht zu überhören, daß er soviel wie möglich an zusätzlichen Bemerkungen in die Aussagen hineinpacken wollte. Der Vorsitzende ließ ihm dabei ziemlich freie Hand und führte ihn nur recht selten auf das gefragte Thema zurück ... Es bedarf keiner Frage, daß sich Bundesanwälte, Foertsch vom BND (als Sachverständiger) und BKA (sprich Federau) die Bälle in der Fragestellung zuspielten. Es kann auch nicht für ausgeschlossen gelten, daß Federau seine Hand bei den vielen Indiskretionen, die seit der Verhaftung hinausgedrungen sind, mit im Spiel gehabt hat ...«

»Nach wie vor verärgert scheint die Bundesanwaltschaft darüber zu sein, daß sich die Angeklagten zu keinem Punkt persönlich äußern. Zweimal bereits versuchte Bundesanwalt Traeger sowohl den Angeklagten als auch die Angeklagte zu einer Erklärung zu animieren. »Da im Laufe dieses Prozesses immer wieder so viel von Rechtsstaatlichkeit, Rechtmäßigkeit, Korrektheit und Fairneß die Rede ist, sei hier ein Erlebnis aufgezeichnet, das ein etwas seltsames Schlaglicht auf die angebliche Einhaltung dieser Prinzipien wirft. An dem heutigen Verhandlungstag, zu Beginn der Mittagspause um 12.30 Uhr, mußte die Angeklagte mit Augenschein feststellen, daß der Hauptbelastungszeuge Federau als ›Aktenträger‹ der Bundesanwaltschaft fungierte und sich mit Bundesanwalt Traeger augenscheinlich in das Beratungszimmer der Bundesanwälte zurückzog ... Die Angeklagten müssen sich wohl zu Recht die Frage stellen, wer hier wen beeinflußt: Die Bundesanwaltschaft den Zeugen oder der Zeuge die Bundesanwaltschaft? Dazu handelt es sich um einen Zeugen, der bereits im Juli vergangenen Jahres die Angeklagte verurteilt hat, indem er ihr wortwörtlich sagte: »Ihnen wird das Lachen schon noch vergehen. Wir werden alles dransetzen, Ihnen den vollendeten Landesverrat nachzuweisen. Dann gehen Sie mindestens für fünfzehn Jahre hinter Gitter.‹«

Christel verfügt über eine scharfe Beobachtungsgabe und ein scharfsinniges Urteilsvermögen. Die Prozeßtaktik des Gerichts konnte dadurch immer wieder neu überprüft werden. Darüber hinaus verfolgte Christels gewissenhafte Arbeit an ihrem Protokoll noch einen anderen, wenn man so will: höheren oder inneren Zweck, dessen Maß ganz allein sie bestimmte. Ohne Arbeit, sagt man, ist der Mensch kein Mensch. In der gegebenen Situation, die charakterisiert war durch die erniedrigende Haft und tückische Verleumdungen und Ehrabschneidungen, schuf zielgerichtete Arbeit einen Halt für die Bewahrung der Persönlichkeit. Wer etwas leistet, spürt seine Kraft. Unsere Kampfposition vor den Schranken des Oberlandesgerichts Düsseldorf schien hoffnungslos schwach. Christels Arbeiten am Protokoll trugen dazu bei, sie dennoch zu festigen. Gerade in unglücklicher Lage kann nützliche Arbeit die Wertvorstellungen von der eigenen Persönlichkeit ungemein beflügeln. Und das brauchten wir in jener Zeit, damit uns das Lächeln nicht auf den Lippen gefror.
Der Nutzen des von Christel gefertigten Protokolls hat sich auch praktisch in vielfacher Hinsicht bestätigt. Ein kluger Beobachter der

Düsseldorfer Gerichtsszene, der Berichterstatter eines konservativ eingefärbten Blattes, hat seinerzeit mehrfach Bedenken angemeldet gegen die Zweckmäßigkeit der über Monate hingewalzten Ausführlichkeit der Prozeßführung und das aus folgendem verblüffenden Grund: Die Angeklagten würden während des Prozesses weitaus mehr Erkenntnisse über die inneren Mechanismen und Praktiken der BRD-Geheimdienste in Erfahrung bringen, als das Gericht und die ihm zuarbeitenden Ermittlungsbehörden über die entsprechenden Institutionen der Gegenseite. – Durch Analytiker unserer Zentrale ist mir erst unlängst wieder diese Einschätzung als richtig bestätigt worden.

Maltaltent weniger gefragt als flotte Handschrift

Holger Börner spricht in seiner Zeugenaussage von der »heißen Korrespondenz« zwischen ihm und Brandt. In meiner Erinnerung betraf das nicht nur die *heißen Eisen,* wie sie inhaltlich darin zur Sprache kamen, sondern auch die Dringlichkeit *brandneuer Informationen,* deren Übermittlung keinen Aufschub duldete. Und »technisch wickelte sich das so ab«, daß ich als Postillion dabei unentbehrlich wurde, und zwar nicht nur »im Rücklauf«, sondern auch *im Hinlauf.* Manchmal bedurfte das nicht einmal eines »normalen Aktendeckels«, von dem Börner spricht. Oft drückte er mir im Parteihaus, wenn ich durch die Abteilung meine Runde machte, einfach einen Zettel in die Hand, mit der Bemerkung; »Sieh zu, daß das Willy schnell zu lesen bekommt. Die Entscheidung drängt!«
In Druckperioden, beispielsweise vor dem 73er Parteitag, hätte ich morgens um sieben nach Börners Anruf die Uhr stellen können. Irgendwas wäre wieder mal vergessen worden, er würde es mir gleich zu Dienstbeginn rüberschicken, und es müßte sofort auf Willys Tisch. Selbst an Sonntagen blieb ich nicht veschont. Börner hatte für seine Kalesche ein Funktelefon bekommen, und damit mußte nun natürlich ein bißchen gespielt werden, auch beim Sonntagsausflug mit der Familie. Nicht jeder Popel konnte sich schließlich ein Autotelefon leisten. Deshalb wurde auch bei jedem Anruf betont: »Hör mal, ich ruf aus dem Wagen an, es ist dringend ...«
Ähnlich verhielt es sich mit dem Wochenmagazin »Der Spiegel«. Holger Börner gehörte zu dem erlauchten Kreis von Politikern,

denen die Ausgabe für die nächste Woche schon am Sonntagabend druckfrisch von der Maschine zugestellt wurde. Egal, ob was Wichtiges drin stand oder nicht, das mit Börners Randglossen geschmückte Exemplar mußte ich gleich Montag früh Willy Brandt vorlegen. Der wichtigste Effekt bestand darin, daß dem Parteivorsitzenden Woche für Woche ins Gedächtnis gerufen wurde, daß sein Parteigeschäftsführer nicht nur ein bedeutsamer, sondern auch ein fleißiger Mann war. Manchmal machte Willy Brandt auf demselben Papier, das ich ihm von Börner zugestellt hatte, nur seine Marginalien – Zustimmung, Einspruch, Verfügung enthaltend –, und das wanderte dann über mich auf dem gleichen Weg zurück.

Als eine Kassandra, die unheilkündend nicht über die Zukunft, sondern über die Vergangenheit spricht, hat Börner gesagt: »Ich würde solche Dinge nicht gern in der Zeitung lesen oder im Besitz einer ausländischen Macht wissen ...«

Was heißt das – »im Besitz einer ausländischen Macht«? Gemeint ist natürlich die Deutsche Demokratische Republik, und so gesehen ist die Formulierung ihr Geld wert. Damals war es im Gericht geradezu erhebend, einen führenden Politiker aussprechen zu hören, was nicht nur Sache, sondern auch rechtens ist: Die DDR ist für die BRD Ausland!

Was nun Holger Börners Beklemmung betrifft, seine Weisheiten im Besitz einer solchermaßen anerkannten ausländischen Macht zu wissen, fand ich seinen Blickwinkel schon damals im Gerichtssaal etwas eng. Der ganze Parteitratsch interessierte mich im allgemeinen herzlich wenig. Interna berührten mich nur dann, wenn daraus sichtbar wurde, daß sich Gegner, die der DDR und dem Sozialismus am Zeuge flicken wollten, der Entspannung rühmten. Andererseits, könnte ich mir denken, wird alles, was in Börners »heißer Korrespondenz« auf die Herstellung gutnachbarlicher Beziehungen zu dieser »ausländischen Macht« DDR zielte, dort mit größter Genugtuung wahrgenommen worden sein. Fiel nicht just in jene Zeit die Unterzeichnung des Grundlagenvertrags, der sich zusammen mit den anderen sogenannten Ostverträgen auch unter dem später zunehmenden Druck weltpolitischer Spannungen als ein nicht mehr wegzudiskutierender Faktor der Vernunft im Herzen Europas erwies?

Bei der vereinfachten Regelung des Geschäftsverkehrs zwischen Bundeskanzleramt und Parteivorstand spielte Willy Brandt anfangs aus Gründen mit, die nicht im Vorgang selbst begründet waren. Er kränkelte. Das an manchen Tagen stundenlange Reden während des Wahlkampfes hatte seine Stimmbänder überstrapaziert. Zeitweilig konnte er nur noch flüstern. Die Ärzte verboten ihm unnötiges Sprechen und das in ihren Augen ebenso unnötige Rauchen. Brandt aber war ein starker Raucher, und die Abstinenz machte ihn nörglerisch und reizbar. Sosehr er sonst Geselligkeit liebte, wollte er nun am liebsten niemanden sehen und hören und zog sich mit Aktenstapeln hinter seinen Schreibtisch zurück. Die eingerichtete Stafette Bundesgeschäftsführer – Referent – Parteivorsitzender/Kanzler – Referent – Bundesgeschäftsführer war auch für ihn die einfachste Lösung. Nach der Genesung – die Stimmbänderentzündung hatte einen Klinikaufenthalt notwendig gemancht – spielte dann schon die liebe Gewohnheit mit.

Selbstverständlich erwartete der Kanzler von seinem für Partei- und Gewerkschaftsfragen zuständigen Referenten mehr als Postbotendienste. Was er brauchte, waren entscheidungsfähige Materialien. Auf Börners Zetteln aber standen manchmal bloß blanke Stichwörter, die ein Problem nur anrissen. In solchen Fällen mußte ich mich sachkundig machen. Dazu gab es eine ganze Reihe von Möglichkeiten.

An den SPD-Vorstandssitzungen nahm ich in der Regel teil, weil der Kanzler teilnahm. War er verhindert, wurde ich als sein Abgesandter akzeptiert. Die Regelung galt auch für Fraktionssitzungen und Beratungen des Fraktionsvorstands. Seinen hohen Ämtern gemäß verfolgte Willy Brandt nur die großen Linien der Debatten. Meines Amtes war es, auch den Details und den Zwischentönen Beachtung zu schenken. Besonders in den Sitzungen des SPD-Parteivorstands war das thematische Spektrum sehr breit.

Im Prozeß wurde Holger Börner gefragt, ob nicht angesichts der Vielfalt der Thematik und der Fülle der unterbreiteten Fakten das Gedächtnis selbst eines stark interessierten Zuhörers schlicht überfordert gewesen wäre. Er sagte dazu generell: In den Vorstandssitzungen hat die Regierungsseite ihre Verpflichtungen gegenüber der Partei wahrzunehmen. Es ist ganz natürlich, daß dabei ein interessierter Zuhörer wichtige Informationen erhalten kann, denn in diesem Gremium wird über eine bestimmte Politik diskutiert. Konkret antwortete Börner: Es ist durchaus üblich, daß man sich während der Sitzung Notizen macht. Und dann auf die Zusatzfrage, ob sich

speziell der Angeklagte viel notiert habe, die etwas gereizte Antwort: Es ist vom Präsidium aus unmöglich zu beobachten, ob jemand ernsthaft mitschreibt oder nur Männchen malt.
Maltalent, muß ich dazu erklären, geht mir ab; andererseits verfüge ich über eine ganz flotte Handschrift.

Sein Büro soll man immer bei sich haben

Von einer gewissen Bedeutung waren noch die regelmäßigen Abteilungsleiterbesprechungen im Parteivorstand. Ich nahm an ihnen teil, wenn die anstehende Thematik es dringlich erscheinen ließ. Man bekam einen Eindruck von den innerparteilichen Verfahren, mit denen Vorstandsbeschlüsse praktisch durchgesetzt werden sollten.
Eine außerordentliche Möglichkeit, den Gesichtskreis zu erweitern, bot der Politische Klub der Friedrich-Ebert-Siftung. Von Holger Börner wurden exquisite Gesprächsrunden inszeniert, und er wachte darüber, daß der wöchentliche Rhythmus eingehalten wurde. Regelmäßige Teilnehmer waren neben Börner und mir Karl Wienand, parlamentarischer Geschäftsführer der SPD, Eugen Müller, Inlandschef des Bundespresseamts, Lothar Schwarz, Pressesprecher der Partei, und Albrecht Müller, der Planungschef des Kanzleramts. Blieben wir in diesem Kreis, entwickelten sich die Zusammenkünfte zu sehr offenherzigen Lagebesprechungen über die Regierungs- und Parteipolitik. Oft wurden hier wichtige personalpolitische Weichen gestellt: Wer kommt für die Lösung welcher Aufgabe in Frage? Von wem ist Widerstand zu erwarten, von wem Schützenhilfe? Welche taktischen Manöver müssen durch Sonntagsreden der Spitzenpolitiker propagandistisch abgedeckt werden? Was ist auf Grund der Stimmung in der Bevölkerung in den Massenmedien umzusetzen?
Gelegentlich tafelte im Politischen Klub der Parteivorsitzende mit gezielt ausgesuchten Gästen. Es kamen Leute aus dem In- und Ausland, Wirtschaftsmanager, Gewerkschaftsführer, Politologen, Publizisten, Militärspezialisten, Wissenschaftler, Medienpolitiker, kurz gesagt: Herrschaften, deren Meinungen und Standpunkte zu brisanten aktuellen Fragen wert waren, angehört zu werden.
Sachkunde hängt oft an Aktenkunde. Wie im Kanzleramt, so stand mir auch im Haus des Parteivorstands ein kleines Büro zur Verfü-

gung. Sowohl in der Dachetage des Palais Schaumburg als auch auf dem Flur des Erich-Ollenhauer-Hauses waren moderne Fotokopiergeräte installiert, für mich praktisch zur Selbstbedienung.
Wenn Willy Brandt einen Vorgang durchgearbeitet hatte, hieß es oft: Das muß auch der Bahr kriegen; oder: Kopie an Ehmke; oder: zur Kenntnis an Schmidt und Wehner. Ich verfuhr dann völlig unkonventionell. Die anderen Referenten, Büroleiter Wilcke oder sein Vertreter Schilling, hätten als richtige Beamte einen Laufzettel schreiben lassen und mit diesem die Sekretärin auf den Weg geschickt. Ich manchte mir den Weg selber. In den meisten Fällen fabrizierte ich die Kopien selbst, so viel Exemplare, wie ich brauchte.
Im nachhinein haben sich viele Leute gewundert, daß auf meinem Schreibtisch nie ein Stück Papier gelegen, daß ich aber stets und ständig irgendwelche Papiere entweder im eigenen Aktenkoffer oder im Aktenkoffer des Kanzlers mit mir herumgeschleppt habe. An sich ist daran wenig Verwunderliches. Es hing mit meinem Arbeitsrhythmus zusammen. Die Büros brauchte ich als Gaderobenablage, zum Telefonieren und vielleicht noch für ein schnelles Gespräch unter vier Augen. Ansonsten war ich immer auf Achse und mußte mein Büro bei mir haben.
Nehmen wir einen ganz normalen Bonner Arbeitstag, sagen wir einen Dienstag. Da lief das etwa so ab: Schon vor acht Uhr holt mich der Wagen des Kanzlerbegleitkommandos ab. Auf der Fahrt zum Venusberg lege ich die Papiere zurecht, die der Kanzler für Gespräche mit wichtigen Besuchern bereits früh braucht. Angekommen, stellt sich heraus, daß Willy Brandt heute seinen nachdenklichen Tag hat und sich mit dem Frühstücken Zeit läßt. Ich trinke eine Tasse Kaffee mit, und dabei gehen wir den Stundenkalender des Tages noch einmal durch. Ein paar Aktenstücke, Vorlagen für die angesetzten Tagungen, wandern von meinem Koffer in seinen Koffer; er reicht mir den Entwurf herüber, den er am Abend zuvor korrigiert hat.
Gegen neun Uhr betritt der Kanzler das Amt, und ich fahre gleich weiter zum Ollenhauer-Haus. Gegen elf Uhr bin ich zurück, gerade noch rechtzeitig – der Kanzler braucht frische Luft. Die Sonne blinzelt durchs Laub der alten Bäume, und wir drehen auf den Kieswegen ein paar aufmunternde Runden. Die Bockbeinigkeit eines Besuchers hat ihn dermaßen aufgebracht, daß er seinem Unmut Luft machen muß. Ich werde gebraucht zum Zuhören. Meinungen und Notizen sind hier nicht gefragt.

Inzwischen hat meine Sekretärin einen Anruf von der Torwache entgegengenommen, daß mich ein Besucher, ein gewisser Herr Bockler aus Bochum, zu sprechen wünschte, aber leider nicht warten konnte. Ich weiß nun, daß ich für 13.30 Uhr mit diesem Bockler aus Bochum im Restaurant »Tulpenfeld« verabredet bin, und da er mein Leibgericht kennt, ist es schon bestellt, als ich eintreffe: Hammelkoteletts mit gedünsteten grünen Bohnen in Kartoffelkörbchen. Wir bereden, was es Neues gibt.
Um 15.00 Uhr mit Brandt zum Bundestag – Fraktionssitzung; um 19.00 Uhr weiter zum Erich-Ollenhauer-Haus – Vier-Augen-Gespräch mit dem in Bedrängnis geratenen bayerischen Landesvorsitzenden. Erst gegen 23 Uhr ist Feierabend. Ich begleite Brandt bis zum Venusberg, dann geht es heim nach Bad Godesberg. Natürlich habe ich den ganzen Aktenkram noch bei mir. Schon morgen früh, beim Morgenkaffee mit dem Kanzler, kann er wieder gebraucht werden.
Das ständige Pendeln zwischen Kanzleramt, Parlament und Parteihaus bot hervorragende Deckungsmöglichkeiten gegen eventuelle Sicherheitskontrollen. Ich konnte mich jederzeit darauf berufen, Akten aus dem einen Büro geholt zu haben, weil sie im anderen gebraucht würden. Niemand hätte mir vorwerfen können, leichtfertig oder fahrlässig mit Staatsgeheimnissen im Raum Bonn herumzuspazieren.

Ein Holzwurm klopft im Gebälk

Am 14. Dezember 1972 erfolgte im Bundestag Willy Brandts zweite Wahl zum Kanzler der Bundesrepublik. Mit einer sicheren parlamentarischen Mehrheit im Rücken konnte er jetzt auch im Bundeskanzleramt etwas sicherer die Rolle des Hausherren spielen.
Das Domizil des Kanzleramts, das alte Palais Schaumburg, war an sich ein ganz gemütlicher Bau und schuf mit seiner Stuck- und Erker- und Türmchenarchitektur eine Atmosphäre, die nicht gerade zur Hektik herausforderte. Ein Stück der *guten alten Zeit* schien in ihm verkörpert. Doch blieb mir das Palais Schaumburg immer ein wenig unheimlich mit diesen Schleiern der Vergangenheit, die einen in den Nischen der Flure und Treppen anwehen konnten. Bei mir oben unter dem Dach klopfte ein Holzwurm im Gebälk.
Mitte des vergangenen Jahrhunderts hatte sich ein Industrieller,

reich geworden nach dem großen Eisen- und Kohleboom, das Schloß in die grüne Rheinaue stellen lassen. Ende des Jahrhunderts übernahm es ein regierender Fürst, Adolf zu Schaumburg-Lippe, und nach seinem Tod während des Ersten Weltkrieges wirtschaftete seine Witwe darin weiter. Diese Victoria war eine geborene Hohenzollern, Prinzessin von Preußen, Schwester Kaiser Wilhelms II. Nach ihrem 60. Geburtstag war sie das Alleinsein müde und heiratete 1927 ihren Eintänzer, einen gewissen Zouboff. Der stammte aus Iwanowo in Rußland und war nach der Niederlage der Weißen Garden im Revolutionskrieg als Emigrant nach Deutschland versprengt worden, wo er seinen Unterhalt als Tango- und Charleston-Meister verdiente. Das Pärchen brauchte nur wenige Jahre, um das fürstliche Vermögen durchzubringen. Palais Schaumburg kam unter den Hammer. 1939, kurz vor Ausbruch des Zweiten Weltkrieges, erbarmte sich das Reich zum Ankauf. Das Haus wurde Sitz einer Rüstungsbehörde, das Heeres-Neubauamt des Kölner Wehrkreises zog ein. 1945 schlugen in dem alten Gemäuer belgische Besatzungstruppen kurze Zeit ihr Brigadequartier auf. Nach der Gründung des Bonner Separatstaates schließlich im Sommer 1949 erhielt Palais Schaumburg seine endgültige Bestimmung. Zum krönenden Abschluß seiner wechselvollen Geschichte wurde es Adenauers Bundeskanzleramt. Als Haushofmeister wurde ein Jurist bestellt. Dr. Hans Globke, der 1935 eine führende Rolle bei der Ausarbeitung der Nürnberger Rassegesetze gespielt hatte, über nahm 1953 als Staatssekretär die Leitung des Amtes und herrschte darin an Adenauers Seite das ganze unheilvolle Jahrzehnt, in dem die Spaltung Deutschlands zementiert wurde.
In meinem ersten Dienstzimmer stand noch das legendäre Ledersofa, von dem es hieß, daß der *alte Herr* darauf regelmäßig sein Mittagsschläfchen gehalten hätte, aus dem ihn nur sein Vertrauter Globke stören durfte. In meinem Unbehagen gegenüber dem alten Separatisten drückte ich mich jedesmal an dem Möbel vorbei. Das ganze Palais Schaumburg, erschien mir wie ein Requisit aus dem Panoptikum der Geschichte. Es war das gleiche Lied wie mit dem Salonwagen, der ganz problemlos vom Reichsmarschall Göring auf die Bonner Bundeskanzler übergegangen ist.

Schon bald nach der letzten großen Wahlkampfreise machte ich eine merkwürdige Beobachtung. Willy Brandt schien sich nach dem Salonwagen zurückzusehnen und nach dem umherschweifenden Leben der Wahlkampfzeit. Die Spaziergänge durch den Park des Palais Schaumburg, zu denen er mich als Begleiter herunterrief, waren symptomatisch für seine zunehmende Unrast, boten aber nur einen schwachen Ersatz. Die nüchterne Büroluft des Amtes bekam Brandt nicht, die Routine des Alltags beschattete sein Gemüt, in dem es bei aller Diszipliniertheit des Charakers eine versteckte abenteuernde Seite gab.

Willy Brandt konnte ein fleißiger Aktenarbeiter sein. Für außen- und sicherheitspolitische Berichte, Studien und Weisungen opferte er manche Nachtstunde. Um die Wirtschaftspolitik drückte er sich möglichst herum oder schob sie an andere ab. Aber gerade auf wirtschafts- und finanzpolitischem Gebiet begannen sich für das zweite Kabinett Brandt einige ernst zu nehmende Probleme zu verhäkeln. Brandt hatte weder die Geduld, den Knoten aufzuknüpfen, noch die Entschlossenheit, ihn zu durchschlagen. Ihm war zwar durchaus bewußt, daß mit dem außenpolitischen Bonus der erfolgreichen neuen Ostpolitik allein nicht zu leben war; dennoch blieb er selbst in dringenden innenpolitischen Fragen als Kanzler untätig, beobachtete nur, was andere taten. Anscheinend ließ es ihn völlig ungerührt, daß sich an seiner Seite Helmut Schmidt, der nach dem Abgang Karl Schillers eine Zeitlang das Wirtschafts- und Finanzressort in einer Hand vereinte, mehr und mehr als innenpolitischer Nebenkanzler profilierte. Eigentlich schon damals, gleich nach dem großen Wahlsieg, begann sich die spätere Wachablösung im Kanzleramt anzukündigen.

Brandts ganze Liebe galt journalistischen Texten. Er wußte um die Wirkung des Wortes, und da er während der Emigrationszeit den Journalismus von der Pike auf gelernt hatte, brachte er auch den nötigen Sachverstand mit, um die für die beabsichtigte propagandistische Wirkung richtigen Worte zu finden. Mit seinen Ghostwritern pflegte er einen intensiven Gedankenaustausch, aber im Grunde genommen betrachtete er sie nur als Aufbereiter. Wenn sie ihm den Text einer Rede, eines Artikels oder Interviews vorlegten, schob er alles andere beiseite und machte sich mit seinem grünen Filzstift darüber her. In solchen Stunden beschäftigte er seine gesamte Umgebung. Umschrift, Abschrift, Beratung, Neuentwurf, und wieder redigierte er darin herum, daß die Mitarbeiter Verzweiflung überkam. Es konnte passieren, daß er selbst mit dem ausgedruckten Text nicht zufrieden war und den Korrekturstift ansetzte.

Nach meinen Beobachtungen waren auch diese Stilübungen nur ein Ausweichen vor der Routine des Amtsalltags. Hinzu kam, daß Willy Brandt ein paar anregende Gesprächspartner verlorengingen, als sich nach den Wahlen auch in seiner engsten Umgebung das Personalkarusssell zu drehen begann. Einer der ersten war Horst Ehmke, der das Ministerium für Forschung und Technologie und für das Post- und Fernmeldewesen übernahm. Es begann ein zähes Tauziehen um seine Nachfolge. In Anbetracht der dominierenden Rolle, die die bundesrepublikanische Verfassung dem Bundeskanzler im Gefüge der politischen Gewaltenteilung zuweist, kann auch die Position des Bundeskanzleramtschefs zu einer Schlüsselstellung werden, wenn sich ihrer ein befähigter Mann bemächtigt.

Ich selbst hätte auf diesem Posten gern Heinz Ruhnau gesehen, der in der IG Metall groß geworden war. Georg Leber hatte ihn ins Verkehrsministerium geholt und dort als Staatssekretär mit wichtigen Aufgaben betraut. Als Hamburger Innensenator allerdings hatte er sich bei der Propagierung des Extremistenbeschlusses etwas unglücklich exponiert. Ich traf mich mit Ruhnau zu einem Gespräch und stellte dabei fest, daß er sich seine politische Lebendigkeit und seinen realen Sinn für die Interessenlage der Lohnabhängigen bewahrt hatte. Und genau das wäre es gewesen, was der Kanzler an seiner Seite gebraucht hätte.

Die Wahl aber fiel schließlich auf einen Kandidaten, der von Egon Bahr favorisiert wurde. Bahr war inzwischen eine Sprosse höher geklettert, vom Staatsekretär zum Bundesminister für besondere Aufgaben im Kanzleramt. Er wurde zu einer Hausmacht im Hause. Es gibt eine hervorragende Karikatur von Bahr, die ihn im Bonn-Zoo als scheuen, weisen Marabu darstellt, der – laut Brehm – *»auf sumpfigem Boden gut zurechtkommt«*. Er blieb im Hintergrund und schlug als Amtschef Horst Grabert vor. Bei Brandt konnte Bahr den Grabert als Mann der alten Berlin-Kamarilla hochloben. In Westberlin hatte Horst Grabert zeitweilig die Senatskanzlei von Brandt-Intimus Klaus Schütz geleitet und war dann als Bevollmächtigter des Landes Berlin beim Bund ins politische Trockendock gegangen, wo er auch besser hätte bleiben sollen. Hatte Horst Ehmke bis dahin vielleicht zuviel Wirbel im Amt entfaltet, brachte es Horst Grabert zum Einschlafen. Willy Brandt wurde dermaßen gelangweilt, daß sein Fernweh sichtbar zunahm.

Brandts Geburtstag am 18. Dezember fiel in jenem Jahr fast mit dem

Tag seiner Wiederwahl zusammen. Es gab einen Doppelanlaß für die Gratulationscour. Ich wählte mein Geschenk mit großem Bedacht. Es handelte sich um einen prachtvoll aufgemachten Bildband, der vom elegischen Wattenmeer im Norden bis zu den kühnen Alpengipfeln im Süden, vom goldenen Rhein im Westen bis zur friedlich strömenden Elbe im Osten des Kanzlers Reich, alle seine Gaue in ganzer Herrlichkeit zeigte. Willy Brandt fing an, zunächst aus Höflichkeit gegenüber dem Schenker, einige Seiten flüchtig zu betrachten, doch beim Durchblättern stellten sich schnell Erinnerungen ein, er sah sich an einzelnen Bildern fest, und dann fragte er: »Waren wir da nicht schon mal?«, und an anderer Stelle sagte er bedauernd: »Wie schön – aber da waren wir noch nicht.«
An jenem Geburtstag wurde die Idee der *Deutschland-Informationsreisen* wiederbelebt. Es war beschlossene Sache, erneut auf Fahrt zu gehen, unabhängig davon, ob eine Wahl ins Haus stünde oder nicht.

In Karlsruhe steigt Mitterrand zu

Reisen war für Willy Brandt geradezu Medizin. Jedesmal wenn wir uns in Bewegung setzten, schien auch sein Temperament in Bewegung zu kommen. Zu Hause in Bonn, wenn er sich am harten Amtsstuhl festgebunden fühlte, gab es Perioden, in denen er vor Unlust wie erstarrt wirkte schon dem beginnenden Tag gegenüber. Unterwegs lebte er auf, eine Last wich von ihm. Andere Städte, andere Gesichter, andere Gedanken, andere Probleme – neuen Impulsen gegenüber schloß er sich auf. Plötzlich wirkte er frei und gelöst. Im Bonner Bürosmog schien ihm selbst die Luft zum Reden knapp zu werden, verschlossen und wortkarg saß er in den Sitzungen, fraß allen Ärger in sich hinein und mußte sich bemühen, wenn wir dann heimfuhren oder noch einen befreienden Spaziergang machten, den angestauten Druck vor mir abzulassen. Auf Reisen war er ein anderer Mensch. Da wurde er zum Plauderer, angeregt durch jeden guten Witz, und auch die Amtsgeschäfte, die natürlich weitergeführt werden mußten, gingen ihm flotter von der Hand. Unterwegs tankte er auf, und mein Bemühen ging dahin, ihm soviel Gelegenheit wie möglich zum Auftanken zu geben. Das gelang mir am besten als Reisemarschall.

Ich erinnere mich an eine Reise, die uns durch ganz Süddeutschland führte. Schon ein kleiner Anstoß genügte, um Bonn Lebewohl zu sagen und uns in Bewegung zu setzen.
Im Kalender hatte ich einen Termin für München vorgemerkt. Dr. Hildegard Hamm-Brücher gehörte an führender Stelle zum Kuratorium für die Verleihung des Theodor-Heuss-Preises, und die Preisverleihung sollte in der bayrischen Landeshauptstadt stattfinden. Brandt schätzte die geradlinige liberale Gesinnung der FDP-Politikerin, außerdem war sie eine wichtige Figur auf dem Brett der Koalition. Darum erfüllte er ihr den Wunsch, bei der Preisverleihung zugegen zu sein. Ein Flug nach München war angemeldet.
Daß aus dem kurzen Flug dann eine längere Tour mit dem Salonwagen wurde, kam durch einen ganz anderen Umstand zustande. Mehrfach hatte Willy Brandt den Wunsch geäußert, endlich einmal mit François Mitterrand, dem Führer der Französischen Sozialisten, zusammenzutreffen. Merkwürdigerweise kannten die beiden sich bis dahin nicht, wie überhaupt das Verhältnis der SPD zur französischen Bruderpartei etwas unterentwickelt war.
Die französischen Genossen waren wohl traditionell verschnupft über die in ihren Augen übertriebenen Anstrengungen, die der sozialdemokratische BRD-Kanzler auf sich nahm, um mit den konservativen Staats- und Regierungschefs an der Spitze Frankreichs in einem freundschaftlichen Verhältnis zu bleiben. Noch als Regierender Bürgermeister von Berlin und als Kanzlerkandidat der SPD hatte Brandt mit de Gaulle zusammengesteckt. Sein Verhältnis zum Staatspräsidenten Georges Pompidou galt als ausgeglichen und produktiv. Möglich, daß demgegenüber die Gestaltung der Beziehungen zu den ewig in der Opposition sitzenden Sozialisten tatsächlich etwas zu kurz gekommen war. Nun aber zeichnete sich in der Person Mitterrands eine mögliche Wende in der französischen Politik ab. Da er geneigt schien, im Sinne einer politischen Alternative antikommunistische Aversionen etwas zu dämpfen, schob er sich immer stärker als aussichtsreicher Spitzenkandidat einer Linkskoalition in den Vordergrund. Einen solchen Mann der Zukunft nicht zu kennen war auf die Dauer für den BRD-Kanzler ein höchst unbefriedigender Zustand.
Doch wie sollte ein Zusammentreffen arrangiert werden? Das Problem war nicht ohne Delikatesse. Eine offizielle Einladung des französischen Oppositionsführers nach Bonn wäre vom Protokoll her

möglicherweise zu verkraften gewesen. Aber Brandt scheute vor einer solchen Lösung zurück. Mit den Warnungen seiner außenpolitischen Berater übereinstimmend, fürchtete er, Staatspräsident Pompidou durch die Hofierung des Gegenspielers zu brüskieren. Von François Mitterrand hieß es noch dazu, daß er äußerst empfindlich in seinem Ehrgeiz sei. Ein gemeinsames Würstchenessen in einem verschwiegenen Dorfgasthaus war ihm kaum zuzumuten. Wie nicht selten in der Diplomatie wurde eine Art Quadratur des Kreises verlangt. Den Anstoß zur richtigen Idee gab Willy Brandt selbst. Aus irgendeinem Anlaß waren wir noch einmal auf die große Wahlkampfreise zu sprechen gekommen, und da erinnerte sich Brandt, daß er dabei Gelegenheit gefunden hatte, ein paar Gespräche mit wichtigen Leuten diskret abzuwickeln, u. a. mit dem holländischen Sozialistenführer Joop den Uyl. Er fragte mich, ob sich nicht auch ein Treffen mit Mitterrand im Rahmen eines Reiseprogramms deichseln ließe. Ich spann den Faden weiter und schlug vor, die Sache nicht bei einem Aufenthalt, sondern während der Fahrt im Salonwagen abzuwickeln. Der Rahmen wäre gleichzeitig pompös und inoffiziell, man könnte mit dem Kanzlerzug einen großen Bahnhof bieten, ohne auf protokollarischen Firlefanz angewiesen zu sein. Die Idee war einleuchtend, Brandt gab grünes Licht, und alles weitere lag nun bei mir.

Statt mit dem Flugzeug ging es also gleich mit dem Zug nach München, um dort Frau Hamm-Brücher die Ehre zu geben. Neben dieser Repräsentationsübung als Kanzler fand Willy Brandt auch noch Zeit, ein paar Parteigeschäfte als Vorsitzender abzuwickeln. Die SPD-Hochburg München im CSU-Umland Bayern wackelte. Oberbürgermeister Kronawitter hatte viel Zoff in den eigenen Reihen; die jungen Linken rebellierten – wie übrigens vielerorts in der Partei.

Dabei setzten sich die Frankfurter Freunde wieder einmal an die Spitze der Rebellion. Unter den Jungsozialisten formierte sich die sogenannte Stamokap. *Stamokap* – das war eine Abkürzung des Begriffes *staatsmonopolistischer Kapitalismus.* Insofern war der Name, den man ihnen anhängte, ein Nonsens, darauf berechnet, die Namensträger in der Öffentlichkeit zu diskreditieren. In Wirklichkeit kritisierten ja die sogenannten Stamokaps den Stamokap! In ihren Augen war der bürgerliche Parlamentarismus nur ein staatliches Steuerinstrument der großen Monopole. Da unter den Bedingungen des staatsmonopolistischen Kapitalismus, erklärten sie, die

Steuerung der Produktion durch den Staat im direkten Profitinteresse der Herrschenden erfolge, würde sich die Reformpolitik der regierenden SPD als Blendwerk entlarven – Nutznießer blieben auch hierbei die Monopolgesellschaften. Auf dem Godesberger Kongreß der Jungsozialisten, der im März 1973 immerhin eine Viertelmillion engagierter Mitglieder vertrat, hagelte es Anträge, die voller Ungeduld die Einlösung ausgestellter Wechsel forderten. Eines der neuen Strategie-Papiere propagierte die Vergesellschaftung der Leitbanken und der Schlüsselindustrien. Die Abschaffung der kapitalistisch ausgerichteten Marktwirtschaft, hieß es dazu, bedeute keineswegs das Ende der Demokratie, sondern setze im Gegenteil einen Anfang. Auch die neue Ostpolitik, wurde erklärt, bliebe ein alter Hut, solange die Rüstungsausgaben nicht gesenkt würden. Mit der Forderung, die Devisenausgleichszahlungen der Bundesregierung an die USA für den Unterhalt der in der BRD stationierten amerikanischen Truppen einzustellen, kam eine nationaldemokratische Komponente in die Diskussion. Ich verfolgte all diese Bestrebungen mit viel innerer Anteilnahme, aber wie meist in solchen Fällen gab es für mich keine Möglichkeit, die jungen Leute in ihrem schier aussichtslosen Ankämpfen gegen die allgemeine Parteiströmung zu unterstützen.

Der SPD-Führungsmannschaft stieß das alles auf wie Gallensaft. Willy Brandt selbst mußte seinen ganzen Einfluß aufwenden, um die radikalen Forderungen von der Gesamtpartei fernzuhalten. Auf einer Sitzung des Parteirats drohte er sogar mit seinem Rücktritt für den Fall, daß sich bestimmte Programmforderungen des Jungsozialistenkongresses in den Beschlüssen des bevorstehenden SPD-Parteitages in Hannover niederschlagen würden. Und auch in München mußte er nun viel rudern, um den Kahn einigermaßen auf Kurs zu halten.

Nach einer Schleife durch Schwaben näherte sich der Kanzlerzug Stuttgart, der baden-württembergischen Landeshauptstadt. Dort lief alles nach Plan. Eberhard Dingels, der Leiter der Abteilung Ausland beim SPD-Parteivorstand, hatte François Mitterrand vom Flugzeug abgeholt und geleitete ihn zum Bahnhof, wo er vor dem Salonwagen von Willy Brandt empfangen wurde. Mitterrand war bekannt für seine verwöhnte Zunge. Ich hatte eine kleine Mannschaft von Meisterköchen der DSG an Bord genommen. Es gab ein Essen, von dem Mitterrand anschließend sagte, es wäre ihm leichtgefallen, darüber zu sterben. Dazu hatte ich ein paar klassische Weine auftreiben lassen, die selbst gute französische Kellermeister nur noch vom Hörensagen kannten. Dermaßen versorgt, konnten sich nun Brandt und Mitterrand über Glas- und Tellerrand hinweg alles sagen, was sie sich zu sagen hatten. Das Menü währte von Stuttgart bis Mainz. Dort erwartete Oberbürgermeister und SPD-Vorstandsmitglied Jockl Fuchs, in karnevalistischer Verkleidung aus einer Narrensitzung herbeigeeilt, den hohen Gast des Kanzlers und geleitete ihn zum Frankfurter Flughafen.

Trotz der protokollarischen und psychologischen Hürden war das Treffen im Salonwagen so entspannt verlaufen, daß Mitterrand es seinem gallischen Stolz abverlangen konnte, einen ausgefallenen persönlichen Wunsch vorzutragen. Er erzählte, daß ihm während des Zweiten Weltkrieges die Flucht aus einem faschistischen Kriegsgefangenenlager geglückt sei. Mit einem Fahrrad habe er sich von Thüringen bis zur Schweizer Grenze durchschlagen können. Das Husarenstück wurde von reaktionären französischen Zeitungen mit höhnischen Kommentaren belegt. Man nannte die Umstände der Flucht mysteriös und verdächtigte Mitterrand der Kollaboration. Gewissermaßen um nachträglich den Wahrheitsbeweis für sein damaliges patriotisches Unternehmen antreten zu können, wollte Mitterrand die Fluchttour quer durch Deutschland noch einmal abfahren, wenn auch nicht mehr mit dem Fahrrad. Die nostalgische Seite in Brandts Wesen war zu stark ausgeprägt, als daß er nicht Verständnis für das Heimweh des neuen Freundes nach dessen Vergangenheit aufgebracht hätte. Er sagte Hilfe zu.

Allerdings brauchte die Realisierung des Unternehmens dann doch ihre Zeit, und ich konnte bei der Organisation nicht mehr mitwirken. Es soll ein windiger Tag gewesen sein, als Willy Brandt am Hermsdorfer Autobahnkreuz François Mitterrand zur gemeinsamen Weiterfahrt in Richtung Wartha-Herleshausen erwartete. Dabei kam es, wie man mir später erzählte, zu einer bemerkenswerten Umkehrung bei der Bewertung der DDR-Präsenz. 1970, beim Besuch des Konzentrationslagers Buchenwald, hatte Brandt sich noch darüber beklagt, daß man ihn mit Hymne und Ehrenbezeigungen geradezu überfallen hätte. Ein paar Jahre später, auf der Transit-Autobahn via Hermsdorf, maulte er, daß die DDR-Seite Aufmerksamkeit nur durch die Anwesenheit von »ein paar Provinzgrößen« bekundete. Es ändern sich schneller die Zeiten als die Menschen.

Im Scheinwerferlicht der Öffentlichkeit

Anfang 1973 gab es erste Überlegungen, den Personenkreis einzuschränken, der zur Teilnahme an den Sitzungen des SPD-Parteivorstands und der SPD-Bundestagsfraktion ermächtigt war. Nach der parlamentarischen Sommerpause desselben Jahres flog dann tatsächlich jeder, der nicht Mitglied des jeweiligen Gremiums war, aus den Gesprächsrunden hinaus. Holger Börner, als Bundesgeschäftsführer einer der Inszenatoren der Maßnahme, sagte dazu später vor Gericht aus, daß sie keineswegs mit irgendwelchen Verdachtsmomenten in Verbindung gestanden habe. Es war einfach Platzmangel entstanden, und die Sekretärinnen verloren die Übersicht bei der Führung der Anwesenheitslisten. Da man keine einseitigen Kränkungen riskieren wollte, sollte die Regelung ohne Ausnahmen gelten. Besonders betroffen waren die Parteigrößen mit Staatsämtern, die sich einen persönlichen Referenten leisten durften und auf die regelmäßige Zusammenarbeit mit diesem aus Gewohnheit angewiesen waren. Die Mitarbeiter wurden an die Luft gesetzt.
Es ist wohl verständlich, daß mir der Gedanke, auf so überaus wichtige Informationsquellen verzichten zu sollen, überhaupt nicht schmeckte. Deshalb riskierte ich es, mich schwerhörig zu stellen. Im Schatten von Willy Brandt ging ich weiterhin zu jeder Tagung – und siehe da: Niemand nahm an meiner Anwesenheit Anstoß. Jedermann hätte es für unschicklich gehalten, dem Kanzler seinen gewohnten Arbeitsstil und Umgang zu verweigern.
Mir selbst war es zum erstenmal in der Wahlnacht bewußt geworden, daß sich mein eigener Stellenwert in beunruhigender Weise geändert hatte. Es war nicht zu vermeiden, daß ich mit ins Scheinwerferlicht geriet, wenn sich die Kameras aller Fernsehstationen auf den Sieger richteten. Als ich die Aufzeichnungen ansah, wurde mir beim Geflimmer bunt vor Augen. Ich dachte: O Vater, so wie du dich jetzt siehst, sehen dich Millionen im Land. Wenn unter diesen Millionen nur ein krummer Hund ist ... Bruno, der daheim die TV-Reportagen ebenfalls gesehen hatte, gestand mir später, daß ihn seit diesem Zeitpunkt das Gefühl drohender Gefahr nicht mehr verließ.
Zumindest einen *krummen Hund* hat es dann auch tatsächlich gegeben. Es war Rolf Arthur Wunder, ein alter Bekannter, den ich als Stift während des Krieges bei der »Atlantik«-Bildagentur kennengelernt hatte. Damals schien es mir, daß er auf antinazistischen Positio-

nen stand. Er gehörte zum Freundeskreis von Albin Skoda, jenem wunderbaren Menschen und Schauspieler, der illegal als Kommunist am Deutschen Theater wirkte, und hatte mich sogar mit dem bekannt gemacht. Nach dem Kriege verschlug es Arthur Wunder nach Heidelberg, wo er eine Textilvertretung übernahm, und als ich mit Christel die ersten Erkundungsreisen zur Vorbereitung unserer Umsiedlung machte, nahm ich zu ihm wieder Kontakt auf. Auf Grund seiner Bekanntschaft mit Albin Skoda schien er mir hinreichend vertrauenswürdig, um ihn als Referenzperson für das Notaufnahmeverfahren zu benennen. Ein Freund der Familie wurde Wunder später nicht.

Leider spielte er dann vor Gericht eine etwas unwürdige Rolle. Die Ermittler hatten seinen Namen als einen der wenigen Brocken, die sie fanden, aus den Notaufnahmeakten herausgepickt und trieben ihn nun als hochgeblasenen Kronzeugen der Bundesanwaltschaft zu. Wunder erzählte wichtigtuerisch, wie er sich vor dem Fernseher so seine Gedanken gemacht habe: Der Guillaume »im Dunstkreis des Kanzlers« – das sei ihm gleich komisch vorgekommen, und im nachhinein habe er sich gefragt, ob nicht auch die Wohnung in Frankfurt »ein Briefkasten der DDR« gewesen wäre.

So nichtssagend auch die Aussagen Wunders im Beweissinne waren, belegten sie doch nachträglich die zunehmende Gefährdung, der meine Position damals in Bonn durch den höheren Grad ihrer Öffentlichkeit ausgesetzt war. Das alles kam einer Enttarnung bedenklich nahe.

Das Unwägbare, das immer mitschwingt

Mehrfach schon ergab sich Gelegenheit darzustellen, in welchem Maße mein Verhältnis zu Willy Brandt und sein Verhältnis zu Günter Guillaume im wesentlichen von sachlichen Momenten geprägt war. Kanzler und Referent – das waren zwei völlig verschiedene Wirkungsfelder, und dazwischen lag eine Grenze. Doch bin ich ebenso davon überzeugt, daß mit der zunehmenden Vertraulichkeit des Umgangs unterschwellig auch eine leise persönliche Note in unserer Beziehung mitschwang, keineswegs als Leitmotiv, niemals den sachlich-nüchternen Grundakkord aufhebend, aber letztlich doch nicht zu überhören.

In der Haft, 1979 war es, bekam ich einen Bildband zu Gesicht, der anläßlich des 65. Geburtstages von Willy Brandt erschienen war. Darin gibt es eine Textstelle, die von Hermann Schreiber stammt, jenem tatkräftigen Publizisten, der auf meine Anregung hin Brandt während so mancher Wahlkampfreise begleitet und mit ihm manches lange Gespräch geführt hat. Auch nach dem Sturz Willy Brandts als Kanzler hatte ihn Hermann Schreiber aus der Nähe beobachten können und schrieb nun vier Jahre danach über ihn: *»In Wahrheit rätselt er an Günter Guillaume herum, vielleicht nicht oft, aber engagiert – und erfolglos. Und wenn das nicht Wirbel machen, und das nicht grausam mißverstanden würde, so wie die Verhältnisse nun eben sind, dann würde Willy Brandt mit Günter Guillaume mal eine Stunde reden wollen – wenigstens versuchen wollen zu ergründen, wie der Mann tatsächlich denkt, wie er so hat handeln können.«*
Mehr als tausend Stunden sind es wohl, die ich in Willy Brandts Gesellschaft oder Nähe verbracht habe, und so will ich einräumen, daß es auch mir auf diese eine Stunde nicht ankommen würde. Aber könnte eine Stunde genügen, um jene Verkettung der Motive und des daraus entspringenden gegenseitigen Tuns und Antuns zu ergründen und wie es gewesen und dazu gekommen war? Und im übrigen – die Verhältinisse, sie sind wohl auch heute noch nicht so, daß man sich auf einen Klönschnack zusammensetzen könnte.
Weder Willy Brandt im schon früh begonnenen öffentlichen Nachdenken über mich noch ich im erst jetzt aufgenommenen öffentlichen Nachdenken über Willy Brandt werden bei einem solchen Dialog auf Polemik verzichten wollen. Doch sollte dies ein Streit mit sachlichen Argumenten sein, in dem das persönliche Moment nur insoweit Platz hat, als es zur Sachlage gehört. In Hermann Schreibers Nachdenken über Willy Brandts Nachdenken über Günter Guillaume deutet sich etwas von den komplizierten Wechselwirkungen an, die das Walten der Menschen bestimmen. Objektive Erfordernisse formen subjektives Wollen, und unter Aktivierung der Motive zum Handeln werden die Erfordernisse durchgesetzt. Ob im niederen Alltag oder in der hohen Politik, immer stößt der Mensch dabei auf andere Menschen. Widersacher stemmen sich ihm entgegen, Opportunisten drücken sich vorbei, Mitstreiter treten ihm an die Seite, Verräter fallen ihm in den Rücken. Auch das Tun und Lassen eines Politikers, mag er noch so bedeutend und mächtig sein, wird nicht nur von den gesellschaftlichen Verhältnissen bestimmt,

sondern auch von den persönlichen Verhältnissen zu anderen Menschen. Selbst ein Kanzler Brandt in seinen besten Zeiten, als er scheinbar allein durch den Nimbus der Unentbehrlichkeit für Partei und Staat vorwärtsgetragen wurde, machte da keine Ausnahme.

In der erste Aufwallung nach unserer Enttarnung, als das Nachdenken noch nicht eingesetzt hatte, wollte Brandt in mir einen Verräter sehen, der ganz persönlich an ihm schuldig geworden war. Diese Empfindung war subjektiv vielleicht ebenso echt, wie sie objektv falsch war. Möglicherweise war es persönliche Kränkung, aus der die Fehleinschätzung der Sachlage unseres Verhältnisses entsprang. Wie war es wirklich?

Brandt nahm für sich in Anspruch, *Kanzler des Friedens* zu sein, ich erfüllte meine Mission als *Kundschafter des Friedens.* Zweifellos hatte dabei jeder schon auf Grund unterschiedlicher Staatsbürgerschaft verschiedene Koordinaten im Auge, dennoch trafen sich die Parabeln unserer Lebensbahnen in diesem Punkt. Indem ich meiner Mission treu blieb, auch noch in der dunkelsten Stunde, war es einfach unmöglich, zum Verräter an seinem Anspruch zu werden. Auch Willy Brandt begann wohl bald zu dämmern, wer die eigentlichen Verräter waren. Da nannte er mich einen *guten Adjutanten.*

Professor Eschenburg kam als Mitglied der Untersuchungskommission im *Fall Guillaume* zu folgendem Urteil: *»Er galt als clever und fix, organisationsbefähigt und findig, ständig in Bereitschaft, keine Arbeit scheuend. Dabei war er umgänglich gegenüber Kollegen und Nachgeordneten.«*

Umgänglichkeit gegenüber Kollegen und Nachgeordneten zeichnete auch den Arbeitsstil Willy Brandts aus. In dieser Hinsicht kann ich das Komplimemt vom *guten Adjutanten* zurückreichen: Brandt war ein *guter Befehlshaber.* Er genoß genügend Respekt, um sich Wohlwollen und Kollegialität leisten zu können.

Kleine Gesten der Aufmerksamkeit prägten unser Verhältnis. Brandt ging damit kaum sparsamer um als ich. Er spürte die Wichtigkeit meiner Arbeit für seine Arbeit, und so half er oft, mir meine zu erleichtern. Über solche gegenseitig erwiesenen Aufmerksamkeiten wurden nie viel Worte verloren: Man nahm sie wahr und freute sich. Anmaßung war Willy Brandt fremd. Nie habe ich von ihm auch nur den geringsten Akt von Willkür erfahren müssen.

Charakteristisch für die Gestaltung unserer Beziehung, ich nenne es einmal vereinfacht: Vermenschlichung unserer Beziehung, war folgender Vorfall: Im Frühsommer 1973 stattete Willy Brandt Israel einen Besuch ab. Das war ein Vorgang, der von einer ganzen Reihe von Widersprüchlichkeiten belastet wurde, und Brandt war sich dieser Widersprüchlichkeiten wohl auch durchaus bewußt. Wie er selbst einmal einräumte, stand er einst als junger Sozialist den zionistischen Ideen von einer Heimkehr des jüdischen Volkes ins Land der Väter einigermaßen skeptisch gegenüber. Nach dem Holocaust, den grausamen Verbrechen, die die deutschen Faschisten an den Juden begingen, wandelte sich seine Einstellung. Er sah in dem jungen Staate Israel eine reale Möglichkeit, den Versprengten und Überlebenden zu einer nationalen Identität zu verhelfen. Dabei konnte er kaum die Augen verschließen vor den gefährlichen, sich aggressiv gegen die arabischen Nachbarvölker richtenden Tendenzen, die sich aus der übersteigerten nationalistischen Politik der Israelis ergaben. Bundeskanzler Adenauer hatte mit seiner Außenpolitik diese chauvinistischen Tendenzen der israelischen Siedlungspolitik unverhohlen unterstützt, allein schon deswegen, um sich für die Rehabilitierung von Altnazis in der BRD ein Alibi zu verschaffen. Brandt dagegen versuchte auch schon vor seiner Kanzlerschaft, auf den Konfliktherd Nahost beschwichtigend einzuwirken. Als er jedenfalls die Einladung zum ersten Staatsbesuch nach Israel annahm, tat er es in dem Bewußtsein, daß er auch der erste war, der sich eine solche Reise auf Grund seiner antifaschistischen Vergangenheit leisten konnte.

Über den Verlauf der Reise blieb ich während ihrer ganzen Dauer gut informiert. Wie ich hörte, verhielt sich Brandt in seinem politischen Auftreten klug und zurückhaltend. So widerstand er beispielsweise dem Drängen offizieller israelischer Stellen, auch den besetzten arabischen Gebieten demonstrativ einen Besuch abzustatten. Er hielt sich von allem fern, was die arabische Seite verprellen konnte. Insgesamt aber blieb das politische Ergebnis des Staatsbesuchs spärlich. Auch Brandts ausgleichende Bemühungen konnten nicht verhindern, daß wenige Monate später der Oktoberkrieg im Nahen Osten ausbrach.

Was die Israel-Reise für Willy Brandt zu einem Grunderlebnis werden ließ, waren zwei andere Momente: die Begegnung mit deutscher Schuld und das Erlebnis der eigenen Vergänglichkeit. Irgendwie spürte ich das damals schon und fand es dann später in Brandts eigenen Erinnerungen bestätigt. Brandt schreibt:

»Trotz, nein wegen all der Herzlichkeit überkam mich auch eine gewisse Trauer, dort so vielen Israelis zu begegnen, die einst deutsche Mitbürger gewesen waren: Menschen, die unserem Volk - durch unsere Schuld - verloren waren, und mit denen man zugleich auch dankbar sein mußte, daß sie überleben konnten.« Und übergangslos fährt er fort: *»Der letzte Besuchstag wäre fast zu meinem letzten Tag überhaupt geworden. Ich sollte die historische Felsenfestung Massada besuchen (die mir später auch von dem berühmten Archäologen und früheren Generalstabschef Yigal Yagin in unvergeßlicher Weise erklärt wurde). Unser Hubschrauber wurde nach dem Aufsetzen von einer Windbö erfaßt und konnte nur kurz vor dem Absturz in einen Abgrund zum Stehen gebracht werden. Ich kommentierte: ›Dies ist ein Land, in dem man Wunder erwarten kann.‹ Es war nicht die einzige Katastrophe, der ich während meiner Amtszeit knapp entging.«*
Und dann, wieder typisch für Brandt, versuchte er alles mit einer Anekdote heiter aufzulösen: *»Der israelische Botschafter Asher Ben Nathan, der vorher in Bonn gedient hatte und nun in Paris sein Amt versah, war an jenem Tage bei Staatspräsident Pompidou eingeladen, der ihn fragte, warum man nicht besser auf den Bundeskanzler aufgepaßt habe. Der israelische Botschafter: ›Was wollen Sie machen, Herr Präsident? Französischer Hubschrauber und arabischer Wind - aber es gibt einen großen jüdischen Gott!‹«*
Brandt parierte: *»In Wirklichkeit kam der Hubschrauber nicht aus Frankreich, sondern aus Amerika, der Wind vom Mittelmeer und nicht aus Arabien - über den großen jüdischen Gott will ich nicht streiten.«*
Die Nachrichten, die damals zu Hause über den Vorfall eintrafen, waren ziemlich knapp. Dennoch ahnte ich sofort, welche Erschütterung die Beinahe-Katastrophe in Brandts Innerem ausgelöst haben mußte. Zur Stunde der Rückkehr fuhr ich zum Flughafen. Es waren nur wenige Leute zum Empfang da. Bei der Begrüßung wurde eine Menge Worte gewechselt; das Wort, auf das Brandt wartete, fiel nicht. Er wartete auf eine kleine Geste der Anteilnahme, auf ein winziges Anzeichen dafür, daß man in der Heimat um sein Schicksal gebangt hatte. Aber das Signal blieb aus. In der Geschäftigkeit des Empfangs, sah ich, wurde Willy Brandt immer verschlossener und in sich gekehrter. Als sich später alles verlaufen hatte und nur noch ich bei ihm stand, fragte er mehr aus Gewohnheit als aus Bedürfnis: »Na, was gibt's Neues im Bau?« In meinem Aktenkoffer steckten

ein paar dringende Vorgänge. Dennoch sagte ich: »Nichts Besonderes. Es eilt nicht.« Erleichtert lud er mich ein, ihn auf der Fahrt nach Hause zu begleiten. Er wollte nicht allein sein.
Auch auf dem Venusberg gab es nicht den Empfang, den Brandt erwartet hatte. Die Mitglieder der Familie schienen mit eigenen Angelegenheiten stark beschäftigt, und nach ein paar Floskeln der Begrüßung zog sich jeder wieder in sein Gemach zurück. Eigentlich war nichts passiert, dennoch war dies ein dramatischer psychologischer Augenblick. Zuwendung war versagt worden.
Als wir allein waren, wurden die Sekunden des Schweigens sehr lang. Da faßte ich mir ein Herz, ihn auf das Ereignis von Massada anzusprechen. Möglicherweise war mir Willy Brandt nie zuvor und nie wieder danach so dankbar wie in diesem Moment. Im Strom des Gespräches löste sich der Stau der Gedanken und Empfindungen. Willy Brandt gehört zu den Menschen, die dem Tod gelassen, aber keineswegs lachend ins Auge sehen können. Und konfrontiert mit der ganz konkreten, allgegenwärtigen Möglichkeit des eigenen Todes entwickeln solcherart Moralisten das Bedürfnis, über den Sinn des Lebens und auch hier wieder über den Sinn des ganz konkreten eigenen Lebens nachzugrübeln. Was einem die Sache erleichtert, ist einfache menschliche Anteilnahme eines anderen.

Blei im Hintern oder Gold im Munde

Im Arbeitsalltag blieben solche Privatsachen draußen. Doch da es sie nun einmal gab, beeinflußten sie indirekt auch das Arbeitsklima. Besonders in den ereignisreichen Wochen des Jahres 1973 wollte es mir manchmal scheinen, daß im gleichen Maße, in dem Brandt – trotz aller Querelen in der Spitze – unentbehrlich blieb für die Partei, auch ich unentbehrlich wurde für ihn. Bei den späteren Untersuchungs- und auch beim Gerichtsverfahren hat man immer wieder Zeugen bemüht, die im Rückblick erschreckt konstatieren sollten: Der Guillaume war allgegenwärtig. Egon Bahr erklärte beispielsweise vor Gericht: »Er war immer da, aber man hat ihn nicht wahrgenommen.« Die so charakterisierte Dispositionsfähigkeit wurde sodann mit der Neugier erklärt, die wiederum meinem Ausspähungsauftrag entsprungen wäre.
Dazu ist zu sagen, daß sich dieser Effekt erst ganz am Ende einer viel

komplizierteren Ursachenkette einstellte. Zunächst erst einmal war es so: Ich war »immer da«, weil mein Platz als Persönlicher Referent ganz selbstverständlich an der Seite des Kanzlers war, und man hat mich »nicht wahrgenommen«, weil ein guter Persönlicher Referent ein unauffälliger Referent ist.

Insofern ist eine große BRD-Illustrierte der Tatsachenlage schon etwas näher gekommen, als sie spöttisch bemerkte, die Bonner Beamtenschaft pflegte morgens Blei im Hintern zu haben, für Guillaume aber hat gegolten: Morgenstunde hat Gold im Munde. An anderer Stelle wurde dazu ausgeführt: *»Günter Guillaume war emsig in Bonn, nicht nur während der Dienststunden, sondern schon am Morgen, wenn seine Kollegen gemütlich frühstückten. Er ließ den Fahrer des Kanzler-Mercedes immer einen Umweg machen, stieg in der Ubierstraße 107 zu, ehe Brandt abgeholt wurde.* (Warum, habe ich versucht, mit Holger Börners Allüren zu erklären.) *Auf der Fahrt zum Amt besprach er mit seinem Chef das Tagesprogramm. Soviel Fleiß wird geschätzt. Guillaume machte sich beliebt und unentbehrlich.«*

Dieser Darstellung will ich noch eine Beobachtung hinzufügen. Manchmal glaubte ich zu bemerken, daß sich Willy Brandt einfach auch sicherer fühlte, wenn ich in seiner Nähe weilte. Zumindest konnte er sicher sein, daß nichts vergessen und verschlampt wurde, daß ich ihm unliebsame Begegnungen vom Leibe zu halten versuchte und daß der Arbeitstag insgesamt in einer erträglichen Balance blieb. So ist es zu erklären, daß er mich auch zu ausgesprochen internen und vertraulichen Zusammenkünften mitnahm. Ich sollte da zwar nicht mitmachen, aber mit dabeisein sollte ich schon. Zwei Beispiele stehen hier für andere:

Im Frühjahr 1973 muß es gewesen sein, als Willy Brandt gelegentlich eines Hamburg-Aufenthalts auch einer Einladung von Günter Gaus folgte, der damals vermutlich seine letzten Geschäfte als Chefredakteur des »Spiegel« abwickelte, bevor er als Staatssekretär ins Bundeskanzleramt einzog. Es kam nur ein sehr kleiner Kreis prominenter Journalisten zusammen, ich erinnere mich an Rudolf Augstein, Peter Merseburger und Theo Sommer.

Es entwickelte sich eine der berühmten *Spinnstunden*. Der exklusive Herrenabend verfolgte wieder einmal den Zweck, neue *Denkmodelle* zu entwickeln.

Eines der Themen entzündete sich an dem für den Sommer ins Haus

stehenden Besuch Leonid Breshnews. Die Konstruktion der Ostverträge war damals in ihren wesentlichen Bestandteilen fertig. Fragestellungen, die sich daraus für die weitere Politik ableiteten, waren etwa: Wie soll es mit der Ostpolitik grundsätzlich weitergehen? Wie können insbesondere die Beziehungen zur östlichen Weltmacht, der Sowjetunion, zum Nutzen des eigenen Landes ausgebaut werden? Welche Teile der deutschen Großindustrie werden bei einem Ausbau der Wirtschaftsbeziehungen zur Sowjetunion mitspielen, welche eventuell nicht? Wie ist dabei die Interessenlage der westlichen Großmacht, der USA, einzuschätzen? Was muß man tun, um das aufkommende Mißtrauen der Amerikaner in die Bündnistreue der BRD abzubauen? Kann man in diesem Punkt Breshnew Konzessionen abhandeln? In welcher Frage wären solcherart begründete Konzessionen im bundesdeutschen Interesse gravierend? Wo sind die Freiräume – verfassungsmäßig und im Rahmen des atlantischen Bündnisses –, um die Ostpolitik auszuweiten? Kann man in dieser Hinsicht bewährte Traditionen deutscher Außenpolitik wiederbeleben? Ergeben sich beispielsweise aus Bismarcks Politik gegenüber dem russischen Zarenreich Analogien für heute, indem man die Kontinuität einer Aussöhnung mit Rußland wahrt? Stimmt auch heute noch der politische Denkansatz, daß ein Bündnis mit Rußland tatsächlich die Garantie für den europäischen Frieden ist?
Je weiter die Nacht fortschritt, um so weiter uferten die Gespräche aus. Es begann die Stunde der Anekdoten. Niemanden interessiert dann mehr, wo der Ernst aufhört und der Spaß beginnt; die Grenze zwischen Wahrheit und Flunkerei verschwimmt. Für mich war es dennoch ebenso spannend wie unterhaltend, diese alten Geschichten zu hören, die heute möglicherweise nicht einmal mehr die Historiker interessieren, weil sich niemand finden wird, der sich für ihren Wahrheitsgehalt verbürgt.
Rudolf Augstein erzählte zum Beispiel, daß er einmal, ähnlich wie Brandt zur Stunde in Hamburg, mit seinen FDP-Parteifreunden Wolfgang Döring und Karl-Hermann Flach bei einer *Spinnstunde* zusammengesessen habe. Es ging damals um Adenauers Wiederaufrüstungspolitik. Der wirklich liberale Flügel der FDP stemmte sich dem entgegen. Döring zählte sich zu den *Jungtürken* der Partei, die den Aufstand gegen den Sultan wagen wollten. In gewisser Weise gehörte er zu den Spurengängern der Neuen Ostpolitik zu einem Zeitpunkt, als das in Bonn noch als Staatsverbrechen galt. Sowohl Dö-

ring als auch Flach sahen voraus, daß mit der Wiederaufrüstung der BRD die Spaltung Deutschands programmiert war. In ihren Augen war Adenauer ein Verräter an der Nation, der den nationalen Widerstand herausforderte. Döring als Programmtheoretiker analysierte weitergehend, daß Adenauers Intrigenspiel hinter dem Rücken und unter weitgehender Ausschaltung des Parlaments Staatsstreichcharakter annehme und daß damit außerparlamentarische Gegenmittel verfassungsmäßig geboten seien. Im Verein mit Augstein, wie der an jenem Abend in Gaus' Hamburger Wohnung erzählte, wurden nun regelrechte Pläne gegen Adenauer geschmiedet. Man schwankte zwischen Entführung und Hausarrest. Auch an Fluchtmöglichkeiten bei einem Scheitern des Abenteuers wurde gedacht. Man wollte in einem bereitliegenden Boot über den Rhein türmen und dann vorerst bei den Heidschnucken in der Lüneburger Heide untertauchen.
Eine andere interne Zusammenkunft, bei der ich auf Brandts Wunsch mit von der Partie war, ergab sich im Vorfeld des 73er Parteitages der SPD in Hannover. Die Beratungen zur Festlegung der Marschrichtung gestalteten sich etwas schwierig. In den oberen Höhenlagen der Partei grollten damals schon die ersten Gewitter, die sich dann später über Willy Brandts Haupt entladen sollten. In sich selbst auferlegter Ohnmacht mußte Brandt mit ansehen und anhören, wie sich Helmut Schmidt immer stärker als ernsthafter Konkurrent profilierte. Eine Zeitung schrieb: *»Müssen wir uns langsam an einen Kanzler Schmidt gewöhnen?«* Herbert Wehner konnte kaum noch sein zorniges Temperament zügeln. Bei ihm setzte sich die Meinung fest, daß Brandt als Parteivorsitzender und Kanzler sträflich inaktiv bliebe. Dringende Aufgaben würden verschleppt werden.
Um nach Möglichkeiten zu suchen, wenigstens in der Öffentlichkeit des Parteitages äußere Formen der Eintracht zu wahren, verabredete sich Brandt mit seinen beiden Stellvertretern Wehner und Schmidt zu einem Wochenendausflug nach Münstereifel. Man wollte ganz unter sich sein, ohne den üblichen Troß.
Herbert Wehner und Helmut Schmidt kannten mich von verschiedenen Gelegenheiten her sehr gut. Mit Rücksicht auf die Gewohnheiten des großen Vorsitzenden hatten auch sie meine Anwesenheit in den Sitzungen des Parteivorstands stillschweigend toleriert. Dennoch war ihnen eine gewisse Verwunderung anzumerken, als ich an jenem Frühlingswochenende zusammen mit Willy Brandt in Mün-

stereifel vorfuhr und in seiner Nähe mein Logis im Haus der Friedrich-Ebert-Stiftung bezog. Zum erstemal wohl bekamen sie richtig mit, welchen Rang mir Brandt bei solchen Anlässen beimaß. Ich merkte das vor allem an Wehners Reaktion. Er hatte die fabelhafte Fähigkeit, vor Menschen, die ihm bedeutungslos schienen, einfach die Augen zu verschließen. Bei der Machtposition, die er als Herr des Parteiapparats innehatte, wirkte solcherart Nichtachtung manchmal wie ein Bannstrahl. Als ich ihm nun im Gästehaus der Ebert-Stiftung über den Weg lief, klappte er die Augen auf und verwickelte mich eigentlich ohne konkrete Veranlassung in kurze Gespräche.

Am Samstagabend fuhren wir zum Essen in die »Hölle«. Das Dreiergespräch hatte sich versteift, man wollte es mit einem Tapetenwechsel auflockern. Die »Hölle« von Münstereifel ist ein Feinschmeckerlokal, in dem auserlesene Weine angeboten werden. Wir speisten Tisch an Tisch, an dem einen die drei Parteiführer, am anderen der Leibwächter des Kanzlers und ich.

Es wurde ein ausgiebiges und ergiebiges Essen. Noch einmal wurden die Strategien für Hannover variiert. Je weiter der Abend fortschritt, um so offener wurden mit jeder geöffneten Flasche die Gespräche am Nebentisch. Hier in der »Hölle« war es, wo Herbert Wehner zum erstenmal seine Absicht kundtat, vom Amt des stellvertretenden Parteivorsitzenden zurückzutreten. Allen dreien war klar, daß damit Druck auf den Kanzler ausgeübt werden sollte. Mit Sarkasmus in der Stimme sagte Wehner, daß er sich nunmehr voll auf die Führung der Fraktion konzentrieren wolle – das müsse doch der Regierung im Sinne einer Belebung ihrer Tätigkeit höchst willkommen sein. Dann wurde erörtert, wer sich als Wehners Nachfolger auf dem Parteitag in Hannover zur Wahl stellen sollte. Es fiel der Name Heinz Kühn, Ministerpräsident von Nordrhein-Westfalen. Sorge bereitete die Frage, wie angesichts der heraufziehenden Wachstumskrise der Ansturm vom linken Parteiflügel abgeblockt werden könnte. Brandt und Schmidt, die als Hauptredner des Parteivorstands vorgesehen waren, einigten sich noch einmal auf eine Arbeitsteilung: Helmut Schmidt würde sich als Wellenbrecher den Kritikern entgegenstellen, damit Willy Brandt als Integrationsfigur unverletzlich bliebe. Schließlich schweifte das Gespräch ab, und Willy Brandt bekam noch ein paar Ratschläge zu hören, was er beim bevorstehenden Kanzlerbesuch in den USA tun oder lassen sollte.

So bewährte sich der Abend in der »Hölle« als reinigendes Fegefeuer. Als ich vor dem Zubettgehen mit Willy Brandt letzte Worte wechselte, grollte noch etwas in ihm nach, insgesamt aber schien er erleichtert. Vor dem Einschlafen überdachte ich recht optimistisch mein weiteres Schicksal als Aufklärer und Referent an seiner Seite.

16. Die »K-Akten«

»Nach Guillaumes Verhaftung war die Bundesanwaltschaft zuversichtlich, den Spion zu überführen. Denn an seinem Arbeitsplatz waren 900 Seiten Akten in zwei Leitz-Ordnern beschlagnahmt worden, die auf geheimen Unterlagen des Verfassungsschutzes beruhten.
Der CDU-Abgeordnete Gerhard Reddemann, Scharfmacher aus dem Steiner-Ausschuß, streute in Bonn sofort das Gerücht (aus): *In diesen Akten hätten Namen von Fluchthelfern gestanden, die Guillaume nach Ostberlin gemeldet habe. Die Fakten sind allerdings anders. Seit 1961 bekommt die SPD vom Kölner Verfassungsschutzamt Berichte über die Versuche kommunistischer Unterwanderung, ebenso wie die CDU Berichte über die Infiltration durch Ultrarechte erhält.«*

(»Stern«, 19.9.1974)

»Die Fahndungsgruppe Guillaume beim Bundeskriminalamt hat das Rätsel, wie in Guillaumes Arbeitszimmer im Kanzleramt eine ›Akte Kommunismus‹ entstehen konnte, bei der es sich um mehrere Bände an Erkenntnissen, Analysen und Lagebeschreibungen aus dem Verfassungsschutz handelt, nicht recht lösen können. Der Strafsenat in Düsseldorf, so scheint es, weiß mit dieser Akte auch nicht viel anzufangen. Die etwa 900 Blatt an Unterlagen sind gleichwohl von hoher Brisanz, weil es sich nicht nur um geheimzuhaltendes Material über Operationen des Verfassungsschutzes handelt, sondern aus den Berichten oft auch die Quellen hervorgehen, so daß heute die Befürchtung besteht, zahlreiche Mitarbeiter und V-Männer des Verfassungsschutzes könnten durch Guillaumes Agententätigkeit enttarnt worden sein.«

(»Frankfurter Allgemeine Zeitung«, 11.9.1975)

Erbitterung beim Blick in den Aktenschrank

»Genosse Guillaume, Sie waren innerlich Kommunist und standen nach außen hin auf dem rechten Flügel der SPD. Das ist doch ein irrer Widerspruch! Wie sind Sie damit fertig geworden?«
Ich saß in einer Runde junger Leute. Die Frage – etwas verlegen gestellt – überraschte mich nicht. Sie war mir nach der Rückkehr in die

Heimat immer wieder gestellt worden, egal ob ich vor einem großen Forum referierte oder in kleinem Kreis mit Freunden zusammensaß. Ich war also vorbereitet. Dennoch fiel mir die Antwort nicht leicht. Selten ist mir die Widersprüchlichkeit meiner Position so schmerzhaft bewußt geworden wie an jenem Tag, als ich in meinem Referentenstübchen unterm Dach des Kanzleramts zum erstenmal etwas gründlicher die Aktenschränke visitierte und dabei auf die prall mit Verfassungsschutzberichten gefüllten Leitz-Ordner stieß. Peter Reuschenbach, mein Vorgänger im Amt des Parteireferenten bei Willy Brandt, hatte mir die Dinge mit einem verächtlichen Achselzucken übergeben. »Mach damit, was du willst. Ich hab wenig mit anfangen können.« Der Strafsenat des Oberlandesgerichts Düsseldorf aber nahm sich im September und Oktober 1975 sechs Verhandlungstage Zeit für die *»Akte Kommunismus«*.

Nach vielen Jahren hauptamtlicher Funktionärstätigkeit für die SPD war ich gewiß kein heuriger Hase mehr. So ungefähr glaubte ich mich auszukennen in der Partei. Spätestens als Unterbezirkssekretär in Frankfurt/Main hatte ich begreifen gelernt, daß Politik, in der Welt des Kapitals verstanden als Kampf um Macht und Einfluß, ein Geschäft ist, bei dem Rücksichtnahme, verstanden als Sensibilität in Fragen der politischen Moral, eher schadet als nützt. Man durfte nicht pingelig sein. Im Dienste der Selbstbehauptung wurde mir manche Selbstverleugnung abverlangt.

Noch heute erinnere ich mich genau an detaillierte Dossiers über die Genossen des Parteivorstandes der DKP, die Kameraden der VVN und Anhänger der Deutschen Friedensunion. Sie alle wurden pauschal der Verfassungsfeindlichkeit verdächtigt. Als Grundlage dienten meist sogenannte Quellenberichte, Produkte selbsternannter Späher und Jäger die alles, was an staatsbürgerlicher Gesinnung links von der SPD hochkam, selbst harmlose Bürgerinitiativen und Umweltschützergruppen, dem Verfassungsschutzamt mit Eifer als mögliche Feinde offerierten. SPD-Mitglieder, die etwa auf regionaler Ebene mit DKP-Mitgliedern kooperierten, wurden der *Moskauhörigkeit* verdächtigt. Besonderer Aufmerksamkeit erfreute sich die Sozialistische Opposition Marburg. Und auch in den der SPD nahestehenden Studentenbund hatten sich Zuträger des Verfassungsschutzes eingeschlichen. Die *»Akte Kommunismus«* war für eine Partei, die sich ihrer bediente, derart kompromittierend, daß sie auf keinen Fall bei einem damals drohenden Kanzlerwechsel der CDU in die Hände fallen sollte. Man hatte sie deshalb mit einem grünen Kreuz markiert, was bedeutete: sofortige Vernichtung im Falle eines Wahlsieges der CDU/CSU! Peter Reuschenbach sagte dazu vor Gericht: »Die sollte im Kanzleramt nicht Rainer Barzel in die Hände fallen.«

Über die Institution des Verfassungsschutzes hatte ich mir nie Illusionen gemacht. Ähnlich dem Bundesnachrichtendienst, der unter Führung von Gehlen nahtlos die Traditionen der NS-Auslandsspionage mit dem alten Apparat weitergeführt hatte, kamen bei der Überwachung der inneren Ordnung das Bundesamt für Verfassungsschutz und die ihm nachgeordneten Landesämter für Verfassungsschutz manchmal in gefährliche Nähe der ehemaligen Geheimen Staatspolizei. Sowohl auf Grund meiner Parteifunktion als auch durch meine Position im Kanzleramt gehörte ich zum Kreis sogenannter Insider. Mehrmals hatten Verfassungsschützer meinen Weg gekreuzt, die persönlich mit der Verfassung sehr locker umgingen und kurioserweise in mir einen Gesinnungsfreund vermuteten. Besonders seit dem Extremisten-Beschluß, im Januar 1972 in einer Konferenz des Bundeskanzlers mit den Regierungschefs der Länder besiegelt, wurde hinter jedem kleinen Beamten oder Angestellten des Öffentlichen Dienstes hinterherspioniert, wenn er auch nur im leisesten Verdacht stand, sonntags eine rote Krawatte zu tragen. Auch Leute im Kanzleramt selbst blieben von entehrenden Nachstellungen nicht verschont. Insofern konnten mich die Papiere in der *»Akte Kommunismus«* kaum überraschen. Was mich jedoch verbitterte, war das auch mir bis dahin unbekannte Ausmaß einer prinzipienlosen Verfilzung des SPD-Parteiapparats mit den Überwachungs- und Unterdrückungstrupps des Staatsschutzes. Die Menschen, die da als *Gegner der demokratischen Grundordnung* verdächtigt wurden – das waren doch meine wahren Genossen und Gesinnungsfreunde! Beging ich nicht Verrat an ihnen, wenn ich die gegen sie gerichteten Dossiers nach dem Lesen einfach wieder in den Aktenschrank einschloß? Mußte ich sie nicht warnen? Durfte ich schweigen? War es nicht ein notwendiger Akt der Solidarität und auch der Selbstachtung, daß ich mein Wissen heimlich weitergab an die, die es betraf?

Dagegen erhoben sich wie eine schroffe Wand die übergeordneten Gesichtspunkte meines Auftrags. Ich konnte darüber fluchen, wenn ich mit mir allein war, in Gegenwart anderer durfte ich nicht einmal mit den Zähnen knirschen. Es war ein schwerer Gewissenskonflikt, in den ich bei der Ausführung meines Kundschafterauftrags gestürzt wurde. Das Herz wollte etwas anderes, als der Verstand erlaubte. Das Glück der Umstände und ein bißchen eigenes Nachhelfen hatten mich auf einen idealen Beobachtungsposten geführt. In meiner Umgebung gab es eine ganze Reihe von Seismographen, die mit ihrem Zeigerausschlag unterirdische Bewegungen in der Weltpolitik nicht nur einfach registrierten, sondern auch geeignet waren, herannahende Konflikte und Katastrophen warnend anzukündigen. Diese ungewöhnliche exponierte Position durfte um keinen Preis gefährdet werden.

Die Verfassungsschutzberichte waren generell als Verschlußsachen zu behandeln. Nur einem sehr kleinen Personenkreis waren sie zugänglich, festgeschrieben mit einem Verteilerschlüssel. Die sich in meinen Akten ansammelnden Papiere waren zur Unterrichtung des Bundeskanzlers und Parteivorsitzenden gedacht. Wenn ich es gewagt hätte, mein Wissen an die Verfemten weiterzugeben, so daß sie vielleicht eher in der Lage gewesen wären, sich zur Wehr zu setzen, wäre es den Abwehrspezialisten des Verfassungsschutzes äußerst leichtgefallen, die undichte Stelle im Kanzleramt aufzuspüren. Soviel Überwindung es mich auch kostete – ich mußte schweigen. Nur in einigen wenigen Fällen, bei denen ersichtlich war, in welchem Ausmaß die Bewegung der Demokraten und Friedensfreunde als Ganzes durch Unterwanderung und Provokation bedroht war, informierte ich unsere Zentrale. Ich nehme an, daß sie sichere Wege gefunden hat, um den Freunden eine Warnung zukommen zu lassen.

Die Kanäle, durch die die Informationssüppchen zwischen dem Bundesamt für Verfassungsschutz und dem SPD-Parteivorstand hin- und herschwappten, waren teils offen, teils verdeckt. Die offizielle Linie bediente der Regierungsdirektor Heinrich Degenhardt, der leitende Mann der Abteilung »Kommunistische Bündnispolitik und Linksradikalismus« im Kölner Verfassungsschutzamt. Im Prozeß erteilte er über die Prozedur des Nachrichtenaustausches ungeniert Auskunft. Am 10. September 1975 beispielsweise gibt Degenhardt zu Protokoll: »Bestimmte Erkenntnisse auf dem Gebiet des Linksradikalismus, man könnte vereinfacht sagen: des Kommunismus, wurden von unserem Amt für eine Zuleitung an den SPD-Vorstand ausgewählt und aufbereitet. Die Entscheidung darüber oblag mir. Aus dem beim Amt anfallenden Material habe ich solche Informationen ausgewählt, bei denen ich glaubte erkennen zu können, daß sie für den Empfänger von Belang oder erheblichem Belang sein könnten. Wenn Herr Reuschenbach hier als Zeuge ausgesagt hat, daß er dem Informationsmaterial verhältnismäßig geringen Wert beigemessen hat, so kann ich dazu nur sagen, daß eine solche Bewertung eine Sache ist, die vielleicht etwas subjektiv ausfällt. Wir haben auf keinen Fall Material weitergegeben, das keinen Wert hatte.«

Einigen Journalisten, die sich noch einen Rest Naivität bei der Beurteilung der bundesrepublikanischen Rechtsstaatlichkeit bewahrt haben, fällt es schwer, beim Vortrag des Verfassungsschützers ihr Erstaunen zu verbergen. Was sie verblüfft, ist die vertrauensinnige Herzenseinigkeit, die eine große traditionsreiche demokratische Partei mit dem die Demokratie strapazierenden Treiben des Kölner Abwehramtes verbindet und über die der Zeuge Degenhardt mit Selbstgerechtigkeit referiert.

Die Hintergrundfigur kommt ins Rampenlicht

Das ganze Ausmaß der illegalen Verfilzung wurde durch Fragen der Verteidigung aufgedeckt. Dafür ein Beispiel:

Verfassungsschützer Degenhardt hat als Zeuge ausgeführt, daß es sich bei dem zum SPD-Vorstand weitergeleiteten Material zum größten Teil um sogenanntes Basismaterial gehandelt habe, also um Originalberichte aus der operativen Arbeit des Dienstes. Ausgenommen davon seien nur solche Schriftstücke gewesen, die er selbst zur Weitergabe an die SPD habe zusammenfassen und bearbeiten lassen.

Dadurch hellhörig geworden, fragt die Verteidigung, ob sich in etwa sagen lasse, wieviel von dem in den Ordnern enthaltenen Material unmittelbar von dem Zeugen stamme und wieviel nicht. Antwort: »Nur etwa zehn Prozent des Materials stammen von mir, die anderen neunzig Prozent sind auf anderen Wegen zum Empfänger gelangt.«

Verblüffung im Saal! Der Verteidiger hakt nach: »Aber sagten Sie nicht, daß die Entscheidung über die Weitergabe ausschließlich bei Ihnen lag?« Merkwürdig genug! Der Verteidiger bohrt weiter: Ob denn der Herr Zeuge wenigstens Kenntnis von dem Personenkreis hatte, der die restlichen neunzig Prozent des Materials weitergege-

ben haben könnte? Zeuge Degenhardt: »Ich habe schon angedeutet, daß auch der Präsident des Amtes Herr Doktor Nollau dem Parteivorstand Informationen direkt zugehen ließ. Womit ich natürlich nicht gesagt haben will, daß diese neunzig Prozent durch die Hände von Herrn Doktor Nollau gegangen sind.«
Nanu! Wenn nicht Herr Nollau und nicht Herr Degenhardt – wer dann? Der Zeuge wendet seinen Blick wie klagend zur Decke und beruft sich darauf, daß nun wohl doch der Punkt erreicht sei, an dem aus staatlichen Sicherheitsinteressen seine Aussagegenehmigung ende. Aber jetzt, allerdings erst nachdem die Öffentlichkeit ausgeschlossen worden ist, will es auch das Gericht wissen und dessen Vorsitzender: Es gehöre sehr wohl zum Gegenstand der Verfahrens, lückenlos festzustellen, auf welchen Wegen die Informationen zur SPD gelangt seien. Und nun endlich fällt der Name des Mannes, der in dem hintergründigen Verwirrspiel auf groteske Weise eine Schlüsselrolle übernommen hat: Tromsdorf.

Über diesen Tromsdorf lief die Masse des eigentlichen Geschäftsverkehrs zwischen Verfassungsschutzamt und SPD-Vorstand. Die gepflegten und wohlabgewogenen Berichte des Herrn Abteilungsleiters Degenhardt bildeten lediglich die Firmierung, die mehr oder weniger legale Abdeckung der illegalen Verbindungen. In den unterirdischen Kanälen war Tromsdorf zu Hause.
Bei der Durchsuchung meines Referentenzimmers im Kanzleramt durch Beamte des Bundeskriminalamts waren zunächst zwei Leitz-Ordner beschlagnahmt und als hochverdächtige Beweisstücke zu den Asservaten gegeben worden. Das geschah im April 1974. Später, in Vorbereitung des Prozesses, tauchten weitere Bände auf, u. a. aus dem SPD-Parteihaus stammend. Jeder der bei mir im Büro in die *»Akte Kommunismus«* eingehefteten Geheimberichte erhielt eine Eingangsnummer. So erinnere ich mich, daß das Dossier über den DKP-Parteivorstand als Nummer 261 klassifiziert war. Da es sich bei den vom Parteihaus zum Kanzleramt weitergeschleusten Exemplaren um Kopien handelte, konnten durch einfachen Vergleich mit den im Parteihaus verbliebenen Originalen gewisse Fehlbuchungen vermerkt werden. In den von mir betreuten Aktenordnern fehlte tatsächlich das eine oder andere Stück. Daran versuchte die Bundesanwaltschaft zunächst die kühne These zu knüpfen, daß die fehlenden Exemplare von mir direkt an meine Berliner Zentrale weitergereicht

worden wären. Mir ein solches Verfahren zu unterstellen war einigermaßen absurd. Und der Herr Generalbundesanwalt begriff dann auch sehr schnell, daß er sich entscheiden mußte: Entweder war ich ein Dilettant, der es darauf anlegte, sich beim Postverkehr auf närrische Weise selbst zu enttarnen, oder ich war der gefährliche Superagent, als der ich vor der Öffentlichkeit dazustehen hatte – eins von beiden ging nur! Im übrigen hatte Peter Reuschenbach, von dem ich die *»Akte Kommunismus«* übernommen hatte, zu dem Vorgang schon ein paar Takte gesagt: Einige der ihm zugeleiteten Verfassungsschutzberichte wären auf so lächerliche Weise verlogen gewesen, daß er nicht einmal gewagt hätte, sie zu den Akten zu nehmen, geschweige denn sie dem Kanzler vorzulegen. Reuschenbach hatte einiges von dem Zeug einfach in den Papierkorb geworfen.

Der verhandlungsführende Richter läßt nun dem Zeugen Tromsdorf die *»Akte Kommunismus«* vorlegen, die in meinem Amtszimmer sichergestellt worden ist, und fragt ihn, ob er das darin enthaltene Material wiedererkenne als dasselbe, das er als Verbindungsmann eigenhändig vom Verfassungsschutzamt zum SPD-Vorstand gebracht habe. Tromsdorf kann kaum ein Feixen unterdrücken. Er mustert die prall gefüllten Bände selbstgefällig und sagt dann: »Ich könnte es mir leicht machen und sagen, ich war nur als Bote tätig. Aber wenn ich das alles hier so sehe, dann bin ich doch erstaunt über meine rege Tätigkeit. Das ist eben der große Vorteil der großen Sozialdemokratischen Partei, daß ihre Mitarbeiter selbständig denken. Brandt kann ja nicht alles lesen, da mußte ich schon selbst vorarbeiten. Dadurch ist mir das Material hier auch gut bekannt – stammen doch etwa sechzig Prozent davon ursprünglich von mir selbst. Es waren vielfach meine eigenen Berichte, die zunächst an das Verfassungsschutzamt gingen und dann von dort zu mir zurückkamen, damit ich sie der Parteiführung übergeben sollte. Danach war es gewissermaßen amtliches Material! Offiziell lief ja eine ganze Menge – aber wir haben das Manna gegeben!«

Tromsdorf ist in seiner Geschwätzigkeit nicht zu bremsen. Schnelle Zwischenfragen des Bundesanwalts, die ihn ablenken oder zur Besinnung bringen sollen, überhört er oder antwortet darauf im gleichen Stil, in einer Mischung aus Eitelkeit, Kaltschnäuzigkeit, Anbiederung, Selbstmitleid und Zynismus – ein Mann, der den ganzen Apparat entlarvt, den er bedient. Ich beobachte, wie sein Dienstherr, der nach seiner Aussage auf der Zeugenbank verbliebene Abteilungsleiter Degenhardt, versucht, mit dem Bundesanwalt Blickkontakt zu bekommen, was heißen soll: Macht endlich Schluß mit dem Auftritt! Schließlich reagiert Bundesanwalt Traeger. Er unterbricht den Zeugen, der gerade dazu Stellung nehmen will, in welcher Form und in welcher Höhe seine Leistungen vom Verfassungsschutzamt vergütet worden sind, und stellt den Antrag, dazu besser, weil kompetenter, den Zeugen Degenhardt nochmals zu hören, worauf dieser erleichtert zustimmt, aber völlig entnervt bittet, eine Anregung zu prüfen, nämlich ob es nicht angesichts der weiteren zu erwartenden Fragen tunlich sein könnte, wiederum außerhalb der Öffentlichkeit zu verhandeln.

Und natürlich passiert, was in solchen Situationen immer passiert. Die Bundesanwaltschaft erklärt: Sie teile die Auffassung. Die Verteidigung wiederspricht, sie ist grundsätzlich für öffentliches Verhandeln. Der Senat verkündet: Die Öffentlichkeit wird für die Dauer der weiteren Vernehmung des Zeugen Degenhardt von der Verhandlung ausgeschlossen, weil eine Gefährdung der staatlichen Sicherheit zu befürchten ist.

Tromsdorf, der sich vor Gericht als *guter Demokrat* bezeichnete, war nichts weiter als ein Renegat. Damit erfüllte er genau die Bedingungen, unter denen er sich beim SPD-Vorstand als Vertrauensmann hatte anbiedern können.

Ende der fünfziger Jahre noch saß Tromsdorf, gut getarnt und wahrscheinlich im direkten Auftrag des Ostbüros der SPD, im Apparat des ZK der SED. 1960 wurde ihm der Boden zu heiß, und er setzte sich mit einem Arm voll gestohlener Akten ab. Das war das Kapital, womit er beim SPD-Parteivorstand einsteigen konnte. Schon 1961 bekam er eine feste Anstellung und wurde als Verbindungsmann des SPD-Vorstands zum Verfassungsschutzamt benannt.

Tromsdorf ist beim SPD-Vorstand fest angestellt, besitzt jedoch im Parteihaus keinen festen Arbeitsplatz. Er geht in der *Baracke* zwar ein und aus, hat dort aber weder ein Arbeitszimmer noch einen Schreibtisch, weder einen Telefonanschluß noch ein Brieffach. Etatmäßig ist er der Organisationsabteilung des Parteivorstands angeschlossen, und allein deren Leiter Klaus Flegel ist sein verschwiegener Kontaktmann. Flegel hat Tromsdorf von seinem Vorgänger im Amt der Organisationsleitung, Wolf Koch, übernommen, einem ebenfalls aus der *Ostzone* geflüchteten Renegaten. Tromsdorf geht und kommt, wann er will. Im Prozeß sagt er einmal: »Ich schwebte da immer mal wieder vorbei!« Tromsdorfs Mission besteht nicht darin, da zu sein, sondern unterwegs zu sein. Und er ist viel unterwegs, ist unermüdlich, ständig auf Achse, taucht überall da auf, wo *kommunistische Unterwanderung* zu befürchten ist. Und dann schreibt er seine unsäglichen Berichte, gemischt aus einem Fetzen tatsächlich Erlauschtem und einem Haufen Zusammenphantasiertem.

Tromsdorf findet genau den Dreh, um doppelt zu verdienen. Normalerweise könnte er seine Berichte direkt bei Herrn Flegel im Parteivorstand abgeben. Aber nicht umsonst ist er ja offiziell als Verbindungsmann zum Bundesamt für Verfassungsschutz nominiert. In der dortigen Abteilung III findet er schnell einen Busenfreund, einen gewissen Skulla, dem er seine Produkte auf den Tisch schiebt. Skulla ist V-Mann-Führer des Verfassungsschutzes und Tromsdorf einer seiner Haupt-V-Leute. Skulla nimmt die Berichte zu den Akten und kann dafür Freund Tromsdorf ein Salär anweisen. Manches wird den Bossen, Präsident Nollau oder Abteilungsleiter Degenhardt, zur Kenntnis gebracht, das meiste jedoch nicht. Die Masse der von Tromsdorf gelieferten Berichte geht nach der amtlichen Überarbeitung und Absegnung durch Skulla auf direktem Wege an Tromsdorf zurück, der seine eigenen Erfindungen, nunmehr als »amtliche sicherheitspolitsche Erkenntnisse« klassifiziert, zu Klaus Flegel ins SPD-Parteihaus trägt. Etwa drei Bericht je Woche fallen an, mal mehr, mal weniger. Die SPD-Kasse zahlt dafür ein festes Gehalt.

Im Prozeß hat sich Degenhardt verzweifelt bemüht, die Praktiken seines Amtes unter der Käseglocke zu halten und sich von Tromsdorf nachträglich zu distanzieren. Vergeblich – der Verteidiger stellte die Schlüsselfrage: »Wenn der Zeuge Tromsdorf nur als Privatmann handelte, warum liegt dann dem Gericht für ihn eine Aussagegenehmigung des Herrn Präsidenten Doktor Nollau vor?« Da mußte Degenhardt mit der Wahrheit herausrücken: »Tromsdorf war seit Anfang der sechziger Jahre für uns tätig im Interesse der dem Amt gestellten Aufgaben. Wenn sich das für ihn selbst vielleicht als Aufträge dargestellt haben mag, so in Anbetracht seines Vertrautseins mit einer gewissen Materie ... Es bestand kein formales Angestelltenverhältnis, wir haben ihn als ständigen Mitarbeiter betrachtet, insofern ist ihm auch eine gewisse Entschädigung zuteil geworden, die er aus seiner Sicht als Vergütung für entgangene Arbeitszeit betrachtete. Wir haben ihn als freien Mitarbeiter angesehen. Auf dieser Grundlage hat ihm der Präsident des Amtes eine Aussagegenehmigung erteilt.«

Degenhardt, als Experte für Fragen des sogenannten Linksradikalismus zu der Zeit einer der führenden Verfassungsschützer der Bundesrepublik, mußte sich die Frage gefallen lassen, ob nicht, gemessen an der Verfassung, die man vorgab zu schützen, die ganze Verfahrensweise einen stark illegalen Charakter hatte. Da schloß Degenhardt für einen Moment die Augen und sagte: »Das steht wohl im Raume!«

An diese Aussage knüpfte die »Frankfurter Allgemeine Zeitung« einen Tag später die Bemerkung: *»Das alles wird noch abenteuerlicher, wenn man in Tromsdorf nicht einen qualifizierten wissenschaftlichen Referenten sieht, sondern ihn eher in jene Kategorie verdienter älterer Parteimitglieder einzustufen hat, die normalerweise in allen Parteien etwa zur Vorsorge für das Altenteil mit dem Posten eines Pförtners, Heizers oder Hausmeisters versehen werden. Inwieweit dieser umfangreiche, seit Jahren währende Informationsfluß des Verfassungsschutzes an den SPD-Vorstand als illegales Verhalten und eine nicht abreißende Kette schwerer Dienstvergehen von Beamten des Verfassungsschutzes einschließlich des Präsidenten zu werten ist, hat der Düsseldorfer Strafsenat nicht zu prüfen. Ihm geht es nur um die Frage, wie Guillaume an dieses Material kommen konnte und was er davon verraten hat.«*

Dazu ist zweierlei zu sagen. Zum ersten: Tromsdorf war kein billiger Achtgroschenjunge, der eigentlich aufs Altenteil gehörte. Er war ein Renegat, der an zentraler Possition eine Schlüsselrolle spielte, betraut mit der Funktion, jeden Einheitsgedanken in der Arbeiterbewegung im Keime zu ersticken, jede Bündnisbestrebung realistisch und vernünftig denkender Kräfte zu verhindern. Den militanten Antikommunismus innerhalb der SPD-Führung belieferte er unermüdlich mit Munition.

Und wie kam ich an das von Tromsdorf fabrizierte Material? – Klaus Flegel, der Organisationsleiter des SPD-Vorstands, ließ von den ihm übergebenen Quellenberichten und Einschätzungen Kopien fertigen und bdiente damit zumindest zwei Institutionen. Eine Kopie ging an das Büro des Bundesgeschäftsführers der Partei, eine andere an das Vorzimmer des Parteivorsitzenden. Thea Wernicke, die im

Parteihaus Willy Brandts Büro betreute, machte nun mit den Verfassungsschutzberichten, was sie mit jeder Postsache machte. Sie quittierte den Empfang, tat sie in eine Laufmappe und schickte sie entweder mit einem Kraftfahrer zum Kanzleramt hinüber oder händigte sie mir direkt aus, wenn ich im Erich-Ollenhauer-Haus arbeitete. Was dann damit weiter geschah, war meine Sache.
Ich machte mit den Produkten von Tromsdorf so gut wie nichts. Ich heftete sie in der Akte ab, um dem Geschäftsgang Genüge zu tun, damit hatte sich die Sache erledigt. Dies war der unauffälligste und darum wirksamste Schutz für den Personenkreis, der den Nachstellungen ausgesetzt war. Solcherart Zurückhaltung war zugleich ein Schutzfilter, der unsinnige Einschätzungen und Anschuldigungen vom Kanzler fernhielt und ihn somit vor möglicherweise ebenso unsinnigen Reaktionen bewahrte. Über das Team Tromsdorf und Skulla könnte man wortlos zur Tagesordnung übergehen. Aber daß von deren Machwerken das Urteil des Bundeskanzlers über die linken Strömungen in seinem Lande abhängen sollte – das war das politisch Gravierende und darum Empörende an dem Vorgang *»Akte Kommunismus«*.

Quellen und *Quellenschutz* – da wird's gefährlich

Immer wieder wurde im Zusammenhang mit der *»Akte Kommunismus«* vom Senat oder von der Bundesanwaltschaft die Frage des sogenannten *Quellenschutzes* hochgezogen. Kein Zeuge zu diesem Komplex des Verfahrens wurde vom Kreuzverhör ausgelassen. Man suchte nach der Schlinge, die man mir um den Hals legen konnte. Während des Prozesses gab es eine ganze Reihe gefärhlicher Passagen; der Abschnitt *Quellenschutz* gehörte zu den gefährlichsten. Allen im Saal war klar, daß mir das Urteil *lebenslänglich* drohte, wenn das Gericht in dieser Frage zu dem von ihm gewünschten Ergebnis käme.
Frage an den Zeugen Degenhardt: »Gab es Basismaterial, das die Bezeichnung *Quellenschutz* trug, aber gleichwohl übermittelt wurde?« Die vieldeutige Antwort: »Nicht durch mich!« Zusatzfrage: »Befindet sich in den Akten, die hier zur Verhandlung stehen, Material, das so gekennzeichnet war?« Antwort: »Ja!«
Damit war klar, daß sich unter den Geheimdienstpapieren, die

Tromsdorf unter Umgehung der Legalität zum SPD-Vorstand geschleppt hatte, auch solche befanden, bei denen die Quelle seiner Informationen nicht kaschiert war. Tromsdorf gab das bei seiner Vernehmung auch unumwunden zu. »Machen wir uns nichts vor« sagte er mit einem hinterhältigen Blick zur Anklagebank hinüber, »wenn jemand über viele Jahre solche Berichte bekommt, dann kann er schon manches daraus lesen.«

Warum soll er die Gelegenheit nicht genutzt haben?

Es ist der 7. Oktober 1975 – zu Hause feiern sie den Tag der Republik –, als der Sachverständige Albrecht Müller in den Zeugenstand gerufen wird. Müller ist Oberregierungsdirektor beim Bayrischen Landesamt für Verfassungsschutz und sagt eingangs von sich selbst, daß er im Arbeitsbereich »kommunistische Infiltration« arbeite und sich insofern als kompetent betrachte, er bewege sich hier auf »sachbekanntem Gebiet«. Der Sachverständige soll zur inhaltlichen Bedeutung der *»Akte Kommunismus«* sprechen und zum Ausmaß der Staatsgefährdung durch die bereits von anderen Zeugen bekundete Weitergabe der Geheimdienstmaterialien.

So ungefähr ahne ich, was ich von den Aussagen dieses Verfassungsschützers zu erwarten habe. Er ist der Mann, der mich nach der Prozeßregie endgültig matt setzen soll, indem er mir nachweist, daß ich die unter *Quellenschutz* stehenden Informationen des sicherheitspolitischen Überwachungsapparates der BRD der Staatssicherheit der DDR ausgeliefert habe. Die Atmosphäre im Saal ist aufgeladen wie Gewitterschwüle. Ich muß mich zwingen, ruhig zu atmen. Der Ausschluß der Öffentlichkeit, wieder beantragt von der Bundesanwaltschaft, verschafft etwas Erleichterung. Nur noch wenige Menschen müssen sich die stickige Atemluft teilen.

Oberregierungsdirektor Müller spreizt seine Kompetenz wie ein Pfauenhahn seine bunten Schwanzfedern. Im Sinne der Beweisführung gegen den Angeklagten bringt das nicht viel, aber die Angeklagten erfahren eine ganze Menge vom routinemäßigen Lauf des Räderwerks, das den gegnerischen Geheimdienst in Gang hält.

Von der schillernden Figur des Tromsdorf versucht sich auch der bayrische Verfassungsschützer möglichst fernzuhalten, kann ihn aber bei seinen Aussagen nicht völlig ausgrenzen. Es kommt zur endgültigen Entlarvung der illegalen Praktiken aus dem Munde des vom Gericht amtlich bestellten Gutachters, der ausführt: »Herr Tromsdorf, selbst Beschaffer von Informationen, hatte direkten Zugang zum Beschaffungsreferat der Zentrale in Köln, und ein Großteil der Materialien dürfte aus dieser Ecke gekommen sein. Ich habe das Gefühl, daß es dort Herren gegeben hat, die mit dem, was mehr oder weniger offiziell an die Parteien weitergegeben wurde, nicht zufrieden waren und die darum auf eigene Faust handelten. Die Bemerkung von Tromsdorf, man habe das Manna gegeben, war in meinen Augen für die ganze Angelegenheit sehr erhellend – nämlich, daß Informationen weitergegeben worden sind, die eigentlich nicht hätten weitergegeben werden dürfen. Vor der Weitergabe des Materials wurde bei den Ablichtungen der VS-Vermerk einfach abgedeckt. Ein gewisser Fanatismus dürfte hier eine Rolle gespielt haben!«

Vor diesem Hintergrund nun kommt Müller zur Sache. »Bei der Durchsicht der mir vorgelegten Unterlagen«, sagt er im Zeugenstand, »habe ich mir überlegt: Was kann ein Außenstehender damit anfangen? Ich bin zu der Feststellung gekommen, daß eine unmittelbare Quellengefährdung bestand. Behandelt zum Beispiel ein Bericht Erkenntnisse aus einem kleinen Gesprächskreis, dann kann schon eine einfache Rückfrage ergeben: der oder der aus dem Kreis muß der Informant sein. Manchmal genügt es schon, wenn man verschiedene Berichte zusammenlegt und vergleicht – auch so kann man die Quelle ausfiltern. Ich habe das an Hand des vorliegenden Materials, also am praktischem Beispiel versucht, und es ist mir gelungen, die Quelle herauszufinden.«

Der Sinn der Konstruktion war klar: Wenn es jedem Außenstehenden, der Gelegenheit hatte, sich mit den Geheimpapieren zu beschäftigen, möglich war, die jeweiligen Informanten aufzuspüren und damit den *Quellenschutz* zu durchbrechen, dann war das auch dem Angeklagten möglich, und nach Lage der Dinge mußte man davon ausgehen, daß er die Möglichkeit genutzt hatte.

Mit zäher Geduld, alle prozessualen Möglichkeiten ausschöpfend, hat die Verteidigung gegen das, was jetzt im Raume stand, angekämpft. Entschärfende Zwischenfragen, Aufdeckung von Widersprüchlichkeiten in den Zeugenaussagen, Abblockung von unsachlichen Beweisanträgen, ablenkende Scheinfragen, ständiges Nachbohren – es waren schon forensische Lehrstücke, die mein Verteidiger da vorführte! Und das machte es uns Angeklagten leichter, bei der uns auferlegten Schweigetaktik zu bleiben. Unsere Sache war vor Gericht in guten Händen. Wir konnten uns aufs Zuhören konzentrieren.

»Es wurden keine Quellen abgeschaltet«

Ein Antrag der Verteidigung, den Sachverständigen Oberregierungsdirektor Müller vom Bayrischen Landesamt für Verfassungsschutz wegen Besorgnis der Befangenheit abzulehnen, lag bereits bei den Akten. Neben Müller sollte noch ein weiterer führender Geheimdienstbeamter zu Wort kommen, der Leitende Regierungsdirektor im Bundesnachrichtendienst Förtsch. Durch eine derart einseitige Verteilung der Gewichte geriet die gesamte Interessenlage aus der Balance. Darum stellten bei Fortsetzung der Hauptverhandlung unsere Verteidiger den Antrag, neben den Sachverständigen Müller und Foertsch einen neutralen, unabhängigen Sachverständigen beziehungsweise Zweitgutachter zum Komplex *»Akte Kommunismus«* und zu den nachrichtendienstlichen Aspekten des Falles zu bestellen. Grundsätzlich gehe es der Verteidigung vor allem darum: Das Gericht möge bitte prüfen, ob die beiden eingesetzten Sachverständigen überhaupt tauglich und in der Lage wären, die im Prozeß angesprochenen Dinge objektiv und vorurteilsfrei zu begutachten, da sie beide an ihre Dienste gebunden seien und somit ihre Interessen an die Interessen dieser Dienste. Nach eiem längeren Geplänkel über die Auslegung der Strafprozeßordnung ging das Gericht mit einem Beschluß einfach zur Tagesordnung über: Die Vernehmung des Sachverständigen Oberregierungsdirektor Müller zum Komplex *»Akte Kommunismus«* wird fortgesetzt!

Nach der Unterbrechung aber haben Müllers Aussagen nicht mehr das Gewicht wie bei seiner ersten Vernehmung. Die sachkundigen Nachfragen der Verteidigung beginnen ihn zu irritieren. Wiederholungen schleichen sich ein. Bloße Behauptungen bleiben in der Luft hängen. Er verliert sich in Einzelheiten, die die Anklage nicht voranbringen.

Hypothetisch aber bleibt die Frage im Raum stehen, die nach der bundesrepublikanischen Gesetzgebung für eine verschärfte Urteilsfindung von Bedeutung werden könnte: Hat der Angeklagte, indem

er Quellen des Verfassungsschutzes verriet, *Beihilfe zum Menschenraub* geleistet, muß er gar als Mittäter eingestuft werden?
Es ist der entscheidende Punkt, an dem die Verteidigung einhaken muß. Der Verteidiger fragt: »Herr Sachverständiger, sind Feststellungen dazu getroffen worden, ob die Quellen noch zu einem Zeitpunkt verdeckt waren, als der Referent Guillaume schon Zugang zu dem Material hatte?« Müller zögert mit der Antwort, bekennt dann aber: »Ja, es sind solche Feststellungen getroffen worden, und dabei hat sich ergeben, daß die Quellen weiterberichtet haben.«
Zusatzfrage: »Können Sie bitte sagen, ob der von Ihnen im Zusammenhang mit einem Quellenbericht erwähnte Kontaktmann weiterhin in die DDR gefahren ist oder nicht?« Gequälte Antwort: »Das nicht. Es wurde lediglich festgestellt, daß der Mann auch noch zum Zeitpunkt der Verhaftung von Guillaume für uns tätig war.«
Diese Aussagen passen dem Gericht überhaupt nicht in den Streifen. Ungnädig fragt der Vorsitzende: »Was denn nun? Haben Sie positiv festgestellt, daß während dieser Zeit, also bis zur Verhaftung von Guillaume, Quellen abgeschaltet wurden – ja oder nein?« Und nun die entscheidende Antwort: »Nein, bis zu diesem Zeitpunkt wurde niemand abgeschaltet.«
Die Bundesanwaltschaft will ihrem Mann im Zeugenstand eine Verschnaufpause verschaffen und lenkt zu anderen Fragen über. Die Verteidigung aber bleibt jetzt dran: »Herr Sachverständiger, ich frage noch einmal ausdrücklich nach – sind bis zur Festnahme oder auch danach V-Leute abgeschaltet worden oder nicht?« Müller: »Es wurden keine Quellen abgeschaltet.«
Damit war einer der für mich gefährlichsten Anklagepunkte aus dem Felde geschlagen. Als am Ende dieses Verhandlungstages mein Verteidiger noch eins draufgibt und den Beweisantrag stellt, noch einen weiteren Zeugen vom Bundesamt für Verfassungsschutz zu laden, der bekunden soll, ob es im Zusammenhang mit der *»Akte Kommunismus«* in der DDR zu Verhaftungen von V-Leuten gekommen sei, resigniert die Anklagebehörde. Der Bundesanwalt erklärt: »Nach der Aussage des Sachverständigen Müller darf als wahr unterstellt werden, daß niemand verhaftet wurde!«
Mit dieser Feststellung war die Erörterung der *»Akte Kommunismus«* vor Gericht praktisch abgeschlossen. Auch ich möchte den Vorhang fallen lassen über dieses dunkle Schauspiel, das mehr politische Schurkerei ans Tageslicht brachte, als sich ein Dramatiker aus-

denken könnte. Aber ich will es nicht beschließen, ohne von einer späten Genugtuung zu berichten, von einem heimlichen Triumph, den ich in der Haftanstalt genoß.

Eingangs habe ich darzustellen versucht, warum es mir im übergeordneten Interesse meines Kundschafterauftrags nicht möglich war, Gesinnungsfreunde, selbst nicht solche aus den Reihen der SPD, vor den Nachstellungen des Verfassungsschutzes zu warnen, obwohl mir dessen Machenschaften aus den Berichten in der *»Akte Kommunismus«* bekannt waren. Lange quälte ich mich mit dem Konflikt herum, und er verfolgte mich bis in die Grübelstunden der einsamen Haftzelle.

Jedes Gefängnis entwickelt sein eigenes System der Nachrichtenverbindung zur Außenwelt. Ich erfuhr, daß mehrere großangelegte nachrichtendienstliche Operationen vom Kölner Verfassungsschutzamt überraschend abgebrochen werden mußten in der bloßen Befürchtung, daß die eingesetzten Späher demaskiert waren. Vor Gericht war klargestellt worden, daß keinem dieser Leute etwas widerfahren war. Obwohl ich Gelegenheit gehabt hätte, einen ganzen Schwarm auffliegen zu lassen, passierte nichts. Doch gerade diese Ruhe muß den Geheimdienstleuten allmählich unheimlich geworden sein. Ganz offensichtlich fürchtete man, kompromittiert zu werden.

Wie hatte es der Sachverständige Verfassungsschützer Müller vor Gericht formuliert? »Wenn ich Anhaltspunkte dafür bekomme, daß Hintergründe zur Identifizierung der Quelle bekanntgeworden sind, dann muß ich daraus Folgerungen ziehen, dergestalt daß ich die Quelle nur noch beschränkt einsetze!«

Tagelang hatte im Gerichtssaal der ganze Komplex des sogenannten *Quellenschutzes* wie ein Damoklesschwert über mir geschwebt. Man wird meine Gefühle begreifen, als ich erfuhr, daß es auf die zurückfiel, die es aufgehängt hatten.

17. Die Sternstunde

»Bundeskanzler Brandt hat – ›Ende Mai 1973‹ – seinen persönlichen Referenten (Dr. Wilcke), der Leiter des Kanzlerbüros und damit unmittelbarer Vorgesetzter des G. war, darüber unterrichtet, daß ›sich ein Verdacht gegen G. ergeben‹ habe, ohne Einzelheiten mitzuteilen. Dabei hat Bundeskanzler Brandt auch darauf hingewiesen, daß er außerdem nur Staatssekretär Grabert unterrichtet habe und daß ›nichts verändert werden‹ solle ›und wir uns auch nichts anmerken lassen‹ sollten.
Vor dem genannten Zeitpunkt (Ende Mai 1973) war bereits entschieden worden, daß G. den Bundeskanzler auf der vorgesehenen Urlaubsreise nach Norwegen begleiten sollte. Über diese Entscheidung war auch G. bereits unterrichtet worden. Bei dieser Reise wurde der Bundeskanzler von Mitarbeitern der Sicherungsgruppe – zum persönlichen Schutz – und des BND – für den Fernschreibverkehr – begleitet. Sie waren über den Verdacht gegen G. nicht unterrichtet und nicht beauftragt, G. zu observieren oder anfallendes Geheimmaterial dem Einblick des G. zu entziehen.«

(Aus dem Bericht der Kommission »Vorbeugender Geheimschutz« über die Prüfung von Sicherheitsfragen im Zusammenhang mit dem Fall Guillaume – Bundestagsdrucksache 7/3083)

»Ende Juni 1973 trat der Bundeskanzler seinen Urlaub in Norwegen an. Da sein persönlicher Referent, der Zeuge Dr. Wilcke, zur gleichen Zeit Urlaub nahm, und dessen Stellvertreter, der Zeuge Dr. Schilling, im Kanzlerbüro nicht abkömmlich war, wurde die Begleitung des Kanzlers dem Angeklagten Günter Guillaume übertragen. Damit fiel dem Angeklagten für die Dauer des Urlaubsaufenthaltes des Bundeskanzlers in Norwegen die Wahrnehmung der Aufgaben des persönlichen Referenten zu. Um die sich ihm dadurch eröffnenden Informationsmöglichkeiten nachrichtendienstlich voll ausschöpfen zu können, machte er von der den Referenten eingeräumten Befugnis Gebrauch, seine Ehefrau mit nach Hamar zu nehmen.«

(Aus der Urteilsbegründung des IV. Strafsenats des Oberlandesgerichts Düsseldorf in der Strafsache »Bundesrepublik Deutschland gegen Guillaume/Guillaume«)

»... erst später in der Urteilsbegründung wurde offenbar, daß Richter Müller das Ausmaß des Verrats mit der Bezeichnung ›Informationen allerersten Ranges‹ geradezu tiefsta-

pelnd unterkühlt umrissen hatte. Die Fernschreiben, die den Guillaumes, obwohl damals bereits der Spionage verdächtigt, am Urlaubsort des damaligen Bundeskanzlers Brandt im norwegischen Hamar ›in zweifacher Ausfertigung‹ durch die Hände gingen, waren gewissermaßen das Allerheiligste.«

(»Der Tagesspiegel«, 16.12.1975)

Hielt der eine das Messer, und der andere gab den Schubs?

Das Aberwitzige der Situation bestand darin, daß der Bundeskanzler den gegen seinen Referenten entfachten Spionageverdacht nicht ernst nahm und der Referent selbst nicht das geringste von diesem Verdacht wußte. Mehr als einmal hat Willy Brandt später beteuert, daß er die Verdächtigung für absurd hielt, und viele Anzeichen, darunter auch meine persönlichen Eindrücke, deuten darauf hin, daß diese Beteuerungen echt und unverstellt gewesen sind.
Bundeskanzler Brandt war von seinem dafür zuständigen Innenminister Genscher in zwei Gesprächen während der letzten Maitage 1973 über Hinweise der Spionageabwehr-Abteilung des Bundesamts für Verfassungsschutz informiert worden, ein eingeschleustes Ehepaar namens Guillaume betreffend. Genscher seinerseits als Dienstherr des Verfassungsschutzamts hatte die Information von dessen Präsidenten Dr. Nollau bezogen.
Die ganze Art und Weise, wie diese Informationen an den Kanzler gebracht wurden, ließ bei manchem Eingeweihten in Bonn den Verdacht aufkommem, daß beide, sowohl Genscher als auch Nollau, und das aus Gründen, die nur sie selbst kennen, darauf aus waren, Brandt hinters Licht zu führen und im dunkeln tappen zu lassen. Bastelten sie, und zwar jeder unabhängig vom anderen, damals schon im geheimen an der Falle, die elf Monate später hinter Brandt zuschnappen sollte? Ihre späteren Bekundungen zum Vorgang widersprechen sich in einer Weise, daß man selbst bei großzügiger Auslegung zumindest von einer Verschleierung der Wahrheit sprechen muß. Auch der vom Bundestag eingesetzte parlamentarische Untersuchungsausschuß, vor dem Genscher und Nollau als Zeugen aussagten, vermochte die Widersprüche nicht aufzuhellen. Einer von beiden muß wohl vor dem Ausschuß die Wahrheit verdreht haben.

Da ich von dem Intrigenspiel hinter den Kulissen aus eigener Wahrnehmung keine Kenntnisse habe, blättere ich im Protokoll des Untersuchungsausschusses, und zwar in jenem Teil, in dem die Auffassung der Regierungsmehrheit mit milder Zurückhaltung vorgetragen wird. Ich lese: *»Der Bundesinnenminister erläuterte daraufhin dem Bundeskanzler die Erkenntnisse aus der Methode des BfV und die sich daraus ergebenden Verdachtsmomente gegen Guillaume ...«*
Brandt aber bestritt, jemals von Genscher umfassend informiert worden zu sein: *»Der Zeuge Brandt bekundete hierzu, der Zeuge Genscher habe ihm mitgeteilt, der Verdacht ergebe sich aus einer Quelle besonderer Art, zurückliegend, wie er glaube, bis in die 50er Jahre. Er habe inzwischen zu seinem Erstaunen von einer Vielzahl von Punkten gelesen, die in diesem Zusammenhang eine Rolle gespielt hätten (16/94). Wenn auch inzwischen eine gewisse Zeit verstrichen sei, so meine er sich mit Bestimmtheit erinnern zu können, daß nur von dieser einen Quelle die Rede gewesen sei (16/127, 135f.).«*
Und daraus erklärte Brandt auch sein passives Verhalten: *»Er habe sich aber gleichzeitig daran erinnert, daß ihm der frühere Chef des Bundeskanzleramtes, Prof. Dr. Ehmke, im Jahre 1970 oder 1971 einen Hinweis gegeben habe, was Anlaß zu einer Prüfung und Untersuchung Guillaumes ergeben habe. Dies habe sich bei der damaligen Überprüfung* (anläßlich meiner Einstellung ins Kanzleramt – G. G.) *als gegenstandslos erwiesen (16/96).*
Dieser Globaleindruck sei ihm haften geblieben.«
In jenem ersten Gespräch am 29. Mai fragte der Kanzler seinen Minister, was denn nun geschehen solle. Unter Berufung auf Dr. Nollau gab Genscher daraufhin *»den Rat des Verfassungsschutzes weiter, Guillaume am Platze zu belassen und nicht durch Veränderungen in seiner Funktion oder auch nur durch verändertes Verhalten ihm gegenüber ihm eine Warnung zukommen zu lassen (16/8f.)«*. Brandt akzeptierte den Vorschlag und war auch mit Observierungsmaßnahmen gegen seinen Referenten einverstanden. Ganz offensichtlich rechnete er damit, daß die gegen mich und Christel eingeleiteten Beobachtungen und Untersuchungen ausgehen würden wie das Hornberger Schießen. Gegenüber dem parlamentarischen Untersuchungsausschuß erklärte er jedenfalls noch einmal ausdrücklich, er habe *»den Verdacht gegen Guillaume für sehr unwahrscheinlich gehalten, zumal es sich ihm im Zusammenhang mit dem dargestellt habe, was ihm Ehmke in den vorausgegangenen Jahren gesagt hätte,*

daß nämlich Guillaume genau überprüft worden sei (16/121). Für seine Beurteilung habe auch eine Rolle gespielt, daß er in den zehn Jahren als Berliner Bürgermeister mindestens einmal im Monat mit Vorgängen befaßt gewesen sei, von denen man glaubte, sie könnten sich zu einem Verdacht verdichten, was dann meistens nicht geschehen sei (16/96f., 122f.).«

Dennoch blieb wohl bei Willy Brandt ein unsicheres Gefühl zurück, und er fragte Genscher ganz direkt, ob ihn der Herr Guillaume wie bereits geplant und eingeteilt auf seiner Urlaubsreise nach Norwegen begleiten solle. Genscher stutzte und wollte sich nicht verantwortlich festlegen. Im Protokoll des Untersuchungsausschusses heißt es: *»Der Bundesinnenminister erklärte, er wolle dazu Dr. Nollau fragen, und überbrachte am darauffolgenden Tag dem Bundeskanzler die Antwort, auch hieran solle nichts geändert werden, da sonst die Gefahr einer Warnung des Verdächtigen bestünde (16/95; 16/9).«*

Genau an diesem Punkt verdichtete sich das Gestrüpp aus Unwahrheiten, Widersprüchen und Verdrehungen. Ohne irgendwelche Konsequenzen aus den ganz offensichtlichen Falschaussagen zu ziehen, konstatierte der Untersuchungsausschuß lakonisch: *»In diesem Zusammenhang besteht ein Widerspruch zwischen den Aussagen der Zeugen Dr. Nollau und Genscher, der nicht auszuräumen war. Während der Zeuge Genscher aussagte, er habe nach dem ersten Gespräch mit dem Bundeskanzler den Zeugen Dr. Nollau am 30. Mai 1973 telefonisch befragt, ob sich an der geplanten Norwegen-Reise etwas ändern sollte, was dieser verneint habe, bestand der Zeuge Nollau darauf, hiervon erst nach Antritt der Reise Anfang Juli etwas erfahren zu haben (Genscher: 16/9; Nollau 15/136ff.; 27/12, 19).«*

Genscher und Nollau wollten sich wohl gegenseitig nicht in die Karten gucken lassen. Daraus erklären sich eine Reihe weiterer Widersprüche in ihren Zeugenaussagen vor dem Untersuchungsausschuß. Dazu noch ein Beispiel:

Der mit den Ermittlungen gegen mich und Christel beauftragte Abwehrmann Watschounek legte am 4. Juni 1973 folgenden Vermerk zu den Akten des Verfassungsschutzamts: *»Bundeskanzler Brandt will allerdings prüfen, wie der Zugang Guillaumes zu geheimen Unterlagen unauffällig reduziert werden kann.«*

Ich frage: Darf man einem Willy Brandt wirklich unterstellen, so

einfältig und geschmacklos gewesen zu sein, eine Art Hilfssheriff zu spielen?
Watschounek bezog sich bei seinem Aktenvermerk auf eine Information durch seinen Abteilungsleiter Rausch. Der wiederum erklärte, darüber von Amtschef Dr. Nollau informiert worden zu sein, wobei sich dieser seinerseits auf eine Mitteilung von Minister Genscher über dessen Gespräch mit Kanzler Brandt bezogen hätte. Welch ein Verwirrspiel im Bereich eines Amtes, dessen Aufgabe, objektiv betrachtet, doch wohl darin bestehen sollte, Maßnahmen zum Zwecke der Entwirrung zu treffen!
Der Untersuchungsausschuß stellte fest, daß der Zeuge Brandt erklärt habe, *»... der Inhalt des Vermerks vom 4. Juni 1973 könne nicht stimmen«*. Brandts Argumentation dazu war logisch und plausibel: *»Denn dies befände sich ja im Widerspruch zu dem erteilten Rat, nichts zu ändern (16/124). Er habe daher keine Anordnungen getroffen. Jede Maßnahme oder Anordnung hätte völlig außerhalb dessen gelegen, womit ein Bundeskanzler zu tun habe, der für Fragen dieser Art nicht da sei ... Er sei als selbstverständlich davon ausgegangen, daß die mit solchen Dingen befaßten Stellen das Notwendige tun würden und das Risiko, das damit verbunden war, den Mann in seiner Nähe zu lassen, so minimal wie möglich halten würden(16/98).«*
Der Untersuchungsausschuß des Bundestages belastete Brandt zu einem Zeitpunkt, als dessen Schicksal als Bundeskanzler längst besiegelt war, mit politischer Leichtgläubigkeit und Leichtfertigkeit.
Doch wie muß man das Verhalten von Genscher und Nollau bezeichnen? Genscher, zum Ursprung des Aktenvermerks im BfV befragt, erklärte: *»... eine solche Information habe er nicht an Nollau weitergegeben.«* Doch war das die ganze Wahrheit? Jenes mysteriöse Telefongespräch zwischen Genscher und Nollau, geführt, um den Norwegen-Urlaub Brandts abzuchecken – was kam da an Verschlüsselungen mit herüber?
Nollau, dazu vom Untersuchungsausschuß befragt, wand sich wie ein Aal, und wie ein Aal, der im Salzsack steckt, ließ er dann auch entsprechenden Seim ab: *»Der Zeuge Dr. Nollau, der die Information an den Zeugen Rausch weitergegeben hatte, erklärte zunächst, der Bundesinnenminister habe sich in dem Telefongespräch vom 30. Mai 1973, in dem er ihn über sein Gespräch mit dem Bundeskanzler unterrichtet habe, etwas verdeckt ausgedrückt. Da sei etwa so eine Bemerkung gewesen in dem Sinne, Guillaume könne wohl an Regie-*

rungssachen nicht heran oder so ähnlich.« Und auf Vorhalt des Aktenvermerks seines eigenen Amtes erwiderte Nollau: *»... er wisse natürlich nicht, was der Bundesinnenminister mit dem Bundeskanzler gesprochen habe. Er könne nur sagen, was ihm gesagt worden sei. Daraus habe sich etwas ergeben, was seiner Auffassung nach sinngemäß habe bedeuten sollen, daß Guillaume eben nicht an Regierungssachen herankommen sollte. Wörtlich könne er sich an so etwas nicht erinnern ...«*
Ein derartiges Gerede wagte der oberste Verfassungsschützer den Vertretern der laut Verfassung obersten politischen Institution der Republik anzubieten! Die Herren des Parlamentsausschusses aber konstatierten lediglich eine *»außerordentlich unbestimmte und vage formulierte Aussage des Zeugen Dr. Nollau«*. Sie wäre die Quelle von *»Mißverständnissen zwischen den Gesprächspartnern«* gewesen. Und diese *»Mißverständnisse«* führten dann zum großen Malheur!
Ein politischer Beobachter, der sich damals der Mühe unterzog, die große Intrige, der Brandt als Kanzler schließlich zum Opfer fiel, etwas eingehender zu analysieren, fand dafür dieses Bild: Nollau hielt das Messer hin, und Genscher gab Brandt den Schubs, der nötig war, um in das Messer hineinzulaufen.
Willy Brandt zeigte sich nach seiner Entmachtung tief verwundet. Dabei schmerzte ihn weniger der Sturz als die Umstände, unter denen er zustande kam. Noch lange blieb er gegen die Einsicht in die wahren Hintergründe der Affäre blockiert. Erst ganz allmählich streifte Willy Brandt seine Ahnungslosigkeit ab. Eine leise Andeutung, daß bei ihm etwas zu dämmern begann, findet sich im Protokoll des parlamentarischen Untersuchungsausschusses: *»Der Zeuge Brandt fügte dann im Rahmen seiner Aussage hinzu, daß er sich seitdem oft die Frage gestellt habe, ob er damals zu diesem Punkt richtig gehandelt habe, dem ihm gegebenen Rat zu folgen. Nach späterem Wissensstand erscheine ihm das, was damals für ihn plausibel war, eher als fragwürdig.«*

Keiner will sich den Urlaub vermiesen lassen

Willy Brandt ignorierte die Gefahr, die ihm drohte, und ich kannte nicht die Gefahr, die mir drohte. Nur so ist es zu erklären, daß die Norwegen-Reise für alle Beteiligten zu einem so überaus entspannenden Urlaubserlebnis wurde, unvergeßlich in vielerlei Hinsicht.

Willy Brandt war nie ein großer Schauspieler, manchmal aber ein großer Verdränger. Manches, was ihn ärgerte oder ihm gegen den Strich ging, brauchte er nicht zu überspielen, er schob es einfach ins Unterbewußtsein.
Mit jedem Tag, der den Abreisetermin näher rücken ließ, stieg das Stimmungsbarometer des Chefs. Er freute sich auf den Urlaub in Norwegen, auf jenes Land, das ihm in den Jahren der Vertreibung und Flucht aus dem faschistischen Deutschland zur Wahlheimat geworden war und dessen Sprache er ausgezeichnet beherrschte. Als wir auf die Vorbereitungen zu sprechen kamen, die notwendigerweise für die Reise zu treffen waren, glaubte ich an ihm eine gewisse Genugtuung auch darüber zu bemerken, daß die Wahl des engsten Mitarbeiters für die Dauer des Urlaubs auf mich gefallen war. Durch die vielen von mir abwechslungsreich gestalteten Reisen durch die deutschen Lande war ich, sein Parteireferent, ihm wohl doch etwas vertrauter geworden als sein eigentlicher Persönlicher Referent, der ein wenig geschäftsmäßig-steif wirkende Dr. Wilcke, der als Bürochef den Geruch des Aktenstaubs nie richtig loswurde. Bei der Organisierung der Wahlkampfreisen, bei denen vom Sonderzug aus regiert werden mußte, hatte ich mich immer um einen Zeitplan bemüht, der es gestattete, zwischen angespannte Arbeitsperioden anregende und unterhaltsame Erholungsstunden zu schieben. Brandt lag ein solcher Arbeits- und Lebensstil. Und da klar war, daß auch während des bevorstehenden mehrwöchigen Sommerurlaubs die Regierungsgeschäfte nicht liegenbleiben durften, schwebte ihm für den Norwegen-Aufenthalt ein ähnlicher Rhythmus vor. Der Amtspflicht sollte Genüge getan werden, gleichzeitig aber die Entspannung nicht zu kurz kommen. Meine Detachierung an seine Seite bot nach allen Erfahrungen die Gewähr, daß ein solches entspanntes Regieren möglich sein würde. Als der Reisetag da war, hatte der Kanzler – davon bin ich auch heute noch fest überzeugt – die Einblasungen des Geheimdienstes, wonach es gegen seinen Referenten »so einen Verdacht« gäbe, daß »da was war aufgrund einer gewissen Quelle«, längst verdrängt. Der gleichzeitig gegebene Rat, alles so zu machen wie immer, nichts zu verändern, sich nichts anmerken zu lassen – dieser Rat erleichterte es ihm, die unbehagliche Geschichte einfach zu *vergessen.* Er dachte vermutlich gar nicht daran, sich den Urlaub vermiesen zu lassen.
Willy Brandt fuhr in Begleitung seiner damaligen Frau Rut, einer ge-

bürtigen Norwegerin, die er während der Emigration kennengelernt hatte. Von den Söhnen begleitete der jüngere, Matthias, die Eltern in den Urlaub, später kam noch Lars hinzu.
Nach kurzem Familienrat beschlossen auch die Guillaumes, nichts zu verändern, es wie immer zu machen und zu dritt auf Sommerreise zu gehen. Christel hatte angesichts des damit vebundenen Ehrfurcht erheischenden Zwecks keinerlei Schwierigkeiten, von ihrer Dienststelle, der Hessischen Landesvertretung in Bonn, eine Freistellung zu erwirken. Pierre hatte große Ferien. Er war damals sechzehn, ging erst einmal allein auf einen Ferientrip und kam dann nach Hamar nach. Die dergestalt hergestellte Parität der persönlichen Reisemannschaften sollte sich übrigens für den Ablauf des Arbeitsurlaubs noch als äußerst günstig erweisen.
Willy Brandt flog nach Norwegen. Die zum Troß des Bundeskanzlers gehörenden Dienst-Mercedes fuhren teilweise leer voraus.
Man bot mir an, sie für mich und meine Familie zu nutzen. Doch nach einiger Überlegung entschloß ich mich, von dem Angebot keinen Gebrauch zu machen.
Kurz vor Antritt der Reise hatte ich im Kanzlerbüro und auch anderswo im Amt herumgehorcht, um in Erfahrung zu bringen, was in Norwegen an Staatsgeschäften auf uns zukommen könnte. Der Sommer versprach heiß zu werden, und das nicht nur im meteorologischen Sinne. In der NATO grummelte es.
Lange überlegte ich, ob es angesichts des zu erwartenden reichlichen Materialflusses über Fernschreiber und Kurier richtig – und wenn richtig – auch angeraten sei, meine Spezialausrüstung mit auf die Reise zu nehmen. Gewinn und Risiko waren schwer gegeneinander abzuschätzen.
Ich vermag nicht zu sagen, ob zu jenem Zeitpunkt, Juni 1973, vom Verfassungsschutz schon konkrete Observierungsmaßnahmen gegen Christel und mich eingeleitet waren. Bemerkt haben wir nichts. Dennoch veranlaßte mich ein unbestimmtes Gefühl, im nachhinein muß man sagen: ein glücklicher Instinkt, den Kontakt zu Arno nicht direkt, sondern stafettenartig unter Wahrung äußerster Vorsicht zu suchen.
Es klappte. Arno begriff sofort mein Dilemma. Er teilte meine Risikobedenken. Gleichzeitig aber ermunterte er mich, nach Prüfung von Ort und Umständen vor kühnem Improvisieren nicht zurückzuschrecken.

Der Zufall kann in Gestalt unglücklicher Verkettungen zum schrecklichen Verräter an der menschlichen Existenz werden. Man kann ihn sich aber auch zum Freund machen, wenn man es versteht, die Gunst einer glücklichen Stunde zu nutzen. Im Grunde läuft der Sinn der Konspiration auf den Zweck hinaus, den Zufall so eng wie möglich einzugrenzen. Nur wer sich an ihre strengen Regeln hält, darf sich sicher fühlen. Ich nenne das die Minimierung des Risikos. Doch ein Rest bleibt immer, und gegen diesen gefährlichen Rest muß man gewappnet sein. Arno und ich kamen überein, daß es allein meiner Entscheidung überlassen bleiben sollte, wie unter den ungewöhnlichen Bedingungen des bevorstehenden *Regierungsurlaubs* Material, das durch meine Hände gehen würde, zu verwerten und zu expedieren wäre.
Ohne Ausrüstung mußte ich wenigstens beweglich bleiben. Also traten Christel und ich an einem schönen Sommertag in unserer Familienkutsche die Reise nach Norden an. Wir folgten der Vogelfluglinie, kreuzten mit der Fähre die Ostsee, genossen die Fahrt durch die zauberhafte südschwedische Landschaft und machten in Halmstad, einem Städtchen südlich von Göteborg, Station. Als Übernachtungsstätte wählten wir das vornehmste Haus am Platze, das HHH – Hallandia-Hotel Halmstad –, und hier, beim Abendessen, kam mir die Idee, die für das spätere Gelingen aller Pläne von entscheidender Bedeutung werden sollte: Ich buchte beim Hotelempfang auch für die Rückfahrt unser Nachtquartier. Am nächsten Morgen, vor der Weiterfahrt in Richtung norwegische Grenze, warf ich eine Ansichtspostkarte in den Hotelbriefkasten mit der verschlüsselten Botschaft: Lieber Schatz, deine Gudrun erwartet dich sehnsüchtig, und zwar genau dann und dann und genau dort und dort, und sie kann es gar nicht erwarten ...

Mitternachtsparty für die Herren von der Sicherheit

Hamar ist ein malerisch an einem See gelegenes Städtchen, das das regionale Zentrum jener Gegend bildet. Hamar wurde zum Synonym für den Kanzlerurlaub in Norwegen und für die Ereignisse, die sich dort abspielten. Hamar wurde ein regelrechtes Reizwort. Der kleine Winkel in der Nähe von Hamar, der unser Feriensitz wurde, nennt sich, wenn ich mich recht erinnere, Vangsåsen. Die Postanschrift jedenfalls lautete 2314 Vang på Hedmark. Der Ort liegt, völlig abgeschieden vom Getriebe der großen Welt, versteckt in der ostnorwegischen Wald- und Seenlandschaft. Christel und ich hatten noch nicht die Füße aus dem Auto gestreckt, als wir von der Idylle wie verzaubert waren.

Dieser Verzauberung erlag jeder Neuankömmling. Ich erinnere mich, daß auch Walter Scheel überrascht war von der Stille und Abgeschiedenheit, in die sich sein Koalitionsfreund Brandt zurückgezogen hatte. Der Bundesaußenminister war zu einem Blitzbesuch gekommen, um dem Bundeskanzler drängende Informationen über die Stimmung in der NATO zu bringen, und der Hubschrauber hatte auf einer Kuhweide landen müssen. Als wir später an der Kaffeetafel auf der Terrasse saßen, knüpfte Scheel daran eine scherzhafte Bemerkung: »Ich muß schon sagen, lieber Herr Brandt, sich im Urlaub in eine solche Einsamkeit zurückzuziehen, das kann sich eben nur der Vorsitzende einer so großen Partei wie der Ihren gestatten. An meinem Feriensitz in Hinterzarten führen Wanderwege vorbei, und wenn ich da mit meiner Mildred auf der Terrasse sitze, dann bin ich froh, den Wanderern zuwinken und so auch noch im Urlaub mich und meine kleine Partei dem Wahlvolk in Erinnerung bringen zu können.«

Vangsåsen liegt tatsächlich so einsam, daß die Reisemannschaft des Kanzlers praktisch unter sich war. Nur selten bekamen wir einen Einheimischen zu Gesicht, den Postboten, einen Lieferanten, einen Waldarbeiter. Die Lage war so, daß ich hier nächtens hätte Räuber und Gendarm spielen müssen, um einen Kurier abzufertigen. Jeder Unbekannte, der in der Nähe der Grundstücke auftauchte, fiel sofort auf. Ich war froh, daß ich mit Arno keine unmittelbaren Kontakte vereinbart hatte.

Willy Brandt wohnte mit seiner Familie in einem komfortablen Landhaus, das seiner Frau Rut gehörte. Die Brandts waren gewissermaßen zu Hause. Etwas abgesetzt davon stand ein geräumiger Bungalow, in dem ich mit meiner Familie bequem Unterkunft fand. Mit uns unter einem Dach wohnte noch die Wirtschafterin der Familie Brandt. Die Personenschutzmänner von der Sicherungsgruppe Bonn des Bundeskriminalamts sowie die Techniker vom Bundesnachrichtendienst mit ihren Einrichtungen der Post- und Fernschreibstelle waren etwas abseits von uns in einer benachbarten Jugendherberge untergebracht.

So war jeder für sich, und doch waren wir zugleich unter uns. Vangsåsen war Ferienort und Regierungssitz in einem. Unsere Botschaft in Oslo hatte für diese Doppelfunktion sorgfältige Vorbereitungen getroffen. Von Botschafter Ritzel fand ich folgenden Brief vor, als ich in Vangsåsen eintraf:

DER
BOTSCHAFTER
DER BUNDESREPUBLIK DEUTSCHLAND

Oslo, den 4. Juli 1973

Herrn
Günter Guillaume
Åsli
2314 Vang på Hedmark

Lieber Herr Guillaume,

in der Anlage sende ich Ihnen für den Herrn Bundeskanzler einen Brief und einen Berichtsdurchdruck.
Bitte lesen Sie den Brief durch und geben Sie ihn weiter.

Während meiner Abwesenheit vom 9.–29. Juli können Sie mit Herrn Botschaftsrat Dr. Claus von Kameke telephonieren und evtl. Wünsche durchgeben. Am 30. und 31. Juli wird die Botschaft von Herrn Botschaftsrat Dr. Viehmann verwaltet. Sollte der Herr Bundeskanzler – wie er bei Landung in Gardemoen ansprach – daran denken, die letzten Urlaubstage in Norwegen zu einem Abstecher nach Oslo zu benutzen, dann bitte ich, mich telephonisch an meinem Urlaubsort (Tingvoll 622) zu informieren. Ich würde in diesem Fall zurückkommen, da Herr Viehmann mit solchen Betreuungen keinerlei Erfahrung hat.

Weiterhin guten Urlaub,

Ihr

Anlage *gez. Ritzel*

Da die äußeren Bedingungen gegeben waren, bereitete es mir wenig Mühe, mich mit der kleinen Mannschaft auf einen ungezwungenen Arbeitsrhythmus einzustellen. Jeder ging meist unauffällig für den anderen seinen Verrichtungen nach. Das Dienstgetriebe schnurrte, so daß für Spaziergänge, Lektüre, Sonnenbäder und Klönrunden genügend Zeit blieb. Willy Brandt war ein leidenschaftlicher Pilzsammler. Stundenlang streifte er mit seinem Leibwächter Bauhaus und mir durch die Wälder. Solche Riesenexemplare, wie sie dort vom deutschen Bundeskanzler aus dem norwegischen Busch geholt worden sind, habe ich seitdem nie wieder gesehen. Würde man mich allerdings fragen, um welche Arten es sich dabei handelte, käme ich in Verlegenheit. Ich gehöre nicht zur Geheimzunft der Mykologen. Bauhaus war da schon ein besserer Partner für Brandt und dessen Ehrgeiz als Pilzsammler. Die Atmosphäre, die im Camp herrschte, konnte man beinahe als familiär empfinden.
Wenn abends die Arbeit von den Tischen war, setzte man sich zu gemütlichen Runden zusammen. An einem lauen Mittsommerabend, das zauberische Licht des Nordens erhellte auch unser Tal, gaben Christel und ich für die Herren von den Sicherheitsdiensten eine Party auf unserer Terrasse.
Später, nach unserer Enttarnung, erinnerte sich einer unserer damaligen Partygäste, daß auf der Terrasse fotografiert worden war. Der Täter war Pierre gewesen.
Tagsüber trieb er sich mit Matthias Brandt in der Umgebung herum. Die Jungs führten ein herrlich ungebundenes Leben, ausgefüllt mit kleinen Abenteuern und Geheimnissen. Oft gingen sie auf Fischfang und stellten mit der Angel den Forellen nach, die in den klaren Bächen standen. Neben diesem neuen Hobby, der Angelei, befaßte sich Pierre damals schon spielerisch mit der Fotografie, und im Gegensatz zu mir, der ich aus guten Gründen meine Profiausrüstung zu Hause gelassen hatte, war er darauf aus gewesen, daß die Leicaflex ins Reisegepäck kam. An jenem Abend unterhielt er sich damit, von den Eltern und ihren Gästen ein paar Schnappschüsse zu machen, und das in aller Unschuld und ohne daß jemand daran Anstoß nahm. Nach unserer Festnahme jedoch wurden die Fotos zum Indiz. Die Ermittler vom Bundeskriminalamt unternahmen in ihrer Nervosität eine nochmalige Durchsuchungsrunde, nur um in unserer Wohnung diese Bilder zu finden. Pierre hatte die gesamte Personenschutzgruppe, die an jenem Tag die Urlaubsablösung vollzog, auf den Film bekommen.

Der Vorgang war insofern etwas irrational, als ich speziell von dieser Aufnahme nichts wußte und erst davon überrascht wurde, als wir zu Hause Pierres Filme im Entwickler hatten.

Der protokollführende Vernehmungsbeamte im Ermittlungsverfahren gegen mich war der Kriminaloberkommissar Horst Schernich von der Abteilung Staatsschutz des Bundeskriminalamts. Wir kannten uns von früher aus der Zeit, als er bei Bundesminister Leber Leibwächter war. Wahrscheinlich glaubte man deshalb, in ihm den richtigen Mann zu haben, um mir ein Geschäft außerhalb des Vernehmungsprotokolls vorschlagen zu können. Jedenfalls schob er eines Tages die von Pierre fabrizierten Hamar-Bilder vor mir auf den Tisch und fragte vorsichtig: »Schenken Sie uns den Film, wo die Kollegen drauf sind?«

Es war klar, was hinter der Forderung steckte. Die Bullen wollten mit allen Mitteln eine offizielle Beschlagnahme der Bilder als Beweismittel vermeiden. Dann nämlich wären sie gerichtsnotorisch und mit aller damit verbundenen Peinlichkeit der Öffentlichkeit preisgegeben worden. Man stelle sich vor: Die zur Sicherheit des Kanzlers bestellten Beamten Arm in Arm mit dem Kanzlerspion, überlistet von der Amateurkamera eines Sechzehnjährigen! Der Gedanke, daß bereits Abzüge weitergegangen waren, schien schon unerträglich genug. Jetzt sollte wenigstens verhindert werden, daß auch noch der Film in falsche Hände fiel und Bilder in den Illustrierten auftauchten.

Als ich schwieg, wiederholte Schernich seine Frage: »Herr Guillaume, schenken Sie uns den Film?« Da sagte ich: »Schenken? Einigen wir uns darauf: Sie stehlen den Film!« Und das taten sie dann auch. Der Film verschwand in der Versenkung, ohne dem Gericht vorgelegt zu werden, ohne im Ermittlungsbericht überhaupt Erwähnung zu finden.

Der Vorfall, der sich später für die Sicherheitsleute als so gravierend darstellte, war nicht mehr als eine kuriose Episode. Die Ungezwungenheit, mit der Pierre in Hamar eine Kamera herumschwenken konnte, war nur ein Ausdruck für den ungezwungenen, lässigen Umgang miteinander. Ich fühlte mich jedenfalls während des ganzen Arbeitsurlaubs in Norwegen völlig sicher, durch nichts eingeschränkt in meiner Bewegungsfreiheit. Nur einmal passierte etwas, bei dem Christel und ich den giftigen Dorn des Zweifels zu spüren bekamen – war da doch etwas, was uns zur Vorsicht mahnen mußte?

Ein kleiner Wermutstropfen fällt in den Urlaubsbecher

Das verunsichernde Moment ging auf einen Vorfall zurück, der mit dem allgemeinen Geschäftsgang in Hamar im Zusammenhang stand. Normale Postsachen wurden vom norwegischen Briefboten in einen offenen Kasten geworfen, der außerhalb des eigentlichen Grundstücks an der Straße stand. Darunter war viel Privatpost, um die ich mich kaum kümmerte. Einzig und allein von Interesse waren die Kuriersendungen und Fernschreiben, die in der Nachrichtenzentrale eingingen und nach der Registrierung in einem Dienstbuch dort für mich bereitgelegt wurden. Die in der Jugendherberge installierten Ticker waren an ein paar direkte Leitungen angeschlossen. Das Bundespresseamt setzte seine Fernschreiben unverschlüsselt ab, und auch die Sendungen aus der Botschaft in Oslo kamen in der Regel offen an. Dagegen unterlag der gesamte Fernschreibverkehr mit dem Kanzleramt in Bonn der Verschlüsselung. Das Kanzleramt reichte nicht nur dringende eigene Informationen u. a. von den Herren Bahr und Grabert an den Kanzler in Hamar weiter, sondern auch unaufschiebbares Material, das aus dem Außen- und Verteidigungsministerium stammte. Dies war das eigentliche *heiße Material,* wie es Willy Brandt später einschätzte.

Der weitere Ablauf, der sich in Hamar sehr schnell einspielte, sah dann so aus, daß ich ein paarmal am Tage in der Nachrichtenzentrale vorbeiging, um alles einzusammeln, was an den Kanzler adressiert war. Die codierten Fernschreiben waren inzwischen von den Herren des Bundesnachrichtendienstes entschlüsselt worden. Meist verwandten sie für die Aufnahme eine Doppelrolle und überreichten mir dann, übrigens selbst bei »Geheim«- oder »Streng geheim«-Sendungen ohne Quittung, zwei Exemplare. Die Kopie behielt ich für meine eigene Registratur zurück, die in einem Wäschefach unseres Kleiderschranks untergebracht war. Das Original gab ich an den Kanzler weiter. Hatte der die Aktenstücke durchgearbeitet, verfuhr er nach der gleichen Büroordnung, die er in Bonn praktizierte: In der Reihenfolge der Durchsicht legte er sie auf einer Ecke des Schreibtisches ab. Von dort sammelte ich sie wieder ein und verfuhr entsprechend den vermerkten Weisungen. Was mit den Marginalien »erl.« oder »z. d. A.« versehen war, wanderte sofort in meine Kleiderschrank-Registratur. Wurden Antwortschreiben des Kanzlers

nach Bonn abgesetzt, bekam ich für die eigene Ablage vom Fernschreiber eine Kopie.
Von Jugend an bin ich Frühaufsteher. In Vang gehörte es morgens kurz vor 7 Uhr zu meinen ersten dienstlichen Obliegenheiten, die vom Bundespresseamt durchgetickten Presseübersichten vom Fernschreiber zu holen. Es war offene Meterware. Vorher schon hatte ich mit einem kleinen Radiogerät die auf Kurzwelle gesendeten Frühnachrichten des Deutschlandfunks aus Köln abgehört und mit einem nachgeschalteten Kassettengerät auf Band genommen.
Nebenbei bemerkt, haben sich die Ermittler auf einen Hinweis von Matthias Brandt hin auch auf diese unschuldige Apparatur gestürzt. Der jüngste der Brandts war damals etwa zwölf, ein aufgeweckter Bengel. In Pierres Begleitung tauchte er öfter in unserem Hause auf und hatte dabei mit interessiertem technischem Blick meine Radiogerätschaft entdeckt.
Nach unserer Enttarnung wurde auch Matthias Brandt bei den Aushorchungen nicht ausgelassen. Voller Eifer gab er seine Beobachtung ins Protokoll der Ermittlungsbeamten. Und die in ihrem Übereifer glaubten, einen entscheidenden Fang gemacht zu haben. Sie vermuteten beispielsweise, wie ich ihren Fragestellungen entnehmen konnte, daß ich die Gespräche, die Kanzler Brandt mit seinem Außenminister Scheel in Vang über die NATO-Problematik geführt hatte, heimlich auf Tonband genommen hätte. Allen Ernstes erwog man, den minderjährigen Kanzlersohn als Zeugen vor Gericht zu zitieren. Erst ganz zum Schluß bei Fertigstellung des Ermittlungsberichts überkam wohl die Bundesanwaltschaft die dumpfe Ahnung, daß ein solcher Auftritt nur mit einer Blamage enden konnte. Matthias brauchte nicht vor Gericht.
Beim Hamar-Urlaub jedenfalls war alles so geregelt, daß der Kanzler früh Zeitungsschau machen konnte. Wenn er sich an den Frühstückstisch setzte, lag eine Auswahl der Mitteilungen des Presseamts griffbereit. Mit den von mir aufgenommenen Frühnachrichten konnte ich manchmal wichtige Ergänzungen geben.
Dieser Arbeitsablauf hatte sich beinahe schon routinemäßig eingespielt, als ich eines Tages früh nach Oslo mußte. Dr. Schilling vom Bonner Kanzlerbüro war am Tag zuvor in Begleitung des Außenministers angereist. Ich wollte ihn vom Hotel in Hamar abholen und mit dem Auto zum Osloer Flughafen bringen. Während der Plauderei bei der Autofahrt reichte Dr. Schilling unfreiwillig noch so man-

che wichtige Zusatzinformationen herüber. Um nun in den gewohnten Ablauf kein Durcheinander zu bringen, hatte ich Christel gebeten, der Einfachheit halber die für Willy Brandt bestimmten Pressefernschreiben von der Nachrichtenzentrale abzuholen. Doch als ich aus Oslo zurück war, hörte ich, daß es einigen Ärger gegeben hatte. Christel war die Aushändigung verweigert worden. Sie zeigte sich aufgebracht und zugleich beunruhigt über den Zusammenstoß.

Am Fernschreiber hatte der BND-Beamte Baumbach Dienst, ein normalerweise umgänglicher Mensch. An jenem Tag aber stach ihn wohl der Hafer des Amtsschimmels. Unter Berufung auf die Kompetenzlage weigerte er sich, die Fernschreiben herauszurücken. Christel berief sich auf meinen Auftrag. »Das bekommt doch sowieso mein Mann!« Der Wortwechsel verschärfte sich. Baumbach erklärte, daß er nur befugt sei, die Fernschreiben, dem Charakter nach Aktenstücke, an den zuständigen Referenten des Kanzlers weiterzugeben – »irgendwelche Privatpersonen« würden ihn nicht interessieren. Nun muß man Christel kennen, um zu wissen, wie scharf sie auf derart kränkende Zurücksetzungen reagieren kann. Der BND-Mann blieb aber auf beiden Ohren taub. Christel ließ ihn stehen, ohne sich seine langatmigen Belehrungen weiter anzuhören. Mir händigte er die Fernschreiben später mit einer demonstrativen Geste aus.

Was steckte hinter dem Zwischenfall? Nur die Laune eines Bürokraten? Oder handelte er in einem höheren Auftrag? Warum wurde Christel so demonstrativ als nicht vertrauenswürdig hingestellt? Sollte ich provoziert werden? Gab es gar irgendeinen Verdacht?

Daß es damals tatsächlich schon einen Verdacht gegen uns gab, wußten wir nicht und konnten wir auch nicht wissen. Wir hatten in Hamar nicht einmal die Chance, etwa durch eine zufällige Beobachtung die Verdachtslage in Erfahrung zu bringen, da es während des ganzen Norwegen-Aufenthalts keinerlei Observierungsmaßnahmen gegen uns gab. Aber das alles stellte sich ja erst später heraus. In der gegebenen Situation tappten wir im dunkeln.

An jenem Abend beriet ich mich sehr eindringlich mit Christel. Wie sollten wir uns auf den ärgerlichen Zwischenfall einstellen? Selbst wenn wir davon ausgingen, daß hinter der Anweisung eine Absicht steckte – was konnten wir schon tun? Vorsicht war in unserem Metier immer geboten. Die Aufmerksamkeit verdoppeln? Stärkere Zurückhaltung üben? Aber gerade wenn ein Verdacht aufgekommen

war, mußte der sich nicht verstärken, wenn wir Reaktion zeigten?
Ich sah mir aufmerksam die Papiere an, die Christel vorenthalten worden waren. Aber sie stellten kein Sicherheitsrisiko dar. Gemessen an anderen Materialien, die bereits durch meine Hände gegangen waren, erwiesen sie sich als harmlos. Es handelte sich fast ausschließlich um Übersichten des Presseamts.
Im Gegensatz dazu war die von Dr. Schilling überbrachte Kurierpost top secret. Nachdem der Kanzler sie studiert und bearbeitet hatte, legte er sie wie gewohnt auf die Schreibtischecke und überließ mir den weiteren Geschäftsgang. Nichts hatte sich geändert. Streng geheimes Material ging durch meine Hand, und zwar offen jeweils nach der Dechiffrierung oder vor der Chiffrierung.
Ausgesprochen entspannend und beruhigend wirkte noch ein anderer Umstand. In seinem Aktenkoffer hatte Dr. Schilling auch direkt an mich adressierte Post mitgebracht, meist amtlichen Charakters, daneben aber auch ein paar Privatbriefe. Darunter war ein *Urlaubsgruß von Peter.* Er teilte mit, daß er sich, wenn nichts dazwischen käme, bei einem kurzen Abstecher nach Schweden mit Gudrun treffen würde. Die versteckte, nur mit einer Lupe erkennbare Versiegelung war unverletzt. Der daraus zu ziehende Schluß war logisch: Der gegnerische Geheimdienst hatte keine Ahnung davon, daß Dr. Schilling, der stellvertretende Leiter des Kanzlerbüros, als unser Briefträger fungierte. Weitere Schlüsse blieben allerdings problematisch.
Ohne uns etwas anmerken zu lassen, beobachteten wir auch in den nächsten Tagen genau unsere Umgebung. In Willy Brandts Verhalten zeigten sich weiterhin keinerlei Veränderungen. Auch der Umgang mit den Sicherheitskräften blieb ungezwungen. Es gab keine Anzeichen dafür, daß ich von vertraulichen Schriftstücken ferngehalten werden sollte. Einer der Beamten aus der Sicherheitsgarde Brandts sprach Christel auf den Vorfall am Fernschreiber hin an: »Frau Guillaume, machen Sie sich doch nichts aus dem Quatsch! Die vom BND haben doch alle ihren Vogel, halten sich für wichtiger.« Ich fand schnell zu meiner alten Sicherheit zurück, und auch Christel beruhigte sich wieder. Gegenseitig bestärkten wir uns in dem Willen, im Doppel unsere Doppelarbeit wie gewohnt fortzusetzen.
Wir waren in Hamar in eine Situation geschleudert worden, die unsere Sternstunde darstellte. Es gab Tage, da nahm der Informations-

austausch mit Zentren der Weltpolitik ein solches Ausmaß an, daß ich von der Tragweite der sich daraus ergebenden Möglichkeiten für die eigene Informationstätigkeit wie berauscht war. Stefan Zweig hat über Menschen geschrieben, die ihre Sternstunde erlebten. Der Hauch der Weltgeschichte berührte sie – aber ließen sie sich auch davon emportragen? Ich war entschlossen, meine Sternstunde zu nutzen.

»Die Fernschreiben gewährten einen zuverlässigen Einblick ...«

Egon Bahr, der schlaue Fuchs, hat bei seiner Zeugenvernehmung vor dem Düsseldorfer Gericht ein paar Bemerkungen gemacht, die in ihrer Lakonie treffender waren als der stundenlange die Sachlage zerredende Tiefsinn, der zumeist für die Beweisaufnahme typisch war. Bahr stand im Kanzleramt im Ruf einer grauen Eminenz, die die Fäden der Außen- und Sicherheitspolitik für den Kanzler in Händen hielt. Abgesehen davon, daß ihm die Fäden der sogenannten Ostpolitik einigermaßen durcheinander gerieten, als er bei deren Fortsetzung vornehmlich in den Jahren 1973 und 1974 die außenpolitischen Druckmittel der BRD gegenüber der DDR und der Sowjetunion total überschätzte, halte ich die Einschätzung für ein Klischee. Nach meinen Beobachtungen war Willy Brandts Ehrgeiz auf außenpolitischem Gebiet viel zu stark, als daß er sich mit der Rolle eines Zuschauers oder gar einer Marionette begnügt hätte.
Doch natürlich war der Einfluß Egon Bahrs als Bundesminister für besondere Aufgaben im Kanzleramt beträchtlich. Der Chef des Kanzleramts, Horst Grabert, stand nur im Range eines Staatssekretärs und hatte bei Bahr nicht viel zu melden. So war auch von Egon Bahr bekannt, daß er bestimmte interne oder sicherheitsempfindliche Dokumente der Ost- und Deutschlandpolitik aus dem allgemeinen Geschäftsgang des Amtes heraushielt und sich darüber direkt mit dem Kanzler beriet. Zu diesem Zweck unterhielt er für seinen Geschäftsbereich eine eigene, aus der allgemeinen Registratur des Amtes herausgenommene Geheimregistratur.
Vor diesem Hintergrund war die Frage zu verstehen, die der Bundesanwalt dem Zeugen Bahr vor Gericht stellte, die Frage nämlich, ob es für den Angeklagten eine Möglichkeit gegeben habe, in Schrift-

stücke aus dem engeren Amtsbereich des Zeugen Einblick zu nehmen. Darauf antwortete Bahr: »Soweit ich weiß, hat der Angeklagte nicht eingebrochen. Da er dies nicht getan hat, ist für mich ein Einblick von ihm in meinen unmittelbaren Amtsbereich schwer vorstellbar.«

Und gleich daran knüpfte er die Bemerkung: »Mich würde auch nicht so schrecklich interessieren, was in dem einen oder anderen Schriftstück steht, mich würde etwas anderes viel mehr interessieren.« Er halte es für sicher, daß alles, was dem Angeklagten als ständiger Begleiter des Kanzlers und stummer Gesprächsteilnehmer zur Kenntnis kam, an hingeworfenen Bemerkungen oder fundierten politischen Einschätzungen, von größerer Wichtigkeit war. Bei solchen Gesprächen sei es unausbleiblich und natürlich, daß angesichts des permanenten Drucks, unter dem der steht, der Verantwortung trägt, sich dieser nicht immer kontrolliert auf die Zuhörerschaft eines Dritten einstellt, der noch dazu ständig in seiner Umgebung ist und schon gar nicht mehr auffällt, wenn in der Runde noch zu einem Vierten oder Fünften gesprochen wird. Auf eine Zusatzfrage erklärte Bahr, potentiell wäre Herr Guillaume hochgradig in der Lage gewesen, bei wichtigen Gesprächen des Kanzlers zugegen zu sein, ohne selbst am Gespräch teilzunehmen. An konkrete Gelegenheiten könne er sich nicht direkt erinnern. Dann wörtlich: »Der Angeklagte war damals nicht so wichtig, niemand hat auf den Angeklagten geachtet, ob er dabei war.«

Ich halte Egon Bahrs Einschätzung insofern für treffend, als in der Regel für mich das Gehörte wirklich wichtiger war als das Gesehene. Als Dokumentenjäger habe ich wenig Ehrgeiz entwickelt. Abgesehen von dem damit verbundenen erhöhten Risiko war die Rolle eines unauffälligen Gesprächsteilnehmers politisch einfach ergiebiger. Und auf den politischen Effekt kommt es an. Die Vorstellung, mit der Ablieferung von ein paar Schriftstücken nur einen Apparat zu bedienen, der sich damit anonym selbst beschäftigt, wäre für mich höchst unbefriedigend gewesen. Als politischer Aufklärer wollte ich mithelfen, unsere Friedenspolitik zu aktivieren. Eine andere Aufgabe ist mir auch nie übertragen worden.

Dennoch gab es natürlich Ausnahmen von der Regel. Wenn ich Schriftstücke in die Hände bekam, geheime oder nicht geheime, die geeignet waren, die in den Gesprächen gewonnenen politischen Erkenntnisse fortzuschreiben, habe ich davon Gebrauch gemacht.

Eine solche Ausnahmesituation ergab sich während des Norwegen-Urlaubs, als, wie »Der Tagesspiegel« schrieb, *»gewissermaßen das Allerheiligste«* durch meine Hände ging.
Auch das Gericht konzentrierte sich in seinem Bemühen, zu einem drakonischen Urteil zu kommen, schließlich voll auf die Norwegen-Episode. Mit dem Fortgang des Prozesses verdichtete sich bei Richtern und Bundesanwälten das ungute Gefühl, zum Nachweis des schweren Landesverrats in Beweisnot zu geraten. Was war schon mit der *»Akte Kommunismus«* anzufangen angesichts der morbiden Moral der zu diesem Thema aufgebotenen Zeugen? Auch bei meiner Tätigkeit in der unmittelbaren Nähe Willy Brandts war der konkrete Inhalt dessen, was ich an Informationen wohl weitergegeben haben könnte, nicht klar auszumachen. Die dazu gehörten prominenten Zeugen blieben aus Gründen verständlichen Selbstschutzes in ihren Aussagen äußerst vage. Das Manko sollte mit dem Norwegen-Urlaub als Beweisthema wettgemacht werden. Gab es doch hier, wenigstens in den Augen des Gerichts, eine klare Aktenlage.
Entlarvend für diese Prozeßstrategie ist die Betrachtung, die die »Frankfurter Allgemeine Zeitung« am 16. Dezember 1975 über das Urteil anstellte: *»Die Unmengen an Berichten, die die Guillaumes aus ihren tiefen und umfangreichen Informationsquellen innerhalb der SPD nach Ost-Berlin geliefert haben, erfüllen zwar schon den Tatbestand der geheimdienstlichen Agententätigkeit. Das Urteil von Düsseldorf stellt hierauf jedoch anders, als die Verteidiger es wünschten, fast überhaupt nicht ab, weil die schweren Fälle von Landesverrat im norwegischen Hamar im Juli 1973 der mit Abstand wichtigste Teil der Beweisaufnahme nach fünf Verhandlungsmonaten geworden sind. Die Richter sagen bewußt nicht, daß in all den Jahren der Tätigkeit von Guillaume nicht auch andere Fälle von Landesverrat geübt worden sind. Das wäre zum Beispiel denkbar in den operativen Phasen der deutschen Ostpolitik seit 1970. Aber hier besteht große Beweisnot. Im Gegensatz dazu liegt der umfangreiche geheime Fernschreibverkehr zwischen Kanzler und Kanzleramt, NATO-Botschaftern und ausländischen Regierungschefs, zwischen Nixon und Brandt, Scheel und Kissinger und manchen anderen Politikern und NATO-Stäben im Sommer 1973 bei den Beweisakten.«*
So erklärt es sich, daß lange Passagen der Urteilsbegründung aus einer Aufzählung der Dokumente bestehen, die in Hamar über den Fernschreiber liefen. Bei der Verlesung der Fernschreiben während

der Beweisaufnahme wurde die Öffentlichkeit vom Prozeß ausgeschlossen, und die im Saal verbliebenen Prozeßteilnehmer wurden zum Stillschweigen verpflichtet. Ich halte mich zur Charakterisierung einiger der wichtigen Dokumente, die als Beweisstücke herangezogen wurden, an die Wiedergaben in der Urteilsbegründung.

Eine ganze Reihe der Diskussionspapiere zur Lage in der NATO beschäftigte sich mit auf lange Fristen berechneten Strategien, die zweifellos noch heute politisches Denken beeinflussen könnten. Die NATO ist ein imperialistisches Militärbündnis, zwar mit modernen Gebärden international organisiert, aber dennoch behaftet mit den konservativen Traditionen der einzelnen Mitgliedsländer. Schon daraus erklärt es sich, warum einmal gefügte Strukturen nur schwer zu durchbrechen sind. Bestimmte sicherheitspolitische Denkschemata, organisatorische Hebel der Umsetzung, die von Widersprüchen zwischen den Partnern geprägten Verhandlungstaktiken, der globalstrategische Generalanspruch der USA und die Handhabung des NATO-Instruments zu seiner Durchsetzung, die von den Geheimdiensten gesteuerte Diplomatie – all das kam damals von der Rolle des Tickers in Hamar, und meines Erachtens hat es für prinzipielle Einschätzungen und Studien noch heute einen hohen Wert. In Anbetracht der inzwischen verflossenen Zeit ist es eigentlich bedauerlich, daß sich meine Zentrale weigerte, mir zur Abstützung meines Gedächtnisses ein paar der Fundstücke von damals aus dem Archiv zur Verfügung zu stellen.

Daneben fiel allerdings auch einen Anzahl Dokumente an, die ausschließlich von aktuell begrenzter Bedeutung waren. Ihr Sinngehalt ergibt sich nur aus der aktuellen Zuspitzung der damaligen Lage. Deshalb dazu ein paar knappe Bemerkungen:

Im Juli 1973, parallel zu unserem Arbeitsurlaub in Hamar, lief in Helsinki die erste Runde der Konferenz über Sicherheit und Zusammenarbeit in Europa (KSZE). Nach den Bemühungen um SALT I, das 1972 unterzeichnete rüstungsbegrenzende Abkommen zwischen den USA und der UdSSR, sowie den Vertragsabschlüssen der BRD in Moskau, Warschau und Berlin näherte sich die von den Staaten des Warschauer Vertrages forcierte Entspannungspolitik einem neuen Höhepunkt. In den USA verstärkten sich in einflußreichen Kreisen um Präsident Nixon die Befürchtungen, daß im Sog dieser Entwicklung westeuropäische NATO-Verbündete von der Allianz abdriften könnten. Gleichzeitig wuchs die Sorge, daß angesichts des sogenannten atomaren Patts zwischen den Großmächten die der NATO-Doktrin der Abschreckung zugrunde gelegte Fähigkeit zum atomaren Erstschlag verlorengehen würde. Im Widerspruch zum Geist der in Helsinki begonnenen KSZE waren die USA entschlossen, ihren Hegemonieanspruch zu verstärken und die europäischen Verbündeten unter dem amerikanischen Atomschirm auf Vordermann zu bringen.

Henry Kissinger, damals Sicherheitsberater des USA-Präsidenten, formulierte den Anspruch im April 1973 mit der Forderung nach einer neuen *Atlantischen Charta.* Der Vorstoß scheiterte am Mißtrauen der in ihren nationalen Sicherheitsinteressen aufgescheuchten Alliierten. Das sich anschließende Hickhack verschärfte die Krise im Pakt. Als die USA in separaten Geheimverhandlungen mit Großbritannien und der BRD gegen die anderen Partner konspirierten, verstärkte sich deren Unmut. Besonders Frankreich in seinem von de Gaulle geschulten gallischen Stolz wehrte sich gegen die amerikanischen Versuche, es innerhalb des Paktes zu isolieren.

Vor diesem Hintergrund führte das Düsseldorfer Gericht bei seiner Urteilsbegründung aus: *»Die Mehrzahl der nach Hamar übermittelten Verschlußsachen außenpolitischen Inhalts dienten der Unterrichtung des Bundeskanzlers über den Fortgang der auf die Rede des amerikanischen Sicherheitsbeauftragen hin eingeleiteten Verhandlungen und Konsultationen zwischen den NATO-Partnern über die Atlantische Erklärung, die während seines Urlaubs in eine entscheidende Phase traten. Von besonderer Bedeutung waren in diesem Zusammenhang u. a. die nachstehend aufgeführten Fernschreiben:*

Am 3. Juli 1973 übermittelte das Kanzlerbüro dem Bundeskanzler durch Fernschreiben Nr. 64 den Wortlaut eines an ihn gerichteten Briefes des amerikanischen Präsidenten Nixon in englischer Sprache, der vom Absender als geheim und persönlich gekennzeichnet worden war. In dem Schreiben machte Nixon dem Bundeskanzler Mitteilung von einem Gespräch, das er Ende Juni 1973 mit dem französischen Außenminister Jobert über die vorgeschlagene Neufassung der Atlantischen Charta geführt hatte …«

Auch das Fernschreiben Nr. 86 wurde als äußerst bedeutsam für die Urteilsfindung vom Gericht herangezogen. Es war am 17. Juli 1973 in Hamar eingegangen und enthielt einen ausführlichen Bericht von BRD-Botschafter Brunner über die fünftägigen Gespräche, die Außenminister Scheel mit USA-Präsident Nixon und dessen Sicherheitsberater Kissinger streng vertraulich in Washington geführt hatte.

Dieser Bericht war insofern von Bedeutung und Interesse, als er die Versuche der amerikanischen Administration verdeutlichte, das militärstrategische Gleichgewicht erneut zu ihren Gunsten zu verschieben, und das zu einem Zeitpunkt, da in Helsinki im Rahmen der KSZE Beratungen über einen Vertrag begonnen hatten, der die Aufrechterhaltung eines solchen Gleichgewichts im Interesse der Sicherheit in Europa und in der Welt zur Voraussetzung hatte.

Im einzelnen ging aus dem Fernschreiben Nr. 86 hervor:

1. Der Widerstand Frankreichs gegen die aberwitzigen amerikanischen Pläne versteifte sich. Der Einsatz der aus den Strategiekonzeptionen der NATO herausgelösten französischen *force de frappe* blieb ein für die Amerikaner bedenklicher Unsicherheitsfaktor. Die Bundesrepublik Deutschland war zur Schützenhilfe aufgerufen.

2. Die USA-Regierung befürchtete, daß ihr die Mittel, ihren globalpolitischen Anspruch durchzusetzen, entgleiten würden. Besonders Henry Kissinger war bei seinen Gesprächen mit Walter Scheel in dieser Frage äußerst offenherzig: Bliebe man auf dem erreichten Stand der Rüstungen und der daraus abzuleitenden Planung stehen, könnten sich die USA nicht mehr auf ihre Fähigkeit verlassen, als erste einen Atomschlag, den *first strike,* zu führen.

3. Mit einer raffinierten Argumentation versuchten die Amerikaner, den bundesdeutschen Außenminister für eine Strategie zu gewinnen, die sich in letzter Konsequenz die Verschiebung des militärstrategischen Gleichgewichts zugunsten der NATO zum Ziel setzte.

Zum diesem Punkt zitierte das Gericht aus dem Brunner-Fernschreiben folgende Äußerungen Kissingers: *»Das Ergebnis der technologischen Lage sei ein ›substantial degree of strategic parity‹. Jede andere Behauptung sei nicht getestet, so auch die Waffen mit Vielfachsprengköpfen (mirv). Die Sowjetunion habe zwölf gebündelte Raketen gleichzeitig getestet, die Vereinigten Staaten nur drei. Niemand sei in der Lage, 1000 Raketen gleichzeitig zu Testzwecken abzufeuern. Deshalb könne die Effektivität eines ›first strike‹ experimentell nicht gesichert werden. Dies sei der Unterschied zu den 50er Jahren, dies mache Parität aus. In einem Vier-Augen-Gespräch mit Bundesaußenminister Scheel sagte Kissinger: Eine neuere amerikanische Studie über die Stärke des Warschauer Paktes werde gerade* *fertiggestellt. In ihrer vorläufigen Schlußwertung komme sie zu dem Schluß, daß der Warschauer Pakt überlegen sei.«*

Welch bedenkenlose Rabulistik: Alle technologischen und strategischen Berechnungen ergeben, daß ein »substantial degree of strategic parity«, ein »substantieller Grad an strategischer Gleichheit« bestehe, und *»dies mache Parität aus«* – aber da wir damit nicht weiterkommen, haben wir eine *»neuere Studie«* gefertigt und können nun gegenüber der Öffentlichkeit doch davon ausgehen, *»daß der Warschauer Pakt überlegen sei«.*

Es wäre interessant zu untersuchen, in wieviel Fassungen und Wendungen die These von der östlichen Überlegenheit – immer wieder aufgewärmt – der verwunderten Weltöffentlichkeit inzwischen präsentiert worden ist. 1973 reagierten die europäischen Verbündeten, das sei zu ihrer Ehre gesagt, zurückhaltend bis ablehnend auf den amerikanischen Vorstoß.

In der Urteilsbegründung von Düsseldorf kann man dazu lesen: *»Am 18. Juli 1973 gab das Kanzlerbüro mit Fernschreiben Nr. 94 eine Stellungnahme der Abteilung II des Bundeskanzleramtes zum Ergebnis der Washingtoner Gespräche an den Bundeskanzler weiter. In dieser Aufzeichnung äußerte sich das Kanzleramt skeptisch über die Ausführungen der amerikanischen Seite.«* Dem Bundeskanzler wurde empfohlen, sich vor jedem weiteren Schritt mit der französischen Regierung abzustimmen.

Ferner wurde in der Urteilsbegründung das Fernschreiben Nr. 99 vom 19. Juli zitiert. Darin charakterisierte der französische Außenminister Jobert die Amerikaner als Feuerwehrleute, die das Feuer selbst legten, um zum Einsatz zu kommen.

Im Fernschreiben Nr. 103, Eingang in Hamar am 20. Juli 1973, bezeichnete der britische Unterstaatssekretär Brimelow die USA-Vorschläge als unverdaulich und unannehmbar.

Von besonderer Bedeutung war das Fernschreiben Nr. 100 vom 19. Juli 1973, und das nicht nur wegen seines Inhalts, sondern auch wegen der umständlichen Konsultationen, die damit verbunden waren und die mir bei den beschränkten bürotechnischen Möglichkeiten in Hamar einen etwas hemdsärmligen Arbeitsstil abverlangten.

Die in Hamar eingegangenen Berichte aus Washington waren zur fachgerechten Beratung ans Kanzleramt zurückgegeben worden. Mit dem FS 100 traf nun aus Bonn der Entwurf des Kanzlerbriefes ein, den Willy Brandt stellungnehmend und weisunggebend an Außenminister Scheel richten mußte. Der Kanzler war mit dem Entwurf überhaupt nicht zufrieden. Stundenlang beschäftigte er sich mit den Korrekturen. Als ich den Briefentwurf schließlich wieder in Händen hatte, rührte sich mein Ordnungssinn. Willy Brandt hatte mit seinem grünen Filzstift derart viele handschriftliche Verbesserungen angebracht, daß ich Bedenken hatte, den Brief in dieser Fassung an den Fernschreiber zu geben, was sonst durchaus üblich war. Ich entschloß mich in diesem besonderen Fall, eine saubere Abschrift zu fertigen, um Fehler bei der Übermittlung zu verhindern. Bei den späteren Ermittlungen fiel die Maschinenabschrift des aus Bonn eingegangenen und von Brandt korrigierten Fernschreibens natürlich auf, da es sich von den anderen Originalen deutlich abhob. Für die Bundesanwaltschaft war das ein gefundenes Fressen, weil sie hoffte, damit Christel zumindest der Mittäterschaft beim schweren Landesverrat überführen zu können. Christel hatte in den Urlaub eine alte Reiseschreibmaschine mitgenommen. Willy Brandt arbeitete während des Urlaubs an einem Buchmanuskript. Christel erledigte für ihn die Reinschrift. Ein Haufen Zeugen und Experten wurden nun vor Gericht bemüht, um den Nachweis zu erbringen, daß auch die Abschrift des Fernschreibens auf dieser Maschine und somit wahrscheinlich von Christel selbst gefertigt worden wäre. Obwohl der Nachweis nie stichhaltig erbracht werden konnte, spielte die bloße Mutmaßung sicherlich eine Rolle für das harte Urteil, das auch gegen Christel später gefällt wurde.

Inhaltlich charakterisierte das Gericht das FS 100 im Zusammenhang mit den anderen so: *»Die Fernschreiben gewährten einen zuverlässigen Einblick in die Meinungsverschiedenheiten, die während der Verhandlungen über die Atlantische Erklärung zwischen den USA und ihren europäischen NATO-Partnern hervortraten. Sie ließen erkennen, wie weitgehend und umfassend die Vorschläge der USA waren und mit welchem Mißtrauen und welcher Skepsis sie von Frankreich, Großbritannien und der Bundesrepublik Deutschland aufgenommen wurden. Sie zeigten, wie wenig einig diese Staaten in ihren Vorstellungen über den Inhalt und die Ziele einer solchen Erklärung und über das zu ihrer Erörterung einzuschlagende Verfahren waren. Die Fernschreiben machten insbesondere deutlich, wie tiefgreifend die Meinungsverschiedenheiten zwischen den USA und Frankreich waren, wie ablehnend die französische Regierung den* *amerikanischen Vorstellungen gegenüberstand und wie starr und wenig konziliant sie an ihrer Haltung festhielt. Insgesamt gesehen vermittelten die Schreiben das Bild zerstrittener und in grundsätzlichen Fragen uneiniger Bündnispartner, deren gegenseitiges Vertrauen bis auf ein Minimum geschwunden war. Damit zeigten die Fernschreiben Risse in dem Verteidigungsbündnis der NATO auf, die die Festigkeit der Bündnispolitik der Vertragspartner in Frage stellten ...*

Diese sich aus dem Fernschreibverkehr ergebenden Erkenntnisse mußten vor der Sowjetunion als der Führungsmacht des Warschauer Paktes geheimgehalten werden, um die Gefahr eines schweren Nachteils für die äußere Sicherheit der Bundesrepublik Deutschland abzuwenden. Ihre Kenntnis konnte in den Augen der Sowjetunion die Abschreckungskraft der NATO mindern, die unter der glaubhaften Entschlossenheit der Mitgliedstaaten zur gemeinsamen Verteidigung eine echte Bündnissolidarität und ein strategisches Gleichgewicht der militärischen Kräfte voraussetzt. Das konnte die Sowjetunion bei ihren politischen und strategischen Überlegungen veranlassen, gezielte Maßnahmen zur Erosion des sicherlich nicht mehr festen westlichen Bündnisses zu ergreifen und diese später in eine politische Pression überzuleiten ...«

Ein Sandkastenspiel soll die Stimmung anheizen

Was war mit solchen hypothetischen Schlußfolgerungen anzufangen? Wie sollten die *»Maßnahmen zur Erosion«*, wie sollte die *»Pression«* durch die Sowjetunion aussehen? Wie konnte der von uns angeblich angerichtete Schaden in Gestalt eines schweren Nachteils für die Bundesrepublik nachgewiesen werden?

Dafür wurden die sogenannten Sachverständigen bemüht. Zu den außenpolitischen Aspekten sprach ein Diplomat, Herr Thierfelder vom Auswärtigen Amt. Die sicherheitspolitische Seite untersuchte ein führender Militärpolitiker.

Es handelte sich um den ehemaligen kommandierenden General der Bundeswehr, Bennecke. Seine militärische Laufbahn hatte 1930 in der noch in den Traditionen der kaiserlichen Armee stehenden Reichswehr begonnen. Dann diente er der Wehrmacht des Dritten Reiches. Ab 1952 rückte er schnell in der Bundeswehr auf. Zwei

Jahre lang gab er seine einschlägigen Erfahrungen an der Führungsakademie der Bundeswehr in Hamburg an junge Offiziere weiter. Rund fünf Jahre kommandierte er als General in Münster. Mehrere Jahre diente er direkt im Verteidigungsministerium. Der Höhepunkt seiner Laufbahn lag gerade hinter ihm: Von 1968 bis 1973 war er der Befehlshaber der Landstreitkräfte des NATO-Abschnitts Zentraleuropa.

Beim Auftritt dieses militärischen Sachverständigen im Zeugenstand des Düsseldorfer Gerichts kam es zu einer skandalösen Szene. Zunächst bewertete der General die als Beweisstücke vorgelegten Fernschreiben im einzelnen und gab dann jene generelle Einschätzung, die vom Gericht zur Begründung seines Urteils herangezogen wurde:

»Aus allen Schriftstücken gingen beträchtliche Kontroversen der USA mit Europa hervor. Die Europäer seien mißtrauisch und die Amerikaner besorgt, daß sich die Freunde nicht mehr verstehen und sich voneinander entfernten. Die zuverlässige Kenntnis dieser Kontroversen wegen ungenügender Solidarität im Bündnis – dazu zähle insbesondere der Fakt der Geheimhaltung des Entwurfs der Atlantischen Deklaration vor den kleineren Bündnispartnern – gäben die Möglichkeit, einen Keil in das Bündnis zu treiben.«

Und dann schlug General Bennecke dem Gericht vor, eine Art Sandkastenspiel durchzuführen. Bei seinem Demonstrationsmodell wolle er sich auf mögliche Aktionen beziehen, die sich gegen die NATO-Staaten richteten und somit einen schweren Nachteil auch für die äußere Sicherheit der BRD herbeiführen könnten.

Beispielsweise hätte folgendes aus den Papieren übermittelt werden können:

»1. Aufgrund jüngster Ermittlungen ist die amerikanische Regierung zu der Auffassung gelangt, daß die Sowjetunion nuklear paritätisch, aber konventionell überlegen sei.

2. Der amerikanische Verteidigungsminister hält es für nützlich, daß auch nach Ausbruch von Feindseligkeiten Konsultationen untereinander fortgesetzt werden.

3. Das Gefühl der Solidarität der Partner zeigt Risse.

4. Die internen Vorgänge im Zusammenhang mit dem Abkommen über die Verhinderung eines Atomkrieges und im Zusammenhang mit der Ausarbeitung einer atlantischen Deklaration sind geeignet, Mißtrauen zu säen oder zu verstärken.

5. Der Einsatz von nuklearen Waffen werde den USA bei einem Konflikt mit der nuklear gleich starken Sowjetunion schwerfallen.
6. Allerdings würden und müßten die USA, wenn es zu einem Bündnisfall komme, dennoch fest zu ihren Verpflichtungen stehen.«
Diese Ableitungen waren schon merkwürdig genug. In den Gesichtern der Richter und Bundesanwälte malte sich eine gewisse freudige Verwunderung über den naßforschen Vortrag ab. Aber es kam noch besser.
»Nehmen wir mal an«, sagte General Bennecke, »nehmen wir einfach mal an: Im August 1973, kurz nach dem Norwegen-Urlaub, wären in Jugoslawien Unruhen ausgebrochen, und zwar auf der einen Seite prosowjetisch, und beide Seiten hätten sich an die jeweiligen Bündnispartner um Hilfe gewandt. In einer solchen Lage müßte nun von der Sowjetunion die Entscheidung getroffen werden, ob Jugoslawien zu besetzen sei oder nicht. Mit dem eingangs geschilderten Wissen der Sowjetunion vom Zustand des westlichen Bündnisses wäre der Erfolg einer Invasion kaum zweifelhaft gewesen.«
Auf die Frage, was der Westen in einer solchen Situation oder solcherart drohenden Situation hätte tun können, antwortete der Herr Sachverständige: »Politische Demonstrationen, das Auslaufen der amerikanischen Mittelmeerflotte, Einnehmen der Angriffsbasen auch der Landstreitkräfte, Landungen von See her oder aus der Luft, Reaktionen gegen die Schiffahrt der Sowjetunion oder ähnliches wären dabei in Frage gekommen. Ob diese Aktionen allerdings als Bündnisaktionen oder nur von seiten des einen oder nur mehrerer westlicher Staaten erfolgt wären, sei schwer zu sagen, da eine eventuelle Besetzung Jugoslawiens im strengen Sinn die Bündnisfrage nicht stelle.«
Bei dem Vortrag handelte es sich um eine Demonstration aus einem alten Hut. Aus anderen Quellen wußte ich, daß das *Jugoslawien-Modell* schon mehrfach für NATO-Stabsübungen als sogenannte Ausgangslage herangezogen worden war. Und so sehr es einem auch die Sprache verschlagen konnte, daß es nun wie ein Indiz in den Prozeß eingeführt wurde, durfte man dazu nicht schweigen. Unsere Verteidiger sprachen für uns und brachten an dieser Stelle ihren scharfen Protest vor. Sie erklärten sich mit dem weiteren Vortrag eines solchen Demonstrationsmodells nicht einverstanden. Es handele sich

um eine unzulässige Methode, die Prozeßbeteiligen in Panikstimmung zu versetzen.
Bezeichnend war die Reaktion des Gerichts. Offensichtlich war es von den verleumderischen, scharfmacherischen Spekulationen sehr angetan. Der Senat erklärte, daß der Sachverständige doch nur ein Beispiel vortrage, um die in seinem Gutachten vorgebrachten Thesen zu demonstrieren. Die Bundesanwaltschaft assistierte mit der süffisanten Bemerkung, daß man doch anerkennen müsse, daß der Sachverständige sein Denkmodell nicht am Beispiel Deutschland demonstriere. Unsere Verteidiger erneuerten ihren Protest: Das ursprünglich sachlich angelegte Gutachten gleite durch das Sandkastenspiel ins Unsachliche ab. Der Senat ordnete jedoch an, daß der Vortrag des Gutachtens fortgesetzt werde. Die Verteidigung beanstandete die Anordnung. Die Bundesanwaltschaft widersprach der Verteidigung. Endgültiger Beschluß des Senats: Die Beanstandung der Verteidigung wird zurückgewiesen, die Erstattung des Gutachtens fortgesetzt.
Und so war es diesem von seinem Sachverstand überzeugten alten General erlaubt, sein ebenso ungeheuerliches wie lächerliches Sandkastenspiel zu Ende zu führen. Die von ihm geschilderte angeblich durch den Verrat der Geheimpapiere herbeigeführte Lage hätte die Gefahr eines nuklearen Krieges heraufbeschworen. Insofern müsse er die Frage, ob durch den etwaigen Verrat der Dokumente eine schwere Gefahr für die äußere Sicherheit der Bundesrepublik herbeigeführt worden sei, auch für den Fall bejahen, daß die Papiere nicht im Wortlaut, sondern, wie er vermute, nur inhaltlich an die andere Seite übermittelt worden wären.
Ich bin davon überzeugt, daß es heute, rund eineinhalb Jahrzehnte danach, denkenden Menschen mit dem gesicherten Erkenntnisstand aus gesicherten historischen Erfahrungen leichter fallen wird, die Wahrheit zu finden, indem sie die Logik in der Umkehrung des Gedankens suchen: Mit dem, was wir an Geheimnissen in Erfahrung brachten, dienten wir subjektiv und objektiv der Verhinderung eines Atomkrieges! In diesem Punkt sprechen Inhalt und Charakter der aus dem Hamar-Fernschreibverkehr zitierten Dokumente doch wohl eine eindeutige Sprache. Man denke nur an die Rankünen der US-Administration, um für den atomaren *first strike* die Mittel in die Hand zu bekommen. Bei uns Aufklärungsoffizieren der DDR war dieses Geheimnis von den Reaktionen im Machtgefüge der

BRD in den richtigen Händen. Das ist der einfache Kern einer komplizierten Wahrheit. Im Sinne der Entspannungspolitik, konkret des Helsinki-Prozesses, konnten unsere Beobachtungen und unser Wirken in Hamar wie überhaupt nur von Vorteil sein. Wo gab es Abblock-Manöver? Wie ernsthaft waren die Bemühungen der Brandt-Administration, den destruktiven Unternehmungen der USA entgegenzuwirken? Wo wurden unmittelbare Schutzinteresen der sozialistischen Länder davon berührt? Wir beide in Hamar lieferten nur Steinchen zu einem Mosaik. Aber insgesamt ergab sich ein Bild, das es unserer Seite gestattete, souverän und sicher zu reagieren, und das konnte für Entspannung und Frieden kaum von Nachteil sein.
Darum lebe ich mit der unumstößlichen Überzeugung, daß wir auch damals in Hamar, als wir Zugang zum *»Allerheiligsten«* hatten, nicht zum Nachteil, sondern – in jenem höheren Sinne, der den Frieden über alles stellt – zum Vorteil auch der Menschen in der Bundesrepublik gewirkt haben.

Niemand wird sagen können, der *Fall Guillaume* sei jetzt aufgeklärt ...

Zur Abstützung des Urteils nahm das Düsseldorfer Oberlandesgericht weitere Belege in seine Liste auf: *»Außer den vorgenannten Fernschreiben fielen während des Urlaubs des Bundeskanzlers bei der Fernschreibstelle in Hamar zwölf weitere als Verschlußsachen gekennzeichnete Fernschreiben an. Von diesen enthielt das ›VS-Geheim‹ eingestufte Fernschreiben Nr. 109 vom 18. Juli 1973 die wörtliche Übermittlung eines dem Bundeskanzler auf diplomatischem Wege nach Hamar überbrachten Briefes des amerikanischen Präsidenten Nixon vom gleichen Tag. Ebenfalls als ›Geheim‹ eingestuft waren von den übrigen Schreiben u. a. ein mit Fernschreiben Nr. 64 am 4. Juli 1973 übermittelter Botschafterbericht über den Besuch des NATO-Rates in San Clemente am 30. Juni 1973 und ein am 25. Juli 1973 mit Fernschreiben Nr. 114 durchgegebener Bericht des Bundesverteidigungsministers Leber über die von ihm am 17. und 18. Juli 1973 geführten Gespräche mit seinem amerikanischen Amtskollegen und anderen Regierungsvertretern der USA.«*
War das Gericht damit nun endlich am Ziel seiner Wünsche? Nein – der ganze Prozeß stand nach wie vor auf tönernen Füßen. Bezeich-

nend dafür ist der schon einmal erwähnte Schlußbericht des »Tagesspiegels« vom 16. Dezember 1975: *»Mit Spannung erwarteten die Prozeßbeobachter, ob das Gericht den Verrat als erwiesen ansieht, obwohl keinerlei objektive Beweismittel für die Übergabe von Staatsgeheimnissen gefunden wurden. Mehrfach mußte Richter Müller einräumen, daß Zusammenhänge und Verbindungsmöglichkeiten nicht aufgeklärt werden konnten. Allerdings: ›Angesichts des Eifers, den der Angeklagte stets zeigte, scheint es dem Senat ausgeschlossen, daß er diese einmalige günstige Gelegenheit nicht genutzt hat.‹ Gemeint waren die Geheimfernschreiben in Hamar. Damit war eine Verurteilung wegen schweren Landesverrats sicher ...«*
Zur gleichen Einschätzung kam der Prozeßbeobachter der »Frankfurter Allgemeinen Zeitung« vom selben Tag: Zwar spreche vieles dafür, daß Staatsgeheimnisse übermittelt worden wären. *»Dennoch bleibt der konkrete Teil des NATO-Verrats nur ein Stück ›richterlicher Überzeugung‹, bestärkt durch Gutachter des Bundesnachrichtendienstes, nicht aber erhärtet durch positive Beweisführung allein während des öffentlichen Teils dieses Spionageverfahrens ... Die Agenten werden nicht sagen können, sie hätten keinen fairen Prozeß gehabt. Ihr Vorsatz, bis zuletzt zu schweigen, ist ihre eigene Sache. Vielleicht handelten sie auf taktische Weisung aus Ost-Berlin, das Schweigen jedenfalls war ihr gutes Recht. Das bedeutet aber auch, daß niemand sagen kann, der Fall Guillaume sei nun endgültig aufgeklärt.«*
Auf Ausdeutungen dessen, was einen *»fairen Prozeß«* ausmacht, will ich mich nicht mehr einlassen. Zur Aufklärung des *Falles Guillaume*, vor allem der zum Bedauern von Richter Müller nicht aufgeklärten *»Zusammenhänge und Verbindungsmöglichkeiten«*, kann ich – zumindest episodisch – noch etwas beitragen.
Wenn wir auf Reisen waren, fiel es der Begleitmannschaft immer etwas schwer, die verschiedenen Aktenkoffer, die zum Reisegepäck gehörten, auseinanderzuhalten. Auf den ersten Blick sahen sich die schwarzen Lederkästen sehr ähnlich. Mehr als einmal kam es zu Verwechslungen, die manchmal schon nicht mehr komisch waren. Neben dem berühmten Aktenkoffer mit dem nie verstellten Zahlencode hatte Willy Brandt auf längeren Reisen noch andere ähnliche Amtskoffer bei sich. Auch zu meinem Gepäck gehörten ein paar solche Dinger. Der eine Koffer barg die Schriftstücke, die für mich wichtig waren, in einem anderen befanden sich hübsche Souvenirs aus dem

Fundus des Amtes, die ich jeweils vor Ort an Leute, die uns Gefälligkeiten erwiesen hatten, im Namen des Bundeskanzlers verteilte. Auch diese beiden Koffer sahen sich zum Verwechseln ähnlich. Ich konnte sie mit kleinen Sicherheitsschlüsseln verschließen. Während des Urlaubs in Hamar standen sie bei uns im Kleiderschrank.

Ich glaube, die Idee kam mir, als ich dem Boten von der norwegischen Post, der uns immer pünktlich und freundlich beliefert hatte, ein Präsent überreichen wollte. Ich schloß einen Aktenkoffer auf – und zu meiner Überraschung war es der falsche, der, in dem nicht die Souvenirs, sondern die Kopien vom Fernschreiber lagen. Ich selbst war auf die vertrackte Ähnlichkeit der Koffer hereingefallen. Moment mal – war da nicht eine Möglichkeit?

Chef des Sicherheitskommandos an der Seite des Kanzlers war der Kriminalhauptkommissar Ulrich Bauhaus von der Sicherungsgruppe Bonn des Bundeskriminalamts, unmittelbar verantwortlich für die Sicherheit Willy Brandts, praktisch dessen Leibwächter. Er war von holzgeschnitzter Denkungsart. Später, als es um die Ausforschung des Privatlebens seines Herrn und Meisters ging, die dessen Sturz als Kanzler endgültig besiegelte, ließ er sich in seiner Einfalt aufs Glatteis führen. Er plauderte mehr aus, als seiner Treuepflicht guttat. Als persönlicher Sicherheitsbeamter an der Seite des Kanzlers hatte er zu diesem einen ganz anderen und doch ähnlich engen Umgang wie ich als Referent. Von den vielen gemeinsamen Reisen her kannten wir uns gut und standen miteinander auf vertrautem Fuß. Als Zeuge vor Gericht befragt, ob ihm denn in Anbetracht der täglichen Begegnungen am Angeklagten nie etwas Verdächtiges aufgefallen sei, was für den Prozeß von Relevanz wäre, antwortete er treuherzig: »Leider – nein!«

Als Ende Juli in Hamar die Abschiedsstunde von einem insgesamt harmonisch und inhaltsreich verlaufenden Urlaub nahte, sprach ich Bauhaus an: »Uli, du fliegst doch direkt mit dem Chef nach Bonn zurück. Kannst du nicht für mich einen Aktenkoffer mit ins Flugzeug nehmen? Es sind wichtige Papiere drin, alles was hier aufgelaufen ist, und ich will die bei der Rückfahrt nicht im Privatauto haben. Tu mir den Gefallen! Gib zu Hause im Büro den Koffer Fräulein Boeselt, die schließt ihn für mich weg. Ich mach noch ein paar Tage Nachurlaub.«

Und Kriminalhauptkommissar Bauhaus tat mir den Gefallen. Was er nicht wissen konnte und was auch später von Ermittlern, Staatsan-

wälten und Richtern nicht aufgeklärt werden konnte, war der Umstand, daß er statt des Koffers mit den Akten den Koffer mit den Souvenirs für mich nach Bonn ins Amt schleppte. Der eigentliche Aktenkoffer lag gut verstaut in unserer Familienkutsche, als ich mich mit Christel und Pierre auf die Heimfahrt machte.
Nach dem Passieren der norwegisch-schwedischen Grenze landeten wir abends, es war der 31. Juli, wieder in Halmstad vor dem Hotel, in dem wir schon bei der Hinfahrt Quartier gemacht hatten. Würde Gudruns Freund pünktlich sein?
Für das Abendessen an der Hoteltafel zogen wir drei uns fein an. Der Abend war schon fortgeschritten, Musik spielte, als die verabredete Stunde heran war. Ich stand auf, und während Pierre an jenem Abend, er war jetzt ein schlanker Jüngling, mit seiner Mutter zum erstenmal in der Öffentlichkeit tanzte, ging ich nach oben in unser Zimmer, holte den Aktenkoffer aus dem Schrank und sortierte aus dem ganzen Wust der in Hamar aufgenommenen Fernschreiben jene Stücke aus, die als Eilsachen anzusehen waren und schnell nach Berlin mußten. Ich legte sie für die Bearbeitung bereit. Dann ging ich hinunter zur Hotelbar, wo die Wellen der Lustbarkeiten schon hochschlugen, und setzte mich zu einem einsamen Gast, der ein Pernodglas vor sich stehen hatte. Gudruns Freund war tatsächlich pünktlich. Neben seinem Fuß stand eine kleine Tasche. Er war auf das Rendezvous gut vorbereitet. Wir wechselten nur wenige Worte, was er brauchte, war der Zimmerschlüssel.
Im Restaurant war mein Weggehen niemandem aufgefallen. Christel und Pierre waren immer noch auf der Tanzfläche. Noch einmal ging ich an diesem Abend nach draußen. Gudruns Freund hatte alles flink abgewickelt. Auf dem dunklen Parkplatz saß er schon bereit zur Abfahrt am Lenkrad. Den Zimmerschlüssel reichte er mir durchs Wagenfenster. Und dann nur noch wenige Worte: »Tschüß!« – »Gute Fahrt!« – »Mach's gut!« – »Und grüß alle zu Hause!« Den Schlußlichtern sah ich noch lange nach, ehe sie in der Dunkelheit verschwanden.
Die Heimfahrt verlief reibungslos. In Bonn hatte ich noch zwei Tage Zeit, die restlichen Hamar-Papiere für den Transport zu bearbeiten. Als ich zum Dienstantritt nach dem Urlaub ins Büro kam, schloß meine Sekretärin Fräulein Boeselt als erstes den Panzerschrank auf und reichte mir den Aktenkoffer heraus. »Ihre Akten, Herr Guillaume. Schönen Gruß von Herrn Bauhaus!«

Nicht auf einen Schlag, sondern in auf ein paar Tage verteilten Schüben gab ich dann die in Hamar gesammelten Papiere auf den Dienstweg in die Registratur. Mehrere Tage braucht ein gewissenhafter Referent schon, um einen nicht ganz unwichtigen Aktenbestand korrekt aufzulösen!

Es war inzwischen August geworden. Der Bonner Alltag hatte uns wieder. Aber Christel und ich lebten in jenem Hochgefühl, das aus überstandener Gefahr kommt und aus dem Erfolg. Wir wußten: Das *»Allerheiligste«* aus den Bonner Sakramenten, das war jetzt in unserem *»Allerheiligsten«* in Berlin!

18. Die Observation

»Die ersten Verdachtsmomente gegen Günter Guillaume wurden im April 1973 erkannt und verdichteten sich im Laufe des Monats Mai …
Der Ausschuß ist der Auffassung, daß es vertretbar ist, einen der Agententätigkeit Verdächtigen auch über einen längeren Zeitraum auf einem exponierten Arbeitsplatz zu belassen, wenn er erst durch eine Observation überführt werden kann.«

(Aus dem Bericht des vom Bonner Bundestag eingesetzten 2. Untersuchungsausschusses, Ansicht der SPD/FDP-Mehrheit des Ausschusses)

»Die Bundesrepublik Deutschland und Bundeskanzler Brandt wären vor großem Schaden bewahrt geblieben, wenn Dr. Nollau sich nicht mit dem Placet für die Operationen gegen Guillaume begnügt hätte. Nach der Beweisaufnahme vor dem Untersuchungsausschuß hat sich Dr. Nollau auf dem Gebiet der Spionageabwehr und des Geheimnisschutzes so schwere Fehler und Versäumnisse zuschulden kommen lassen, daß er sich als Leiter des BfV disqualifiziert hat.«

(Aus dem Bericht desselben Untersuchungsausschusses, Ansicht der CDU/CSU-Minderheit)

»Es gibt ausreichende Anzeichen dafür, daß die Verfassungsschützer nicht nur bei der Einstellung Guillaumes im Kanzleramt über mangelhafte Kenntnisse verfügten, sondern auch bei der Observation des seit 1956 tätigen Agenten keineswegs die ›Meisterleistung‹ vollbrachten, die Genscher ihnen noch vorletzte Woche gutgebracht hatte. So dürftig war das Ergebnis der Überwachung Guillaumes ausgefallen, daß sich der Generalbundesanwalt zunächst geweigert hatte, überhaupt einen Haftbefehl gegen den Kanzlerreferenten zu beantragen.«

(»Der Spiegel«, 6.5.1974)

»Die Unterrichtung des damaligen Bundeskanzlers über die nunmehr geplante Abgabe an die Bundesanwaltschaft erfolgte am 1. März 1974 durch den Präsidenten des Bundesamtes für Verfassungsschutz in Gegenwart des Bundesinnenministers. Zum Inhalt dieses Gespräches erklärte der Zeuge Brandt, auch aufgrund der detaillierten Unterrichtung durch Dr. Nollau selbst in Gegenwart von Genscher sei

er immer noch nicht davon überzeugt gewesen, daß es wirklich so sei. An ein Detail dabei könne er sich besonders erinnern. Es sei in Verbindung mit der vorhin erwähnten Quelle davon gesprochen worden, daß es sich bei der Familie Guillaume um eine Familie mit zwei Kindern handele. Er habe damals eingewandt, ihm sei bekannt, es gebe nur einen Sohn.«

(Nochmals aus dem Bericht des 2. Untersuchungsausschusses, Ansicht der SPD/FDP-Mehrheit)

»Ich glaube, ich bin beobachtet worden!«

Die stillen Tage von Bonn ... Nach den bewegten, in jeder Hinsicht produktiven Wochen des Norwegen-Urlaubs, wo frisch vom Frühstückstisch aus regiert worden war, wo sich die kompliziert verstrickten Fäden der Weltpolitik nach einem Waldspaziergang wie von selbst zu entwirren schienen, kam mir die Regierungsmetropole wie ein verschlafenes Provinznest vor. Es waren die ersten Augusttage, aber über den Parkbäumen des Palais Schaumburg lag schon das verschleierte Licht des Spätsommers. Auf den Fluren des Amtes war es stiller als sonst. In Berlin hatten wir für diese Atmosphäre einen treffenden Ausdruck. Saure-Gurken-Zeit. Das war die Zeit, in der nichts zu passieren schien, und das Auftauchen der Straßenhändler, die die frisch eingelegten Gurken aus dem Spreewald anpriesen, war die einzige Sensation. Die versteckte Dramatik der Ereignisse in Norwegen vibrierte in mir noch nach. Bonn präsentierte sich ganz offen in träger Geschäftigkeit. Ich pendelte zwischen Kanzleistube und Registratur. Schubweise, ungerührt von den Mahnungen des Registraturbeamten, gab ich die Akten und Fernschreiben zurück, die während des Regierungsurlaubs angefallen waren und von denen Kriminalhauptkommissar Bauhaus, der Leibwächter Willy Brandts, glaubte, sie im Kanzlerbüro getreulich für mich hinterlegt zu haben. Ganz allmählich leerte sich der schwarze Aktenkoffer. Auch das letzte interessante Papier war für den Versand präpariert. Der Amtsalltag mit seiner schläfrigen Routine hatte mich wieder.

Die stillen Augusttage von Bonn – in der Rückbetrachtung kann man jetzt sagen: Es waren die Tage vor dem Sturm.

»Ich glaube, ich bin beobachtet worden.« Dies war einer jener Sätze, bei denen man nicht gleich wußte, wie man reagieren sollte. Halluzi-

nation oder Offenbarung? Eine Fontäne verrückter Assoziationen schoß mir durch den Kopf, als Christel den Satz wiederholte: »Hör zu, ich phantasiere nicht! Ich glaube, ich bin beobachtet worden.«
Was war passiert? Christel hatte in der Stadt ein paar Besorgungen gemacht und bei dieser Gelegenheit in einem Supermarkt den für diesen Tag vorgesehenen Kontakt zum konspirativen Netz gesucht. Soweit ich mich erinnere, war das System, nach dem dieser Kontakt hergestellt wurde, ebenso einfach wie unauffällig. An diesem Tag jedoch brach Christel die Kontaktaufnahme ab. Zunächst war es wohl nur ein bei ihr stark ausgeprägter Instinkt, der sie verhoffen ließ. Sie ging an der Kosmetikabteilung, die für die Kontaktaufnahme eine Rolle spielte, vorbei. Und dann beim Schlendern durch die anderen Abteilungen des Supermarktes glaubte sie, einen Mann zu bemerken, der ihr von Warenstand zu Warenstand folgte. Sie behielt die Fernsehkameras im Auge, die an der Decke der Halle montiert waren, fühlte sich aber von denen nicht gezielt beobachtet. Doch als sie ihren Einkauf im Auto verstaut hatte und sich in den Feierabendverkehr einfädelte, schien ihr ein Wagen zu folgen. Erst kurz vor der Ubierstraße, wo wir wohnten, hatte er sich, so meinte Christel gesehen zu haben, abgeklinkt.
Was sollte das zu bedeuten haben? Ich gestehe, daß ich an jenem Abend nicht bereit war, Christels Beobachtungen als Signal einer beginnenden Einkreisung ernst zu nehmen. War nicht zur Stunde des Büroschlusses ein dichter Strom von Fahrzeugen auf der Route Bonn – Godesberg unterwegs? Man konnte sich von Hunderten von Autos verfolgt fühlen! Und der Vorfall in dem Supermarkt! Ich weiß noch, daß ich Christel gegenüber eine Scherz gemacht habe: »Ganz einfach – man hat dich für eine Einkaufsdiebin gehalten, und der Geschäftsdetektiv war dir auf den Fersen.«
Ich war sogar ein wenig ärgerlich, daß der dringend notwendige Kontakt nicht auf bequeme Weise zustande gekommen war. Nach den Regeln mußte jetzt der ins Leere gelaufene Kontaktmann aktiv werden, was in jenem Falle komplizierter und darum risikoreicher ist.
Später mußte ich Christel Abbitte tun. Damals glaubte ich, daß ihr eine Panikreaktion unterlaufen war, verursacht durch die Beunruhigung, die noch aus dem Norwegen-Urlaub nachwirkte, durch jenen an sich harmlosen Zwischenfall mit den Fernschreibbeamten des BND. Mit vielen Worten und allen Mitteln der Logik versuchte ich,

ihr ihre Beunruhigung, aus der nur Verunsicherung kommen konnte, auszureden. Ich flachste: »Vielleicht hast du eine Eroberung gemacht, und dir stellt ein Galan nach.« – Christel blieb skeptisch, und wie sich bald herausstellen sollte, hatte sie recht damit, ihren Verdacht nicht aufzugeben. Mit der ihr eigenen Selbstironie sagte sie: »Hinter mir ist nicht ein Kerl her, es sind mindestens drei junge Kerle. Bei aller Liebe – eine Sexbombe, die die Männer scharenweise hinter sich herzieht, bin ich doch wohl nicht!«
Die Ereignisse folgten bereits ihrer eigenen Logik, auf die ich keinen Einfluß mehr hatte.

Was mich für den Augenblick blind machte, war die hundertmal überprüfte Erfahrung, daß man sich nicht von jedem Zufall ins Bockshorn jagen lassen darf. Was hatten wir nicht schon alles an verrückten Vorkommnissen erlebt! Ein paar Geschichten fallen mir ein, die ich noch nicht erzählt habe.
Die eine ereignete sich im Intercityzug Düsseldorf–Frankfurt. Ich hatte einen Mikrofilm präpariert, im Brillenetui verstaut und das Etui hinter meinem Sitzpolster versteckt. Auf dem Film war brisantes Material, das aus Sicherheitsgründen nicht direkt übergeben werden sollte. Als ich in Bonn ausstieg, sah ich noch, wie Arno einstieg. Er hatte von Bonn nach Frankfurt die gleiche Buchung gemacht wie ich von Düsseldorf nach Bonn. Das Verfahren war eigentlich todsicher. Doch als es sich Arno auf seinem Sitz bequem gemacht hatte und er nach einiger Zeit vorsichtig zwischen die Polster faßte, spürte er nur Staub zwischen den Fingern.
War dem Platzkartencomputer ein Fehler unterlaufen? Oder saß jemand im Zug, der uns genüßlich eine Falle gestellt hatte? Viel Zeit zum Überlegen blieb nicht. Die Bedeutung des taufrisch angelieferten Materials aus dem Sicherheitssektor gestattete auch kaum Alternativen. Ging das Etui verloren und landete der darin verborgene Film auf dem zuständigen Tisch, mußte man mit einiger Sicherheit damit rechnen, daß die Quelle des abgelichteten Materials stark gefährdet war. Und die Gefährdung einer Quelle ist schlimmer als die eigene Gefährdung. Geht man selbst einem Risiko entgegen, kann es zu einem Unfall kommen; ein überzogenes Risiko für die Quelle bedeutet jedoch die Katastrophe. Deshalb faßte Arno einen kurzen Entschluß. So unauffällig wie möglich, immer wieder nach einem freien Platz Ausschau haltend, arbeitete er sich durch die Abteile des

Waggons. Und so, wie wir vorher Pech gehabt hatten, hatte er nun Glück. Er landete endlich auf meinem Platz. Das Brillenetui war noch da.
Arno war noch ein anderes unwahrscheinliches Ding passiert. Aufträge seiner Firma führten ihn öfter für längere Zeit ins Ausland. Das brachte zwar manchmal Schwierigkeiten mit sich, wenn er in Bonn dringend gebraucht wurde. Andererseits konnten wir seine Auslandsabstecher mehrere Male für gut gedeckte Treffs nutzen.
Einmal nun kehrt Arno mit Nora von einer solchen längeren Reise zurück und wird vor seinem Wohnsilo vom Hausmeister abgefangen. »Herr Kretschmann«, sagt der, freudestrahlend auf ein Trinkgeld hoffend, »endlich sind die neuen Stellagen für die Keller gekommen. Sie brauchen sich nicht mehr drum zu kümmern. Ich habe bei Ihnen schon alles umgebaut.«
Arno glaubt sich einer Ohnmacht nahe. Gibt es so was Irres noch einmal? Es gehört zu den eisernen Gesetzen der Konspiration, sein ganzes Umfeld, Wohnung, Arbeitsplatz, Auto und natürlich sich selbst möglichst *sauber* zu halten. Es war in diesem Sinne einfach eine Frage der Hygiene, daß Arno den Funkschlüssel, der ihm schnellen und sicheren Kontakt zur Zentrale sicherte, nicht mit sich herumschleppte. Er hatte ihn auf einem winzigen Zettel notiert und diesen im sauber ausgehöhlten Holzpfosten der Kellerregale versteckt. Im Keller aber standen jetzt moderne Metallständer.
Ganz beiläufig fragt Arno seinen Hausmeister: »Waren die alten Dinger nicht noch zu gebrauchen?« Der sagt: »Seien Sie froh, daß Sie die los sind. Ich hab alles in den Sperrmüll gegeben!« Und nach dem Unwahrscheinlichen passiert nun das noch Unwahrscheinlichere: Arno nimmt die Spur auf, findet die richtige Müllkippe, dort die alten Latten, darunter seinen Pfosten und im Pfosten nach dem Ablösen der Verkittung den Funkschlüssel.
Und dann der Zwischenfall, der sich in dem kleinen Restaurant in Maastricht ereignete, das unser Stammlokal geworden war. Es war ein unbeschwertes Familientreffen zu viert. Arno hatte Nora mitgebracht und ich Christel. Man kann natürlich über die Zweckmäßigkeit solcher Zusammenkünfte streiten, und es passierte dann tatsächlich auch etwas, das den Skeptikern recht geben könnte. Aber auch in der Erinnerung möchte ich diese frohgemuten Meetings nicht missen. Arno und Nora waren in jener Zeit die einzigen Menschen, denen wir uns als Freunde vorbehaltlos aufschließen konn-

ten. Manchmal kamen sie direkt aus Berlin und brachten, nur spürbar für uns, Nestwärme mit. Sehnsucht kam auf, aber vor allem Freude, wenn sie von der Heimat erzählten. Wenn wir zusammen saßen, lief mit den Gesprächen ein unsichtbares Band um den Tisch.

An jenem Spätnachmittag in Maastricht war das Dienstliche schnell erledigt, und wir wollten noch ein paar gelöste Stunden miteinander verbringen. Der Wein des Hauses war gut. Zwei Tische weiter feierte ausgelassen eine kleine Runde junger deutscher Touristen, vielleicht Studenten. Ich beachtete sie nach einiger Zeit nicht mehr. Da sagte Nora, die ein wachsames Auge auszeichnete: »Wenn der es ernst meint, haben sie uns alle zusammen auf der Platte.« Ich drehte meinen Kopf in die Richtung ihrer Blicke. Einer der jungen Männer, den ich vorher gar nicht bemerkt habe, hantiert an einer Kamera herum. Er fordert seine Tischgenossen auf, zu ihm hinzublicken, bitte recht freundlich, aber das Objektiv zielt genau auch in unsere Richtung, und mir wird klar, daß der Blitz bis in unsere Ecke reichen würde. Auch Christel und Arno haben die Situation inzwischen erfaßt. Ich glaube, in jedem von uns gab es in jenem Schreckmoment nur einen ersten Gedanken: Zahlen und nichts wie weg, und zwar jeder in eine andere Richtung! Christels Gesicht bleibt unbewegt. Arno streift seine Verblüffung ab und winkt dem Fotografen aufmunternd zu. Der aber wehrt lachend ab. Und dann sehe ich etwas genauer hin. »Bleibt ruhig«, sage ich, »er benutzt einen extremen Weitwinkel! Wir bleiben im Hintergrundnebel!« Und dann zuckt der Blitz, ohne daß ein Donner folgt, und es wird noch ein wunderbarer Abend.

In all diesen Situationen, und es gab noch mehr ihrer Art, war es entscheidend gewesen, nicht die Nerven zu verlieren. In jedem Menschen schlummern animalische Instinkte, und einer davon ist die Fluchtreaktion. Doch darf man ihr nicht blind nachgeben. Wozu hat der Mensch Verstand und Willen? Er kann der Gefahr ins Auge sehen und ihr entgegentreten.

Die Götterdämmerung zieht herauf

Nun war Christel allerdings nicht aus dem Stoff, aus dem jemand die Nerven verliert und in Panik gerät. Mehr als einmal hatte sie ganz im Gegenteil äußerste Kaltblütigkeit bewiesen. Um so mehr Sorgen machte ich mir um sie, als sich zeigte, daß sie diesmal vom Verdacht einer gezielten Beobachtung nicht loskam. Ich war mir ziemlich sicher, daß ihre Befürchtung unbegründet war. Hatten wir nicht in fast zwanzigjähriger Kundschaftertätigkeit viel prekärere Situationen durchgemacht, ohne daß ein Verdacht an uns hängengeblieben war? Warum sollte gerade jetzt, aus heiterem Himmel, jemand eine großangelegte Operation gegen uns eingefädelt haben? Das ergab in meinen Augen keinen Sinn.

Was mich in meiner Auffassung bestärkte, war die Tatsache, daß sich in meinem Umfeld nichts Verdächtiges bewegte. Mit geschärften Sinnen ging ich durch die nächsten Tage. Nichts Auffälliges passierte. Im Amt lief alles im gewohnten Trott. Niemand behelligte mich. Es gab keinerlei Einschränkungen meiner Bewegungsfreiheit und Einflußmöglichkeit. Es gab im Gegenteil eine ganze Reihe erstaunlicher Beweise für ein mir gegenüber gesteigertes Vertrauen.

Der Chef ermunterte mich zu neuen Reiseplänen. Noch aufgelokkert vom Norwegen-Urlaub, der ihn erfrischt und gestärkt hatte, fing er an, von der Côte d'Azur zu schwärmen. Ein Kurzurlaub im Oktober wurde vage ins Auge gefaßt. Diesmal sollte es eine zünftige Herrenpartie werden.

Zu meiner größten Überraschung nahm just in der Zeit Herbert Wehner verstärkt Notiz von mir. Wir sahen uns beinahe regelmäßig in den Sitzungen der Fraktion oder ihres Vorstands, auch beim Parteivorstand. Doch waren die Begegnungen bisher im wesentlichen auf solche Gelegenheiten beschränkt geblieben, bei denen ich an der Seite Willy Brandts auftauchte. Jetzt aber suchte »Onkel Herbert« – so wurde er in einer Mischung aus Respekt und Zuneigung in der Partei genannt – das Gespräch. Er fragte nach diesem und jenem, schien unmittelbar interessiert an den Aktivitäten des Kanzlerbüros. Ich versuchte mir einen Vers darauf zu machen.

Über das politische Schicksal des Bundeskanzlers machte ich mir damals schon keine Illusionen mehr. Objektive Momente seiner Regierungstätigkeit verquickten sich mehr und mehr mit massiven Vorstößen auch von Gegnern aus den eigenen Reihen, die darauf gerichtet waren, seine Autorität zu demontieren. Interne Analysen von Meinungsumfragen zeichneten ein verheerendes Bild. Das Allensbach-Institut signalisierte: Zwei Fünftel der Wähler, die noch bei den vorgezogenen Bundestagswahlen im November 1972 Brandt zum Wahlsieg geführt hatten, würden ihm jetzt ihre Stimme verweigern. In der Partei wuchsen Unruhe und Unmut über den rapiden

Vertrauensschwund. In der Parteispitze schob sich vorsichtig eine Fronde gegen Brandt zusammen, die einen Kronprätendenten hofierte – Helmut Schmidt. Die Götterdämmerung zog am Horizont herauf. Nach meiner Einschätzung gab es für Wehner, dem das politische Ansehen und der politische Einfluß der Partei über alles ging, der bereit war, dafür jedes Opfer zu bringen, nur diese Alternative: Entweder mobilisierte der Kanzler neue Energien, oder er mußte gehen!

Aus dieser Konstellation heraus erklärte ich mir Wehners Versuche, bei mir auf den Busch zu klopfen.

Was ich zu jenem Zeitpunkt nicht wissen konnte, war der Umstand, daß Wehner, dieser alte Fuchs, durch seinen Adlatus Dr. Nollau bereits über die neuen Verdachtsmomente informiert war, die man beim Verfassungsschutzamt gegen mich zusammengetragen hatte. Nach späteren offiziellen Darstellungen erfolgte die Information Anfang Juni 1973, und zwar unter halb konspirativen Bedingungen, unter Vermeidung der offiziellen Wege. Nollau will zu Wehner gesagt haben: »Wir haben den lang Gesuchten, wir glauben ihn zu haben. Er heißt Guillaume und sitzt im Bundeskanzleramt.« Gemeint war jener G oder Georg, von dem man nach der Dechiffrierung der alten, in den fünfziger Jahren an mich gerichteten Funksprüche wußte, daß er in den Reihen der SPD tätig war.

Obwohl ich, wie gesagt, absolut nichts davon wußte, nichts wissen konnte, rieten prinzipielle Erwägungen zu gesteigerter Vorsicht. Herbert Wehner war immerhin der Mann im Parteivorstand, der die innere Sicherheit der Partei stets im Auge behielt. Mußte man nicht auf der Hut sein, wenn der auf einen zukam? Gleichzeitig wiederholten sich die Gelegenheiten, bei denen sich Christel beobachtet glaubte.

Eine dieser Gelegenheiten sollte für die gegnerischen Dienste noch blamable Folgen haben. Der Zusammenhang bestand in folgendem: Nach unserem ersten Urlaub in Georg Lebers Ferienvilla an der französischen Mittelmeerküste war Christel so angeregt von diesem Erlebnis, daß sie sich entschloß, Französisch zu lernen und diesem Vorsatz auch mit Eifer und Hartnäckigkeit nachging. Beim »Bund für Volksbildung« in Wiesbaden belegte sie einen Sprachkursus. Als wir nach meiner Anstellung im Kanzleramt und ihrer Versetzung in die Hessische Landesvertretung den Wohnsitz nach Bonn verlagerten, suchte sie nach Möglichkeiten, die angefangenen Studien fortzusetzen. Ein Zufall kam zu Hilfe. In der Hessischen Landesvertretung arbeitete ein Beamter, der als Frankophile galt. Sein Name war Förster. Er und seine Frau sprachen gut französisch. Christel freundete sich mit ihnen an und hatte im Kalender einen festen Wochentermin, zu dem sie die Försters besuchte, um mit beiden eine Stunde zu parlieren. An einem solchen Tag geschah es. Christel wurde beobachtet, wie sie einen Blumenstrauß kaufte und damit das Haus ihres Französischlehrers betrat. Anfangs vermutete man einen Liebhaber, bis zu jenem Abend, an dem das Ehepaar Förster Christel bei der Verabschiedung bis zur Haustür geleitete. Von dem Augenblick an waren die Herren vom Verfassungsschutzamt überzeugt, eine ganz heiße Spur zu haben, und sie kamen von ihr nicht wieder herunter. Aus den alten Funksprüchen war ja nicht nur der große G bekannt, sondern auch der große F. Und wenn G Guillaume war, konnte dann nicht, ja mußte dann nicht F Förster sein? Endlich hatte man sie, die geheimnisvolle Nahtstelle, von der her das Netz aufgeräufelt werden konnte!

Das war genau der Punkt, der Minister Genscher veranlaßte, im Bundestag von dem großen Agentenring zu sprechen, dem seine Leute auf die Spur gekommen seien.

Auf einen Schlag mit uns wurden am 24. April 1974 auch die Försters verhaftet. Ihren Unschuldsbeteuerungen schenkte man keinen Glauben – bis zu dem Moment, als eine geharnischte Intervention aus Paris kam: Der Frankophile Förster hatte seine Liebe zu Frankreich derart gesteigert, daß er auch eine Liaison zum französischen Geheimdienst eingegangen war. Zähneknirschend mußte man ihn mit seiner Frau in Freiheit setzen.

Ähnlich war es einem Westberliner Zahnarztehepaar ergangen, das, wie man ermittelt haben wollte, in all den Jahren zum gleichen Termin wie wir im holländischen Hotel »Zuiderbad« Urlaub gemacht hatte. Auch dieser heiße Tip erwies sich als Niete. Ein Zufall steckte dahinter, nichts weiter.

Autojagd und Bewerbung im Verteidigungsministerium

Ich war nach Christels neuerlichen Wahrnehmungen entschlossen, den Stier bei den Hörnern zu packen. Eines Tages schnappte ich mir Christels Wagen und drehte ein paar Runden. Kaum hatte ich mich aus der Parklücke manövriert, als sich hinter mir ein anderer Wagen in die Fahrspur schob. Er folgte. Wenn ich beschleunigte, nahm auch er Geschwindigkeit auf, drosselte ich das Tempo, ließ auch er sich zurückfallen. Der Verfolger chauffierte äußerst umsichtig, hielt Abstand, ohne den Kontakt zu verlieren. Als ich rechts heranfuhr, hielt auch er. Im Rückspiegel war deutlich der Wagentyp auszumachen: ein steingrauer Opel. An einer Ampelkreuzung zwang ich ihn, dichter aufzufahren. Nun war auch das Kennzeichen auszumachen: KO–VH 752. Hinter dem Lenkrad saß ein Mann mit Bart, zwei weitere hatten im Fond Platz genommen.
Und dann erkannte er mich, bekam zumindest mit, daß es eine männliche Person war und nicht Christel, die den wahrscheinlich mit einer Funkwanze präparierten Wagen lenkte, und fiel ab. Es hatte keinen Zweck mehr, sich etwas vorzumachen. Christels Wahrnehmungen bestätigten sich. Man hatte eine Observation größeren Stils eingeleitet. Das Zielobjekt war offensichtlich Christel. Die Ursache lag im dunkeln.
Als ich mein Mütchen gekühlt hatte, wurde es Zeit, zur Besonnenheit zurückzufinden und zu einem Entschluß zu kommen. Gleichgültig, was hinter der Operation steckte – Gefahr war im Verzuge! Ich zog die Notleine. Vor allem Arno und Nora, an denen das ganze System hing, mußten aus der Schußlinie heraus. So schwer es uns allen fiel, sie mußten sich abklinken. Auch der geringste Kontakt hätte in dieser krititschen Phase blanken Verrat bedeuten können.
Es folgte eine kurze Periode entnervenden Abwartens. Dann kam ein Urlaubsgruß aus dem Salzkammergut. Ich erkannte die Handschrift von Heinz, dem Getreuen, der sich noch einmal in Marsch gesetzt hatte, um unsere Abdeckung zu übernehmen. Ganz behutsam, wie es seine Art war, schleuste er sich an uns heran. Und an einem Abend im September war es soweit. Nach doppelter und dreifacher Absicherung traf ich mit Heinz zusammen, um ausführlich über die neue Lage zu berichten und erste Weisungen der Zentrale entgegenzunehmen.

Auch nach der Autohatz war in meinem Umfeld alles unverändert geblieben. Fuhr ich mit meinem eigenen Wagen, stellte sich kein Verfolger ein. Bei Spaziergängen, die ich unternahm, bemerkte ich keinerlei Beobachtung. Im Amt schenkte man meinem Tun nicht mehr Aufmerksamkeit als gewohnt. Die Observation, diese Erkenntnis war nunmehr gesichert, galt eindeutig Christel. Was steckte dahinter? Unter Berücksichtigung auch von Nebensächlichkeiten ging ich mit Heinz verschiedene Varianten durch. Als bedeutsam schälten sich schließlich zwei heraus:

Seit dem Frühsommer 1973 lief Christels Bewerbung beim Verteidigungsministerium. Georg Leber hatte 1972 das Kommando auf der Hardthöhe übernommen. Als Staatssekretär hatte er sich Helmut Fingerhut, einen fähigen Frankfurter Parteifreund, ins Ministerium geholt. Eines Tages nun traf Fingerhut in der Hessischen Landesvertretung mit der Frankfurter Parteifreundin Christel Guillaume zusammen und gab ihr den Tip, die Konstellation zu nutzen. Christels Position in der Hessischen Landesvertretung wäre zwar ganz repräsentabel, aber er meinte, daß ihr Talent und ihre Erfahrung dort doch nicht genügend gefordert würden. Eine Vorzimmertätigkeit in unmittelbarer Nähe Georg Lebers dagegen, wo *zuverlässige Kräfte* dringend gebraucht würden, könnte ihr Auftrieb geben.

Der Vorschlag lag ganz auf der Linie unseres Auftrags. Und so hatte Christel schnell entschlossen noch vor Antritt unseres Norwegen-Urlaubs ihre Personalunterlagen im Verteidigungsministerium abgegeben. Insofern war es durchaus denkbar, daß Christels Überwachung mit ihrer Bewerbung im Zusammenhang stand.

Das Verteidigungsministerium galt ähnlich wie das Kanzleramt als sicherheitsempfindliche Behörde ersten Ranges. Möglicherweise war zum Zwecke der Durchleuchtung ihrer Bewerbung gegen Christel eine verdeckte Sicherheitsüberprüfung des Militärischen Abschirmdienstes eingeleitet worden, eine übliche Routinemaßnahme, wie ich sie seinerzeit bei meiner Einstellung ins Kanzleramt auch hatte durchstehen müssen.

Es hatte etwas Verlockendes an sich, zuerst und nur an diese Möglichkeit zu denken. Sie hätte uns lediglich den Zwang auferlegt, Christel so lange aus dem konspirativen Netz herauszuhalten, bis die Sicherheitsüberprüfung abgeschlossen war. Sie enthielt sogar einen positiven Kern, der verhieß, daß das Einstellungsverfahren beim Verteidigungsministerium in ein akutes Stadium getreten war.

Die andere Variante, die wir zu bedenken hatten, war weitaus folgenreicher. Gab es einen neuerlichen Verdacht, in den auch ich einbezogen war und der sich gegen den gesamten Komplex unserer Aufklärungstätigkeit richtete? Dies war nicht bewiesen, aber auch nicht ausgeschlossen, und wir mußten darauf mit aller Konsequenz reagieren. Folgende Maßnahmen legten wir fest:
Alle Utensilien und Materialien, die als Indiz gewertet werden könnten, sind restlos auszuräumen und sicherzustellen; Christel und ich haben bis auf Widerruf alle Aktivitäten einzustellen; jeglicher Kontakt zum konspirativen Netz hat zu unterbleiben.
Mit Ernst und Nachdruck brachte Heinz, autorisiert durch die Zentrale, zum erstenmal die Mahnung vor, bei Verdichtung der Gefahrenmomente Maßnahmen für den Rückzug einzuleiten.

»Ich glaube, ich habe da einen krummen Hund!«

Der Zeitzünder tickte unhörbar für uns seit dem Ausgang des Winters 1973. Durch eine unbeabsichtigte Berührung war der Mechanismus in Gang gesetzt worden.
Wenn die amtlichen Unterlagen, die mir seitdem zugänglich sind, zutreffend berichten, muß es ein Tag Ende Februar 1973 gewesen sein, als sich im Dachsbau des Kölner Verfassungsschutzamts ein subalterner Beamter, der Oberamtsrat Heinrich Schoregge, nochmals über eine Akte hermachte, die ihn seit einem knappen Jahr immer wieder beschäftigte. Schoregge arbeitete in der Abteilung IV, der Spionageabwehr. Der Vorgang, der ihn nicht zur Ruhe kommen ließ, betraf eine Fotografen namens Gersdorf, der in Frankfurt mit einer Presseagentur ohne Ansehen und Abnehmer dahinkrebste. Aufgrund einer Anzeige bei der Generalbundesanwaltschaft wurde gegen Gersdorf wegen Verdachts der Spionagetätigkeit ermittelt. Was Schoregge diesmal, beim neuerlichen Studium des Falles stutzig werden ließ, war der Name Guillaume, der ihm aus zwei anderen Spionagefällen, die er inzwischen ebenfalls überprüft hatte, in sicherer Erinnerung war.
Da hatten wir ihn nun, den einen fatalen Fall zuviel, der sich als dritter Faden in das Stolperseil drehte. Zweimal war alles gut gegangen. Erinnert sich der Leser noch an die beiden anderen Fälle? 1965 war ich im Verfahren gegen das der Spionage verdächtigte Ehepaar Si-

berg als Zeuge vernommen, Anfang 1973 im Zusammenhang mit der Festnahme von Wilhelm Gronau vom Verfassungsschutzamt belehrt worden.
Gersdorf, der sich meiner vielleicht noch aus Frankfurt erinnerte, war 1971 an mich herangetreten, zu einem Zeitpunkt, als ich in der Verbindungsstelle des Bundeskanzleramts saß. Ihm stand das Wasser bis zum Hals, und ich sollte für ihn einen Kontakt zu Conrad Ahlers, damals Chef des Bundespresseamts, vermitteln. Er hoffte da auf ein warmes Plätzchen. Aus verschiedenen Gründen taktierte ich sehr vorsichtig und wimmelte den Mann ab. Ministerialrat Winkel, als Pressereferent in der Verbindungsstelle des Kanzleramtes zuständig für den Draht zum Presseamt, fühlte sich dennoch in seinen Kompetenzen verletzt. Im späteren Prozeß sagte er im Zusammenhang mit der Affäre Gersdorf aus, ich hätte mich um Dinge gekümmert, die mich, den Gewerkschaftsreferenten, eigentlich nichts angingen, und er wäre deswegen sehr verärgert gewesen. Wahrscheinlich war es dann auch Winkel, der aus dieser Verärgerung heraus Gersdorf verzinkte, so daß eine Anzeige bei der Generalbundesanwaltschaft in Karlsruhe auflief. Wobei Winkel vielleicht auch nicht vergaß, Gesprächskontakte des Gersdorf zu mir als *Duzfreundschaft* kräftig herauszustreichen. Bei den sich anschließenden Ermittlungen verzichtete man zwar auf meine zeugenschaftliche Einvernahme, aber ich wurde dienstlich vor Gersdorf gewarnt und zur Vorsicht im Umgang mit ihm ermahnt. Durch eine völlig beziehungslose Verkettung zufälliger Umstände wurde nach den Fällen Siberg und Gronau mein Name auch im Ermittlungsverfahren Gersdorf aktenkundig. Alle drei Fälle standen weder untereinander noch zu mir in irgendeinem nachrichtendienstlichen Zusammenhang. Nur der Name Guillaume hielt sie zusammen. Und dennoch ...
Man kann sich ungefähr vorstellen, was im Kopf des Oberamtsrats Schoregge vor sich ging. Die Verquickung eines Mannes mit dem ungewöhnlichen und auffälligen Namen Guillaume mit drei Spionageaffären muß ihm nicht geheuer vorgekommen sein. Er witterte eine Chance, sich als Agentenjäger zu bewähren. Doch da alle drei Fälle in keinem Zusammenhang miteinander standen, sondern nur vage durch den Namen Guillaume verbunden waren, stockten alle weiteren Recherchen. *Kommissar Zufall* mußte noch einmal kräftig nachhelfen, ehe der Groschen fiel.
Im Bericht des Untersuchungsausschusses des Bundestages heißt es

dazu: »*Am 27. Februar 1973 hat im Bundesamt für Verfassungsschutz der für die Auswertung von Spionagefällen zuständige Beamte mit dem für die objektbezogene Auswertung zuständigen Sachbearbeiter der Abteilung IV – Spionageabwehr – ein Fachgespräch geführt. Gegenstand der Erörterung in diesem Gespräch waren die Spionageverdachtsfälle Eheleute Siberg (Az.: OJs 33/65 des Generalbundesanwaltes in Frankfurt am Main), Gersdorf (Az.: 4 BJs 6/73 des Generalbundesanwaltes) und Gronau/Kuhnert (Az.: 3 OJs 26/73 des Generalstaatsanwaltes in Düsseldorf). Alle drei Spionageverdachtsfälle hatten eines gemeinsam, nämlich das Auftauchen des Namens Guillaume.*«

Und im schon zuvor erstatteten Bericht der von der Regierung eingesetzten Kommission ist zu lesen: »*Daß Guillaume schließlich doch enttarnt werden konnte, ist auf die besondere Umsicht einiger Beamten im Bundesamt für Verfassungsschutz zurückzuführen.*«

Es wäre Torheit, an dieser öffentlichen Belobigung irgendwelche Abstriche machen zu wollen. Es gab eine ganze Kette von Fehlern und Versäumnissen im Bundesamt für Verfassungsschutz, potenziert noch durch bürokratische Hemmnisse und politische Intrigen; aber es wäre völlig falsch, daraus eine generelle Unterschätzung abzuleiten. In den Staatsschutzbehörden des Bonner Staates sitzen erfahrene Leute, die ihr Handwerk gelernt haben. Die Traditionslinie ihres Erfahrungsschatzes geht bis auf die königlich preußische und kaiserlich deutsche Geheimpolizei zurück, nimmt das Wissen des Reichskriminalamts der Weimarer Republik auf und die Verfolgungspraktiken der Gestapo im Dritten Reich. Ich jedenfalls ließ mich in meinem Verhalten immer von dem Grundsatz leiten, daß man nur dem Gegner, den man erst nimmt, furchtlos entgegentreten kann.

Allerdings kam die Kombination, die schließlich zu unserer Enttarnung führte, nicht ganz so zielgerichtet zustande, wie es der parlamentarische Untersuchungsausschuß wahrhaben will.

Das Fachgespräch, von dem im Bericht die Rede ist, war zunächst nichts weiter als ein Kaffeeklatsch. Durch eine Reihe von Indiskretionen ist der interne Vorgang bekannt geworden.

Oberamtsrat Schoregge brütet an jenem 27. Februar 1973 im Referat IV/B 2, zuständig für »Beschaffung«, über seinen drei Fällen und weiß nicht so recht, wie und wo er neue Fakten *beschaffen* soll. In diesem Moment tritt ein Kollege zum üblichen Kaffeeplausch ins Zimmer. Es ist der Oberregierungsrat Helmut Bergmann vom Refe-

rat IV/A 1, zuständig für »Auswertung«. Überm Dampf der Kaffeetasse sagt Schoregge, noch in seinen Gedanken verloren: »Ich glaube, ich habe da einen krummen Hund!«
Auf den Namen Guillaume springt Bergmann an. Er erinnert sich sofort an den G oder Georg, der seit dem Ende der fünfziger Jahre in der SPD ebenso hartnäckig wie vergeblich gesucht wird. Wäre es nicht denkbar, fragt Bergmann Schoregge, daß mein G identisch ist mit dem Guillaume, der in deinen Akten dreimal genannt wird?
Die beiden Beamten haben zunächst nichts weiter als den Namen, keinerlei Vorstellung, wer sich dahinter verbergen könnte. Darum stellen sie eine Querverbindung her, die 1970 bei meiner Sicherheitsüberprüfung nicht zustande gekommen war. Sie fragen in der für den Geheimschutz zuständigen Abteilung V ihres Amtes nach und bekommen die dort lagernde alte Überprüfungsakte in die Hand, in der die damals vorgebrachten Verdachtsmomente säuberlich aufgehoben sind. Zum entscheidenden Auslöser werden jedoch nicht die alten Verdachtsgründe, sondern die in der Akte mitgelieferten kompletten Personalien. Plötzlich paßt der Raster. Geheimnis- und weihevoll spricht man später von der *Methode X.*
Unter den codierten Funksprüchen, die am Anfang unserer Frankfurter Zeit von der gegnerischen Abwehr auf der Kurzwelle abgefangen, vorsorglich gespeichert und später von höher entwickelten elektronischen Rechnern entschlüsselt werden konnten, befand sich ein zum 1. Februar abgegangener Geburtstagsglückwunsch für G. Das geschah, wenn ich mich richtig erinnere, 1957. Jetzt, 16 Jahre später, legen Bergmann und Schoregge die Personalien aus der Überprüfungsakte verleichend daneben. Man kann sich ihre Verblüffung ausmalen. Der in den Akten Siberg, Gronau und Gersdorf genanne Guillaume hat genau an dem Tag Geburtstag, zu dem G seinerzeit einen Glückwunsch erhielt, am 1. Februar.
Von da an war alles nur noch eine Sache der Routine. Oberregierungsrat Bergmann informiert seinen Gruppenleiter, den Regierungsdirektor Watschounek, und wird von dem beauftragt, eine Expertise anzufertigen. Das Papier faßt 30 Punkte zusammen, die den Verdacht erhärten könnten. Bergmann bietet schlußfolgernd folgende Maßnahmen an:
»Die Bundesanwaltschaft sofort einzuschalten, um durch ›unmittelbaren Zugriff‹ den Verdächtigen zu überraschen und sich dadurch Beweisstücke zu sichern;

Guillaume zunächst nicht zu verhaften, sondern ihn nachrichtendienstlich zu observieren, um etwaige Verbindungen zu erforschen; wenn beides wegen der Stellung Guillaumes nicht möglich sein sollte, ihn gezielt durch Experten zu befragen.«

Der Weg durch die Instanzen der Bürokratie braucht seine Zeit. Über den Chef der Spionageabwehrabteilung, den Leitenden Regierungsdirektor Albrecht Rausch, landet das von Watschounek erweiterte Bergmann-Papier erst am 23. Mai auf dem Tisch des Vizepräsidenten des BfV Hans Bardenhewer, der darauf vermerkt: *»Ich rege mündliche Erörterung an.«* Am darauffolgenden Tag wird Dr. Nollau, der Präsident des Verfassungsschutzamts, informiert. Nollau folgt der Anregung seines Vize und zieht neben diesem Rausch und Watschounek zur mündlichen Beratung bei. Das passiert am 28. Mai. Als Ergebnis entschließt man sich für operative Maßnahmen. Gemäß Variante zwei in Bergmanns Vorschlag soll observiert werden.

Schoregge und Bergmann hatten einen Bombenfund gemacht. Gerade deswegen blieben sie vorsichtig. Sie hatten einen erhärteten Verdacht, aber keinen schlüssigen Beweis. Bergmann empfahl in seiner Ausarbeitung: *»Für die schlüssige Bewertung der Identität sind noch umfangreiche Hintergrund-Ermittlungen notwendig ... Voreiliges Handeln wäre falsch ... Vorsichtige Observation der Eheleute wird geraten ... Wir dürfen uns nicht darauf verlassen, erst durch Zugriff das belastende Material zu finden.«*

Dementsprechend sollte nun verfahren werden. Die Abwehrexperten kommen überein, zunächst ausschließlich die Ehefrau Christel Guillaume überwachen zu lassen. Sie vermuten, daß sie als Kurier die konspirativen Kontakte unterhält, und nur bei einem solchen Kontakt, im Moment der Übergabe, könnte Beweismaterial sichergestellt werden. Der Hauptverdächtige, Ehemann Günter Guillaume, soll vorerst unbehelligt bleiben. Man vermutet – richtig! –, daß er aufgrund seiner amtlichen Stellung die Zentralfigur der Nachrichtenbeschaffung ist. Man glaubt deswegen nicht – falsch! –, daß er sich selbst prekären Situationen, etwa dem Treff mit einem Kurier oder gar mit dem Führungsoffizier aussetzt.

Nun fehlt nur noch die Absegnung durch die politische Spitze. Verbunden mit all den schon geschilderten Ungereimtheiten und Widersprüchlichkeiten wird am 29. Mai Innenminister Genscher ins Vertrauen gezogen und von diesem Bundeskanzler Brandt unterrichtet.

Der erste Tag der Observierungsaktion beginnt gleich mit einer saf-

tigen Panne. In der Ausgabe vom 11.11.1974 amüsieren die »Spiegel«-Redakteure ihre Leser mit folgender Darstellung: *»Am 31. Mai 1973, dem Tag, als die erste Observierungsgruppe (BfV-Jargon: Obs-Gruppe) ihren Guillaume-Dienst begann, patrouillierte ein Kölner Oberamtmann mutterseelenallein vor dem Haus des Kanzlerreferenten in der Godesberger Ubierstrae 107. Weiteres Personal, das notwendig gewesen wäre, um den Verdächtigen rund um die Uhr zu überwachen, stand weder an diesem Himmelfahrt-Donnerstag noch am folgenden Wochenende zur Verfügung: Zwei Agentenjäger der Kölner Spionageabwehr-Abteilung waren nach Frankfurt gefahren, wo – ein Irrtum – die Guillaume-Ehefrau noch wohnen sollte; die anderen Abwehrmänner bummelten just an jenem um Vater- und Freitag verlängerten Wochenende Überstunden ab.«*
Dem für die Observation verantwortlichen Abteilungsleiter des BfV Regierungsdirektor Rausch war die Panne und die damit verbundene Blamage in der Öffentlichkeit äußerst peinlich. Bei seiner Aussage vor Gericht am 19. September 1975 räumte er zwar ein, daß eine lückenlose Observation an personellen Mängeln gescheitert sei, datierte aber wider besseres Wissen den Beginn der Aktion unter Ausschluß des unglücklichen Himmelfahrtstages auf den 4. Juni 1973.
Auch in der Folgezeit bleiben die Observierungsmaßnahmen ziemlich unvollkommen. Da wir überdies durch Christels Wahrnehmungen gewarnt waren, versprach die ganze Aktion auszugehen wie das Hornberger Schießen. Der November verstrich, ohne daß etwas Nennenswertes passierte. Observierer und Observierte gewöhnten sich aneinander. Innenminister Genscher riß der Geduldsfaden. Als aufsichtführender Dienstherr des Verfassungsschutzamts, bedrängt auch von Nachfragen des Kanzleramtchefs Staatssekretär Grabert, vermahnte er Dr. Nollau mit dem Satz: »So oder so!« Was heißen sollte: Entweder bringen Sie den Mann endlich zur Strecke, oder die Jagd wird abgeblasen!

Um mich selbst blieb es nach wie vor still. Das Verhältnis zum Kanzler gestaltete sich in gemessener Freundlichkeit. Willy Brandt hatte seinen Terminkalender freigeschaufelt und für den Oktober-Urlaub in Südfrankreich grünes Licht gegeben. Ich ließ die Vorbereitungen anlaufen. Da auch die Nachstellungen, denen Christel ausgesetzt war, allmählich in Routine und Nachlässigkeit ermatteten, hofften wir, etwas Luft schöpfen zu können.

Heinz hatte neue Verbindungsmöglichkeiten geschaffen. Im Oktober kam Arno zu einem kurzen Treff. Dabei gab es eine kleine Komplikation. Heinz, der unsere Abdeckung übernommen hatte, mußte in der gegebenen Lage äußerst vorsichtig manövrieren, und es gelang ihm nicht mehr rechtzeitig, Ort und Uhrzeit des von Arno eingefädelten Treffs bei mir zu ordern. Arno wartete, nicht kürzer und nicht länger, als in solchen kitzligen Lagen angemessen ist, und mußte sich dann, als ich ausblieb, zur Improvisation entschließen. Darin war er immer groß! Ich erinnere mich noch genau an das Läuten meines Diensttelefons im Amt und an die aufgeregte Stimme im Hörer. Offensichtlich ein Verrückter, der sich verwählt hat! Ich wollte schon auflegen, als plötzlich von einem *Fräulein Ines* die Rede war. Das Stichwort! Fünfzehn Minuten später war ich an dem Ort, den das Stichwort bezeichnete. Auf der Bank einer Haltestelle lag eine vergessene Zeitschrift. Im Innenteil neben einem Bildtext fand sich eine Kritzelei – der Schlüssel für den neuen Treff. Weitere fünfzehn Minuten später betrat ich ein kleines Lokal. Arno hatte ein Bier und ein paar Happen vor sich stehen, und er aß und trank mit gutem Appetit. Die Freude über unser Wiedersehen war riesengroß. Viel zu berichten hatte ich nicht. Wegen meines provozierenden Verhaltens während der Verfolgungsjagd mit Christels Wagen mußte ich mir Vorwürfe anhören. Im stillen war ich schon selbst mit mir ins Gericht gegangen. Natürlich war es ein Fehler, aus schwächerer Position den Gegner herauszufordern und ihm zu signalisieren, daß man seine Operation durchschaut hat. Der Ping-pong-Effekt der unterschnittenen Rückhand, der zu jeder guten Täuschung nicht nur an der Tischtennisplatte gehört, war dadurch möglicherweise verlorengegangen. Dennoch gab ich mich Arno gegenüber optimistisch und war es auch. Als gewissen Gradmesser für die relative Unverletzlichkeit unserer Stellung nahm ich das unverändert gute Verhältnis zu Willy Brandt. Konnte ich ahnen, daß man eines Tages mit dem Bundeskanzler *wilde Sau* spielen würde?
Arno blieb zurückhaltend. Die Observierungsmaßnahmen gegen Christel schienen sich zwar gelockert zu haben, waren aber nicht völlig eingestellt worden. Sie hatte in der letzten Zeit drei konkrete Wahrnehmungen gemacht. Wie viele waren ihr entgangen? Arno ermahnte mich nochmals, weder in Panik noch in Sorglosigkeit zu verfallen.
»Keiner verlangt, daß du dich unterschätzt«, sagte er, »aber du darfst

dich auch nicht überschätzen!« Und dann hielt er mir das Beispiel Wilhelm Gronaus vor Augen. »Sieh dir den Willy an! Nur so! Selbst nach der Festnahme hat er nicht mal mit der Wimper gezuckt. Keine Aussage, keine Reaktion, nicht ein Wort! So muß man sich verhalten, wenn die Karre am Baum ist!« Ich sagte, daß noch niemand den Teufel loswurde, indem er ihn an die Wand malte. Wir mußten lachen.

Doch dann brachte Arno, ähnlich wie vorher schon Heinz, mit allem Ernst die Mahnung vor, die Vorbereitungen zu einem möglicherweise notwendigen Rückzug nicht aus dem Auge zu verlieren. Ja, er teilte mir eine direkte Weisung der Zentrale mit: Bei eindeutigen Anzeichen dafür, daß nicht nur Christel, sondern auch ich bearbeitet würde, ist der Rückzug unverzüglich einzuleiten!

Etwas übermütig winkte ich ab: »Das ist es ja! Ich werde nicht bearbeitet! Wozu also an Rückzug denken?« – »Vielleicht hast du recht«, sagte Arno. »Du bist auf dem Höhepunkt der Karriere, und das in jeder Hinsicht. Es wäre eigentlich eine Schande, jetzt abbrechen zu müssen.«

Wir beschlossen, der Zentrale vorzuschlagen, unsere Aktivitäten behutsam zu beleben mit dem Maß an Vorsicht, das die operativen Maßnahmen des Gegners geboten, auch wenn diese im Abklingen begriffen schienen.

Eine günstige Gelegenheit dazu war der bevorstehende Abstecher nach Frankreich. Als Arno hörte, daß meine Teilnahme an der Urlaubsreise des Kanzlers so gut wie sicher wäre, wurde er hellhörig. Ob mit der Möglichkeit zu rechnen sei, wollte er wissen, daß bei dieser Gelegenheit die Observation auf mich ausgedehnt würde. Möglich war natürlich alles, doch in Erinnerung an den Norwegen-Urlaub sagte ich, daß ich das für so gut wie ausgeschlossen hielte. Erfahrungsgemäß setzt eine Operation im Ausland eine derartige Menge von Vorbereitungen und Abstimmungen mit dem sogenannten befreundeten Dienst voraus, daß man meist schon deswegen vor solchen Staatsaktionen zurückscheut. Hinzu kommen die vorab nur schwer einzuschätzenden Schwierigkeiten vor unbekanntem Ort.

Arno blieb nachdenklich. »Der Ort, wo ihr Urlaub machen wollt, La Croix-Valmer«, fragte er, »liegt der näher zur Schweiz oder zu Spanien?« Ich begann zu ahnen, daß etwas Bedeutsames auf mich zukam. »Die italienische Grenze liegt näher«, sagte ich, »aber wahrscheinlich würde die spanische weniger Schwierigkeiten mit sich bringen.« – »Könntest du sichere Deckung für einen wichtigen Mann garantieren?« – »Ich glaube schon!« – »Also gut, du wirst davon noch hören.« Zunächst blieb es bei diesen Andeutungen, aber sie sagten genug. Durch die Gegenoperation des Gegners hatte sich die Lage verschoben. Irgend jemand in der Zentrale war daran interessiert, mit mir direkt zusammenzutreffen.

Die Sonne von Saint-Tropez und die Schatten der Überwachung

Im letzten Augenblick schien dann doch noch alles schiefzulaufen. Klaus Harpprecht, Brandts Ghostwriter und Partner für amüsante Gesprächsrunden, stand von Anfang an als Reisebegleiter fest. Die Familie Harpprecht hatte ein Ferienhaus an der Baie de Cavalaire. Plötzlich aber wurde aufgrund einer Entscheidung, deren Quelle nicht recht durchschaubar war, Dr. Schilling, der stellvertretende Leiter des Büros und für Auslandsfragen zuständige Kanzlerreferent, als zweiter Mann Willy Brandt zur Seite gegeben. Von mir war keine Rede mehr.

War das eine gezielte Abblockung? Stand sie mit der Observation im Zusammenhang? Nur volle Offensive konnte hier Aufklärung verschaffen. Ich ging zum Leiter des Kanzlerbüros.

Dr. Wilcke war äußerst abweisend. Die Entscheidung sei gefallen, sagte er ungnädig, und es bliebe dabei. Ich verlegte mich zunächst aufs Lamentieren. Alle Vorbereitungen auf den Urlaub, die ganze Arbeit sei bei mir hängengeblieben, und jetzt würden sie andere genießen. Wilcke wollte nicht mit sich reden lassen. Doch ich blieb hartnäckig. »Nachdem ich alles eingerührt habe, will ich auch was davon haben«, sagte ich. »Die Côte d'Azur im Herbst – was gibt es Schöneres?« Wilcke bedauerte. Ich ging einen Schritt weiter. Wenn es Schwierigkeiten mache, Diensturlaub zu gewähren, sei ich bereit, den Rest meines Jahresurlaubs dranzusetzen. Wilcke meinte, eine solche Regelung sei unüblich. Da fuhr ich schweres Geschütz auf. »Hör mal, soll ich den Chef daraufhin ansprechen?«

Dr. Wilcke erschrak. »Nein, nein – wozu denn das?« Er stimmte nun plötzlich meiner Einreihung in die Reisemannschaft zu und gab mir abschließend noch einen pfiffigen Rat: Da eine Abrechnung meiner Reisespesen über die Kostenstelle des Kanzleramts in diesem Falle nicht möglich sei, sollte ich sie unter Berufung auf meine Funktion als Parteienreferent bei Alfred Nau, dem Schatzmeister der SPD, einreichen.

Willy Brandts Mahnung im Ohr, »für da unten was Zünftiges zu organisieren«, setzte ich mich einige Tage früher mit dem Vorkommando in Marsch.

Zum Vorkommando gehörte auch ein alter Bekannter, Günter Schluckebier, Techniker beim Bundesnachrichtendienst. Bei einigen SPD-Parteitagen hatte er jeweils die Nachrichtenstation installiert, die zur Verbindung mit der Bonner Regierungszentrale erforderlich war. Im norwegischen Hamar war er von einem Kollegen vertreten worden, im französischen La Croix-Valmer aber waltete er wieder seines angestammten Amtes.

Die Nachrichtenzentrale mit Anschlüssen für Telefon und Fernschreiber, mit Post- und Kurierstelle wurde im selben Hotel eingerichtet, das ich wegen seiner hervorragenden Küche und wegen der niedrigen Pensionspreise für mich und die begleitenden deutschen und die dazugestoßenen französischen Sicherheitsbeamten gemietet hatte. Gleich nach seiner Ankunft tat sich Schluckebier um. Beim Begrüßungstrunk fragte er mich, ob ich an einem Diensttelefon interessiert sei. In einem Hotelzimmer war eine Fernsprechvermittlung mit Nebenstellen eingerichtet worden. »Es sind noch Leitungen frei«, sagte Schluckebier. »Eine Lage – und dein Zimmer hängt mit dran!«

War das Angebot Ausdruck lang gehegter kollegialer Gefühle, oder sollte da ein Draht gelegt werden, der zur Schlinge werden konnte? Ob so oder so – selbstverständlich mußte ich erst einmal annehmen. Wie die Leitung zu nutzen war, blieb abzuwarten.

Am nächsten Tag während einer Erholungsstunde traf ich mit Schluckebier in einer Strandbar zusammen. Mit am Tresen saß ein anderer BND-Mann, und zwar jener Herr Baumbach, der in Hamar die Post- und Fernschreibstelle bedient und Christel hatte abblitzen lassen. Es war eine günstige Gelegenheit, einmal auf den Busch zu klopfen. Gegenüber Baumbach machte ich ein paar Anspielungen, aber er reagierte nicht, zahlte bald und verzog sich. Schluckebier, der den Wortwechsel angehört und ungefähr mitbekommen hatte, worum es ging, versuchte mich mit der Bemerkung zu besänftigen, daß ich den Kollegen nicht so ernst nehmen sollte. Schluckebier wirkte aufgekratzt. Ich bestellte noch eine Runde. Da ich wußte, daß Schluckebier und sein Kollege Baumbach im BND zur selben Dienststelle gehörten, fragte ich ihn direkt, ob Baumbach nach der Rückkehr aus Norwegen über den Zwischenfall mit meiner Frau noch irgendwie gequatscht, womöglich sogar eine dienstliche Meldung gemacht hätte.

Schluckebier sagte: »Ich hör heute von der Geschichte zum erstenmal. Außerdem, der hätte sich doch nicht noch nachträglich mit dir angelegt, der hätte sich doch lächerlich gemacht.«

Das klang glaubwürdig. Ich war mit allen Einschränkungen Psychologe genug, um herauszuhören, daß er die Wahrheit sagte. Danach war ich mir ziemlich sicher, daß er keinen Auftrag hatte, mir mit einer angezapften Leitung eine Falle zu stellen.

An der Seite des Kanzlers erlebte ich bei Ausflügen, in Klönrunden, auf Spaziergängen eine ganze Reihe anregender Stunden. Die Bummeltouren entlang der malerischen Mittelmeerküste, die auch noch in der milden Oktobersonne voller Farbe und Leben war, die Streifzüge über die Fischmärkte und durch die Hafengassen in freundlicher Männerrunde werden mir immer in Erinnerung bleiben.

In La Croix-Valmer war vieles anders als in Hamar. In der norwegischen Einöde war es beinahe familär zugegangen. Über der Côte d'Azur lag der Hauch des Mondänen, und selbst in abgelegenen Ecken dieses Dorados der Touristen spürte man die Augen der Öffentlichkeit. In Hamar hatten wir uns noch unbeschwert gefühlt, nach La Croix-Valmer griff der Schatten der Überwachung.

Verständlich, daß der Aufenthalt in Frankreich nicht so ergiebig sein konnte wie der in Norwegen. Abgesehen davon, daß auch politisch die Hitze des Sommers etwas abgeklungen war und im Herbst weniger Stoßarbeit anfiel, sorgte diesmal Dr. Schilling, der offiziell bestallte Referent, für die Verbindung zwischen Fernschreibzentrale und Kanzler. Angesichts meines ausgezeichneten Verhältnisses zu den Sicherheitsbeamten wäre selbst unter solchen Umständen noch einiges zu machen gewesen. Doch weisungsgemäß mußte ich mir Zurückhaltung auferlegen. Außerdem rumorten die Stichworte Schweiz und Spanien. Mehrmals seilte ich mich von der Kanzlermannschaft ab, um bei Abstechern in die weitere Umgebung meine Bewegungsmöglichkeiten zu überprüfen. Dafür benutzte ich denselben Wagen, der mir für meine dienstlichen Obliegenheiten zur Verfügung stand. Willy Brandt hatte in der Villa des Pariser Verlegers Gallimard Quartier genommen. In der Garage stand ein kräftiger

Simca-Caravan, mit dem ich früh des Kanzlers frische Croissants vom Bäcker holte und auch die Markteinkäufe in Saint-Tropez erledigte. Nachmittags schnappte ich ihn mir für eigene Zwecke. Bei Fahrten durch einsame Regionen des Küstengebirges blieb ich allein. Von Verfolgern keine Spur. Die Trassen waren frei.

In Vallauris, einem malerischen Städtchen, in dem seit Urzeiten die Töpferkunst zu Hause ist, gab es eine Sehenswürdigkeit, in der moderne Kunst mit Altüberliefertem reizvoll kontrastierte, ein kleines Picasso-Museum, eingerichtet in einer Kapelle aus dem XII. Jahrhundert. Auf mich wirkte alles eher wie eine Weihestätte denn wie ein Museum, und dem Sehen hingegeben, verbrachte ich so manche Stunde in dem Gemäuer. 1952, erfüllt von der Angst und dem Zorn, die der Korea-Krieg über die Welt verbreitete, hatte sich Picasso hier wochenlang eingeschlossen und ein großes Wandgemälde geschaffen, »Krieg und Frieden«. Die kleine Kapelle erbebte unter der Kraft und der Wucht der Farben – schwarz, rot, gelb, weiß – wie unter dem Klang einer auf moll gestimmten großen Turmglocke. Die Stirnseite wurde von der Taube beherrscht, die mit kräftigen Schwingen den Frieden behütet. Als mich der Anblick das erstemal traf, war ich überwältigt. War das nicht mein Motiv?
Als Willy Brandt in La Croix-Valmer eingetroffen war, versuchte ich mehrmals, ihn zu einem Abstecher nach Vallauris zu bewegen. Von den Fotos und Filmaufnahmen, die bei dem Besuch gemacht werden konnten, versprach ich mir eine nachhaltige propagandistische Wirkung: Brandt und Picasso, der Friedensnobelpreisträger und Politiker an einer Mahnstätte des Friedens und der Kunst ... Aber aus dem Unternehmen wurde nichts. Schilling und Harpprecht hatten Brandts Programm dermaßen vollgestopft mit ihren Ideen, daß der sich nicht in weitere Verpflichtungen einbinden lassen wollte. Dabei hatte Willy Brandt durchaus einen Sinn für die große politische Geste. Am Schluß des Urlaubs, als es zu spät war, bedauerte er, daß aus dem Abstecher nach Vallauris nichts geworden war.
So blieb in jenem Oktober 1973 der kleine Friedenstempel in Vallauris einem anderen Besucher vorbehalten, und aus guter Kenntnis der Person darf ich sagen: einem ebenso würdigen. Zu einem Halbtagsaufenthalt traf eine auf Kunsterlebnisse versessene kleine Reisegruppe ein, und ihr hatte sich der von Arno angekündigte *hohe Mann* angeschlossen. Ich wartete in dem Picasso-Raum mit einer

Kleinbildkamera. Als die Touristengruppe hereintrat, ließ ich mich, als wollte ich ein Bild aus der Tiefe machen, auf das linke Knie nieder. Da wußte der, der es wissen sollte, daß die Luft rein war.

Die Beratung war kurz, drängend, kompakt. Wir hatten nicht viel Zeit, und ich werde hier nur die wesentlichsten Gesichtspunkte darstellen.

Um zum Kern der Sache zu kommen, bot der *hohe Mann* mir ohne Umschweife an, uns sofort abzuziehen, solange der Rückweg noch offen war. Diese Möglichkeit, es war eigentlich die letzte, war ich selbst auch in Gesprächen mit Christel und Arno oft durchgegangen. Die Konsequenzen waren klar: 1. Ein geradezu ideal vorgeschobener Beobachtungsposten im Machtzentrum des Gegners ginge verloren. 2. Bei unserem plötzlichen Verschwinden von der zentralen Bonner Bühne würde uns, da die Ursachen zutage treten mußten, ein politischer Skandal nachhallen, dessen Folgen nicht absehbar waren.

Als ich diese Momente in Verbindung mit meiner scheinbar nach wie vor ungefährdeten Position vorbrachte, wurde mir wohl in der Erwartung einer solchen Reaktion zugestimmt. Die politische Konstellation in Bonn, charakterisiert durch ein angeschlagenes Kabinett Brandt, mußte ins Verhältnis gesetzt werden zu dem Wagnis, unseren Posten so lange zu halten, wie es im Interesse einer nachrichtendienstlichen Absicherung der Entspannungspolitik nur irgend möglich war. Wir kamen nach gründlicher Abwägung überein, daß bei aller Widersprüchlichkeit der Situation die Entscheidung zum Rückzug nicht gerechtfertigt war. Neben diesen prinzipiellen Erwägungen des Gesprächs glaubte ich zu spüren, daß der *hohe Mann* aus eigenem Augenschein meine Konstitution auf ihre Festigkeit hin überprüfen wollte. Da mein Optimismus nicht gespielt war, schien er zufrieden. Die Warmherzigkeit, mit der er seine Ratschläge gab, tat wohl. Als wir uns trennten, bat er mich, dafür zu sorgen, daß von meinen Fotoaufnahmen der Picasso-Gemälde für ihn ein Abzug reserviert bliebe. Viele Jahre sollten vergehen, ehe ich den Wunsch erfüllen konnte.

Aber das steht schon wieder auf einem anderen Blatt, und das wurde bei der Rückkehr nach Bonn aufgeschlagen.

Lagebesprechung bei »Kunibert dem Fiesen«

In der Ubierstraße, auf einer freien Fläche gegenüber unserem Haus, richtete sich ein Campingmobil als Dauerparker ein. Hinter der Gardine stehend, konnten Christel und ich die Wachablösung der Observanten beobachten, die ihrerseits hinter verhängten Fenstern hockten. Bei der Beobachtung beherrschte uns ein aus Hohn und Bedrückung gemischtes Gefühl. Wir hatten die Jäger erkannt, aber wie es bei einer Jagd nun einmal ist – verscheuchen kann man nur das Wild, nicht die Jäger.

Mitte Januar 1974 etwa war es, als der Spuk ebenso plötzlich verschwand, wie er gekommen war. Neue Rätsel, neue Fragen. Es war schwierig, allein, ohne Beratung, Dispositionen zu treffen. Endlich, am späten Abend des 4. Februar, meldete sich Arno. Im Telefon hörte ich das Lallen eines Betrunkenen, der weinerlich nach seiner *Inge* verlangte. Mit einem Schimpfwort, Wut über die nächtliche Ruhestörung vortäuschend, legte ich auf. Am nächsten Tag trafen wir uns bei »Kunibert dem Fiesen«, einem gemütlichen Weinlokal in Köln. Ich konnte Arno berichten, daß eine für uns anspannende Phase der Observation ganz offensichtlich zum Abschluß gekommen war. Ich hatte eine Liste mit Autonummern bei mir, die Christel sich von ihren Verfolgern notiert hatte. Immer wieder waren die Nummern an verschiedenen Wagen ausgewechselt worden, ein ebenso aufwendiger wie auffälliger Zirkus. Doch jetzt war schlagartig mit den Verfolgungswagen auch das Wohnmobil vor unserem Haus abgezogen worden. Die Observation schien eingestellt zu sein. Christel, die die ganze Zeit über im Mittelpunkt der Aktion gestanden und dafür ein geschärftes Auge hatte, nahm keinerlei Beobachtungen mehr wahr.

Auch während der kritischen Phase der Überwachung registrierte ich keinerlei Abblockungen von internen Beratungen. An der Seite Brandts hatte ich beispielsweise nach wie vor Zutritt zu den Beratungen des SPD-Parteivorstands. Zweimal war ich wieder im Salonwagen mit dem Kanzler auf Reisen gegangen. Die eine führte Ende Dezember 1973 nach Norden und stand im Zusammenhang mit den näherrückenden Regionalwahlen in Hamburg und Niedersachsen. Die andere ließ mich Anfang 1974 Berlin wiedersehen. Zu meinem sich unmittelbar anschließenden Geburtstag überreichte mir Brandt ein kleines Geschenk: Buchheims »Das Boot«. Angelegentlich er-

kundigte er sich nach meinen weiteren Lebensplänen und verglich sie plaudernd mit den seinen. Dabei stellte er eine ahnungsvolle Frage: »Und wie wird's weitergehn? Auf jeden Fall viel Glück!«
Zur Einschätzung einer positiv gewandelten Lage gehörte ein weiteres Moment. Christel war von ihrer Dienststelle, der Hessischen Landesvertretung in Bonn, mitgeteilt worden, daß sie per 1.1.1974 unter Anerkennung eines beamtlichen Status zum Umgang mit vertraulichen Dienstsachen berechtigt sei. Hatte der ganze Zauber vielleicht doch nur der Überprüfung ihrer Sicherheitsverträglichkeit gegolten? Stand er im Zusammenhang mit ihrer Bewerbung im Verteidigungsministerium?
Jedenfalls wandten wir uns am Tisch von »Kunibert dem Fiesen« mit frisch entfachtem Mut auch wieder der Arbeit zu. Trotz der Beschränkungen, die ich mir hatte auferlegen müssen, konnte ich Arno eine ganze Reihe aufgestauter Informationen vermitteln, die das Schicksal der Regierung und damit in gewisser Weise auch die Stabilität der Lage in Europa immer bedrohlicher erscheinen ließen. Sie betrafen zum einen die heftigen Auswirkungen der Ölkrise. Als Antwort auf die israelische Okkupation im Nahen Osten hatten die arabischen Erdölförderländer die Produktion um ein Viertel gedrosselt und damit auf dem westeuropäisch-amerikanischen Markt eine beträchtliche Verknappung und Verteuerung hervorgerufen. Im Ergebnis eines vom Bundestag beschlossenen Energiesicherungsgesetzes wurden Sonntagsfahrverbote und Geschwindigkeitsbegrenzungen auf Autobahnen und Landstraßen verordnet. Im Autowunderland BRD konnte man beim Bürger und Wähler mit einer solchen Maßnahme kaum Popularitätspunkte gewinnen. Ein Trauma hatte auch der gerade zu Ende gegangene Fluglotsenstreik hinterlassen. Und schon war es Ende Januar zu neuen Warnstreiks gekommen, diesmal im Öffentlichen Dienst. Kluncker, der ÖTV-Vorsitzende, ließ die Muskeln spielen. Dem Bundesbürger grauste es beim Gedanken an eine zusammenbrechende Müllabfuhr und Straßenreinigung, an ruhenden Nahverkehr.
Auch in der Parteienlandschaft gab es eine entscheidende Veränderung, die im SPD-Parteivorstand heftige Debatten auslöste. Nach der Absage von Bundespräsident Gustav Heinemann an eine Wiederwahl hatte Außenminister Scheel wohl in feiner Witterung dessen, was die Zukunft bringen würde, seine Anwartschaft auf die Bundespräsidentenschaft angemeldet und gegen alles Widerreden

hartnäckig verteidigt. Auf der Achse Brandt – Scheel war das Rad der SPD/FDP-Regierungskoalition gelaufen, auch wenn der Weg mal holprig wurde. Wer sollte an Scheels Stelle treten? Was sollte nach seinem Abgang aus der Regierung überhaupt werden? Doch dem SPD-Vorstand blieb keine Wahl. Unter Zähneknirschen wurde beschlossen, die Kandidatur des FDP-Vorsitzenden zu unterstützen.
Außenpolitisch gab es wieder Bewegung durch den Prager Vertrag, der endlich unter Dach und Fach kam. Die BRD-Handelsvertretung in Prag wurde in eine Botschaft umgewandelt. In Auswirkung des Vertrages von Warschau kam es endlich zu vollgültigen diplomatischen Beziehungen zwischen der Bundesrepublik und der Volksrepublik Polen.
Die Bewegungen auf der diplomatischen Ebene berührten auch mich ganz direkt. Günter Gaus, der als Chef der künftigen BRD-Vertretung in Berlin vorgesehen war, begann seine Mannschaft zusammenzustellen. Zur Absicherung des Parteieinflusses gegenüber den Berufsdiplomaten sollte ich als politische Stütze eingereiht werden. So groß auch manchmal meine Sehnsucht nach der Heimatstadt war – das lag nicht im Sinne des Erfinders meiner Kundschafterrolle. In Berlin war ich ersetzbar, in Bonn nicht. Während der folgenden Wochen mußte ich noch kräftig rudern, um aus dem toten Seitenkanal wieder herauszukommen.
Zu den Hintergründen all dieser Entwicklungen hatte ich eine ganze Menge aufschlußreicher interner Informationen gesammelt. Arno machte sich eifrig Notizen. Der Kellner bei »Kunibert dem Fiesen« verabschiedete uns ebenso herzlich, wie er uns empfangen hatte, mit einem »Auf Wiedersehen!«. Für den nächsten Treff aber nahmen wir Holland in Aussicht.

Ein Phantom wird gejagt

Zu den Ergebnissen unserer Observation haben später im Prozeß drei der damit befaßten Verfassungsschutzbeamten ausgesagt: der schon erwähnte Chef der Spionageabwehrabteilung Rausch, der Leiter der Observierungsgruppe, ein gewisser Börtgen, sowie einer der Observanten, die wie Egel an uns klebten und der, ohne daß er dafür konnte, auf den Namen Wurm hörte. Aus ihren Aussagen zitiere ich nach Christels Protokoll.

Vom Zeugen Rausch: »*Observationsmaßnahmen gegen den Angeklagten gab es in geringerem Umfang allerdings auch schon 1973 ... Sie konzentrierten sich im wesentlichen auf die Wochenenden, weil es sinnlos erschien, diese auch auf das Kanzleramt auszudehnen ... Bei Frau Guillaume jedoch erstreckten sich die Maßnahmen über einen längeren Zeitraum. Wir waren der Meinung, daß das Halten der Verbindung von ihr wahrgenommen wurde ... Über die Reise des Angeklagten nach Frankreich im Herbst 1973 waren wir nicht unterrichtet, deshalb wurden auch keine Maßnahmen eingeleitet ... Entscheidungen über zusätzliche Maßnahmen mußte man treffen, wenn sich etwas Ungewöhnliches ereignete. Dies war z. B. bei Frau Guillaume am 13.8.1973 der Fall und bei Guillaume im Zusammenhang mit einem Telefongespräch außerhalb seiner Wohnung ... Im Zuge der Observationen des Angeklagten sind jeodch keine unmittelbaren Feststellungen konspirativen Verhaltens erkennbar gewesen. Irgendwelche Übergaben von Zeitschriften, Päckchen o. ä. an Dritte seien nicht erfolgt. Auch bei den Observationen von Frau Guillaume seien keine derartigen Feststellungen, ausgenommen den 13.8., getroffen worden. Irgendeine Übergabe sei jedoch auch an diesem 13.8. nicht feststellbar gewesen.*«
Zeuge Börtgen machte ein paar ergänzende Angaben: »*In bezug auf den Angeklagten seien gelegentlich Hinweise gekommen, daß dieser sich etwas konspirativ verhalte, z. B. langsames Fahren, nochmaliges Abfahren von Strecken, Umkehren usw. ... Auf die Frage, ob der Angeklagte sich dabei irgendwie auffällig verhalten habe, erläuterte der Zeuge, daß ein solches Verhalten zur umgehenden Unterbrechung der Observation geführt hätte. Es sei jedoch nicht festgestellt worden, daß die Observationen unterbrochen wurden. Der Zeuge erinnere sich lediglich, daß irgendwann einmal an einem Samstag oder Sonntag im Raum Bonn die Observation abgebrochen worden sei ... In dem hier zur Frage stehenden Falle habe es außer der Observation in Köln am 13.8. – wofür der Zeuge noch nicht verantwortlich gezeichnet habe, da ihm erst am 16.8.1973 die Leitung der Observierungsgruppe erneut übertragen worden sei – keine bedeutungsvollen Erkenntnisse gegeben.*«
Über diese »*bedeutungsvollen Erkenntnisse*« am ominösen 13.8.1973 sollte nun Zeuge Wurm berichten. Da Christel den Vorgang an jenem Tage selbst miterlebt hat, beschränkt sich ihr Protokoll auf einen knappen Kommentar: »*In einer lächerlich wirkenden*

und einem schlechten Agenten-Thriller entlehnten Weise schildert der Zeuge seinen Observationseinsatz von 7 Uhr morgens bis 24 Uhr. Die Aussage ist von Anfang an so angelegt, daß jedem Blick, jeder Handbewegung, kurzum dem gesamten Verhalten der beobachteten Personen konspiratives Gepräge gegeben wird ...«

Zur Erläuterung des vorgefallenen und des sich daraus ergebenden kuriosen Blindekuh-Spiels gebe ich Wurms Aussage inhaltlich aus meinem Gedächtnis wieder: An jenem 13. August 1973 nimmt Wurm auftragsgemäß Christels Überwachung auf und folgt ihrem Wagen durch Bonn bis zum Gartenrestaurant »Casselsruhe«. Dort beobachtet er, daß sich Frau Guillaume mit einer anderen Frau trifft. Wurm ist wie elektrisiert – das könnte der lang ersehnte Kontakt mit einem Kurier sein. Zusammen mit zwei anderen Beamten nimmt er an einem Nebentisch Platz. Die beiden Frauen unterhalten sich, verzehren das Bestellte, sonst passiert eigentlich nichts. Aber Wurm deutet geheimnisvoll jede Geste, jedes Lachen, jeden Augenaufschlag als verdächtig. In einer Aktentasche führen die Observanten eine versteckte Kamera bei sich und machen damit heimlich eine Aufnahme als *Beweis*. Die Frauen zahlen und brechen auf. Die Übergabe irgendeines Materials findet nicht statt, aber Wurm will eine verdächtige Handbewegung bemerkt haben. Die Unbekannte steigt zu Frau Guillaume in den Wagen, noch in Bonn trennen sie sich. Die Sbirren eilen der Unbekannten nach, und es folgt eine mehr als vierstündige Verfolgungsjagd bis nach Köln, bei der die Verfolgte ständig die Verkehrsmittel wechselt und zwei der Verfolger abschüttelt, bis nur noch Wurm mit ihr allein in einer mitternächtlich leeren Straßenbahn sitzt. Dadurch ist nun auch er am Ende seines Observantenlateins und verliert die Unbekannte in einem dunklen U-Bahn-Eingang endgültig aus dem Auge.

Man fühlt sich an ein Satyrspiel erinnert, bei dem die Sommernachtsgeister in den Kulissen »Hasch mich!« rufen. Laut »Welt« – das Haus Springer wurde vor und während des Prozesses von den Geheimdiensten regelmäßig mit Informationen beliefert – fanden zwischen Juni 1973 und Februar 1974 etwa 200 gezielte Observationseinsätze statt. Bei keinem dieser Einsätze wurde irgendeine gravierende Feststellung gemacht. Es gab nicht den Fetzen eines Beweises. Und ausgerechnet der eine Ausnahmefall, die *»bedeutungsvollen Erkenntnisse«* des Wurm aus seinen Beobachtungen am 13. August 1973, wodurch man glaubte, wenigstens etwas in Händen zu haben, wenn es auch nichts war – das alles beruhte auf einem Verwirrspiel, wie es sich kein Kriminalkomödienautor absurder ausdenken könnte.

Was Christel in den Vorvernehmungen zu dem Vorgang im einzelnen ausgesagt hat, ist kaum von Interesse, da es für sie keinen Grund gab, den Vernehmern mit der Preisgabe der blanken Wahrheit einen Gefallen zu tun. An der Art und Weise jedenfalls, wie die Vernehmer bei mir wegen des Vorfalls nachfragten, spürte ich den hohen Grad ihrer Verunsicherung auch in dieser Frage. Es war an einem frühen Nachmittag in der Haftanstalt Ossendorf, zu 14 Uhr war mir Pierres Besuch angesagt worden, aber statt seiner erschienen überraschend die beiden Vernehmer vom BKA, Federau und Schernich, und legten mir das Foto vor, das heimlich von den beiden Frauen geschossen worden war. »Kennen Sie die Person neben Ihrer Frau?«

Ob ich sie kannte oder nicht, spielte zu dem Zeitpunkt schon keine Rolle mehr. Seit dem Rücktritt Willy Brandts war klar, daß die Staatsschutzbehörden auf jegliche Loyalität sowohl gegenüber dem Kanzler als auch gegenüber seinem Referenten pfiffen.

»Was soll das?« fragte ich nur. Sie hakten nach: Ob mir der Name *Thomin* etwas sage? Ich hatte für die Herren nur noch Verachtung. »Was fragen Sie mich? Ich bin doch nicht Ihr Helfer. Ich weiß von nichts!«

In gewisser Weise stimmte das sogar, weil die tatsächlichen Zusammenhänge so banal und harmlos waren, daß es für mich keine Veranlassung gegeben hatte, sie mir ausdrücklich zu merken. Nur in einer Beziehung bekamen sie plötzlich Bedeutung – die ganze Szenerie geriet zum Vexierbild: Wo versteckt sich der Kurier? Um der Lösung näher zu kommen, muß man das Bild ein wenig drehen!

Bei einer Urlaubsreise hatte Christel die Zufallsbekanntschaft einer jüngeren, sympathischen Frau gemacht, die gerade eine ehebrecherische Romanze erlebte, mit all den Verlockungen und Verängstigungen, die damit verbunden sind. Ich bekam von der Geschichte nicht viel mit. Da Christel eine Art mütterliches Verständnis zeigte, faßte die Kleine Zutrauen und gab, Deckung für die verbotenen Umtriebe suchend, ihr süßes Geheimnis preis. Damit schien die Episode beendet und vergessen – bis zu jenem bewußten Augusttag, als die junge Dame, einen Bonn-Aufenthalt nutzend, sich plötzlich noch einmal meldete. Sie war bei einem erneuten Seitensprung ertappt worden und wollte Christel ein erschwindeltes Alibi abschwatzen. An dem

drohenden Scheidungsprozeß hingen wohl auch vermögensrechtliche Regelungen.
Am Tisch im Gartenrestaurant »Casselsruhe« war das Gespräch etwa bis zu diesem Punkt gediehen, als Christels Urlaubsfreundin plötzlich sagte: »Ich werd verrückt, ich glaube ich bin eben fotografiert worden, jetzt schickt mir mein Mann auch noch einen Privatdetektiv hinterher – was soll ich bloß machen?«
Christel wußte nicht, was sie von der Sache halten sollte. An einem Tage zuvor war sie selbst beobachtet worden, und sie hatte die Beobachtung bemerkt. Was wurde da gespielt? Machte sich das Mädchen nur interessant? Verhielt sich alles so, wie sie es sagte? War sie vielleicht sogar mit im Spiel, im Sinne einer Provokation? Oder war das eine erneute Beobachtung, die Christel selbst galt?
Was war zu tun? Christel lachte und sagte: »Vielleicht ist es mein Mann, der hinter mir her ist.« Unter Gackern und Kichern kamen die Frauen überein, den Test zu machen – wem würde der Detektiv folgen? Die Frage beantwortete sich, als man sich trennte. Christel war die Verfolger los, die andere hatte sie auf dem Hals.
Als mir Christel am Abend von ihrem Abenteuer erzählte, waren wir uns ziemlich sicher, daß da keine Privatdetektive, vielmehr amtlich bestallte Observanten aus dem Hause Nollau am Ball gewesen waren. Der Vorgang konnte in eine Reihe mit Christels vorangegangenen Wahrnehmungen gestellt werden und war insofern überhaupt nicht komisch. Dennoch mußten wir bei der Vorstellung lachen, daß die unauffällig gekleideten Herren im Begriff waren, einem Phantom nachzujagen.
Noch lange nach unserer Festnahme hat man versucht, das Phantom unter dem von Christel *preisgegebenen* Namen *Thomin* ausfindig zu machen. Das ganze Bundesgebiet wurde nach Personen dieses Namens durchforscht. Es gab Hinweise auf Heidelberg, Darmstadt, Krefeld, Hannover u. a. Einer der Beamten des Bundeskriminalamts sagte vor Gericht aus, er habe etwa fünfzehn bis zwanzig Personen durchleuchtet. Aber selbst die intensive Überprüfung einer Frau Thomin in Langen/Hessen, die eine gewisse Ähnlichkeit mit der abgebildeten *Thomin* aufgewiesen habe, sei wie alle anderen negativ verlaufen. Ein anderer Kriminalist eruierte in Westberlin. Und schließlich verliefen auch die Nachforschungen im Hotel »Zuiderbad« im holländischen Zandvoort, wo wir oft Urlaub gemacht hatten, im Sande des Nordseestrandes.

Butterfahrt nach Holland und ein Unfall auf der A 74

Zu zwei Treffs in den Niederlanden kam es kurz hintereinander im Februar und März 1974. Ich muß gestehen, es erfüllt mich noch heute mit Stolz, daß wir unter den komplizierten Bedingungen des Verdachts, der Kontrolle und der Beobachtung die Fortsetzung unserer Tätigkeit bis zum letzten Moment gewährleisteten. Gerade in dieser Zeit fühlte ich mich voller Tatendrang. Zu tun gab es genug!

Schon in Frankfurt/Main hatte ich das Faschingstreiben immer mit Unbehagen verfolgt. Der rheinische Karneval wurde mir zum Greuel. Die schlagartig einsetzende Fröhlichkeit empfand ich als aufgesetzt und aufdringlich. In dieser Beziehung war ich wohl ein nüchterner Berliner geblieben. Jedes Jahr wieder flüchtete ich vor dem lärmenden Rummel der Funkengarden und Büttenredner in gemäßigtere Zonen.

1974 nahm ich bei der Flucht nach Holland Pierre mit, der sich nun schon rasieren mußte und mit Riesenschritten auf die Volljährigkeit zueilte. Den Fasching feierten wir auf eigene Art, indem wir uns in aller Stille einen antütelten. Nachdem wir an der Hotelbar den letzten Schluck genommen hatten, war mein Herr Sohn voll wie ein Mijnheer, und ich mußte ihn aufs Zimmer schleppen. Als ich ihn endlich im Bett hatte, stellte ich fest, daß es ein fremdes war; an der Rezeption hatte ich beschwingt den Schlüssel für ein falsches Zimmer gegriffen. Erneut begann die Leichnamsprozession über die Hotelgänge, und dann hatte ich in dem anderen Zimmer auch noch unsere Mäntel liegenlassen. Man sieht, daß wir in jener Zeit alles andere als verklemmt lebten.

Am nächsten Tag war Pierre froh, bei zugezogenen Vorhängen seinen Kater pflegen zu können, und ich konnte allein auf Tour gehen. Im Frans-Hals-Museum in Haarlem traf ich mit Arno zusammen. Die wichtigste Nachricht, die ich für die Zentrale mitgeben konnte, war: Die Luft bleibt rein!

Der Treff im März wurde als *Butterfahrt* getarnt, bei der es aber im wesentlichen darauf ankam, den im kleinen Grenzverkehr erheblich steuerbegünstigten holländischen Kaffee und Genever einzukaufen. Diesmal waren Christel und ihre Mutter mit von der Partie. In Maastricht angekommen, begleitete ich die Frauen ein Stück auf ihrem Einkaufsbummel und ging dann andere Wege.

Als erstes berichtete ich Arno von einem Ereignis, mit dem wiederum Christel in Berührung gekommen war. Es lohnte sich, darüber nachzudenken.
Der Film war folgendermaßen abgelaufen: Auf einer kurvenreichen, winterlich vereisten Strecke der A 74, zwischen Koblenz und dem Dernbacher Dreieck, gerät ein Auto ins Schleudern, in den Trümmern sitzt verletzt und hilflos eingeklemmt der Fahrer. Irgendwas kommt den herbeigerufenen Polizisten verdächtig vor, vielleicht war auch nur ein dummer Zufall im Spiel – jedenfalls findet man im demolierten Wagen einen Sender und dafür präparierte Tonbänder. Der Verletzte gibt sich als Helmut Ernst aus. Die Tonbänder sind mit Material aus dem Bundesverteidigungsministerium bespielt, wahrscheinlich noch unverschlüsselt und, soweit es aus den späteren Munkeleien herauszuhören war, aus dem Bereich des Militärischen Abschirmdienstes (MAD) stammend. Die Quelle ist leicht einzukreisen, es ist die Freundin dieses Helmut Ernst, das Fräulein Alberta Stein von Hamm, die im Haushaltsreferat des Verteidigungsministeriums beschäftigt ist.
Und nun kommt es zu einer merkwürdigen Querverbindung. Die Eltern unserer im Kanzlerbüro beschäftigten Sekretärin Boeselt sind das Hausmeisterehepaar in der Hessischen Landesvertretung in Bonn. In deren Haus verkehrt freundschaftlich das Fräulein Stein von Hamm. In der Wohnung der alten Boeselts aber ist auch Christel als Hausdame der Hessischen Landesvertretung hin und wieder gutnachbarlich zu Gast. Bei ihrem letzten Besuch, nachdem die Missetat ruchbar geworden ist, erzählen die Boeselts voller Fassungslosigkeit von den Verstellungskünsten ihrer adligen Nachbarin: Wer hätte das gedacht!
Arno wird von der Geschichte völlig überrascht. Gemeinsam überlegen wir: Helmut Ernst und Alberta Stein sind Ende 1973 aufgeflogen, die Operation des Gegners, dessen Hauptstoß sich gegen Christel richtete, lief bis Mitte Januar 1974 – besteht zwischen beidem ein Zusammenhang? Eine schlüssige Überprüfung ist uns nicht möglich.
Dennoch können wir in dem Vorgang eine gewisse Bestätigung für unseren Beschluß sehen. Die Pläne von Staatssekretär Gaus, mich mit nach Berlin zu nehmen, habe ich abblocken können.
Die Observierungsmaßnahmen sind völlig eingeschlafen. Und so wollen wir, erfrischt von neuem Optimismus, unsere Arbeit im ge-

wohnten Stil wiederaufnehmen. Bei der nächsten Gelegenheit will Arno, die Zustimmung der Zentrale vorausgesetzt, die dafür benötigten, immer noch ausgelagerten technischen Utensilien heranschaffen. Dabei denken wir auch an ein neues Verbindungssystem. Schluß mit dem Vagabundenleben in Hotels und Lokalen! Wir machen uns das Leben auf einem Hausboot aus, mit dem wir auf den weitverzweigten niederländischen Kanälen, über die Maas verbunden mit dem Rhein und der Rheinstadt Bonn, Mobilität mit Häuslichkeit verbinden könnten.

Dem Verfassungsschutzchef spielt sein Gedächtnis einen Streich

Folgt man dem Bericht der Regierungskommission vom November 1974, dann gab es aus der Sicht der Staatsschutzbehörden bei der Einleitung exekutiver Maßnahmen im *Fall Guillaume* weder Reibungen noch Schwierigkeiten. Es heißt da: *»Am 22.2.1974 unterrichtete der Präsident des BfV Bundesminister Genscher mündlich über den Stand der Ermittlungen. Am 1.3.1974 folgte eine weitere Unterrichtung über den Sachstand anhand eines von Bundesminister Genscher erbetenen ausführlichen Vermerks. Anschließend wurde die Angelegenheit beim Bundeskanzler erörtert. Dabei wurden die vorliegenden Ergebnisse als ausreichend für ein ›exekutives‹ Vorgehen angesehen.*
Am 7.3.1974 fand eine erste Besprechung zwischen Vertretern des Generalbundesanwaltes und des BfV statt, der weitere folgten. Dem Generalbundesanwalt wurden die einschlägigen Unterlagen zur Einleitung eines Ermittlungsverfahrens übergeben.
Am 21.3.1974 erfuhr das BfV von einer bevorstehenden Urlaubsreise des G. nach Südfrankreich. Mit Einverständnis des Generalbundesanwaltes wurde beschlossen, die Gelegenheit zu benutzen, um mögliche nachrichtendienstliche Aktivitäten des G. zu klären.
Am 22.3.1974 unterrichtete der Präsident des BfV Bundesminister Genscher von der aus diesem Anlaß beabsichtigten Observation. Dieser erklärte sein Einverständnis und verständigte seinerseits den Bundeskanzler.
Am 22.4.1974 waren die Vorbereitungen soweit gediehen, daß der

Präsident des BfV Bundesminister Genscher von dem bevorstehenden Zugriff Mitteilung machen konnte.
Am 24.4.1974 wurden die Eheleute G. festgenommen.«
Ein paar Monate später, Februar 1975, stellt sich der Ablauf der Dinge im Papier des parlamentarischen Untersuchungsausschusses vor allem in den Reaktionen der führenden Politiker doch schon etwas komplizierter dar: *»In diesen Gesprächen unterrichtete der Zeuge Dr. Nollau auch über Einzelheiten der bisherigen Observationsergebnisse.*
Der Zeuge Genscher erklärte hierzu, für ihn sei es aber weniger darum gegangen, einzelne Erkenntnisse zu erfahren, sondern darum, ob man weitergekommen sei und wann die Sache an den Generalbundesanwalt abgegeben werden könne. Zu Beginn des Jahres 1974 habe er Nollau gesagt, wegen der Position Guillaumes sei es nun notwendig, die Ermittlungen mit großer Intensität zum Abschluß zu bringen und sich schlüssig darüber zu werden, ob es zu einer Abgabe des Falles an die Bundesanwaltschaft ausreiche.
Er habe Nollau sehr dringlich eigentlich fast ein zeitliches Ultimatum gestellt; er habe ihm gesagt, er, Nollau, müsse jetzt zu Ende kommen und so oder so eine Entscheidung treffen.
Nollau habe sich daraufhin noch eine Frist von vier Wochen erbeten und nach Ablauf dieser Frist erklärt, man könne jetzt den Abschlußbericht vorlegen und die Sache an den Generalbundesanwalt abgeben.«
Und zur Reaktion Willy Brandts auf die dürftigen Ermittlungsergebnisse heißt es an anderer Stelle des Ausschußberichtes: *»Bundeskanzler Brandt hat weiterhin bekundet, daß er den ihm von Minister Genscher mitgeteilten Verdacht gegen Guillaume als politisch gravierend angesehen und ernst genommen habe. Er habe jedoch den Verdacht nicht begründet oder dringend, sondern eher für unwahrscheinlich gehalten. An dieser seiner Einschätzung des Verdachts gegen Guillaume habe sich aufgrund der detaillierten Unterrichtung durch Dr. Nollau Anfang März 1974 unmittelbar vor Abgabe der Sache an den Generalbundesanwalt nichts geändert.«*
Tatsächlich blieb der Stand der Dinge für die Ermittlungsbehörden höchst unbefriedigend. Im vorgelegten Material gab es für Brandt, und nicht nur für ihn, zu viele Ungereimtheiten, Lücken und Irritationen. Zu einer hat sich Dr. Nollau selbst bekannt, als er 1977 aus der gesicherten Deckung des Ruhestands seine Memoiren abschloß:

»Am 1. März 1974 war ich mit dem Bericht bei Herrn Genscher. Ich schlug ihm vor, das Einverständnis Willy Brandts zur Abgabe des Falles an den Generalbundesanwalt einzuholen. Herr Genscher stimmte dem zu und meinte, er werde dem Bundeskanzler vorschlagen, sich den Fall von mir vortragen zu lassen. Ich bat, dafür einen Zeitpunkt zu wählen, in dem Guillaume nicht im Kanzleramt sei, denn ich wollte mit ihm nicht im Vorzimmer des Kanzlers zusammentreffen. Guillaume hätte als wachsamer Spion meinen Besuch auf sich beziehen können.
Am selben Abend gegen 9 Uhr wurde ich ins Kanzleramt gerufen. Bald saß ich den Herren Brandt und Genscher gegenüber. In meinen Vortrag bezog ich selbstverständlich die Funksprüche ein, wobei ich bemerkte, ein Funkspruch habe auch einen Glückwunsch zur Geburt des zweiten Sohnes enthalten.
Da warf Willy Brandt ein, Guillaume habe doch nur einen Sohn. Er hatte recht. Mein Gedächtnis hatte mir einen Streich gespielt. Der Wortlaut des Funkspruches hatte gelautet: ›Glückwünsche zum 2. Mann.‹ An der Identifizierung Guillaumes änderte sich damit natürlich nichts.«
Wesentlichen Einfluß auf die Beschleunigung des Verfahrens hatte der Wechsel an der Spitze der Generalbundesanwaltschaft in Karlsruhe. Der bisherige Generalbundesanwalt Ludwig Martin, ein erfahrener konservativer Jurist, weigerte sich lange Zeit, den Fall überhaupt an sich heranzuziehen. Auch als Dr. Nollau Anfang März 1974 auf Drängen Minister Genschers seinen Abschlußbericht fertig hatte, dachte Martin immer noch nicht daran, ein Ermittlungsverfahren einzuleiten, geschweige denn einen Haftbefehl zu beantragen. Da es keinerlei Hinweise auf geheime Treffs, Kurierpost, Tote Briefkästen und dergleichen gab, reichte ihm die Beweislage nicht aus. Doch dann kommt Siegfried Buback als Nachfolger Ludwig Martins. Buback paßt die ganze Richtung nicht. Innenpolitisch ist ihm der Brandt-Kurs viel zu liberal, außenpolitisch viel zu verständigungsfreundlich. Bisher war im wesentlichen nur das Bundesamt für Verfassungsschutz mit dem Fall befaßt. Kraft seines Amtes mobilisiert Buback jetzt auch die Abteilung Staatsschutz des Bundeskriminalamts als Hilfsorgan der Generalstaatsanwaltschaft.
Für Ostern 1974 habe ich beim Kanzleramt einen Kurzurlaub angekündigt und mich nach St.-Maxime, Frankreich, abgemeldet. Als man davon erfährt, wird nochmals eine Großaktion beschlossen und das

Aufgebot der Späher zusammengestellt, die beauftragt sind, mir bis zur Côte d'Azur zu folgen und jeden meiner Schritte zu überwachen. Frankreich soll zum silbernen Teller werden, auf dem man den Kopf des Kanzlerreferenten präsentieren will, um den Kopf des Kanzlers zu kriegen.

»Oh, wunderschön ist Gottes Erde und wert, darauf vergnügt zu sein.«

Arno meldete sich zum letztenmal an einem späten Abend, es war der 6. April 1974. Am nächsten Tag stieg ich in Bad Godesberg zu ihm ins Auto. Noch einmal wollten wir andere Luft schnuppern und brausten ab in Richtung Köln.
Arno brachte wichtige Informationen mit. Unsere Zentrale hatte Christels Meldung von der Festnahme des Funkers an der A 74 überprüft. Danach bestand zwischen dieser Affäre und der gegen Christel gerichteten Beobachtungsaktion kein Zusammenhang. Auf der Grundlage einer ganzen Reihe anderer Erkenntnisse hatte die Zentrale noch einmal den ganzen Hintergrund der Vorgänge ausgeleuchtet und analysiert. Verlauf und Charakter der Observation, vor allem ihre Beendigung Mitte Januar 1974, nach der es in unserem Umfeld keine veränderten Bedingungen mehr gab, untermauerten zwar in gewisser Weise den Schluß, daß es sich nur um eine normale Sicherheitsüberprüfung, und zwar in ihrer Hauptstoßrichtung wahrscheinlich auf Christel, gehandelt haben könnte. Dennoch müsse die Möglichkeit eines echten Verdachts scharf im Auge behalten werden. Die Zentrale riet dringend zur Vorsicht. Es gab eine direkte Anweisung, alle Aktivitäten zu dämpfen und aus einer Bereitschaftsposition heraus abzuwarten, bis sich Momente ergäben, die auf eine Verflüchtigung des Verdachts schließen ließen. Für den Spätsommer wurde ein erneuter Auslandstreff mit dem *hohen Mann* ins Auge gefaßt. Dann erst sollte neu entschieden werden.
Die Gleichung schien aufzugehen. Doch hatte sich da schon eine, von uns nicht wahrgenommene, Unbekannte in die Rechnung eingeschlichen: Was wir nicht wußten, damals nicht wissen konnten, war der Umstand, daß es dem Gegner aufgrund minutiöser, von großer Geduld zeugender Kleinarbeit gelungen war, die alten Funksprüche aus der Anfangsphase unserer Arbeit in Frankfurt uns richtig zuzuordnen. Unterm Strich blieb ein Fehlbetrag stehen.

Arno war erfüllt von Offensivgeist und lag damit auf meiner Wellenlänge. Dran, dran! Nutze den Tag – das entsprach unserer Mentalität und unserer Stimmungslage. Es fiel uns schwer, uns zu bremsen. Was uns ermunterte, war mein ungestörtes, ja gesteigertes Vertrauensverhältnis zu Willy Brandt. Ich konnte einen Sack wichtiger, ganz nebenbei abgeschöpfter Informationen ausschütten. Mich an Einzelheiten zu erinnern, würde mir schwerfallen. Doch traf ich kürzlich wieder einmal mit Arno zusammen, diesmal zu einem legalen Treff am häuslichen Kaffeetisch, und er brachte seine Stichwortliste von damals mit. Es ist sehr bemerkenswert, was bei unserem letzten illegalen Treff alles anstand. Arno übersetzte folgende Punkte in Klartext:

- Gaus-Plan endgültig abgeblockt, Günter bleibt in Bonn;
- vertrauliches Kissinger-Papier zu taktischen Wendungen in der Sicherheitspolitik;
- Besuch des britischen Außenministers, Differenzen zu USA schwelen nach wie vor;
- Franke-Bericht zum Stand der *innerdeutschen Beziehungen*, interne Debatten dazu, die Meinung Brandts und seiner Umgebung;
- Münstereifel: neue Differenzen in der engeren Führung;
- Brandt trifft Kluncker, Auswirkungen des Tarifstreits auf die Balance der Koalitionsregierung;
- Schmidt organisiert Unternehmer-Treffen in der Ebert-Stiftung, seine Profilierung zum starken Mann in der SPD;
- neues Treffen mit *hohem Mann* u. U. verschieben auf Juli: Schweiz oder Schweden, da nochmals Südfrankreich schwierig.

In meinem Material befanden sich noch ein paar Dokumente, zu denen ich detaillierte Kommentare geben mußte. Doch als wir sie während der Autofahrt auf Band nehmen wollten, streikte die Mechanik des Recorders. Um den Fehler zu beheben, fuhren wir rechts auf den Randstreifen der Autobahn. Das Ergebnis waren ein paar durchblutungsfördernde Minuten. Im Rückspiegel sah Arno, wie sich langsam eine Polizeistreife näherte. Ich ließ den Recorder verschwinden. Arno öffnete die Motorhaube und fummelte an den Zündkerzen herum. Der Streifenwagen setze sich vor unser Auto. Zwei Beamte gingen ruhigen Schritts und mit Aufmerksamkeit im Blick auf Arno zu.

»Schwierigkeiten, mein Herr?« – »Zündung.« – »Können wir behilflich sein?« – »Nein, nein, ich hab's schon!« – »Vermeiden Sie bitte in Zukunft jeden unangemessenen Halt auf der Autobahn!« – »Selbstverständlich!« – »Gute Weiterfahrt dann!« – »Danke.«

Schon am Abend zuvor hatte Arno eine kitzlige Situation zu bestehen gehabt. Für gewöhnlich stieg er in einem kleinen preiswerten Hotel der Kölner Innenstadt ab, wenn er bei mir in der Nähe war. An jenem Abend muß er sich in der Nähe nach einer anderen Herberge umsehen, da er mit einer geänderten Identität angereist ist, mit der er sich in seinem Stammhotel nicht blicken lassen kann. Er findet ein Hotel, das ihm zusagt, geht in der Halle auf die Rezeption zu, wo der Portier gebeugten Kopfes in seinen Papieren blättert. Arno schiebt ihm schon seinen Ausweis zu, als der Portier den Kopf hebt, sieht, wen er vor sich hat, und lächelnd sagt: »Nanu, Herr ..., mal Lust auf Tapetenwechsel?«

Nun erkennt auch Arno den Mann wieder, er sitzt normalerweise als Portier im angestammten Hotel. »Und Sie, wie kommen Sie hierher?« fragt Arno und zieht unauffällig den schon bereitgehaltenen Ausweis zurück.

Wie sich herausstellt, gehören beide Hotels zu einer Kette, der Portier macht hier Aushilfe. »Moment, Herr ..., für Sie als Stammgast habe ich bestimmt ein schönes Zimmer!«

Arno wehrt ab. »Vielen Dank, aber ich bin schon versorgt. Ich wollte mich nur nach einem anderen Gast erkundigen.«

Arno war mit mir immer einer Meinung, daß Essen und Trinken Leib und Seele zusammenhält. Kurz vor Köln machten wir im »Kukkuck« Station, einer idyllisch gelegenen Landgaststätte, deren gediegene Küche und gepflegten Keller wir kannten. Im »Brevier für motorisierte Lebenskünstler« wurde für *»Muscheids ländliche Gaststätte«* geworben: *»Dieses reizende Haus ist wie geschaffen für große und kleine Feste, für gesellschaftliche Zusammenkünfte wie für herzliche Begegnungen mit lieben Menschen.«* Das schien uns angemessen. Wir bestellten *Hühnerbrüstchen orientale,* dazu einen frischen Rheinwein. Auf der Speisekarte stand ein Spruch von Hölty:

»Oh, wunderschön ist Gottes Erde
und wert, darauf vergnügt zu sein;
drum will ich, bis ich Asche werde,
mich dieser schönen Erde freun.«

Zum Abendessen brachte ich Christel mit. Wir trafen uns beim Chinesen in der Godesberger Michaelstraße gleich am Theaterplatz. Die Spezialität des »da sung« waren Frühlingsröllchen, ein kulinarisches Wunderwerk aus Bambusspitzen, geschnitzeltem Lendenfleisch und fernöstlichen Gewürzen. Dazu gab es einen Reiswein, der in meiner Nase entfernt nach Flieder duftete.
Wir besprachen noch einmal die Perspektiven unserer Arbeit im Zusammenhang mit der politischen Gesamtlage. Die von Arno übermittelte Analyse der Zentrale besagte, daß bei allen Hoffnung stiftenden Fortschritten der Entspannungspolitik die Weltlage insofern gespannt bliebe, als die NATO nicht bereit war, der Entspannung auch im militärischen Bereich Raum zu geben. So war insbesondere meine Stellung zur Sicherung der DDR und der gesamten sozialistischen Gemeinschaft vor einem Überraschungsangriff nach wie vor von großer Bedeutung. Wir knüpften daran unsere eigenen Gedanken. Diese Stellung aufgeben? Auch Christel verwarf mit aller Entschiedenheit den Gedanken an einen Rückzug. An jenem Abend fanden wir die Formel: Spitzenposition bedeutet Spitzenrisiko!
Im April starb Gerhard Weck, mein alter Förderer aus der Frankfurter Parteispitze, mein Vorgänger als Sekretär des SPD-Unterbezirks. Der Tag der Beerdigung war regnerisch. Unter dem dunklen Trenchcoat konnte ich mir einen schwarzen Anzug ersparen, den Regenschirm ließ ich aus gutem Grund zu Hause. Im Gedränge der Beerdigungsgemeinde traf ich mit jemandem zusammen, der damals neben Arno und Heinz unser *dritter Mann* war, und zwar unter demselben Regenschirm, der dann ganz kurz auch im Prozeß eine Rolle spielen sollte.
Als Zeugin geladen wurde Helga Lescrinier, Oberregierungsrätin in der Hessischen Landesvertretung, eine unmittelbare Kollegin von Christel. Auf die gezielte Frage, ob die Zeugin die Angeklagte einmal in Begleitung eines unbekannten Mannes gesehen habe, gab sie zu Protokoll, daß, wenn die Vernehmungsbeamten es nicht aus ihr *herausgefragt* hätten, sie diese Begegnung schon längst vergessen hätte. Sie glaube sich nunmehr nach längerem Überlegen sicher zu sein, daß sich ein solches Treffen am Vorabend des Mißtrauensvotums gegen Kanzler Brandt abgespielt habe. Sie erinnere sich, daß es geregnet habe. Da ihr die Angeklagte mit ihrem Begleiter unter einem Regenschirm entgegengekommen sei, noch dazu an einem dunklen Abend, habe sie nicht mehr die geringste Vorstellung vom

Aussehen des Begleiters. Sie könne lediglich ausschließen, daß es der Ehemann der Angeklagten gewesen sei.
Ich kann heute die Aussage nachreichen, daß es sich bei der Beobachtung der Zeugin Lescrinier um denselben Schirm gehandelt hat, unter dem ich dann auf dem Frankfurter Friedhof stand, um den großen Regenschirm unseres *dritten Mannes.* Die Verbindung klappte bis zum letzten Augenblick.
Dieser letzte Augenblick rückte mit dem Ostertermin näher. Aus familiären Gründen hatten sich Christel und ihre Mutter entschlossen, den etwas strapaziösen Ausflug nach Südfrankreich nicht mitzumachen. Zu früher Morgenstunde brach ich allein auf.
Den Abend zuvor hatte mich Willy Brandt noch einmal zu sich gerufen, ich war nicht mehr zum Tanken gekommen. In der Morgendämmerung nach einer Nachttankstelle Ausschau haltend, bemerkte ich plötzlich den Wagen, der mir folgte. Als es über die Straßenbrücke zur Autobahn ging, war ich mir schon ziemlich sicher, daß schlagartig eine Observation großen Stils eingesetzt hatte. Im ersten Moment kam der Gedanke auf, die Reise abzubrechen – aber mußte das nicht einen Verdacht verstärken? Um völlig sicher zu sein, ging ich mit der Geschwindigkeit auf 120 km/h hoch und schlüpfte dann, plötzlich abbremsend, in eine Tankstelle. Die Verfolger zischten vorbei. Sie fanden keine Zeit mehr, die Ablösung heranzulotsen, lauerten auf dem verbotenen Randstreifen hinterm Gebüsch, bis ich heran war, und blieben dann dran bis zur belgischen und weiter bis zur französischen Grenze.
Auf der Autobahn schenkte ich ihnen nichts, Tempo 160 mußten sie schon mithalten und dann, da sie meine Route nicht kannten, am Pariser Ring dicht auffahren. In den sich auf vielen Spuren ineinander verschlingenden Fahrzeugkolonnen konnte ich sie an mir vorbei dirigieren und abschütteln. Doch als ich in Fontainebleau an den Gebührenschalter fuhr, warteten bereits die Herren der Sûreté. An einem dunklen, schweren Wagen mit französischem Kennzeichen lehnte ein Zeitung lesender Mann, der sich bei meinem Auftauchen mit dem Fahrer kurz verständigte. Er hatte gute Nerven. Auch während der Verfolgung schlug er immer mal wieder – wie ich im Rückspiegel sah – seine Zeitung auf.
Für mich, der ich viele Male die Fahrt durch die schönen Landschaften des französischen Südens genossen hatte, wurde sie diesmal mit den Spähern im Nacken zur nervlichen Zerreißprobe. Was mich an-

fangs nur verblüfft hatte, wurde zur Marter: Angesichts des riesigen Aufgebots an Observanten zu beiden Seiten der Grenzen war an eine bloße Routineüberwachung nicht mehr zu denken, und es würde sehr schwer werden, die Umzingelung zu durchbrechen. Je näher die Küste kam, um so ruhiger wurde ich. Nach den Verfolgern sah ich mich nicht mehr um, fuhr langsamer, als das Tageslicht spärlicher wurde, sah links und rechts aus dem Fenster, wie die sinkende Sonne immer neue Farben und Konturen in das Land malte, das ungerührt war in seiner Milde und Freundlichkeit. Mich überkamen eine große Ruhe und ein großer Ernst. War es das letztemal in meinem leben, daß ich auf dieser hinreißend schönen Trasse fahren würde?

In Saint-Maxime ließ ich mich die ersten Tage von der Sonne braten. Die französischen Bewacher blieben auf diskrete Distanz, aber immer spürbar. Dann, am dritten Tag, brach ich überraschend zu einem Ausflug auf und schlüpfte auf kleinen, unübersichtlichen Straßen aus dem Netz. Die Stunde der letzten Entscheidung war da: Flucht oder Auslieferung?

Zu bedenken waren die politischen Konsequenzen einer jetzt noch möglichen Absetzbewegung. Aber letztlich waren es Erwägungen moralischer Art, die den Ausschlag gaben. Ich malte mir aus, wie nach einer Flucht alle Folgen mit großer Wucht Christel und die Familie treffen würden. Wem sollte ich danach noch in die Augen sehen können? Im Soldatischen gibt es den Begriff der Feigheit vor dem Feind. Ich wollte eigentlich noch nicht abtreten von der Bonner Bühne, aber wenn es denn sein mußte, dann nicht schmählich, nicht behaftet mit dem Makel der Feigheit. Ich weiß, daß sich Kritiker finden werden, die mir lächelnd ins Gesicht sagen: Mein Junge – da hast du dir wohl eine Sentimentalität geleistet, die wir uns nicht leisten können! Sie haben recht, indem sie auf das verweisen, was an meinen Erwägungen objektiv falsch war. Aber hatte ich nicht auch recht, indem ich an das mir subjektiv Gemäße dachte?

Auf der Rückfahrt nach Saint-Maxime blieb nur noch eins zu tun. In St.-Tropez beschickte ich einen unserer Briefkästen, um vor jeglichem Kontakt zu mir, falls an einen solchen noch gedacht wurde, absagend zu warnen.

Die französischen Geheimdienstbeamten geleiteten mich bis Fontainebleau zurück, keinen Kilometer weiter, und merkwürdigerweise versagte die Ablösung durch die Herren vom Bonner Staatsschutz. Bis zur belgischen Grenze fuhr ich ohne Konvoi, und als ich dort ankam, war es schon schwarze Nacht. Der Benzintank war voll, in der Brieftasche steckte ausreichend bares Geld. Noch einmal hatte ich die Freiheit der Entscheidung. Steckte hinter dem Abreißen der Verfolgerketten eine Panne oder ein politisches Kalkül? Wollte mir jemand im letzten Moment eine Brücke bauen, über die ich abhauen sollte?

Aber mein Entschluß stand prinzipiell fest. Ich mußte durch, und es würde einfacher sein im Vorwärtsgang. Zu Hause angekommen, weckte ich Christel nicht. In der Küche trank ich ein Glas Bier, nur noch erfüllt von dem Gedanken, mich einfach hinzuhauen, und ich schlief auch sofort ein, schlief fest und traumlos genau bis 06.32 Uhr, als die Flurglocke schrillte.

19. Das Verhör

»Der Spion und der Kanzler«
»Spion G. durfte geheimste Akten lesen«
»DDR-Spion saß mit im Kanzleramt«
»Brandts Referent war Hauptmann der NVA«
»Guillaume: Ich habe als DDR-Bürger meine Pflicht getan«
»Auftrag bis zum letzten Augenblick erfüllt«
(Schlagzeilen der BRD-Presse nach der Festnahme von Christel und Günter Guillaume am 24. April 1974)

»Ich übernehme die politische Verantwortung für Fahrlässigkeiten im Zusammenhang mit der Agentenaffäre Guillaume und erkläre meinen Rücktritt vom Amt des Bundeskanzlers.
Gleichzeitig bitte ich darum, diesen Rücktritt unmittelbar wirksam werden zu lassen und meinen Stellvertreter, Bundesminister Scheel, mit der Wahrnehmung der Geschäfte des Bundeskanzlers zu beauftragen, bis ein Nachfolger gewählt ist.«
(Rücktrittsbrief von Bundeskanzler Brandt an Bundespräsident Heinemann vom 6. Mai 1974)

Der Kanzler wird an der Gangway von der Nachricht überrascht

Ich war von der Côte d'Azur bis zum Rhein in einem Ritt durchgebraust. Als ich nun mit einem Topf Bier spät abends in der Küche saß, war meine Überlegung die: Du hast in Frankreich keinerlei verdächtige Aktivitäten entfaltet, also können sie auch keine beobachtet haben. Bei der Auswertung müssen sie darauf stoßen, daß sie nach diesem Osterausflug genauso klug sind wie davor. Folglich werden sie die Observation in Bonn fortsetzen. Du kannst also erst einmal schlafen gehen.
Das Schrillen der Flurglocke am Morgen riß mich aus diesem *logischen Traum.*
Die Herren Nollau und Buback – und wahrscheinlich selbst sie im Auftrag noch *höherer Mächte* – folgten bereits ihrer eigenen Logik, geprägt von den eigentümlichen, beinahe irrationalen Denkgesetzen

der Panik und der Intrige. Es war die Zeit, die sie drängte; es wurde höchste Zeit, etwas zu unternehmen und zuzuschlagen.

Nollau stand bei seinem Dienstherren Genscher im Wort. Nach der ergebnislos verlaufenen Großaktion in Frankreich blieben ihm eigentlich nur zwei Möglichkeiten: aufzugeben oder die Flucht nach vorn anzutreten. Er entschied sich für die Fluchtvariante, wobei er selbst am entscheidenden Tag vorsichtshalber ins Ausland, nach Brüssel, entfleuchte.

Von ausschlaggebender Bedeutung war noch ein anderer Umstand, den ich in meine Rechnung nicht einbezogen hatte. Auch der Kanzler war am entscheidenden Tag außer Landes, weilte zum Staatsbesuch in Ägypten und wurde am Abend des 24. April 1975 in Bonn zurückerwartet. Am 25. April also konnte es schon zu spät sein.

Bei dem Szenario wird man an die Praktiken erinnert, mit denen so viele Palastrevolutionen und Staatsstreiche erfolgreich über die Bühne gegangen sind. Die beste Methode besteht immer noch darin, einen Moment der Abwesenheit des Herrschers vom Zentrum der Macht abzupassen, um ihn von vornherein seiner Machtmittel zu berauben und dadurch jede Gegenwehr mit einem überraschenden Coup lahmzulegen.

Die Falle schnappte tatsächlich zu. Als Willy Brandt am Abend des 24. April aus Kairo kommend in Köln-Wahn landete, wurde er noch an der Gangway von Staatssekretär Grabert mit der Nachricht von unserer Festnahme überrascht. Er stand vor vollzogenen Tatsachen und wurde im weiteren Verlauf das Opfer einer raffinierten Desinformation über diese Tatsachen. Es kam zu jener unglückseligen Erklärung vor dem Bundestag, die weder sachlich noch politisch haltbar war und vom Kanzler selbst in einem peinlichen, autoritätstötenden Akt der Selbstkasteiung dementiert werden mußte.

Erst als ich später bei den Verhören selbst in das schmutzige Intrigenspiel gegen Brandt aktiv einbezogen werden sollte, fiel es mir wie Schuppen von den Augen, und ich entdeckte die Zusammenhänge. Ich hatte in Bonn so manches politische Foul beobachten können. Das Schauspiel aber, bei dem ein Kanzler mit Hilfe seiner eigenen Dienste stürzte, bedeutete eine Uraufführung. Bei all unseren Kalkulationen hatten wir diese eine Möglichkeit, nämlich daß der Kanzler selbst zum Opfer gemacht würde, für ausgeschlossen gehalten.

Was unsere Rolle in diesem Intrigenspiel betrifft, waren die Ermittlungsbehörden auch noch in der Stunde der Verhaftung in höchster

Not. Das bestätigte sich sehr schnell schon in den ersten Verhören. Manche Fragen der Vernehmer, wenn sie zur Sache kamen, wirkten ausgesprochen hilflos.

Nach unserem Wiedersehen in Berlin erzählte mir Christel eine dafür bezeichnende Episode: Bei ihrer Rückkehr in die DDR wurde sie bis zur Grenzübergangsstelle Herleshausen von einem Staatsschutzbeamten begleitet, der sich als einer ihrer Vernehmer monatelang mit ihr beschäftigt hatte, um ihr irgendwas an Beweisen zu entlocken. Vor Gericht stand er mit ziemlich leeren Händen da. Aber er hoffte bis zum letzten Augenblick! Da Pressionen während der Haft nichts genutzt hatten, wollte er nun bei Christel den Augenblick der Erleichterung im Angesicht der Freiheit nutzen. Minuten vor dem Austausch sagte er: »Frau Guillaume, jetzt haben Sie doch alles überstanden, es kommt doch nicht mehr darauf an, jetzt können Sie es doch sagen: War die Dame auf dem Foto von ›Casselsruhe‹ nun ein Kurier oder nicht?« Christel antwortete: »Vielen Dank für die Bestätigung, daß ich sieben Jahre unschuldig im Gefängnis war.«
Diese Episode steht in Beziehung zu den Denkwürdigkeiten, die Herr Dr. Nollau, im Jahr des Kanzlersturzes von Willy Brandt Chef des Bundesamts für Verfassungsschutz, ein paar Jahre später nach seiner Außerdienststellung im Sinne eines allerdings nicht recht gelungenen Rechtfertigungsversuchs veröffentlicht hat. Man kann dort nachlesen:
»Die zahlreichen an Guillaume gerichteten Funksprüche des MfS hatten in unseren Augen für sich allein keinen hohen Beweiswert, da man weder den Absender noch den Adressaten aus dem Text solcher Funksprüche entnehmen kann ...
Sorgen machte ich mir für den Fall, daß es uns nicht gelingen würde, andere Beweismittel vorzulegen. Dann wären wir in den Augen des Innenministers und des Bundeskanzlers, aber auch vor der Öffentlichkeit als unfähig betrachtet worden ...
Am 24. April sollte Guillaume vernommen und seine Wohnung durchsucht werden. Ich hatte an jenem Tag in Brüssel zu tun. Abends eilte ich nach Hause, um zu hören, wie ›es‹ gelaufen war. Nach einigem Herumtelefonieren erreichte ich bei der Sicherungsgruppe Bonn Kriminaldirektor Schütz. Er fragte: ›Wissen Sie's noch nicht? Guillaume hat gestanden.‹
Schütz erwähnte, Guillaume habe erklärt, er sei Offizier der Natio-

nalen Volksarmee der DDR und bitte entsprechend der Haager Landkriegsordnung behandelt zu werden ...
Guillaumes Geständnis befreite mich von einigen Sorgen, weil es die Beweisführung erleichterte ...«
Aus beiden Vorgängen, sowohl aus Christels Herleshausener Erlebnis als auch aus Nollaus Memoiren, sind ganz klar zwei miteinander in Beziehung stehende Schlüsse abzuleiten: Zum einen wird deutlich, daß die gegnerische Seite in hoher Beweisnot war und in Beweisnot blieb bis zum Schluß, zum anderen war es falsch, dem Gegner etwas von seinen Nöten abzunehmen, indem ich im Moment der Verhaftung eine spontane Erklärung abgab, die als Geständnis zu werten war.

»Ich bin Bürger der DDR und ihr Offizier ...«

Diese Erklärung ist in vielen Schlagzeilen nicht nur der Sensationspresse kolportiert worden und wird auch in den Erinnerungen von Herrn Nollau verballhornt wiedergegeben. Da ich kein Offizier der Nationalen Volksarmee war, konnte ich nie auf den Gedanken kommen, mich als solcher auszugeben, und folglich war auch eine Bezugnahme zur Haager Landkriegsordnung sinnlos. Von alledem war in meiner Erklärung keine Rede. Viele Auguren haben sie später zu deuten versucht. Ganz Schlaue verfielen auf die Idee, daß es an jenem Morgen des 24. April 1974 im Flur unserer Godesberger Wohnung entweder zu einem Versprecher oder zu einem Hörfehler gekommen wäre. Statt »Offizier der NVA« sei »Offizier der HVA« gemeint gewesen. Auch das ist einfach Unsinn. Ich war immer ein Mann des Außendienstes, durch den Auftrag abgestellt zum operativen Dienst, zum Einsatz im Ausland. Mit den inneren Strukturen unseres Ministeriums bin ich während der ganzen Zeit nie in Berührung gekommen, und sie waren für meine Arbeit auch ohne jede Bedeutung. Ich wußte nicht einmal von der Existenz einer »Hauptverwaltung Aufklärung«. Wenn ich mit Arno oder einem unserer anderen Gewährsmänner sprach, war immer nur schlicht von der »Zentrale« die Rede.
Was habe ich nun tatsächlich gesagt? Ich will es aus der Situation erklären.
Als es an jenem Morgen kurz nach halb sieben an der Wohnungstür

klingelte, hatte ich nur Zeit, den Bademantel über den Schlafanzug zu ziehen. Es ist dies eine Kluft, in der man den Milchmann oder den Postboten durchaus empfangen kann. Wird man darin jedoch von einer Amtshandlung überrascht, noch dazu von der rabiaten Art, wie sie mir widerfuhr, kann einen leicht ein Gefühl der eigenen Lächerlichkeit anfallen. Zu stark ist der Kontrast zwischen dem intimhäuslichen Habitus und den offiziell-amtlichen Gewalten, denen man sich gegenübersieht; man fühlt sich nackt, ob man will oder nicht, die Persönlichkeit schutz- und wehrlos preisgegeben einem anonymen Überfall aus der Außenwelt.

Ich öffnete, sah eine Gruppe von Männern und eine Frau mit äußerlich unbewegten, aber innerlich erregten Gesichtern und wußte, was die Glocke geschlagen hatte. Der vorn stand, fragte: »Sind Sie Herr Günter Guillaume?« Ich sagte leise: »Ja, bitte?« – »Wir haben einen Haftbefehl des Generalbundesanwalts.« Im selben Augenblick wurde ich rückwärts in den Flur gedrängt, umringt, fühlte mich gestellt und bedroht. Ich sagte: »Ich bitte Sie«, rief es mehr, als daß ich es einfach sagte: »Ich bin Bürger der DDR und ihr Offizier – respektieren Sie das!«

Es war ein völlig spontanes Wort, niemals zurechtgelegt für diesen Fall, herausgeschossen wie eine Stichflamme aus einer Explosion – und es war ja auch tatsächlich etwas äußerst Wichtiges meiner Existenz explodiert. Ein Gemisch aus Gedanken und Empfindungen, Erinnerungen und Ahnungen, rationalen Überlegungen und ideellen Vorstellungen, blitzartigen Gehirnschaltungen und körperlich empfundener Erregung – das alles verschaffte sich in diesem Ausruf Luft, und alles geschah gleichzeitig, widersprüchlich zusammengedrängt in eine einzige Sekunde.

Die wichtigsten dieser Gedanken und Gefühle will ich versuchen, aus der Erinnerung wiederzugeben, ungeschminkt, so wie sie sich damals zum Motiv formten.

Zuerst war da der Junge. Er hatte die Tür zu seinem Zimmer einen Spalt breit geöffnet. Ich sah nur seine großen verschlafenen Augen. Wahrscheinlich bekam er überhaupt nicht mit, was auf dem Flur mit den Erwachsenen passierte. Was ich dann sagte, sagte ich auch zu ihm. Ich wußte, daß er damit im Moment nicht viel anfangen konnte. »Bürger der DDR« und »Offizier« – was sollte das in seinen Ohren? Aber ich stand unter dem Zwang, ihm noch etwas anderes zurückzulassen als ein paar hundert Mark als Übergangsgeld. Was

ich sagte, das wußte ich, verstand er nicht. Aber es war doch eine Botschaft, und er hatte Stoff zum Nachdenken. Brauchte er nicht etwas, an das er sich würde halten können?
Blitzartig dachte ich auch an Nora und Arno. Ich wußte, daß er auf dem Wege zu mir war, so war es verabredet. Was war über sie bekannt? War es dem Gegner doch gelungen, ihre Identität zu ermitteln, vielleicht bei der von uns nicht bemerkten Observation eines Treffs? Doch selbst wenn der Feind noch nichts von ihnen wußte, durften sie nicht in eine der Fallen tappen, die man zweifellos vermuteten und darum erwarteten Kontaktpersonen stellen würde. In allererster Linie dachte ich an die Sicherheit der beiden Freunde. Inwieweit sie abgeschottet waren von den übrigen Kammern unseres konspirativen Systems, wußte ich nicht. Womöglich stand also noch mehr auf dem Spiel als ihre persönliche Sicherheit und Freiheit. Ein Signal, ging es mir durch den Kopf, kannst du noch ein Signal setzen? Aus der Art und Weise der Verhaftung war nicht zu schließen, wie es weitergehen sollte. Warum war die Festnahme nicht im Kanzleramt, gewissermaßen am Tatort erfolgt? Wozu die Heimlichkeit frühmorgens in privater Sphäre? Wollte man alles still abwickeln, um aus der Stille heraus unser ganzes Netz aufräufeln zu können? Hier half nur ein Eklat! Wenn ich ein Bekenntnis herausschrie, dann würde es schwerfallen, alles unter der Käseglocke zu halten.
Und es funktionierte! Als die Blitzmeldung von DPA noch am 24. April über die Sender ging, sprangen in unserer Zentrale die Alarmleuchten an. Robert hatte Dienst. Er suchte die von ihm mit Pedanterie geführten Einsatzpläne heraus und konnte sofort handeln. Nora war in Westberlin unterwegs. Ein Kurier schleuste sie zurück. Arno saß im Zug nach Köln. Er ahnte noch nichts. Buchstäblich im letzten Moment konnte er vor Helmstedt aus dem Zug geholt werden.

Erinnerungen an den *großen Paul*

Ich schildere alles, wie es gewesen ist, und beim Nachlesen braucht man einige Minuten, um es richtig aufzunehmen. In Wirklichkeit aber waren diese Eingebungen nur das Werk einer einzigen Sekunde. Etwas anderes kam sogar noch hinzu. Ich will es die ideelle Komponente nennen.

Konkret dachte ich an Paul, den alten Freund. Vor dem inneren Auge sah ich ihn so, wie er mir bei unserem letzten Zusammensein entgegengetreten war. Da war er schon außer Dienst, unser Treffen war unter kuriosen Umständen zustande gekommen, und wir hatten viel Stoff zum Lachen.

Ich war von meiner damaligen Frankfurter Position aus auf hochwichtiges, hochaktuelles Material gestoßen. Ich belegte zwei Tote Briefkästen mit dem verabredeten Zeichen, aber niemand gab Antwort. Die Zeit drängte. Kurzentschlossen, in diesem Fall regelrecht dazu gezwungen, etwas zu riskieren, setzte ich mich in eine Maschine nach Westberlin und nahm von dort aus die S-Bahn, um die dringliche Post direkt vors Haus zu tragen. Doch da wartete niemand auf mich. Was ich nicht bedacht hatte: Es war Ostern! Die zwei Leute, zu denen allein ich berechtigt war direkten Kontakt aufzunehmen, hatten sich entschlossen, über die Feiertage an einem Kurzausflug ihrer Parteigruppe nach Prag teilzunehmen. Nun konnte ich unmöglich nach Prag hinterherfliegen! Doch wo das Material lassen? Mein Alibi für Westberlin war auf 24 Stunden beschränkt. Irgendwas mußte passieren. Und wie immer, wenn die Not am größten war, fiel mir Paul ein.

Ob ich es wagen durfte, ihn gegen alle Regeln aus dem Ruhestand zu reißen? Ich kannte ja damals nicht einmal seinen vollständigen Namen. Wen sollte ich verlangen? Als ich am Telefon vom *großen Paul* sprach, wußte der Offizier vom Dienst, ein vermutlich noch junger Genosse, damit nichts anzufangen. Wie sollte ich Paul beschreiben? Da fiel mir ein, daß er an einer Hautkrankheit litt und sich manchmal selbst im Hochsommer gezwungen sah, Handschuhe zu tragen, »Hantschen«, wie er sie nannte. »Hören Sie«, sagte ich, »es ist ein älterer, ruhiger Genosse, und er trägt auch in der warmen Stube immer solche – Hantschen!« Da fiel der Groschen. »Ja, der mit den Hantschen ...« Paul Laufer machte sich sofort auf den Weg, und eine Stunde später konnte ich ihm die Ostereier übergeben.

So sah ich jetzt innerlich Paul vor mir, seine Blässe, Anzeichen des sich verstärkenden Leidens, aber immer noch Wachheit und Verständnis im Blick, den leicht geneigten Kopf, wenn er zuhörte, die ruhigen Gesten mit der behandschuhten Hand. Bei unserem letzten Zusammensein merkte ich, daß er ein wenig stolz war auf mich, den Jüngeren, den er an den Kampf herangeführt hatte, der in gewisser Weise sein Geschöpf war, von ihm gemodelt, und der sich nun ganz

offensichtlich bewährte – das Material, das ich mitgebracht hatte, sprach seine eigene Sprache.
Und mit dem Bilde Pauls kam am Morgen der Festnahme auch etwas von den guten Lehren hoch, die er mir mit auf den Weg gegeben hatte. Paul hatte vor NS-Richtern gestanden, und man wußte, daß er sich mutig zu seinem Tun bekannt hatte, jede Schuld zwar bestreitend, indem er den Richtern seine Wahrheit, die Wahrheit seiner Klasse ins Gesicht sagte. Von dieser Erfahrung ging er aus, als er mit mir einmal die Möglichkeiten der Enttarnung durchging und die Konsequenzen, die sich daraus für den illegalen Kämpfer ergeben. Dimitroff, dem man in Leipzig den Prozeß gemacht hatte, wurde mir von Paul als Vorbild mit auf den Weg gegeben.
»Wenn es mal schiefgehen sollte«, sagte Paul Laufer, »dann drücken wir uns nicht, drücken uns nicht feige weg! Dann stehen wir unseren Mann. Auch wenn wir erkannt und geschnappt sind, haben wir noch eine Aufgabe zu erfüllen. Wir bekennen uns zu unserer Sache, stehen für sie ein, denn nur so können wir ein Beispiel setzen für die nachrückenden Genossen.«
Das war der Erkenntnisstand unseres Geschichtsbildes, fest eingelagert in meinem Bewußtsein. Ich muß bekennen, daß es schlimm war, als im Vorfeld des Prozesses aus Berlin der Befehl kam: Schotten dicht! Was hat es mich gekostet, über viele Monate hinweg den ganzen Stuß schweigend anzuhören! Und was hat es Dr. Pötschke, meinen Anwalt, gekostet, mich von einem eigenen Schlußwort zurückzuhalten! Wäre es nicht wie eine Befreiung gewesen, aufzustehen, sich zu bekennen und anzugreifen?
In diesem Sinne hatte der Satz, den ich dem Verhaftungskommando entgegenrief, etwas ungemein Befreiendes und Erlösendes. Jedes echte Bekenntnis ist ja ein Bekenntnis zum eigenen Ich. Und dennoch war es falsch! Insofern nämlich, als der Gegner letztlich auf den Bekennermut pfiff und sich nur auf den rationalen Kern stürzte, und das war für ihn das davon abgeleitete Geständnis, das er für die Abrechnung vor Gericht brauchte.

Sofort nach der Festnahme gingen die Ermittlungsbeamten vom Bonner Staatsschutz mit mir in den Clinch. Mit höhnisch funkelndem Auge hielt mir einer den Telefonhörer hin: »Ich bin verpflichtet, Sie auf Ihre Rechte hinzuweisen. Ich nehme an, Sie kennen einen Rechtsanwalt Ihrer Wahl! Wen darf ich Ihnen vermitteln?«

Ich kannte weder einen Anwalt, noch hatte ich jemals einen gebraucht. Nun aber wollte ich es wissen! Ich zeigte im Fernsprechbuch auf eine bestimmte Nummer und verlangte den Rechtsbeistand des SPD-Vorsitzenden. Der Vernehmer war so verblüfft über meinen Galgenhumor, daß er sich beim erstenmal verwählte. Doch was spielte das schon für eine Rolle? Wie nicht anders zu erwarten, lehnte der *Chefjurist* beim Rückruf, nachdem er sich wahrscheinlich mit dem Bundesgeschäftsführer konsultiert hatte, jeden Rechtsbeistand ab.

Hauptkommissar Federau fragte mich daraufhin, ob mir vielleicht statt dessen Dr. Rother als juristischer Vertreter genehm sei. Rother, Rother? Ich versuchte mich zu erinnern: Kam der nicht als Vorsitzender der konservativen Anwaltkammer aus der entgegengesetzten politischen Ecke? Aber immerhin – dieser Dr. Karl-Heinz Rother war einfluß- und erfolgreich, voller Ehrgeiz. War mit dem vielleicht doch was zu machen?

Wie sich bald herausstellte, war mit Rother in Wirklchkeit nichts zu machen, es sei denn, man wollte Dreck aufwühlen. Der *Fall Guillaume* versprach ein Sensationsprozeß allererster Klasse zu werden, wenn man ihn nur gehörig mit dem *Fall Brandt* verquickte. Rother witterte vermutlich Geld und Schlagzeilen. Als bekannt wurde, daß die Sicherheitsbeamten aus dem Troß des Bundeskanzlers zu plaudern begannen, konnte er sein Frohlocken kaum unterdrücken. Auch mich versuchte er auf diese Verhandlungslinie zu drängen. »Hören Sie!« sagte er, »Sie haben doch Brandt in der Hand! Damit läßt sich doch was anfangen. Lassen Sie mich nur machen!«

Selbstverständlich ließ ich ihn nicht *machen*. Als die Anklageschrift kam, hängte ich Dr. Rother endgültig ab, da ihm in keiner Beziehung zu trauen war. Der Verteidigerwechsel kurz vor Prozeßbeginn machte zwar auch in der Öffentlichkeit einigen Wirbel, aber danach konnte ich etwas beruhigter dem weiteren Gang der Dinge entgegensehen.

Der neue Mann, der mir dann in der Folge nicht nur rechtlich, sondern auch moralisch zu einer Stütze wurde, war der Rechtsanwalt Dr. Pötschke aus München. Als mir sein Besuch seitens der Gefängnisleitung angekündigt wurde, war ich auch ihm gegenüber noch voller Zurückhaltung und Zweifel. Im Auftrage eines Rechtsanwaltskollegen aus der DDR wies er sich durch eine Vollmacht meiner Mutter aus. Vertrauen zu ihm faßte ich, als er mir im Verlauf unserer ersten Unterredung auch Grüße von Onkel Karl aus Rostock bestellte, meinem einzigen Verwandten, zu dem ich in der Vergangenheit ein besonders enges Verhältnis gehabt hatte.

Es war der Tag, an dem sich abends in Bonn die Jusos sammelten, um dem gestürzten Kanzler ihre Sympathien mit einem Fackelzug darzubringen. In Sprechchören skandierten sie ihren Protest gegen den kalten Staatsstreich, dem Brandt zum Opfer gefallen war. Schnell sprang die Stimmung aus der Stadt auf das Gefängnis über, dem sich einer der Demonstrationszüge näherte. Im Fenstergitter meiner Zelle spielte das Fackellicht. Mehrmals rissen die Wächter die Tür auf, um nach mir zu sehen. Sie waren in höchster Aufregung. Durch das Gefängnis lief die hysterische Parole: »Die Jusos wollen sich den Guillaume holen und ihn lynchen!« Man verlegte mich in die Sicherheitszelle neben der Aufsichtsdienstleitung. Die ganze Nacht über brannte das Licht. In kurzen Abständen gab es Kontrollen durch das Guckloch.

Dr. Pötschke erlebte den Fackelzug in einem Bonner Restaurant, wohin er Pierre, der selbst engagierter Juso war, zum Abendessen eingeladen hatte. Im April dieses dramatischen Jahres war Pierre siebzehn Jahre alt geworden, voller Selbstbewußtsein in eine junge Männlichkeit hineinwachsend. War es deshalb dumm von mir, in ihm immer noch den *Jungen* zu sehen? Meine eigene Lage war alles andere als beneidenswert. Die größte Sorge aber galt Pierre. Wie würde er den Schlag, der die Familie auseinandergesprengt hatte, verkraften? In Presse, Rundfunk, Fernsehen wurden seine Eltern als verschlagene Monster dargestellt. Würde er sich das eigene Bild, das er von ihnen hatte, unter dem schweren psychologischen Druck, dem er ausgesetzt war, bewahren können? War es denn so abwegig, wenn auch er in uns Verräter sehen würde, solche, die sogar das eigene Kind dem Verrat preisgegeben hatten?

Von klein auf hatten wir versucht, Pierre an der langen Leine zu erziehen. Was blieb uns auch anderes übrig? Von unserer Kundschaftertätigkeit mußten wir ihn mit aller Konsequenz fernhalten, was im Familienalltag manchmal nicht leicht war. Auch wie es in unserem Kopf und in unserem Herzen wirklich aussah, durften wir ihn nicht wissen lassen. Wie für jeden, der uns kannte, waren wir auch in den Augen des eigenen Sohnes eifrige rechte sozialdemokratische Parteiarbeiter.

Der Morgen des 24. April 1974, als Pierre schlaftrunken von seinem

Zimmer aus die Verhaftung der Eltern miterlebte, muß für ihn ein Schlag gewesen sein, wie ich ihn mir schlimmer nicht vorstellen kann. Wir konnten nur wenige Worte wechseln: »Bleib ruhig! Es wird alles gut werden.« – »Hab Vertrauen!« – »Hier sind ein paar hundert Mark für die nächsten Tage!« – »Laß dir nichts einreden, was du nicht selber weißt!« – »Kopf hoch, du hörst von uns!«
Dabei mußte er sich vor allem in den ersten Tagen mehr über uns anhören, als eigentlich zu verkraften war. Die Medien quollen über von verruchten Darstellungen der Eltern. Die Hetze war unbeschreiblich. Pierre selbst mußte Verhöre über sich ergehen lassen. Einige der Ermittler machten sich in Biedermanns Maske an ihn heran. Der in meinem Fall protokollführende Vernehmer, der Kriminalhauptkommissar Schernich, der uns als ehemaliger Leibwächter Georg Lebers bekannt war, verbrachte mit Pierre einige Abende in unserer Wohnung beim Bier vor dem Fernseher und spielte den guten Onkel, um dem Jungen ein paar Würmer aus der Nase zu ziehen. Auch die Boulevardpresse machte Pierre attraktive Angebote. In einer Illustrierten erschien ein Artikel »Mein Vater – der Spion«. In diesem Stil sollte es weitergehen. Aber es kam nichts mehr. Und wenn man den genannten Artikel liest, erweist er sich als ein inhaltsloses, spekulatives Feuilleton. Pierre hatte nichts gesagt, was von Belang war.
Der Junge bereitete sich damals an einer Godesberger Oberschule auf das Abitur vor. Was sollte aus ihm weiter werden? Seine Schulfreunde verhielten sich alles in allem fair, und doch schuf das Mitgefühl, das man ihm ohne eigentliches Verständnis für den Kern des Vorgangs entgegenbrachte, eine neue Kluft. Wie sollte er mit dieser Zerrissenheit weiterleben: Die Eltern als Kommunisten entlarvt, die sich an der *freiheitlichen demokratischen Grundordnung* vergangen hatten?
Was mich bis zur Schlaflosigkeit in der Untersuchungshaft bewegte, war der Gedanke: Wie soll der Junge mit diesem Konflikt fertig werden? Hatte er es nicht in gewisser Weise schwerer als ich? Auf der Suche nach dem Sinn des Lebens war ich zu einem Ziel gekommen und konnte nun dafür geradestehen. Doch Pierre? Welchen Sinn konnte er den Vorgängen abgewinnen? War für ihn nicht eine Welt zusammengebrochen, eine Welt, die ihm alles in allem heil erschien?
Die wichtigste Auffangstellung war Oma Boom. Sie hatte ihre Verhöre schweigend durchgestanden und mußte auf freien Fuß gesetzt

werden. Natürlich konnte sie Vater und Mutter nicht ersetzen, doch regelte sie unter großen Schwierigkeiten das praktische Leben, was erst einmal das Wichtigste war.
Als sich Erna Boom zur Rücksiedelung in die angestammte Heimat entschloß, stand Pierres Entschluß ebenfalls fest, und er fuhr, wenn auch vielleicht zerrissenen Herzens, der Oma voraus. Eine erste Jugendliebe blieb in Godesberg zurück. Mit dem Umzug in die DDR entfernte er sich zwar geographisch von uns, den Eltern, in unseren Herzen aber behielt er seinen Platz.

Eindämmung oder Ausweitung des Schadens?

In den ersten Tagen nach unserer Verhaftung lebte ich noch mit der Hoffnung, daß ein nach den Grundsätzen politischer Vernunft diskret geregelter Austausch möglich wäre. Ich kannte den prinzipiellen Antikommunismus jener prominenten *Parteifreunde* in der SPD, mit denen wir Kommunisten trotzdem die Kooperation in der alles andere überschattenden Frage anstrebten: Entspannung oder Verhärtung, Vernunft oder Wahnwitz, Krieg oder Frieden. Christel und ich gehörten zu denjenigen, die mitgeholfen hatten, schon früh eine Koalition der Vernunft zustande zu bringen, und jeder politische Kopf in Bonn, der uns kannte, wußte das spätestens im Moment unserer Enttarnung. Sicher, der Antikommunismus ist der Inbegriff politischer Unvernunft; aber waren wir nicht berechtigt, bei aller Verblendung auf einen Rest von Einsicht zu hoffen? Es ging dabei ja nicht einmal so sehr um uns – konkret: um Christel und mich –, sondern um das ganze Geflecht politischer Beziehungen, die mühsam errichtete Konstruktion der Entspannung, die mit einem Hochspielen des *Falles Guillaume* destabilisiert werden konnte. Lag nicht in dieser politischen Kernfrage der Anspruch, als politischer Gegner respektiert zu werden?
Die Hoffnung auf schnellen Austausch platzte mit dem Rücktritt Willy Brandts wie eine Seifenblase. Von dem Augenblick an wurde das, was man anfangs noch als Affäre eines *kleinen Referenten* herunterzuspielen suchte, zur *großen Politik.* Guillaume stürzte Brandt? Umgekehrt wird ein politischer Schuh daraus. Der Sturz Willy Brandts war es, der die Guillaumes mit sich riß. Um den politischen Skandal halbwegs unter Kontrolle zu bekommen, wurde der

Prozeß unausweichlich, und mit dem Urteil in diesem Prozeß schwand die Chance auf einen frühen Austausch.
Ich gestehe zu, daß es für Willy Brandt und auch für seinen Nachfolger im Kanzleramt Helmut Schmidt nicht leicht war, den Schock unserer Enttarnung wegzustecken. *Große Politik* ist in einem Staatswesen wie dem Bonner immer Parteienkampf. Die SPD geriet in ein schweres politisches Trommelfeuer des konservativen Lagers, und die Rohre der Demagogie und der Lüge entluden sich auch auf all das, was an vernünftigen Ansätzen von der Politik der SPD getragen wurde. Dem standzuhalten war bestimmt nicht einfach. Aber man wehrte sich schlecht, stellte ein schlechtes Gewissen zur Schau, geriet sogar zeitweise in Panik. Statt dem rigorosen Antikommunismus entschieden entgegenzutreten, ließen sich führende Sozialdemokraten davon anstecken und boten damit nur neue Zielscheiben für heftige Attacken.
Christel und ich konnten dem in den Verhören unseren politischen Verstand und – von einem bestimmten Moment an – die Würde unseres Schweigens entgegenstellen. Das gebot ganz einfach unsere Ehrauffassung als deutsche Tschekisten, das gebot auch schlicht der politische und menschliche Anstand, den wir unseren ehemaligen Partnern in der SPD schuldig waren.
Die Vernehmungen fanden nicht in der Untersuchungshaftanstalt und auch nicht in einem offiziellen Polizeigebäude statt, sondern in einer getarnten Dienststelle des Bundeskriminalamts in Bad Godesberg. Jeden Morgen wurden wir unter übertriebenen Sicherheitsvorkehrungen, eskortiert von Begleitfahrzeugen aus der Haftanstalt Köln-Ossendorf nach dort gekarrt. Mein Vernehmungsführer war der Kriminalhauptkommissar Nikolaus Federau, als mitvernehmender Beamter und Protokollführer agierte der Kriminaloberkommissar Horst Schernich, wie schon geschildert ein alter Bekannter aus meiner Zeit an Georg Lebers Seite. Bei Christels Vernehmungen bildeten der Kriminalhauptkommissar Siegfried Pfropfreis und der Kriminalkommissar Fritz Burmeister das entsprechende Gespann.
Federau erwies sich als mißmutiger und galliger Mensch. Dennoch deutete ich in den ersten Tagen bei Beantwortung seiner Fragen eine gewisse Bereitwilligkeit des Antwortens an. Etwa bei der wiederholten Schilderung meines Lebenslaufs und bei der Darstellung meiner Funktionen in Partei und Politik in der BRD gab es nichts, was an Geheimnisse rühren konnte. Vor allem im Sinne einer politischen

Schadenbegrenzung nach unserer Enttarnung und Verhaftung war meine Taktik bei den Verhören darauf eingerichtet, zu testen, ob die Gegenseite bereit war, mein Entgegenkommen zur Wahrung der Form mit ähnlichem Kooperationswillen zu honorieren.
Die Hoffnung zerstob sehr schnell. Die Vernehmer handelten im Auftrage von Kräften, denen nicht an einer Eindämmung des Schadens, sondern an seiner Ausweitung gelegen war. Dafür waren zwei Vorfälle charakteristisch.

Eines Tages wurde ich völlig überraschend in einen Raum geführt, wo meine gesamte in der Wohnung beschlagnahmte Fotoausrüstung wie zu einer Theaterinszenierung aufgebaut war, komplett mit allen Foto- und Filmkameras, Objektiven und Belichtungsmessern, Filmmaterial und Laborgerätschaften. Federau sah mich erwartungsvoll an in der Hoffnung, daß ich erschlagen von dem Anblick mit einem Geständnis über meine vermeintliche Arbeitstechnik herausrücken würde. Ich fand das Ganze eher lächerlich in seiner Theatralik.
Alle Utensilien wurden dann später – ähnlich wie die Radiogeräte – als Beweismittel in den Prozeß eingeführt, aber auch ihre Beweiskraft blieb schwach. Die Fotografiererei war ja zugleich mein Beruf und mein Hobby!
Heiß wurde es eigentlich nur bei der ebenfalls beschlagnahmten »Beaulieu«, jener leistungsstarken Super-8-Schmalfilmkamera, mit der ich so viele schöne Urlaubsfilme gedreht hatte. Dazu gehörten nämlich zwei Kassetten mit extrahartem, hoch lichtempfindlichem Filmmaterial. Die ersten und letzten Meter dieser Filmrollen waren normal, also handelsüblich beschichtet. Die Herren Ermittler schlußfolgerten messerscharf, daß es sich hierbei wohl um getarntes Fimmaterial zum Zwecke der Dokumentenfotografie handeln würde – ein Schluß, von dem ich mir sagen mußte, daß ich an ihrer Stelle auch darauf gekommen wäre.
Ein tatsächlicher Beweis für nachrichtendienstliche Tätigkeit, geschweige denn für schweren Landesverrat, war das aber keineswegs. Niemand konnte mir nachweisen, daß ich tatsächlich geheime Staatsdokumente abgelichtet und dann auch weitergegeben hatte. Man hatte höchstens ein Indiz für eine darauf gerichtete Absicht.
Dennoch waren die Kassetten natürlich *heißes Material,* mit dem mich Arno erst am 7. April wieder ausgerüstet hatte. Sie sollten bei unserem nächsten Treffen *hochkarätig veredelt* sein.

Als nun an jenem Tag der Konfrontation mit allen Foto-Kino-Gerätschaften die Vernehmer auf eine Antwort drängten, sagte ich: »Wie schön – jeder sucht sein Erfolgserlebnis!«

Sie sind hinter dem Kanzler her

Der zweite Vorfall war in seinen Ursachen und Auswirkungen noch viel gravierender. Meine Vernehmer veränderten plötzlich die Stoßrichtung ihrer Fragen. Sie versuchten überraschenderweise, nicht mehr mein Vorleben auszuforschen, sondern das meines ehemaligen Dienstherren Willy Brandt. Es ist beschämend für die Staatsschutzorgane eines zivilisierten Landes wie der BRD, aber es entspricht in vollem Umfange den Tatsachen: In vielen Punkten bereits vorinformiert, versuchten die Herren Federau und Schernich mich, den *Ostagenten (!)*, über das Privatleben und die Intimsphäre ihres Bundeskanzlers auszuhorchen.
Selbstverständlich zeigte ich ihnen die kalte Schulter. Aber mit entsprechenden Methoden hatte man sich schon erfolgreich den eigenen Leuten zugewandt. Später erfuhr ich, wie alles gelaufen war:
Auf Anweisung des Präsidenten des Bundeskriminalamts Herold und mit Rückendeckung des dienstaufsichtführenden Innenministers Genscher wurden die Willy Brandt begleitenden Beamten von der Sicherungsgruppe Bonn ganz offiziell vernommen. In einen argen Konflikt geriet dabei Ulrich Bauhaus, der als *Gorilla* seit Jahren Brandts ständiger Begleiter gewesen war. Nachdem er in den Vernehmungen seine *»Schnepfen«*-Geschichten zum besten gegeben hatte, weinte er sich hinterher aus, daß er zur Preisgabe der Indiskretionen regelrecht gezwungen worden sei unter Androhung sogar von Beugehaft.
Als Brandt von den hinterhältigen Manövern erfuhr, ahnte er, was auf ihn zukommen würde, und es wurde zur Gewißheit, als seine eigenen Ämter die *Affären* offiziell machten. Genscher hatte das BKA angewiesen, über die Ermittlungsergebnisse – nicht etwa im *Fall Guillaume,* sondern im *Fall Brandt* – einen Bericht zu fertigen, und beeilte sich nun, das kompromittierende Papier dem Kanzler hinterher zu schicken und damit an die große Glocke zu hängen.
Willy Brandt weilte am 1. Mai 1974 in Hamburg, wo er auf der DGB-Kundgebung sprechen wollte. Genschers Post erreichte ihn beim

Frühstück im Hotel »Atlantic«. Ihm muß der Kaffee hochgekommen sein. Sein Unmut artikulierte sich in der Anklage, daß man ohne hinreichenden Grund und intensiver als geboten in seiner Intimsphäre herumstochere. Die Sicherheitsbeamten hätten sich mehr um sein Privatleben gekümmert als darum, den Spion zu fangen und zu überführen. In seinen Tagebuchnotizen schrieb er unter dem 6. Mai, daß *»deutlich geworden war, daß manche nicht davor zurückschrecken, mein Privatleben mit der Affäre G. zu verknüpfen. Ich hatte und habe nichts zu verbergen; aber auch ich habe ein Recht auf den Schutz der persönlichen Sphäre.«*

Den äußeren Anstoß zu der Kabale hat übrigens der »Spiegel« in seiner Nummer vom 5.12.1977 anhand der Nollau-Memoiren nachträglich recherchiert:

»Am 3. Mai sitzt Nollau in seinem Kölner Büro, als ihn ein Anruf des Präsidenten des Bundeskriminalamtes, Herold, erreicht, der ihn ›in einer Angelegenheit von höchster Wichtigkeit‹ sprechen will.

Es dauert nicht lange, und Herold erscheint bei Nollau, voll mit Neuigkeiten. Herold fragt, ob der Kollege ›schon etwas von den peinlichen Details‹ wisse, die ans Tageslicht gekommen seien. Die Bundesanwaltschaft habe Kriminalbeamte vernommen, die zu Brandts Begleitkommando gehörten ...

Als Herold nun auspackt, erinnert sich Nollau an ein Gespräch, das er ein Jahr zuvor, 1973, geführt hatte: Vor etwa einem Jahr hatte mich Dr. Fritsch, der damalige Leiter der Sicherungsgruppe, zu deren Aufgabe der persönliche Schutz von Politikern gehörte, gefragt: ›Herr Nollau, geht uns das Privatleben unserer Schützlinge etwas an?‹ Ich ahnte nicht, auf wen sich die Frage Dr. Fritschs bezog, und antwortete mit ›Nein‹.

Seltsam: Fritsch, heute Polizeipräsident in Bonn, schließt aus, daß er diese Frage je an Nollau gerichtet habe. Zudem: Die Quelle Bauhaus begann erst im Jahre 1974 zu sprudeln.

Für Nollau jedenfalls paßt der Gedankenblitz genau ins Bild, das Herold jetzt mit ›Namen und Details‹ ausschmückt. Als der Gast seinen Vortrag beendet hat, beratschlagen die beiden Beamten erst mal, was sie mit ihrem Wissen anfangen sollen. Zunächst verständigen sich die Herren, daß sie für Brandts Erlebnisse nur insoweit zuständig sind, als sie mit dem Spionagefall Guillaume zusammenhängen. ›In diesem Zusammenhang war es allerdings höchst brisant‹, notiert Nollau. Dann spricht der Beamte gegenüber Herold das Urteil über

Bundeskanzler Willy Brandt: ›Wenn Guillaume diese pikanten Details in der Hauptverhandlung auftischt, sind Bundesregierung und Bundesrepublik blamiert bis auf die Knochen. Sagt er aber nichts, dann hat die Regierung der DDR, der Guillaume natürlich auch das berichtet hat, ein Mittel, jedes Kabinett Brandt und die SPD zu demütigen.‹
Nollau fragt, ob Herold den gemeinsamen Chef, Innenminister Genscher, unterrichtet habe. Herold bejaht, kann jedoch nicht sagen, ob Genscher schon etwas unternommen hat.
Der Verfassungsschützer kennt jemand, von dem er, angesichts der delikaten Faktenlage, sicher ist, daß er etwas unternimmt: ›Darauf entschließe ich mich, sofort Herbert Wehner zu unterrichten.‹
Herold, der um die besonderen Beziehungen seines Gegenübers zu ›Brandt-Feind‹ Wehner wußte, ist einverstanden: ›Das hatte ich von Ihnen erwartet.‹«
Man ist einiges gewöhnt und abgehärtet. Was an dieser Unterredung des obersten Verfassungsschützers mit dem obersten Kriminalpolizeichef der Republik dennoch verblüfft, ist die mit heuchlerischer Verklemmtheit einhergehende Unverfrorenheit, mit der man sich offen dazu bekennt, den Lauf zum Abschuß des Bundeskanzlers geputzt zu haben.
Ich will nur zu der Unterstellung Nollaus etwas sagen, daß der Bundeskanzler der BRD das Opfer der Erpressung der DDR-Regierung hätte werden können. Verwundert frage ich mich heute noch, wie sollte das funktionieren? Etwa so, daß bei einem deutsch-deutschen Treffen der DDR-Gesprächspartner die Verhandlungen mit dem drohenden Satz eröffnet: »Herr Bundeskanzler, ich muß mich doch sehr wundern! Was sind das für Geschichten, von denen ich da hören muß!« Wem traut man soviel Geschmacklosigkeit und Dummheit zu?
Im übrigen hat Willy Brandt nie ein Hehl daraus gemacht, daß er auch den Freuden des Daseins zugetan war, und wenn er auf seine Virilität hin angesprochen wurde, fühlte er sich geschmeichelt. Er war damals um die sechzig, im besten Alter, die Scheidung von seiner Frau Rut wohl schon so gut wie beschlossen. Wenn er jetzt eine junge Journalistin zum Interview empfing, dann sah man ihm an, wie wohl er sich in der Gesellschaft einer anziehenden, klugen Frau fühlte. Welchem gesunden Mann wäre es anders ergangen?
Die wirklichen Erpresser waren ganz woanders zu suchen, in jenen

beckmesserischen Kreisen, die die *Amouren* als Hebel benutzten, um den Regierungschef endgültig auszuzählen. In der Isolation der Untersuchungshaft kannte ich die Fäden, mit der diese Intrige eingefädelt worden war, selbstverständlich nicht. Als mir aber die Vernehmer beim Verhör mit ihren *»Schnepfen«*-Weisheiten kamen, wußte ich: Bis hierhin – und nicht weiter!

Es muß um den 10. Mai herum gewesen sein, kurz nach dem Rücktritt Willy Brandts vom Kanzleramt, als ich folgende Erklärung zu Protokoll nehmen ließ:

»Der Selbstvorwurf Willy Brandts bezüglich seiner Arbeit mit mir während des gemeinsamen Aufenthaltes im Juli 1973 in Norwegen und seine Furcht vor privaten Indiskretionen durch mich wären unbegründet gewesen, wenn er den Inhalt meiner Vernehmungsprotokolle vom 24.4. bis einschließlich 5.5.1974 gekannt hätte.

Meine Vermutung, daß es das Ziel von Personen oder politischen Gruppen in der BRD war, mit Hilfe meiner Inhaftierung Bundeskanzler Brandt zu stürzen, sehe ich nicht zuletzt dadurch bestätigt. Aus diesem Grund habe ich gegenüber der Ermittlungsbehörde vorerst nichts mehr zu sagen.«

20. Die Haft

»Düsseldorf (ADN). Vor dem Düsseldorfer Oberlandesgericht ist der ehemalige Referent im Kanzleramt der BRD, Günter Guillaume, am Montag zu 13 Jahren Freiheitsentzug verurteilt worden. Gegen seine Ehefrau Christel verhängte das Gericht eine achtjährige Freiheitsstrafe.
Wie die BRD-Nachrichtenagentur DPA mitteilte, war der Gerichtssaal nach der Verkündigung des Strafmaßes zur Begründung des Urteils wieder hermetisch abgeriegelt worden.«

(»Neues Deutschland«, 16.12.1975)

In der Waage zwischen Anpassung und Distanz

Die Entscheidung war gefallen. Mit dem Urteil begann ein neuer Akt des Schauspiels.
Die Kommentare der seriösen BRD-Presse zum Urteil blieben zurückhaltend bis skeptisch. »Die Zeit« stellte ihre Betrachtung unter die Schlagzeile *»Auf schwachen Füßen«* und sprach von einem *»Urteil, dessen Beweisführung gerade in den entscheidenden Punkten einem Ritt über den Bodensee gleicht«*.
Insofern standen unsere Chancen für eine Revisionsverhandlung nicht schlecht. Dennoch verzichteten wir aus verschiedenen Gründen, juristischen wie politischen, von der Möglichkeit der Berufung Gebrauch zu machen.
Am Tage des Urteils hatten Christel und ich 599 Tage Untersuchungshaft hinter uns gebracht. Anfang Juni 1976 wurden die Urteile gegen uns rechtskräftig. Wir mußten uns auf den schwierigeren Teil der Haft, auf die Zeit der Strafverbüßung, einstellen.
Am 12. Oktober 1976 meldete die »Frankfurter Rundschau«: *»Günter Guillaume, Kanzleramtsspion, wurde am Wochenende in der Grünen Minna von der Kölner Vollzugsanstalt Ossendorf (›Neuer Klingelpütz‹) ins ehemalige, als ausbruchsfest geltende Zuchthaus Rheinbach bei Bonn gebracht. Gern schied der zu 13 Jahren Haft verurteilte Superspion nicht vom ›Klingelpütz‹, wo er sich unter Aufsicht gelegentlich immer mal ein Viertelstündchen mit seiner im Frauenhafthaus zurückgebliebenen Ehefrau Christel unterhalten durfte.«*

Allein die Diktion dieser Nachricht zeugt davon, daß man nunmehr entschlossen war, uns als Schwerverbrecher anzusehen und auch dementsprechend zu behandeln.
Dreizehn Jahre ... Acht Jahre ...
Gleich nach dem Urteil hatte der Sprecher der neuen Regierung unter Bundeskanzler Schmidt, Staatssekretär Klaus Bölling, erklärt, daß nicht die Absicht bestehe, die Guillaumes auszutauschen. Die Frage, ob das unter allen Umständen gelte, bezeichnete er als *hypothetisch*. Die Agentenhysterie war immer noch nicht abgeklungen. Auch die neue SPD/FDP-Koalitionsregierung stand unter dem schweren Druck des konservativen Lagers. Willy Brandt hatte seinem Amt entsagt. Der Präsident des Bundesverfassungsschutzamtes, Günter Nollau, war vorzeitig in den Ruhestand getreten. Gegen den ehemaligen Kanzleramtsminister Horst Ehmke hatte die neonazistisch eingefärbte »Deutschland-Stiftung« Strafanzeige erstattet und die Bonner Staatsanwaltschaft daraufhin mit Ermittlungen gegen ihn wegen Verdachts der uneidlichen Falschaussage im *Fall Guillaume* begonnen. Das alles kennzeichnete eine Atmosphäre, die eine vernünftige, von seiten der DDR angestrebte Regelung, mit der der politische Schaden in Grenzen gehalten werden sollte, ungemein erschwerte. Im kleinen Kreis soll sich Bundeskanzler Schmidt auf die Formel berufen haben: »Ich kann doch nicht dem Austausch des Mannes zustimmen, der mich zum Kanzler gemacht hat.«
Dreizehn Jahre ... Acht Jahre ...
Damals wußte ich nicht, wie Christel unter dem ersten Schock mit dem Gedanken innerlich fertig werden würde. Für mich war er nur schwer faßbar. Ich stand vor meinem 50. Geburtstag. Die besten Jahre des Lebens, die Jahre der Reife und Erfüllung – ich sollte sie, isoliert von der schönen, spannungsgeladenen Welt, hinter Gefängnisgittern verbringen? Es kostete alle Kraft, sich damit abzufinden. Der Sturz war heftig. Was mich letztlich aufrichtete und aufrecht erhielt, war der Gedanke, für die richtige Sache das Richtige getan zu haben. Ich dachte an die illegalen Kämpfer, die in den faschistischen Zuchthäusern und Konzentrationslagern unter ständiger Todesdrohung Schwereres hatten durchstehen müssen, und ich dachte an die Freiheitskämpfer in aller Welt, die den Verfolgungen zum Trotz gegen Hunger, Unterdrückung und Krieg ankämpften. Ihrer wollte ich mich würdig erweisen. Auch Paul Laufer, der väterliche Freund und Lehrer, der mit selbstverständlichem Mut sein schwieriges

Schicksal gemeistert hatte, begleitete mich in meinen Gedanken. Über diesen Prozeß der moralischen Selbstbehauptung hat Christel die richtigen Worte gefunden. Da sie treffend sind für das, was auch mich bewegt, will ich sie hier wiedergeben:

»Nach der Verhaftung wurde von Günter und mir in den Massenmedien der Bundesrepublik ein derart monströses Charakterbild entwickelt, daß es für uns selbstverständliche Pflicht war, durch unser persönliches Auftreten, eine aufrechte Haltung, Standhaftigkeit und Disziplin während des Prozesses vor aller Öffentlichkeit dieses Bild zu widerlegen. Wir standen nicht als irgendwelche Kriminelle vor dem Oberlandesgericht von Düsseldorf, sondern als Kundschafter des Friedens, als Kämpfer gegen die Aggressionspläne des Klassenfeindes. Wir waren ohne Schuld, denn dieser, unser Kampf war uns durch die politische Entwicklung in der BRD aufgezwungen worden und dadurch legitim.«

Und dann zur Haft: *»Es war sehr schwer, sich in eine Umgebung und in Lebensumstände einzuordnen, die uns bis zu dieser Stunde völlig fremd und auch unverständlich waren. Es hat sehr viel physische und auch psychische Kraft gekostet. Es galt, auf eine in der Länge nicht absehbare Zeit sich darauf einzustellen, ständig die Waage zu halten zwischen notwendiger Anpassung an die gegebenen Umstände, einfach um zu überleben, und einer konsequenten Distanz, die es den feindlichen Verfassungs- und Justizorganen verwehrte, zu nahe an uns heranzutreten. Hierzu war die Ausschöpfung aller physischen und psychischen Kraftreserven erforderlich. Und ich kann nach meinen Erfahrungen sagen, daß diese Reserven, diese Kraftreserven, größer sind, als man vor dem Eintreten einer solchen Ausnahmesituation überhaupt für möglich hält.«*

Soweit Christel. Mir fällt es heute noch schwer, den Zwangsaufenthalt in Rheinbach zu reflektieren. Viele Monate danach konnte ich nachts nur Ruhe finden, wenn ich Medikamente einnahm oder mir einen Schlaftrunk bereitete. Ein Aufenthalt allein in geschlossenen Räumen wird mir wohl ewig unerträglich bleiben.

Rangelei um einen Fernseher

In der Rückschau will ich nicht bitter werden. Deshalb soll zunächst über mich und die Zeit meiner Haft jemand anders berichten. Es ist die Geschichte meines Kampfes um einen Fernsehapparat, eine groteske Geschichte mit sehr ernsthaften Zügen. Damit setze ich gleichzeitig einer bemerkenswerten Frau ein gebührendes Denkmal. Ich meine die Vorsitzende der kleinen Strafvollstreckungskammer des Landgerichts Bonn, Frau Richterin Krüger. Ich kenne nicht ihr Schicksal, weiß nicht einmal ihren Vornamen. Soviel ich gehört habe, war sie oder ihre Familie in der Nazizeit Verfolgungen ausgesetzt. Vielleicht waren es diese Erfahrungen, die sie ermutigten, im Widerspruch zum großen allgewaltigen Apparat der BRD-Justiz in mir keinen kriminellen Täter, sondern einen politisch Handelnden zu sehen.

Mehr als fünf Jahre der Haftzeit waren vergangen, fünf Jahre des Balancierens zwischen Anpassung und Distanzierung, als es zu einem neuen Prozeß kam. Ich prozessierte um einen Fernsehapparat, dessen Anschaffung mir von der Anstaltsleitung in Rheinbach und von den Vollzugsbehörden des Landes Nordrhein-Westfalen verweigert wurde. Im Ergebnis dieses Prozesses kam es in erster Instanz zu einem in meinen Augen denkwürdigen Beschluß.

Das Schriftstück umfaßt 42 Seiten. Manchmal fällt es schwer, dem Juristendeutsch zu folgen. Einige der dort getroffenen Einschätzungen und der verwendeten Termini lehne ich ab. Und dennoch sagt dieser Gerichtsbeschluß durch die Objektivierung der Darstellung vielleicht mehr über meine Haftzeit aus, als ich selbst in subjektiver Färbung zu erzählen vermag.

Hinter meinem Antrag stand das Bedürfnis, auf eigenem TV-Gerät ein Programm selbst wählen zu dürfen. In der Haftanstalt Rheinbach war es zwar möglich, in einem 10-Tage-Rhythmus in einem überfüllten und total verqualmten Gemeinschaftsraum von 18.30 Uhr bis 21.30 Uhr ein Fernsehprogramm anzuschauen, aber zu meinem Leidwesen richtete es sich nach den Wünschen der Mitgefangenen, die oft brutal ihren Willen in Mehrheitsentscheidungen verwandelten. Zumeist flimmerten Krimiserien oder Westernfilme über den Bildschirm. Ich beantragte beim Anstaltsleiter die Genehmigung zur Benutzung eines eigenen Fernsehers in meiner Zelle und begründete es mit meinem Bedürfnis nach tagesaktueller Information und nach Auseinandersetzung mit gesellschaftspolitischer Problematik. Wie nicht anders zu erwarten, lehnte der Direktor, das Elitäre meines Ansinnens besonders geißelnd, den Antrag rundweg ab. Auf meinen Widerspruch hin gab es nun ein monatelanges Gerangel im bürokratischen Gestrüpp der nordrhein-westfälischen Justizver-

waltung, bis es zur Entscheidungsfindung vor der dafür zuständigen kleinen Strafvollstreckungskammer des Landgerichts Bonn kam. Über den Ausgang des Verfahrens machte ich mir eigentlich keine Illusionen. Aber da die Sache nun einmal angefangen war, wollte ich sie auch mit allen Rechtsmitteln zu Ende bringen. Ein wenig Eulenspiegelei war mit im Spiel. In Berlin haben wir dafür eine treffende Redewendung: Mal sehen, wie weit die Gemeinheit geht!
Um so überraschender war dann der Ausgang des Verfahrens. Der Beschluß, den die kleine Strafvollstreckungskammer des Landgerichts Bonn am 21.4.1980 faßte, hatte folgenden Tenor: *»Der ablehnende Bescheid des Leiters der Justizvollzugsanstalt Rheinbach vom 4.10.1979 und der Widerspruchsbescheid des Präsidenten des Justizvollzugsamtes Köln vom 5.2.1980 werden aufgehoben. Der Leiter der Justizvollzugsanstalt Rheinbach wird verpflichtet, dem Antragsteller die Genehmigung zum Betrieb eines eigenen Fernsehgeräts zu erteilen ...«*

Noch bemerkenswerter waren die für den Gerichtsbeschluß herangezogenen Gründe. Ich zitiere daraus:
»Nach Auffassung des Gerichts ist bei dem Antragsteller schon deshalb ein begründeter Ausnahmefall im Sinne des § 69 Abs. 2 StVollzG anzunehmen, weil er seine Strafe in der Justizvollzugsanstalt Rheinbach verbüßen muß. Es handelt sich um eine sogenannte C-Anstalt, die der Unterbringung von Straftätern der äußersten Negativauslese aus dem Bereich der allgemeinen Kriminalität dient ... Wesentliches Kriterium dafür, daß ein Strafgefangener von der Auswahlanstalt für den Vollzug in Rheinbach bestimmt wird, ist der Umstand, daß ihm nach Prüfung aller erreichbaren Erkenntnisse nur ein besonders geringes Maß an Besserungschancen eingeräumt werden kann ... Bei den zu lebenslangen Freiheitsstrafen verurteilten Insassen der Justizvollzugsanstalt Rheinbach handelt es sich ausschließlich um Mörder. Soweit bei ihnen und auch bei Totschlägern in Einzelfällen nach einer etwaigen Entlassung keine gleichartigen Straftaten zu befürchten wären, weil nicht mit einer Wiederholung der zur Tatzeit gegebenen Lage zu rechnen ist, rechtfertigt sich die Unterbringung in Rheinbach vor allem durch die besondere Schwere der moralischen Schuld ...
Bei dem Antragsteller fehlt es an jedem Ansatzpunkt für die Anwendbarkeit des Resozialisierungsgedankens. Er hat sich als Agent

im Dienste seines Heimatlandes betätigt und keine über diesen Rahmen hinausgehende Straftat allgemeiner Art mit gesondertem moralischem Schuldgehalt begangen. Die auf Informationsbeschaffung ausgerichtete Agententätigkeit an sich ist nach der allgemein üblichen und auch zu respektierenden Auffassung selbst in schweren Fällen nicht mit einem moralischen Makel behaftet, wenn sie im Dienste des eigenen Staates ausgeübt wird. Jeder Staat beschäftigt Agenten ... und erkennt erfolgreiche Leistungen an. Zwar stellt auch jeder Staat eine entsprechende Betätigung von Agenten anderer Staaten in seinem eigenen Bereich unter schwere Strafen. Das kann aber nur aus dem Schutzbedürfnis heraus verstanden werden, der Schuldbegriff ist insofern ein rein gesetzlich festgelegter ohne moralischen Gehalt ... Aus dem Umstand, daß der Antragsteller nach unserem politischen Verständnis als Bürger der DDR von vornherein die gleiche Staatsangehörigkeit besaß wie wir und diese nicht erst zur Ausübung seiner Agententätigkeit anzunehmen oder vorzutäuschen brauchte, läßt sich in diesem Zusammenhang nichts Abweichendes herleiten. Insoweit handelt es sich um eine politische Frage, die auf den moralischen Gehalt der Tat keinen Einfluß hat. Wir können dem Antragsteller genausowenig wie einem Ausländer das Recht absprechen, sich als Bürger seines eigenen Staates zu fühlen, sich mit ihm zu identifizieren und ihm zu dienen. Zwar ist in der Öffentlichkeit mitunter die Meinung zu hören, seine Tat sei trotzdem moralisch verwerflich, weil sie im Gegensatz zu sonstiger Agententätigkeit die allgemein respektierten Grenzen des internationalen Anstands überschritten habe. Bei dem Regierungschef eines anderen Staates schleiche sich nach ungeschriebenen Regeln kein Agent als persönlicher Referent ein. Diese Meinung kann von einem Gericht aber nicht vertreten werden, ohne die Bundesrepublik Deutschland in den Ruf der Heuchelei zu bringen. In Wirklichkeit geht es dabei nicht um echte Empörung über ein als moralisch verwerflich empfundenes Verhalten, sondern um Verärgerung über den außerordentlichen Erfolg der Gegenseite und die eigene Blamage. Man versorgt den Regierungschef eines anderen Staates im allgemeinen nicht mit persönlichen Referenten, weil man dazu keine Gelegenheit hat. Wenn es allein um die Regeln des aus moralischen Gründen zu beachtenden Anstandes ginge, würde jeder Staat dem anderen mit einem ziemlich hohen Grad an Wahrscheinlichkeit sogar den Regierungschef stellen ...
Der Sühnegedanke wird nur noch im Rahmen der inneren Schuld-

verarbeitung anerkannt. Sühne im Sinne von Rache ist unserem Rechtsdenken fremd. Eine lediglich aus Gründen des Staatsschutzes festgelegte formale Schuld ohne moralischen Gehalt läßt sich aber naturgemäß nicht innerlich verarbeiten. Der Antragsteller kann bei vernünftiger Auffassung kein Schuldgefühl haben ...
Nach alledem läßt sich für diesen Gefangenen selbst bei weitester Auslegung des § 2 StVollzG kein von unserer Rechtsordnung anerkanntes Vollzugsziel finden. Der Strafvollzug wäre somit bei konsequenter Anwendung unserer Rechtsgrundsätze unter den denkbar günstigsten Bedingungen durchzuführen. An dem Antragsteller wird die Strafe aber unter den für ihn denkbar ungünstigsten Bedingungen vollstreckt.
Eine innere Vereinsamung des Antragstellers ist schon durch die Auswahl der übrigen Anstaltsinsassen vorprogrammiert. Daß er sich Mördern, Totschlägern, Betrügern, Räubern, Hehlern, Zuhältern, Dieben und sonstigen Straftätern schwerster Sorte aus dem Bereich der allgemeinen Kriminalität innerlich anpaßt, ist ihm nicht zuzumuten ... Anhaltspunkte dafür, daß sich in Rheinbach noch weitere Gefangene mit ausgeprägter politischer Überzeugung und wirklichen politischen Interessen befinden, hat die Kammer trotz ihres an sich sehr guten Informationsstandes nicht ...
Der Antragsteller ist seit Jahren einer inneren Isolation in Verbindung mit psychischen Quälereien und somit einem weit überhöhten Leidensdruck ausgesetzt. Ihm ist schon der Lebenserfahrung nach zu glauben, daß diese Umstände auch an der Entstehung seiner physischen Leiden mitgewirkt haben. Da er wahrscheinlich überleben will, ist es naheliegend, daß er sich auf unterschiedliche Weise zu helfen sucht .. Daß ein von ihm selbst ausgewähltes Fernsehprogramm eher zu der bei ihm durch die bisherige Vollzugsbehandlung dringend erforderlich gewordenen inneren Entspannung beitragen kann als das von der Mehrheit der übrigen Gefangenen ausgewählte Gemeinschaftsprogramm, liegt auf der Hand. Unter den gegebenen Umständen ist ihm die Teilnahme am Gemeinschaftsfernsehen der Justizvollzugsanstalt nicht zuzumuten. Er hat vielmehr gem. § 69 Abs. 2 StVollzG Anspruch auf Zulassung eines eigenen Fernsehgerätes ...«

Das war eine schallende Ohrfeige, die von der kleinen Strafvollstreckungskammer Bonn nachträglich der großen Strafkammer des Oberlandesgerichts Düsseldorf verpaßt wurde. Aus diesem Doku-

ment sprachen nicht nur Lebenserfahrung und juristische Sachkunde. Was mich berührte, waren der politische Verstand und das menschliche Verständnis, die meinem Anliegen auf so unerwartete Weise entgegengebracht wurden. In meiner manchmal recht trostlosen Lage, die von Richterin Krüger eindringlich und anteilnehmend analysiert worden war, verschaffte mir ihre Urteilsbegründung eine gewisse belebende Genugtuung. Ich fühlte mich einfach verstanden, und es lebte sich danach ein wenig leichter in der Haft.
Daran änderte auch nichts mehr der weitere Gang der Dinge, an dessen Ende mir der Betrieb eines eigenen Fernsehapparats schließlich von der höheren Instanz doch verweigert wurde. Der Spruch der Richterin Krüger mit seinen grundsätzlichen Aussagen bedeutete mir letztlich mehr als der Fernseher selbst, um den es dabei ging.
Zu dem Vorgang wurde dann übrigens noch eine Pointe geliefert, und zwar ausgerechnet vom BRD-Fernsehen. Ich sah Jahre später einen Film über die Verurteilten des Majdanek-Prozesses. Die Kamera war auch in der Zelle der fanatischen Massenmörderin Hildegard Lächert zu Gast und sah sich darin vorsichtig um. Was man zu sehen bekam, erinnerte weniger an eine Gefängniszelle, vielmehr mit seiner gemütvollen Einrichtung eher an ein Damenstift. Neben dem Lehnstuhl der SS-Dame von Majdanek stand ein Fernsehapparat. Sein unschuldiges weißes Gehäuse war dem anderen Mobiliar geschmackvoll angepaßt.

Ein *Simulant mit Magendurchbruch*

Die Feststellung der Richterin Krüger, daß die Lebensumstände in der Justizvollzugsanstalt Rheinbach an der Entstehung meiner physischen Leiden mitgewirkt haben, war im April 1980 eine nüchterne Replik. Tatsächlich mußte ich ums Überleben kämpfen.
Zwischen Weihnachten und Silvester 1978 wurde eine schwere Magenerkrankung akut. Von der Dresdener Christstolle, die mir unsere Bonner DDR-Vertretung zum Fest überreicht hatte, bekam ich keinen Bissen herunter. Die Schmerzen, unter denen ich mich krümmte, traten im Rücken auf. So behandelte man mich im Anstaltslazarett mit schmerzstillenden Tabletten und Spritzen, Rheumaeinreibungen und Heizbügelbestrahlungen. Als die Schmerzen nicht nachließen, erklärte mich der Anstaltsleiter zu einem Simulan-

ten, der sich Hafterleichterung ergaunern wollte. Deshalb reagierten die Beamten des Lazaretts auch nicht, als ich am Morgen des 9. Januar 1979 Blut erbrach. Erst ein Anstaltspädagoge schlug Alarm. Der Leiter bleib auch da noch dickfällig: »Ich hoffe doch, daß Sie auf das da oben (gemeint war meine Zelle im vierten Stockwerk) nicht hereinfallen.«

Inzwischen kam Pierre zum verspäteten Festtagsbesuch nach Köln und Rheinbach. Ungewöhnlich starke Schneefälle im Norden der DDR hatten seine Anreise um mehrere Tage verzögert. Der Anblick seines Vaters veranlaßte ihn, umgehend unsere Ständige Vertretung zu alarmieren.

Es bedurfte noch energischer Interventionen beim Kanzleramt, um endlich meine Überführung in die Bonner Universitätsklinik zu veranlassen. Zwei Tage befand ich mich mit einem Magendurchbruch in akuter Lebensgefahr, ehe ich am 13. Januar auf den Operationstisch kam. Im Operationsbericht des persischen Arztes Nedjabat, dem ich für seinen Eingriff gewissermaßen in letzter Minute zu großem Dank verpflichtet bin, heißt das reduziert:

»Operationsdiagnose: Retrobulbäres, hochgradig callöses, schwielig ins Pankreas und das Ligamentum Hepato-duodenale penetrierendes ca. Fünfmarkstück großes Ulcus duodeni im Stadium der massiven arteriellen Ulcusblutung aus dem A. pankreatico duodenalis.

Operation: ⅔ distale Magenresektion nach BILLROTH II mit Ulcusexzision aus dem Pankreas, Umstechung der blutenden A. pancreatico duodenalis in schwieligen Pankreaskopf, Duodenalsumpfverschluß nach MOYNIHAN, termino-laterale retrocolische Anastomose mit BRAUNscher Enteroanastomose.«

Als ich aus der Narkose erwachte, stand jener Lazarettbeamte aus Rheinbach am Bett, der in meinem Beisein einmal gesagt hatte: »Überlaßt ihn mir vierzehn Tage, dann ist er schnell wieder gesund.« Er hatte den Auftrag, aus meiner Krankenakte, die sich nun auf der Station der Klinik befand, jene Blätter zu entfernen, auf denen die *»Simulierung des Patienten«* diagnostiziert worden war.

Die Behandlung und Betreuung, die mir anschließend Ärzte und Schwestern angedeihen ließen, waren durch ihren hohen Aufwand an Mühe ungemein wohltuend. Die weiterbehandelnden Spezialisten Prof. Dr. Dengler und Prof. Dr. Hengstmann bestanden auf regelmäßigen Konsultationen bis zu meiner Haftentlassung.

Hervorgerufen durch die innere Vereinsamung, die mir auch die Vorsitzende der kleinen Strafvollstreckungskammer zugestand, beschlich mich die Frage: Haben es die Antifaschisten, meine Vorbilder, die die Zuchthäuser und Konzentrationslager Hitler-Deutschlands überlebt hatten, nicht leichter gehabt als du? Gewiß, auch sie mußten sich der Anfeindungen oder der Anbiederungen und Denunziationen Krimineller erwehren, mit denen sie zusammengesperrt waren. Aber unter sich bildeten sie doch eine verschworene Gemeinschaft. Ich beneidete sie um die Gespräche, die sie als Gesinnungsgenossen miteinander führen konnten, um ihre Solidarität und ihre Organisiertheit noch hinter Gitter und Stacheldraht. Wen im Gefängnisalltag hatte ich? Niemand!
In meinem Umkreis befanden sich im Gegenteil solche Gestalten wie der Henker von Sachsenhausen, der SS-Strolch Gustav Sorge. Ein anderer SS-Scherge namens Hoffmann, für mörderisches Wüten in Jugoslawien zu lebenslanger Haft verurteilt, stellte mir in Rheinbach mit seinen Anbiedereien regelrecht nach. Er wollte sich als *Politischer* profilieren und suchte deshalb meine Nähe. Zeitweilig mußten wir im selben Betrieb arbeiten. Es war ekelhaft!
Dennoch machte ich mir immer wieder klar, daß ein so angestellter Vergleich schief war angesichts der Opfer, die damals fielen. Die antifaschistischen Kämpfer mußten leben im Angesicht des Todes, im Schatten von Fallbeil und Galgen. Davon konnte natürlich bei mir – trotz mancher Demütigungen und Schikanen – keine Rede sein, und ich sagte mir: Wenn die Genossen damals die Hölle von Brandenburg oder Buchenwald durchgestanden haben, dann wirst du doch wohl mit der Ödnis von Rheinbach fertig werden!

Zwei in der falschen Anstalt

Für Aufregung sorgten in Rheinbach zwei Mitgefangene, die es sich in den Kopf gesetzt hatten, mit Guillaume als Geisel könnten sie ihre lebenslange Haft in Freiheit ummünzen. Rainer Sturm, Bankräuber und Mörder, hatte nichts mehr zu verlieren. Nach Verbüßung einer Haftstrafe in Werl hatte er in Wuppertal zwei junge Krankenschwestern in seine Wohnung gelockt und versucht, durch Geiselnahme der beiden Frauen die Freilassung eines Gefangenen zu erzwingen, zu dem er in der Haftanstalt Werl ein homosexuelles Verhältnis unterhalten hatte. Als die Behörden nicht sofort auf seine Forderung eingingen, tötete er die Geiseln. Nach einem weiteren Mord in Frankfurt am Main wurde Sturm gefaßt und zu dreimal lebenslanger Haft verurteilt.

In Rheinbach prahlte Sturm: »Den Guillaume schnapp ich mir!« Daß er es damit ernst meinte, bewies er, als er wieder zum gemeinsamen Hofgang zugelassen wurde, von dem er wegen seiner Gewalttätigkeit ursprünglich ausgeschlossen worden war. Ein Mitgefangener hatte ihn wegen seiner Drohung gegen mich bei der Anstaltsleitung verpfiffen. Und den schnappte sich Sturm nun als ersten, indem er ihm beim Hofgang mit einem selbstgeschärften Messer die Gurgel durchschneiden wollte. Im letzten Moment konnte er zurückgerissen werden. Das Opfer kam mit Verletzungen davon. Sturm wurde in die Haftanstalt Essen verlegt.

Vermutlich war Sturm durch Plaudereien des Harri Grohmeier angeregt worden, der ebenfalls lebenslänglich in Rheinbach einsaß. Dieser arme Irre, der ebenso wie Sturm eigentlich in psychiatrische Behandlung gehört hätte, hatte früher schon geplant, mich als Geisel zu nehmen, um damit seine Freilassung zu erzwingen. Zur Probe brachte er während der Sonntagsmesse eine Dame in seine Gewalt, die zur Erbauung der Gefangenen im Kirchenchor sang, konnte aber schnell von Mitgefangenen überwältigt werden, bevor sein erschrockenes Opfer Schaden nahm.

Pierre besuchte in längeren Abständen seine Eltern im Gefängnis. Ich trug ihm im Sinne neuer Kontakte jedesmal Grüße an alte Freunde und Bekannte auf. Einmal brachte er einen Gegengruß von Henryk Keisch zurück, der seinerzeit die »Friedenswacht« geleitet hatte, jene kleine Zeitschrift, in der ich nach Gründung der DDR meine ersten Bildreportagen unterbringen konnte. Mit einer kameradschaftlichen Widmung schickte er mir sein im Eulenspiegel Verlag erschienenes Buch »Gehauen und gestichelt – Neue Vierzeiler«. Als ich darin blätterte, fand ich folgenden Spruch: Grenzen einer Persönlichkeit

Du bist ein anständiger Kerl. Also gib dich nicht schizophren,
versuch nicht, unter Schurken als Schurke zu bestehn.
Du unterschätzt die Schwierigkeit: Nichts strengt an wie Infamie!
So richtig ein Schurke zu sein, mein Lieber, das schaffst du nie!

Es hatte zwar in der Macht des Gegners gelegen, uns Angeklagten mit seinem Urteilsspruch die Anerkennung als politische Überzeugungstäter zu verweigern, aber es lag allein in unserer Macht, aus der Gefangenschaft mit gestärkter weltanschaulicher Überzeugung hervorzutreten.

21. Die Heimkehr

»Die schwere Krankheit des Spions droht die langfristige Planung der Bundesregierung für ein brisantes Ost-West-Geschäft zu verderben. Denn sie muß fürchten, daß ihr der Top-Agent ganz ohne Gegenleistung verlorengeht ...
Daß sich Helmut Schmidt in der Freitauschfrage mal ganz anders festgelegt hat (›Guillaume wird nicht ausgetauscht‹), beeinträchtigt die Planspiele in der Bonner Regierungszentrale nicht. ›Zusagen des Kanzlers‹, heißt es, ›gelten in der Regel immer nur für die laufende Legislaturperiode.‹ Und die endet 1980.«
(»Stern«, 25.1.1979)

Zuerst wird Christel freigekämpft

Die Medien der BRD ließen zu keiner Zeit Gras über die Affäre Guillaume wachsen. Gerüchte und Spekulationen um eine Vorzeitige Haftentlassung blühten zu jeder Jahreszeit. Das war für Christel und mich eine arge psychische Belastung mit Folgen für unsere physische Widerstandsfähigkeit.
Sehr vage tauchte Ende 1979 die Möglichkeit einer vorzeitigen Freilassung auf. Es rückte der Zeitpunkt näher, zu dem Christel zwei Drittel ihrer Haftstrafe abgesessen hatte, ein Zeitpunkt, auf den fast jeder kriminelle Ersttäter mit einer Zeitstrafe in der BRD hoffen darf. Angesichts der einwandfreien Führung, die man Christel bescheinigen mußte, wurde ihr nun nahegelegt, den Gnadenweg zu suchen. Sie lehnte ab. Dafür gab es prinzipielle und taktische Gründe. Schließlich sollte auch aus verfahrenstechnischen Gründen Christels Fall nicht von dem meinen abgekoppelt werden. Doch dann traten Umstände ein, die mich veranlaßten, sofort auf einer solchen Abkopplung zu bestehen.
Christels Gesundheitszustand verschlechterte sich im Januar 1981 so rapid, daß sie diese bedrohliche Entwicklung mir gegenüber nicht mehr verbergen konnte, als ich ihr bei der Besuchszusammenführung anläßlich meines Geburtstags im Kölner Gefängnis gegenübersaß. Ich bat meinen Anwalt um eine schnelle Klärung. Das an sich gut durchdachte Konzept der Verklammerung unserer beiden

Fälle mußte jetzt aufgegeben und Christels Freilassung beschleunigt und isoliert von meinem Verfahren betrieben werden.
Am 19. März 1981 hatte es Christel überstanden. Für sie schlug die Stunde der Freiheit, und ich freute mich wie ein kleiner Junge. Es machte mir Mut, nun würde auch meine Freilassung nicht mehr lange auf sich warten lassen. Ein rundes halbes Jahr später war auch ich freigekämpft.
Freigekämpft – das ist nicht nur so dahingesagt. Unserer Freilassung ging wirklich ein Kampf voraus, zäh und verschwiegen geführt. Es war ja nicht so, daß wir nichts zu bieten hatten. Christel wurde am Grenzübergang Herleshausen zusammen mit anderen DDR-Kundschaftern gegen Militärspione ausgetauscht, die von unserer Abwehr überführt worden waren und einen Teil ihrer Haftstrafen abgesessen hatten. Der damalige Bonner Regierungssprecher Becker erklärte dazu in genau gewählten Worten, die Aktion wäre »nach Interessenabwägung beider Seiten« zustande gekommen. Er fügte hinzu, daß sich die Frage eines Austausches von Günter Guillaume nicht stelle. In dem Punkt irrte der Herr Regierungssprecher. Seine Regierung wußte es besser.
Unter den ausgetauschten BRD-Spionen befand sich der Journalist Peter Felten, ehemals Lokalreporter für die Eifelregion bei der »Kölnischen Rundschau«. Sofort nach dem Austausch stellte er sich der ARD zu einem Interview, wobei die Lakonie bemerkenswert war, mit der er und sein Tun in dieser »Monitor-Sendung« vorgestellt wurden. »Im August 1979 war er für einen Tag nach Ostberlin gefahren und kam dann nicht mehr wieder. Jetzt ist er wieder zurück.« So schnell also kann so was passieren: Man fährt in aller Harmlosigkeit nach Ostberlin, für einen Tag nur, und – schwupp! – ist man von der Bildfläche verschwunden.
Felten selbst rückte in dem Interview einiges gerade, und er fand dabei genau die Worte, die in die Situation paßten und einiges in Bewegung brachten.
»Herr Felten, Sie sind Kölner Journalist, seit gestern abend wieder in der Bundesrepublik, zu Hause sozusagen. Wie lange waren Sie in der DDR inhaftiert?«
»Ja, ich war siebzehn Monate inhaftiert in der DDR, bin glücklich, wieder zu Hause zu sein, das können Sie sich denken.«
»Und wo, wo waren Sie?«
»Ich war in Bautzen inhaftiert ...

»Herr Felten, weswegen waren Sie in Bautzen, was hat man Ihnen vorgeworfen, weswegen wurden Sie verurteilt?«
»Ja, ich bin also wegen Vergehen gegen den Paragraphen achtundneunzig der DDR – der Spionageparagraph – verurteilt worden zu zwölf Jahren Haft und war also seit neunzehnhundertachtzig in der Haftanstalt in Bautzen, um meine Strafe dort zu verbüßen.«
»Was können Sie selbst zu diesem Vorwurf der DDR-Gerichte sagen?«
»Ich kann, ohne jemandem wehe zu tun, sagen, daß die DDR nur dann jemand verurteilt, wenn sie Beweise hat. Nach den Gesetzen der DDR bin ich also rechtmäßig verurteilt worden ... Man hofft immer, vorzeitig entlassen zu werden. Aber Sie wissen heute nicht, was morgen passiert, und Mithäftlinge, die länger da sind als ich, die sind bereits derart heruntergekommen, seelisch krank, so daß es also für unsere Bundesbehörden oberste Pflicht ist, auch diese Mitbürger dort herauszuholen ...«
Dieses Interview, ausgestrahlt zur Hauptsendezeit von einem politischen Fernsehmagazin, wurde im Bonner Kanzleramt natürlich genau registriert. Nicht umsonst war die »oberste Pflicht« der Bundesbehörden angesprochen worden, die Leute herauszuhauen, die man ins Feuer geschickt hatte. Ihre ganze Hoffnung, so hatte Felten durchblicken lassen, hieße Guillaume, der vorerst in Rheinbach verbliebene Günter Guillaume.

·

Von Exkanzler Willy Brandt ist mir nie etwas bekanntgeworden, wonach er gegen einen Austausch der Guillaumes interveniert hätte. Brandt hüllte sich dazu über viele Jahre in Schweigen.
Durch das Interview des BRD-Spions Felten aber – ich ahnte es sofort, als ich davon hörte – mußte sich ein Politiker wie Brandt gefordert fühlen. Zu oft hatte er in der Vergangenheit die von ihm inspirierte und inszenierte *neue Ostpolitik,* besonders ihre *deutschlandpolitische Variante* damit begründet und verteidigt, daß er sich *Erleichterungen für die Menschen* erhoffe. Angesichts der herzerweichenden Berichte des Rückkehrers Felten mußte er zu seinem Wort stehen. Und er ergriff das Wort. Bezugnehmend auf die in Bautzen zurückgebliebenen Spione sagte er kurz darauf öffentlich, daß er es nicht hinnehmen könne, daß »Landsleute länger leiden müssen«. Guillaume war für ihn offensichtlich kein Tabuwort mehr.

»In Rheinbach wird nur eine Zelle frei.«

Vom Frühjahr bis zum Herbst wurde noch eine lange Zeit. Für mich wollte der Sommer in der Rheinbacher Zelle kein Ende nehmen. Und das Sommerloch der Bonner Meinungsmacher war unergründlich tief. Allwöchentlich gab es Meldungen über einen unmittelbar bevorstehenden Guillaume-Austausch, Stunden später wurden sie wieder in Frage gestellt oder dementiert.
Wen wundert es, daß ich am 28.9.1981 erneut in die Bonner Universitätsklinik eingeliefert wurde? Bei der letzten Konsultation hatte mein Bluthochdruck (260 zu 150 mm Hg) zur Vorsicht geraten. Überraschend war für mich, daß ich diesmal in ein komfortables Krankenzimmer eingewiesen wurde, unter anderem mit Telefon, das auch nicht entfernt wurde. Ebenso blieben erstmals die Fensterriegel an ihrem Platz. War das ein Hinweis?
Am nächsten Morgen sah ich durch das Fenster, daß ein ganzer Schwarm von Journalisten auf das Klinikgelände vorgedrungen war. Mit ihren Kameras pirschten sie sich von Baum zu Baum. Galt ihr Interesse mir? Oder lag im selben Trakt ein hochgestellter Regierungsvertreter auf Station? Als meine Bewacher nicht gewillt waren, mit mir einen Spaziergang ums Haus zu machen, wollte ich sie gezielt testen. Da ich nur einen Trainingsanzug und einen Anorak der Anstalt bei mir hatte, bat ich um meine Kleidung, die seit meiner Einlieferung in Rheinbach auf der Kammer lag. Es wurde rundweg abgelehnt. Mehrmals noch machte ich in diesen Tagen Wechselbäder durch. Kaum kam in einer wilden Welle Hoffnung auf, stellten sich schon wieder Irritationen ein.
Doch dann am 1. Oktober 1981 gegen 13.00 Uhr trat einer der zahlreichen Wachhabenden in meine Krankenstube und sagte: »Machen Sie sich fertig! Es geht heimwärts für Sie!« Und nach einer Pause dann: »Um eins bitte ich Sie noch, Herr Guillaume, schicken Sie uns im Austausch nicht soviel Gesindel herüber. Sie wissen ja: In Rheinbach wird nur eine Zelle frei.«
Alles weitere vollzog sich mit rasender Geschwindigkeit, so daß ich kaum zum Nachdenken kam, und das war vielleicht in dieser Stunde gut so. Auch in der Erinnerung sehe ich einen Film, der mit sich überstürzenden Bildern im Zeitraffer abläuft.

Es ging alles Schlag auf Schlag. Um die abgemachte Diskretion des

Unternehmens zu wahren, hatte man ein starkes Kommando der Sicherungsgruppe Bonn zum Universitätssportplatz auf den Venusberg dirigiert. Es war der Landeplatz für die Regierungshubschrauber, von dem ich oft mit Willy Brandt zum Flughafen Köln-Wahn gestartet war. Die Journalisten fielen auf die Finte herein und lauerten dort auf meinen Abtransport.

Inzwischen wurde ich in einen geschlossenen Lieferwagen verfrachtet, der mit einer Reklameschrift für medizinische Geräte getarnt war. Zu mir kletterten zwei Männer von der Sicherungsgruppe ins Auto, und ab ging's, zum letztenmal sah ich Bonn, wir rauschten über die Kennedybrücke – Leb wohl, Vater Rhein! –, und weiter ging's in Richtung Hangelar – alles klar, da war der Hubschrauberlandeplatz der Rangertruppe des Bundesgrenzschutzes. Dort angekommen, setzte sich der für Entlassungen zuständige stellvertretende Anstaltsdirektor von Rheinbach zu mir, verlas die sogenannte Begnadigungsurkunde, händigte mir in aller Form den Entlassungsschein aus, dann noch gegen Quittung die Restsumme an Bargeld, die von meinem in Schreinerei und Wäscherei sauer verdienten Häftlingslohn übriggeblieben war, wünschte mir mit verschlossenem Gesicht alles Gute und verschwand. Auch ich unterdrückte ein »Auf Wiedersehen!«.

Gegen 16.00 Uhr starteten wir. Zum letztenmal flog ich mit einem Bonner Regierungshubschrauber. Und es wurde noch einmal ein herrlicher Flug im Licht der sinkenden Sonne über das Sauerland und das Hessenland hinweg, in dessen Metropole Frankfurt ich einst gestartet war – wie lang war das her? –, aber für nostalgisches Schwärmen blieb keine Zeit, allmählich kam in der Dämmerung die Grenze näher. Vor allem wollte ich mit meinen Empfindungen ins reine kommen. Ich schwor mir, sie niederzuhalten, bis ich zu Hause, in der Heimat war. Niemand von den anderen sollte auch nur einen Anflug von Rührung an mir bemerken! Cool bleiben, Günter! Was gingen die mein Glücklichsein an? Und dann überkam mich ein unsagbar gutes Gefühl, das Gefühl unserer Überlegenheit. Wir haben doch gesiegt! Ich ging vor zum Piloten, tat, was ich immer getan hatte, wenn ich mit dem Kanzler unterwegs gewesen war, tippte dem Piloten auf die Schulter und sagte: »Vielen Dank für den guten Flug.« Den sonst üblichen Obolus für die Bordkasse allerdings ersparte ich mir diesmal.

Wir landeten in der Nähe von Herleshausen beim Bundesgrenzschutz. Man bat mich in die Baracke, in der das Offizierskasino etabliert war. Eine Ordonnanz stellte eine Cola vor mich hin. »Nicht von uns! Die hat Bonn spendiert.«
Dann trat ein Beamter der Sicherungsgruppe Bonnn auf mich zu, eine große Tüte vom »Kaufhof« in der Hand. Darin steckten ein zweiteiliger Anzug, ein Oberhemd, eine Krawatte und Hosenträger. Ich selbst trug immer noch meinen Trainingsanzug aus Rheinbach.
»Bin ich Ihnen nicht fein genug?« fragte ich.
»Um Gotten willen – so lassen wir Sie nicht fahren!«
In aller Ruhe machte ich mich im Toilettenraum des Kasinos frisch und wechselte die Klamotten. Sorgfältig verpackte ich Trainingsanzug und Anorak. Vor dem Fenster war ein Autogeräusch zu hören. Ein aufgeregter Herr stürzte herein und rief: »Schnell, schnell! Wir sind schon spät dran!« Ich sah ihn im Spiegel an und sagte: »An mir hat's nicht gelegen!« Aber ich glaube, er begriff nicht, was ich meinte.
Vor der Baracke stand ein Camping-Mobil. Die Fahrt zur anderen Seite war kurz. Es war nun schon fast dunkel. Als ersten erkannte ich Bruno. Wir fielen uns in die Arme, wußten nicht, was wir sagen sollten, hielten uns nur fest. Dann zuckte ein Blitzlicht auf. Das war Robert, der gegen die Vereinbarung ein Bild schoß. Robert erkannte ich nicht. Er war schlohweiß geworden. Mehr als acht Jahre hatten wir uns nicht mehr gesehen. Dann noch ein zweiter Blitz, und da erst lösten sich bei Bruno die ersten Worte: »Geschafft, Günter! Wir haben es geschafft! Alles überstanden. Geschafft!«
Ich schämte mich meiner Tränen nicht – hier nicht!

Auftrag ausgeführt!

Der Tag der Rückkehr war an sich ein ganz gewöhnlicher Tag in der Woche, ein farbloser Donnerstag. Auch der nüchtern-zweckmäßige Grenzkontrollpunkt, in dem es geschah, bildete kaum eine Kulisse, die geeignet war, romantische Stimmungen zu erzeugen. Und doch geschah ausgerechnet an mir, der ich immer versucht hatte, mir nie etwas vorzumachen, eine kleine Verzauberung. Kurz vor der Weiterfahrt gab es einen Augenblick der Besinnung. Für ein paar Sekunden schien es mir, als hielte alles um mich herum den Atem an, es war

ganz still. Aber es war eine andere Stille, als ich sie sonst empfunden hatte. Rauschte da nicht irgendwo dunkel der Hörselbach? Sicher war es eine Einbildung. Aber ich glaubte verpflichtet zu sein, an der Einbildung festhalten zu müssen. Sie schuf die endgültige Gewißheit: Ich war im Thüringer Land, in der DDR, in der Heimat!
Seitdem ist dieser 1. Oktober 1981 für mich wie ein Tag der Neugeburt, wert, daß man ihn als zweiten Geburtstag feiert. Es war der 2718. Tag der Gefangenschaft und zugleich der 1. Tag der Freiheit. Das erklärt sicherlich vieles von dem, was mich an jenem Tag bewegte. Aber ich glaube, es erklärt nicht alles. Es tritt noch ein Moment hinzu, ein eigenwilliges, das nicht leicht zu deuten ist aus dem recht ungewöhnlichen Verlauf meines Lebens. Es hängt, verknappt gesagt, einfach mit meinem Auftrag zusammen. Erst in diesem Augenblick, in der Stunde der Freiheit, nachdem auch die Gefangenschaft als Teil des Auftrags durchgestanden war, hatte ich die Berechtigung zu melden: Auftrag ausgeführt!

Zwei »*Identitäten*« – doch immer nur ein Gesicht

Es hat auch von der Gegenseite viele Versuche gegeben und gibt sie heute noch, das Phänomen zu deuten. Solche Versuche gelingen natürlich nur aus der Perspektive einer total spiegelverkehrten Welt. Ich will stellvertretend für andere eine prominente BRD-Journalistin zu Wort kommen lassen. Unter der Überschrift *»Ein Mensch, mit dem sich leben ließ – Wibke Bruhns über den DDR-Spion Günter Guillaume«* war kurz nach unserer Festnahme im »Stern« zu lesen:
»Plötzlich reden alle von ihm in der Vergangenheit. Als sei der Mann, mit dem sie täglich umgingen, unversehens gestorben, suchen die Kollegen Erinnerung: Günter Guillaume war – ein Kumpel, doch, nett auch, ein bißchen kleinkariert natürlich. Ein Mensch aber, mit dem es sich gut leben ließ. Dieser Günter Guillaume ist tot, so scheint es. Es bleibt der eiskalte Mann mit der Maske, der ausgebuffte Profi, der Kerl, an dem 18 Jahre lang alles Lüge war ...
Wie denn muß einer beschaffen sein, dem wir zutrauen, was Günter Guillaume tat? Braucht unser Vorstellungsvermögen den Unmenschen, den Roboter des Bösen, eine Maschine, die funktioniert, wo andere fühlen?

Günter Guillaume ist nichts davon. Er ist ein Mensch mit zwei Identitäten, die eine so stimmig wie offenbar die andere. Nichts spricht dafür, daß er ohne seinen Auftrag anders bei uns gelebt, daß dieser Mann aus seiner Haut herausgekonnt hätte, die eben keine Maske war.«

Das war alles in allem nicht schlecht gesprochen (und das *»kleinkariert«* sei geschenkt, verehrte Wibke; betrachten wir es als letztes gemeinsames Präsent an deinen Herausgeber!). Nur war der Zeitpunkt falsch gesetzt. Denn auch noch in der Haft hatte ich mit *»zwei Identitäten«* leben müssen, hatte eine Verantwortung als gestürzter BRD-Kanzlerreferent wahrzunehmen wie auch als DDR-Kundschafter, der sich an seinem Auftrag aufrichtete. Dieser Auftrag, den ich immer als einen inneren Befehl empfunden habe, ist der einfache Schlüssel zu meinem vielfach als geheimnisvoll dargestellten achtzehnjährigen *Doppelleben*. Es ist wahr: Manchmal, wenn ich mich morgens zum Weg ins Kanzleramt rüstete und vor dem Rasierspiegel stand, glaubte ich, da ein *zweites Ich* zu sehen, aber dann grinste ich mich an und sagte laut und triumphierend: »Wenn ihr wüßtet!« Insofern habe ich eben immer nur ein Gesicht gehabt: Hier bin ich, und da ist der Gegner! Es war der Auftrag, der mich von der Persönlichkeitsspaltung schützte, es war der Auftrag im Interesse der besten Sache der Welt, der alles zusammenhielt. Das Entscheidende ist, daß man selbst im Schlaf nicht vergißt, wer man wirklich ist: ein Kundschafter im Dienst des Friedens. Und als der Auftrag dann erfüllt, als ich frei war, konnte ich die zweite Haut abstreifen, den Schuppenpanzer, der in der Sage aus dem Bad im Drachenblut entsteht. Und darum fühlte ich mich wie neugeboren an diesem 1. Oktober 1981.

Alles kam mir bekannt vor. Aber als ich mich nach dem kleinen Nierentisch umsah, an dem wir damals gesessen hatten und an dem so manches seinen Anfang genommen hatte, damals Mitte der fünfziger Jahre, konnte ich ihn nirgends entdecken. Rund ein Vierteljahrhundert war seitdem vergangen. Nicht nur die politischen Verhältnisse und die Methoden der politischen Arbeit hatten sich verändert, sondern auch Mode und Wohnkultur. Ich hatte mir in der Haft einen Bart wachsen lassen, und an Stelle des zierlichen Nierentisches stand da jetzt ein klobiges Geviert mit bohlenstarker Platte, rustikal, angepaßt dem Stil eines Jagdzimmers.

Den ersten Abend und die erste Nacht und den ersten Morgen verbrachte ich in jener abgelegenen Herberge im Thüringer Wald, in der ich damals Zeuge war, als Paul und Max zu einem ihrer entscheidenden Gespräche zusammentrafen. Max hatte damals den Wunsch geäußert, die historisch bedeutsamen Tagungsstätten der revolutionären deutschen Sozialdemokratie kennenzulernen, und so hatten wir in der Waldeinsamkeit Quartier gemacht und waren von dort ausgeschwärmt nach Eisenach, Gotha und Erfurt. Max war tief beeindruckt von der verständnisvollen Pflege, die die Kommunisten den Wirkungsstätten von August Bebel und Wilhelm Liebknecht angedeihen ließen, jener Führer der alten Sozialdemokratie, die noch auf der Suche waren nach den Wegen zur Macht für das Volk. In den folgenden Jahren unserer Zusammenarbeit hat Max nie eine kritische Haltung uns Kommunisten gegenüber aufgegeben, aber den in seinen Kreisen traditionellen Antikommunismus streifte er ab wie eine lästige geistige Fessel, und die Thüringer Erlebnisse hatten dazu viel beigetragen.

Auch Bruno erinnerte sich der ersten Jahre. Wir stießen an auf den glücklichen Anfang und den glücklichen Ausgang, auf den Kampf und den Sieg. Zwischen Moskauer Wodka und Lichtenberger Korn – das schien uns die rechte Mischung zu sein – versuchte ich, die Familie ans Telefon zu bekommen, jeder hatte eine eigene Rufnummer: Christel, Pierre, Oma Erna. Pierre war unvorbereitet, erkannte nicht meine Stimme, glaubte, daß man sich einen üblen Scherz mit ihm machte, und legte verwirrt und verdrossen wieder auf.

Am nächsten Tag empfing mich in Berlin Generaloberst Markus Wolf zur Rückmeldung. Aber was heißt Empfang, was heißt Rückmeldung? Wir nahmen uns in die Arme, froh, uns wiederzusehen. Wir hatten uns viel zu erzählen, streng Dienstliches und locker Privates. Mischa sagte, das Wichtigste wäre, daß ich erst einmal zur Ruhe käme und mich erholte, um mich dann umzusehen und umzuhorchen für das Einrichten in einem neuen Leben. Die Kopfwäsche, die ich wegen der einen oder anderen Sache erwartet hatte, sparte er sich auf.

Mit dem *Traber durch Berlin*

Am darauffolgenden Sonnabend ließ ich erst einmal die Seele baumeln, ganz allein für mich. Am Sonntag holte mich Pierre mit seiner Freundin zu einem Stadtbummel ab. Er hatte sich inzwischen Geld für ein altes, reichlich ramponiertes Auto zusammengespart. Als ich mir das Gefährt vor dem Einsteigen etwas mißtrauisch ansah, erfuhr ich, daß man es im Volksmund liebevoll »Trabi« nannte. Das war vielleicht ein Traber! Pierre hatte ihn »Fridolin« getauft. Die Fahrt in dieser dröhnenden Keksbüchse wurde zu einem Elementarerlebnis.
Ich erkannte mein Berlin nicht wieder. Eine noch von stummen Kriegsruinen geprägte Stadt hatte ich verlassen und kehrte zurück in eine wiederaufgebaute, lebendige Metropole, die inzwischen den Ehrentitel »Stadt des Friedens« trug. Es war für mich bewegend zu sehen, wie sich meine Heimatstadt herausgemacht hatte.
Während der 25 Jahre, die ich draußen gewesen war, hatte man zu Hause die Hände nicht in den Schoß gelegt. Die klassischen Stätten der Kunst und Kultur wuchsen aus den Ruinen und überall auf frei gemachtem Feld die neuen mietgünstigen Wohnquartiere für den arbeitenden Menschen. Meinem Auftrag als Sinn eingebettet war der Schutz des friedlichen Aufbauwerks und der sozialen Errungenschaften. Nur so dahin geredet, können sich derartige Begriffe, die ja etwas begrifflich, greifbar machen sollen, leicht abgreifen. Doch für mich nahmen sie bei der Entdeckungsfahrt durch das sonntägliche Berlin wirklich greifbare Gestalt an. Ich hatte immer gewußt, wofür ich wirkte, und fand es jetzt bestätigt.
Etwas wehmütig wurde ich, als ich über das abgeschliffene Pflaster der Choriner Straße ging, auf dem ich groß geworden bin. Da waren sie noch, die zerschründeten Fassaden einer alten Welt; so manchen abbröckelnden Sims, so manches wohl für ewige Zeiten herabgelassene Ladenrouleau, so manchen düsteren Hausflur erkannte ich wieder. Bis hierher hatte der an so vielen anderen Stellen spürbare Arm der Restaurierung nicht gelangt. Pierre kannte irgendwelche Pläne und sagte: »Deine alte Straße kommt auch noch an die Reihe!«

Große Empfänge und Auswertung

Und dann am Montag kam die zentrale Dienstversammlung unseres Ministeriums aus Anlaß des 32. Jahrestages der Deutschen Demokratischen Republik, für Christel und mich eine feierliche Stunde. Wir meldeten uns nach fünfundzwanzigjährigem Auslandseinsatz zurück, und ich erklärte, daß wir gern noch länger unseren Auftrag erfüllt hätten. Es sei nicht leicht gewesen, so plötzlich daran gehindert zu werden, eine erfolgreiche Arbeit zur Sicherung des Friedens fortzusetzen. Angesichts vieler junger Zuhörer sprach ich von der Stafette, die wir von unseren antifaschistischen Vorbildern übernommen hatten und nun bereit waren weiterzugeben.
Am 6. Oktober, Christels Geburtstag, empfing uns der Staatsratsvorsitzende in seinem Amtssitz und überreichte jedem von uns die höchste Auszeichnung unserer Republik, den Karl-Marx-Orden. In einem anschließenden Gespräch kam die Rede auch auf Erfahrungen von Kommunisten im Umgang mit Sozialdemokraten. Und noch eine Gemeinsamkeit wurde uns bewußt: jahrelange Gefängnishaft. Obwohl ich der Meinung war, meine Rheinbacher Jahre seien mit seinem Zuchthausaufenthalt in Brandenburg nicht zu vergleichen, denn ihm und seinen Genossen drohte täglich der Tod, entgegnete Erich Honecker: »Knast ist Knast.« Zu einer internen Auswertung kam ich Wochen später wieder mit Generaloberst Wolf und einem von ihm ausgewählten Mitarbeiterkreis zusammen. Mischa sprach kurz, ruhig, streng und doch voller Verständnis. Er wandte sich zu mir und sagte: »Du hast es inzwischen begriffen: Dein Auftritt damals, am Morgen des 24. Arpil 1974 – das kann unmöglich für andere eine Anleitung zum Handeln sein. Er hat dem Gegner aus der Beweisnot geholfen und uns den Kampf um eure Befreiung erschwert. Anspruch auf Wahrheit haben die eigenen Genossen, nicht unsere Gegner!« Dann wandte sich Mischa der Runde am Tisch zu. »Wir brauchen eine feste Überzeugung vor uns selbst. Die haben Günter und Christel bewiesen. Wenn wir das Bekenntnis Günters bei der Festnahme auch nicht zum Vorbild erklären können, so war sein und Christels Verhalten während der Untersuchung und vor Gericht vorbildlich. Sie waren nicht ausreichend darauf vorbereitet, haben dann aber sehr schnell die Lage erkannt und ihre Haltung korrigiert. Das Schweigen während des Prozeßverlaufs war sicher für beide nicht leicht angesichts der täglich neuen Provokationen. Wenn

man Christels und Günters Charakter kennt und dazu ihre feste Überzeugung in Rechnung stellt, kann man ermessen, wieviel Disziplin und Standfestigkeit zur Erfüllung dieses letzten Auftrags gehörten. Wir müssen alles tun, um Opfer im Kampf zu vermeiden, und wir werden uns schon gar nicht dem Gegner als Opfer anbieten!«

Ich stehe zu meinem Wort

Da ich mit mir selbst in dieser Sache schon ins reine gekommen war, fiel es mir um so leichter, den Worten vorbehaltlos zuzustimmen. In einer ruhigen Stunde kam ich aber dann mit Markus Wolf doch noch einmal auf eine andere Seite des Vorgangs zu sprechen. Zweifellos hatte ich eine Eselei begangen, aber als Esel, der ich war, hatte ich im Packsattel neben der Dummheit vielleicht auch ein kleines Stück Hoffnung in die Zukunft geschleppt. Das, was Mischa meinen »Auftritt« genannt hatte, ging in Schlagzeilen um die Welt. In den Medien der westlichen Welt gab es viel geheuchelte Empörung über unser Tun, aber darein mischte sich auch Erstaunen, ja eine neidvolle, verstohlene Bewunderung für das, was wir zustande gebracht hatten. Kennzeichnend war der Kommentar einer einflußreichen BRD-Zeitung: *»Wir müssen zur Kenntnis nehmen, auch die DDR hat ihre Patrioten.«*

Und dann die Wirkung bei den Verwandten, Freunden und Genossen in der DDR. Sie alle hatten nach unserem Verschwinden seit 1956 nur noch Verachtung für uns übrig gehabt. Mit einenmal nach so vielen Jahren erfuhren sie, daß wir doch keine Verräter an unserer Sache waren, im Gegenteil, so sahen sie es jetzt: Wir hatten uns nach Kräften für unsere Sache eingesetzt, hatten uns zu unserer Sache bekannt.

Nur wenige Tage nach unserer Verhaftung erlebte ein Vers seine Uraufführung, der ganz spontan aus der Singbewegung der Jugend heraus entstanden war: »Wir grüßen Hauptmann G. in Bonn, wir haben noch mehrere davon ...«

Bei manchen, so erzählten sie mir später, löste die an sich schlechte Nachricht über die Enttarnung und Festnahme auch Freude und Stolz aus.

Und darum, und weil es einfach dazu gehört, stehe ich zu meinem Wort: »Ich bin Bürger der DDR und ihr Offizier – respektieren Sie das!«

Danksagung

Am 1. Februar 1986 kam Günter Karau mit zwei prallvollen Aktentaschen zu mir. Sie enthielten alle Papiere dieses Protokolls, das er als Buch vollendet, nicht mehr in seinen Händen halten konnte. Am 26. April desselben Jahres ist er von uns gegangen. Sein Leben war viel zu früh beendet.
Günter Karau hinterließ ein Protokoll, das sachkundig und engagiert geführt wurde und das ihm mit Schreiblust und Talent aus der Feder floß. Sein Wissen und Können, seine Freundschaft vermisse ich sehr! Dank ihm und allen, die mit Rat und Tat mitgearbeitet haben. Die meisten wird der Leser sicherlich entdecken.

G. G.

Zeittafel zur politischen Entwicklug im sowjetisch besetzten Teil Deutschlands (von 1945 bis 1956)

1945

April–Mai	Die Initiativgruppen der KPD treffen im sowjetisch besetzten Gebiet Deutschlands ein und nehmen ihre Tätigkeit auf; Gruppe Ulbricht im Raum Berlin, Gruppe Akkermann in Sachsen und Sachsen-Anhalt, Gruppe Sobottka in Thüringen.
	Bedingungslose Kapitualiton in Reims und in Berlin-Karlshorst.
	Deklaration über die Niederlage Deutschlands und Übernahme der obersten Gewalt durch die vier Besatzungsmächte USA, UdSSR, Großbritannien und Frankreich.
11.7.1945	Mit Befehl Nr. 1 übernimmt die alliierte Militärkommandantur die Kontrolle über Groß-Berlin und teilt die Stadt in vier Besatzungssektoren auf.
14.7.	Bildung des »Antifa-Blocks« mit einem gemeinsamen Ausschuß aus je fünf Vertretern von KPD, SPD, CDU und LDPD in der sowjetisch besetzten Zone (SBZ).
17.7.–7.8.	Potsdamer Konferenz der drei Kriegsalliierten. Unter dem Vorsitz von Stalin und Teilnahme von Truman, Churchill und Attlee werden Fragen über die Behandlung von Nachkriegsdeutschland im *Potsdamer Abkommen* geregelt.
31.7.	Gründung eines zentralen Jugendausschusses, zu dessen Vorsitzenden am 10.9. in Berlin Erich Honecker gewählt wird.
3.–11.9.	Erlaß zur Durchführung der Bodenreform in der SBZ. Die Blockparteien fordern sofortige Durchführung.
3.10.	Nach Befehl Nr. 49 der Sowjetischen Militäradministration Deutschlands werden alle ehemaligen NSDAP-Mitglieder aus dem Justizdienst entfernt.
18.10.	Der Internationale Militärgerichtshof für den Haupt-Kriegsverbrecherprozeß konsituiert sich in Berlin und erhebt Anklage. Der Prozeß fand vom 20.11.1945 bis 30.9.1946 in Nürnberg statt.
8.–21.12.	Im Antifa-Block verweigern die CDU-Vorsitzenden Hermes und Schreiber ihre Zustimmung zur entschädigungslosen Enteignung des Großgrundbesitzes und müssen auf Druck der SMAD von ihren Ämtern zu-

rücktreten. Jakob Kaiser wird neuer Vorsitzender der CDU.

20./21.12. Zentralkomitee der KPD und Zentralausschuß der SPD tagen gemeinsam in Berlin und beschließen die Vereinigung beider Parteien.

1946

9.–11.2. Gründungskongreß des Freien Deutschen Gewerkschaftsbundes (DFGB) in Berlin.

21./22.4. Die Sozialistische Einheitspartei (SED) wird gegründet. Zu gleichberechtigten Vorsitzenden werden Wilhelm Pieck KPD) und Otto Grotewohl (SPD) gewählt.

25.4.–15.5. Die vier Außenminister der Kriegsalliierten tagen in Paris und kommen trotz der langen Konferenzdauer zu keinen verbindlichen Beschlüssen in den die Deutschen betreffenden Fragen.

8.–10.6. 1. Parlament der Freien Deutschen Jugend (FDJ) in Brandenburg (Havel).

20.10. In der SBZ Wahlen zu den Land- und Kreistagen und der Stadtverordnetenversammlung von Groß-Berlin. Die SED erringt in den Landtagen die meisten Sitze. Das Blockprinzip ermöglicht auch in Brandenburg und Sachsen-Anhalt das Regieren, wo CDU und LDPD gemeinsam die absolute Mehrheit hatten. In Groß-Berlin erhielt die SPD 48,7%, die SED 19,8% , die CDU 22,21 % und die PDPD 9,3%.

1947

1.1. Das Bi-Zonenabkommen tritt in Kraft. Die Wirtschaftsverwaltungen der amerikanischen und britischen Zone werden zusammengelegt.

22.2. Gründung der Vereinigung der Verfolgten des Naziregimes (VVN) in Berlin.

7.–9.3. Gründung des Demokratischen Frauenbundes Deutschlands (DFD) in Berlin.

10.3.–24.4. Außenministerkonferenz der vier Alliierten in Moskau. Die Auflösung Preußens wird bestätigt, und man einigt sich darauf, alle Kriegsgefangenen bis Ende 1948 zu entlassen.

6.–9.6. Konferenz der Ministerpräsidenten der Länder aus allen vier Besatzungszonen in München. Die Delegationen reisen mit so unterschiedlichen Direktiven an, daß es zu keinem Ergebnis kommt.

30.6. Gründung der Gesellschaft zum Studium der Kultur der Sowjetunion (Später Gesellschaft für Deutsch-Sowjetische Freundschaft) (DSF).

23.7. Das Zentralsekretariat der SED lehnt den Marshallplan ab.

25.11.–15.12. Die Außenministerkonferenz der vier Alliierten in London kommt zu keinem Ergebnis in der Deutschlandfrage.

6./7.12. Auf Initiative der SED »Volkskongreß für Einheit und gerechten Frieden« in Berlin-Ost. Parteien und Massenorganisationen, auch westdeutsche Delegationen, richten Resolution für Wiedervereinigung an Londoner Außenministerkonferenz. Die Delegation wird auf Anweisung der Westmächte nicht empfangen.

20.12. Die Hauptvorstände der CDU, J. Kaiser und E. Lemmer, werden durch die SMAD abgesetzt, weil sie sich weigerten, am Vokskongreß teilzunehmen.

1948

23.2.–6.3. Konferenz der drei Westmächte und der Beneluxstaaten in Londen: *»Londoner Empfehlungen«* für die Bildung eines separaten deutschen Staates aus den drei Westzonen mit der späteren Möglichkeit der Wiederherstellung der deutschen Einheit.

17./18.3. 2. »Deutscher Volkskongreß« in Berlin. Wahl des Deutschen Volksrates mit Wilhelm Pieck (SED), Otto Nuschke (CDU) und Wilhelm Külz (LDPD) als Vorsitzende des Präsidiums.

20.3. Der Alliierte Kontrollrat für Deutschland stellt wegen Meinungsverschiedenheiten zwischen den Westmächten und der UdSSR, über die Londoner Sechs-Mächte-Konferenz, seine Tätigkeit ein.

23.5.–13.6. Volksbegehren für einen Volksentscheid zur Einheit Deutschlands in der SBZ und Teilen Westdeutschlands.

16.6. Die sowjetischen Vertreter in der Alliierten Kommandantur von Groß-Berlin stellen ihre Tätigkeit ein.

18.–20.6. Währungsreform in den drei Westzonen.

23./24.6. Sowetische Truppen blockieren die Zufahrtswege von den Westzonen nach Berlin.

23./24.6. Konferenz der UdSSR und der osteuropäischen Volksdemokratien in Warschau. Die Londoner Empfehlungen werden verurteilt. Eine gesamtdeutsche Regierung wird gefordert; der Abschluß eines Friedensvertrages auf der Grundlage des Potsdamer Abkommens und Reparationsleistungen auch aus den Westzonen werden verlangt.

24.–28.6.	Währungsreform in der SBZ.
26.6.	Beginn der Luftbrücke der Alliierten.
1.7.	Die Militärgouverneure der drei Westzonen geben in Frankfurt/Main den elf Ministerpräsidenten der drei Westzonen den Auftrag, bis zum 1.9.1948 einen verfassunggebenden parlamentarischen Rat einzuberufen und stellen ein vorläufiges Besatzungsstatut auf.
18./19.7.	Umformung der SED zur Partei neuen Typs, Betonung der führenden Rolle der Sowjetunion und Anerkennung der Oder-Neiße Grenze.
13.10.	Der Bergmann A. Hennecke erfüllt sein Tagessoll um 387% und wird die Kultfigur für die Aktivistenbewegung.
25./26.11.	FDGB-Konferenz Bitterfeld. Betriebsräte werden abgeschafft und in die Betriebsleitung eingegliedert.
30.11.	Bildung eines provisorischen demokratischen Magistrats unter Friedrich Ebert in Berlin-Ost. Die Spaltung der Berliner Verwaltung ist perfekt. Am 6.9. war die Stadtverordnetenversammlung nach kommunistischen Störungen im Ostberliner Stadthaus, ohne die Verordneten der SED in Berlin-West zusammengetreten.

1949

24.1.	Beschluß des SED-Parteivorstandes zur Auflösung der Arbeitsgemeinschaft zwischen der SED und der KPD der Westzonen.
18./19.3.	6. Tagung des Deutschen Volksrates in Berlin-Ost. Der Verfassungsentwurf wird angenommen, und Wahlen nach dem Prinzip der Einheitsliste zum 3. Volkskongreß werden ausgeschrieben. Dem Parlamentarischen Rat der Westzonen und dem Ostzonen-Wirtschaftsrat wird ein gemeinsames Treffen vorgeschlagen.
4.4.	Gründung des Nordatlantikpakts (NATO) in Washington. Die Berliner Blockade wird beendet. (Die alliierte Luftbrücke nach Berlin wird am 30.9. eingestellt).
23.5.	Das Grundgesetz für die Bundesrepublik Deutschland tritt in Kraft.
23.5.–20.6.	Außenministerkonferenz der vier Alliierten in Paris. Keine Einigung in der deutschen Frage. Delegation des 3. Deutschen Volkskongreß (SBZ) wird nicht empfangen.
29./30.5.	3. Deutscher Volkskongreß in Berlin: Annahme des Verfassungsentwurfs für die DDR. Manifest an das deutsche Volk. Umbildung des Deutschen Volksrates.

14.8.	Wahlen zum 1. Deutschen Bundestag und Bundesrat in den Westzonen.
7.9.	Konstituierende Sitzung von Bundestag und Bundesrat in Bonn: 12.9. Wahl von Theodor Heuß zum Bundespräsidenten; 15.9. Wahl von Konrad Adenauer zum Bundeskanzler; 21.9. Inkrafttreten des Besatzungsstatuts.
7.10.	Gründung der Deutschen Demokratischen Republik Inkraftsetzung der Verfassung durch die provisorische Volkskammer.
8.10.	Abschluß eines Abkommens über den innerdeutschen Handel (IDH) zwischen der Bundesrepublik und der DDR in Frankfurt/Main.
11.10.	Wahl von Wilhelm Pieck zum Präsidenten der DDR durch die provisorische Länderkammer.
12.10.	Bestätigung der provisorischen Regierung der DDR unter Otto Grotewohl durch die Provisorische Volkskammer.
17.10.	Aufnahme diplomatischer Beziehungen zwischen der DDR und der UdSSR.
17.10.–2.12.	Aufnahme diplomatischer Beziehungen zwischen der DDR und Bulgarien, Tschechoslowakei, Ungarn, Rumänien, China, Korea und Albanien.

1950

8.2.	Provisorische Volkskammer beschließt die Gesetze über den Einsatz und die Förderung der Jugend und über die Bildung des Ministeriums für Staatssicherheit.
24.–29.4.	Willi Brundert (SED) und Leo Herwegen (CDU) werden vom Obersten Gericht wegen »Wirtschaftsverbrechen« zu hohen Zuchthausstrafen verurteilt.
15.5.	Reparationsabkommen zwischen UdSSR und DDR setzt die noch zu zahlenden Reparationen um 50% herab.
17.5.	Volljährigkeitsalter in der DDR von 21 auf 18 Jahre herabgesetzt.
6.7.	Unterzeichnung des Abkommens über die Oder-Neiße-Grenze in Zgorzelec (polnischer Teil von Görlitz/Neiße). Die Regierungen der DDR und Polens hatten am 6.6. in Warschau in einer Deklaration die Oder-Neiße-Grenze für unantastbar erklärt. Dagegen hatten alle Fraktionen des Bundestages – mit Ausnahme der KPD – in einer gemeinsamen Erklärung Rechtsverwahrung eingelegt.

25./26.8. 1. Kongreß der Nationalen Front des Demokratischen Deutschlands in Berlin. Beginn der Propaganda für die Ein-Listen-Wahlen in der DDR.

12.–19.9. Außenministerkonferenz der drei Westmächte in New York. Bundesregierung bis zur Wiedervereinigung zur einzigen freien und gesetzlich konstituierten deutschen Regierung erklärt, die das deutsche Volk in internationalen Angelegenheiten vertreten kann. Proteste gegen diese Beschlüsse durch DDR und UdSSR. Rückkehr zum Potsdamer Abkommen und Abschluß eines Friedensvertrages verlangt.

29.9. Aufnahme der DDR in den Rat für gegenseitige Wirtschaftshilfe (RWG).

15.10. Wahlen zur Volkskammer, zu den Landtagen, Kreistagen und Gemeindevertretungen nach Einheitslisten der Nationalen Front. Beteiligung 98,44 %, Ja-Stimmen 99,7 %.

3.11. Brief Otto Grotewohls an Konrad Adenauer mit dem Vorschlag, einen gesamtdeutschen Konstituierenden Rat zur Vorbereitung gesamtdeutscher Wahlen zu bilden. Adenauer lehnt am 15.1.1951 ab und erinnert an die Erklärung des Bundeskabinetts vom 22.3.1950 und die Entschließung des Deutschen Bundestages vom 14.9.1950, worin gesamtdeutsche Wahlen gefordert wurden.

4./5.11. Friedenskongreß in Berlin (Ost).

1951

5.3. Präsidium der Volkskammer fordert die vier Alliierten auf, über den Abschluß eines Friedensvertrages mit Deutschland noch 1951 zu verhandeln. Losung der Deutschlandpolitik: Deutsche an einen Tisch.

15.–17.3. 5. Tagung des ZK der SED: Beschluß über den Kampf gegen den Formalismus in Kunst und Literatur und für die Hinwendung zum sozialistischen Realismus.

15.9. Erneute Aufforderung der Volkskammer an den Deutschen Bundestag zur Aufnahme gesamtdeutscher Beratungen über die Durchführung von Wahlen für eine Nationalversammlung.

20.9. Abschluß eines Abkommens über den innerdeutschen Handel (IHD) zwischen DDR und BRD (Berliner Abkommen).

27.9. Bundesregierung unterbreitet dem Deutschen Bundestag eine Wahlordnung für gesamtdeutsche freie Wahlen. U. a. sollen diese Wahlen unter internationaler Kontrolle der UNO durchgeführt werden.

3.10. Prozeß gegen 19 Jugendliche wegen oppositioneller Meinungsäußerungen und Kundgebungen vor dem Landgericht Zwickau mit zum Teil hohen Zuchthausstrafen.

2.11. Brief von Präsident Pieck an Bundespräsident Heuß mit dem Vorschlag eines Zusammentreffens zur Erörterung gesamtdeutscher Probleme. Heuß lehnt am 7.11. ab.

11.12. DDR-Delegation spricht sich auf einer Sitzung des politischen Ausschusses der Vollversammlung in Paris gegen die Einsetzung einer UN-Kommission zur Kontrolle der Wahlen in beiden Teilen Deutschlands aus. Die Bundesregierung bejaht den Antrag.

1952

9.1. Volkskammer beschließt Gesetzentwurf für gesamtdeutsche Wahlen zu einer Nationalversammlung. Bundestag veröffentlicht Gesetz über die Grundsätze für freie Wahlen zu einer verfassunggebenden deutschen Nationalversammlung.

7.3. Angesichts der vor ihrem erfolgreichen Abschluß stehenden Verhandlungen über den Deutschlandvertrag und die Europäische Verteidigungsgemeinschaft unterbreitet die UdSSR in einer Note an die Westmächte den Entwurf für einen Friedensvertrag mit Deutschland.

17.5. Mehrere politische Prozesse in Sachsen und Thüringen enden mit hohen Zuchthausstrafen; am 24.5. wird in einem politischen Prozeß in Berlin (Ost) ein Todesurteil gefällt.

26./27.5. Ministerrat und Ministerium für Staatssicherheit beschließen die Errichtung einer Sperrzone entlang der Demarkationslinie zur Bundesrepublik Deutschland.

26.5. Bundesregierung und Vertreter der Westmächte unterzeichnen den Deutschlandvertrag in Bonn; am 27.5. Unterzeichnung des Vertrages über die Europäische Verteidigungsgemeinschaft (EVG) in Paris. In Berlin (Ost) protestiert am 13.6. der Demokratische Block gegen die Unterzeichnung von Bonn und Paris.

9.–12.7. 2. Parteikonferenz der SED in Berlin (Ost) beschließt die planmäßige Errichtung der Grundlagen des Sozialismus in der DDR.

7.8. Gründung der Massenorganisation Gesellschaft für Sport und Technik (GST).

19.9. Empfang einer Delegation der Volkskammer durch Bundestagspräsident Herrmann Ehlers in Bonn führt nicht zur Kontaktaufnahme zwischen den Regierungen beider deutscher Staaten.

7.10.	Einführung militärischer Dienstgrade und neuer Uniformen für die kasernierte Volkspolizei (KVP).
28./29.11.	Deutscher Kongreß für Verständigung und Frieden in Berlin (Ost); Gründung Deutsches Friedenskomitee, Präsident Prof. W. Friedrich.

1953

15.1.	Verhaftung des DDR-Außenministers und stellvertretenden CDU-Vorsitzenden Georg Dertinger unter Beschuldigung der Spionagetätigkeit. Am 20./21. beschließt der CDU-Vorstand die Überprüfung aller verantwortlichen Funktionäre in der Partei und im Staatsapparat.
21.2.	Auflösung der Vereinigten der Verfolgten des Naziregimes und Gründung des Komitees der Antifaschistischen Widerstandskämpfer.
6.3.	12. Tagung des ZK der SED. Trauersitzung zum Tode Stalins. Am 17.3. Beschluß, das Wohngebiet des Eisenhüttenkombinats Ost bei Fürstenberg/Oder in Stalinstadt umzubenennen.
9.4.	Aufhebung der Rationalisierung von Textilien und Schuhwaren in der DDR. Ca. zwei Millionen Bewohner der DDR (Freiberufliche, Handwerker, in Berlin-West Tätige usw.) erhalten keine Lebensmittelkarten mehr.
15.4.	Das Politbüro der KPdSU empfiehlt dem ZK der SED Milderung des politischen Klimas.
21.4.	Bischöfe der evangelischen Kirche wenden sich gegen die Behinderung der Kirchenarbeit, insbesondere gegen das Vorgehen staatlicher Organe gegen die Junge Gemeinde und die evangelische Studentengemeinde. Am 16.5. verurteilt das Bezirksgericht Rostock einen Diakon wegen »falscher Auslegung der christlichen Lehre« zu acht Jahren Zuchthaus.
5.5.	Ministerrat und ZK beschließen aus Anlaß des 135. Geburtstags von Karl Marx die Umbenennung von Chemnitz in Karl-Marx-Stadt.
28.5.	Auflösung der Sowjetischen Kontrollkommission für Deutschland. Semjonow wird Hoher Kommissar.
16.6.	Streik der Bauarbeiter in Ost-Berliner Stalinallee, sowie Proteste gegen die Normenerhöhung.
17.6.	Volksaufstand in Berlin (Ost) und der gesamten DDR. Die Rote Armee schlägt den Aufstand nieder. Bis zum 11.7. Ausnahmezustand in Berlin (Ost).
24.–26.7.	15. Tagung des ZK der SED; im Bericht des Politbüros des ZK Beurteilung der gegenwärtigen Lage und des

	neuen Kurses der Partei. Trotz Selbstkritik der Parteiführung wird die Generallinie der Partei für richtig erklärt.
4.8.	Deutscher Bundestag erklärt den 17. Juni zum Feiertag der Deutschen Einheit (Staatsfeiertag).
20.–22.8.	Verhandlungen DDR und UdSSR in Moskau. Erlaß aller Reparationsleistungen. Ab 11.1954 Umwandlung der jeweiligen diplomatischen Vertretungen in Botschaften.
17.–19.9.	16. Tagung des ZK der SED. Direktiven für Vertretungen beider deutscher Staaten. Die sozio-ökonomische Grundstruktur eines wiedervereinigten Deutschlands wird festgelegt.
7.10.	Wiederwahl von W. Pieck zum Präsidenten der DDR.
1.11.	Verhaftungen angeblicher Agenten in mehreren Städten der DDR.
21.11.	Innenministerium beschließt die Abschaffung der Interzonenpässe, nachdem ähnliche Maßnahmen der Westmächte und der Bundesrepublik das notwendig machen.

1954

25.1.–18.2.	Berliner Konferenz der Außenminister der USA, der UdSSR, Großbritanniens und Frankreichs. Keine Einigung in der deutschen Frage.
15.2.	Brief des ZK der SED an den Parteivorstand und alle Mitglieder der SPD mit der Aufforderung, gemeinsam mit der KPD und dem Deutschen Gewerkschaftsbund die Vorschläge der UdSSR zur deutschen Frage zu unterstützen. Ollenhauer lehnt ab.
27.–29.6.	Volksbefragung in der DDR »Für Friedensvertrag und Abzug der Besatzungstruppen oder EVG-Vertrag und Generalvertrag und Belassung der Besatzungstruppen für 50 Jahre«. 93 % stimmen in Berlin (Ost) und in der DDR für »Friedensvertrag«.
7.–11.7.	Evangelischer Kirchentag in Leipzig.
14.7.	Das Oberste Gericht verurteilt den ehemaligen Minister für Handel und Versorgung, Dr. Hamann (LDPD) und vier Mitangeklagte zu hohen Zuchthausstrafen.

1955

18.2.	Volkskammer schlägt dem Deutschen Bundestag Vorbereitung gesamtdeutscher Wahlen unter internationaler Kontrolle vor.

2.3.	Proklamation der Volkskammer wendet sich an das deutsche Volk gegen Ratifizierung der Pariser Verträge durch den Deutschen Bundestag und schlägt eine Volksbefragung über die Wiedervereinigung Deutschlands vor.
1.5.	Die »Kampfgruppen der Arbeiterklasse« (Betriebskampfgruppen) zum ersten Mal bei den Demonstrationen zum 1. Mai in der Öffentlichkeit. Ihre Losung: »Bereit zur Arbeit und zur Verteidigung der Heimat«.
5.5.	Das Besatzungsstatut wird aufgehoben. Die Bundesrepublik Deutschland erhält ihre Souveränität. Vorbehalte bei gesamtdeutschen Fragen und innerem Notstand.
11.–14.5.	Abschluß des Warschauer Paktes. Es wird ein Vereintes Kommando der Streitkräfte der Teilnehmerstaaten (UdSSR, Albanien, Bulgarien, DDR, Polen, Rumänien, Tschechoslowakei, Ungarn) gebildet.
1./2.6.	24. Tagung des ZK der SED: 10-Punkte-Programm zur Wiedervereinigung; Aktionseinheit der Arbeiterklasse und verstärkte Zusammenarbeit mit Sozialdemokraten und Gewerkschaften in der Bundesrepublik Deutschland.
18.–23.7.	Genfer Gipfelkonferenz der Siegermächte. Es werden keine Fortschritte in der deutschen Frage erzielt.
24.–27.7.	Chrutschow und Bulganin in der DDR. Chrutschow: Die Wiedervereinigung ist vor allem Sache des deutschen Volkes. Die politischen und sozialen Errungenschaften der DDR dürfen jedoch nicht angetastet werden.
27.8.	Die NOK der Bundesrepublik und der DDR beschließen gemeinsame Mannschaft zu den Olympischen Spielen in Melbourne.
8.–14.9.	Auf Einladung der SU Bundeskanzler Konrad Adenauer in Moskau. Aufnahme diplomatischer Beziehungen.
17.–20.9.	Verhandlungen einer DDR-Delegation in Moskau. Vertrag über gegenseitige Beziehungen. Auflösung der Hohen Kommission der UdSSR in Deutschland.
27.10.–16.11.	Die Außenministerkonferenz der Siegermächte in Genf bringt kein Ergebnis in der deutschen Frage. DDR-Delegation: Gesamtdeutsche Wahlen sind nur nach Demokratisierung und Entmilitarisierung der Bundesrepublik möglich.

14.–25.2.	XX. Parteitag der KPdSU: Entstalinisierung.
30.5.	Regierungserklärung Otto Grotewohls. 8-Punkte-Programm zur Annäherung und Verständigung beider deutscher Staaten: Nichteinführung der Wehrpflicht, zahlenmäßige Begrenzung der Streitkräfte.
30.6.	Vorschlag des ZK der SED an die SPD: Gemeinsames Vorgehen gegen Einführung der Wehrpflicht in der Bundesrepublik. Ministerratsbeschluß: die Stärke der NVA von 120000 auf 90000 Mann zu reduzieren als Beispiel.
17.8.	Das Bundesverfassungsgericht erklärt die KPD wegen subversiver Tätigkeit für verfassungswidrig und ordnet ihre Auflösung an.
5.–7.10.	Die FDP Bundesvorstände E. Mende, W. Scheel und W. Döring treffen sich in Weimar mit Mitgliedern des LDPD-Zentralvorstandes der DDR.

SEIT DEM 13.5.1956 IST GÜNTER GUILLAUME
IN DER BUNDESREPUBLIK DEUTSCHLAND

Bildnachweis: Privatarchiv Günter Guillaume

Personenregister

Bitte beachten Sie die folgenden Seiten

Willy Brandt

Erinnerungen

Mit einem aktuellen Vorwort

Ullstein Buch 22977

ein Ullstein Buch

»... ein großer Beitrag zu den Zeitverhältnissen.« (DIE ZEIT)

»Willy Brandts Memoiren sind die Bilanz eines politischen Lebens ... Aufschlußreich sind vor allem die Porträts politischer Freunde und Gegner.« (F.A.Z.)

»... die *Erinnerungen* Brandts sind ein Stück Zeitgeschichte, die lesen muß, wer sich ein Bild über die letzten vier Jahrzehnte deutscher Politik machen will.« (Deutschlandfunk)

Wolfgang Venohr

Die roten Preußen

Aufstieg und Fall der DDR

Ullstein Buch 34842

Sachbuch

Wolfgang Venohr, Bestseller-Autor und durch seine langjährige journalistische Tätigkeit hervorragender Kenner der Ex-DDR, schildert die vierzigjährige Geschichte des anderen deutschen Staates, den es heute nicht mehr gibt. Er berichtet auch von den Menschen – den Preußen und Sachsen, Thüringern und Mecklenburgern –, die trotz der langen Jahre SED-Herrschaft ihre nationale Identität und den damit verbundenen Wunsch nach der staatlichen Einheit, der nun Wirklichkeit geworden ist, nie aufgegeben haben.